A VERDADEIRA HISTÓRIA DA CACHAÇA

Messias S. Cavalcante

A Verdadeira História da Cachaça

Sá editora

Capa
Mateus Reis

Preparação e revisão de texto
Milfolhas Produção Editorial Ltda.

Projeto Gráfico (miolo)
Eveline Albuquerque

Impressão
Bartira Gráfica e Editora S/A

ISBN - 978-85-88193-62-8

SÁ EDITORA
Tel./Fax: (11) 5051-9085 / 5052-9112
E-mail: atendimento@saeditora.com.br
www.saeditora.com.br

Ao menos se acreditarmos no silêncio dos documentos, a difusão da aguardente, se ocorreu logo, ficou por algum tempo encoberta por outras tarefas mais imperiosas da produção açucareira, possivelmente restrita ao consumo doméstico. Descrições de cronistas, missionários, mapas de arrecadação fiscal, relatórios administrativos da situação dos engenhos, e mesmo as leis que tratavam de regular o comércio e a distribuição sobre o açúcar, no início do século XVI e ainda nas primeiras décadas do século XVII, não mencionam a existência de aguardente, nome que aparece associado à destilação.

Luciano Figueiredo & Renato Pinto Venâncio (2005), *Águas Ardentes: O Nascimento da Cachaça*[232*]

Neste caso ele (o rum) foi provavelmente inventado nas ilhas espanholas de Hispaniola ou Cuba (onde foi chamado de aguardiente ou 'água ardente') ou por colonos portugueses no litoral do Brasil (onde seria depois chamado cachaça).

Wayne Curtis, *And a Bottle of Rum*[197]

*Os números sobrescritos correspondem ao número da Fonte (pág. 503-556) de onde foi obtida a respectiva informação.

SUMÁRIO

Apresentação 11
Bebo porque é líquido! 15
Até bicho bebe! 20
Fermentadas e destiladas 22
Paixões nacionais 24
Carnaval 25
Futebol 26
Cachaça 31
Resumo 34
Quem inventou a cachaça? 35
De onde vem o nome cachaça? 35
Onde está a certidão de nascimento? 53
Vai ver que foi o índio! 57
Bebidas dos índios 61
Será que foi o africano? 81
Cachaça/Escambo 84
A honra é do europeu? 86
Nasceu ou não no século XVI? 90
Parece que nasceu no século XVII 97
Resumo 106
Cachaça: Transtorno dissociativo de identidade 107
Cachaça e rum – Irmãos gêmeos? 107
Uma cachaça para cada gosto 114

Envasamento da cachaça 119
Cachaça no barril 120
Cachaça na garrafa 127
Pensa que é fácil fazer uma boa cachaça? 137
Cachaça e pão de queijo 141
Eta cachaça ruim da peste! 143
Artifício para driblar barreiras 158
Resumo 164
TERRA (DA CACHAÇA) À VISTA! 165
Cachaça a bordo 165
Adivinha quem chegou para nos jantar? 166
Quem descobriu o Brasil? 169
Se beber não navegue! 178
Piratas 181
Índios na idade da pedra 186
Mandioca 189
A gentinha que veio...! 191
Bicho de pé 192
Resumo 197
ENGENHOS DE AÇÚCAR 199
Implantação dos engenhos no Brasil 200
Escravos no engenho 204
Papéis dos engenhos 208
Açúcar colonial 211
Inimigos do canavial 216
Proibir ou taxar? 217
Decadência dos engenhos 228
Engenhos de rapadura 236
Cangaceiros 238
O sufoco dos alambiques 243
Setor sucroalcooleiro 246
Resumo 252

Cachaça no altar 253
Cultos indígenas 262
Cultos africanos 264
Cachaça e inquisição 266
Resumo 273
Cachaça desbravadora 275
Desbravando pela água 277
Desbravando a pé 290
Bandeirantes 294
Desbravando com boiadas 297
Tropeiros 300
Viajantes e outros escribas 307
Resumo 316
Datas e locais da cachaça 317
Resumo 338
Cachaça nas letras 339
Resumo 501
Fontes 503
Índice remissivo 557

APRESENTAÇÃO

Muito já se estudou e se escreveu sobre bebidas alcoólicas, versando sobre suas origens e suas interrelações com o ser humano. Assim, de forma sucinta, este tema é abordado inicialmente. Uma vez que o futebol, o carnaval e a cachaça fazem parte importante da cultura brasileira eles são em seguida ligeiramente mencionados como um aperitivo antes de ser servido o prato principal, ou melhor, a bebida principal, que é a cachaça.

O próprio termo cachaça não encontra unanimidade quanto à sua origem, não obstante a sua aplicação à bebida alcoólica derivada da cana de açúcar seja razoavelmente bem documentada, tendo sua genealogia associada inicialmente às escumas originadas durante o processo da produção do açúcar.

Apesar de fazer parte do cotidiano do brasileiro há séculos, há poucas certezas sobre as origens da cachaça e muitos que escrevem sobre o assunto são obrigados a deixar, por ausência de suporte documental, muitas lagunas. Alguns preenchem estes vazios com suposições razoáveis, calcadas em evidências históricas, enquanto outros apelam para achismos, baseando-se em fatos desprovidos de comprovação. Outros afirmam que foi criada em determinado local e em determinada época, sem apresentar registros históricos que corroborem suas afirmações.

Pode-se observar que em todos os escritos sobre a cachaça, consta que foi criada no Brasil na primeira metade do século XVI. Será que isto é uma verdade incontestável ou mero nacionalismo? Documentos históricos permitem rastrear o nascimento da cachaça apenas a partir da mesma época do nascimento do rum. Enquanto Portugal estava sob o domínio da Espanha, de 1580 a 1640, que coincide com o aparecimento da cachaça e do rum, navios espanhóis aportavam tanto nas costas brasileiras como em outras colônias espanholas. Poderia a aguardente de cana de açúcar, cujo nome variava de acordo com a colônia que a produzia, ter sido gerada fora do Brasil?

O objetivo do presente levantamento é tentar lançar alguma luz sobre alguns aspectos ainda obscuros como, por exemplo, quando, onde e quem inventou a cachaça. Para introduzir estes temas, a presença de bebidas alcoólicas no cotidiano do europeu e nas embarcações que singravam os mares é apresentada.

Na tentativa de encontrar respostas a estas questões foi efetuado um pequeno histórico sobre o descobrimento do Brasil e a implantação de engenhos de açúcar, o berço da cachaça. A ascensão dessa primeira indústria que progrediu na colônia, sem contar a da extração do pau-brasil, e sua importância como geradora de povoações, que depois progrediram para cidades, bem como a importância dos senhores de engenho ao longo dos séculos são delineadas.

Como atores dessa odisséia, que é a criação da cachaça, havia os índios, os escravos africanos e os colonizadores europeus, todos versados em bebidas alcoólicas. A possibilidade de cada um destes povos ter descoberto o vinho de cana (caldo de cana fermentado), que deu origem à cachaça, é aventada.

Inicialmente a cachaça e o rum eram uma só bebida, produzidas com as mesmas matérias primas e pelos mesmos métodos. As dúvidas que ainda pairam sobre os primeiros passos dados para a criação do rum são as mesmas da cachaça. Com o tempo, enquanto o rum manteve como fonte praticamente todas as matérias primas originais, na produção da cachaça começou-se a utilizar apenas uma delas, o caldo de cana fermentado. Os motivos para esta especialização são discutidos. As razões para a tentativa do Brasil em tentar impor ao mundo o conceito de que a cachaça é uma aguardente distinta do rum também são aventadas.

O desbravamento do sertão brasileiro feito a pé e por utilização de canoas em busca de riquezas minerais e escravos, assim como por boiadeiros à procura de novos pastos para o gado e tropeiros transportando mercadorias para os povoados, é descrito, sempre tendo em vista a presença da cachaça. Os papéis desempenhados por estes grupos de pioneiros na criação de povoados e cidades são descritos.

É também feita uma abordagem sobre o papel da Igreja Católica, na época colonial, no que se refere à cachaça. Embora combatesse práticas religiosas e de costumes que iam contra seus ensinamentos, inclusive o uso de bebidas alcoólicas, vários religiosos possuíam engenhos que produziam cachaça. Em muitos casos a cachaça servia como instrumento para a catequização dos índios.

Um dos capítulos contém, cronologicamente, datas relevantes para a história da cachaça. Em outro, algumas palavras relacionadas à cachaça e obtidas de livros de ficção como contos e romances, bem como de relatos históricos e sites da internet são apresentadas alfabeticamente.

As informações foram obtidas através de escritos de piratas, colonizadores, invasores, pesquisadores, historiadores, religiosos e livros que abordam o assunto. Artigos, obras e blogs presentes na internet foram também de grande ajuda. Além de apresentar os registros deixados por essas obras sobre fatos relacionados à cachaça, assuntos paralelos com conotações curiosas ou de interesse foram também incluídos. Na maioria das vezes, os relatos e opiniões dos autores consultados são transcritos literalmente uma vez que este recurso empresta um colorido adicional à narrativa.

Os números sobrescritos, por exemplo o 26 em: "Jânio Quadros, Orador de outros tempos[26]" (pág. 15), correspondem ao número da Fonte (pág. 503-556) de onde foi obtida a respectiva informação.

No final, um Índice Remissivo detalhado é apresentado para facilitar a busca dos assuntos.

Meu profundo e sincero agradecimento a Maria Cláudia Curimbaba pelas palavras de incentivo ao longo da elaboração deste livro e pelo gentil patrocínio do mesmo.

Messias S. Cavalcante

BEBO PORQUE É LÍQUIDO!

"Bebo porque é líquido! Se fosse sólido, comê-lo-ia".
Frase atribuída ao ex-presidente Jânio Quadros (1917-1992, quando perguntado se bebia.) Jânio Quadros, *Orador de outros tempos*[26]

"Quando o etanol carregado pelo sangue chega ao cérebro, ele estimula os neurônios a liberar uma quantidade extra de serotonina. Esse neurotransmissor - substância que leva mensagens entre as células – serve para regular o prazer, o humor e a ansiedade. Por isso, um dos primeiros efeitos do álcool é deixar a pessoa desinibida e eufórica."
Yuri Vasconcelos, *Como o álcool age no corpo?*[650]

Bebidas contendo álcool fazem parte da humanidade desde tempos remotos. Por acaso ou necessidade o homem primitivo ingeriu um fruto ou seu suco meio estragado (fermentado) e notou que lhe causava embriaguez.

Cada povo, cada civilização criou com o que dispunha no seu meio algum tipo de cachaça. Antes da África e das Américas serem colonizadas pelos europeus, seus habitantes primitivos faziam uso de várias bebidas alcoólicas fermentadas. Elas foram ao longo de milênios e continuam sendo consumidas como alimento, como droga, em rituais religiosos, para curar doenças, para comemorar festividades e, é claro, para simplesmente causar embriaguez. O álcool, além de ser consumido através de bebidas fermentadas e destiladas, faz parte de uma infinidade de receitas de salgados e doces, é utilizado como combustível , além de ser empregado em inúmeros produtos industriais.

Inconscientemente, o ser humano incorpora o álcool no seu modo de vida e nas suas crenças. Basta notar que até na Eucaristia da religião católica o sangue derramado de Cristo é representado por uma bebida alcoólica, o vinho, enquanto Seu corpo sem pecado oferecido na cruz o é representado pelo pão. Ambos, depois de consagrados, representam o sangue e o corpo Dele e teriam sido oferecidos à humanidade para remissão do seu pecado original.

> "Não é vinho aquilo que deitam nêle? – Vinho é, mas em dizendo o sacerdote as palavras, é sangue do Nosso Senhor. Seu sangue só está nele? – Não só o sangue, mas também o corpo, a alma e divindade, assim como está na hóstia."[683]

Neste contexto onde os fiéis são espiritualmente alimentados é compreensível se utilizar o pão como representante do corpo, mas seria mais lógico que o sangue fosse representado pela água que está em todo lugar, inclusive perfazendo 70% do nosso corpo, e, sem ela, não há vida. Seria devido apenas à cor de alguns vinhos, que tende para o vermelho? Mistérios!

A bebida alcoólica aparece em outras partes da Bíblia, como a famosa bebedeira de Noé, o da Arca:

> "Em uma das mais belas passagens do Antigo Testamento da Bíblia (Gênesis 9.21) Noé, após o dilúvio, plantou vinha e fez o vinho. Fez uso da bebida a ponto de se embriagar. Reza a bíblia que Noé gritou, tirou a roupa e desmaiou. Momentos depois seu filho Cam o encontrou 'tendo à mostra as suas vergonhas'."[288]

Muitas histórias do Antigo e do Novo Testamento são adaptações de antigas lendas e crenças e pode ser que a Eucaristia seja baseada no culto de Osiris, deus egípcio do vinho, da vida, da morte e da regeneração dos vegetais. Em rituais para cultuá-lo, seus seguidores comiam pão e bebiam vinho, que representavam sua carne e seu sangue. No caso do Dilúvio da tradição judaico-cristã versões um pouco diferentes, mas com o mesmo conteúdo aparecem em outras 270 culturas primitivas[693], incluindo a dos indígenas que habitavam o Brasil, como descreve o francês André Thevet (1502-1590), frade franciscano que esteve no Brasil por três meses, de novembro de 1555 a janeiro de 1556:

> "O Dilúvio, então, que estes bárbaros relatam, e do qual tantas vezes me falaram, foi, na opinião deles, geral e universal. Dizem que Sommay, grande pajé e Caraíbe, descendentes daquele que os selvagens tinham queimado, teve dois filhos, um chamado Tamendonare e o outro Ariconte, os quais eram de compleição e natureza diversas e, por isso odiavam-se de um ódio mortal. Vede como essa boa gente, na sua mitologia, se aproxima da escritura. Tamendonae (dizem eles) se dava bem com todo mundo, cultivava a terra, tinha mulher e filhos, e era bom pai de família. Ariconte, ao contrário, não se importava com nada disso, só se ocupava da guerra, desejando apenas, com seu poder, subjugar as nações vizinhas, e, mesmo, o irmão. Um dia, esse guerreiro, de volta de uma batalha, trouxe um braço de um inimigo de presente para Tamendonare. Disse-lhe, com grande soberba e arrogância: –Vai, medroso que tu és, terei tua mulher e teus filhos em meu poder, porque não és bastante forte para defender-te. – O bom homem, ouvindo falar assim a seu irmão, teve seu orgulho ferido. E respondeu: – Se fosses tão valente quanto dizes, terias trazido teu inimigo inteiro. – Indignado com essa resposta, Ariconte lançou o dito braço contra a porta da casa do seu irmão. No mesmo instante, todo o aldeamento em que se encontravam foi elevado ao céu, e eles ficaram embaixo, na terra. Vendo isso, Tamendonare, de espanto ou desespero, bateu tão fortemente no chão que dele surgiu uma fonte de água e jorrou tão alto que em pouco tem-

po alcançava o cimo das colinas e do litoral parecendo suplantar em altura as próprias nuvens. E jorrou até que toda a terra ficou coberta. Vendo isso, os dois irmãos, querendo salvar-se, subiram até às montanhas mais altas do país: e escalaram as árvores com suas mulheres. Fizeram-no da seguinte maneira: Tamendonare subiu numa árvore denominada Pindoma (da qual vi duas espécies, uma com frutos e folhas maiores que os da outra). Levou consigo uma de suas mulheres. Ariconte subiu com sua mulher em outra árvore, chamada Genipar, a fim de esperar as águas baixarem. Estando no topo da árvore, Ariconte deu uma fruta à mulher, dizendo: 'Rasgue o fruto e deixe que caia no chão.' Feito isso, concluíram que o tempo ainda não era chegado de descer, que as águas ainda estavam altas. Todos os homens e todos os animais se afogaram nessa inundação, é crença deles, salvo os dois irmãos e suas mulheres, dos quais se originaram dois povos diversos depois do dilúvio: os Tonasseares, ditos Toupinanbaux, e os Tonasseares Hoyanans, ditos Tominous, os quais vivem em discórdia e guerra perpétuas."[623]

Joan Nieuhof (1618-1672), vivendo no Brasil de 1640 a 1649, durante a ocupação holandesa de Recife e Olinda (1630-1654) também ouviu dos índios sobre o dilúvio, em versão diferente da descrita por Thevet:

"Os indígenas mais atrasados, no interior do país, pouca idéia fazem da religião ou de um ente superior. Conservam noção remota de um grande dilúvio e acreditam que, por essa ocasião, toda a humanidade tenha perecido, a exceção de um homem e sua irmã que, estando grávida, aos poucos povoou de novo a Terra." [436]

O Príncipe Maximiliano (1782-1867) observou em sua viagem de 1815 a 1817 pelo Brasil:

> "A maior parte dos índios da América do Sul guarda, também, uma confusa idéia a respeito de um dilúvio universal, além de várias tradições, entre outros, acentuou Simão de Vasconcelos nas Notícias curiosas do Brasil."[385]

Há várias tentativas de explicações para essa tendência da maioria do ser humano pelo consumo de álcool. O fato é que o álcool é uma excelente fonte de calorias, uma vez que, por exemplo, uma dose de cachaça de 30 ml contém 120 calorias.

Menos de 10% do álcool etílico (etanol) ingerido é excretado inalterado pela urina, suor e respiração. Cerca de 90% é metabolizado no fígado pela enzima álcool desidrogenase, transformando-o em acetaldeído, que por sua vez é convertido em acetado pela enzima aldeído desidrogenase e depois de outras etapas é convertido em energia .[398] As enzimas que convertem o etanol em energia apresentam capacidade limitada de atuação. Isto significa que se o volume ingerido for acima de um certo limite diário ocorrem danos ao fígado. Para o homem saudável o limite diário é de 60g e para a mulher é de 50g, dependendo de fatores como peso, saúde e uso de medicamentos.[428]

O etanol pode ser obtido através de vários vegetais e, portanto, contribui para a nossa existência. Já que é assim, porque não extraí-lo e usá-lo em maior concentração, quando além de nos fornecer energia também nos deixa alegremente inebriados? Será que instintivamente o ser humano seguiu essa trilha?

Henrique Carneiro aborda no seu *Bebida, Abstinência e Temperança* vários aspectos da embriaguez desde a antiguidade clássica, passando pelas eras judaicas, cristã e islâmica até a época moderna e explica:

"O termo latino ebrius derivou para o português ébrio e inebriado e para o francês ivre e ivresse (...). Em inglês, o termo mais usado para descrever o estado de embriaguez é drunk (...) em espanhol, borracho; e, em italiano, ubriaco. Todas essas palavras referem-se ao efeito sobre a consciência, o humor e o comportamento advindos da ingestão de bebidas alcoólicas. A origem do termo latino vem do verbo grego brúo (bryo), cujo significado é brotar, surgir, saltar. Crescer em abundância. Ferver, fermentar, embriagar-se. Fazer brotar, crescer, produzir; o imperfeito desse verbo é ébruon (ébryon). Seus múltiplos significados remetem a uma idéia positiva de algo que irrompe, que aumenta, que se impõe."[150]

Nós não somos o único animal que ingere álcool.

ATÉ BICHO BEBE!

Há estudos que indicam que o néctar presente em flores de algumas plantas e em frutos de outras contém quantidade acima da média de álcool, o que atrai animais, ajudando-as na dispersão de pólen e sementes. O néctar da palmeira do sudeste asiático *Eugeissona tristis* contém concentração de 3,5% de álcool, equivalente à cerveja, e é visitada por muitos animais:

"Em tempos de lei seca, que tem feito com que muitos motoristas brasileiros abdiquem da cerveja nos bares, cientistas estrangeiros acabam de descobrir que um pequeno mamífero costuma passar suas noites tomando elevadas doses de um néctar alcoólico produzido por uma palmeira."[227]

"O pequeno mamífero se alimenta do néctar abundante produzido por uma palmeira malaia, o qual fica armazenado em flores duras e côncavas, que mais parecem câmaras de fermentação. E, de fato, uma comunidade de microrganismos coloniza esses tanques naturais, produzindo álcool. A proporção etílica no néctar chega a 4%, valor comparável à da cerveja."[351]

Macacos adoram algumas frutas estragadas (fermentadas) que chegam a conter 5% de álcool.

"No caso de inúmeros outros mamíferos, principalmente macacos e afins, o álcool não está presente no néctar, mas nas frutas de muitas plantas. Especialmente em ambientes tropicais, o resultado inevitável de produzir um fruto suculento e repleto de açúcar é a fermentação – e a transformação de parte do conteúdo em álcool. Frutas maduras podem alcançar teores alcoólicos de até 5% na África ao sul do Saara, justamente o lugar onde os ancestrais diretos do homem evoluíram. (...) O comportamento aparece entre gorilas, bugios, macacos-aranhas, elefantes, morcegos e até moscas-das-frutas, as quais, aliás, usam o cheiro alcoólico como um bom indicador de frutos maduros por perto, diz Robert Dudley, pesquisador da Universidade da Califórnia em Berkeley (EUA)."[351]

O ser humano e mesmo seus ancestrais tiveram contato com o álcool:

"Insetos, pássaros e até elefantes foram observados procurando plantas fermentadas e mostrando sinais de embriaguez após consumi-las. É certo que a humanidade e as espécies que a originaram foram expostas ao álcool e seus efeitos durante o processo de se alimentarem."[269]

Alguns pesquisadores afirmam que a tendência do ser humano de consumir álcool é um traço evolutivo e, portanto, muito mais antigo do que os 10.000 anos comprovados:

> "A descoberta sugere que a ingestão crônica de altas doses de álcool já ocorria precocemente na evolução dos primatas, contrariando a hipótese de que esse hábito teria surgido com o início da fabricação da cerveja, há 9 mil anos." [227]

Que é resultado da evolução não resta dúvida assim como as demais características biológicas, físicas e químicas do ser humano. Assim como elas, a necessidade do álcool é mais acentuada em alguns indivíduos do que em outros. Para uns é suficiente o álcool presente nos vegetais, enquanto outros buscam complementar a dieta com concentrados engarrafados.

FERMENTADAS E DESTILADAS

As bebidas alcoólicas são distribuídas em dois grupos: fermentadas e destiladas. Mesmo sem nenhum conhecimento sobre o surgimento e a utilização desses grupos por seres humanos, é fácil concluir que as fermentadas foram as primeiras a serem consumidas. Isso porque a fermentação é um fenômeno natural, que ocorre durante a deterioração de produtos orgânicos.

Para o homem primitivo, não deve ter sido difícil compreender que o alimento se estragava em pouco tempo, mesmo não sabendo que era devido à decomposição enzimática desses produtos, ou seja, levada a efeito por microorganismos. Já a destilação é um processo onde se emprega calor para separar produtos voláteis de uma mistura através da vaporização e da condensação. Também ocorre na natureza, como no ciclo hidrológico, onde a água evapora pela ação da temperatura (e pressão), para depois condensar-se em forma de líquido, granizo ou neve. Certamente é um processo que demorou muito mais tempo para ser compreendido pela humanidade.

Quando se observa as tribos primitivas dos índios das Américas, da maior parte da África e povos ancestrais de outras regiões, nota-se que conheciam bebidas alcoólicas, mas só as fermentadas. Para se obter bebidas destiladas há necessidade de um grau maior de desenvolvimento da civilização, uma vez que exige conhecimento de um processo complexo e a criação de equipamentos sofisticados para reproduzi-lo.

Bebidas alcoólicas são consumidas desde os primórdios da civilização, mas a prova mais antiga que se tem notícia é de resíduos encontrados em jarras em sepulturas em Jiahu, no norte da China, e datados de 7.000-6.600 a.C. Eram de bebida fermentada feita com arroz, mel, uva e frutos de pilriteiro (*Crataegus monogyna*).[269]

Jarros datados de 5.400-5.000 a.C. com resíduos de vinho foram identificados em Haji Firuz Tepe, no Irã. Também nas montanhas Zagros do Irã foram encontrados resíduos de cerveja em cerâmica datada de 3.100-2.900 a.C. Em Hierakonpolis, no Egito, foi encontrada a mais antiga cervejaria, datando de cerca de 3.400 a.C. Os Maias, na América Central, produziam bebidas fermentadas à base de mel ou de milho, 1.000 a.C. Há, no mesmo período, evidências de preparação de bebidas alcoólicas na Índia e em outros países da Ásia e na África.[269]

Pesquisas indicam que processo de destilação foi provavelmente desenvolvido pelo árabe Jabir Ibn Hayyan (721-815), conhecido no Ocidente como Geber, nascido em Tus, Khorasan, no Irã. Foi alquimista, filósofo, físico, farmacêutico e astrônomo. É tido como o pai da Química. Foi também o inventor do alambique, como o conhecemos hoje. Entre outros líquidos, destilou o vinho de onde obteve um vapor inflamável, mais tarde identificado como álcool etanol.[269; 699]

Thaddeus of Florence (1223-1303) escreveu um tratado sobre bebida destilada chamado *De Virtute aqua vitae, quae etiam dicitur aqua ardens* (As virtudes da água da vida, também conhecida como aguardente), dando à bebida o nome conhecido até hoje, ou seja, aguardente. Por volta de 1315 foi publicado o livro *Liber de Vinis* (O Livro do Vinho) de Arnald of Villanova, ressaltando as propriedades preventivas e curativas do vinho. Seu discípulo Raymond Lull experimentando com a destilação do vinho, chamou ao destilado de quintaessência, segundo ele, com propriedades medicinais mais acentuadas do que o vinho.[269]

Descobertas recentes indicam que foram os chineses os primeiros a desenvolver as técnicas de fermentação e a destilação, sendo que o álcool foi lá produzido cerca de 1.000 anos antes dos árabes[293], embora estes dados sejam bastante controversos.

As principais bebidas fermentadas são vinho, cerveja, hidromel, champanhe e sidra. As destiladas são rum, cachaça, gim, vodca, uísque, tequila, mezcal, pisco, bagaceira, grappa, saquê, licores, arak, pastis, ouzo, absinto, aquavit, armagnac, calvados, conhaque, grappa, kirsch, soju e vermute.

PAIXÕES NACIONAIS

Sem medo de errar, pode-se afirmar que as paixões dos brasileiros são o Carnaval, o Futebol e a Cachaça. Enquanto a vitrine dos dois primeiros é enorme, pois ambos são comemorados pelos meios de comunicação, a cachaça não recebe muita atenção, embora seja onipresente. Ela está em todo lugar e, como em um casamento, acompanha o brasileiro no carnaval e no futebol, em casa e no bar, na juventude e na velhice, na alegria e na tristeza, na saúde e na doença, sendo amada e consumida até que a garrafa seja esvaziada.

Carnaval

O carnaval tem origem obscura. Uns dizem que deriva de festa grega de 600 a.C., incorporada depois pelos romanos e depois pela Igreja Católica.[689] O carnaval, como o conhecemos hoje, foi provavelmente criado no século XI pela Igreja Católica para reunir o povo em festividades nos dias que antecedem os 40 dias de privação, a Quaresma. Durava, originalmente, três dias e terminava na Quarta Feira de Cinzas. As comemorações foram se modificando ao longo do tempo e do lugar. O carnaval chegou ao Brasil por volta do século XVII, através do entrudo português.[609]

Um relato do carnaval na Bahia em 1819 nos é apresentado pelos alemães Carlos Frederico Philippe von Martius (1794-1868), médico, botânico e antropólogo e Johan Baptiste von Spix (1781-1826), naturalista:

> "Entrudo – O carnaval, que, segundo os costumes portugueses, põe toda a população em movimento, coincidiu com o tempo da nossa estada. Sem duvida não se notava uma daquellas grotescas mascaradas do carnaval romano ou veneziano, porém, o bello sexo porfiava em causar embaraço aos transeuntes por uma batalha de gracejos. Todas as janellas estavam occupadas por senhoras que atiravam laranjinhas (espheras de cera cheias de água) e pareciam muito contentes de poder esquecer por alguns dias a etiqueta rigorosamente observada."[606]

Este é citado também através de um personagem da peça *O Caixeiro da Taverna* (1845), de Martins Pena (1815-1848):

> "FRANCISCO – No talento é que está a diferença. O homem de talento pode ser tudo quanto quiser, e tu bem sabes que eu tenho talento... Ainda ninguém pôde fazer, como eu, uma seringa de entrudo que esguiche água mais longe."[465]

Futebol

A origem do futebol também é repleta de ditos e não ditos. Entre 3.000 a.C. e 2.500 a.C. havia na China treinos com bola, mas parece que se destinavam a fins militares:

> "Na China Antiga, por volta de 3000 a.C, os militares chineses praticavam um jogo que na verdade era um treino militar. Após as guerras, formavam equipes para chutar a cabeça dos soldados inimigos. Com o tempo, as cabeças dos inimigos foram sendo substituídas por bolas de couro revestidas com cabelo. Formavam-se duas equipes com oito jogadores e o objetivo era passar a bola de pé em pé sem deixar cair no chão, levando-a para dentro de duas estacas fincadas no campo. Estas estacas eram ligadas por um fio de cera."[611]

Jogos com bolas são relatados no antigo Japão:

> "No Japão Antigo, foi criado um esporte muito parecido com o futebol atual, porém se chamava Kemari. Praticado por integrantes da corte do imperador japonês, o kemari acontecia num campo de aproximadamente 200 metros quadrados. A bola era feita de fibras de bambu e entre as regras, o contato físico era proibido entre os 16 jogadores (8 para cada equipe). Historiadores do futebol encontraram relatos que confirmam o acontecimento de jogos entre equipes chinesas e japonesas na antiguidade."[611]

Na Grécia e Roma:

> "Os gregos criaram um jogo por volta do século I a.C. que se chamava Episkiros. Neste jogo, soldados gregos dividiam-se

em duas equipes de nove jogadores cada e jogavam num terreno de formato retangular. Na cidade grega de Esparta, os jogadores, também militares, usavam uma bola feita de bexiga de boi cheia de areia ou terra. O campo onde se realizavam as partidas, em Esparta, eram bem grandes, pois as equipes eram formadas por quinze jogadores.Quando os romanos dominaram a Grécia, entraram em contato com a cultura grega e acabaram assimilando o Episkiros, porém o jogo tomou uma conotação muito mais violenta."[611]

Bem como por toda a Idade Média:

"Há relatos de um esporte muito parecido com o futebol, embora usava-se muito a violência. O Soule ou Harpastum era praticado na Idade Média por militares que dividiam-se em duas equipes : atacantes e defensores. Era permitido usar socos, pontapés, rasteiras e outros golpes violentos. Há relatos que mostram a morte de alguns jogadores durante a partida. Cada equipe era formada por 27 jogadores, onde grupos tinham funções diferentes no time: corredores, dianteiros, sacadores e guarda-redes. Na Itália Medieval apareceu um jogo denominado gioco del calcio. Era praticado em praças e os 27 jogadores de cada equipe deveriam levar a bola até os dois postes que ficavam nos dois cantos extremos da praça. A violência era muito comum, pois os participantes levavam para campo seus problemas causados principalmente por questões sociais típicas da época medieval. O barulho, a desorganização e a violência eram tão grandes que o rei Eduardo II teve que decretar uma lei proibindo a prática do jogo, condenando a prisão os praticantes. Porém, o jogo não terminou, pois integrantes da nobreza criaram um nova versão dele com regras que não permitiam a violência. Nesta nova versão, cerca de doze juízes deveriam fazer cumprir as regras do jogo."[611]

E também entre os povos ameríndios:

> "O jogo de bola mesoamericano é pelo menos tão antigo como a civilização olmeca. De facto, o nome que os astecas davam aos olmecas, *olmeca*, significa *povo borracha* (do nauatle *ulli*, "borracha"), pois atribuíam a origem do jogo de bola a este povo antigo. Uma dúzia de bolas de borracha, com diâmetros entre 10 e 20 cm, foram encontradas em El Manatí, um local sacrificial olmeca. As bolas mais antigas, que são também as mais pequenas, datam de 1600 a.C..[2] Estas bolas de borracha foram encontradas juntamente com outras oferendas rituais, indicando que mesmo em tempos tão remotos, o jogo já tinha conotações religiosas e rituais."[701]

Em 1175 é descrito na Inglaterra um evento, onde habitantes de várias cidades corriam pelas ruas chutando uma bola de couro, que simbolizava a cabeça do invasor dinamarquês. O jogo passou por diversas transformações, mas somente no século XVIII é que os ingleses começaram a adicionar as regras que originaram o atual esporte.[638]

Pioneirismo não implica necessariamente em excelência, uma vez que:

> "As primeiras manifestações do football (do inglês foot, pé; e ball, bola) surgem entre 3.000 e 2.500 a.C., e nos levam à China, país que somente no século XXI conseguiu classificação para disputar uma copa do Mundo, patrocinada em conjunto pelos vizinhos Japão e Coréia do Sul."[638]

Contudo, fonte confiável afirma que o futebol foi inventado por Macunaíma:

"E então os três manos foram continuar a construção do papiri. Maanape e Jiguê ficaram dum lado e Macunaíma do outro pegava os tijolos que os manos atiravam. Maanape e Jiguê estavam tiririca e desejando se vingar do mano. O herói não maliciava nada. Vai, Jiguê pegou num tijolo, porém pra não machucar muito virou-o numa bola de couro duríssima. Passou a bola pra Maanape que estava mais na frente e Maanape com um pontapé mandou ela bater em Macunaíma. Esborrachou todo o nariz do herói.
– Ui! – Que o herói fez.
Os manos bem sonsos gritaram:
– Uai! Está doendo, mano! Pois quando a bola bate na gente nem não dói!
– Sai, peste!
Veio onde estavam os manos:
– Não faço mais papiri, pronto!
E virou tijolos pedras telhas ferragens numa nuvem de içás que tomou São Paulo por três dias.
O bichinho caiu em Campinas. A tatorana caiu por aí. A bola caiu no campo. E foi assim que Maanape inventou o bicho-do-café, Jiguê a lagarta-rosada e Macunaíma o futebol, três pragas."[59]

Voltando à História, as duas primeiras bolas de futebol que apareceram no Brasil foram trazidas da Inglaterra pelo paulista Charles Miller (1874-1953) em 1895, cujo relato foi transcrito no livro *O Livro de Ouro do Futebol*, de Celso Unzelte:

"Numa tarde fria de outono de 1895, reuni os amigos e convidei-os a disputarem uma partida de football. Aquele nome, por si só, era novidade, já que naquela época somente conheciam o críquete."[638]

Contudo, brasileiros já tinham visto futebol antes através de partidas disputadas por marinheiros europeus em 1864, 1874 e 1878.[638]

Sendo no início esporte da elite, proibido aos negros, foi com o tempo assimilado por toda a população e se tornou o esporte nacional, sendo que o seu maior expoente de todos os tempos é um negro brasileiro, Edson Arantes do Nascimento, o Pelé.

Pelé é também um nome de cachaça. Segundo a versão do próprio Rei, em 1957, uma empresa em Piracicaba/SP tentou lançar a Caninha Pelé:

> "Da limusine, na noite de Tóquio, ele voltou no tempo para Bauru, interior de São Paulo, 1957. Lembrou da primeira proposta que recebeu para associar sua imagem ao de um produto: um amigo de seu pai, diretor de uma usina de cana, pretendia lançar a Caninha Pelé. 'Era um ótimo cachê', recorda. O rótulo chegou a ser fixado nas garrafas, mas elas nunca foram ao mercado. 'Na hora H eu disse: Pai, isso não é bom pra mim. Propaganda de pinga não pega bem'."[551]

Segundo outra versão, a Caninha Pelé foi lançada em 1958 pela mesma firma de Piracicaba, logo após o Brasil obter na Suécia seu primeiro título de campeão mundial de futebol pela FIFA. O Rei entrou na Justiça e obrigou a parada da produção, bem como o recolhimento das que já haviam sido distribuídas. Esta versão parece mais coerente, uma vez que se sabe que várias garrafas chegaram a ser distribuídas. As poucas que restaram tornaram-se raridade e são disputadas avidamente por colecionadores.

Outro grande jogador de futebol também teve seu nome colocado em cachaça, mas por diferente motivo:

> "Em alguns lugares do Rio, no entanto, sua associação com o produto era tão notória que até cachaças com o seu nome já

estavam sendo fabricadas. Uma delas era a Aguardente Fina de Cana Garrincha, em Caxias."[165]

CACHAÇA

O fato é que todo povo que se preze desenvolveu sua bebida alcoólica característica.

> "Qualquer sociedade do passado ou do presente com acesso a vegetais fermentáveis deu um jeito de produzir birita a partir deles. E se por acaso essa invenção tão indispensável não ocorreu a determinado grupo, você pode apostar que seus membros abraçaram o costume com o máximo entusiasmo assim que forasteiros o trouxeram. Será que isso quer dizer alguma coisa sobre o nosso passado evolutivo?"[351]

Os brasileiros, além de não fazer feio no carnaval e no futebol, também criaram uma excelente bebida alcoólica, a cachaça.

Quando se afirma que os brasileiros inventaram a cachaça, está sendo feita uma simplificação de um processo bem mais complexo. Esta bebida foi criada devido a esforços de povos de três continentes.

Traçando um paralelo com o que vem sendo feito atualmente, como os estudos climáticos para se entender e prevenir o efeito estufa e o aquecimento global efetuados pelo IPCC (Painel Intergovernamental para as Mudanças Climáticas), o Projeto Genoma, a Estação Espacial Internacional e o CERN (Organização Européia para a Investigação Nuclear), que envolvem dezenas de países, coisa semelhante ocorreu com a cachaça. A grande diferença é que enquanto os membros destas instituições elaboram hipóteses e desenvolvem pesquisas para testá-las, o que ocorreu com a cachaça foi bem diferente, uma vez que não houve um Projeto Cachaça.

De um lado estavam os diversos povos nativos que habitavam o Novo Mundo, que tinham grande experiência na produção e consumo de bebidas alcoólicas fermentadas. Quando os europeus invadiram o novo continente, trouxeram com eles vasta experiência no trato de bebidas tanto fermentadas como destiladas. Por último, da África foram trazidos, escravizados, povos que também conheciam e consumiam bebidas fermentadas.

Para que a cachaça fosse inventada não se formaram comissões de cientistas nem foram elaborados projetos de pesquisa com a finalidade de se desenvolver uma aguardente de cana. Ao longo de dezenas de anos contribuições anônimas foram adicionando peça por peça ao quebra-cabeça que, mesmo sem o conhecimento dos participantes, viria a se tornar a cachaça.

Para suprir a mão de obra necessária para o funcionamento de engenhos de açúcar implantados pelos europeus, no caso do Brasil, os portugueses, foram escravizados primeiro os índios e depois os africanos. É provável que estes povos, por acaso ou não, perceberam que os subprodutos da produção do açúcar, bem como o caldo da cana, originavam, quando fermentados, uma razoável bebida alcoólica. Os portugueses a chamavam de vinho da cana ou vinho da terra. Alguém teve a idéia de trazer alambiques da Europa. Não se sabe se para produzir a bagaceira, tradicional aguardente portuguesa, destilando o bagaço da uva que havia sido plantada em várias regiões do Brasil, onde ainda no século XVI já se produzia o tradicional vinho de uva, ou para destilar o vinho da terra. O fato é que com a destilação deste vinho da terra foi criada a cachaça.

Vários registros informam sobre a produção da aguardente da terra, aguardente de cana ou cachaça na primeira metade do século XVII. Não se encontrou nada até o momento que informe sua produção no século XVI.

A partir do cauim dos índios foi também criada, paralelamente à cachaça, uma aguardente de milho. Por razões que ainda precisam ser explicadas, a aguardente de cana de açúcar e não a de milho foi a que predominou. O grande poder econômico e político dos produtores de açúcar e a capacidade dos engenhos de açúcar de agregarem inúmeras pessoas nas suas áreas de influência talvez tenham sido determinantes para a prevalência da cachaça.

Ainda hoje aguardente de milho pode ser encontrada no mercado, mas é fabricada geralmente por pequenos produtores informais. Em 1905, no Almanaque de São Carlos, São Paulo, havia anúncio dela:

> "Mercadinho de J. Evangelista. Rua 7 de setembro n. 30 e filial no Largo de S. Sebastião, telephone 58, São Carlos. Armazem de seccos e molhados, ferragens (...). Acaba de receber a legítima aguardente de milho, de laranja e do Reino, tem sempre a legítima pinga de caninha."[397]

Considerando como matéria prima para a produção de bebida alcoólica, o milho teve mais sorte nos Estados Unidos, onde é utilizado desde o século XVIII no fabrico do famoso uísque, o Bourbon.

Embora até hoje pouco conhecida, a tiquira, aguardente de mandioca, deriva-se do cauim dos indígenas. Tarcísio R. Botelho, no seu *A produção de tiquira no Maranhão: história de uma ausência* conclui que a:

> "(...) resposta possa ser encontrada na natureza da sua produção e do seu consumo. A tiquira era um produto voltado sobretudo para o consumo local. Nesse sentido, assumia escala de produção bastante tímida, concentrando-se em algumas poucas regiões do Maranhão."[107]

Se houve, não prosperou também nenhuma bebida destilada a partir das dezenas de frutos e de outras partes de plantas com que os indígenas faziam suas bebidas fermentadas.

Como exposto no início, a humanidade conheceu a bebida alcoólica antes do carnaval e do futebol. No Brasil não foi diferente, primeiro com as bebidas alcoólicas dos indígenas, depois com o caldo de cana fermentado e finalmente com a invenção da cachaça. Isso foi possível devido à iniciativa dos portugueses de implantar na nova colônia, no início do século XVI, engenhos para produção de açúcar.

RESUMO

O álcool é ingerido como alimento por vários animais. Os humanos o utilizam como alimento, como droga, em rituais religiosos, em festas, como agente embriagador, como combustível e em vários produtos. O brasileiro, além de no futebol e no carnaval também se sobressai na área etílica, tendo possivelmente desenvolvido uma excelente aguardente de cana de açúcar. A bebida foi criada provavelmente no início do século XVII como resultado do esforço conjunto de povos de três continentes, da América, da África e da Europa.

Embora outras matérias-primas estivessem presentes em grandes quantidades, como o milho e a mandioca, que podem ser transformadas em aguardente, a aguardente de cana de açúcar foi a que se tornou a bebida nacional, talvez devido à grande influência do senhor de engenho e ao poder agregador de pessoas dos engenhos de açúcar.

QUEM INVENTOU A CACHAÇA?

Estudos baseados em registros históricos não permitiram até o momento determinar quando, onde e por quem a cachaça começou a ser produzida. Uma vez que a cachaça é uma aguardente de cana, também não está incontestavelmente estabelecido quando o termo cachaça passou a ser aplicado a este tipo de aguardente. Sendo a cachaça, segundo a mais recente definição, o produto da destilação do caldo de cana fermentado (vinho de cana), que também é uma bebida alcoólica, também não está claro como e quem começou a usar este vinho de cana.

DE ONDE VEM O NOME CACHAÇA?

"Não sei quando o nome cachaça se aplicou a aguardente da terra, destilada nos engenhos do Brasil. Nem quando esta começou a fabricar-se. "Luís Câmara Cascudo, *Prelúdio da cachaça*.[160]

"(...) Deste suco, a coagular-se num primeiro tacho, com pouco fogo, tira-se uma espuma um tanto feculenta e abundante, chamada Cagassa, que serve de comida e bebida sòmente para o gado." Guilherme Piso, *História natural e médica da Índia Ocidental*. [478]

"O fogo faz nesse tempo o seu officio; e o caldo bota fora a primeira escuma, a que chamão caxaça; e esta por ser immundicia vai pelas bordas das caldeiras bem ladrilhadas fora da casa, por hum canno bem enterrado, que a recebe por huma bica de pão, medida dentro do ladrilho, que está ao redor da caldeira, e vae cahindo pelo dicto canno, em hum grande cocho de pão, e serve para as bestas, cabras ovelhas, e porcos; e em algumas partes também os bois a lambem; porque tudo he doce, e ainda que immundo, deleita." André João Antonil, *Cultura e opulência do Brasil por suas drogas e minas*.[62]

" – Solta um suor de alambique – pede ele ao garçom referindo-se à cachaça. Aliás, Germano Augusto nunca chama cachaça de cachaça. Conhece uma infinidade de sinônimos – terebintina, legume, malunga, maria-branca, tiguaciba, água-de-briga, cambraia, patrícia, girgolina, elixir, piribita, supupara, vocação, sete virtudes – e os usa conforme o momento." João Máximo e Carlos Didier, *Noel Rosa: uma biografia*.[386]

"– Que mistura é? – indagou o cavaleiro. E João Borrego informou em carretilha, encarecendo a cana com nomes de gosto: Fava de cheiro, angico e malta. Tem também da axaropada. Mas se não quiser lambedor, se quiser da boa, esquentante, queima goela, uma que vale pólvora, eu aconselho esta aqui: espevitada. O que tem dentro é só isso: pimenta e gengibre." Luís Jardim, *O homem que galopava*. Pp159-170 In: Maria Perigosa.[306]

A primeira referência à palavra cachaça aparece em Portugal na carta de Sá de Miranda (1481-1558):

> "Ali não mordia a graça,/Eram iguais os juízes;/Não vinha nada da praça,/Ali, da vossa cachaça!/Ali, das vossas perdizes!"[160]

Pedro Calmon (1902-1985), citando vários autores, atribui origem africana à palavra cachaça:

> "No litoral açucareiro, as palavras 'columi' (menino), 'tujupar', são substituídas pelas suas equivalentes do 'quimbumbo', 'moleque', 'senzala'... Na indústria dos engenhos preponderam as vozes congolesas: garapa, cachaça, banguê..."[138]

O que é contestado por Luís da Câmara Cascudo (1898-1986):

> "Pelas Províncias ultramarinas, Guiné, Angola, Moçambique, também não ouvi pronunciar-se 'cachaça', sempre 'aguardente'... Nem mesmo topei 'cachaça' nos livros dos velhos viajantes... Pelo Congo, Senegal, nas antigas posses francesas e belgas, diz-se 'Eau-de-vie'. Não o li em qualquer livro de assunto africano. Invariavelmente 'aguardente', nas festas, cerimônias tribais, oferendas motivas aos mortos. Visivelmente 'cachaça' não é africanismo."[160]

Também na Espanha havia a cachaça, aguardente obtida com as borras, resíduos do esmagamento de uvas. Ou seja, a cachaça portuguesa e a espanhola não tinham nada a ver com a cachaça brasileira.

Tanto no Brasil como nas colônias espanholas cachaça era o nome dado à primeira espuma que surgia na fervura do caldo de cana, durante a fabricação do açúcar. Era fornecida como alimento aos animais ou descartada. A segunda espuma era muito apreciada pelos escravos que a recolhiam, mas não a consumiam imediatamente. Esperavam que azedasse. Após algum tempo esta bebida fermentada também passou a ser chamada cachaça. Posteriormente, cachaça era toda aguardente de qualidade inferior dada aos escravos ou, devido ao preço baixo, acessível ao bolso dos pobres. Com o tempo foi se tornando sinônimo de aguardente de cana.[24]

Um dos significados de cachaça era o nome dado à porca, enquanto o porco era cachaço.[151] Pode também significar paixão, mania, vício, vocação, inclinação, gosto, sestro [226] como nos textos abaixo:

> "Mordomia é uma cachaça que não passa / pro ministro beber vinho. / Afinal para o governo sai de graça, / pois quem paga é o zé-povinho."[169]

> "A minha vida adquiria amarras. Era uma cachaça que prendia, que me embriagava. Vivia. Viver era o meu mais importante vício. O mais caro também."[179]

> "Se o preto bobeasse, matava! E dava um murro na polpa da coxa, coxa de cavaleiro dono de dono, seu senhor! Seus dentes estalavam, em ferro, podiam cortar como uma faca de dois lados, naquela cachaça, meter verga de ferro no negro."[545]

Por outro lado, cachação nada tem a ver com os significados acima e refere-se a pescoção, safanão, empurrão, pancada [226] como abaixo:

> "Dei-lhe um socavanco e espragatei-lhe as ventas. Ficou sem ação, fazendo termo. Dei-lhe outro cachação. E o sangue espirrou."[23]

> "... o Albino ia tomar com um daqueles cachações que apanhava quando pegado no truco ou na pinga."[57]

Deve-se lembrar que logo que começou a ser fabricada, a cachaça recebia os nomes de aguardente da terra, vinho da terra e vinho de mel. Quanto a vinho da terra, este termo foi também usado, ao menos no século XVII, para designar o vinho produzido a partir de uvas na cidade de São Paulo, como segue:

> "Outra cultura de franco desenvolvimento é o da vinha. Ao lado do bananal ou pacoval, dos limoeiros, laranjeiras, limeiras e mais árvores de espinho, há quase sempre um pedaço de vinha ou uma latada de parreiras. Vale o vinho da terra mil e poucos réis a peroleira, inclusive o casco."[362]

Gabriel Soares de Souza, em seu minucioso relatório sobre o Brasil da segunda metade do século XVI mencionou as bebidas alcoólicas aqui presentes e a produção de vinho de uva:

> "(...) dão-se nestas capitanias uvas, figos, romãs, maçãs e marmelos, em muita quantidade, e os moradores da vila de São Paulo têm já muitas vinhas; e há homens nela que colhem já duas pipas de vinho por ano (...)"[601]

Em carta de 1549, padre Manuel da Nóbrega relatou a existência de vinhas no Brasil:

> "Porque veio dar parras, uvas, e ainda duas vezes no ano; porém são poucas por causa das formigas, que fazem muito dano assim em isto, como em outras coisas."[73]

Fernão Cardim, padre português que viveu no Brasil de 1583 até sua morte em 1625, visitou São Paulo em 1585 e seu relato corrobora as informações de Gabriel Soares de Souza:

> "Piratininga é Villa da invocação da conversão de São Paulo (...) Tem muitas vinhas, e fazem vinho, e o bebem antes de ferver de todo: nunca vi em Portugal tantas uvas juntas, como vi nestas vinhas..."[146]

Cardim também informou sobre a produção de vinho de uva no Rio de Janeiro e existência de parreiras na Bahia, mas nada comentou sobre a produção de vinho de uva neste local.

Os registros acima informam que se produzia em São Paulo o tradicional vinho da uva. Na segunda metade do século XVII ainda havia muita vinha em São Paulo:

> "Do outro lado dos rios Anhangabaú e Tamanduateí, estendiam-se as fazendas, os currais, os trigais e os vinhedos."[108]

São Paulo deve ter sido um conhecido centro produtor de vinho, pois é também lembrado pelo Frei Vicente do Salvador (1564-1635) no seu *História do Brasil*:

> " (...) posto que hoje (início séc. XVII) não se dão tanto a fazê-lo (o açúcar) quanto à lavoura de trigo, que se dá ali muito, e cevada e grandes vinhas, donde se colhem muitas pipas de vinho, ao qual pera durar dão uma fervura no fogo."[565]

Já a bebida fermentada obtida pelos indígenas através do milho também é citada por Gabriel Soares de Souza:

> "Êste milho se planta por entre a mandioca e por entre as canas de açúcar, e colhe-se a novidade aos três meses, uma em agosto e outra em janeiro. Este milho come o gentio assado por fruto, e fazem seus vinhos com ele cozido, com o qual se embebedam, e os portugueses que comunicam com o gentio,

e os mestiços não se desprezam dele, e bebem-no mui valentemente."[601]

Mais adiante é descrita a preparação do cauim de mandioca feita por Gabriel Soares de Souza:

> "(...) mas o seu vinho principal é de uma raiz a que chamam de aipim, que se coze, e depois pisam-na e tornam-na a cozer, e como é bem cozida, buscam as mais formosas môças, da aldeia para espremer estes aipins com as mãos e algum mastigado com a boca, e depois espremido na vasilha, que é o que dizem que lhe põem a virtude, segundo a sua gentilidade; a esta água e sumo destas raízes lançam em grandes potes, que para isto têm, onde este vinho se coze, e está até que se faz azedo; e como está bem, o bebem com grandes cantares (...)"[601]

O vinho feito de abacaxi pelos índios é também mencionado:

> "Ananás é uma fruta do tamanho de uma cidra grande (...) de cujo sumo, quando são maduras, os índios fazem vinho com que se embebedam; para o que os colhem mal maduros, para ser mais azedo, do qual vinho todos os mestiços e muito portugueses são mui afeiçoados."[601]

Desta forma, Gabriel Soares de Souza menciona vinhos feitos de uva, de milho, mandioca e abacaxi. Embora a cana de açúcar e os engenhos produtores de açúcar sejam citados em várias outras partes to seu Tratado, não há menção ao vinho de cana de açúcar e muito menos à aguardente.

Antonio de Moraes Silva (1755-1824) no seu *Diccionario da Língua Portuguesa*[585] publicado inicialmente em 1813, define cachaça:

> "Cachaça, s.f. Vinho de borras. Sá e Mir. f.44. § (no Brasil) Aguardente ordinária, extrahida do mel, ou borras do melaço, o das limpaduras da canna de assucar. § Cachaça; escuma grossa, que, na primeira fervura, se tira do succo das cannas na caldeira, onde se alimpa, para passar às tachas, depois de bem depurado, e ajudado com decoada de cal, ou cinzas. Canc. f. 111 v. 'cobro de cachaça'. § Prazer habitual; goso que se toma de fazer alguma cousa por habito, por costume, por paixão: 'a minha cachaça é aos domingos comer, beber e jogar com três ou quatro amigos'."

No seu *Diccionario de Vocabulos Brazileiros* de 1889, Beaurepaire-Rohan (1812-1894) apresenta definição semelhante:

> "Cachaça - "s. f. aguardente feita com o mel ou borras do melaço, differente da que fabricam com o caldo da canna, à qual chamam de aguardente de canna ou caninha. II Etym. Aulete attribue a este vocábulo uma origem exclusivamente brazileira, entretanto que Moraes, citando a autoridade de Sá de Miranda, o dá como portuguez, significando 'vinho de borras'. Diz mais Aulete que também lhe chamam 'tafiá', o que não é exacto, quanto ao Brazil, onde esse termo, puramente francez, é completamente desconhecido do vulgo. II Obs. Na Bahia, e outras províncias do Norte, dão também o nome da cachaça à escuma grossa, que, na primeira fervura, se tira do succo de canna na caldeira, onde se alimpa, para passar às tachas, depois de bem depurado, e ajudado com decoada de cal ou cinza (Moraes). Esta espécie de cachaça é distribuída ao gado, e muito concorre para engordal-o. II Fig. Paixão dominante: A cultura das flores é a minha cachaça."[93]

Antonio de Moraes Silva e Beaurepaire-Rohan definem cachaça como o destilado do mel ou borras do melaço, enquanto o segundo estipula que aguardente de cana ou caninha é a obtido do caldo de cana.

Clóvis Amorim no seu ilustrativo *Alambique* publicado inicialmente em 1943 recorda que:

> "As burramas – dez a vinte burros com sacos de couro – há dia e meio que vinham chegando, trazendo mel da Usina Passagem para o alambique."[49]

No alambique:

> "O bueiro do alambique fumegava. Santos, o foguista, atirava na boca da caldeira toros de jequitibá e tapororoca vermelha. Mestre Nogueira, o destilador, chupando o seu cigarrinho de palha e alisando a sua barba de mês, passeava no tabuado, vigiando o pessoal do serviço. O mel grosso, escuro, misturado com água, fermentava nas dornas enormes, desprendendo um cheiro forte, de tontear. Zé Costa – qui-ti-xá! qui-ti-xá! – puxava uma bomba pesada, tangendo para o aparelho o vinho preparado para a destilação."[49]

A cachaça teve e ainda tem milhares de nomes e chegou a ser conhecida como parati ou paraty, januária e, recentemente, salinas. Cachaças engarrafadas até a década de 1950 apresentavam no rótulo o termo aguardente de cana ou aguardente de canna, caninha ou canninha e pinga embora parati ou paraty, januária e morrão eram às vezes utilizados. Muito raramente aparecia o termo cachaça, que começou a se popularizar a partir da década de 1960 e hoje predomina.[167] Nos anúncios de fábricas e depósitos de bebidas alcoólicas da década de 1.910 no Almanack Laemmert apresentado por Carlos Eduardo S. Gravatá predomina o nome aguardente e, eventualmente, canninha.[278]

Cachaça é um tipo de aguardente e esta é:

> "Por definição, aguardentes são bebidas fortemente alcoólicas, obtidas pela fermentação e posterior destilação de mostos açucarados, oriundos do caldo, e de macerados vegetais ou não. Assim, a definição de aguardente é genérica, e, como tal, pode-se encontrar aguardentes de frutas como laranja, uva, banana, medronho; aguardente de cereais como cevada, milho, arroz; aguardente de raízes e tubérculos como de beterraba, mandioca, batata; aguardente de colmos como cana-de-açúcar e bambu."[687]

O nome original dado à aguardente é *aqua vitae*, referindo-se ao elixir da longa vida dos alquimistas. Como a bebida tem a propriedade de queimar, os portugueses, embora já tivessem o radical germânico Brandão para exprimir essa característica, preferiram adotar o termo aguardente, semelhante ao *acquarzente* italiano e ao aguardiente espanhol.[24]

O Decreto nº 4851, de 02 de outubro de 2003 define aguardente de acordo com a matéria prima usada ao produzi-la como:

> "Art. 90. ....
>
> § 1º A aguardente terá a denominação da matéria-prima de sua origem.
>
> § 2º aguardente de melaço é a bebida com graduação alcoólica de trinta e oito a cinquenta e quatro por cento em volume, a vinte graus Celsius, obtida do destilado alcoólico simples de melaço ou, ainda, pela destilação do mosto fermentado de melaço, podendo ser adoçada e envelhecida, cujo coeficiente de congênere será definido em ato administrativo complementar.
>
> § 3º Aguardente de cereal é a bebida com graduação alcoólica de trinta e oito a cinqüenta e quatro por cento em volume, a vinte graus Celsius, obtida do destilado alcoólico simples de cereal ou pela destilação do mosto fermentado de cereal, podendo ser adoçada e envelhecida, cujo coeficiente de congêne-

re será definido em ato administrativo complementar.
§ 4º Aguardente de vegetal é a bebida com graduação alcoólica de trinta e oito a cinqüenta e quatro por cento em volume, a vinte graus Celsius, obtida do destilado alcoólico simples de vegetal ou pela destilação do mosto fermentado de vegetal, podendo ser adoçada e envelhecida, cujo coeficiente de congênere será definido em ato administrativo complementar.
§ 5º Aguardente de rapadura ou melado é a bebida com graduação alcoólica de trinta e oito a cinqüenta e quatro por cento em volume, a vinte graus Celsius, obtida do destilado alcoólico simples de rapadura ou melado ou pela destilação do mosto fermentado de rapadura ou melado, podendo ser adoçada e envelhecida, cujo coeficiente de congênere será definido em ato administrativo complementar." (NR)
"Art. 91. Aguardente de cana é a bebida com graduação alcoólica de trinta e oito a cinqüenta e quatro por cento em volume, a vinte graus Celsius, obtida de destilado alcoólico simples de cana-de-açúcar ou pela destilação do mosto fermentado de cana-de-açúcar, podendo ser adicionada de açúcares até seis gramas por litro.
§ 1º A bebida que contiver açúcares em quantidade superior a seis e inferior a trinta gramas por litro será denominada aguardente de cana adoçada.
§ 2º Será denominada aguardente de cana envelhecida a bebida que contiver no mínimo cinqüenta por cento de aguardente de cana envelhecida, por um período não inferior a um ano, podendo ser adicionada de caramelo para a correção da cor."[583]

A cachaça é definida no mesmo Decreto nº 4851, de 02 de outubro de 2003:

"Art. 92. Cachaça é a denominação típica e exclusiva da aguardente de cana produzida no Brasil, com graduação alcoólica de

> trinta e oito a quarenta e oito por cento em volume, a vinte graus Celsius, obtida pela destilação do mosto fermentado de cana-de-açúcar com características sensoriais peculiares, podendo ser adicionada de açúcares até seis gramas por litro, expressos em sacarose.
> § 1º A cachaça que contiver açúcares em quantidade superior a seis e inferior a trinta gramas por litro será denominada cachaça adoçada.
> § 2º Será denominada de cachaça envelhecida, a bebida que contiver no mínimo cinqüenta por cento de aguardente de cana envelhecida, por um período não inferior a um ano, podendo ser adicionada de caramelo para a correção da cor."[583]

Nomes atribuídos à cachaça foram no início de sua produção: vinho de cana, vinho de mel, vinho de mel de cana, aguardente da terra, vinho da terra e jeribita da terra.[139] Alguns nomes atribuídos à cachaça passaram a ser conhecidos a partir de anos ou épocas específicas:

AGUARDENTE – Nome atribuído à cachaça desde que se iniciou sua produção no Brasil[151]
AGUARDENTE DA TERRA – Era um nome usado já em 1646[24]
VINHO DE MEL – Portugal em 1649[160]
CACHAÇA – Brasil ao menos desde 1660[190]
AGUARDENTE DO PAÍS – Brasil 1679[230]
GERIBITA – Luanda (Angola) 1688[231]
JEREBITA – Bahia em 1689[160]
AGUARDENTE DE CACHAÇA – Brasil, séc. XVII[232]
AGUARDENTE DE CANA – Brasil, séc. XVII[232]
AGUARDENTE DO PAÍS – Brasil, séc. XVII[232]
AGUARDENTE FEITA DE AÇÚCAR – Brasil, séc. XVII[232]
AGUARDENTE QUE NA TERRA SE LAVRA – Brasil, séc. XVII[232]

AGOARDENTE – Brasil em 1711[62]
GERIBITA DA TERRA – Rio de Janeiro 1757[160]
PINGA – Brasil desde 1773[418]
ÁGUA ARDENTE – Portugal 1774[24]
CANINHA – Brasil 1867[122]
PARATY – Brasil início do séc. XVIII
JANUÁRIA – Brasil séc. XX
SALINAS – Brasil séc. XX

É interessante o fato de que nos dicionários de Antonio de Moraes Silva (1755-1824), de 1813, e de Beaurepaire-Rohan (1812-1894), de 1889, não conste pinga como sinônimo de cachaça. Contudo, o primeiro registra estar com a pinga como o equivalente a estar embriagado.[93; 585]

O Príncipe Maximiliano (1782-1867), distingue cachaça de aguardente, mas não define do que cada uma é produzida:

> "A qualidade mais comum é a 'aguardente de cana'; a que é um pouco mais bem destilada se chama 'aguardente de mel', e a melhor de todas, vinda da Bahia, 'cachaça'."[385]

Mais adiante, quando descreve os métodos de conservação dos espécimes coletados lança alguma tênue luz sobre o assunto:

> "A comumente chamada 'água ardente de cana' é muito fraca; precisa ser frequentemente renovada nos bocais em que guardaram répteis, que, sem essa precaução, não ficariam conservados. A aguardente forte, a que os brasileiros chamam 'cachaça' é muito mais útil nesses casos."[385]

Luís da Câmara Cascudo (1898-1986) fez uma extensa pesquisa sobre a origem do termo cachaça e quando ele começou a ser aplicado à aguardente de cana de açúcar. Também tentou descobrir quando se começou a produzir cachaça. Depois de procurar as informações na América, Europa e África, conclui:

> "Não sei quando o nome cachaça se aplicou a aguardente da terra, destilada nos engenhos do Brasil. Nem quando esta começou a fabricar-se."[160]

Também acreditava que a palavra cachaça para designar aguardente de cana passou a ser utilizada depois do século XVII:

> "Não havia, evidentemente, pelos séculos XVI e XVII, bebida com o nome de cachaça, com base alcoólica."[160]

Quanto ao termo cachaça, afirmou adiante, referindo-se ao texto de Tomás Antonio Gonzaga (1744-1810):

> "No Brasil, a mais antiga menção, para mim, encontro na 5ª das Cartas Chilenas redigidas em 1788-1789, segundo Afonso Arinos de Melo Franco, ou 1786-1787, na dedução de M. Rodrigues Lapa.
> Outros mais sortimentos, que não fossem
> Os queijos, a cachaça, o negro fumo.
> Pois a cachaça ardente que o alegra,
> Lhe tira as forças dos robustos membros."[160]

Já Marcelo Câmara afirma que:

> "O nome 'cachaça', no mais antigo documento público oficial, encontro o 'Parecer de 1755', de José Antonio Freire de Andrada, Governador da Capitania de Minas Gerais, mandando cumprir a Ordem Régia que proibia os engenhos que fabricavam cachaça." [139]

Contudo em documento mais antigo, de 1742, consta o emprego do termo cachaça no lugar de aguardente:

"O fato é que em 1742 já se dizia cachaça por aguardente (Registro Geral, vol. V, pag. 501) e que em julho de 1766 o chefe da expedição do Iguatemi requisitava para os seus comandados 'mais dez barris de cachaça', iguais aos anteriores."[24]

Documento ainda mais anterior ao acima atesta o uso do nome cachaça, diferenciando-a da aguardente. Trata-se do Registro dos Contratos de 1660, referente aos impostos aplicados para construção da Cadeia Nova.

"Encontra-se incidental referência ao Livro dos Contratos da obra dos quartéis, no termo de dezenove de novembro de 1660, no qual se dispõe sobre a despesa de obras da Cadeia Nova, açougues e casas da Câmara que tinham sido arrematadas, e se faziam por Antônio Favela, com dinheiro das condenações de aguardente e cachaça, devidamente consignado."[190]

Já para definir a data do início da produção de cachaça, Cascudo é mais cauteloso:

"É possível afirmar-se que, no Brasil, desde inícios do séc. XVII, fabricava-se uma aguardente com o caldo da cana, citada por Pyrard de Laval em 1610 na Bahia, de garapa azeda, fermentada, aguardente-de-cana, ou Caninha, como lembra Beaurepaire-Rohn. Depois obtinha-se outra aguardente, das borras do mel de cana, do melaço, por destilação, e que seria, tal qual acredita Beaurepaire-Rohan, a legítima Cachaça, correspondendo à Bagaceira em Portugal, esta feita com borras de uvas, e que Sá de Miranda bebera na quinta do seu amigo Antonio Pereira, mencionando-a na famosa Carta-II."[160]

Luís da Câmara Cascudo (1898-1986) deduziu que Pyrard de Laval (1578-1623) referia-se à aguardente de cana. Contudo, o que o navegador francês, que viajou pelo Oriente e chegou ao Brasil em agosto de 1610, registrou em terras brasileiras foi:

> "Há muitas galinhas da Índia, que vale cada uma dous escudos; um par de ovos cinco soldos; a canada de vinho quarenta soldos. Fazem vinho de canna de assucar, que é barato, mas só para escravos, e naturaes da terra. Há muita quantidade de fructas, como laranjas, limões, banana, cocos, e outras."[488]

O vinho cuja canada é quarenta soldos, provavelmente é o importado, assim como a maioria dos víveres, como Pyrard de Laval (1578-1623) descreve anteriormente:

> "É uma terra mui áspera e bravia, quase toda coberta de bosques; e até mui perto e em volta das cidades todos estes bosques são cheios de bugios e monos, que fazem muito damno. A terra produz pouco, e não avonda para sustentar os Porteguezes; e por isso toda a sorte de viveres lhe vem ou de Portugal, ou das ilhas dos Açores e Canarias."[488]

Já o *vinho de canna de assucar* seria apenas o caldo de cana fermentado e não aguardente, isto porque Pyrard de Laval (1578-1623) fazia clara distinção entre aguardente e vinho quando relatou sua viagem do Oriente para o Brasil.

> "Todo isto nos fez padecer muitas amofinações nesta viagem de Goa até a Bahia de Todos os Santos, onde estivemos seis

> mezes, ou perto delles. Algumas vezes, mas raras, algum homem bemfazejo nos convidava para comer com elle, ou nos mandava alguma coisa. Mas o que é mais raro é o beber, que poucas vezes nos davam, isto é, uma pouca de água ardente, ou vinho de passa."[488]

Ou seja, é provável que Pyrard de Laval (1578-1623) estivesse registrando que a bebida alcoólica que ele encontrou na Bahia em 1610 era o caldo de cana fermentado e não destilado. Portanto, neste caso, não era aguardente (cachaça).

Há informação de que já se produzia cachaça no Espírito Santo em 1605:

> "No Estado do Espírito Santo, os primeiros engenhos de cana surgiram em São Mateus, ainda no século XVI. Em 1605, a cultura da cana já era importante também em Vitória, onde se produzia açúcar e aguardente. Assim, a cachaça capixaba possui cerca de 400 anos de história."[581]

Contudo, na fonte documental da informação acima, a obra *História do Estado do Espirito Santo*, de José Teixeira de Oliveira[449], lê-se:

> "A MISERICÓRDIA – Como para afirmar às gerações que portugueses haviam estado na terra, a Santa Casa de Misericórdia já fora fundada[65] e veio a merecer honraria especial de Filipe II, em 1605, que lhe concedeu, por alvará de primeiro de junho daquele ano, os mesmos privilégios da sua irmã de Lisboa[66]. As culturas principais eram, além da cana, de que faziam açúcar e aguardente, algodão, arroz e tabaco."[449]

Toda a obra de José Teixeira de Oliveira é baseada em documentos históricos que corroboram suas afirmações, como nas duas referências (65 e 66) citadas no parágrafo acima. Contudo nenhuma fonte é citada quando assegura que em 1605 já se produzia cachaça no Espírito Santo. Na sua próxima menção cronológica à cachaça, que se refere ao ano de 1646:

> "As despesas para a manutenção do destacamento corriam por conta dos moradores, que pagavam um donativo especial incidente sobre aguardente de cana e vinho de mel[47]."

Onde a referência 47 é: Daemon, Basílio Carvalho – *Província do Espírito Santo – Sua Descoberta, História, Cronologia, Sinópsis e Estatística* – Tipografia do Espírito-Santense – Vitória – 1879.

O que pode ter acontecido é que o autor associou automaticamente a existência de engenhos de açúcar à produção de cachaça, atitude bastante comum entre os pesquisadores que estudam fatos relacionados aos engenhos de açúcar e cachaça.

Se nos limitarmos ao termo cachaça, apenas no que se refere ao que viria a ser um tipo de aguardente de cana, empregou-se para nomear:

- A primeira espuma resultante da fervura do caldo de cana durante a produção de açúcar[62; 478]
- A segunda espuma resultante do processo acima.[24]
- A segunda espuma fermentada.[24]
- Aguardente, extraída do mel, ou borras do melaço, ou das limpaduras da cana de açúcar.[49; 93; 585]
- Aguardente de cana.[24]
- Aguardente de cana obtida da destilação do caldo de cana fermentado.[583]

ONDE ESTÁ A CERTIDÃO DE NASCIMENTO?

Até o presente, não foi encontrado nenhum documento constando a data onde seja mencionado o início de produção da cachaça. Uma das explicações é que os portugueses e os espanhois viam suas colônias como fonte de riquezas, delas extraindo madeira, ouro e pedras preciosas e permitindo a produção apenas de artigos necessitados na Europa, como o açúcar, o tabaco e depois o couro e o algodão. Se houve alguma produção ou exportação de cachaça no século XVI, ela foi clandestina, não tendo sido registrada, devido ao receio da fiscalização da metrópole.[197]

Guillaume François de Parscau (1684- ?), guarda-marinha da frota francesa que invadiu o Rio De Janeiro em 1711, anotou:

> "Se a política de estado o permitisse, seria possível produzir aqui tudo o que temos na Europa. Por razões óbvias a produção de vinho e de trigo é particularmente proibida. Desde alguns anos, vem sendo proibida também a cultura do tabaco, deixando-a para a Baía de Todos os Santos, que comercializa grande quantidade desse artigo." [245]

O que significa que além de manter o monopólio do comércio com a colônia, Portugal também instituia cartéis dentro da própria colônia.

Rocha Pitta (1660-1738), por volta de 1728 se ressente do monopólio português:

> "O comércio que lhe resulta dos seus preciosos gêneros e da freqüência das embarcações dos portos do reino, das outras conquistas, e das mesmas províncias do Brasil, trocando umas por outras drogas, a faz uma feira de todas as mercadorias, um empório de todas as riquezas, e o pudera ser de todas as grandezas

> do mundo, se os interesses do Estado e da monarquia lhe não impedisse o tráfego e navegação com as nações estrangeira..."[479]

O navegador e naturalista francês Pierre Sonnerat (1745-1814) no seu relato de 1806, que inclui um manuscrito de 1748, informa que naquele ano a situação continuava na mesma:

> "Do país, os navios mercantes portugueses levam, além do ouro e da pedraria, somente tabaco, açúcar e algodão – este último, ao que parece, produzido contra a vontade da metrópole." [247]

Em outras palavras, saqueavam as riquezas naturais e ainda obrigavam as colônias a consumir produtos exportados pela metrópole. Tudo indica que por muitas dezenas de anos a cachaça foi um produto marginal, produzido, consumido e comercializado clandestinamente.

Mesmo se houvesse alguns registros, os constantes saques de piratas podem tê-los destruídos.[197] A invasão de algumas cidades por forças estrangeiras podem também ter provocado sumiço de documentos, como ocorreu em Pernambuco com a invasão holandesa de Olinda e Recife 1630 a 1654:

> "Na noite anterior, quando o Sr. General ancorado em frente ao Recife, suspendeu o fogo, e na seguinte, quando à tarde foi tomada a cidade, os do Recife lançaram mão de todos os seus navios que ali se achavam, em número de vinte ou mais, meteram a pique parte deles na abertura e entrada do porto para impedirem a nossa chegada, e incendiaram o resto, assim aniquilando e destruindo todos juntos, estando muitos carregados de açúcar, do que resultou grande prejuízo, pois (ao que dizem) foi abrasada grande quantidade de açúcar, orçando por quinze mil caixas, tanto nos navios que estavam carregados como em terra nos armazéns aos quais também puseram fogo."

> (...) "Achamos ali (Olinda) quinhentas pipas de vinho de Espanha, noventa caixas de açúcar, e também alguns barris e sacos de farinha de trigo e algum azeite. No Recife ainda foram encontradas setenta caixas de açúcar, que escaparam ao incêndio."[82]

Durante a permanência dos holandeses várias benfeitorias e navios foram destruídos. Contudo, Maurício de Nassau foi responsável pelo grande avanço urbanístico experimentado em Recife e expedições foram enviadas em busca de ouro, o que contribuiu para o desbravamento do interior. Em várias áreas da cidade foram plantadas árvores, muitas já adultas e transplantadas de outros lugares:

> "(...) mandou o Conde buscá-los (coqueiros) a distância de três ou quatro milhas, em carro de quatro rodas, desarraigando-os com jeito e transportando-os para a ilha, em pontões lançados através dos rios. Acolheu a terra amiga as mudas, transplantadas não só com trabalho, mas também com engenho, e tal fecundidade comunicou àquelas árvores anosas, que, contra a expectativa de todos, logo no primeiro ano do transplante, elas, em maravilhosa avidez de produzir, deram frutos copiosíssimos. Já eram septuagenárias e octogenárias e por isso diminuiram a fé no antigo provérbio: 'árvores velhas não são de mudar'."[86]

No início da colonização, não havendo armadas e soldados regulares para defender a região, os próprios engenhos e fazenda tinham que se proteger de invasores e saqueadores conforme Regimento do rei de Portugal:

> "Os senhorios dos enjenhos e fazemdas que per este regimento hão de ter tôrres ou casas fortes terão ao menos quatro berços, dez espimgardas com pólvora necesaria dez beestas e vinte espadas dez lanças ou chuças e 20 corpos darmas dalgodão." [295]

> "Levantar engenhos no Nordeste e no Recôncavo equivalia a montar um pequeno exército de trabalhadores armados e equipados, a assentar arraiais e a instalar quartéis em que, de fato, se transformavam as fábricas de açúcar, na fase guerreira ou nos períodos de invasão."[79]

Mesmo os moradores das terras do Brasil detentores de algum bem deveriam cuidar da própria defesa:

> "E todo morador das ditas terras do Brasil que nelas tever casas terras ou águas ou navio tera ao menos beesta espimgarda espada lamça ou chuça e este capitolo fareis noteficar..."[295]

Apenas com a invasão holandesa de 1624 exércitos regulares começaram a ser formados e quartéis para abrigar as tropas foram construídos na Bahia. Os custos foram bancados com impostos sobre óleo de peixe, aguardente e cachaça.[190] Senhores de engenho e lavradores de cana foram também taxados:

> "(...) temendo-se nova invasão batava, o Governador Antonio Teles de Silva mandou substituir a trincheira por um forte real, para o que expediu portaria do Senado da Câmara, com a data de 24 de outubro de 1646, em virtude d qual se deu início à obra. Atendendo o dito procônsul à circunstância de já haverem os moradores da cidade gasto por último pesadas somas com a sua fortificação, fintou os senhores de engenho e lavradores de canas do Recôncavo a fim de auxiliarem o vultoso financiamento da nova construção bélica, pagando cada deles 50 réis por tarefa de cana cultivada."[190]

Com a formação de exércitos regulares a defesa da colônia melhorou. Como geralmente a solução de um problema gera outros, houve casos de motins de soldados como o de 1728 na Bahia e a bebida alcoólica foi erroneamente sugerida como a causa. Na carta que o Vice-Rei enviou a Sua Majestade lê-se:

> "(...) e porque supunha que era vinho ou aguardente, nos que os tinham posto em termos de intentarem um absurdo, por todos os princípios, indesculpável, lhes perdoava, com condição de se recolherem aos seus quartéis, que ficavam imediatos, onde eu mesmo os introduziria."[190]

Apenas em 1695 foi liberada por Portugal a exportação de cachaça para a África em troca de escravos. Há registro nas Atas da Câmara de São Paulo do comércio e venda de cachaça em 1638 e nesta mesma década Pernambuco a exportava em tonéis.[24]

Todos os historiadores são unânimes quanto ao fato da cachaça ter sido criada no Brasil, mas há controvérsias quanto à data de sua criação e onde ela foi inventada. Quando se procura respostas a essas questões entra-se em um beco sem saída, cujo nome é *Provavelmente*. Portanto, não se pode descartar a hipótese de que a cachaça tenha sido inicialmente produzida com outro nome (rum ou tafia) em outras colônias das Américas. Não se encontrou até o momento nenhum registro histórico que comprove essa hipótese, assim como não há nada que garanta que ela nasceu no Brasil.

VAI VER QUE FOI O ÍNDIO!

> "Consideram tão indecente ao seu sexo meter-se neste trabalho quanto nós consideraríamos indecente que os camponeses seminus da Bresse ou de outras regiões pegassem na roca para fiar. Os selvagens chamam essa bebida 'cauim', é turva e espessa como borra e tem como que o gosto do leite azedo. Há

> cauim branco e tinto tal qual o vinho." (...) ... ao chegarmos a esse país procuramos evitar a mastigação no preparo do cauim e fazê-lo de modo mais limpo. Por isso pilamos raízes de aipim e mandioca com milho, mas, para dizer a verdade, a experiência não provou bem. Pouco a pouco nos habituamos a beber o cauim da outra espécie embora não o fizéssemos comumente, pois tendo cana à vontade púnhamo-la de infusão por alguns dias na água depois de refrescá-la um pouco por causa do grande calor; e assim açucarada bebíamos a água com grande prazer." Jean de Léry, *Viagem à Terra do Brasil.*[333]

> "Também de outros frutos, principalmente Pacóba, Ananás, Mangába, Ianipába, Caraguatá, espremidos, fabricam vinho ou bebida espirituosa semelhante, não menos capazes de embriagar." Guilherme Piso , *História natural e médica da Índia Ocidental.*"[478]

Não está descartada a hipótese de que quem descobriu o vinho de cana (caldo de cana fermentado) como bebida alcoólica foram os índios, uma vez que:

A – Nas primeiras décadas do funcionamento dos engenhos, a mão de obra era predominantemente indígena.

> "Todas essas atividade, porém, de produção e de transportes, na lavoura e nas fábricas, nas estradas e nos portos, exigiam uma copiosa mão de obra, que se constituiu primeiramente de índios reduzidos ao cativeiro e, depois, de escravos da Guiné e de outras proveniências."[79]

B – Os índios do Brasil eram especialistas em fabricar bebida alcoólica. Conheciam dezenas delas, obtidas de frutos, sementes, raízes, tubérculos, bulbos, cascas, etc., sendo que a mais conhecida é o cauim.

C – Tendo perdido a liberdade de estar no seu habitat natural e de seguir seus costumes, que incluiam consumir bebidas alcoólicas feitas com matérias primas disponíveis na floresta, a engenhosidade dos indígenas pode os ter levado a dar um jeitinho para extrair da cana de açúcar uma bebida substituta das suas tradicionais.

O Capitão Moniz Barreto, citado por Luiz Mott, informou que os índios do sul da Bahia, no fim do século XVIII, conheciam:

> "(...) mais de 80 diferentes tipos de 'vinhos' feitos com frutas silvestres (...)"[419]

Observar que o Capitão refere-se apenas aos vinhos obtidos de frutas silvestres, não incluindo os derivados de outras partes dos vegetais.

Luiz Mott discorrendo sobre a economia das aldeias indígenas do século XVIII e início do século XIX na Bahia informa sobre o plantio de cana e cogita:

> "Se chegaram eles próprios a destilar o melado, infelizmente não há documentação que esclareça, mas o que é certamente provável, seria o uso da garapa fermentada, à moda do tradicional cauim, que apesar de mais fraco que a cachaça, também embebeda quando tomado em boa quantidade."[419]

O autor deduz que os índios quase que certamente produziam e bebiam a garapa fermentada. Ao menos no início do século XIX isso é verdadeiro, pois é o que consta em nota de rodapé da obra do Príncipe Maximiliano, referindo-se à *Notícias curiosas do Brasil*, de Simão de Vasconcelos, aos tipos de cauim produzidos pelos índios:

> "Dele enumeram-se 32 variedades, taes como o de 'acaiá', 'aipi' (chamado também 'cauí caraçú' e 'cauí macachera', de 'pacoba'

('Pacouy'), milho ('Abatiuy'), ananás (Manavy), este mais forte e que facilmente embriaga, o de batata (Jetiuy), genipapo, beiju ou mandioca ('Tepiocuy'), mel de abelha selvagem, assucar ('garapa'), caju, etc. Os últimos são os mais estimados."[385]

O modo de preparo do cauim de mandioca foi descrito magistralmente em *Duas Viagens ao Brasil*[607] pelo aventureiro alemão Hans Staden (1525-1579) que ficou durante nove meses e meio do ano de 1554 aprisionado pelos tupinambás, no litoral do hoje Estado de São Paulo.

"Por duas vezes Staden passou pela América Portuguesa no início do século XVI, onde teve oportunidade de participar de combates na Capitania de Pernambuco e na Capitania de São Vicente, contra corsários franceses e seus aliados indígenas."[607]

Na primeira viagem partiu de Bremen, na Alemanha, em busca de pau-brasil e passou pelos Países Baixos e Portugal, onde embarcou degredados para a colônia portuguesa. Chegou em 28 de janeiro de 1548 à Capitania de Pernambuco, que estava sendo atacada por indígenas. Quarenta homens da embarcação em que ele estava juntaram-se a outros 120 e lutaram em Igaraçu, próximo a Olinda, contra cerca de 8.000 índios, vencendo-os. Regressou à Europa em outubro do mesmo ano.

Na sua segunda viagem partiu de Castela em direção ao Novo Mundo e naufragou próximo a São Vicente. Foi recolhido pelos portugueses e por eles contratado como artilheiro do Forte de São Felipe de Bertioga. Aprisionado pelos Tupinambás enquanto caçava sozinho e levado para Ubatuba, foi resgatado mais de nove meses depois pelo navio corsário francês Catherine de Vetteville, comandado por Guillaume Moner.[607]

Suas aventuras foram também retratadas no filme *Como Era Gostoso o Meu Francês* de 1970, dirigido por Nelson Pereira dos Santos.[399] Embora Staden fosse alemão, os tupinambás pensaram que era português, seus ferrenhos inimigos. Para tentar salvar sua vida dizia que era francês (amigos dos tupinambás) e talvez este episódio tenha inspirado o nome do filme. Cabe registrar que uma das atrizes do filme, Ana Maria Nóbrega Miranda, dedicou-se depois à literatura e dentre suas obras há dois romances históricos que trazem informações importantes sobre a presença da cachaça na vida dos brasileiros: *O Boca do Inferno*[406] na Bahia do século XVII e *O Retrato do Rei*[407], abordando a Idade do Ouro do Brasil no século XVIII.

BEBIDAS DOS ÍNDIOS

"O T.D. traduz 'cauim' por vinho e 'cauim-tatá', literalmente por aguardente. Tem-se, em geral, a palavra como derivada de caju (a fruta do Anacardium occidentale) e 'yg' ou 'i' , água. Aquela fruta assegura a necessária fermentação. O 'cauim', como o 'koumis' é escrito pelos viajantes de maneiras tão diferentes que mal podem ser reconhecidas; por exemplo, 'caoui', 'caouy', 'caowy', 'kaawy', etc. É um termo genérico, e se aplica, a cerca de trinta e duas diferentes preparações de mandioca, banana-de-são-tomé, milho, abacaxi, batata-doce e cana-de-açúcar, cultivada ou selvagem. O Príncipe Max (i. 115) compara a forma mastigada com a 'ava' ou 'kava' descrita por Cook na Oceania." Sir Richard Francis Burton, *Viagem do Rio de Janeiro ao Morro Velho.*[122]

"Cauim, s. m. espécie de bebida preparada com a mandioca cozida, pisada e posta com certa quantidade de água, dentro de um vaso, onde a deixam fermentar. Corresponde ao que em Alagoas chamam 'Catimpuera' e no Pará 'Guariba' ou 'Beijú-assú'. Era o cauim a bebida predilecta dos selvagens do Brasil, no tempo da

> descoberta, e ainda hoje é usada na província do Esp. Santo e em outras. Os selvagens preparavam a massa da mandioca por meio da mastigação. Tambem o faziam com milho cozido e igualmente mastigado. Segundo Saint-Hilaire, no Esp. Santo o chamavam igualmente 'cauába'; mas 'cauába' ou 'caguába' é mais propriamente o vaso que contém o 'cauim'. O voc. 'cauim' se encontra no Dicc. Port. Braz. O Voc. Braz. Escreve' caõy', e Montoya 'Câgûí. No Pará dão os índios à aguardente o nome de 'cauim' (B. de Jary) ou 'cauen' (Seixas). O 'cauim' preparado com milho é justamente o que chamam 'Chica' em Bolivia." Visconde de Beaurepaire-Rohan, *Diccionario de Vocabulos Brasileiros*.[93]

A narrativa de Hans Staden (1525-1579) é talvez uma das mais completas e ricas sobre os usos e costumes indígenas brasileiros do século XVI. Comum entre os índios, o cauim era preparado pelas mulheres e foi assim descrita por ele:

> "As mulheres fazem as bebidas. Tomam raízes de mandioca e cozinham grandes paneladas cheias. Uma vez cozida, retiram a mandioca da panela, passam-na em outras, ou em vasilhas, e dexam-na esfriar um pouco. Então se assentam as meninas perto, mascam-na, colocando-a numa vasilha especial.
> Quando todas as raízes cozidas estão mastigadas, põem de novo a massa na panela, deitam-lhe água, misturam ambas, e aquecem de novo.
> Têm para tal vasilhas adequadas, que enterram a meio no chão, e que se empregam como aqui os toneis de vinho e cerveja. Despejam dentro a massa e fecham bem as vasilha. Isto fermentam por si e ficam fortes. Deixam-na assim repousar dois dias. Bebem-na então e com ela se embriagam. É grossa e tem bom gosto."[607]

Staden continua:

> "Cada uma das cabanas prepara sua própria bebida e quando uma aldeia quer festejar, o que ocorre habitualmente uma vez por mês, reunem-se todos primeiro em uma cabana e bebem tudo que aí há, e assim a seguir, até que tenham sorvido a bebida de todas as choças.
> Sentam-se à volta das vasilhas de que bebem, algumas sobre achas de lenha, outras no solo. As mulheres lhes servem a bebida tal qual o seu costume o exige. Alguns se levantam, cantam e dançam em torno das vasilhas. No próprio lugar em que estão bebendo vertem suas águas.
> Bebem durante a noite toda. Dançam também às vezes entre as fogueiras ardentes, clamam, sopram em seus instrumentos e fazem uma gritaria medonha, quando ficam embriagados. É raro ver-se porém que se desvenham. São muito benévolos entre si; o que um tem em maior quantidade para comer do que outro, cede-lh'o."[607]

O pirata britânico, Richard Hawkins (1562-1622) que esteve no Brasil no início de 1590 também descreve brevemente a fabricação do cauim pelos índios. Quando, em 1593, se dirigia para o Estreito de Magalhães descobriu por acaso um conjunto de ilhas, ao qual deu o nome de Ilhas Hawkins da Rainha Solteira (hoje Ilhas Malvinas ou Falklands), em homenagem a ele e à rainha Elisabeth da Inglaterra, que não era casada. Por mais que tentassem, não conseguiram desembarcar e os marujos supersticiosos:

> "Passaram a mencionar as ilhas por um termo pejorativo em espanhol, dizendo-as malvindas ou malvistas, o que para mim soava mais como português."[567]

O Príncipe Maximiliano (1782-1867), no Brasil de 1815 a 1817, comenta sobre as bebidas indígenas: "(...) não se esquecem do famoso 'caui', que é feito, agora, apenas de farinha de mandioca, milho ou batatas."[385] para, em seguida, descrever seu preparo.

Spix e Martius em viagem pelo Brasil em 1817-1820 citam a fabricação de cauim pelos indígenas.[606]

O preparo de cauim de mandioca foi também descrito por Daniel P. Kidder (1815-1891), quanto esteve no Brasil de 1837 a 1840.[318]

O cauim também era produzido da mesma maneira com o milho. Ainda hoje pode ser encontrada ao longo do Panamá e América do Sul. Do outro lado do mundo, o saquê era originalmente preparado da mesma maneira, sendo que a matéria prima era e ainda é o arroz. Não se sabe quando o cauim começou a ser produzido, mas o saquê foi no século V a.C. em Nara, antiga capital japonesa:

> "Famosa por estrelar diversos filmes ao lado de celebridades de Holywood, como no recente 'O Último Samurai' , a bebida um dia já foi considerada alimento. Em meados do século V a.C., no período Nara, os produtores não conheciam técnicas apuradas de fermentação, e o saquê era feito com pouco álcool e água, em uma combinação que mais lembrava uma porção de mingau do que outra coisa... Nessa época, 'comia-se' o saquê de hachi, direto da tigela. Na verdade, tudo era o resultado de uma receita com pormenores um tanto repulsivos: mascava-se o arroz para fermentá-lo com a saliva e depois cuspia-se em tachos para só então iniciar o preparo da bebida. Esse método era chamado de 'Kuchikami no sake', ou saquê mastigado na boca. Já na província de Hokkaido e em áreas rurais de Okinawa, os fãs da bebida encontraram outras maneiras de 'purificar' esse processo, determinando que apenas as jovens mulheres virgens poderiam mastigar o arroz, pois elas eram consideradas representantes dos deuses aqui na terra. Logo não demorou, e

a bebida produzida por elas foi batizada de 'bijinshu', saquê de mulher bonita. E por incrível que pareça, essa prática sobreviveu até poucos séculos, mesmo após a adoção de técnicas mais modernas de fermentação."[576]

Na Oceania, os nativos preparavam suas bebidas de maneira semelhante com as raízes mastigadas da planta kava ou "kawa kawa" (*Piper methysticum*):

> "O Príncipe Max (i. 115) compara a forma mastigada com a 'ava' ou 'kava' descrita por Cook na Oceania."[122]

Aqui está um bom tema para antropólogos e historiadores no que se refere aos povos que migraram para as Américas em épocas remotas: a semelhança no preparo de bebida alcoólica entre povos em distintas regiões do globo sem, aparentemente, nunca terem tido anteriormente contato uns com os outros.

A produção do cauim de milho foi descrito pelo francês André Thevet (1502-1590), que esteve no Brasil entre o fim de 1555 e o início de 1556:

> "Têm milho de duas espécies, preto e branco. Da maior parte do grão que colhem preparam essa agradável bebida. Fazem ferver o milho com outras raízes, o qual, depois de cozido longamente em grandes panelas de terracota..., toma, uma vez perfeito, a cor de um vinho clarete. Esses tratantes apreciam tanto essa bebida, que com ela se embriagam como faríamos, aqui, com o nosso vinho. Tomando-o, naturalmente, em demasia. Há uma superstição em torno dessa bebida, difícil de acreditar tal a estranheza, a saber: Depois de fervido naqueles grandes vasos, algumas mulheres virgens são chamadas a mascar o milho. É só depois de bem mascado e mastigado é posto

> em outros vasos, apropriados para isso. Os primeiros, completamente esvaziados, servem para ferver nova batelada. As mulheres casadas chamadas para esse mister devem evitar por alguns dias seus maridos ou a bebida jamais chegará à perfeição. Nos novos recipientes, a infusão é de no aquecida e fervida, depois repousa alguns dias para purgar-se, como o nosso vinho nos tonéis. Todas essas tarefas são de responsabilidades de mulheres e moças, sem que homem ou menores de sexo masculino ousem delas tomar parte. (...) Eu não podia ver fazer essa bebida sem que o estômago me ficasse embrulhado. Ao fim, cansado de beber sempre água e, a conselho dos amigos, fui quase forçado a fazê-lo um dia, quando estava doente – achei a bebida muito boa, melhor que a beberagem que preparam os africanos de suco de palmeira, melhor que o cherbect dos árabes, feito com água misturado com drogas."[623]

Jean de Léry (1534-1611), pastor, missionário e escritor francês que esteve no Brasil por quase um ano entre 1557 e 1558 também relatou a preparação e o consumo do cauim nas festas dos indígenas. Estas podiam durar até três dias, durante as quais não se comia, só se bebia. É relatado que quando algum índio estava empanturrado da bebida provocava o vômito e continuava bebendo. Por outro lado, quando se comia não se bebia e nem se falava e se havia algo importante a ser dito, esperava-se terminar a refeição. Outro costume que o impressionou foi o dos indígenas lavarem as mãos e a boca antes e depois de qualquer consumo de alimento.[333]

O costume de não comer enquanto estava bebendo foi associado à característica do cauim, que apesar de ser uma bebida com baixo teor de álcool, era rica como fonte de alimento. O ato de provocar o vômito foi associado à limpeza do corpo proporcionada pela bebida.[679]

Muito comum entre os índios era a prática da antropofagia, pois os inimigos aprisionados eram comidos, obedecendo a rituais. Os jesuítas tentaram eliminar este hábito e o padre José de Anchieta (1534-1597) o menciona em uma de suas cartas:

> "Nos dias passados, indo contra os inimigos, venceram um lugar e tomaram cativos a muitos, dos quais se dizia que um iria ser morto numa povoação próxima. Sabendo disso o P. Luis da Grã, foi lá para o proibir."[53]

Fascinante relato sobre o Brasil da década de 1590 foi deixado por Anthony Knivet, filho bastardo de nobre inglês, que foi deixado doente nas costas brasileiras pelo pirata Thomas Cavendish (1555-1592). Durante os dez anos que aqui permaneceu foi escravo de portugueses e indígenas, participou de guerras, de excursões para aprisionar índios e para buscar ouro e pedras preciosas. Uma de suas referências ao cauim segue abaixo:

> "Na manhã seguinte chegaram novas de que Guainumbi estava a caminho com trezentos canibais para levar-me à força para sua aldeia, onde eu seria morto segundo as leis da terra. Havia notícias também de como ele havia deixado ordens para que suas esposas preparassem vinho para toda a aldeia, especialmente para a ocasião."[322]

Fernão de Cardim (1540?-1625), padre português, relatou que no fim do século XVI os indígenas, além do cauim de mandioca e milho, faziam vinhos de caju, jabuticaba, mangaba e abacaxi.[146]

Yves D'Evreux (1577-1632), padre francês que esteve no Maranhão de 1613 a 1614, deixou minucioso documento sobre os indígenas. Quanto às suas bebidas:

"Com este mel fabrica-se vinho muito forte e quente para o estômago, semelhante na cor e no gosto ao da Canária. Nossa gente, quando por lá andou, fez algum vinho e com ele embebedou-se."

"Prepararam vinhos em abundância, presentearam os franceses com muitos porcos-do-mato e outras caças, e ofereceram-lhes muitas raparigas das mais bonitas..." (...) "Os principais, que ordinariamente têm mesa farta, para o que necessitam de roças maiores, preparam um cauim geral, e como todos compartilham dele..."[199]

Em relação aos prisioneiros de outras tribos:

"Vão livremente aos cauins e danças públicas enfeitando de mil maneiras o seu corpo, quer com pinturas, quer com penas, quando podem, pois estas são muito caras."[199]

Quando discorre sobre as atividades dos indígenas, de acordo com a idade, informa há sete fases: a primeira que corresponde ao de bebê; a segunda, até os sete anos; a terceira, dos sete aos quinze anos; a quarta, dos quinze aos 24 anos; a quinta, dos vinte e quatro aos quarenta anos; a sexta, a partir dos quarenta. Nesta última fase, as mulheres, chamadas de uainuí:

"Gozam do privilégio de mãe de família: presidem o fabrico dos cauins e de todas as outras bebidas fermentadas."[199]

No seu relato sobre as árvores do Maranhão, Yves D'Evreux (1577-1632) inclui o cajueiro e condena o vinho de cajú:

"Os cajueiros, que produzem uma fruta própria para fazer vinho, nascem espontaneamente pela costa do mar, e por isso vivem da seiva marítima e salgada, resultando disso ser o vinho de caju picante e acre, e produzir no futuro dores nos rins, e ser prejudicial aos pulmões. Por experiência coei este vinho, e dele tirei muito sal."[199]

Gaspar Barléu (1584-1648), que narrou os feitos de Maurício de Nassau durante a invasão holandesa ao Brasil, incluiu em suas observações sobre os costumes dos indígenas brasileiros a fabricação de cauim. Informou também que o mesmo ocorria com os nativos do Chile:

> "Nos dias festivos usam uma bebida de milho a que chamam Chiche, quase da mesma cor e sabor de soro de leite azêdo. Trituram o milho, maceram-no e fazem dêle uma pasta, que, mascada pelas velhas, se reduz a umas como tênues papas. Põe-se nelas água e deixam-se fermentar, dando então uma bebida que os embriaga. Preparam, mais ou menos do mesmo modo uma bebida de maçãs, mastigadas para obterem, segundo crêem, fermentação mais forte."[86]

Guilherme Piso (1611-1678), médico e naturalista holandês, que viveu no Brasil entre 1638 e 1644, registrou sobre os indígenas:

> "A todos os frutos preferem os pomos silvestres chamados Acajú, porque são muito sumarentos e servem de alimento e bebida. Fornece-lhes uma bebida espirituosa que, depurada de borras, pode durar muito tempo, além das ótimas castanhas que se podem guardar para provisão.
> Também de outros frutos, principalmente Pacóba, Ananás, Mangába, Ianipába, Caraguatá, espremidos, fabricam vinho ou bebida espirituosa semelhante, não menos capazes de embriagar. Das raízes da Mandioca, Patáta, de milho turco, arroz que, mastigadas, são cuspidas com saliva, se fazem também outras bebidas.

Guarda-se o esputo em vasos por tanto tempo até que ferva e expulse as impurezas. Estes vinhos, mais cedo ou mais tarde, vêm a fermentar, conforme a natureza dos sucos espremidos destas plantas e destes frutos, se são mais doces, ácidos ou amargos."[478]

Referindo-se ao vinho de jabuticaba preparado pelos índios, Piso informa:

"Certa espécie desta árvore se encontra nas selvas da Aldeia Tahuçuruna, mas dá frutos, que não se pode comparar com os outros. Dêles os íncolas extraem um vinho delicado e doce, que, a não ser bebido logo, se estraga e converte em vinagre."[478]

O Padre Cristóbal de Acuña (1597–1676?), que percorreu o rio Amazonas em 1639, relatou a produção de cauim pelos indígenas, além de outras bebidas alcoólicas a partir de frutos:

"Fabricam também, mesmo que com pouca freqüência, outros tipos de vinho e, como são tão inclinados à embriagues como os viciados, nunca lhes falta matéria-prima, lançando mão de qualquer fruta silvestre, das que abundam nas árvores."[7]

Como os nativos do litoral brasileiro, guardavam a bebida em grandes potes de barro, mas também em outros recipientes:

"Guardam esses vinhos em vários tipos de recipientes: em potes muito grandes de barro, como os da nossa Espanha; em pipas pequenas que lavram de uma só peça em troncos escavados; em vasilhas grandes que tecem de ervas, vedando-as por fora e por dentro com betume, de tal forma que não se perde uma só gota do licor que nelas guardam."[7]

Joan Neiuhof (1618-1672) também relata o uso do cauim e de vinho de caju e de mel enquanto esteve no Brasil de 1640 a 1649. Em sua crônica, há espaço para descrever a maneira dos indígenas fazerem fogo:

> "Os naturais do país acendem fogo friccionando dois pedaços de certas madeiras a que chamam Caraquatá-Guaçu e Imbaíba como fazemos com a nossa pedra de isqueiro."[436]

Como também a maneira de assar carne:

> "Para assar carne, procedem da seguinte maneira: cavam um buraco no chão, forram-no com folhas sobre as quais colocam a carne que vão preparar; cobrem-na com folhas da mesma espécie e depositam sobre uma camada de terra ou areia. Sobre essa arrumação acendem uma fogueira, que deixam arder até que presumam estar a carne suficientemente assada. Se acertam o ponto, a carne fica excelente, melhor que a preparada por qualquer outro processo."[436]

Na sua obra é mencionado também o estranho costume de se beber vinho misturado com pólvora. Isto ocorreu quando a frota em estava vindo para o Brasil foi atacada pelos turcos no Atlântico:

> "Isso me deu certa folga, que aproveitei para levantar o ânimo da tripulação não só verbalmente mas, também, com boa dose de vinho a que os marujos misturaram pólvora. Fiz o mesmo para os estimular."[436]

Esta crença de que a mistura da pólvora à bebida alcoólica realçava a coragem prevaleceu por muitos séculos e até soldados brasileiros misturavam-na à cachaça na Guerra do Paraguai e outras revoltas. Luís da Câmara Cascudo (1898-1986) testemunha:

> "O capitão honorário do Exército Joaquim Freire informava-me que a mistura era comumente ingerida durante a fase tumultuosa do governo do marechal Floriano Peixoto (1891-1894) no Rio de Janeiro, e onde houvesse luta, notadamente nos combates na revolta da Armada. E que a mistela datava da guerra do Paraguai ou mesmo na revolta Cisplatina. O major Antônio Augusto Antônio de Athaíde (1855-1935) confirmava o uso da cachaça com pólvora na campanha de Canudos (1897). O general João da Fonseca Varela (1850-1931), veterano do Paraguai, vira muitas vezes preparar e beber, antes da batalha. Era mais comum na tropa de infantaria. Os lanceiros do general Osório gostavam desse excitante."[160]

Não só na arte de fazer bebidas os índios eram especialistas. Na guerra, a camuflagem, hoje adotada tanto por comandos dos exércitos bem como por guerrilheiros e que aparece em filmes de ação, já era por eles utilizada:

> "Algumas vezes se tornavam invisíveis, ligando em torno do corpo ramos de arbustos, atirando sua flecha sem serem percebidos..."[387]

Já no início do século XIX os cientistas alemães Spix e Martius ficaram fascinados com a criatividade dos índios:

> "Estávamos bastante providos de mantimentos e de café, porém nos esquecemos da vasilha para prepará-lo. A capacidade inventiva dos nossos guias encontrou recursos para isso. Uma folha nova, inteira, da palmeira pati foi amarrada em forma de canoa debaixo de uma vara, e cheia de água, foi colocado no fogo. Para admiração nossa, a água chegou a ferver sem que a panela vegetal se arrebentasse (...)"[606]

Ferdinand Denis (1798-1890), que viveu no Brasil entre 1816 e 1831, referindo-se às bebidas dos indígenas, relata:

> "Não sei mais qual o antigo missionário português que, preocupado por uma lembrança mitológica, exclamou ingenuamente que algum deus Baco parece ter percorrido as florestas do Brasil, para ensinar aos selvagens. Efetivamente, entre as diversas nações da costa, tinha-se difundido muito o uso das bebidas embriagantes, das quais se calculava trinta e duas espécies. Faziam não só vinhos, muito procurados, do fruto do caju, do pacoba e da guabirabeira, como também do milho, e sobretudo, da mandioca, duas espécies de cerveja, conhecidas pelos nomes de abatiuí e cauim, que não se usavam quase senão nas festas preparadas com antecedência."[206]

Rocha Pitta (1660-1738) acrescenta, quando discorre sobre os frutos nativos do Brasil:

> "(...) os cajás e os jenipapos, excelente confortativos para o estômago; destas duas últimas se fazem também excelentes doces, e os gentios tiram delas os seus mais generosos vinhos."[479]

Gilberto Freyre (1900-1987), descreve a produção do tarubá, feita de beiju de mandioca, em seu Casa Grande e Senzala:

> "Faz-se uma bebida, o tarubá, de beijus que depois de ligeiramente mergulhados dentro de água de modo a ficarem apenas umedecidos, são postos um a um sobre folhas de curumi (kurumikáa) em 'uma cama de folha de bananeira estendida num jirau especial feito na casca da farinha ou na cozinha', sendo então polvilhado com puçunga e coberto com folha de curumi. Cobrem-se então todos os beijus de folha de cu-

rumi e de banana; e assim se deixa ficar por três dias – quando deles começa a escorrer uma espécie de melaço. Desfazse então toda a massa em água, passa-se pela urupema e deixa-se descansar. Está pronta uma deliciosa bebida que tomada em excesso embriaga. Tem um doce perfume, esse tarubá."[258]

O Príncipe Maximiliano (1782-1867), percorrendo o Brasil de 1815 a 1817, narra que o cauim contribuía para o divertimento dos indígenas após assistirem à missa:

"À tarde, dansaram na casa do 'capitão mor': o cauí andou em roda e eles mostraram-se extremamente alegres."[385]

Além do cauim, várias outras bebidas fermentadas ou não estavam e continuam presentes entre os indígenas, notadamente entre os da região amazônica:

ABATIUÍ – feita de milho fermentado[206; 258]
BEEUTINGUI – à base de farinha de mandioca[379]
CACHIXI – feito de tubérculos, bulbos ou frutos (mandioca, batata doce, inhame)[80; 453]
CACIMACAXERA – à base de mandioca.[379]
CAIÇUMA – mandioca e frutos fermentados[92]
CAOI – bebida feita com fruto de Acaijba[379]
CATIMPUERA – bebida de milho fermentado[292]
CAXIRI – vinho de buriti[133]
CAVIRACARU – à base de mandioca.[379]
CAXIRI – mandioca fermentada[92]
CAUIM – além da mandioca ou milho, era também preparado com caju, batata, amendoim, banana, ananás, etc. [80]
CHICHA – bebida fermentada de milho[80]

EIVIR – feita com farinha de milho cozida, mastigada, cozida novamente e fermentada[278]

GIROBA – bebida fermentada de mandioca[679]

GUARIBA – bebida fermentada de mandiocaba (mandioca doce)[395]

IVIR – milho pilado (quebrado no pilão), fervido e fermentado[278]

JETIUY – à base de batata[385]

JUREMA – bebida com efeitos alucinóginos feita com fruto e folhas da planta jurema e outros ingredientes[17]

KARACOU – bebida doce, feita de mandioca, milho e água[493]

MANAVY – à base de ananás[385]

MOCORORÓ ou MAKURURU – bebida feita de arroz ou mandioca[453]

NANAI – à base do fruto Nana (abacaxi)[379]

OLONITI – bebida alcoólica feita de milho[59]

PACOBI – à base de frutos de Pacobete e Pacobuçu[379]

PACOUY – á base de pacoba[385]

PAJAUARÚ ou PUSEREGO – feita de beijus frescos, amolecidos em água e enterrado por alguns dias. Não embebedava, pois era mais uma sopa do que bebida alcoólica[80]

PAJUARI – Bebida Alcoólica feita de frutos fermentados[59]

PASTA DE GUARANÁ – refresco de guaraná.[80]

TARUBÁ – feita com a fermentação de beijus de mandioca envoltos em folha de bananeira e colocados na água juntamente com mel e um certo fermento[259; 453]

TEPIOCUY – à base de beiju ou mandioca[385]

TIBORNA – feita com mandioca descascada e ralada[395]

TIKIRA – também feita de beiju de mandioca que é diluído na água e posta a fermentar por três dias.[453]

TIPIACI – à base de farinha de mandioca[379]

TUCANAÍRA – mel de abelhas, saburá de favos e água[80]

Os espanhóis também encontraram nas terras por eles conquistadas na America uma grande variedade de bebidas fermentadas pelos índios que as habitavam. Eram produzidas por mel, cactos e seus frutos, milho e seus colmos, seiva das várias espécies de agave, sementes, frutos e casca de diversas árvores.[269]

Sérgio Buarque de Holanda (1902-1982) no seu *Caminhos e Fronteiras*[292] lembra a produção da catimpuera, provavelmente outro derivativo do cauim de milho. Informa também sobre a aguardente de milho. Quanto à catimpuera, ele esclarece que já existia no século XVIII e discorre:

> "Em Minas seu fabrico era competência das mulheres, que mascavam o milho de canjica, lançando-o depois no caldo da mesma canjica: já ao dia seguinte tinha seu azedo e estava perfeita. Diz o informante anônimo que, para ser mais saborosa, deveria ser mascada por alguma velha, e quanto mais velha melhor. Isto 'por lhe aproveitar a baba, e assim dela gostam os de bom estômago, que os nojentos a levam a socar ao pilão, e aquentam-na com água'."[292]

Já quanto à aguardente de milho:

> "Seu fabrico é mais um exemplo de adaptação de técnicas européias à elaboração de um produto genuinamente nativo. Não existia em São Paulo, antes do decênio 1627-37, se é exato, como o indicam pesquisas recentes, que só por esse tempo se introduziram aqui os primeiros alambiques."[292]

Contudo, o consumo de aguardente de milho estava muito disseminado menos de 60 anos depois, uma vez que:

> "Na correição anexada à Ata de 30 de dezembro de 1687, determina o ouvidor geral dr. Tomé de Almeida e Oliveira 'que se

> não consinta por nenhum modo' se venda na vila aguardente de milho, 'nem consertada nem por consertar...'"[24]

Nas minas descobertas em Minas Gerais e no Centro-Oeste, o milho desempenhou importante papel como fonte de alimentação e matéria prima para a produção de aguardente:

> "O milho constituía o único remédio e regalo daquelas minas, 'porque dele se fazia a farinha que supria o pão, a canjica fina para os brancos, e grossa para os negros, o cuscuz, arroz, bolos, biscoitos, pastéis de carne e peixe, pipocas, catimpuera, aloja, angu, farinha de cachorro, água ardente, vinagre e outras muito mais equiparações', que tem inventado a necessidade e necessitam de momento."[614]

Com o tempo, os índios foram tomando gosto pela cachaça e foram abandonando suas bebidas tradicionais.

Joan Neiuhof (1618-1672) observou que os índios preferiam a aguardente de cana ao cauim:

> "Bebem habitualmente água, mas também fabricam um certo licor, de farinha, e, últimamente, começaram a se habituar com a aguardente de cana que, entretanto, não se lhes permite levar para suas aldeias, a-fim-de não abusarem das bebidas alcoólicas."[436]

Dois séculos depois, Auguste de Saint-Hilaire expressa a mesma opinião:

> "Tinha sido permitido o estabelecimento de tavernas no povoado, e os índios adquiriam o condenável gosto pela cachaça."[559]

Contudo, ilustres viajantes usavam a cachaça para obter favores dos indígenas, como narra o Príncipe Maximiliano (1782-1867) em sua viagem de 1815 a 1817 pelo Brasil:

> "Na manhã seguinte, mal deixávamos a casa e já percebíamos os índios saindo da mata. Fomos depressa ao encontro deles, oferecemos-lhes aguardente e os acompanhamos à floresta."[385]

A adesão dos índios à aguardente foi inúmeras vezes documentada:

> "Começam tomando uma grande quantidade e caiçuma e caxiri – bebidas feitas com mandioca e vários tipos de frutas fermentadas; contudo, preferem a cachaça quando conseguem obtê-la. (...) Traziam consigo algumas garrafas vazias e nos prometiam peixes e tartarugas se lhes fornecêssemos, antes, a cobiçada aguardente, ou cauim, como a chamavam."[92]

> "Os Coiapós faziam antigamente uma bebida forte empregando pimentões, mas renunciaram praticamente a ela depois que conheceram a cachaça."[556]

> "Dentro em pouco não restava um só índio. Refugiaram-se em Conservatória, como o fizeram os de Valença, e só reapareceram por longos intervalos, para esmolar um pouco de cachaça – a água de fogo."[522]

> "(...) Alguns índios se ocupavam em fazer contas (de rosário), balaios; outros em obras de torno que com perfeição a desempenham, sendo o produto de seu trabalho e indústria convertidos em aguardente, ficando as mulheres e filhos em total desamparo e miséria... (...) Hábeis para falquejadores (i.e., cortadores de árvores e desbastadores de toras), porém

> o produto de seu trabalho e indústria se converte em aguardente."[419]

> "Alguns homens (índios) tinham bebido muita aguardente e ficaram embriagados."[385]

Augusto-Emílio Zaluar (1825-1882), entre as 44 medidas que sugeriu para uma integração harmoniosa dos índios com os europeus, a 23ª é:

> "Os missionários velarão em que se não introduza o uso de cachaça nas novas aldeias, proibindo tavernas, e devendo eles somente distribuir aguardente, quando for preciso, aos enfermos ou aos que se empregam em trabalhos duros e penosos. Procurarão igualmente aperfeiçoar, segundo os processos químicos, os vinhos do país, não lhes consentindo porém, nas suas festas e folguedos, suas costumadas e contínuas bebedices."[711]

Ele recomenda a proibição da cachaça, mas não para todos os índios, e o aperfeiçoamento dos vinhos do país, tomando-se o cuidado para não permitir que os índios se embriagassem. Quanta ingenuidade!

Os índios trocavam suas mulheres por cachaça no início do século XIX, conforme Luiz Mott relata através de documentos por ele consultados:

> "O índio não tem alguma idéia de castidade, nem é virtude que apreciam. Os pais são, muitas vezes, os que corrompem as filhas e os mesmos filhos não têm horror de se ajuntarem com as mães, nem os parentes mais propínquos com as suas próximas parentas. Um só dentre eles tem ciúmes da mulher, senão quando estão embriagados, e não duvidam entregar assim a esta, como às filhas, a quem aguardente lhes subministra."[419]

Alguns acreditam que os brancos corromperam os índios, fazendo-os se embriagarem com cachaça, esquecendo-se que o hábito de se embebedar fazia parte da cultura indígena muito antes dos europeus chegarem às Américas, como ressalta Henry Walter Bates (1825-1892):

> "Não creio que a introdução de bebidas alcoólicas entre os indígenas brasileiros lhes tenha causado grande mal. Eles sempre tomaram suas bebedeiras, de vez em quando, como fazem as classes trabalhadoras em todo o mundo, e este hábito eles já tinham primitivamente, antes da chegada dos europeus no país."[92]

O que se deve levar em conta é que as bebidas alcoólicas dos indígenas apresentavam em torno de 5% de álcool, enquanto na cachaça o porcentual era de cerca de dez vezes maior. Daí a preferência pela cachaça, o que acarretou uma dependência dela e o abandono da produção de suas tradicionais bebidas fermentadas.

A Igreja utilizou a cachaça como auxiliar no processo de catequese dos indígenas:

> "Não se notava nenhuma restrição por parte dos missionários ou dos expositores ao teor (alcoólico) da catequese que se processava entre os índios do Paraná, financiada pelo governo do Império e pela Ordem Menor dos Frades Capuchinhos. Ao contrário, o sucesso da catequese conferia-se pelo progresso da indústria de derivados da cana-de-açúcar, dentre os quais se sobressaía a cachaça. No contexto do indigenismo da época, a montagem de destilarias de aguardente em um aldeamento indígena era fato corriqueiro e aceitável; outros aldeamentos desenvolveram atividade semelhante."[51]

> "Também o aldeamento de São Jerônimo no Paraná investiu em plantações extensivas de cana-de-açúcar para a produção

de açúcar e aguardente. Sobre a estratégia capuchinha de franquear cachaça aos índios. Ver denúncia veiculada na imprensa pelo Serviço de Proteção aos Índios (SPI), na década de 1920, por Horta Barbosa, no jornal *A União*, 18/04/1920."[51]

Não só os índios eram chegados à cachaça, como informou o Príncipe Maximiliano, referindo-se a Ilhéus:

"Verifiquei não haver conveniência em permanecer na 'vila' porque os brasileiros que encontrara para me acompanharem na travessia da floresta, eram todos grandes bebedores de aguardente e deram ocasião a várias cenas desagradáveis."[385]

Com todo este conhecimento em transformar frutos, tubérculos, grãos, sementes, etc. em bebidas alcoólicas, não se pode descartar a hipótese de que foram os índios que primeiro perceberam que o caldo de cana e os subprodutos da produção do açúcar, como o melaço, fermentados eram razoáveis substitutos para as suas tradicionais bebidas alcoólicas.

SERÁ QUE FOI O AFRICANO?

Submetidos às mesmas condições dos índios, os escravos africanos também foram despojados dos seus costumes, que incluiam o uso de bebidas alcoólicas. Submetidos a um regime alimentício restrito, nada mais natural do que consumirem o caldo de cana e subprodutos da produção do açúcar, ricos em nutrientes. Por necessidade ou curiosidade, alguém deve ter provado estes produtos estragados (fermentados) e... Surpresa!...Ficou bebinho!

É também plausível admitir que, conhecedores da natureza como os índios, intuitivamente deduziram que para obter uma bebida alcoólica, bastava deixar o caldo de cana ou os subprodutos do açúcar fermentar.

> "A escuma tambem desta segunda caldeira vae ao parol da escuma, e dahi torna para a primeira, ou segunda caldeira até o fim da tarefa; e desta escuma tomão os negros, para fazerem sua garapa, que He a bebida, de que mais gostão, e com que resgatão de outros seus parceiros, farinha, bananas, aipins e feijões; guardando-a em potes até perder a doçura, e azedar-se; por que então dizem que está em seu ponto de se beber; oxalá com medida, e não até se embriagarem."[62]

O que Antonil nos informa é que negros deixavam a escuma fermentar para depois tomar a bebida resultante. Antonil relatou um fato consumado, ou seja, os negros fermentavam os derivados da produção do açúcar por ocasião de sua visita à Bahia em 1681, o que significa que isto já ocorria antes daquela data. Em 1610 Pyrard de Laval (1578-1623) já havia informado que os escravos consumiam o caldo de cana fermentado[488], o que implica que esta prática deve ter se iniciado no mínimo naquele ano ou, mais provavelmente, antes.

Quase todas as tribos da África tinham sua bebida alcoólica e seu consumo esteve associado ao fator cultural, religioso [160] e hedonístico. Acreditava-se a vida como uma das fases da viagem que a alma fazia entre o mundo dos espíritos e este. A jornada era árdua e o álcool facilitava as transições como na concepção, nascimento, puberdade e morte.[269] Arrancado do seu país e suprimido de toda dignidade, o escravo manteve suas raízes e talvez intuitivamente percebeu a possibilidade de facilitar a jornada de sua alma produzindo bebida alcoólica com os derivados de cana de açúcar. Esta hipótese não pode ser de toda descartada uma vez que ainda hoje as transições do ser humano através da vida têm merecido muita atenção, como da infância para a adolescência, desta para a fase adulta e desta para a velhice. Para facilitar as mudanças foram estabelecidos ritos de passagem como explica Maria Ignez Teixeira França:

> "Chamam-se ritos de passagem as cerimônias que marcam a passagem de um indivíduo ou grupo de uma fase ou ciclo de vida para outro. Desde o início dos tempos históricos, sabe-se que todas as culturas e civilizações criaram seus próprios ritos de passagem. São exemplos de ritos de passagem o batismo e a primeira comunhão dos católicos e o *bar mitzvah* dos judeus. Rituais como esses ainda são praticados, mas o profundo sentido iniciático que eles encerram perdeu-se quase completamente. Esses ritos servem para solenizar certos momentos da vida humana, como nascimento, casamento e morte. Provavelmente, porém, sua maior função é ajudar os jovens a superar a crise psicológica que freqüentemente acompanha a mudança de uma idade para outra – da infância para a adolescência e desta para a idade adulta."[251]

Embora os africanos tivessem suas bebidas, elas eram todas fermentadas, com baixo teor alcoólico, ao contrário da cachaça e do rum.

> "Seja no caso do walu ou no malafu, os teores alcoólicos não ultrapassavam meros 5%. (...) Nenhuma dessas bebidas, contudo, eram comparáveis às geribitas. Nestas, os teores de álcool atingiam 60%, o que as tornava 13 vezes mais potentes do que o malafu e 22 vezes mais embriagantes do que o walu."[230]

Gaspar Barléu (1584-1648), considerando os costumes dos negros na África informou:

> "Enquanto almoçam, abstem-se de beber; depois de almoçarem, bebem água ou vinho de palma. (...) Possuem diversas es-

pécies de palmeiras: uma que dá tâmaras, outras que dá nozes da Índia, uma terceira de que fazem óleo, vinho, vinagre e pão."[86]

As bebidas africanas eram:

ALUÁ – bebida à base de milho e outros ingredientes.[93]
EMU – vinho de palma.[336]
FURÁ – bebida fermentada à base de arroz e açúcar.[676]
MALAFU – produzida de folhas de palmeiras.[230]
QUIMBEMBÉ – bebida à base de milho.[93]
QUIMBOMBO – bebida à base de milho.[93]
WALU – á base de grãos de sorgo e milhete.[230]
VINHO DE PALMA – [86]

CACHAÇA/ESCAMBO

A presença natural do álcool no modo de vida africano também explica porque a cachaça brasileira[233] e o rum caribenho e norte americano[197] tornaram-se mais tarde a moeda de troca na compra de escravos na África.

"A fase comercial do tráfico se confunde com a introdução, em Angola, de cachaças produzidas em Pernambuco, Bahia e Rio de Janeiro. Conhecidas como geribitas, eram consumidas nas tavernas de Luanda e Benguela e usada como salário das tropas e milícias. (...) Em fins do século XVIII, 70% dos prédios de Luanda eram formados por tavernas cuja principal atividade era vender geribitas."[230]

Criticando um alvará dc 1703 que proibia a saída de navios negreiros do Rio de Janeiro, porta de saída para o contrabando de ouro com a Costa da Mina, na África, o Conselho Ultramarino alertava:

> "(...) essa proibição acarretaria sérios prejuízos à Fazenda Real, não só pela perda dos direitos cobrados sôbre a importação de escravos da Costa da Mina, como também os lucros resultantes da tributação sobre o tabaco, a aguardente e demais gêneros que serviam de escambo ao tráfico negreiro daquela região."[329]

O tráfico gerou imensas fortunas não só para os senhores de engenhos que se utilizaram da mão de obra escrava, bem como para os milhares de traficantes de escravos. A preferência dos africanos pela cachaça causou uma reviravolta no tráfico, colocando-o sob a tutela dos brasileiros.

> "Do ponto de vista do controle do tráfico, o efeito mais importante das geribitas foi jogá-lo nas mãos dos negociantes brasileiros."[230]

Além de servir como mercadoria para escambo, a cachaça era também fornecida aos escravos que lotavam os insalubres navios negreiros, na tentativa de amenizar os horrores a que eram submetidos durante a travessia do Atlântico.[564] Há especulações de que em algum momento entre o início do funcionamento dos engenhos e o final do século XVI foi descoberto o vinho da cana. Tudo indica que, ao contrário da expressão do vinho para a água, do vinho da cana para a cachaça foi uma questão de somar dois mais dois. O que ainda não se sabe exatamente é em que data, quem e onde se começou a destilar, mas parece que foi primeiro das borras, do melaço e do melado, sendo que a do caldo de cana fermentado ocorreu posteriormente.

A HONRA É DO EUROPEU?

> "Neste caso ele (o rum) foi provavelmente inventado nas ilhas espanholas de Hispaniola (Ilha de São Domingos, dividida entre Haiti e República Dominicana) ou Cuba (onde foi chamado de aguardente ou 'água ardente') ou por colonos portugueses no litoral do Brasil (onde seria depois chamado cachaça)."
>
> Wayne Curtis, *And a Bottle of Rum.*[197]

Enquanto os escravos tinham sua cota alcoólica através das partes rejeitadas da produção do açúcar, os senhores de engenho tomavam vinho e bagaceira (aguardente obtida pela fermentação de cascas de uva), provenientes da metrópole. Embora já existisse o plantio de algumas culturas e a criação de animais para suprir as pessoas residentes nas povoações em torno dos engenhos, muita coisa ainda vinha de Portugal. As embarcações que traziam os mantimentos, além de enfrentarem navegação que levava várias semanas, estavam sujeitas a naufrágios e ataque de piratas, sem contar a sufocante burocracia dos portugueses que dificultava toda a preparação e seguimento das viagens. Assim, atrasos eram comuns.

Quando havia falta de bebidas alcoólicas vindas de Portugal, os portugueses e descendentes que aqui residiam, jogados neste fim de mundo, deveriam pensar o que ficou registrado em música popular de uns quatro séculos depois (trocando cachaça por vinho ou bagaceira):

"Pode me faltar tudo na vida
Arroz, feijão e pão
Pode me faltar manteiga
Que tudo isso não faz falta não

Pode me faltar o amor
Isso eu até acho graça
Só não quero que me falte
A danada da cachaça"[474]

Com certeza alguns, senão vários, sofriam com a abstinência e é certo que se aventuraram no consumo do vinho da cana, embora ele fosse pouco palatável. Os portugueses eram exímios produtores de bebidas alcoólicas fermentadas e destiladas e algumas famílias faziam sua própria bebida. Por exemplo, a aguardente de medronho já era produzida desde o século IX ou X:

> "(...) **aguardente de medronho** do Algarve, uma bebida espirituosa obtida a partir do medronho.
> É uma bebida característica de algumas regiões montanhosas, sobretudo no Sul do País, principalmente nas Serras do caldeirão e de Monchique. A tecnologia de fabrico vem de tempos recuados e julga-se que terá sido introduzida na região por volta dos séculos IX e X pelos Árabes, que então dominavam parte da península ibérica. (...) O medronheiro é uma planta espontânea desta região. O seu fruto tem a forma de uma esfera espinhosa doce, de exterior vermelho, quando madura, e interior amarela. Conserva-se pouco e fermenta com facilidade."[637]

Como a necessidade é o estopim da solução, não deve ter demorado muito para se perceber que bastava deixar fermentar o melaço, a espuma e/ou o caldo de cana para se obter vinho de cana. Posteriormente, bastou destilar este vinho para se obter aguardente.

Há também a possibilidade de que, acidentalmente, os franceses produziram a primeira bebida alcoólica aqui no Brasil com a cana de açúcar:

> "... ao chegarmos a esse país procuramos evitar a mastigação no preparo do cauim e fazê-lo de modo mais limpo. Por isso pilamos raízes de aipim e mandioca com milho, mas, para dizer a verdade, a experiência não provou bem. Pouco a pouco nos habituamos a beber o cauim da outra espécie embora não o fizéssemos comumente, pois tendo cana à vontade púnhamo-la de infusão por alguns dias na água depois de refrescá-la um pouco por causa do grande calor; e 'assim açucarada bebíamos a água com grande prazer'."[333]

O texto acima descreve eventos ocorridos nos anos de 1557 e 1558. Infelizmente nenhuma outra informação é prestada, mas está claro que tentaram fazer cauim sem mastigar a mandioca e o milho, mas fracassaram. Mas como tendo cana à vontade e pelo modo que com ela obtinham água açucarada a lógica é que após alguns dias na água a cana não só liberava o açúcar, como este sofria alguma fermentação e a bebida resultante, além de doce, apresentava também algum teor alcoólico. Isto deve ser correto porque os franceses trocaram o cauim pela água açucarada e é por eles afirmado que "assim açucarada bebíamos a água com grande prazer". Ao se colocar a cana na água, o açúcar nela contido vai aos poucos, pelo processo de osmose, se dissolvendo na água e logo é iniciada a sua fermentação. Depois de alguns dias haverá, além de outras substâncias, o açúcar e álcool dissolvidos, dando à água o sabor de açucarada, que é, na verdade, um vinho adocicado com baixo teor alcoólico.

Em relação à água pura, ingerida para apenas saciar a sede, em seguida Jean de Léry (1534-1611) esclarece:

> "Quanto a água das fontes e rios, incomparavelmente melhor e ainda mais sadia que a nossa, nós a bebíamos sem mistura."[333]

Mais adiante continua Jean de Léry (1534-1611):

"A cana de açúcar cresce muito bem e em grande quantidade nesse país. Entretanto nós franceses não tínhamos nem a gente nem as coisas necessárias para dela extrair o açúcar, como fazem os portugueses em suas possessões. Por isso, como ficou dito, no capítulo IX, acerca das bebidas dos selvagens, só a usávamos em infusão para fazer água açucarada ou lhe chupávamos simplesmente o caldo. A propósito observei uma coisa que talvez muitos se admirem. Não obstante ser o açúcar de natureza extremamente doce, como todos sabem, quando deixávamos deteriorar-se a cana cortada e a púnhamos de molho na água por algum tempo, o caldo azedava-se a ponto de nos servir como vinagre."[333]

O vinagre é a transformação do etanol, na presença de ar, em ácido acético e água, através de bactérias. Assim, em alguma fase do processo de obtenção tanto da água açucarada como do vinagre o líquido tinha álcool, sendo, portanto, uma bebida alcoólica, mesmo que de baixo teor. O surpreendente no relato de Jean de Léry (1534-1611) é que este fato (líquido contendo álcool) não foi percebido ou se foi deixou de ser mencionado. Outra possibilidade é que o autor, sendo pastor e missionário, omitiu o fato em prol dos bons costumes exigidos pelas práticas religiosas.

Estando esta interpretação correta, o livro *Viagem à terra do Brasil*[333] de Jean de Léry é, talvez, mesmo involuntariamente, o primeiro documento que registra a produção de bebida alcoólica no Brasil utilizando a cana de açúcar. Isto ocorreu em 1557/8.

Com certeza a destilação do vinho da cana não foi inicialmente feita por índios ou escravos africanos, que não conheciam a tecnologia para tal. Só os europeus ou seus descendentes no Brasil ou em outros países da América tinham a experiência e os equipamentos capazes de produzir a bebida destilada. Assim, uma resposta foi encontrada: quem primeiro destilou a vinho de cana para produzir a cachaça foram os europeus ou seus descendentes.

NASCEU OU NÃO NO SÉCULO XVI?

> "Ao menos se acreditarmos no silêncio dos documentos, a difusão da aguardente, se ocorreu logo, ficou por algum tempo encoberta por outras tarefas mais imperiosas da produção açucareira, possivelmente restrita ao consumo doméstico. Descrições de cronistas, missionários, mapas de arrecadação fiscal, relatórios administrativos da situação dos engenhos, e mesmo as leis que tratavam de regular o comércio e a distribuição sobre o açúcar, no início do século XVI e ainda nas primeiras décadas do século XVII, não mencionam a existência de aguardente, nome que aparece associado à destilação." Luciano Figueiredo & Renato Pinto Venâncio (2005). *Águas ardentes: O nascimento da cachaça.*[232]

Quem estuda a origem da cachaça é invariavelmente levado à mesma conclusão que Aníbal R. Mattos chegou no seu *Açúcar e Álcool no Brasil*:

> "Não dispomos de elementos que permitam precisar a data em que foi iniciado o fabrico de aguardente no Brasil. Não resta dúvida entretanto que ao lado de cada engenho foi logo instalado um pequeno alambique de barro, fabricado no local ou nas proximidades, afim de produzir a cachaça, pelo aproveitamento do melaço, resíduo da purga do açúcar."[383]

É uma conclusão lógica e razoável, mas não é incontestável. O problema é que "não dispomos de elementos", significando que não há documentos da época atestando esta premissa. Relatos sobre a cachaça no Brasil só vão aparecer quase um século depois do início das atividades dos engenhos de açúcar.

Um importante documento disponível sobre o primeiro século do Brasil é o *Tratado Descritivo do Brasil* em 1587, um relato produzido por Gabriel Soares de Sousa (1540-1590). Chegou no Brasil em 1569 e se tornou senhor de engenho, comerciante e sertanista, além de já ser navegador português. De seu irmão, João Coelho de Souza, obteve narrativas sobre imensas riquezas minerais (ouro e diamante), além de um roteiro de sua localização. Como necessitava da permissão da corte, foi em 1584 a Madri (era época do domínio Filipino, que foi de 1580 a 1640, quando Portugal e suas colônias ficaram sob a tutela da Espanha) e, enquanto aguardava a permissão da Corte para explorar as riquezas ao longo do rio São Francisco, escreveu seu famoso Tratado.

> "Um irmão seu que, parece, o precedera, havia feito explorações no sertão do rio São Francisco, onde presumira haver descoberto minas preciosas. Falecido ele, quis Gabriel Soares prosseguir as suas explorações e descobrimentos. Com este propósito passou à Europa em 1584, a fim de solicitar da Corte de Madri autorização e favores para o seu empreendimento de procura e exploração de tais minas. Por justificar seus projetos e requerimentos, e angariar-se a boa vontade dos que podiam fazer-lhe as graças pedidas, nomeadamente do Ministro D. Cristóvão de Moura, redigiu nos quatro anos de 1584 a 1587 o longo memorial, como ele próprio lhe chamou, que conservado inédito até o século XIX, foi nele publicado sob títulos diferentes, o qual constitui uma verdadeira enciclopédia do Brasil à data da sua composição."[698]

Após obter a autorização, voltou ao Brasil e com 360 pessoas e quatro frades empreendeu a exploração, mas naufragou nas costas de Sergipe. Voltou à Bahia e refez o grupo com os sobreviventes e penetrou o sertão baiano, onde veio a falecer. Só um século após sua morte comprovou-se que ele estava no caminho certo, uma vez que imensas riquezas foram encontradas em Minas Gerais.[577] No Tratado há de tudo, como descrições geográficas, informações sobre a fauna e a flora, convivência entre portugueses e índios, batalhas, assassinatos, riquezas da região, agricultura, indústria e também fofocas.[601] Em 1983, quando procurava informações sobre durabilidade de madeiras brasileiras, nele encontrei preciosos dados sobre a resistência de madeiras expostas ao ataque de organismos xilófagos marinhos bem como ao apodrecimento e ataque de insetos como brocas e cupins.[166]

Sobre a cachaça, há a informação que em 1584 já havia na Bahia oito "casas de cozer méis"[601], como alguns afirmam ser este o nome dado aos alambiques na época. Sendo isso verdadeiro, é uma preciosa informação, uma vez que deixa claro que a cachaça talvez já vinha sendo produzida na Bahia na segunda metade do século XVI.

Vejamos o que escreveu Rocha Pitta por volta de 1728, referindo-se à cidade de Salvador:

> "Há muitas casa de cozer os meles para os açúcares batidos, outras para os reduzir a águas ardentes."[479]

Ele assinala que casas de cozer meles tanto podia ser engenhos produtores de açúcar quanto alambiques que destilavam cachaça.

A bebida fermentada obtida pelos indígenas através do milho também é citada por Gabriel Soares de Souza (1540-1590):

> "Êste milho se planta por entre a mandioca e por entre as canas de açúcar, e colhe-se a novidade aos três meses, uma em agosto e outra em janeiro. Este milho come o gentio assado por fruto, e fazem seus vinhos com ele cozido, com o qual se embebe-

dam, e os portugueses que comunicam com o gentio, e os mestiços não se desprezam dele, e bebem-no mui valentemente."[601]

Mais adiante é descrita a preparação do cauim de mandioca:

"(...) mas o seu vinho principal é de uma raiz a que chamam de aipim, que se coze, e depois pisam-na e tornam-na a cozer, e como é bem cozida, buscam as mais formosas môças da aldeia para espremer estes aipins com as mãos e algum mastigado com a boca, e depois espremido na vasilha, que é o que dizem que lhe põem a virtude, segundo a sua gentilidade; a esta água e sumo destas raízes lançam em grandes potes, que para isto têm, onde este vinho se coze, e está até que se faz azedo; e como está bem, o bebem com grandes cantares (...)"[601]

O vinho feito de abacaxi pelos índios é também mencionado:

"Ananás é uma fruta do tamanho de uma cidra grande (...) de cujo sumo, quando são maduras, os índios fazem vinho com que se embebedam; para o que os colhem mal maduros, para ser mais azedo, do qual vinho todos os mestiços e muito portugueses são mui afeiçoados."[601]

Desta forma, Gabriel Soares de Souza (1540-1590), mencionou vinhos feitos de uva, de milho, mandioca e abacaxi. Embora a cana de açúcar seja citada acima e os engenhos produtores de açúcar em várias outras partes to seu Tratado, não há menção ao vinho de cana de açúcar e muito menos à aguardente de cana ou alambique. A conclusão lógica é que estas bebidas não estavam presentes na época, ao menos nos engenhos por ele visitados.

No testamento de Mem de Sá (1500-1572) de 1569 e nos inventários do Engenho "Ceregype" e do Engenho Santana de 1572 e outra série de documentos abrangendo os anos de 1569 a 1579[296] não se encontra menção a aguardente, embora haja listagem de vários tipos de vinhos importados:

> "It. Hoito pipas de vinho bramquo da jlha da madeira com...
> It. Huã pipa de tinto de xeres aa quall..."[296]

E coisas banais como:

> "It. Mea barra de ferro.
> It. Dous pedasos de chumbo
> It . Hum alliquate"[296]

São minuciosamente listadas, bem como máquinas, peças, ferramentas e utensílios do engenho, mas nada aparece que tenha alguma relação com cachaça ou alambique.

Além disso, no minucioso arcabouço legislativo de 1534 a 1596 referente às atividades diretas e indiretas relacionadas à produção e comercialização do açúcar nada se encontra que diga respeito a cachaça ou alambique. A saída de meles também é regulamentada:

> " ... e comprando alguas pesoas meles crus aos senhorios dos engenhos pêra os cozerem e fazerem asuqueres em outras cazas antes de os tirarem das cazas do purgar dos engenhos em que estiverem o farão saber ao provedore offficiaes dalfandega-donde estiver o tal engenho aos quaes decrararão o vendedor e o comprador per juramento dos santos evangelhos quantas pipas dos dittos meles vendem e comprão e..."[295]

É o que determina o Regimento de 17 de setembro de 1577 sôbre a arrecadação dos tributos do açúcar e demais frutos da terra. [295]

O que pode indicar que não se fazia cachaça com meles na época abrangida pelo documento.

Embora alguns insistam em afirmar que a cachaça nasceu no século XVI, na Capitania de São Vicente:

> "Bebida da espécie "destilado" e pertencente à categoria das "aguardentes", a Cachaça foi inventada no Brasil entre 1533 e 1534 pelo colonizador Martim Afonso de Souza e seus quatro sócios (três lusos e um holandês), em plena Mata Atlântica, nos três primeiros engenhos de açúcar construídos pelos cinco no Brasil (as primeiras indústrias do País), em São Vicente (hoje o local pertence a Santos): Madre de Deus, Santo Antônio e São Jorge, este conhecido, também como "dos Erasmos" ou "do Governador", único do qual restam ruínas. Martim Afonso trouxe o primeiro alambique para a terra recém-descoberta, engenhoca utilizada na Península Ibérica desde o início da Idade Média, e destilou a cana, cujas primeiras mudas chegaram à nova terra pelas mãos de Gonçalo Coelho em 1502."[140]

Até o momento não há nenhum registro histórico que o comprove.[512]

Como há registros de entrada de açúcar de Pernambuco na alfândega de Lisboa em 1526, foi levantada a possibilidade de que a cachaça tenha sido criada naquele estado[655] ou mesmo na Bahia.[151] Outros[139; 589] afirmam que começou a ser produzida na Capitania de São Vicente, já na primeira metade do século XVI e que em 1600 Paraty, no Rio de Janeiro, já era conhecida pela sua cachaça.[139] Afirma-se, também que engenhos no hoje Estado do Paraná voltavam sua produção quase que exclusivamente para a cachaça nos séculos XVI e XVII[521] e que em 1605 produzia-se cachaça no Espírito Santo.[581]

Todas as suposições acima não passam de deduções, uma vez que não foi encontrado nenhum registro da época citada corroborando-as. A maioria prefere contornar o assunto e não arriscar em estabelecer uma data. [151; 160; 223; 233; 373; 635; 655; 682;686]

Quanto à produção de cachaça em Paraty/RJ, Luís da Câmara Cascudo afirma:

> "Onde mói um engenho, destila um alambique. Alguns engenhos dispensam o açúcar. Aguardente sustenta casa e família. Parati, 1666, ao redor de Angra dos Reis, vai avançando de tal ritmo que, ao passar na centúria imediata, o nome da Vila é sinônimo nacional de aguardente."[160]

No século XVIII Parati é novamente lembrada como centro produtor de cachaça e um de seus engenhos futuro berço de mãe de escritor famoso mundialmente:

> "A fama do engenho Boa Vista não vinha pròpriamente da fabricação de açúcar, mas da destilação de aguardente de cana. (...) Relatório do vice-rei, marques do Lavradio, em 1779, cita a cidade de Parati como 'famosa pelas suas águas ardentes, reputadas as melhores'. (...) Mas Boa Vista se tornaria conhecido não só no Brasil como em todo mundo, por uma razão: na sua casa-grande, em 1852, nasceria Júlia da Silva Bruhns, mãe do grande romancista alemão Thomas Mann."[476]

Parece que a primeira vez que Paraty é citada em documento, foi no relato de Anthony Knivet, que viveu no Brasil por 10 anos e em 1597:

> "Assim, no dia 14 de outubro de 1597, partimos com seis canoas pelo mar até um porto que fica a umas trinta milhas do Rio de Janeiro, chamado Paraty."[322]

No século XVIII, vários engenhos do Rio de Janeiro produziam cachaça, como o engenho da Lapa (nome depois mudado para engenho Viegas), no subúrbio de Senador Camará e o engenho d'Água, em Jacarepaguá.[476]

PARECE QUE NASCEU NO SÉCULO XVII

José Teixeira de Oliveira menciona a produção de cachaça no Espírito Santo no início do século XVII:

> "As culturas principais eram, além da cana, de que faziam açúcar e aguardente, algodão, arroz e tabaco."[449]

Mas a fonte histórica em que foi baseada tal afirmação não foi esclarecida.

Mário Souto Maior (1920-2001) registrou[373] que no Engenho Ceregype, fundado por Mem de Sá (1500-1572) na Bahia, comprava em 1622/3: - "Hua canada de augoa ardente para os negros da levada por v 480". Em 1643/4 constam os pagamentos de: v 640 de "aguoa (sic) ardente para o inverno para dar a alguns negros doentes."; v 480 "por hua botija de agoa (sic) ardente da terra para os negros." v 900 "de vinagre (400rs) e agoardente (500rs): 1 v de 040 "por uma frasqueira de aguardente para os negros da terra." Já na prestação de contas da safra de 1.651/2 consta a despesa de 15 v 360 "que paguei por um ano a hum aguardentro (sic) que fazia aguardente a 1280rs. por mez e de comer." E continua Souto Maior: – "Foi somente quando o engenho começou a fabricar aguardente."

A importância deste texto é indicar que em 1622 possivelmente já se fabricava cachaça na Bahia, sendo esta a primeira prova documentada sobre a produção de cachaça no Brasil. A seguir é informado que em 1651 a fabricação seguramente ocorria.

Nas Atas da Câmara Municipal de 1638 há a informação do comércio no varejo de aguardente nacional em tavernas de São Paulo:

> "Nuto Santana posteriormente, percorrendo as Atas da Câmara Municipal, que a Repartição do Arquivo publicara, pode encontrar, nas de 1638 (exatamente no meio do período que havíamos delimitado), notícia do comércio varejista de aguardente nacional, nas tavernas de São Paulo. Foi, pois, entre 1627 e 1637 que a fabricação começou."[24]

Sendo a consequência da instalação de alambiques no local a partir da década de 1627/1637:

> "Não existia em São Paulo, antes do decênio 1627-1637, se é exato, como indicam pesquisas recentes, que só por esse tempo se introduziram aqui os primeiros alambiques."[292]

Pouco mais de um século depois vinha sendo vendida para também curar sarampo:

> "Numa averiguação levada a efeito pelo Câmara Municipal de São Paulo, em 18 de novembro de 1747, depõe Sebastião Fernandes de Oliveira, e declara: 'que no tempo em que estava o contágio de sarampo em sua casa, comprara a José Alves Tenório meia medida de aguardente de cana, e seis libras de toicinho, para o gasto de sua casa e cura dos seus enfermos; e assim mais comprara a José de Camargo outra meia medida da mesma aguardente de cana, como também comprara outra meia medida da mesma aguardente de cana a Martinho Rodrigues Gato, o que tudo fora para a cura dos seus enfermos."[24]

Guilherme Piso (1611-1678), médico e naturalista holandês, esteve no Nordeste entre 1638 e 1644. Juntamente com George Margraff (1610-1648), naturalista alemão, escreveu a maior obra científica feita no Brasil até o séc. XIX, publicada por Piso em 1648.[478] Sobre a tacomaree ou cana de açúcar descreve seu cultivo e a produção de açúcar cujos trechos abaixo foram dele extraídos:

> "(...) Deste suco, a coagular-se num primeiro tacho, com pouco fogo, tira-se uma espuma um tanto feculenta e abundante, chamada Cagassa, que serve de comida e bebida sòmente para o gado. O líquido ou Caldo é deitado no próximo tacho, para os lusitanos, Caldera de mellar; aí se coze, e com uma colher muito grande, provida de muitos buracos, é expurgada das imundícies, às vezes se mistura um pouco de lixívia. Depois é coado em um pedaço de pano de linho, e assim, finalmente, o caldo depõe a última impureza, caso a tenha. Estas borras fornecem alimento aos escravos, que, contentes com isso suportam tão ímprobos e intermináveis trabalhos: visto que em tôdo o semestre estival movem noite e dia, constantemente, as moendas. Fabricam também daí um vinho, misturando água, vulgarmente chamado Garapa, procurado avidìssimamente pelos habitantes, que se embriagam com ele quando velho."[478]

Guilherme Piso (1611-1678) informou que os escravos adoravam a bebida alcoólica obtida da fermentação da borra misturada à água. Sendo médico, tem particular interesse por problemas de saúde, continuou:

> "As virtudes médias do açúcar, porquanto conhecidas, na maior parte, dos europeus, serão aqui explanadas apenas em poucas palavras. O caldo recém-espremido da cana é frio, e, se se destilar no alambique, muito mais durável e eficaz."[478]

Quando discorreu sobre as doenças do Novo Mundo, Piso deduziu que as pessoas que se embriagavam com 'garapa' e com aguardente e se expunham aos vapores da terra estavam sujeitas à obstrução de veias e artérias.

> "Ademais, muitos se enchem, avidamente de uma vilíssima bebida (chamada 'garapa') feita de borras de açúcar e água, bem como de aguardente, preparada da mesma bebida. Donde ébrios e esquentados, escorrendo suor em bica, caem por terra, e durante noites inteiras expõem o corpo, despido, aos malignos vapores, que emanam da terra."[478]

Como informado acima, os europeus do séc. XVII acreditavam no poder curativo do açúcar, mas esta crença vinha de pelo menos do séc. X.[409] Contudo, o mais importante nos trechos acima é a informação que se produzia cachaça em Pernambuco entre 1638 e 1644. Além disso, acreditava-se, e ainda hoje se acredita em várias partes do Brasil, que a cachaça apresenta propriedades curativas.

Joan Nieuhof (1618-1672) relata que em 1646 a aguardente fazia parte de presentes oferecidos pelos invasores holandeses aos indígenas:

> "(...) pelo que se decidiu reconquistar as boas graças daquele rei para com nossa causa, presenteando-o com o seguinte:
>
> 200 florins em dinheiro corrente,
> 1000 varas de linho Osnabrugh,
> 400 canadas de vinho espanhol,
> 2 barris de aguardente
> 2 galões de óleo,
> 1 moio de vinagre e
> uma barrica contendo carne"[436]

André João Antonil (1650-1716), italiano da Companhia de Jesus, viveu no Brasil de 1681 até sua morte. Deixou excelente estudo sobre a produção de açúcar e de tabaco, sobre mineração e criação de gado. Os trechos abaixo foram extraídos de sua obra e lançam alguma luz sobre o termo cachaça:

> "O fogo faz nesse tempo o seu officio; e o caldo bota fora a primeira escuma, a que chamão caxaça; e esta por ser immundicia vai pelas bordas das caldeiras bem ladrilhadas fora da casa, por hum canno bem enterrado, que a recebe por uma huma bica de pão, medida dentro do ladrilho, que está ao redor da caldeira, e vae cahindo pelo dicto canno, em hum grande cocho de pão, e serve para as bestas, cabras ovelhas, e porcos; e em algumas partes também os bois a lambem; porque tudo he doce, e ainda que immundo, deleita. (...) A escuma tambem desta segunda caldeira vae ao parol da escuma, e dahi torna para a primeira, ou segunda caldeira até o fim da tarefa; e desta escuma tomão os negros, para fazerem sua garapa, que He a bebida, de que mais gostão, e com que resgatão de outros seus parceiros, farinha, bananas, aipins e feijões; guardando-a em potes até perder a doçura, e azedar-se; por que então dizem que está em seu ponto de se beber; oxalá com medida, e não até se embriagarem. A derradeira escuma da ultima meadura, que He a ultima purificação do caldo, chamão claros, e estes misturados com agoa fria, são huma regalada bebida para refrescar, e tirar a sede nas horas, em que se faz mais calma."[62]

O que Antonil chama de cachaça é a primeira espuma produzida na fabricação do açúcar, que serve apenas para alimentar animais. Da segunda espuma é que os escravos, deixando-a fermentar, produziam a bebida alcoólica. Não é dado nome específico à segunda espuma. A terceira espuma chamada de claros era uma bebida refrescante, quando misturada com água.

Não passa despercebido a Antonil que os engenhos produziam cachaça (aguardente), mas, como religioso, é contra, como ressalta quando descreve as fases finais do processo:

> "O mel, que cahe das fôrmas depois de lhes botar barro torna a cozer-se, e abater-se nas tachas, que para isso então destinadas, com sua bacia, e se faz delle assucar , que chamão branco batido; e dá também seu mascavado, que chamão mascavado batido. Ou se estila delle agoardente, que nunca eu aconselharia ao senhor de engenho; para não ter huma continua desinquietação na sanzalla dos negros: e para que os escravos, e escravas não sejão com a agoardente mais burrachos do que faz a caxaça."[62]

Tanto Guilherme Piso (1611-1678) em 1648/1654 e André João Antonil (1649-1716) (fim dos anos 1600 e início dos 1700) informam que as palavras Cagassa e Caxaça, que possivelmente são a raiz da palavra Cachaça, referiam-se à primeira espuma que se levantava na fervura do caldo de cana. Ambos chamam o destilado dos derivados da produção de açúcar de aguardente.

Antonil nos deixou minucioso relato sobre a produção colonial de açúcar e ao descrever o engenho afirma:

> "(...) e o edifício do engenho, forte e espaçoso, com as mais officinas, e casa de purgar, caixaria, alambique, e outras cousas, que por miúdas aqui se escusa apontal-as, e delas se fallara." [62]

Em outras palavras, o alambique era parte importante do engenho. Em sua obra há detalhes sobre as funções das várias pessoas envolvidas no processo e dentre as do "purgador de assucar" cabia:

"A elle tambem pertence ter cuidado dos meles, ajuntal-os, correl-os, e fazer delles batido; ou guardal-os, para fazer aguardente." [62]

No caso, a cachaça era fabricada a partir dos 'meles' e não da garapa fermentada. Quando discorre sobre o relacionamento do senhor de engenho com os escravos adverte:

"O que se hade evitar nos engenhos he o embriagarem-se com garapa azeda, ou agoardente; bastando que se lhes conceda a garapa doce, que lhes não faz damno;"[62]

Há clara distinção entre a "garapa azeda", que é a escuma fermentada da segunda cozedura e a "agoardente", resultado da destilação desta, ou seja, a cachaça. Já "garapa doce" é simplesmente a escuma sem fermentar.

No Maranhão, a produção de cachaça deve ter começado no século XVIII ou no início do século XIX, como registra Gilberto Freyre (1900-1987):

"(...) Assim escrevia em livro publicado em Lisboa em 1822 – *Estatística Historico-Geographica da Provincia do Maranhão offerecida ao Soberano Congresso das Cortes Geraes* – Antonio Bernardino Pereira do Lago. Observava mais haver naquela área colonial brasileira, apesar do alvará de 5 de janeiro de 1785 que proibira fábricas ou indústrias no Brasil, 'fabricas de descascar arroz, de descaroçar algodão, de fazer assucar, de distillações e de tecer pano de algodão."[255]

Auguste de Saint-Hilaire (1779-1853) registrou inúmeras destilarias de cachaça no estado de São Paulo em 1819:

> "A maioria dos habitantes das redondezas de Campinas são agricultores. Esse termo é o maior produtor de açúcar de toda a Província de São Paulo. Em 1819 já havia ali uma centena de engenhos de açúcar, incluindo as destilarias, e em 1838 já se contava noventa e três engenhos pròpriamente ditos e um igual número de destilarias onde se fabricava a cachaça. (...) Em 1838, quando o distrito de Pirapora ainda fazia parte de Porto Feliz, haviam sido produzidas em todo o território deste último 73.113 arrobas de açúcar e 560 canadas de cachaça (2.341 litros), bem como 20.480 alqueires de milho (807.200 litros), em pouco de arroz e uma certa quantidade de feijão. Enfim, existiam ali setenta e seis engenhos de açúcar."[559]

Francisco Vidal Luna e Herbert S. Klain efetuaram minucioso levantamento sobre os preços agrícolas vigentes em São Paulo de 1798 a 1836, incluindo a cachaça. Alertaram para as dificuldades de comparação devido às inúmeras unidades de medida adotadas: tonel, pipa, almude, canada e quartilho e que a correlação entre estas medidas só foi estabelecida em 1862:

> "Deve-se lembrar que a Lei 1.157, de 1862 (9), que implantou o sistema métrico no Brasil, listou uma série de medidas então adotadas e sua conversão ao sistema métrico. No caso dos líquidos, apresentou as seguintes transformações:
> Tonel = 2 pipas = 840 litros
> Pipa = 25 almudes= 420 litros
> Almude = 12 canadas = 31.944 litros
> Canada = 4 quartilhos = 2,662 litros
> Quartilho = 0,665 litros."[357]

Descrição detalhada do processo de produção de cachaça ocorre na década de 1.860, feita por Sir Richard Burton (1821-1890):

"Para a destilação, o melaço, saindo da resfriadeira, é levado, por bicas, ao cocho, um grande tanque de madeira em forma de canoa. É, então, misturado com escórias das caldeiras e reduzido a cerca de 11° Reamur, no tanque de azedar, para a fermentação alcoólica. Depois disso, é levado ao alambique, uma máquina antiquada e raramente limpa, semelhante a uma retorta. Essa máquina, habitualmente, recebe três abastecimentos (alambicadas) nas vinte quatro horas, sendo raro o trabalho durante a madrugada. Finalmente, a bebida é decantada e vertida em um depósito quadrado de madeira, contendo cerca de 500 barriletes; esse 'tanque de restilo', quando feito de uma só peça de madeira, é chamado paiol."[123]

No ano de 1889, na Freguezia de Sant'Anna do Pirapetinga, atual Pirapetinga, em Minas, Gerais, a maioria dos estabelecimentos que comercializavam cachaças também vendiam armarinhos, fazendas e generos do pais (também chamados de gêneros da terra). Outros também tinham pólvora, armas de fogo e tinta. Às vezes, anexo ao estabelecimento também havia oficina de caldeireiro, hotel ou padaria.[145]

Fernando de Azevedo (1894-1974) nos fornece dados importantes sobre o número de produtores de cachaça em 1935:

"Além disso, se compararmos o número enorme de engenhos e de engenhocas, ainda existentes no país, de acordo com os dados relativos a 1935 (ou sejam 12.765 engenhos de bangüês; 16.032 engenhos de rapadura e 11.224 fábricas de aguardente)..."[79]

Em 1857 bebedeiras já vinham causando problemas:

"Costumavam começar a função de manhã bem cedo, bebendo cachaça misturada com gengibre ralado, uma bebida fortíssima que os excitava quase à loucura. Depois dessas libações matinais, meu vizinho Geraldo costumava postar-se defronte de minha casa e ficar lançando invectivas contra todos os estrangeiros, durante horas a fio, gesticulando na minha direção ameaçadoramente."[92]

RESUMO

Cachaça foi o nome inicialmente dado no Brasil aos resíduos da produção do açúcar, depois a esses resíduos apenas fermentados e posteriormente a tais resíduos fermentados e destilados. A primeira menção à bebida destilada de cana de açúcar ocorre em 1622 com o nome de augoa ardente, na Bahia. O primeiro uso do nome cachaça no lugar de aguardente ocorre em 1660.

A falta de documentação a respeito da fase inicial da produção de cachaça pode ser atribuída ao fato de que por muito tempo ela ocorreu clandestinamente, uma vez que era proibida por Portugal. Documentos porventura existentes podem ter sido destruídos devido a ataques de piratas e de invasores do território. Contudo, documentos do século XVI referentes a inventários de heranças e a leis e normas sobre as atividades dos engenhos de açúcar nada mencionam sobre alambiques ou cachaça, o que só vem ocorrer no século XVII.

Os índios tinham tradição em fazer e ingerir bebidas fermentadas e o mesmo ocorria com os escravos trazidos da África. Já os portugueses conheciam as técnicas de produzir bebidas fermentadas e destiladas. A bebida alcoólica resultante do caldo de cana fermentado pode ter sido descoberta pelos índios, escravos africanos ou mesmo pelos europeus. Já a cachaça, que é o resultado da destilação do caldo de cana fermentado foi seguramente descoberta pelos europeus, único dos povos envolvidos que tinha conhecimentos e equipamentos para tal.

CACHAÇA: TRANSTORNO DISSOCIATIVO DE IDENTIDADE

CACHAÇA E RUM – IRMÃOS GÊMEOS?

"Neste caso ele (o rum) foi provavelmente inventado nas ilhas espanholas de Hispaniola ou Cuba (onde foi chamado de aguardiente ou 'água ardente') ou por colonos portugueses no litoral do Brasil (onde seria depois chamado cachaça)." Wayne Curtis, *And a bottle of rum*.[197]

"Naquele ano de 1683, a cidade da Bahia devia ter quase cem mercadores que dominavam o comércio com Portugal e África, sendo esta atividade atrelada ao aumento do tráfico com a Costa da Mina, onde o rum e o tabaco baianos competiam com os produtos europeus." – Ana Miranda, *Boca do Inferno*.[406]

"A 'caninha' ou 'cana' espanhola é um artigo superior, feito de caldo de cana fermentado em tonéis; é o nosso rum e, quando conservado por alguns anos, especialmente enterrado, o cheiro lembra o rum da Jamaica." Sir Richard Francis Burton, *Viagem do Rio de Janeiro ao Morro Velho.*[122]

Nos escritos sobre aguardentes derivadas de cana de açúcar encontra-se a informação de que na América espanhola, inglesa ou francesa nasceu o irmão gêmeo da cachaça brasileira, o rum. Pode parecer estranho o nascimento de dois irmãos gêmeos em épocas e locais diferentes, mas no reino etílico imperam outras leis, incompreensíveis para o nosso sóbrio conhecimento. Que são gêmeos não há dúvidas porque quando nasceram eram preparados com a mesma matéria prima, pelo mesmo processo e eram bebidas bem semelhantes quanto à cor, sabor e graduação alcoólica. Pode-se dizer que as diferenças organolépticas entre cachaças distintas eram do mesmo grau do que entre cachaça e rum.

Além disto, nenhum dos dois sabe a data exata do nascimento. A cachaça diz para todo mundo que nasceu no século XVI, mas não sabe o ano. Cogita-se que ela foi criada no engenho de Martim Afonso de Souza entre 1533 e 1534[140], mas não há nenhum documento que comprove essa afirmação. O que se sabe é que ela existia na Bahia em 1623.[373] Já o rum diz que foi gerado também no início do século XVII, mas também não sabe em que ano nem o local e muito menos por quem.

Há, porém, uma grande diferença: dizem que a cachaça nasceu no Brasil, mas o rum é até o momento apátrida. Uns dizem que ele nasceu na colônia britânica de Barbados, enquanto outros juram que foi na Ilha Hispaniola (hoje Ilha de São domingos, onde se localiza o Haiti e a República Dominicana), ou em Cuba, colônias espanholas na época. Há quem afirme que foi em possessões francesas, onde o rum de baixa qualidade era chamado tafia. Não se sabe se para minimizar sua crise de nacionalidade, muitos dizem que é tudo mentira e, agora que ele é famoso, todos querem reivindicar a sua paternidade e garantem que ele provavelmente nasceu mesmo foi no Brasil, no mesmo local de nascimento da sua irmã.[197]

Quando tudo parecia bem e o rum estava contente por ser conterrâneo e quem sabe até contemporâneo da cachaça apareceram pessoas dizendo que, na verdade, ele foi concebido na Europa ainda no século XV, em laboratório de alquimistas. Teve que ficar hibernando por quase dois séculos porque naqueles idos o preço do açúcar era exorbitante e seu desenvolvimento era economicamente inviável, uma vez já havia outras bebidas alcoólicas de baixo custo.[197]

Quando parecia que esta informação selava a discussão sobre a origem do rum, chegou Marco Polo (1254-1324) garantindo que no século XIV provou um delicioso vinho de cana quando estava na região onde hoje se localiza o Irã. A coisa não para por aqui, pois descobrem que as civilizações que habitavam parte da Tailândia, Sumatra e Bornéus há milhares de anos atrás fabricavam uma bebida chamada brum, feita de caldo de cana fermentado, mas isso ocorreu depois da existência de bebidas alcoólicas semelhantes na Índia ou na China![707] Como passar de fermentado para destilado é só um passo, quem garante que isto já não teria acontecido naquelas civilizações, uma vez que algumas das quais já dominavam a técnica da destilação?

Vários engenhos de açúcar se estabeleceram em possessões espanholas, inglesas e francesas, principalmente na América Central, na época chamada de Índias Ocidentais. Como no Brasil, era grande a quantidade de melaço, espuma e garapa azeda descartados. Eles foram aproveitados para se fazer o rum da mesma maneira que no Brasil se fazia cachaça.

Wayne Curtis, no seu excelente livro *And a Bottle of Rum* ressalta que não se sabe quando e onde o rum começou a ser produzido. Informa que o especialista nessa bebida, Edward Hamilton, acredita que a primeira produção ocorreu nas colônias portuguesas ou espanholas, mais provavelmente no Brasil.[197]

Há registro da existência do rum em 1639 através do relato do capitão britânico John Josselyn (1638-1675) que o provou a bordo de um navio nas costas do atual Estado de Maine, no nordeste dos USA.[197]

Até o momento não se encontrou nenhum relato sobre o processo de produção de cachaça ou do rum no século XVI.

Nos primórdios da produção do rum foi muita tentativa e erro, principalmente no que se refere à fermentação, como relata Wayne Curtis no seu *And a Bottle of Rum*. Estima-se que eram misturadas as espumas (que subiam à superfície da garapa enquanto ela estava sendo esquentada) com resíduos que sobravam no fundo dos tachos mais a água usada para lavar os tachos. Uma vez iniciada a fermentação, era adicionado seis galões de melaço para cada cem galões da mistura. Se durante a fermentação a temperatura subia demais água fria era acrescentada e se abaixava usava-se água quente. Às vezes areia do mar limpa e aquecida era adicionada para elevar a temperatura. Se a mistura não apresentava acidez adequada, limão ou qualquer coisa que a aumentasse era acrescentado. No caso de acidez elevada, jogava-se carvão na mistura. Outros materiais usados eram cebolas imersas em mostarda, farinha de trigo, clara de ovos em forma de pasta, etc. Até mesmo carcaças e fezes de animais eram empregados, mas neste caso as más línguas afirmavam que estes recursos eram adotados para prevenir que os escravos bebessem o líquido.[197]

Se o descrito no último parágrafo acima soa bizarro, vejamos o que o Príncipe Maximiliano (1782-1867) relatou em sua viagem pelo Brasil de 1815 a 1817:

> "Mesmo entre os 'Coroados' de Minas Gerais, conforme o Sr. Freyreiss, prevalece o costume de pôr um braço ou um pé dos inimigos dentro de um vaso de 'caui', que é em seguida bebido pelos convivas."[385]

Tendo concluído anteriormente que quem produziu a cachaça foram os europeus ou seus descendentes, resta saber onde e quando. É lugar comum afirmar que o rum foi inventado em alguma colônia espanhola, inglesa ou francesa na América e a cachaça no Brasil, mas há ainda outra possibilidade:

> "Rum – um destilado do caldo de cana ou dos subprodutos da produção de açúcar – foi inventado no início do século XVII na colônia britânica de Barbados. Ou não. Neste caso ele foi provavelmente inventado nas ilhas espanholas de Espaniola ou Cuba (onde foi chamado de aguardiente ou 'água ardente') ou por colonos portugueses no litoral do Brasil (onde seria depois chamado de cachaça). Ou possivelmente foi destilado pela primeira vez pelos franceses nas suas colônias do Caribe (onde o rum de baixa qualidade era conhecido como tafia)."[197]

Wayne Curtis chegou à conclusão acima sobre a origem do rum, após extensiva pesquisa e aventar a hipótese de que poderia ter sido criado na colônia britânica de Barbados ou mesmo em alguma possessão espanhola, portuguesa ou francesa. Ou seja, ele admite que o rum possa ter sido inventado no Brasil.

Adotando o raciocínio de Wayne Curtis e deixando o nacionalismo à parte, no caso da cachaça é razoável levantar a hipótese de que talvez possa ter sido criada não no Brasil, mas sim em alguma colônia espanhola, britânica ou francesa das Américas.

Barbados é uma ilha que vinha sendo visitada por portugueses desde 1536, mas não foi por eles colonizado. Os ingleses chegaram à ilha desabitada em 1625 e iniciaram sua colonização em 1627. Conclui-se que a cachaça/rum (no início da produção, a cachaça e o rum eram a mesma bebida, pois eram fabricados com a mesma matéria prima e o mesmo processo) não foi lá inventada, uma vez que nessa época já havia indícios de estar sendo produzido no Brasil.

A França tentou colonizar o Brasil em 1555 no Rio de Janeiro e a partir de 1594, intensificada em 1612, no Maranhão, a Flórida em 1564 e Sable Island na Nova Escócia no Canadá em 1598, mas fracassou. Em 1605 consegue se estabelecer em Port Royal, também na Nova Escócia. Em 1624 iniciou a colonização da Guiana Francesa e em 1635 as colônias de Guadalupe e Martinica, na América Central. A hipótese da cachaça/rum ter sido criada na Nova Escócia está descartada, uma vez que o território não é apropriado para a cultura de cana de açúcar. Também não deve ter sua origem na Guiana Francesa, uma vez que lá a cultura da cana de açúcar só foi introduzida em 1656. Quanto a Guadalupe e Martinica, a data da ocupação pelos franceses(1635) é posterior à existência de cachaça/rum no Brasil.

Pelas considerações acima, prevalece o pressuposto, reforçado por inúmeros indícios, que a cachaça/rum deve ter sido inventada no Brasil ou em alguma colônia espanhola. Outro fator que reforça esta hipótese é que registros sobre cachaça e sobre rum são encontrados apenas a partir da primeira metade do século XVII, ou seja, ambos foram criados na mesma época. Mais um indício que revigora essa proposição é que os historiadores do rum citam que as pessoas consumiam a bebida fermentada obtida dos subprodutos do açúcar e do caldo de cana fermentado e que, posteriormente, esta bebida, depois de destilada, originou o rum.[269]

Como no caso da cachaça, aos escravos dos engenhos de açúcar é atribuída a descoberta do caldo de cana fermentado, como no relato abaixo sobre as origens do rum em Cuba:

> "Diz-se que os escravos costumavam tomar o que chamaram "garapo", obtido da fermentação da mandioca e o milho. Depois, passaram a extrair o suco da cana-de-açúcar, que uma vez fermentado, dava origem a um licor forte. Obtinha-se o liquido através de aparatos rudimentares. Mais tarde utilizou-se o tra-

piche em engenhos e usinas; a garapa se transformou em alcoóis e deles surgiu a aguardente."[64]

Sem tirar nem por, esta mesma estória é contada sobre o nascimento da cachaça.

Deve ser lembrado que de 1580 a 1640 Portugal ficou sob o domínio da Espanha:

> "Em 1580 extinguiu-se a dinastia de Avis. Filipe II da Espanha, neto de D. Manuel, apoiando suas pretensões pelas armas, sucedeu a D. Henrique, e incorporou à casa de Habsburgo o trono português. Com Portugal caíram todas suas possessões sob o domínio espanhol."[5]

O Brasil, durante este período, foi constantemente visitado por navios espanhóis, que também navegavam para as inúmeras colônias espanholas das Américas. Com isso, algo descoberto em uma colônia era disseminado pelas outras, o que pode ter ocorrido com a fabricação da cachaça/rum.

Os países das Américas que são ex-colônias da Espanha e grandes produtores de rum adotam hoje uma postura bem flexível sobre da aguardente de cana, seja ela derivada do caldo de cana fermentado ou do melaço ou borras:

> "Actualmente, el aguardiente de caña es conocido a través de las más variadas expresiones y nombres, tales como agua bendita, agua que los pájaros no beben, branquinha, cachaça, caninha, purinha, zuninga y resulta imposible hacer distinciones históricas sobre el aguardiente destilado o el derivado de la borra, porque están incorporados al comportamiento del pueblo brasileño, forman parte de su historia y de su tradición. Y sea como sea, cada un, independientemente de su origen o de

> su gusto, reconocerá a esa bebida y la tratará por el nombre que más le guste, casi como una identidad personal."[527]

(Atualmente a aguardente de cana é conhecida por diferentes nomes como água benta, água que os passarinhos não bebem, branquinha, cachaça, caninha, purinha, zuninga e é impossível fazer distinções históricas entre a aguardente obtida através da destilação do caldo de cana e a da derivada da borra, porque estão incorporadas ao comportamento do povo brasileiro, formam parte de sua história e de sua tradição. Assim, qualquer um, independentemente de sua origem ou gosto, distingue esta bebida e a chamará pelo nome que mais aprecie, quase que identificando-a pessoalmente.)

Se a cachaça foi criada no Brasil, a elaboração do vinho de cana (resíduos da produção do açúcar ou do caldo de cana fermentado) pode ter sido feita inicialmente pelos índios, escravos africanos ou mesmo pelos europeus ou seus descendentes, donos de engenhos de açúcar. Já a cachaça, a bebida destilada da cana de açúcar foi sem nenhuma sombra de dúvidas elaborada por europeus ou seus descendentes, os únicos dentre os três povos com conhecimentos e equipamentos para produzir bebida destilada.

UMA CACHAÇA PARA CADA GOSTO

> "Disso Ribeirinho entendia: de bebidas. Sentiu-se em terreno familiar e iniciou uma preleção sobre os diversos tipos de cachaça. Em Ilhéus fabricavam uma, ótima, a Cana de Ilhéus, era quase toda vendida para a Suiça onde a bebiam como uísque."
> Jorge Amado, *Gabriela cravo e canela*.[38]

> "Discutiam sobre cachaça: - Aquela pinga na casa do velho Antero, ô pinga macha... – Tá... Aquilo é cachaça... Cachaça que

home beba é da casa do Senhô. – Pois eu não bebo cachaça dele e sou macho pr'a qualquer um." Jorge Amado, *Cacau*.[30]

"Tartaruga é dos mais obstinados: – Bebia minha cachaça... vi com êsses olhos. Tinha mais da metade, coisa fina, de Angra, um cunhado que viaja, tão cedo não me traz outra igual!..." Carlos Heitor Coni, *Tijolo de segurança*.[183]

"– nada dessas cachaças engarrafadas em fábricas, mas cachaça pura mesmo, a melhor de Santo Amaro, feita no sítio de um amigo seu, uma beleza." João Ubaldo Ribeiro, *O sorriso do lagarto*.[516]

"Tudo em mais paz, me ofereceram: bebi da januária azulosa – um gole me foi: cachaça muito nomeada" João Guimarães Rosa, *Grandes sertão: veredas*.[529]

"É desta época também a construção no Brás de uma nova estação da inglesa, localizada diante da Estação do Norte. Junto a Estação do Norte, em 1888, o português José Domingues Martins instalou um quiosque. Os quiosques eram construções de madeira, de forma cilíndrica, com um balcãozinho para fora, que passaram a marcar a paisagem paulistana nessa época. Aí se servia vinho e a famosa 'Cachaça do Ó', e fritavam-se sardinhas, bolinhos de bacalhau e lascas de fígado, indo no meio as tradicionais moscas, o que lhes valeu o nome de 'frege moscas'." Ebe Reale, *Brás, Pinheiros, Jardins: três bairros, três mundos*.[506]

"Rodeavam os caipiras a mesa e devoraram as provisões, depois de terem molhado a garganta com um copázio de boa cachaça de Piracicaba, a fim de secorregar-lhes bem o bocado, e não os engasgar." José de Alencar, *Til*.[13]

Afinal, o que diferencia a cachaça do rum? Devemos primeiro levar em conta que nenhuma cachaça é igual à outra, mesmo quando produzida a partir do caldo de cana fermentado.

> "São muitas as descobertas feitas durante esses 13 anos de estudos. Os pesquisadores constataram, por exemplo, que, além da água e do etanol, que correspondem a mais de 98% de sua composição, a cachaça contém um grande número de compostos químicos secundários. 'Investigamos a presença de mais de 300 diferentes substâncias e já identificamos mais de cem compostos secundários que integram a cachaça brasileira', diz Franco. São esses componentes, encontrados em menor concentração, que conferem à aguardente as propriedades organolépticas que a caracterizam."[222]

Alguns desses compostos secundários são:
Formaldeído, acetaldeído, n-butiraldeído, benzaldeído, valeraldeído, acetona, acetato de etila, caprilato de etila, metanol, propanol, isobutanol, álcool isoamílido, ácido acético, ácido caprílico, ácido cáprico e ácido láurico.[431]

Historicamente, a cachaça pode ser obtida de vários derivados da cana:

> "Em seguida, as cativas cortavam à faca os pães já cristalizados, separando em primeiro lugar a parte do meio e extraindo dela o açúcar mascavado, de qualidade inferior. Do fundo do pão, tiravam o 'cabucho', que voltava ao tacho para nova purificação ou ia produzir aguardente." [636]

> "Cachaça, s. f. aguardente feita com o mel ou borras do melaço..."[93]

"Art. 92. Cachaça é a denominação típica e exclusiva da aguardente de cana produzida no Brasil, com graduação alcoólica de trinta e oito a quarenta e oito por cento em volume, a vinte graus Celsius, obtida pela destilação do mosto fermentado de cana-de-açúcar com características sensoriais peculiares, podendo ser adicionada de açúcares até seis gramas por litro, expressos em sacarose."[583]

Em sua passagem pela Bahia, o Príncipe Maximiliano (1782-1867) distingue três tipos de aguardentes produzidas em "engenhocas":

"Encontra-se no Rio Taípe um engenho de açúcar e várias engenhocas, onde se fabrica aguardente. A qualidade mais comum no Brasil é a chamada 'aguardente-de-cana', a que é um pouco mais bem distilada se chama 'aguardente-de-mel', e a melhor de todas, vinda da Bahia, 'cachaça." [385]

A "aguardente-de-mel" é, com certeza, a produzida a partir dos resíduos da produção de açúcar, como o melaço. Já quanto à "aguardente-de-cana" e a "cachaça" não fica claro ao que tipo de aguardentes obtidas a partir da cana de açúcar ele se refere.

Manuel Diégues Júnior (1912-1991) informava que tanto a cachaça como a aguardente eram produzidas com o mel ou melado.

"O fabrico da cachaça ou aguardente é feito com o aproveitamento do mel ou melado, que escoa do açúcar quando nas fôrmas. Este mel é destilado em alambiques, havendo de ferro ou de barro. O de barro, que é menos comum hoje em dia, apresenta-se, entretanto, preferido pelos consumidores. Acredita-se que dá melhor sabor à aguardente, ao passo que o de ferro deixa traços de sua oxidação no produto."[215]

Hoje chamamos o "mel que escoa do açúcar quando nas formas" de melaço. Já "melado" é o resultado do aquecimento do caldo de cana até o ponto que fica na consistência de líquido viscoso, ou seja, não é subproduto da produção do açúcar.

Na descrição do fabrico do açúcar "da terra" em engenho de rapadura:

> "O primeiro mel de furo que escorre é dado aos animais, pois não serve para alimentação. O segundo é usado para fazer cachaça ou rapadura inferior. Após o purgamento tira-se o açúcar. Êle é estendido em couros de bois para secar ao sol. Depois é guardado em paióis, sobre tábuas, descoberto para não melar."[302]

Outras cachaças foram produzidas a partir de melado ou rapadura. São inúmeras as variáveis que influenciam o produto final, a cachaça. No caso da cachaça ou do rum obtidos da fermentação do caldo de cana alguns desses parâmetros são:

Na produção da cachaça e do rum são utilizadas variedades diferentes de cana plantadas em solos e clima diferentes. Para estender o período de produção, alguns fabricantes plantam três tipos de cana, de acordo com o tempo que levam para atingir o teor máximo de sacarose: a precoce, que amadurece entre maio e junho, a média ,entre julho e agosto, e a tardia, que amadurece a partir de setembro.[372] O plantio pode ou não utilizar defensivos e adubos químicos ou orgânicos. No processo de fermentação pode ser utilizado apenas fermento selvagem ou fermento prensado, fermento misto ou fermento seco.[314] Em alguns casos é adicionado fubá de milho para acelerar o processo e em outros a querela de arroz ou farelo de soja ou ainda aditivos químicos. Umas são destiladas em alambiques e outras em coluna de destilação. O aquecimento do mosto fermentado é feito por fogo direto em alguns casos ou por caldeiras em outros. Umas são comercializadas logo após a produção, outras são deixadas a descansar por alguns meses em tonéis de madeira ou de aço, enquanto outras repousam por um ou vários anos em tonéis de madeira para envelhecerem. Os tonéis variam de poucos a milhares de litros, além de serem confeccionados com diferentes madeiras.

No processo de envelhecimento da cachaça é importante o volume do barril, uma vez que quanto maior o barril o contato do líquido com a madeira é menor.

ENVASAMENTO DA CACHAÇA

Até o século III a.C. os romanos condicionavam líquidos como vinho e óleo em ânforas (vasos de barro ou terracota), vedadas com resina de pinho. No Museu da Cortiça do Grupo Amorim de Portugal há ânfora de 200 anos a.C. vedada com cortiça e no seu site há as seguintes informações:

> "Entre os vários objectos expostos no Museu, ocupa um lugar de destaque uma ânfora datada de 200 anos a.C., descoberta no estatuário do Sado. Este objecto, que remete a utilização da rolha de cortiça para tempos remotos, tem para esta indústria um grande simbolismo histórico.
> Há evidências da utilização de rolhas de cortiça por Egípcios do terceiro milénio a.C. Na Grécia foi descoberta uma ânfora com um vedante de cortiça, do século V a.C., numa ágora de Atenas. Ânforas com rolhas de cortiça foram também encontradas nas escavações em Pompeia.
> Em 1952, Cousteau recuperou, das profundezas das águas italianas, 7000 ânforas com cerca de 2200 anos, algumas delas ainda rolhadas e contendo vinho.

> A cortiça é igualmente mencionada em odes, versos e importantes obras escritas, de diferentes épocas, uma matéria-prima com características únicas, aplicada para diversos fins."[281]

CACHAÇA NO BARRIL

A cachaça foi transportada até na primeira metade do século XIX em barris de madeira e isso ocorreu não necessariamente porque era do conhecimento dos produtores que o contato com a madeira amaciava a bebida e lhe conferia agradável sabor. O barril era amplamente usado para o transporte de vários produtos sólidos e líquidos[162] devido à facilidade de manuseio e ausência de outro material mais competitivo.[1]

Na esquadra de Pedro Álvares Cabral (1467/8?-1520/6?):

> "Cada homem a bordo tinha direito a uma canada (1,4 litro) diária de vinho – armazenado em cerca de 200 pipas em cada navio. A água, para beber e cozinhar, também era fornecida à razão de uma canada por dia. Armazenada em tonéis de madeira pouco apropriados, cheirava sempre mal por causa do ciclo natural das reações químicas. Infecções e diarréia eram muito comuns."[119]

Na antiguidade os romanos começaram a usar barris, devido a seus contatos com os celtas, que viviam onde hoje é a Alemanha e França, e os fabricava há séculos.[598; 688] O historiador e geógrafo grego Heródoto (484-425 a.C.) relata o uso de barris feitos de madeira de palmeira para o transporte de vinho pelos antigos povos da Mesopotânia .[703] Já Diógenes (404/412 a.C.?-323 a.C.?), não encontrando um Homem que se enquadrasse em sua filosofia cínica, refugiou-se dentro de um barril. [325] Há registros do uso de barris de madeira na

Europa desde o século II, usados para acondicionar vinho, azeite e água, mas seu uso remonta às profundezas da história tanto que Dionísio, deus grego do vinho, é algumas vezes representado sentado em um barril.[694]

No século XVII, na Bahia, era muito usado para armazenar azeite:

> "(...) que se fez com o rendeiro Luís de Maceno sobre as pipas de azeite de peixe, que fez esta safra de 1651 para 1652 anos, sobre o requerimento que fez o tesoureiro Belchior Vaz Ribeiro..."[190]

O Frei Vicente do Salvador (1564-1635) informa que durante a invasão holandesa:

> "E sobre isto puseram os inimigos ainda fogo à pólvora para que nenhuma coisa escapasse, e contudo escaparam algumas pipas de vinho e cerveja, barris de queijo e manteiga, e uma caixa grande de botica, de que os nossos se aproveitaram; porém os holandeses, que eram cento e vinte e cinco, todos foram mortos a fogo e a ferro."[565]

O seu uso estendeu-se até o século XX, sendo quase que totalmente substituído no transporte de líquidos por barris de metal e bombonas plásticas, estas muito usadas para o transporte de cachaça. Barris de madeira continuam sendo muito utilizados para envelhecimento de cachaça e outros destilados.

Quanto maior o contato do líquido com as paredes do barril mais eficaz é o processo de envelhecimento. Para ilustrar, vamos imaginar um barril em forma de cubo, com 1 metro de lado. Seu volume que é de 1 metro cúbico, corresponde a 1.000 litros, o que dá a cada litro a área de contato de 0,006 metros quadrados. Se o cubo for de 2 metros de lado, sua capacidade é de 8.000 litros e a área de contato por litro é de 0,003 metros cúbicos, ou seja, a metade. Se o barril for cilíndrico com o diâmetro de 1,0m e altura de 1,0m, seu volume é de 0,785 metros cúbicos, ou 785 litros. A área de contato para cada litro é de 0,006 metros quadrados. Já um barril com 2,0m de diâmetro e 2,0m de altura, apresenta o volume de 6,28 metros cúbicos, ou 6.280 litros. Como sua área é de 18,84 metros quadrados, a área de contato para cada litro é de 0,003 metros quadrados. Em resumo, quando maior o volume do barril menor é a área de contato com a madeira para cada litro nele contido.

A cachaça era envelhecida apenas em barril de carvalho, importado. Contudo, devido à grande variedade da flora brasileira, hoje são utilizadas madeiras de amburana, amendoim, angico, angelim, araribá, bálsamo, castanheira, cedro, freijó, garapa, grápia, ipê-amarelo, jatobá, jequitibá, louro-canela, pau-d'arco, pereira, sassafrás, vinhático.[223; 409; 655] Em contato com a madeira a bebida é alterada quanto à sua composição química, cor, sabor e aroma.[655] Todas as madeiras, exceto o jequitibá, o amendoim, a garapa e o louro-freijó conferem à cachaça coloração mais intensa. Durante o processo de envelhecimento, a cachaça obtém aumento de seu teor alcoólico em madeiras de carvalho e amburana, devido à maior perda de água do que de álcool. O contrário ocorre em madeiras de ipê e jequitibá, onde perde-se mais álcool do que água, o que deixa a bebida mais fraca.[635]

Alguns exemplos de alterações da bebida provocada pela madeira são fornecidos por Sandra Ventura e Ricardo Geraldez no seu *Cachaça – Cultura e prazer do Brasil*:[655]

> Amburana, umburana, umburana-de-cheiro ou cerejeira – *Amburana cearensis* – Abaixa a acidez e diminui o teor alcoólico, deixando a bebida amarela clara e cerejeira, aroma adocicado.
> Amendoim ou amendoim do campo – *Pterogyne nitens* – Diminui a acidez e não altera a cor da bebida.
> Bálsamo ou cabreúva – *Myrocarpus frondosus* – Confere cor ama-

rela, gosto forte e aroma perfumado.
Castanha, castanheira do Brasil ou castanha-do-Pará – *Bertholletia excelsa H.B.K.* - Confere cor amarelada e suavidade.
Cedro – *Cedrela fissilis* – Confere tom amarelado e deixa a bebida com aroma mais adocicado e perfumado.
Grápia, grapiá ou garapa – *Apuleia leiocarpa Vog. Macbride* – Abaixa a acidez e diminui o teor alcoólico, deixando a bebida mais suave e não altera sua cor.
Ipê-amarelo, ipê-amarelo-cascudo ou ipê-do-morro – *Tabebuia chrysotricha Mart. Ex DC.* Abaixa a acidez e confere tom alaranjado.
Jatobá, jataí ou jataí-amarelo – *Hymenaea courbaril L.* – Modifica o aroma e confere tom amarelado.
Jequitibá, jequitibá-rosa, jequitibá-vermelho – *Cariana legalis* – Remove o gosto de bagaço de cana e não altera a cor ou sabor.
Louro-freijó, frei-jorge, louro-paro ou ajuí – *Cordia alliodora/ Cordia trichotoma* – Não altera a cor, abaixa a acidez e o teor alcoólico, deixando a cachaça mais suave.
Sassafrás, canela-sassafrás ou canela-cheirosa – *Ocotea odorífera* – Aumenta o teor alcoólico, imprime um gosto forte e confere tom amarronzado.
Vinhático, amarelo-vinhático ou vinhático do campo – *Plathymenia reticulata* – Diminui a acidez, altera o sabor e confere cor amarelo-ouro, próximo do laranja.

André João Antonil (1649-1716) informa o preço de vários artigos comercializados na região das minas, em 1703, incluindo cachaça em barril:

> *"'Por hum barrilote de agoardente, carga de hum escravo, cem oitavas'.*
> *Por hum barrilote de vinho, carga de hum escravo, duzentas oitavas.*
> *Por huma gallinha, trez ou quatro oitavas.*

Por hum boi, cem oitavas.
*Por hum moleque, cento e vinte oitavas.**"[61]

Ou seja, "hum barrilote de agoardente" custava quase o mesmo preço de "hum moleque".

Maria Sylvia de Carvalho Franco argumentando sobre o fato dos agentes municipais de Guaratinguetá/SP atenderem os interesses dos produtores e não do município, nos informa o preço do barril de aguardente em 1839-1840:

> "É esse o sentido do episódio registrado nas Atas Municipais da Câmara de Guaratinguetá, ocorrido nos anos 1839-1840. Lê-se, primeiramente, um requerimento do fiscal solicitando à Casa a determinação do preço do barril de aguardente, para efeito da cobrança dos direitos de 20% estipulados em lei e propondo que esse preço fosse fixado em $800, sugestão aceita pela Câmara. Consta, algum tempo depois, a notícia de um ofício do Presidente da Província um comunicado que em conseqüência de recurso interposto pelo Coletor da Vila, quanto ao diminuto preço com que foi taxado o barril de aguardente, deliberou-se fixar o seu preço em 1$600, decisão também acatada."[252]

Em situações de emergência, as madeiras dos barris serviam também para a fabricação de botes, como ocorreu com o pirata Thomas Cavendish (1560-1592) quando precisou desembarcar no porto de Santos no início da década de 1590.

> "O capitão Stafford, o capitão Southwell e o capitão Barker se ofereceram junto com mais vinte homens e embarcaram num

---

*128 oitavas = uma libra.

bote feito de madeira de caixotes de açúcar e de barris. Ao desembarcarem assaltaram o engenho, capturando-lhe uma grande barcaça que logo carregaram com comida e mandaram até nosso navio, o que foi mais bem vindo do que se fosse ouro." [322]

Com a abertura dos portos, devido à vinda da Família Real de Portugal, os ingleses monopolizam grande parte do comércio e para cá enviavam artigos, muitos deles acondicionados em barris:

> "A baía cobriu-se de navios e a alfândega não tardou a transbordar de mercadorias: barris de ferragens e pregos, peixe salgado, barris de queijo, chapéus, juntamente com uma imensa quantidade de cestos e barris de louça de barro e de vidro, cordame, barris e garrafas de cerveja, tintas, armas, resina, alcatrão, etc., ficavam expostos, não só ao sol e à chuva, mas à depredação geral."[387]

Alguns dos artigos que, na época, não apresentavam nenhuma demanda também vinham em barris:

> "(...) também a cerveja, enviada em grandes quantidades, em barris, a um povo, do qual apenas a minoria já a provara, como se fosse artigo de luxo."[387]

O preço de um pequeno barril de cachaça foi registrado em 1816 no sertão do Nordeste:

> "O 'ancorote', ou 'ancoreta', ou 'corote', era pequeno barril, um barrilete, destinado ao acondicionamento de água, vinho e aguardente. Seria o 'barrilito' que Spix e Martius viram no sertão nordestino, em 1816, custando 3$500 a 4$000, quando cheio de aguardente."[573]

Johan Baptiste von Spix (1781-1826) e Carlos Frederico Philippe von Martius (1794-1868) informam que na Bahia:

> "A água é, como no Rio de Janeiro, transportada e vendida por escravos negros, em pequenos barris de madeira. É, muitas vezes, morna e suja."[606]

Para o transporte de grandes espécimes coletados por cientistas, os barris de madeira eram muito úteis, como na compreensiva descrição sobre o assunto feita pelo Príncipe Maximiliano (1782-1867), que viajou pelo Brasil de 1815 a 1817:

> "Não se encontram nunca no interior do país garrafas ou frascos com gargalo suficientemente largo (...) Para os grandes répteis, levava comigo um pequeno barril de excelente fabricação européia; formava a metade da carga de um burro. Era de carvalho, e infelizmente foi logo perfurado por vermes. (...) Estava cheio de aguardente muito forte e continha vários répteis (...) Para se fabricarem no Brasil bons barris, deve-se empregar madeira de vinhático; mas não é fácil encontrar um hábil toneleiro."[385]

Em 1817, nos arredores de Guanhães, Minas Gerais, Auguste de Saint-Hilaire (1779-1853) registrou um método peculiar de se armazenar cachaça:

> "Os proprietários, que distilam aguardente, costumam conservá-la em enormes troncos escavados, que lhes fornecem as matas virgens, e que se cobrem com uma taboa que se retira e tornase a por, à vontade. É essa, como se vê, a infância de uma das artes mais fáceis."[558]

Possivelmente este método de armazenar cachaça veio dos indígenas, uma vez que esta era uma das maneiras deles armazenarem suas bebidas, como relatado pelo Padre Cristóbal de Acuña (1597-1676?) em sua viagem pelo rio Amazonas em 1639.[7]

CACHAÇA NA GARRAFA

Oficialmente, a obrigatoriedade de se acondicionar cachaça em garrafas foi estabelecida apenas no fim da década de 1930. O Decreto-lei 739 de 24 de setembro de 1938 sobre Imposto de Consumo estabelece para a cachaça:[205]

O registro do produto:

"CAPÍTULO IV
Do registro
SUA COBRANÇA E FISCALIZAÇÃO
Art. 8º – Ninguem poderá fabricar, beneficiar, transformar, ter em depósito, vender ou expor à venda produto sujeito ao imposto de consumo, sem se achar habilitado com o competente registro."[205]

O emprego de estampilha (hoje selo do IPI):

"CAPÍTULO VI
Das estampilhas e sua renda
Art. 32 – As estampilhas serão de quatro cores:
a) verde – para os produtos nacionais, em geral (...)"[205]

O emprego de rótulo:

"CAPÍTULO IX
Dos rótulos e sua aplicação
Art. 72 – Os fabricantes de mercadorias sujeitas ao imposto de consumo, excetuados os de sacos, de louças e vidros, ferragens, artefatos de ferro e de outros metais, jóias e obras de ourives, bijuterias, objetos de adorno e de utilidade e relógios, ladrilhos e outros materiais, material ótico e cordoalhas, são obrigados a aplicar em seus produtos rótulos que tragam impressos a situação da fábrica, com indicação da rua e número, nome do fabricante ou da empresa fabril registrada na estação arrecadadora competente, ou marca fabril devidamente registrada, e a expressão – Indústria Brasileira." [205]

E sua comercialização em embalagem que não exceda 1 (um) litro, o que indiretamente forçava os produtores a empregarem recipientes de vidro:

"CAPÍTULO X
da fiscalização
Art. 81 – Parágrafo único. As bebidas, o álcool e o vinagre, quando remetidos ou vendidos a negociantes varejistas, registrados ou não, ou a consumidor, deverão estar acondicionados em recipiente cuja capacidade não exceda de um litro, excetuados o chopp em barril automático e o vinho acondicionado em recipiente de capacidade até cinco litros e que assim tenha de ser vendido. Multa de 2:500$ a 5:000$ aos que fizerem o acondicionamento em recipiente de capacidade superior à permitida neste parágrafo." [205]

O Decreto obrigou produtores a se adaptarem à nova realidade:

"Em 1939 (sic) Getúlio Vargas baixa um decreto : Toda bebida deve ser engarrafada e rotulada. Na Fazenda Santa Luzia o povo entra em polvorosa para obedecer a ordem do presidente. Entre outras engenhocas, um tear começa a tecer 'capas' de palha de arroz ou taboa para envolver as garrafas transportadas em bruacas no lombo das mulas."[126]

Em 2010, mais de 70 anos depois, apenas cerca de 5.000 (12,5%) produtores de cachaça obedecem esta Legislação. Os demais 35.000 são pequenos produtores, cujas cachaças só podem ser geralmente obtidas indo-se diretamente aos alambiques que as produzem ou às povoações vizinhas.

Contudo, o envasamento da cachaça em garrafas de vidro já ocorria esporadicamente no início do século XIX. A primeira fábrica de vidros no Brasil foi fundada em 1810, na Bahia, por Francisco Ignácio da Siqueira Nobre (antes de 1750- ?) e produzia vidros lisos, de cristal branco, frascos, garrafões e garrafas.[473] A cachaça Ypióca, produzida desde 1846, começou a ser engarrafada em garrafas de vidro com tampa de cortiça a partir de 1895:

> "No Ceará, em 1846, o português, Dario Telles de Menezes, deu início à produção da famosa Ypióca com o uso de um alambique de cerâmica.
> Entre 1895 e 1924 teve início a comercialização da bebida em garrafas de vidro e tampas de cortiça. De 1924 a1970 fez-se o primeiro engarrafamento em litros, adotou-se o uso do conta-gotas, o revestimento das garrafas com palha de carnaúba e o envelhecimento em barricas de bálsamo."[410]

O capitão russo Urey Lisiansky (1773-1837), em visita a Santa Catarina em 1803, elabora lista do preço de diversos gêneros, incluindo a cachaça, por ele chamada de rum:

"1 medida ou 4 garrafas de rum: 320 Réis"[343]

Implicando que 4 garrafas de rum correspondiam a uma medida, ou seja, isso pode indicar que havia na época cachaça em garrafa. Vários visitantes estrangeiros chamavam a cachaça de rum.

Johan Baptiste von Spix (1781-1826) e Carlos Frederico Philippe von Martius (1794-1868), viajando pelo Brasil de 1817 a 1820, informam que na Bahia:

> "A exportação para todos os países marítimos da Europa, para a América do Norte e para as Ilhas Portuguêsas consta dos seguintes artigos: assucar, café, tabaco, algodão, cachaça, melaço, óleo de baleia, cêbo, couros de boi, secos e curtidos, (que assim como chifres e pontas vêm em grande porção das províncias do sul) arroz, pau Campeche, fustête, ipecacuanha, cacau, pimenta, gengibre, anil e colla de peixe."[606]

Quanto à cachaça:

> "São exportadas de 10.000 a 11.000 pipas de cachaça, regulando cada uma cerca de 500 garrafas."[606]

Significando que 500 garrafas de cachaça correspondiam a uma pipa de cachaça. A partir desta comparação, pode-se talvez deduzir que era comum encontrar cachaça em garrafa.

O Príncipe Maximiliano (1782-1867) levava garrafas de cachaça em sua viagem pelo Brasil de 1815 a 1817 para agradar os indígenas:

> "Demo-lhes facas, rosários, pequenos espelhos e distribuimos algumas garrafas de aguardente, o que os tornou extremamente alegres e comunicativos."[385]

Auguste de Saint-Hilaire (1779-1854), em sua obra *Viagem às nascentes do rio São Francisco*, passando em 1819 por onde é a cidade de Valença/RJ, confirma a dedução acima e informa que naquele ano já havia cachaça em garrafas:

> "Por ocasião de minha viagem, em 1819, a Aldeia, que fica situada num pequeno descampado, entre morros cobertos de mata, compunha-se de apenas uma vintena de casas, a maioria das quais ainda inacabadas, não datando as mais antigas de doze anos. Estas casas, isoladas umas das outras, tinham uma aparência miserável, sendo mais da metade constituída de vendas de ínfima categoria, onde o máximo que se podia comprar era uma garrafa de cachaça."[554]

Além da preciosa informação de que já se vendia cachaça em garrafa em 1819, pode-se também deduzir que era muito comum, uma vez que "o máximo que se podia comprar era uma garrafa de cachaça" denota que cachaça em garrafa era um artigo corriqueiro.

Em outra viagem, três anos depois, em 1822, dirigindo-se para Jacareí, no estado de São Paulo, Saint-Hilaire registra novamente:

> "Grande parte das casas de beira de caminho são vendas, mas nelas só se encontram bananas, algumas garrafas de aguardente e um pouco de fumo."[553]

De novo, a frase implica que garrafa de aguardente era um item muito comum, como banana e fumo.

Documentos oficiais de Mariana, Minas Gerais, de 1832 registravam a venda de cachaça em garrafas nas tavernas:

> "O fiscal comunica a Camara que no distrito de Inficcionado existem três engenhos, com alambiques, o preço das águas

ardentes é de 1.800 por cada barril e nas tavernas 120 por garrafa."[276]

Em sua viagem pela Bahia, Spix e Martius estranharam a gastronomia indígena:

> "Com agilidade apanhavam na madeira podre, enquanto andavam, larvas de grandes besouros, que consideravam excellente iguaria..."[606]

Acharam interessante o sistema indígena de orientação na floresta:

> "Orientam-se com segurança através da immensa floresta. (...) quebrando, para não errar na volta, as pontas dos galhos onde passávamos ..."[606]

Contudo, bastava um pouco de cachaça para desorientá-los:

> "Depois de termos descansado, ao meio dia, na margem granitosa de um límpido riacho da floresta e de terem os guias, por diversas vezes, usado o frasco de cachaça, surgiram entre elles varias duvidas sobre o caminho mais curto, procurando então raciocinar, em vez de se guiarem somente pelo instincto, até aquele momento dominante."[606]

Das linhas acima sabe-se que: um sistema de orientação do índio na floresta consistia em quebrar galhos de árvore para demarcar o caminho percorrido; a cachaça fazia parte da viagem; a aguardente era chamada de cachaça; a cachaça desnorteava os índios; a cachaça era transportada em frasco, que segundo dicionário do início do século XIX era:

> "Frasco, s. m. (do Ital. fiasco; do Fr. flacon) Vaso de vidro para líquidos, e talvez de barro vidrado, da feição dos de vidro.(...)"[585]

Ficaram também impressionados com a engenhosidade dos nativos:

> "Estavamos bastante providos de mantimentos e de café, porém, nos esquecemos da vasilha para prepara-lo. A capacidade inventiva dos nossos guias encontrou recurso para isso. Uma folha nova, inteira (Patioba), da palmeira pati (Cocos botryophora, M. t.), tendo cerca de quatro pés de comprimento, foi amarrada em forma de canôa, por baixo de uma vara e, cheia de agua, foi colocada no fogo. Para admiração nossa, a água chegou a ferver sem que a panella vegetal se arrebentasse..."[606]

Henry Walter Bates(1825-1892), navegando pelo rio Amazonas no início da década de 1850, menciona a existência de garrafas em poder dos índios, mas não informa sua origem, ou seja, se eram inicialmente de vinho, aguardente ou outra bebida:

> "Traziam consigo algumas garrafas vazias e nos prometiam peixes e tartarugas se lhes fornecêssemos, antes, a cobiçada aguardente, ou cauim, como a chamavam."[92]

Augusto-Emílio Zaluar (1825-1882), em sua viagem pela Província de São Paulo em 1860/1, encontrou cachaça em garrafas entre Sorocaba e Porto Feliz:

> "Subindo um degrau de pedra que havia na porta, entrava-se nesta espécie de armazém de porão, adornado por duas ordens de prateleiras escorregadiças onde se enfileiravam algumas dúzias de garrafas de cachaças, tapadas com rolhas de espiga de milho."[711]

Havia também na mesma época garrafas de cachaça com rolha de cortiça:

> "Em 1862 Exupério adquiriu em Caetité, por $800, '50 rolhas de cortiça', que serviram, por certo, para fechar as garrafas de aguardente."[573]

Rolha de cortiça já era usada no início do século XIX, ao menos para vedar outros tipos de recipientes:

> "Entretanto, prefere-se geralmente, entre todas as classes do povo brasileiro, tomar rapé a fumar; com efeito, o escravo mais indigente possue a sua caixa de rapé, de folha de Flandes ou de chifre em geral uma simples peça de corno de boi tampada com uma rolha de cortiça."[385]

Richard Burton (1821-1890), que viajou pelo Brasil, ao informar sua lista de compras em 1867 indica que naquele ano já se encontrava cachaça em garrafas:

> "A seguinte lista de minhas compras mostrará os preços vigentes na Vila da Barra:
>
> 1 garrafão (4 garrafas) de cachaça – 0$500
> 1 quilo de sal – 0$130
> 5 quilos de carne de vaca – 1$000
> 8 quilos de toucinho – 3$000
> 5 quilos de arroz – 1$600
> 1 réstia de cebolas – 0$100
> ½ quarta de farinha – 0$800"[123]

Como o garrafão a que ele se refere corresponde a quatro garrafas, está implícito que se encontrava cachaça em garrafas também. Outra informação interessante é que uma garrafa de cachaça a 0$124 custava um pouco menos do que um quilo de sal.

Em sua viagem de Barbacena a Barroso ele menciona novamente a existência de cachaça em garrafas quando descreve uma venda:

> "No chão, há sacos de sal, e barris abertos, com rapadura e feijão, um caixote ou dois com milho, pilhas de toucinho e carne salgada, a popular 'carne seca', uma corda de fumo enrolada em uma estaca e garrafas e garrafões de cachaça."[122]

Em sua viagem, há *causos* interessantes como:

> "O piloto contou-me uma história pouco edificante a respeito de um santo homem, ali servindo, que mostrava acentuada inclinação pelas caboclas de menos de 12 anos. Uma de suas vítimas fugiu e contou o fato ao delegado de polícia, que prendeu imediatamente o reverendo, e obrigou-o, depois, a sair do lugar. Foram contados outros casos semelhantes, entre os quais um da água benta com pronunciado gosto de cachaça; verdadeiros ou não, provam que os padres modernos não merecem o mesmo respeito que rodeava os antigos jesuítas."[123]

Valiosas informações sobre o Brasil no século XIX encontram-se registradas em *Um fazendeiro paulista do século XIX*[490] de Carlota Pereira de Queiroz (1892-1982), médica, pedagoga e política. No livro são relatadas as atividades de seu avô, Manuel Elpídio Pereira de Queiroz (1826-1915), tropeiro, fazendeiro, empresário de transportes, construtor de vias de comunicação, dono de escravos e um dos fundadores do jornal *A Província de São Paulo* (atualmente *O Estado de São Paulo*). O Sinhô, como alguns o chamavam, deixou riquíssimo material em forma de documentos, anotações e relações de despesas, que serviram de base para o livro. Há inúmeras referências à cachaça, como:

> "1ª viagem de água ardente (para levar aguardente) 16 alqueires; 2ª viagem (em junho) 16 alqueires. (...) O fornecimento mais freqüente é de garrafas de água ardente que são mais de 50 neste caso e custam apenas 80 réis cada."[490]

O preço da garrafa de cachaça a 80 réis foi em 1852. Em 1858 estava a 280 réis. Parte da herança recebida de seus pais, Manuel recebeu em 1865:

> "Parte em dois alambiques assentados: 55$330; Parte em um alambique por assentar (com Capello e canno): 140$000."[490]

O alambique brasileiro mais antigo com funcionamento ininterrupto é o Engenho Boa Vista, em Coronel Xavier Chaves, Minas Gerais, fundado em 1755, produzindo hoje a cachaça Século XVIII. Acredita-se que a fazenda onde ele se encontra pertenceu ao irmão mais velho do Tiradentes (1746-1792), padre Domingos da Silva Xavier (1738- ?):

> "Pertinho de Tiradentes (MG) há uma cidade chamada Coronel Xavier Chaves. O tal do Coronel Xavier Chaves era bisneto da irmã de Tiradentes, Antônia Rita da Encarnação Xavier. Na pequena cidade, que fica a cerca de 20 quilômetros de Tiradentes, está o mais antigo engenho de cachaça em atividade no país, o Engenho Boa Vista, que produz a cristalina Século XVIII, de propriedade de Rubens Chaves (na foto, na frente da roda d'água do seu alambique), por sua vez bisneto do coronel."[170]

Hoje além do vidro, a cachaça é também acondicionada em recipientes plásticos, de cerâmica, madeira e metal. Algumas garrafas são revestidas com serragem, folhas de bananeira ou palmeira, palha, couro, etc.[167]

PENSA QUE É FÁCIL FAZER UMA BOA CACHAÇA?

Outros fatores que determinam a qualidade da cachaça são:

Cada etapa de produção deve ser conduzida de acordo com os mais rigorosos parâmetros técnicos e higiênicos, o que nem sempre acontece. Deve ser levado em conta que algumas cachaças são ou foram produzidas a partir de rapadura, outras de melado (líquido viscoso obtido pelo aquecimento e concentração do caldo de cana) e ainda outras de melaço (resíduo da produção de açúcar). Por tudo isso e pelos milhares de produtores em atividade, cada cachaça apresenta características próprias e é isso que torna esta bebida tão interessante. Pode-se dizer que há uma cachaça para cada gosto, o que também se aplica ao rum.

O rum pode ser feito a partir de suco de cana fermentado, do próprio açúcar de cana, de melaço ou de qualquer outro subproduto da cana de açúcar, pode ser novo ou envelhecido e alguns temperos e/ou caramelo são adicionados. Pode ainda conter rum de alambique misturado com rum industrial, ou ainda ser uma mistura de até dezenas de diferentes tipos de rum.[197] Cada rum, como cada cachaça, apresenta características sensoriais próprias. Seus produtores, muito certos, ao invés de brigarem entre si e imporem leis para definir o que é rum, colocam todos os tipos de bebidas alcoólicas destiladas derivadas da cana de açúcar e subprodutos da produção do açúcar sob o genérico nome de "rum", disponibilizando ao consumidor a possibilidade de escolha dentre uma vasta gama de bebidas. Contentam-se em informar no rótulo a marca da bebida, seu tipo (light, dark, spiced, gold, flavored, overproof, premium, super-premium, etc.) e seu país de origem como: rum de Barbados, de Trinidad Tobaco, de Cuba, da Jamaica, da Venezuela, do México, dos Estados Unidos, da Martinica, da Guatemala, da Guiana, da Costa Rica, da Martinica, da Guiana, da Indonésia, do Egito, da Tailândia, da China, do Haití, etc.[197; 639]

Em qualquer parte do mundo o rum é conhecido e o brasileiro, ao invés de aproveitar essa brecha e exportar a cachaça como rum brasileiro (Brazilian rum), o que na verdade é, entrou em uma briga interminável para conseguir o certificado de origem da cachaça.

A rivalidade entre cachaça e rum vem desde os tempos coloniais, tendo sido iniciada devido a rivalidades entre Portugal e Espanha e parece que tardará para ter um fim. A cachaça brasileira não envelhecida é internacionalmente classificada junto ao rum, por exemplo, de Porto Rico, como light rum. Algumas de nossas cachaças (runs brasileiros) envelhecidas (ouro, premium) são iguais ou melhores do que qualquer rum existente no mundo, embora digam[197] que nenhuma bebida feita de derivados de cana de açúcar supera o Ron Zacapa da Guatemala, envelhecido por vinte e três anos.

No relato de James Kingston Tuckey (1776-1816) fica claro, ao menos sob o ponto de vista dos britânicos, de que a "cachaça" produzida no Brasil era rum, quando informa que em 1803 eram exportados pelo Rio de Janeiro 5.000 tonéis de 150 galões cada de rum e destes:

> "Duzentos tonéis são enviados para Angola, onde são trocados por escravos."[246]

O capitão russo Adam Johann von Krusenstern (1770-1846) esteve em Santa Catarina em 1803 e, comentando sobre a pouca quantidade de gêneros para exportação do local, registrou sobre a cachaça, por ele chamada de rum:

"Não é provável que qualquer navio venha da Europa até a Ilha de Santa Catarina para comprar café, açúcar e rum, por dinheiro à vista; e eu tenho sérias dúvidas se em toda a ilha, e na costa vizinha, seria possível encontrar o suficiente para carregar um navio de 400 toneladas."[324]

Seu colega de viagem, o capitão russo Urey Lisiansky (1773-1837), achou barato o preço da cachaça, também chamada de rum por ele:

"(...) muitos destes artigos são de preço módico, conforme posso mostrar nesta lista abaixo: (...) Ave doméstica: 320 Réis (...) 1 medida ou 4 garrafas de rum 320 Réis."[343]

Além de chamar cachaça de rum, ele deixou claro que quatro garrafas de cachaça equivaliam a uma medida, ou seja, provavelmente havia cachaça em garrafa na época.

George Mouat Keith chegou no Rio de Janeiro em 1805 e no seu livro editado em 1809 informou que:

"Os legumes e frutas são fartos, mas, salvo a abóbora, não são próprios para viagens marítimas, pois perecem com muita facilidade. O rum, o açúcar e o melaço são excelentes e vendidos a um preço razoável."[244]

Em 1810 Henry Koster (....-1820), aventureiro, senhor de engenho e cronista[266] descrevendo a produção de cachaça em Pernambuco, já a chamava de rum.[160]

Na contramão, em nota de rodapé da obra de von Spix e von Martius o rum é chamado de cachaca:

"A qualidade da cachaça brasileira e a de Cuba, considerada iguaes..."[606]

Na verdade, os autores não faziam distinção entre cachaça e rum. No Brasil o rum é definido no Decreto nº 4851:

"Art. 93. Rum, rhum ou ron é a bebida com a graduação alcoólica de trinta e cinco a cinqüenta e quatro por cento em volume, a vinte graus Celsius, obtida do destilado alcoólico simples de melaço, ou da mistura dos destilados de caldo de cana-de-açúcar e de melaço, envelhecidos, total ou parcialmente, em recipiente de carvalho ou madeira equivalente, conservando suas características sensoriais peculiares.
§ 1º O produto poderá ser adicionado de açúcares até uma quantidade máxima de seis gramas por litro.
§ 2º Será permitido o uso de caramelo para correção da cor e carvão ativado para a descoloração.
§ 3º O coeficiente de congêneres não poderá ser inferior a quarenta miligramas e nem superior a quinhentos miligramas por cem mililitros de álcool anidro.
§ 4º O rum poderá denominar-se:
I - rum leve (light rum) quando o coeficiente de congêneres da bebida for inferior a duzentos miligramas por cem mililitros em álcool anidro;
II - rum pesado (heavy rum) quando o coeficiente de congêneres da bebida for de duzentos a quinhentos miligramas por cem mililitros em álcool anidro, obtido exclusivamente do melaço; e
III – rum envelhecido ou rum velho é a bebida que tenha sido envelhecida, em sua totalidade, por um período mínimo de dois anos." (NR) "[583]

O Decreto 4851 faz uma definição peculiar para o rum ao estipular que é uma bebida "obtida do destilado alcoólico simples de melaço, ou da mistura dos destilados de caldo de cana-de-açúcar e de melaço", quando, na verdade, o rum pode ser de apenas caldo de cana destilado, de melaço destilado, da mistura de ambos ou ainda qualquer destas modalidades acrescidas de, além do açúcar e caramelo citados no Decreto, condimentos e substâncias aromáticas.

A cachaça está presente em centenas de drinques[167] além de também ser ingerida em uma infinidade de infusões:

> "O que mais sai é cachaça, em doses, pura ou em infusão com vegetais pau pereira; boldo; e carqueja amargos; e ainda, com cipó cravo; mastruz com agrião; jenipapo; coquinho e salsa da praia; laranjinha; pitanga; abacaxi; capim limão; folha de figo; jatobá; e leão do norte. Tradicionalmente, acredita-se que essas infusões contenham os efeitos medicinais, benéficos, dos produtos incorporados. Em todas usa a aguardente pura com ervas ou madeiras; apenas com a laranja faz uma mistura de cachaça, limão e mel."[253]

Nos últimos anos foram lançadas no mercado várias cachaças aromatizadas com frutas, ervas e condimentos.

CACHAÇA E PÃO DE QUEIJO

> "A rigor, cachaça é aguardente destilada a partir da borra ou do melaço do açúcar, ou seja, das sobras da fabricação do açúcar. Já a caninha, a pinga, por lei, só é aquela fabricada a partir da garapa, o caldo de cana. São produtos diferentes, pagam impostos diferentes, mas acabam chegando ao balcão dos bares como se fossem uma coisa só. Qual das duas é melhor? A lógica manda escolher a caninha, mas o paladar tem razões misteriosas. Por isso, cachaça ou caninha, tudo acaba sendo a mesma

> coisa, um veludo que escorrega macio, uma estopa que raspa a garganta, mas uma bebida que não pode faltar, como afirma o poeta: 'pode me faltar tudo na vida, arroz, feijão e pão, só não quero que me falte, a danada da cachaça'." Murilo Carvalho, *Cachaça, uma alegre história brasileira.*[157]

Quando se procura a receita do Pão de Queijo, percebe-se que há inúmeras maneiras diferentes de fazê-lo, não só quanto aos ingredientes como há os tradicionais e os de liquidificador.[377] Todos são muito gostosos, talvez uns melhores que os outros, dependendo inclusive do paladar de cada pessoa. Empresas que fabricam pão de queijo seguem a legislação sobre manipulação e elaboração de produtos alimentícios, mas seria fora de propósito estabelecer legislação específica sobre pão de queijo tradicional e o pão de queijo de liquidificador, já que é o mesmo alimento.

Quando se olha a cachaça, a coisa toda é tão incoerente que foi implantada legislação para diferenciar cachaça de aguardente de cana! Mesmo assim, cachaça, como definida pelos decretos, é apenas um dos tipos de aguardente de cana, como o rum.

Há também quem afirme que cachaça envelhecida não é cachaça!

> "Filha da cachaça nova, virgem, a cachaça envelhecida é uma outra bebida. Nada tem a ver com a pinga nova, branca, fresca. Repito: Cachaça envelhecida não é cachaça. Cachaça envelhecida é cachaça envelhecida. Assim como fazer cachaça, envelhecer cachaça também é uma ciência, uma arte, uma paixão."[139]

No caso do rum há o rum leve (light rum ou unaged rum), que geralmente é o rum recém destilado e logo engarrafado ou que fica descansando em tonéis de aço inox por cerca de um ano e o rum envelhecido (aged rum) que é o rum mantido em tonéis de madeira por um ou vários anos: [197; 203]

> "After distillation is finished the spirit is either bottled as unaged rum or mostly stored in oak barrels for a few years to add colour and flavor".[203]
> ("Após a destilação a bebida é imediatamente engarrafada como rum não envelhecido ou,mais frequentemente, armazenada em barris de carvalho por alguns anos para adquirir cor e sabor.")

Produtores, envasadores, apreciadores, pesquisadores e rumeliers concordam em chamar de rum a bebida, envelhecida ou não, feita a partir de derivados de cana de açúcar, com ou sem condimentos e aromatizantes. Pode também ser a bebida resultante da mistura de dois ou mais tipos. Ao invés de ficarem discutindo entre eles para monopolizar o significado do nome "rum", unem esforços para promovê-lo e deixam por conta do consumidor a escolha do tipo de rum que ele prefere. É certo de que se estivéssemos exportando a cachaça *nova, branca, fresca* e a envelhecida como rum brasileiro (Brazilian rum) teríamos um vasto mercado mundial aberto para a nossa bebida, que está à altura de qualquer outro rum. Quanto a legislar sobre o assunto, é saudável haver normas com parâmetros higiênicos e técnicos orientando a produção de cachaça, mas querer cercear a criatividade do produtor que manipula as variáveis para obter produto diferenciado só contribui para empobrecer esta maravilhosa bebida!

ETA CACHAÇA RUIM DA PESTE!!!

> "Como em todas as lojas, o mercador se posta por trás de um balcão voltado para a porta, e é sobre ele que distribui aos bebedores a aguardente chamada cachaça, cujo sabor detestável tem algo do cobre e de fumaça." SAINT-HILAIRE, Auguste de, *Viagem pelas províncias do Rio de Janeiro e Minas Gerais*.[558]

Os portugueses, além de adotarem medidas repressivas à produção, apregoavam a inferioridade da cachaça em relação aos vinhos e bagaceiras:

> "Todo mundo caiu na gargalhada. Alguns dos convidados já tinham começado a beber a preciosa cachaça velha de D. Luís. As senhoras comiam uns cajus para refrescar-se. Todos esperavam a hora dos bons vinhos lusitanos, pois, dizia-se, não ficava bem beber cachaça: coisa de pretos."[619]

Talvez eles não estivessem totalmente errados, pois as técnicas de preparo eram muito rudimentares. Basta lembrar que um dos pontos cruciais na preparação da cachaça e de qualquer bebida destilada é a temperatura de destilação. Hoje sabemos que a temperatura de ebulição em graus Celsius de alguns componentes do mosto fermentado da cana de açúcar é: [605]

Ácido butílico	163
Álcool butílico	99
Álcool propílico	97
Álcool iso-propílico	83
Álcool iso-butílico	82,5
Ácido acético	118
Água	100
Álcool iso-amílico	128
Furfural	167
Etanol	78,3
Acetato de metila	57
Aldeído acético	21[605]

Como o termômetro de dilatação de mercúrio só foi inventado no início do século XVIII por Daniel Gabriel Fahrenheit (1686-

1736) e ainda demorou muito tempo para ser aperfeiçoado e empregado em todos os processos onde o controle da temperatura era essencial, pode-se imaginar a dificuldade de se efetuar uma destilação adequada.

John Mawe (1764-1829) faz interessante relato de uma destilaria do Rio de Janeiro em 1809:

> "Ao ver, nesta última (destilaria), as fornalhas para aquecer as caldeiras e alambiques, disse francamente ao Capitão que não podia ter elaborado pior plano, mas a resposta foi que não se conhecia nenhum melhor. (...) Quando interroguei sobre o processo, o proprietário confessou-me sua ignorância e chamou um dos negros para me informar. Ponderei a este homem ser excessiva a quantidade de combustível desperdiçada e propus novo método para poupá-lo, assim como para melhorar o gosto da aguardente , causado pelo empireuma (ácido pirolenhoso), ela deveria ser redestilada com igual quantidade de água, tomando-se o cuidado prévio de limpar o alambique; mas ele apenas soltou uma gargalhada como a dizer que este deveria ser certamente o melhor método, pois o aprendera com velho fabricante de açúcar."[387]

Os alambiques brasileiros eram primitivos no século XVIII e era comum enviar cachaça para Portugal e Açores para ser re-destilada, sendo depois retornada ao Brasil. Mesmo em 1819 isso ainda ocorria.[160]

Destoando com o pensamento vigente no fim do século XVIII, surge no Brasil uma figura fascinante dedicando-se a aprimorar a qualidade da cachaça. Sem formação universitária, o químico autodidata João Manso Pereira (1750?-1820) desenvolveu experimentos para melhorar o processo de destilação, adicionando inovações nos alambiques da época. A maior parte de suas descobertas não foi adotada, mas ele alegava que os que as adotaram começaram a produzir cachaça de melhor qualidade em menor tempo.[235] Como relata Carlos A. L. Filgueiras, João Manso estava ciente da má qualidade da cachaça que se produzia então:

> "Ironizando, finaliza por dizer que o tradicionalismo vigente no Brasil era tão obtuso, levando a uma aguardente de tão má qualidade e com um custo tão alto que ele não se admirará que *'brevemente mandarão os senhores de engenho vir da Europa a lenha para os seus fornos'."*[235]

James Kingston Tuckey (1786-1816), oficial da marinha britânica e explorador observava em 1803:

> "As classes baixas comem sobretudo carne de porco salgada, não defumada, e carne seca, ambas vindas do Rio Grande. A bebida que mais consomem é uma aguardente forte e nociva para a saúde que, em razão de seu preço, está ao alcance dos indivíduos de fortunas modestas."[246]

John Mawe (1764-1829), mineralogista inglês, após ensinar em 1809 ao intendente da região de mineração de Minas Gerais como fazer cerveja, observa:

> "É pois muito provável que se pudesse preparar bebida bastante agradável, que isentaria os habitantes deste distrito, muito afastado, da necessidade de receber da metrópole maus vinhos, e os preservaria dos perniciosos efeitos produzidos pelo uso da detestável cachaça destilada na vizinhança."[387]

Ele afirma que a cachaça era horrível e produzia efeitos prejudiciais, o que indica que na região não se fazia cachaça de qualidade.

Em sua viagem do Rio de Janeiro a Minas Gerais em 1816/1817, Auguste de Saint-Hilaire (1779-1853) comenta sobre a cachaça encontrada nas vendas:

> "Como em todas as lojas, o mercador se posta por trás de um balcão voltado para a porta, e é sobre ele que distribui aos bebedores a aguardente chamada cachaça, cujo sabor detestável tem algo do cobre e de fumaça."[558]

Com raríssimas exceções, como o caso de João Manso destacado acima, ninguém estava preocupado com a qualidade da cachaça. Mesmo sendo a cachaça de baixa qualidade, ela era ainda falsificada, como relata Martins Pena (1815-1848), na sua peça *O Caixeiro da Taverna*[465], de 1847:

> "CENA III
>
> (MANUEL a Antônio, que entra do mesmo modo que José) Chegou a pipa de aguardente que se foi buscar Trapiche da Ordem?
> ANTÔNIO – Já, sim senhor.
> MANUEL – Pois recolha-a, e logo à noite tempere-a com quatro barris de água.
> ANTÔNIO – Sim senhor.
> MANUEL – Os direitos cada vez estão mais subidos, e como não podemos encurtar as medidas, aumentamos o líquido... Em que estado estão aquelas pipas de vinho de Lisboa?
> ANTÔNIO – Ambas pelo meio.
> MANUEL – Pois acabe de as encher com água fresca e bote-lhe dentro dois engaços de bananas e uma porção de pau-campeche para lhe dar côr e tom; e quando o vender, diga aos fregueses que é vinho superior da Companhia do ALTO-DOURO.
> ANTÔNIO – Sim senhor."[465]

O tratamento dispensado ao vinho, bebida das classes superiores, foi outro. Já em 1884 foi iniciada sua análise no Laboratório de Higiene da Faculdade de Medicina do Rio de Janeiro e no mesmo período na Escola de Farmácia de Ouro Preto:

"Procurava-se, então, analisar as amostras de vinho, taxas de glicoses e grau alcoólico, utilizando os instrumentos laboratoriais: ebulioscópio de Mallig, acetímetro de Reveil, amonimetro de Bobierre, galactotímetro de Adam e colorímetro de Dubosq – todos equipamentos vindos da Europa."[350]

No seu livro *Açúcar e Álcool no Brasil* de 1942, Anibal R. Mattos critica:

> "Na quase totalidade dos engenhos que temos visitado no Norte e no Sul do país, a distilação está instalada muito próximo às cubas de fermentação, sendo geralmente um lugar imundo, a bem dizer em estado de abandono e entregue a um 'distilador' ignorante, cujo ofício constitue um dom de família, transmitindo de pais a filhos um sistema de rotina, prejudicial aos interesses do proprietário."[383]

Mesmo hoje, no fim da primeira década do século XXI, com as dezenas de milhares alambiques em funcionamento, pode-se encontrar cachaças excelentes, como algumas de péssima qualidade. Em 2010 um alambiqueiro do sul de Minas me relatou que visitara recentemente um alambique de fundo de quintal onde a fermentação do caldo de cana era feito em uma lona plástica forrando um buraco feito no chão!

Ainda há produtor que não separa a cabeça e cauda e o que ele chama cachaça é, na verdade, um líquido com álcool etílico, água e diversas substâncias, muitas delas tóxicas. Alguns separam a primeira parte do destilado, a cabeça, não para ser descartada, mas para ser vendida como legítima "cachaça de cabeça", que encontra inúmeros apreciadores. Na cachaça de qualidade, durante a destilação, os primeiros 10% (cabeça) são descartados, bem como os últimos 10% (cauda). Apenas o coração é aproveitado e isto vem sendo feito há apenas uns 70 anos, como observa Roberto Santiago:

> "No início da década de 1940, em Salinas, norte de Minas Gerais, o fazendeiro Anísio Santiago iniciou produção de cachaça artesanal de qualidade através da marca Havana. Iniciava-se, então, uma nova fase no processo de produção, separando-se a cachaça artesanal em três frações: cabeça, coração e cauda. Com o pioneirismo de Anísio Santiago, Salinas passou a ser demarcada como importante região produtora de cachaça de qualidade, ao longo das últimas décadas."[572]

Contudo a cachaça já era a bebida mais popular do Brasil já na primeira metade do século XIX:

> "Até o final da década de 1830, a cachaça era a bebida alcoólica mais popular do País. Além dela, eram importados licores da França e vinhos de Portugal, especialmente para atender à nobreza. Nesse período a cerveja já era produzida, mas num processo caseiro realizado por famílias de imigrantes para o seu consumo."[191]

Acreditava-se que podia até curar o paciente de varíola:

> "A varíola introduzida nessas paragens pelos europeus, é extremamente letal para os índios; muitas tribos foram totalmente exterminadas por ela. Vários dos serviçais do 'ouvidor' morreram em Caravelas; muitos, porém, restabeleceram-se, segundo me garantiram, a poder de aguardente, que lhes foi administrado em grandes doses."[385]

A cachaça não só servia para provocar a embriaguez, como também era muito utilizada nas boticas e farmácias nos séculos XVIII e XIX:

> "As águas encontravam as mais diversas variações: aguardente, água opiada, água-de-flor, água-de-rosa, água-de-vinagre."[231]

Na medicina brasileira do século XIX coisas estranhas eram adotadas como medicamento, como fezes humanas e de animais:

> "Há notícias de que, em Pernambuco, um certo Biu de Sá recomendava excrementos para todas as moléstias..."[231]

E substâncias venenosas, indicadas inclusive para curar embriaguez, como a que aparece em uma lista de 1859:

> "Um assento digno de nota é a lista de medicamentos adquiridos por 22$000 na Farmácia dos Salles, para a Fazenda Rio da Prata. (...) 1 vidro de Acetato de amonio ou Espírito de Minderer (Era um estimulante que os velhos formulários aconselhavam para reumatismo, escarlatina, bexiga, cólicas e até contra embriaguez)."[490]

O acetato de amônio pode, quando ingerido, causar irritação das vias digestivas, náuseas, vômitos, hipermotilidade intestinal e diarréia.

A cachaça era indispensável em viagens de exploração:

> "Na 'fazenda' de Ipibura, pertencente aos herdeiros do falecido 'capitão-mor' de Belmonte, parei um pouco para tomar alguns viveres necessários à viagem e, sobretudo, prover-me de aguardente, de tanta precisão nas febres."[385]

Auguste de Saint-Hilaire (1779-1853) viajando pela Província de Goiás em 1818 observa:

"Embora Santa Cruz seja sede de um julgado e de uma paróquia, o arraial é tão pobre que não se encontra nele uma única loja, e nas poucas e miseráveis vendas que ainda existem ali só há praticamente cachaça. (3)"[556]

O que reforça o argumento de que a cachaça era muito comum no início do século XIX. Isto fica ainda mais claro, quando se lê a nota de rodapé (3):

"(3) Como já disse em outro relato, as vendas costumam ter não apenas cachaça mas também mantimentos diversos."[556]

Estando disponível, seu consumo estava limitado à parcela mais desfavorecida da população:

"A bebida que veio a tornar-se eminentemente nacional, de largo uso no país, era de consumo restrito em princípios do século XIX. Nessa época, bebiam-na quase que sòmente negros e mulatos, a gente do povo. Os burgueses, fazendeiros, senhores de engenho, serviam-se de vinho, segundo o tradicional costume português."[573]

Richard Burton (1821-1890) definia em 1867 a cachaça como:

"'Cachaça' ou 'caxaça', a 'cachass' dos estrangeiros, é a 'tafia' dos escritores franceses, uma bela palavra esperdiçada, como a 'tortilla' espanhola, que significa bolinho. A cachaça é 'schnapps', o 'kwass' do Brasil. O tipo mais comum é destilado de refugo de melaço, metido em um alambique velho como as pirâmides e rico em azinhavre. O peculiar óleo volátil ou éter não é retirado da superfície; o gosto é de cobre e fumaça, em igual proporção, e, quando a catinga contamina a bebida, não sai mais."[122]

Burton continua:

"Se assim não fosse, poderia ser aceita na Europa, como a aguardente de milho do Canadá e a aguardente de batata de Hamburgo, da qual é feito o verdadeiro conhaque. Há duas espécies de cachaça: a comum, feita de cana-caiana e a 'crioulinha' ou 'branquinha', da velha cana madeirense; esta última é preferida, por ser mais 'fresca' e fazer menos mal." [122]

E conclui com um tiro de misericórdia:

"A aguardente, diz o Dr. Johnson, é a bebida dos heróis, e aqui os homens bebem heroicamente sua cachaça; o efeito é cirrose, hidropsia e morte. Os estrangeiros não se acostumam logo com o cheiro, mas quem acostuma pode contar com o 'delirium tremens' e um túmulo precoce."[122]

João Maurício Rugendas (1802-1858), pintor alemão que viajou pelo Brasil de 1822 a 1825, definiu a cachaça como um rum de baixa qualidade:

"Em geral, os divertimentos dos negros provocam desordem tanto mais graves quanto raramente eles têm o espírito livre dos efeitos do álcool, não sòmente porque bebem demasiado mas ainda porque suportam mal a bebida, bastando uma pequena dose de cachaça, espécie de rum de má qualidade, para embriagá-los completamente."[550]

Após relatar a existência de uma fábrica de cerveja em Nova Lima-MG, Burton faz a recomendação:

"A cerveja que o antigo Egito, embora ainda não tivesse a 'pale

ale', preferia decididamente ao vinho, deveria ser sustentada em Minas, em face das demais bebidas, sobretudo a cachaça."[122]

Parece que ninguém levou a sério tal sugestão!

Gilberto Freyre (1900-1987) atribui o melhoramento da qualidade da cachaça (e outros produtos) ao emprego de equipamentos modernos (para o século XIX) e à presença de técnicos estrangeiros, com a inevitável diminuição da influência do senhor de terras no processo:

> "(...) e dadas as novas relações entre o senhor de terras e o técnico ou o maquinista – homem livre – encarregado de lhe moer, por novo processo, a cana ou o milho; de lhe serrar a madeira; de lhe lavar o cascalho; de lhe fabricar o açúcar ou o aguardente. A figura do técnico ou do maquinista – primeiro estrangeiro, depois da terra ou mestiço – veio a ser, em muitos casos, a de um primeiro ministro de monarquia não já absoluta mas limitada ou constitucional: primeiro ministro que vinha diminuir a figura, outrora onipotente, do senhor de terras e, ao mesmo tempo, sultão de escravos."[256]

Auguste de Saint-Hilaire relata uma recepção ao Imperador D. João VI em São Domingos (Niterói), em 1816, onde, surpreendentemente serviu-se cachaça:

> "Cada um dos convivas tinha diante de si um pequeno pão, e por bebida ofereceu-se aos convivas cachaça misturada com café e açúcar."[558]

Em nível inferior também eram colocadas as pessoas que bebiam cachaça. Toda essa campanha de difamação não impediu a proliferação de alambiques, mas o apreciador de cachaça e ela própria são ainda hoje discriminados até mesmo por brasileiros. Quem se embebeda com uísque, vinho, cerveja, rum, vodca, licor, etc., apenas passou do limite e, no máximo, chega a receber crítica condescendente. Se a bebida é cachaça, há inúmeros nomes para chamá-lo como cachaceiro, pinguço, bêbado e outros mais de 160 sinônimos[167], sendo marginalizado pela sociedade.

Gilberto Freyre (1900-1987), aborda com autoridade esta situação:

> "O vício de comer terra, barro, cinza, pó de café, o de mascar tabaco, o da maconha, o da cachaça, foram, entre nós, vícios associados quase exclusivamente a gente de classe, de raça e de região 'inferiores'. Vicios de escravos, de negros, de tabaréus. E as doenças resultante deles, doenças vergonhosas. Ao contrário das doenças venéreas, de que particularmente se gabavam os rapazes brancos e de famílias senhoris das áreas agrárias numa afirmação não só de virilidade precoce como de superioridade de classe e de raça: a classe e a raça donas, desde cedo, das mulheres. O vício do rapé, a paixão das brigas de galo e de canário, a das barganhas com cavalos, fixaram-se como hábitos de classe alta e de raça branca que, entretanto, acabaram transferindo-os à classe baixa e à gente de cor."[255]

Na década de 1950 a cachaça era ainda associada a tudo que era de ruim:

> "Para as boas famílias dos anos 50, cantar e tocar violão eram coisas associadas à boemia decadente da Lapa, às brigas de navalha entre malandros em botequins imundos, à cachaça, à pobreza e à prostituição."[163]

Nirlando Beirão, comentando a reportagem do New York Times, assinada por Larry Rother em 2004:

"Basta lembrar o episódio Larry Rohter, em 2004. O casto e abstêmio correspondente do *New York Times* no Rio de Janeiro, flertando com aquela oposição que bebe nas águas do veneno e do preconceito, escreveu uma contundente peça criticando o presidente por exagerar em seu apreço pela aguardente nativa. O bafafá provocou um mal-estar que quase acabou em ópera-bufa – o canhestro pedido de expulsão do jornalista, evitado à última hora pelo próprio Lula."[95]

Foi bastante perspicaz ao assinalar:

"Mas, hoje, com o suficiente distanciamento, o que fica do episódio é a impressão de que, se Lula fosse chegado a um champanhe Cristal *Rosé*, como os antigos czares da Santa Rússia, a elite até proporia, com mister Rohter à cabeceira, um festivo brinde ao bom gosto do seu primeiro mandatário. O simplório Rohter atacou também as meninas de Ipanema. De mais a mais, o próprio Lula já parece tão confortável com o tema maldito que, em recente premiação da revista *ISTOÉ*, disse, com direito a gargalhada geral, que político é igual a qualquer ser humano, "come, bebe e fala palavrão".[95]

"A vergonha é, portanto, a cachaça (para uns tantos, um metalúrgico na presidência nunca deixará de ser, igualmente). Aliás, a própria palavra – cachaça – já vem emprenhada de escárnio e ojeriza, tem carga tão pejorativa que a AMPAQ, a pioneira entidade mineira criada em 1988 para zelar, com selo de qualidade, controle de origem e tudo o mais, pela boa reputação do produto artesanal, batizou-se de 'Associação Mineira de Produtores de Aguardentes de Qualidade'. Até os melhores destiladores de cachaça, quem diria, já pagaram tributo à hipocrisia histórica."[95]

Nos comentários de Alselmo Ebenézer sobre as críticas do New York Times sobre o filme *Lula, o filho do Brasil*, é destacado:

> "Segundo ainda o mesmo jornal, a mudança do hábito "saudável" da cachaça, do Presidente, para a cerveja (no filme), se deu por que um dos patrocinadores do filme foi uma fábrica de cerveja. Não cremos nisso. Na verdade, o vício da cachaça é mais criticável e mais desagregador do que o da cerveja, que seria mais bem aceito pelo grande público do que o da cachaça. Assim, do mesmo modo que todas as situações de vida de uma pessoa têm sempre dois lados, o lado bom e o lado ruim, neste filme sobre Lula, acentuou-se ao extremo o lado bom, inventando-se se necessário, de tal forma que as realidades de cada momento transmutaram-se na mais pura e desavergonhada ficção."[61]

O Presidente Lula acertou bem na mosca:

> "Uma pessoa chique ganhando cachaça é algo chique. Um metalúrgico ganhando cachaça é cachaceiro." Lula, em Goiás, explicando que um cachaceiro é identificado pela primeira anotação na carteira de trabalho, não pela quantidade de garrafas que derruba.[441]

Nos últimos anos tem havido uma crescente busca para aprimorar a produção, difundindo-se técnicas através de cooperativas, associações e cursos, além de maior fiscalização governamental:

> "Em 1992, um conjunto de pequenos produtores de cachaça de diferentes regiões do Estado de Minas Gerais resolveram, buscando apoio junto ao governo estadual, iniciar um processo organizativo, fundando a Associação Mineira de Produtores de Aguardente de Qualidade – a AMPAQ, seguindo-se, por parte

> do governo estadual, a criação e implantação de um Programa de Desenvolvimento do produto, denominado Pró-Cachaça e o estabelecimento de um Fundo de Valorização da Cachaça de Minas, os quais têm como objetivos, o primeiro 'estabelecer normas de certificação de identidade, qualidade e origem da Cachaça de Minas e executar o controle e fiscalização da produção relativamente às empresas que aderirem ao Programa', enquanto o Fundo visaria 'financiar as ações e projetos de desenvolvimento de associações, cooperativas e regiões de produção; de promoção da qualidade da bebida e de marketing da Cachaça de Minas'(9)."[430]

Para se obter cachaça de qualidade, cuidados devem ser tomados na escolha da variedade da cana de acordo com o clima da região, nos cuidados com a colheita, moagem, fermentação, destilação, envelhecimento e armazenagem.[52;193; 279; 447 ; 520]

Como exposto acima, rum é uma aguardente obtida de derivados de cana de açúcar. Uísque é uma aguardente à base de grãos (milho, arroz, centeio), que às vezes inclui cevada. Algumas marcas de rum ou uísque encontradas no mercado são o resultado da mistura de dois a dezenas de tipos dessas bebidas. Nenhuma empresa ou país produtor de rum ou uísque viu a necessidade de dar outro nome à bebida resultante de um determinado processo de produção, matéria prima utilizada, teor alcoólico ou mesmo a sua marca comercial. O rum produzido no Haiti, Guadalupe e Martinica é feito exclusivamente de caldo de cana fermentado e destilado, ou seja, é cachaça. É muito apreciado no mundo todo e geralmente seu preço é superior ao rum feito de melaço.[707] Tentar impor ao mercado mundial a cachaça como algo distinto do rum, o que ela não é, talvez não seja a melhor estratégia comercial. O melhor é aproveitar a aceitação que o rum tem no mundo todo e comercializá-la como rum brasileiro, feito de caldo de cana fermentado e destilado.

ARTIFÍCIO PARA DRIBLAR BARREIRAS

Todo esse movimento para definir cachaça como uma bebida diferente do rum e mesmo da aguardente de cana teve dois objetivos. Um deles foi conseguir fazer com que a cachaça fosse reconhecida internacionalmente como uma bebida genuinamente brasileira, diferenciando-a de outras aguardentes de cana. O outro, e como consequência do primeiro, foi classificá-la em grupo diferenciado do rum e com isso obter vantagens quanto às barreiras alfandegárias dos países importadores.

O problema se resume no enquadramento aduaneiro e na consequente classificação tributária submetidos à cachaça quando exportada. Três obstáculos erguem-se à entrada da cachaça em outros países: barreiras tarifárias, não tarifárias e técnicas:

> "Pode-se dividir as barreiras em três categorias principais: as tarifárias, que estão relacionadas às tarifas de importação, a outras taxas e à valoração aduaneira; as não tarifárias, que procuram discriminar o produto estrangeiro por meio de controle cambial, cotas de importação, proibição de importação e/ou exportação de produtos, normas técnicas, controle de preços, medidas antidupimg e compensatórias, etc.; as técnicas, que são relativas às condições fitossanitárias dos produtos através de normas e regulamentos técnicos, regulamentos sanitários, fitossanitários e de saúde animal."[208; 275; 430]

No caso das não tarifárias nos Estados Unidos há, por exemplo, exigências como registro de rótulo (Certificate of Label Approval COLA) e licença de importação (Importer´s Basic Permit). Uma exigência técnica é o registro do produto pelo exportador no Food and Drug Administration (FDA).[208]

Para ser exportada a cachaça precisa ser identificada, seguindo as normas estabelecidas pela Organização Mundial de Alfândegas:

> "Para a identificação precisa das mercadorias nas transações no comércio internacional, o Conselho de Cooperação Aduaneira (CCA), hoje Organização Mundial das Alfândegas (OMA). E, em reunião com diversos países, criou, em 1994, o Sistema Harmonizado de Designação e de Codificação de Mercadorias (SH) (PRAZERES, 2002). Todos os países signatários do SH são obrigados a seguir o mesmo código de seis dígitos para classificar determinado bem. Somente a partir do 6º dígito, é que cada país (ou grupo de países) decide se deseja acrescentar outros dígitos, detalhando mais as mercadorias que lhe interessam (os EUA e a União Européia acrescentaram, aos seis dígitos obrigatórios, mais quatro; enquanto o Mercosul acrescentou apenas dois)."[208]

Contudo, ao seguir esta classificação, a cachaça perde competitividade para bebidas similares:

> "Segundo Shrader (2004), o conflito que prejudica a cachaça decorre de sua classificação fiscal em relação ao rum, uma vez que, mesmo resultando de processos de preparo diferentes, a bebida brasileira e a caribenha são classificadas na mesma Subposiçãol da NCM/SH: 'Rum e outras aguardentes de cana', na NCM/SH de 2002 (BRASIL, MDIC, Res.Camex nº 42, 2001); e 'Rum e outras aguardentes provenientes da destilação, após fermentação, de produtos da cana-de-açúcar, na NCM/SH de 2007. Deste modo, a cachaça brasileira acaba perdendo competitividade no mercado norte-americano, ao ser sobretaxada e submetida a rigorosas exigências de licenciamento e de rotulagem (TTB2) e à autorização de órgão específico (FDA3)."[208]

Uma das tentativas de contornar o problema foi adicionar à cachaça substâncias para diferenciá-la do rum:

> "Visando driblar o TTB e não estampar o nome da bebida caribenha no rótulo da cachaça, uma das estratégias utilizadas por boa parte dos exportadores brasileiros foi adicionar à bebida alguma substância (frutas, essências ou raízes, por exemplo) com a justificativa de diversificação do produto, o que alterava a sua classificação, deslocando-a da Subposição NCM/SH 2208.40.00 'Rum e outras aguardentes de cana' (designação constante da NCM/SH anterior) para a Subposição residual 2208.90.00 'Outros', que contem outras bebidas alcoólicas do grupo das abrangidas pela Posição 2208, fugindo, conseqüentemente, da companhia do rum e das outras aguardentes de cana e da tributação que lhes era imposta (DIAS, 2000)."[208]

As medidas acima não resolveram totalmente o problema, uma vez que a cachaça pura, nova ou envelhecida, continuou a sofrer restrições. Diante dessas dificuldades, decidiu-se dar um jeitinho bem brasileiro, ou seja, diferenciar a cachaça do rum através de decreto:

> "Outro problema para o setor se refere ao reconhecimento da cachaça no mercado internacional, que classifica a bebida brasileira como rum. Autoridades locais já se mobilizaram nesse sentido e promoveram a alteração do Decreto n.º 4.072/02, que dispõe sobra a aguardente. Foi aprovada pelo Ministério da Agricultura e será assinada em pouco tempo pelo presidente Luiz Inácio Lula da Silva, a alteração da redação do referido decreto, no sentido de diferenciação da cachaça do rum. Outra forma de reconhecer seu real valor é a distinção entre a cachaça artesanal e a industrial, ambas de alta qualidade e de grande potencial internacional."[275]

O que, de fato foi feito, ao menos para diferenciar a cachaça do rum e similares:

"Assim, o Programa Brasileiro para o Desenvolvimento da Cachaça (PBDAC), sob os auspícios do Ministério de Agricultura, Pecuária e Abastecimento (MAPA), propôs uma mudança na regulamentação e padronização das bebidas alcoólicas no Brasil, reconhecendo a cachaça e a caipirinha como tipicamente brasileiras*. Deste modo, pela legislação a cachaça passou a ter um status específico e legalmente reconhecido de aguardente de cana legitimamente brasileira, que não se confundia com quaisquer outras aguardentes de cana no mundo (BRASIL, MAPA, 2003).
* Até então o Decreto nº 2.314, de 1997, tratava da padronização da "Aguardente de cana, Cachaça e Caninha", tendo sido substituto pelo Decreto nº 4.851, de 2003, que passou, então, a diferenciar a cachaça das demais aguardentes de cana, padronizando-a como bebida brasileira, com características exclusivas (objeto do Subcapítulo 5.1.3)."[208]

Alice Conde Dias e colaboradores resumiram claramente a situação:

"As ações protecionistas abrangem uma gama variada e criativa de medidas, e a classificação dos bens no SH, segundo suas especificidades, não escapa a essa lógica. Por esta razão, é preciso levar em consideração questões prejudiciais às exportações, principalmente, dos países emergentes, no momento da criação ou das alterações do SH. Como exemplo, pode ser citado o caso estudado neste trabalho. A hipótese do enquadramento da cachaça no SH como uma simples aguardente de cana, quando aguardente de cana também é o rum, gerou barreiras às exportações da bebida brasileira ao mercado norte-americano. Neste sentido, medidas foram tomadas para modificar a designação e a classificação da cachaça no SH, o que até 2006 não gerou resultados. Contudo, no final de 2006 e com vigência a partir de janeiro de 2007, foi adotada (internacionalmente) a designação 'rum e outras aguardentes provenientes da destilação, após fermentação, de produtos da cana-de-açúcar', que permitiu distinguir a aguardente de cana brasileira do rum, da tafiá e das demais aguardentes de cana." [208]

Atualmente, a maior parte das cachaças é produzida através da destilação do caldo de cana fermentado. Contudo, como vimos anteriormente, na sua origem e até os meados do século XX era também amplamente utilizado o melaço e as borras, subprodutos da produção de açúcar. Até então, cachaça e rum eram, essencialmente a mesma bebida. Acontece que alterações nas práticas comerciais e nas estratégias governamentais forçaram os produtores brasileiros de cachaça a empregarem quase que somente o caldo de cana fermentado.

Até o início do século XX, era comum o proprietário de alambique buscar nas usinas de açúcar o melaço e ele produzir sua cachaça. Com o objetivo de diversificar sua produção e obter mais produtos a partir da cana de açúcar, muitas usinas começaram a utilizar o seu melaço para produzirem cachaça. Com isso vários alambiques tiveram que parar a produção, ou iniciar o plantio de cana e destilar o caldo fermentado.

Outro fator é que o melaço, antes descartado ou vendido para os alambiques, começou a ser utilizado como matéria prima para o fabrico de vários produtos como etanol, adubo, aditivo para a indústria de fundição, mineração, cerâmica, etc., além de suplemento alimentar para o gado, porcos e cavalos. O valor obtido com a venda do melaço para estes setores industriais era bem maior do que o pago pelos alambiques, isso quando a própria usina de açúcar não diversificou sua produção para o aproveitamento do melaço.

A política do governo de usar o álcool como combustível selou de vez a possibilidade de se ter no mercado melaço a preço razoável para utilização no alambique de cachaça. A maioria das usinas de açúcar instalou destilaria anexa e começou a produzir o álcool com o melaço. Foram também instaladas inúmeras destilarias para produzir o álcool diretamente do caldo de cana fermentado.

Por melhor que sejam redigidas leis, decretos, portarias, regulamentos e instruções normativas, nenhum texto pode modificar o fato de que a cachaça, mesmo quando feita apenas de caldo de cana fermentado e destilado, é um tipo de aguardente de cana, semelhante ao rum. Todos os procedimentos adotados nos últimos trinta anos para caracterizá-la como uma bebida genuinamente brasileira, distinta do rum, talvez não sejam a melhor opção para facilitar sua exportação.

Os esforços de entidades privadas e públicas abriram as portas de vários países para a exportação da cachaça, o que é louvável. O volume da cachaça exportada é muito reduzido (apenas 1% do total produzido) e quase que a totalidade é representada pela industrial, produzida em colunas de destilação, e os países que a importam utilizam-na principalmente para drinques, notadamente a caipirinha. A cachaça tradicional de qualidade, produzida em alambique e envelhecida em tonéis de diferentes madeiras, que agrega o que há de melhor em características organolépticas representa uma quantidade ínfima em porcentual da cachaça exportada. Contudo, ela é que deveria ser o objeto de maior atenção de entidades públicas e privadas no que se refere à exportação. Ela é que tem potencial para ocupar espaço dentre os apreciadores de bebidas finas.

Aqui no Brasil, com o baixo poder aquisitivo da maioria da população, o que se consome em termos de volume de cachaça é a industrializada, cujo preço é irrisório. A cachaça de qualidade de alambique demanda uma elaboração mais refinada e é produzida em quantidades bem menores do que a industrializada. Apresenta, como consequência, um preço relativamente bem mais elevado e é consumida apenas por uma pequena parcela da população, a que tem alto poder aquisitivo. Nos Estados Unidos e Europa, com o vasto leque disponível de bebidas de alta qualidade, dificilmente vai ser possível convencer alguém a ingerir uma cachaça industrializada pura. Tem que se levar em conta que por lá as características econômicas, sociais e culturais são muito diferentes das brasileiras.

RESUMO

Tanto a cachaça como o rum foram criados a partir, inicialmente, da destilação das sobras da produção de açúcar, melaço e borras. As duas bebidas foram depois também produzidas com o caldo da cana fermentado e destilado. Enquanto que a produção do rum se manteve utilizando as matérias primas originais, a da cachaça foi sendo, pela dinâmica do mercado brasileiro, restringida quase que apenas uma fonte, o caldo de cana fermentado e destilado.

Por mais de três séculos a cachaça foi produzida sem atender a padrões definidos de qualidade ou aos mínimos quesitos técnicos, mas foi consumida avidamente pelas classes mais pobres devido ao seu irrisório preço. Nas últimas décadas, estudos foram desenvolvidos para melhorar a técnica de produção e a qualidade da cachaça, o que tornou esta bebida um excelente destilado. O emprego de madeiras nativas brasileiras na confecção de tonéis imprimiu à cachaça envelhecida excelentes características organolépticas.

Na década de 1990, para contornar barreiras alfandegárias nas exportações, foi iniciado movimento do governo e entidades civis para divulgar para o mundo o conceito de que a cachaça é uma bebida distinta do rum. Vários avanços foram conseguidos, mas há muito ainda pela frente. O rum é uma aguardente de cana consolidada e de grande aceitação no mercado consumidor de todo o mundo. A cachaça é uma excelente aguardente de cana feita de caldo de cana fermentado e destilado, como o são alguns tipos de rum. Maior enfoque deveria ser dado à exportação da cachaça de alambique, muito superior à industrializada. Talvez a melhor estratégia seja comercializá-la como rum brasileiro ao invés de tentar diferenciá-la desse grupo de bebidas.

TERRA (DA CACHAÇA) À VISTA!

CACHAÇA A BORDO

Um dos fatores que contribuíram para a adoção de bebidas alcoólicas pela humanidade tem a ver com problemas de saneamento. Mesmo antes da Idade Média as aglomerações de pessoas formando povoados, vilas e cidades resultaram em lugares insalubres, pois dejetos humanos eram atirados nas ruas e vielas, tudo a céu aberto. Acrescentado a eles havia os produzidos por animais domésticos como cavalos, vacas, porcos, galinhas, etc. A contaminação do lençol freático era o resultado imediato e a água ingerida pela população estava carregada de germes nocivos à saúde. Ficava-se doente e morria-se sem ter idéia da causa.

Provavelmente por tentativa e erro descobriu-se que as pessoas que ingeriam bebidas alcoólicas não estavam tão sujeitas às enfermidades. A partir daí era tal o consumo de cerveja e vinho, inclusive por crianças, que crônicas da época descrevem uma Europa da

Idade Média onde quase todo mundo andava bêbado todas as horas do dia!

Nas viagens marítimas, a água transportada em barris logo se tornava salobra, imprópria para o consumo. A solução era a bebida alcoólica, que não estragava. As embarcações de Ulisses, na Odisséia de Homero, escrita no século VIII a.C., eram supridas com vinho.

> "Na Odisseia, todas as refeições, o farnel dos viajantes, o provimento dos navios, a recepção dos hóspedes e a devoção aos deuses são feitos com a presença do vinho..."[150]

Bebidas fermentadas como vinho e cerveja eram usados, mas em longas viagens o primeiro azedava e a segunda chocava, tornando-se desagradáveis de se beber. Desta forma, as destiladas eram as mais adequadas, pois não estragavam.

ADIVINHA QUEM VEIO PARA NOS JANTAR?

A chegada dos portugueses ao Novo Mundo pertence a um período conhecido como Era das Grandes Navegações. No século XV países europeus que quisessem especiarias (pimenta, açafrão, gengibre, canela e outros) tinham que pagar pesados tributos a Veneza e Gênova, que detinham o monopólio, pois dominavam o mar Mediterrâneo. Até chegarem ao Mediterrâneo as especiarias eram trazidas desde a Ásia por longos percursos por terra, rios e mares pagando tributos em cada trecho e a comitiva que as transportava também estava sujeita a assaltantes e assassinos.[119]

> "No século XV, os países europeus que quisessem comprar especiarias (pimenta, açafrão, gengibre, canela e outros tempe-

ros), tinham que recorrer aos comerciantes de Veneza ou Gênova, que possuíam o monopólio destes produtos. Com acesso aos mercados orientais – Índia era o principal – os burgueses italianos cobravam preços exorbitantes pelas especiarias do oriente. O canal de comunicação e transporte de mercadorias vindas do oriente era o Mar Mediterrâneo, dominado pelos italianos. Encontrar um novo caminho para as Índias era uma tarefa difícil, porém muito desejada. Portugal e Espanha desejavam muito ter acesso direto às fontes orientais, para poderem também lucrar com este interessante comércio."[610]

Basta imaginar a ausência de temperos para se ter uma idéia da importância que eles representam para tornar os alimentos palatáveis. Em adição, muitos são benéficos à saúde e a maioria contribui para a preservação dos alimentos.[691] Em uma época em que havia poucos recursos para se evitar a deterioração de produtos comestíveis, os temperos eram fundamentais. Além das especiarias, havia vários relatos como o de Marco Polo (1254-1324) sobre países orientais atulhados de riquezas, despertando a cobiça dos europeus.

Iniciou-se uma busca marítima para as Índias e Portugal e depois a Espanha, privilegiados pelas suas posições geográficas e conhecimentos náuticos, estavam em vantagem em relação aos outros países europeus.

"Portugal foi o pioneiro nas navegações dos séculos XV e XVI devido a uma série de condições encontradas neste país ibérico. A grande experiência em navegações, principalmente da pesca de bacalhau, ajudou muito Portugal. As caravelas, principal meio de transporte marítimo e comercial do período, eram desenvolvidas com qualidade superior à de outras nações. Portugal contou com uma quantidade significativa de investimentos de capital vindos da burguesia e também da nobreza, interessadas nos lucros que este negócio poderia gerar. Neste país também houve a preocupação com os estudos náuticos, pois os portugueses chegaram a criar até mesmo uma centro de estudos: A Escola de Sagres."[610]

Em 1492, navegando para o oeste, pela Espanha, Cristóvão Colombo (1451-1506) atraca no Novo Mundo acreditando que fosse a Índia. Seis anos depois, em 1498, navegando por Portugal, Vasco da Gama (1460/9-1524) chega a Calcutá, na Índia. Embora o feito do grande navegador português tenha sido histórica e geograficamente heróicos, na parte comercial foi um enorme fracasso. D. Manuel I (1469-1521) logo organizou outra frota, desta vez dando o comando ao fidalgo Pedro Álvares Cabral (1467-1520).

Uma das lendas estabelece que a frota de Cabral tenha sido acidentalmente levada para o oeste por ventos que sopraram naquela direção e que a descoberta foi por acaso. Esta tese já era defendida pelo Frei Vicente do Salvador (1564-1635) no seu monumental *História do Brasil 1500-1627*:

> "A terra do Brasil, que está na America, uma das quatro partes do mundo, não se descobriu de propósito e principal intento, mas acaso, indo Pedro Álvares Cabral, por mandato de el-rei Dom Manuel no ano de 1500 para a Índia por capitão-mor de onze naus. Afastando-se da costa da Guiné, que já era descoberta ao Oriente, achou estrouta ao Ocidente, da qual não havia notícia alguma; foi a costeando alguns dias com tormenta até chegar a um porto seguro, do qual a terra vizinha ficou com o mesmo nome."[565]

Na verdade, a rota foi criteriosamente planejada porque os portugueses sabiam que havia terras a oeste:

"No dia 9 de março de 1500, 13 naus e caravelas zarparam de Lisboa para uma terra ainda desconhecida, mas que Vasco da Gama, redator das instruções de navegação, sabia com certeza que existia, desde que, no dia 8 de julho de 1498, ele observou aves dirigindo-se naquela direção."[381]

Isto se comprova pelo fato que em dois de maio a frota de Cabral seguiu seu caminho para as Índias, deixando apenas 4 pessoas nas terras recém descobertas.[119; 692]. Acredita-se que duas dessas quatro pessoas tenham sido responsáveis pelas importantes informações sobre o Brasil publicadas na *Certidão de Valentim Fernandes*, de 1503. Nela consta a produção de bebida fermentada pelos índios:

> "Comem carnes assadas ou cozidas de aves e também de todos os animais, e ainda humanas, dos inimigos, e de peixes e crocodilos; fabricam vinho do milho, todos os animais são diferentes dos nossos, com exceção dos porcos, e as árvores, as aves e as ervas."[228]

Nas Índias Cabral teve a mesma sorte, ou melhor, o mesmo azar de Vasco da Gama (1460/9-1524) porque sua missão comercial foi um fiasco. Apenas 30 anos depois é que Portugal conseguiu iniciar um comércio lucrativo com as Índias.

QUEM DESCOBRIU O BRASIL?

> "A Bahia de Todos os Santos tem de largura cincoenta ou sessenta legoas, e está situada em altura de treze gráos da equinocial da banda do sul. Há nella muitas ilhotas, e entre outras uma chamada 'ilha dos Francezes', porque foram os Francezes quem primeiramente descobio o Brazil, e era alli que elles se

> recolhiam por sua segurança, e por se livrarem dos commettimentos dos selvagens(a).
> (a) Os Francezes dizem que o Brazil fora descoberto pelo seu Vicente Pinson a 20 de Janeiro de 1500, o qual assim antecedera ao Portuguez Pedralvrez Cabral, que só alli chegou a 21 de abril do mesmo anno."
> (...) Esta terra do Brazil é pois tão má, que seria impossível habital-a, e permanecer ahi por muito tempo, se não fora este trafico dos assucares e do pão; e ainda o assucar se faz alli com grande fadiga e trabalho. E assim os Portuguezes confessam que os Francezes a descobriram e habitaram antes delles, mas que não poderiam alli permanecer, porque o paiz é desagradável e penoso, e lhes dava muita fadiga a elles, que folgam de achar seu comer feito. Mesmo a maior parte dos Portuguezes que lá estam, são degradados, fallidos ou criminosos." Francisco Pyrard, *Viagem de Francisco Pyrard*, de Laval, contendo a notícia de sua navegação às Índias Orientais, Ilhas de Maldiva, Maluco, e ao Brazil, e os diferentes casos, que lhe aconteceram na mesma viagem nos dez anos que andou nestes países (1601-1611). Vol II[488]

Pelo texto acima Pyrard de Laval (1578-1623), navegador francês que esteve aqui em 1610, informa que o Brasil foi descoberto pelos franceses, que só não se apoderaram da terra porque ela era inóspita e eles muito preguiçosos. Não sabemos até onde estas afirmações devem ser relevadas, uma vez que por ser francês poderia querer distorcer os fatos favorecendo seu país e, além disso, estava relatando algo que ocorrera 110 anos atrás.

Restam poucas dúvidas de que antes de Cabral outros europeus estiveram no Brasil:

> "Poucas dúvidas há de que o andaluz Vicente Yáñez Pinzón tocou as costas de Pernambuco em janeiro de 1500. (...) Prati-

camente na mesma rota de Pinzón, e no mesmo ano, chegou à região outro espanhol: Diego de Lepe aportou no braço sul da foz do Amazonas, atualmente conhecido como rio Pará. Como era de costume na época, tomou posse da terra em nome dos soberanos espanhóis, plantando ali um marco, e travou uma escaramuça com os nativos que resistiram à sua chegada."[7]

"(...) o fato é que tanto Vicente Yañez Pinzon quanto Diego de Lepe navegaram por costas brasileiras entre janeiro e março de 1500. Pinzón, capitão da Niña e companheiro de Colombo na descoberta da América em 1492, chegou à Ponta de Mucuripe (no Ceará) em fevereiro de 1500 e costeou o litoral até a foz do Amazonas (do qual foi o descobridor). Lá encontrou-se com a expedição de Diego de Lepe, que avançaria até o Oiapoque, onde chegou em março."[119]

Gaspar Barléu, (1584-1648), foi taxativo:

"Vicente Pinzon e Diogo Lopez foram os primeiros que, sob os auspícios dos reis católicos Fernando e Isabel, deram a conhecer o Brasil, e depois Cabral e Américo Vespúcio, a mandado do rei de Portugal."[86]

Há indícios de que mesmo antes dos dois navegadores acima, outro espanhol teria chegado ao Brasil:

"Anterior à de Vicente Yáñez, como à de Diogo de Lepe, teria sido aliás a viagem de Alonso de Hojeda, outro navegante espanhol que se julgou ter descoberto antes de 1500 a terra do Brasil (...)"[2]

Os nativos deram a entender de que Cabral não foi o primeiro europeu a desembarcar no Brasil:

> "No dia 21 de abril, foi vista uma colina batizada de Monte Pascoal em atenção à festa religiosa. No dia seguinte desembarcaram e pisaram em terra na foz do rio do Frade, perto de Porto Seguro. Bons contatos são estabelecidos com os nativos, com os quais os portugueses deixam alguns 'proscritos'. Os índios dão a entender a Cabral que antes haviam visto na região outros estrangeiros com barbas ruivas. Seriam já os franceses?"[381]

Contudo, a história oficial, perpetuada pelos portugueses, registra que o Brasil foi descoberto pelo fidalgo português Pedro Álvares Cabral (1467-1520), em 21 e abril de 1500. Nasceu em Beira Alta, onde seu pai era governador além de alcaide-mor de Belmonte. Sua armada foi uma das mais bem equipadas do século XVI, com dez naus e três caravelas com 1200 a 1500 homens.[119; 705]

A frota de Cabral partiu de Portugal 44 dias antes[118] e, como não podia deixar de ser, entre as provisões havia 200 pipas de vinho em cada navio, sendo que cada homem tinha direito a 1,4 litros por dia:

> "O vinho e a água eram entregues diariamente. Cada homem a bordo tinha direito a uma canada (1,4 litro) diária de vinho – armazenado em cerca de 200 pipas em cada navio. A água, para beber e cozinhar, também era fornecida à razão de uma canada por dia. Armazenada em tonéis de madeira pouco apropriados, cheirava sempre muito mal por causa do ciclo natural das reações químicas. Infecções e diarréias eram muito comuns."[119]

Logo que chegou às costas do Novo Mundo, Cabral ofereceu vinho aos índios que o provaram e não gostaram.

> "E tomou dois daqueles homens da terra que estavam numa almadia: mancebos e de bons corpos. Um deles trazia um arco,

> e seis ou sete setas. E na praia andavam muitos com seus arcos e setas; mas não os aproveitou. Logo, já de noite, levou-os à Capitaina, onde foram recebidos com muito prazer e festa. (...) Todavia um deles fitou o colar do Capitão, e começou a fazer acenos com a mão em direção à terra, e depois para o colar, como se quisesse dizer-nos que havia ouro na terra. E também olhou para um castiçal de prata e assim mesmo acenava para a terra e novamente para o castiçal, como se lá também houvesse prata! (...) Deram-lhes ali de comer: pão e peixe cozido, confeitos, fartéis, mel, figos passados. Não quiseram comer daquilo quase nada; e se provavam alguma coisa, logo a lançavam fora. Trouxeram-lhes vinho em uma taça; mal lhe puseram a boca; não gostaram dele nada, nem quiseram mais."[143]

Se a frota portuguesa chegou com vinho, aqui encontrou um povo que tinha suas próprias bebidas alcoólicas todas fermentadas, obtidas de grãos, tubérculos, raízes e frutos, sendo que a mais popular era o cauim. Ferdinand Denis (1798-1890), menciona a existência de 32 tipos de bebidas alcoólicas produzidas pelos indígenas.[206]

Com todo o interesse de Portugal em explorar a rota marítima comercial com as Índias, o Brasil ficou relegado a um segundo plano. Em 1502 o relatório de Américo Vespúcio (1454-1512) para o rei D. Manuel I (1469-1521) desencorajou qualquer intenção de colonizar as terras descobertas:

> "Nessa costa, não vimos coisa de proveito, exceto uma infinidade de árvores de pau-brasil (...) e já tendo estado na viagem bem há dez meses, e visto que nessa terra não encontrávamos coisa de minério algum, acordamos nos despedirmos dela."[119]

Inicialmente uma ou outra embarcação era enviada para buscar o pau-brasil, de onde se obtinha preciosa tintura avermelhada para tecidos. O que obrigou Portugal a se voltar para a colonização do Novo Mundo foi o receio de perdê-lo para a França, Holanda e/ou Inglaterra, que vinham fazendo intenso contrabando da preciosa madeira.

> "Nas três primeiras décadas do século XVI, a Coroa portuguesa empenhou-se em mandar ao novo mundo apenas umas poucas expedições de reconhecimento da costa, estabelecendo algumas feitorias que não passaram de meros pontos de escala, sinais de posse, bases de policiamento da costa, entrepostos de coleta de pau-brasil – único produto aí encontrado que interessava ao mercado europeu. Essas feitorias de caráter militar tiveram função econômica insignificante, muitas delas não chegando a enraizar-se no local em que foram fundadas."[117]

Com a descoberta do Brasil, os navios que navegavam em suas costas e as embarcações que se aventuram pelo interior sempre tinham algum tipo de vinho ou aguardente.

A bebida alcoólica era item obrigatório nas embarcações portuguesas nos séculos XV e XVI. Um levantamento sobre os alimentos e bebidas dessas embarcações foi feito pela nutricionista Rosemeire Bertoline Lorimer em sua tese de 2001 para obtenção do grau de Doutor pela Universidade de São Paulo.

Ligada à área de nutrição, a tese *O impacto dos primeiros séculos de história da América portuguesa na formação da brasilidade alimentar* traz informações sobre a colonização do Brasil dificilmente encontradas até mesmo nos tratados de história. Exemplo disso é o capítulo 2 da obra de Rosemeire Bertolini Lorimer, intitulado *Os fundamentos europeus da alimentação colonial.*

Nele, a autora reconstitui a vida e a alimentação nas embarcações portuguesas dos séculos 15 e 16. Lembrando que as condições de higiene nos navios eram péssimas, Rosemeire destaca que a alimentação era constituída por alguns alimentos básicos, como biscoito, favas, arroz, carne salgada, peixe seco e salgado, azeite, vinho, água, aguardente e mel. "O suprimento de carne se dava pelo transporte de animais ainda vivos (até que durassem)."[162]

A precariedade do sistema de conservação dos alimentos e o desconhecimento das regras básicas de nutrição tinham resultados catastróficos:

> "Vegetais frescos e frutas se esgotavam rapidamente, perdendo seu viço e propriedades nutricionais, o que acabou por gerar tantas enfermidades." Entre essas doenças estava o escorbuto, que tanto flagelou os navegantes a ponto de ser mencionada por Camões em seu célebre poema *Os Lusíadas*, conforme lembra Rosemeire: 'E foi que de doença crua e feia,/A mais que eu nunca vi, desampararam/Muitos a vida, e em terra estranha e alheia/Os ossos para sempre sepultaram./Quem haverá que sem o ver o creia?/Que tão disformemente ali lhe incharam/As gengivas na boca, que crescia/A carne e juntamente apodrecia'."

Nas embarcações, conta Rosemeire, toda a comida era armazenada em barris de madeira. Porém, as condições de higiene eram tão precárias que provocavam o desenvolvimento de vermes e parasitas. "O capitão Bougainville, certa vez, mencionou que os ratos comiam o equivalente a um quinto de tudo o que a tripulação deveria consumir."[162]

O problema causado pela deficiência dos alimentos foi abordado pelos portugueses e normas começaram a ser implantadas no início do século XVI:

> "Em 1505, surge a primeira 'Regra dos mantimentos', uma série de normas baixada pela Coroa portuguesa para normatizar o transporte e o consumo de alimentos nas viagens transoceânicas. Segundo essa regra, cada embarcação deveria ter um homem responsável pelo controle dos mantimentos. A chave da despensa deveria ficar com o despenseiro, que utilizaria a despensa somente com a autorização do capitão. A regra recomendava ainda que a distribuição da porção diária de vinho fosse feita de manhã, a fim de que cada marinheiro fizesse uso de sua parte 'conforme lhe parecesse melhor'."[162]

Quanto à frota de Cabral:

> "Sobre a expedição de Pedro Álvares Cabral – que saiu de Lisboa com dez naus e três caravelas em 9 de março de 1500 e chegaria ao Brasil em 22 de abril –, Rosemeire lamenta que não foram encontradas, nos relatórios sobre a viagem, informações consistentes sobre a alimentação a bordo. 'Sabe-se que eram acompanhadas por navetas de mantimentos, mas não se sabe exatamente seu conteúdo', diz a autora. Ela lembra que, ao entrar em contato com os índios, os portugueses ofereceram pão, pescado, cozido, enfeitos, fartéis, mel e figos passados. 'Caminha menciona que os índios se assustaram com as galinhas', ressalta. 'É de se supor que essa expedição seguisse as mesmas normas de abastecimento das outras'."[162]

Acreditava-se nas propriedades sanitárias do vinagre, o que está comprovado:

> "Citando outros historiadores, Rosemeire destaca que a quantidade de vinagre embarcada 'era muito grande'. Isso se expli-

ca, talvez, pela crença de que o vinagre, misturado à água, era bom para prevenir e combater o escorbuto. O vinagre não era usado apenas nas refeições, mas servia também para limpar a sujeira das partes internas do navio. 'Sabe-se hoje que o ácido acético, contido no vinagre, é um ótimo agente sanitizante, sendo recomendado para a higienização de frutas e hortaliças em âmbito doméstico'."[162]

A correta preservação da água durante as viagens era um problema crucial:

> "Um dos problemas mais graves enfrentados pelos navegantes, segundo Rosemeire, era a preservação da água. Embarcado em pipas ou barris – feitos de madeira, forrados de barro e protegidos com uma estrutura de metal –, o líquido estava sujeito às dificuldades impostas pela longa duração da aventura no mar. As tempestades destruíam os barris, enquanto as calmarias tornavam a viagem tão longa que os estoques acabavam. A tese reproduz um texto em que o cronista Gaspar Correia descreve a aflição provocada pela falta de água durante uma viagem realizada em 1517: '... grandes quenturas de sol ardião os corpos da gente, o que causava grande sede, e armada hia falta d'agoa. Com que começou a crescer o mal da sede em tal maneyra que a gente começou a adoecer e morrer à sede... qual padecimento matou quatrocentos homens'."

Como se tudo isso não bastasse, acrescenta Rosemeire, a transmissão de certas doenças pela água completava o quadro de total desespero em que se encontraram algumas embarcações. "Pode-se dizer que a despeito de toda a organização e regras para abastecimento, o mesmo não foi bem-sucedido", escreve. "A narração de episódios em que a falta de gêneros aparece é bastante grande." Segundo a autora, não foram raras as vezes em que o abastecimento ocorria de modo incompleto ou mesmo era impossibilitado pela falta de mantimentos nas fortalezas, ou pela presença de inimigos. "É claro que, apesar de poucas vezes mencionada, a deterioração dos víveres embarcados era bastante comum, devido às tempestades que enchiam o navio com água da chuva e do mar, além dos fatores climáticos como o calor e a umidade, sem mencionar o fato da má preparação das conservas a serem embarcadas."

Rosemeire cita episódios menos trágicos e mais divertidos sobre a alimentação dos colonizadores portugueses. Um deles remonta à Idade Média. Segundo a autora, em Portugal fazia-se um pão peculiar: ele tinha a forma de disco e, usado como prato, era consumido após as refeições.[162]

SE BEBER NÃO NAVEGUE!

O brandy, ou conhaque, aguardente feita a partir de frutos (uva, maçã, ameixa, pêssego, cereja, amora, damasco, etc.), contendo de 30% a 60% de álcool[690] foi muito consumido durante as navegações. Os ingleses, muito chegados ao Vinho do Porto, descobriram que ao adicionar um pouco de aguardente a ele durante longas viagens, tornava-o menos susceptível ao azedamento.

É notória a tendência de marinheiros de se embriagarem. Geralmente eram punidos quando estavam engajados em navios oficiais, como informa Sir Erasmus Grover, membro da comitiva que em 1792 o rei da Inglaterra Jorge III (1738-1820) enviou em missão diplomática à China. Na sua parada no Rio de Janeiro:

> "Os marujos William Thomas e Thomas O'connor foram punidos com 12 chibatadas por bebedeira."[243]

Cabe lembrar que a missão foi um fiasco devido à típica arrogância britânica da época, porque o lorde George Macartney (1737-1806) recusou-se a seguir o ritual e fazer genuflexões diante do Imperador chinês.

O saque e a pilhagem eram o prêmio das tripulações dos navios que atacavam constantemente o Rio de Janeiro. Na invasão francesa de 1711 pelo almirante René Duguay-Trouin (1673-1736), ele descreve:

> "Durante a noite, os primeiros a fomentarem a desordem foram exatamente os elementos que compunham os corpos da guarda e as patrulhas. Na manhã seguinte, encontramos três quartos dos armazéns e casas arrombados, vinhos derramados por todos os lados, víveres, mercadorias e alfaias jogadas na lama das ruas, enfim, tudo na mais completa desordem."[248]

Ainda nesse ataque, o guarda-marinha Guillaume François Parscau (1684- ?), então com 27 anos, lamenta:

> "Nas ruas, nadava-se, por assim dizer, no vinho que os nossos soldados, a tiros de fuzil ou de pistola, faziam jorrar das pipas encontradas nos depósitos. Os cereais, os legumes secos, as farinhas e outros gêneros formavam com esse vinho uma espécie de lama amassada que fazia a pena ver."[245]

Bebida alcoólica sempre foi um item precioso para os navegantes, sendo um apreciado mimo, conforme descreve o capitão-general guarda-costa Chancel de Lagrange (1678-1847), da esquadra que invadiu o Rio de Janeiro em 1711:

> "No dia 2 de outubro, o coronel Francisco Xavier de Castro Morais, sobrinho do governador, veio visitar-me, da parte do seu tio, e jantou comigo. Esse jovem, casado com uma jovem

muito bonita e muito rica, perdeu o pai, ano passado, na batalha contra as tropas do senhor Duclerc e tinha acabado de perder um irmão no forte de Villegagnon. Sua residência na cidade havia sido saqueada pelos soldados e tanto ele quanto sua esposa ficaram sem magníficas roupas. Presenteei-lhe com pão e vinho e ele, em retribuição, me deu alguns doces e um macaco. Ao entardecer, partiu com seu regimento."[241]

O rum podia servir de incentivo à coragem e à boa vontade dos marinheiros, como ocorreu no navio em que o Principe Maximiliano (1782-1867) veio para o Brasil em 1815:

> "O vento soprava furiosamente; o navio jogava com violência. A chuva não cessava; quase não nos achávamos em segurança em nossos leitos. Os marinheiros eram os que mais sofriam com a humidade; o perigo que corríamos os obrigava a estarem dia e noite no passadiço; o 'rhum' a custo mantinha-lhes a coragem e boa vontade."[385]

Ao contrário dos portugueses e espanhóis, os britânicos incentivavam a produção de rum em suas colônias americanas e o adotaram em suas embarcações. Muito mais barato do que o brandy, o rum o substituiu a partir e 1655, quando a frota britânica capturou a Jamaica.[707] Toda a marinha britânica o adotou e esta prática se manteve até 31 de julho de 1970, quando foi pela última vez servido a bordo do HMS Fife, em Pearl Harbor, no Hawai.[197] O rum teve uma trajetória muito diferente da cachaça, uma vez que suas qualidades foram difundidas através da história e lendas sobre piratas e pessoas famosas. Como a cachaça, centenas de drinques foram desenvolvidos com ele, como o cuba libre, piña colada, mai tai, daiquiri e o mojito.

PIRATAS

Piratas existem desde os primórdios da navegação e o grego Homero foi o primeiro a utilizar este termo em sua Odisséia, escrita por volta do século VIII a.C.. Na época das Grandes Navegações todos os países europeus utilizavam estratégia de utilizar seus serviços para saquear embarcações de outros países. Neste caso eram chamados de corsários e parte do saque era destinada ao país que os contratava. Portugal também se utilizou muito dos serviços de corsários (chamados de corsos), principalmente no Mar Mediterrâneo.

Dentre os corsários famosos há Sir Francis Drake (1540-1595)[697], que saqueava a frota espanhola a serviço da rainha Isabel I, da Inglaterra. O capitão Henry Morgan foi outro corsário a serviço da coroa britânica que atacava as colônias espanholas no Caribe e há um rum com o seu nome, lançado em 1949. Os piratas do Caribe ficaram famosos pelas pilhagens que faziam nas frotas portuguesas e espanholas e eram muito chegados ao rum.[706]

Ernest Hemingway (1899-1961) viveu por muitos anos em Cuba e era fã incondicional do daiquiri feito originalmente de rum, limão e açúcar (Alguma semelhança com a caipirinha?). Hemingway introduziu o daiquiri em seus romances, notadamente em *As Ilhas da Corrente* (1970), mas foi F. Scott Fitzgerald (1896-1940) quem primeiro o mencionou em *Este Lado do Paraíso* (1920). Os piratas foram apresentados como aventureiros no livro *A Ilha do Tesouro* de Robert Louis Balfour Stevenson (1850-1894) e o rum é presença constante. Já o Capitão Gancho e Peter Pan ficaram famosos através dos escritos de James Matthew Barrie (1860-1937). Uma das primeiras menções ao rum em romances vem do *Robinson Crusoé*, escrito em 1719 por Daniel Defoe (1660-1731).[197]

Em sua obra sobre a viagem entre os anos de 1590 e 1594, o pirata Richard Hawkins (1562-1622), ancorado em Valparaíso, no

Chile, dedica algumas páginas ao uso do álcool e condena seu efeito sobre a tripulação.[567] Inicialmente descreve o comportamento do seu pessoal após aprisionar um navio espanhol:

> "Minha tripulação, alucinada de alegria, esvaziou vários garrafões do vinho apreendido, divertindo-se às gargalhadas, com piruetas e acrobacias feitas pelos marujos meio tontos, tentando equilibrar-se ou despencando sem misericórdia de vergas e mastros. Terminada a festa, ainda era madrugada, mas mandei jogarem os bêbados num tonel de água fria e instruí os sóbrios para abrirem as velas e seguir viagem."[567]

É interessante notar que a embarcação espanhola transportava o vinho (ou pelo menos parte dele) em garrafões e não em tonéis.

Depois critica o hábito dos tripulantes dos navios ingleses de se embriagarem:

> "Os homens passaram os dias brincando e bebendo. Eu mesmo não economizei vinho. (...) Naquela semana de descanso, o mais maligno dos nossos inimigos, o que eu mais temia e o que mais havia em abundância era o vinho, que noite e dia derrubava os homens por qualquer razão, ou os deixava imprestáveis para qualquer tarefa. (...) Destaquei uma guarda dupla para vigiar o compartimento das garrafas, mantendo sentinela na porta e na escotilha. Mesmo assim o vinho tomou conta da mente de parte do pessoal."[567]

Aqui Hawkins informa que o vinho de seu navio era armazenado em garrafas. Ele continua, depois de informar que mesmo durante as orações os marujos bebiam o vinho em recipientes escondidos sob as roupas:

> "No Sabbath fiz todos rezarem sem camisa e acabei com a festa. Institui punição rigorosa contra o abuso do vinho por marinheiro em serviço, um mal comum demais entre os melhores homens-do-mar. (...) Abusar do vinho é pecado dos mais mortais, porque leva todos os outros e não só o próprio pecador, à morte. Um bêbado não tem condições de mandar nem de obedecer. Os bêbados não conseguem entender ou fazer as coisas como dever ser. (...) O seu excesso (do vinho) desperdiça vidas e riquezas incalculáveis, empobrecendo reinos como o nosso, onde todos bebem, para benefício das nações abstêmias, onde os reis e sacerdotes proíbem toda e qualquer bebida."[567]

O condicionamento de vinho em garrafões é por ele retomado logo adiante:

> "Desde que os garrafões de vinho branco espanhol, misturado com extrato de lima para melhor conservação, tornaram-se artigos corriqueiros nas tabernas inglesas, a nação passou a queixar-se de 'calenduras', inchumes e torpezas." [567]

Por excesso de bebida, o piloto do navio do pirata inglês Richard Hawkins quase o encalha em costas brasileiras, próximo ao Cabo Frio, nos inícios dos anos 1590:

> "Reuni os mestres dos nossos navios e juntos concluímos que ali passaríamos a noite destilando água e dando à nossa natureza aquilo de que ela fora desprovida há tanto tempo. Fizemos uma festa com vinho e limonada para celebrar a travessia da Linha do Equador e por continuarmos em curso, depois de enfrentar o maior inimigo dos seres vivos, que é a doença. O piloto, possivelmente ainda tonto de tantos dias de viagem, por excesso de vinho ou excesso de confiança, ficou fazendo

poses com ar vaidoso de leme nas mãos, mas não observou a água com o cuidado requerido. Moveu o barco a oeste, depois a sudoeste e, em pouco tempo, trouxe-nos para perto da praia sem que ninguém se desse conta, por causa da inércia daquele mar."[567]

Na transcrição acima há a informação de que no seu navio destilava-se água. Desta forma, algum tipo de destilador havia na embarcação, mas não é informado se era utilizado também para destilar bebida alcoólica. É, provavelmente, o primeiro alambique a chegar ao litoral do Brasil.

Ainda discorrendo sobre os perigos decorrentes de ter uma tripulação bêbada, o pirata continuou:

> "Nesta costa do Brasil de Portugal, a engenhosidade e periculosidade dos índios tornaram-nos capazes de façanhas admiráveis. Em Cabo Frio, tomaram um grande navio francês durante a noite, enquanto a maioria da tripulação estava bêbada em terra firme, divertindo-se sem perceber nada. Vieram quase invisíveis, agachados em canoas enormes, puxadas lentamente por remos que nunca tiravam da água para não fazer barulho. Na hora do assalto, os vigias e sentinelas foram surpreendidos por 70 ou 80 índios armados com pedras de corte, flechas, cajados e bordunas.(...) Na Ilha Grande, vi de perto e com calma uma dessas canoas. Tinha cerca de 30 pés de comprimento. Era feita do tronco de uma única árvore, escavado à mão, como todas as outras canoas que vi no Brasil. Carregava provisões suficientes para 20 ou 30 dias ou mais de 70 homens."[567]

Outro episódio por ele relatado que envolvia o tipo de canoa acima descrita, onde não está claro se havia bebida na estória, assim aconteceu:

> "Na Ilha de São Sebastião, perto de São Vicente ou de algum outro porto assemelhado, essas canoas enganaram até um mestre experiente como Thomas Cavendish. Alguns índios vieram quase sozinhos em canoas enormes, carregadas de frutas de todos os tamanhos e cores. Os vigias não tiraram os olhos dos comestíveis. Mandaram trazer os frutos a bordo e esqueceram de revistar as canoas. Embaixo dos montes de frutas, também vinha um pelotão de índios com o corpo colorido, em pé de guerra. No melhor da comilança, os nativos abateram cerca de 80 homens do mestre Thomas Cavendish. Ainda lhe roubaram um dos navios, determinando a derrocada de sua viagem."[567]

Pressentindo um iminente ataque de índios ao grupo de doentes de sua tripulação que estava se recuperando na praia da costa brasileira, o pirata inglês Richard Hawkins enviou vários homens do seu navio para protegê-los. Na noite cerrada os doentes pensaram que estavam sendo atacados pelos nativos e revidaram contra seus próprios companheiros. Até o engano ser desfeito estragos foram impingidos aos dois grupos. Usando uma lógica britânica difícil de ser compreendida, o pirata presenteou os mais bravos com vinho, como ele descreve:

> "Para dar mais brilho ao momento, reuni a companhia no meu navio. Confortei os feridos com um gole de vinho. Dei outro para os mais bravos e animei a todos, celebrando resistência tão gloriosa a ataque tão vicioso. Destaquei para a praia uma guarda extraordinária, que montaria sentinela ainda naquela noite e mandei os demais voltarem a seus navios, pois talvez tivéssemos que zarpar às pressas."[567]

ÍNDIOS NA IDADE DA PEDRA

> "De um minuto para outro, um bando de nativos que, com seus machados de sílex, ainda vivia na Idade da Pedra, foi bruscamente apresentado à Idade do Ferro." Eduardo Bueno, *A viagem do descobrimento: a verdadeira história da expedição de Cabral.*[119]

Aqui chegando, Cabral encontrou um povo que vivia na Idade da Pedra, provavelmente entre a passagem do Paleolítico para o Neolítico uma vez que havia uma incipiente agricultura (milho e mandioca) e domesticação de animais (porco do mato e capivara).[704] Significa que estavam entre 300.000 e 12.000 anos atrás dos europeus. O impacto causado aos índios pela chegada dos europeus é o mesmo que causaria hoje em nós a chegada de uma nave espacial com extraterrestres de uma civilização milhares de anos mais avançada.

Teixeira Leite registrou:

> "Os indígenas, que se encontravam no estágio da pedra polida e que conheciam as lides da agricultura, de u'a maneira muito primitiva, empregavam a maior parte de seu tempo na caça e na pesca."[329]

Os indígenas ficaram maravilhados com as ferramentas de metal utilizadas pela tripulação da frota de Cabral:

> "Ao verem os machados com os quais eles derrubavam uma árvore alta – talvez um cedro –, os indígenas ficaram estupefados. Afinal, como Caminha não deixaria de notar, eles não tinha 'coisa que de ferro seja, e cortam sua madeira com pedras feitas como cunhas, enfiadas num pau entre duas talas, mui bem atadas'."[119]

A descrição de Eduardo Bueno sobre o acontecimento é uma pérola:

> "De um minuto para outro, um bando de nativos que, com seus machados de sílex, ainda vivia na Idade da Pedra, foi bruscamente apresentado à Idade do Ferro."[119]

Em 1613 e 1614 o padre francês Yves D'Evreux (1577–1632), observou sobre os nativos do Maranhão:

> "Tomam estes selvagens a mó e farinha, não tendo ferramenta alguma para trabalhar, quer nos bosques, quer nas roças, servem-se unicamente de machados de pedra para cortar árvores, fazer suas casas e canoas, aguçar paus, cultivar a terra, semear, plantar raízes e por única recompensa de seus trabalhos só comem farinha e raízes passadas por um ralador, feito de pedrinhas agudas, engastadas numa tábua de largura de meio pé. (...) / "(...) ensinou, como lhe permitiam as forças, o lugar onde jaziam mortos seus companheiros, que foram encontrados com as cabeças rachadas, e sobre seus corpos os machados de pedra, instrumentos dessas atrocidades, por ser costume entre eles nunca se servirem duma arma com que já mataram um inimigo."[199]

Em 1639, explorando o rio Amazonas, o padre Cristóbal de Acuña (1597-1675) registrou a respeito das ferramentas usadas pelos índios:

> "Esta necessidade os ensinou a cortar do casco mais forte da tartaruga, que é a parte do peito, uma prancha de um palmo de comprimento e pouco menos de largura que, curada na fumaça e afiada numa pedra, afixam um cabo. Com este instrumento, tal como com um bom machado e mesmo não tendo tanta pres-

teza, cortam o que se desejar. (...) Em algumas nações estes machados são feitos de pedra, que lavram pela força dos braços e afinam de tal forma que, com menos receio de quebrá-la, cortam qualquer árvore, por mais grossa que seja, mais rapidamente que aqueles machados feitos de tartaruga."[7]

Gaspar Barléu (1584-1648), durante a ocupação holandesa (1640-1654) ressaltou que os tapuias:

"Pelejam com arcos e flechas, dardos de pedras e clavas de pau."[86]

Joan Nieuhof (1618-1672), no mesmo período, assinalou:

"Os indígenas mais atrasados fabricam uma espécie de faca de pedra chamada Ituque; fazem-na também de taquara e chamam Taquoaquia."[436]

Fernão Cardim (1548-1625), padre português, no seu *Tratados da terra e gente do Brasil* informou:

"Antes de terem conhecimento dos Portuguezes usavão de ferramentas e instrumentos de pedra, osso, pau, dentes de animal, etc., e com estes derrubavão grandes matos..."[146]

Charles de Ribeyrolles (1812-1860?) descreveu:

"A caça e a pesca eram as duas grandes preocupações dos índios. Os do litoral tinham a canoa, o machado de pedra e a linha. Os que atacavam a fera e o homem na floresta virgem traziam o arco, o chuço e a maça ou clava."[522]

MANDIOCA

A mandioca era desconhecida pelos europeus, mas os nativos a utilizavam como alimento e como matéria prima para a fabricação de bebida alcoólica.

Em 1560 o padre José de Anchieta (1534-1597) a mencionou em uma de suas cartas:

> "Quanto a ervas e árvores, não quis deixar de referir que estas raízes, que usamos na alimentação e se chamam mandioca, são venenosas e nocivas por natureza, a não ser que pela indústria humana se preparem para comer. Se se comem cruas, assadas ou cozidas, matam os homens, mas podem-nas comer impunemente os porcos e os bois, exceto o suco que delas sai; que se o comerem logo incham e morrem."[54]

O plantio da mandioca foi assim descrito:

> "Quando querem plantar, derrubam as arvores do lugar que para isso escolheram, e deixam-na secar por cerca de três meses. Então lhes deitam fogo e queimam-nas. Depois fincam as mudas da planta de raízes que usam como pão, entre as cepas das árvores. Este vegetal se chama mandioca. É um arbusto de uma braça de altura e cria três raízes. Quando querem prepará-las arrancam o arbusto, destacam-lhe as raízes e enterram de novo os pedaços das hastes. Estas pegam e se desenvolvem tanto em seis meses, que podem ser utilizadas."[607]

A mandioca, transformada em farinha, iria mais tarde abarrotar os navios que navegavam para Portugal, para suprir a metrópole em épocas de escassez de trigo. Teve papel essencial na alimentação dos nativos e colonizadores, além de suprir navios que costeavam o Brasil. Seu plantio foi tornado obrigatório pela Coroa portuguesa, uma vez que os gananciosos senhores de engenho preferiam utilizar toda a área disponível para a cana, gerando crises de escassez de alimento. Durante a invasão holandesa, e pelo mesmo motivo, Maurício de Nassau (1604-1679) também teve que impor seu plantio nas terras conquistadas.[86]

Joan Neiuhof (1618-1672), detalhou o cultivo da mandioca e a produção de derivados com os vários tipos de farinha, beijus e cauim. Relatou pelo lado holandês a invasão do Recife e as diversas batalhas travadas contra os portugueses. Em uma delas, informa que cercados e com escassez de alimentos, os holandeses estavam desesperados para conseguir farinha:

> "(...) que nos campos onde se produzia farinha, mais próximos de Recife, estavam nas adjacências de São Lourenço, e a pelo menos cinco milhas de distância. Para o lado sul, as plantações mais próximas estavam perto de Santo Antonio e Muribeca onde, dada a força do inimigo e a grande distância que teríamos de percorrer, não havia probabilidade de conseguirmos o nosso intento. Ao norte, perto de Ingatiba, as plantações de mandioca estavam também tão afastadas do litoral, que de nada nos podiam valer."[436]

A situação ficou tão desesperadora que:

> "Os gatos e cachorros, dos quais tínhamos então abundância, eram considerados petiscos finos. (...) Finalmente, quando já tínhamos atingido ao auge da penúria e devorado todos os cavalos, gatos, cachorros e ratos, e um alqueire de farinha chegou a ser negociado à razão de 80 a 100 florins cada um, sem que..."[436]

O cauim obtido da mandioca era muito apreciado pelos indígenas e em carta de 1551:

"Diz Azpilcueta Navarro que quando os indígenas estão embriagados porque 'aça tiene uma manera de vine de razes que embriaga mucho; quando ellos están ansi borrachos, están tan brutos fieros, que no perdonan a ninguma persona, y quan do más no puedem, ponen fuego a La casa a donde ay estrangeros'."[73]

O Príncipe Maximiliano (1782-1867) em sua viagem de 1815 a 1817 pelo Brasil descreveu o preparo da farinha de mandioca:

"Para preparar a farinha, as raizes de mandioca (*Iatropha manihot, Linn*) são a principio perfeitamente descascadas; depois levadas a uma grande roda girante, em pouco se reduzem a polpa fina. A massa é, colocada em seguida em grandes sacos, feitos de taquara ou de embira que são pendurados e esticados ao comprido; desse modo espremem-se os sacos, expulsando o líquido existente na polpa. A parte sólida restante é posta em seguida em grandes tachos, de cobre ou louça, nos quais fica completamente seca pelo calor; porém a massa espessa deve ser constantemente mexida para não queimar. O alimento seco, assim preparado, é chamado 'farinha'."[385]

A GENTINHA QUE VEIO...!

Além dos portugueses, vários outros povos europeus vieram para o Brasil em busca de riquezas. Para se livrar de criminosos, Portugal os enviava para o Brasil deixando-os à própria sorte na colônia. Durante a invasão holandesa, na discussão sobre se o comércio da Holanda com as terras conquistadas no Brasil deveria ser feito pelo poder público ou por particulares, um dos argumentos dos defensores da primeira opção foi:

> "Além disso, é nas colônias que se reúne a escória da sociedade, não surgindo uma república organizada, mas uma confusão de facinorosos e de perdidos. Mesclando-se a estes, degeneram os melhores, os bem dotados de ânimo e de caráter."[86]

No início não vieram mulheres e houve grande miscigenação com as nativas. O padre Manuel da Nóbrega (1517-1570) sugeriu a Portugal que enviasse órfãs e mulheres:

> "(...) ainda que fossem erradas, porque casarão todas muito bem, contanto que não sejam mais de que todo tenham perdido a vergonha a Deus e ao mundo."[336]

Com Portugal sob o jugo da Espanha, a partir de 1580, é que muitos portugueses fugindo da nova ordem vieram procurar abrigo na colônia e aqui se estabeleceram com suas famílias.

No Brasil havia escassez de quase tudo que o europeu estava acostumado, além de uma série de outros problemas e moléstias. Até pelo menos o século XVII não havia estalagens e os locais tinham que ceder suas casas a visitantes, como descreve Ricardo Fleckno, 1648:

> "(...) o certo é que fui tão extraordinariamente accomodado, com o por dinheiro algum poderia pagá-lo, pois aqui não existem, como em nossa terra, hospedarias ou albergues."[612]

O BICHO DO PÉ

Para os europeus que aqui vinham, além dos ataques de indígenas ou piratas, enxames de mosquitos, picadas de cobras, malária, sífilis e outras enfermidades que por aqui encontravam, o bicho do pé (*Tunga penetrans*) era também um grande pesadelo.

O frade franciscano André Thevet (1502-1590), que chegou ao Brasil em 1555 comentou:

"Neste país existe ainda outra indisposição e incomodidade extraordinária, que ataca os que aí habitam através de certos pequenos vermes, a que chamam em sua língua Toms [Ting], que são tão minúsculos como as menores pulgas que temos aqui, e vejam que isso se engendra na própria pele, como o oução, pois, por vezes, há uma tal multidão deles que se cria uma inchação da grossura de uma fava, mas que dá uma dor extrema e coça a parte afetada."[623]

O francês Francisco Pyrard, de Laval, (1578-1623) que esteve na Baía de Todos os Santos por dois meses em 1610, deixou seu registro:

"Criam-se também nos pés uma espécie de bichinhos ou ouções, que engrossam com o tempo e chegam a tomar a grossura da ponta dos dedos, e, se os não tiram, fazem-se grandes úlceras e sobrevém gangrena, e todavia não causa dor alguma. Vi pessoas que haviam perdido os pés; mas o bicho é mui fácil de tirar, e há sinais por onde se conhece; por isso de quatro em quatro dias passam revista aos pés, e tiram-nos."[488]

Richard Fleckno (c. 1600-1678?) volta ao assunto em 1648:

"Mas o que me molestou, mais do que tudo, foi uma espécie de poeira animada que, insensivelmente, se transforma em vermes dentro dos pés, crescendo tanto quanto os bichos dos queijos. E se não são tirados com cuidado deixam ovos para a reproducção de centenas de outros. Durante mais de um mez soffri tormentos por causa delles, impossibilitado de caminhar, sendo transportado numa 'Hamatta' (sic) a verificar quanto o sofrimento se avizinha do prazer."[612]

Na invasão francesa ao Rio de Janeiro de 1711 o capitão-general guarda-costa Chancel de Lagrange (1678-1847) relatou:

> "O único incômodo que sentem tanto os estrangeiros quanto os naturais é um tipo de verme que penetra na sola dos pés, verme que é chamado por eles de bicho-de-pé, e por nós níguas. Vi alguns prisioneiros franceses que perderam os pés e as pernas por causa desses insetos, que roem as carnes até os ossos e mesmo os ossos, se não são extraídos prontamente. Ninguém está isento desse mal e quase todos os franceses padeceram dele. Os portugueses lavavam diariamente os seus pés com água morna e algumas ervas."[241]

O Príncipe Maximiliano (1782-1867), em sua viagem pelo Brasil de 1815 a 1817 registrou no percurso entre Cabo Frio e Campos dos Goytacazes:

> "Na casa triste e arruinada, onde a chuva entrava pelo teto, pouco repouso tivemos nas redes que armávamos, porque uma infinidade de pulgas não nos deu trégua, além de uma multidão de 'bichos do pé' (pulgas da areia, Pulex penetrans), dos quais, no dia seguinte, tirávamos um número incrível dos pés. (...) Violenta comichão torna-lhe logo sensível a presença, transformando-se, depois, em leve dor: é aconselhável, portanto, tirá-lo imediatamente com uma agulha, sem lesar-lhe o corpo, que é como uma vesícula cheia de ovos. Para evitar a inflamação, é bom friccionar a picada com pó de tabaco ou unguentum basilicum, vendido pelos farmacêuticos brasileiros."[385]

Auguste de Saint-Hilaire(1779-1853), viajando pelo Brasil de 1816 a 1822, comentou durante sua excursão de 1819 por Rio das Pedras/SP:

"O rancho sob o qual me abriguei se achava em melhor estado do que as choupanas, mas, pelo que parecia, ninguém jamais se dava ao trabalho de varrê-lo, pois os bichos-de-pé (Pulex penetrans) nos atacavam ferozmente."[559]

Também não teve sossego na Fazenda da Paciência:

"Minhas malas foram descarregadas no paiol, mas no momento em que entrei aí, meus pés ficaram cobertos de bichos-de-pé (Pulex penetrans), e resolvi trabalhar do lado de fora."[559]

Entre Campinas e Capivari sofreu novo ataque:

"No dia seguinte o tempo mostrava-se totalmente nublado, mas os bichos-de-pé atormentavam de tal maneira o infeliz Laruotte e ele parecia tão abatido que resolvi partir."[559]

Em 1822, estando em Minas Gerais, indo para São João Del Rei, relata:

"Chegados ao rancho de Elvas, meu pessoal pôs-se na faina de descarregar as mulas; mas em momentos as pernas lhes ficaram cobertas de bichos-de-pé."[553]

Sir Richard Charles Burton (1821-1890), percorrendo o interior do Brasil escreve que em 1867:

"Fiquei em Manga de 15 a 18 de setembro; a casa, que estava há muito desabitada, acomodava muitos bichos-do-pé, e dois deles resolveram morar comigo. (...) Um tradicional naturalista, desejando levar para seu país um exemplar vivo, não o retirou, sofreu todas as consequências e tornou-se um 'mártir da ciência'. Vi, muitas vezes, meninos com dedos dos pés pintados como se tivessem sido salpicados de pimenta, mas nunca ocorreu morte em consequência disso, e já ouvi falar de negros descuidados, cujos pés tiveram de ser amputados."[123]

Gilberto Freyre (1900-1987), no seu romance de 1964 *Dona Sinhá e o Filho do Padre* utiliza o bicho de pé como veículo de autoestima do menino José Maria:

> "José Maria sentiu-se menos diferente dos outros meninos. Menos menino de pés de moça. Tinha bicho-de-pé! Sinhama tirou-lhe o bicho, com um alfinete brilhante de novo, queimado em luz de vela. A negra fez isso com o maior esmero; tendo cuidado para tirar o bicho inteiro; pondo cal de parede no buraquinho que pouco sangrou, tão perita era a preta nessa operação. Todo um fim de tarde passou José Maria a saborear um doce resto de coceira no dedo delicadamente operado pela mucana."[257]

O bicho-de-pé também serviu de distração para o personagem de Guimarães Rosa, o pequeno Miguilim, enquanto se encontrava de castigo:

> "Miguilim esfregava um pé no outro, estava comichando: outro bicho-de-pé; quando crescia e embugalhava, ficava olhoso, a mãe tirava, com alfinete. Vovó Izidra clamava: '– Já foram brincar perto do chiqueiro! Menino devia de andar a pé calçado'."[530]

RESUMO

Devido às precárias condições sanitárias que prevaleciam na antiguidade, a água nas povoações estava geralmente contaminada, causando doenças e mortes. Provavelmente por acaso descobriu-se que a ingestão de bebidas alcoólicas minimizava o problema. Elas também passaram a fazer parte das provisões transportadas pelas embarcações.

Muito empregado para não só tornar mais palatável os alimentos, os temperos também agiam como conservantes e um grande comércio desenvolveu-se entre Europa e o Oriente. A rota das especiarias era dominada por Veneza e Gênova e países europeus, principalmente Portugal e Espanha lançaram-se ao mar em busca de uma rota marítima. A grande consequência histórica foi a descoberta das Américas, habitada por povos primitivos que viviam na Idade da Pedra e faziam uso de uma infinidade de bebidas alcoólicas. Uma das bebidas produzidas pelos índios era derivada da mandioca, um tubérculo que depois iria se tornar crucial como alimento também para os colonizadores.

Um dos grandes obstáculos encontrados pelos colonizadores e visitantes foi o bicho-de-pé.

ENGENHOS DE AÇÚCAR

"Extraído de uma planta que os romanos chamaram 'cana mélica', o açúcar foi encontrado pelos europeus na Índia, e os povos do mundo antigo tomaram conhecimento dele ao ouvir as narrativas dos viajantes que por lá passavam." Etelvina M. de C. Trindade, *O trabalho nos engenhos*.[636]

"Quem chamou as officinas, em que se fabrica o assucar, engenhos, acertou verdadeiramente no nome. Porque quem quer que as vê e considera com reflexão, que merecem, he obrigado a confessar que são huns dos principaes partos, e invenções do engenho humano, o qual como pequena porção do Divino, sempre se mostra no seu modo de obrar, admirável." André João Antonil, *Cultura e opulência do Brasil por suas drogas e minas*.[62]

"Senhores de engenho são absolutos em suas terras; aplicam justiça, distribuem direitos, gozam de privilégios perante os maiorais. Em torno de suas pessoas, e tendo o engenho como ponto de referência ou de reunião, gravitou a política brasileira no império, como havia gravitado, muito embora sob o domínio da metrópole lusitana, no período colonial." Manuel Diegues Júnior, *O engenho de açúcar no Nordeste*.[215]

IMPLANTAÇÃO DOS ENGENHOS NO BRASIL

A cachaça foi criada no engenho de açúcar e, desta forma, é essencial observarmos como esta indústria foi implantada no Brasil e qual foi o seu desenvolvimento ao longo dos séculos.

Na Idade Média:

> "Na Idade Média, por exemplo, ele (o açúcar) chegava à Europa vindo de terras longíquas e custava tão caro que só os reis, os nobres e os comerciantes abastados podiam comprá-lo. Para conseguir alguns gramas de açúcar era preciso ir às boticas – as farmácias daquele tempo –, onde era vendido a peso de ouro. Servia então como medicamento, para regenerar a saúde e prevenir as doenças do peito, dos pulmões e da garganta." [636]

No século XV Portugal produzia o açúcar na Ilha da Madeira, Açores e São José. Com a descoberta do Brasil no século XVI e com o elevado preço do açúcar na Europa, nada mais lógico do que fabricá-lo no Novo Mundo, com vasta dimensão territorial e clima e solo extremamente propícios. Seria também um modo de enviar pessoas para a terra recém descoberta para defendê-la de incursões de piratas e outros povos colonizadores da Europa.

Stuart B. Schwartz, professor de História da Universidade de Minnesota, no seu *Segredos Internos: Engenhos e escravos na sociedade colonial 1550-1835* sobre a história de produção de açúcar no Brasil certifica:

> "Não se conhece a data exata em que os portugueses introduziram a cana-de-açúcar no Brasil. (...) Entretanto, já em 1516 a Casa da Índia (órgão de administração colonial) ordenara a vinda de um técnico na manufatura de açúcar, ao qual deveriam ser fornecido todo o material e recursos necessários para a construção de um engenho."[579]

Schwartz prossegue:

> "O cronista espanhol Antonio Herrera escreveu posteriormente que em 1518 havia um engenho em operação no Brasil; embora alguns historiadores tenham posto em dúvida tal afirmação, há indícios, agora, da existência de açúcar brasileiro no mercado de Antuérpia em 1519. Em 1516, a alfândega de Lisboa recebeu açúcar do litoral do Nordeste. O capitão português Cristóvão Jacques havia estabelecido em Itamaracá um pequeno engenho que foi, porém, pouco depois, em 1530, destruído pelos franceses. Antes dessa data, a indústria açucareira no Brasil foi insignificante, constituída apenas por alguns engenhos pequenos que produziam pouco e esporádicamente."[579]

A informação de que antes de 1535 já se observava a presença de açúcar brasileiro em alfândegas da Europa é ratificada por Fernando Tasso Fragoso Pires.[476]

Contudo, Frei Vicente do Salvador (1564-1635) no seu *História do Brasil 1500-1627* assegura que o plantio de cana foi iniciado na Capitania de São Vicente, de onde se espalhou para o resto do Brasil:

> "E assim é a terra mui sadia, fresca e de boas águas, e esta foi a primeira onde se fez açúcar, donde se levou planta das canas pera as outras capitanias..."[565]

Portugal começa verdadeiramente a colonizar o Brasil apenas em 1530, enviando uma frota com o nobre português Martim Afonso de Souza (1490/1500 ?-1571) para iniciar de fato a colonização do Novo Mundo, implantando a cultura da cana de açúcar e a construção de engenhos para a produção do açúcar.[579] Em solo brasileiro foram então lançadas as raízes não só da gramínea como as da concepção da cachaça!

Foi o primeiro empreendimento que contou com capital suficiente para se estabelecer. Foi implantado na feitoria de São Vicente (hoje Santos) que existia como povoação desde 1512, onde na época já havia portugueses vivendo com os índios. O nome São Vicente foi dado por Gaspar de Lemos (14...?-15...?), que ali chegara em 1502. Era utilizado para o embarque de pau-brasil e Martim Afonso de Souza (1490/1500?-1571) ali fundou um engenho.[696] Em 1534 ali foi erigido o Engenho São Jorge dos Erasmos, inicialmente chamado de Engenho dos Armadores, que funcionou até o século XVIII produzindo açúcar para exportação e rapadura e cachaça para consumo interno. Suas ruínas existem até hoje e o sítio arqueológico é administrado pela Universidade de São Paulo.[641] Em meados do século XVI já havia na região os engenhos Madre de Deus, o de Estevam Pedroso, Jerônimo Leitão, Salvador do Vale, dos Guerras, de São João, de Santo Antonio e o de Nossa Senhora da Apresentação.

Em 1570, havia 60 engenhos em território brasileiro, número que subiu para 115 em 1583. Pero de Magalhães Gandavo (1540-1580), historiador e cronista português, autor de *História da Província de Santa Cruz* e *Tratado da Província do Brasil*, escreve que em 1570 havia um engenho funcionando e dois sendo construídos na Capitania de Itamaracá, 18 na Capitania da Bahia, 23 na Capitania de Pernambuco, 8 na Capitania de Ilhéus, 5 na Capitania de Porto Seguro, 1 na Capitania do Espírito Santo, 4 na Capitania de São Vicente.[264]

A atual Ilha do Governador, no Rio de Janeiro, era denominada pelos franceses de Ilha dos Sete Engenhos, porque nela havia sete engenhos de açúcar antes de 1554.[608]

Outras fontes informam que antes de 1650 já eram 350 engenhos[197] e no século seguinte até a Ilha de São Miguel nos Açores, antigo centro produtor de açúcar dos portugueses, estava importando este produto do Brasil. Já na cidade de São Paulo, de acordo com inventários de 1578 a 1700:

> "Cultivava-se largamente a cana de açúcar. Para o seu aproveitamento industrial nenhum fazendeiro existe, que não tenha profusão de alambiques de estirar aguardente, com sua carapuça e cano, tachos de cobre e o mais necessário." [362]

Na primeira metade do século XVII:

> "Existem na Capitania de Pernambuco cento e trinta e um engenhos, que são moinhos de açúcar, os quais produzem juntos anualmente para mais de sessenta mil caixas de açúcar."[82]

No final do século XVII, no Maranhão:

> "São Luís contava então pouco mais de mil almas, alguns engenhos de açúcar e de aguardente"[108]

Rocha Pitta (1660-1738) informou que no início do século XVIII havia em Santos:

> "Nos seus recôncavos há algumas moendas, que só fazem água ardente de cana, relíquia dos muitos engenhos que tiveram em outro tempo."[479]

Para o Mato Grosso, a cana foi levada de São Paulo e alambiques produzindo cachaça já operavam em 1720 e 1725, como presume Fernando de Azevedo (1894-1974):

> "De São Paulo é que transplantaram, ao que parece, as primeiras gramíneas ou feixes de cana apropriada ao cultivo, como do planalto se transportaram em 1727 as primeiras novilhas para a criação de gado que ia espandir-se, como uma de suas principais riquezas, nos campos e pastagens de Mato Grosso. (...) Junto às primeiras plantações que datam dos fins do 1º quartel do século XVIII (entre 1720 e 1725), montara o brigadeiro sertanista, minerador e lavrador, os primeiros engenhos, onde, no depoimento de J. Barbosa de Sá, 'começaram a moer as moendinhas que chamamos escareçadores e a distilar em alambique que formavam de tachas e apareceram logo águas ardentes de cana que vendiam, o frasco a cinco e a seis oitavas de ouro, e as frasqueiras, a quarenta oitavas'."[79]

ESCRAVOS NO ENGENHO

No início os indígenas constituiam esmagadora maioria e os portugueses faziam de tudo para ter com eles um bom relacionamento e ninguém foi louco o bastante para tentar escravizá-los, pelo menos nas fases iniciais. Tentativas fracassaram porque, por natureza, os índios brasileiros eram avessos ao trabalho. Na comunidade indígena todo trabalho era exercitado pelas mulheres, cabendo aos homens caçar, pescar e guerrear. Em algumas tribos, quando o um animal era abatido, cabia à mulher transportá-lo para a aldeia.

Vários visitantes elogiavam o modo de vida indígena, mas alguns, como o jesuíta irlandês Richard Fleckno (1600-1678), que ficou seis meses de 1648 no Rio de Janeiro, foram extremamente preconceituosos, não se sabe se devido a preceitos religiosos ou por ignorância pura e simples:

> "Assim, estes brasileiros são certamente como asnos, dolentes e fleugmaticos (in servitutem nati), e só aproveitáveis para o labor e para a escravidão, razão pela qual a Natureza não dotou este paiz de nenhum outro animal de carga senão elles."[612]

Teixeira Leite esclareceu:

> "Os índios brasileiros têm sido injustiçados ao serem acusados de indóceis, indolentes, imprestáveis ao trabalho disciplinado. Indóceis eles eram, e com razão, por não se sujeitarem à escravidão. Quando podiam, fugiam para as selvas, que eram, afinal, o seu 'habitat'."[329]

O mesmo autor informou que:

> "Os donatários e sesmeiros utilizavam grande número de índios escravos em suas lavouras e engenhos de açúcar. Na Capitania de São Vicente, em 1545, existiam mais de três mil escravos indígenas trabalhando nesses misteres."[329]

A tese de que até os meados do século XVII a maioria dos escravos era constituída por indígenas é defendida por Teixeira Leite, que informou:

> "Em S. Paulo, a proporção entre o número de índios e negros nos séculos XVI e XVII era de 34 para 1. Sòmente no século XVIII essa proporção foi reduzida a 8 para 7, respectivamente."[329]

Fernão Cardim escreveu (1540?-1625), referindo-se à Bahia em 1583:

> "(...) terá a cidade com seu termo passante de três mil vizinhos portugueses, oito mil índios cristão, e três ou quatro mil escravos da Guiné..."[146]

As dificuldades em escravizar indígenas obrigaram os donos de engenho, bem como mais tarde os mineradores, a importar escravos negros da África e neste caso a própria cachaça serviu de moeda de troca. Schwartz assinalou:

> "No Rio de Janeiro, no século XVIII, era a cachaça e não o açúcar o principal produto dos engenhos, e boa parte da produção era usada no comércio de escravos com a Angola."[579]

A miscigenação entre europeus, indígenas e africanos deu lugar a mamelucos e mestiços, que hoje constituem a maior parcela dos brasileiros. Tripulantes de embarcações de países inimigos de Portugal eram também eventualmente escravizados. Foi o caso de Anthony Knivet, marujo inglês enfermo, abandonado pelo pirata Thomas Cavendish (1555-1592) em 1592 na Ilha de São Sebastião, no litoral paulista. Knivet tornou-se escravo do governador do Rio de Janeiro, Salvador Correia de Sá, e posteriormente do seu filho, Martim de Sá. Foi forçado a trabalhar no engenho do governador e lá foi tratado como os demais escravos, sendo muitas vezes açoitado pelos feitores:

> "Ao fim de 15 dias, o governador ordenou que me pusessem nas pernas umas argolas de ferro de 30 libras, argolas que carreguei por nove meses, trabalhando no engenho de açúcar como um escravo. O feitor, que me odiava assim como a todos os

estrangeiros, tratava-me não como um homem, mas como um cão. Sempre que ia à sua presença, eu era espancado."[322]

Na época, a escravidão era comum entre alguns povos. Joan Nieuhof (1618-1672), alemão que viveu no Brasil de 1640 a 1649, quando os holandeses tinham tomado Recife, informa que na viagem de vinda foram atacados por naus turcas, mas conseguiram escapar e:

> "Demos graças a Deus por nos haver salvo do perigo da escravidão, auxiliando-nos na luta contra o inimigo muito mais forte."[436]

Anthony Knivet, que ficou 10 anos no Brasil, onde serviu como escravo e se envolveu em inúmeras aventuras. Em uma delas tornou-se a primeira pessoa a testar um escafandro em toda a América:

> "Esse homem propôs-se a criar um artifício para resgatar as peças de artilharia do fundo do mar. Era assim: mandou fazer uma roupa de couro toda recoberta de graxa e piche, de modo que água nenhuma pudesse penetrá-la. Então ele mandou fazer um capacete muito grande todo coberto de piche com um nariz grande onde colocou três balões de ar. (...) Uma vez dentro da roupa de couro, fui jogado no mar e afundei cerca de dezoito braças, com uma pedra enorme amarrada na cintura. (...) Quando me vi em apuros, tomei a faca que trazia amarrada nas mãos e cortei a corda. Assim que subi à tona arranquei os balões de ar de meu rosto e cortei a roupa, pois estava a ponto de me sufocar, e por um mês depois disso fiquei desorientado."[322]

Robert Avé-Lallemant (1812-1884) registrou que em 1859, nas costas de Pernambuco, escafandristas do local chamados para recuperar ouro no valor de 25.000 libras esterlinas, que afundara com um bote, pareciam não entender do ofício:

> "Todos os preparativos para a tentativa de mergulho indicavam que os homens vindos com o aparelho, não entendiam do assunto, antes o tratavam com visível displicência, tagarelando e bebendo aguardente."[75]

Reis portugueses emitem, sem sucesso, inúmeros decretos para coibir a escravidão dos índios em 1570, 1611, 1647, 1680, 1713 e 1741.

> "O tráfico só cessa em 1755, quando os indígenas são declarados livres, com os mesmos títulos, privilégios e prerrogativas do cidadão português."[522]

Imigrantes europeus vindos para trabalhar nas fazendas de café foram muitas vezes submetidos às condições de semi-escravidão, como relatado por Thomas Davatz no seu *Memórias de um colono no Brasil* (1850).[202] Embora a escravidão tenha sido abolida no Brasil em 1888, mesmo hoje, no início do século XXI, é comum sair na mídia notícias de pessoas mantidas sob regime de semi-escravidão, não só em áreas rurais como também em urbanas no Brasil e em outros países.

PAPÉIS DOS ENGENHOS

Para o tema aqui tratado, o importante papel dos engenhos de açúcar foi ser o berço da cachaça. Em algum momento entre o início do funcionamento dos engenhos e o início do século XVII foi descoberto o vinho da cana e tudo indica que, ao contrário da expressão *do vinho para a água*, do vinho da cana para a cachaça foi uma questão de somar dois mais dois. O que ainda não se sabe exatamente é em que data, onde e quem começou a destilação, mas parece que foi primeiro das borras, do melaço e do melado, sendo que a do caldo fermentado ocorreu posteriormente.

Os engenhos de açúcar desempenharam importante papel na época colonial, pois ao lado do proprietário e parentes também havia os agregados, os escravos e os lavradores. Estes cultivavam vegetais e criavam animais para a alimentação da comunidade. Assim, os engenhos fixavam a população e a enquadrava em uma organização social.[336] Muitos, com o decorrer do tempo, se transformaram em povoações, vilas e cidades. Gaspar Barléu (1584-1648) observou:

> "Ocuparam outrora a Paraíba os franceses e, expulsos estes, os portugueses e por ultimo os holandeses. Não possue outras povoações senão os lugarejos dos engenhos, que, pela multidão dos trabalhadores, constituem verdadeiras aldeias."[86]

Fernando de Azevedo (1894-1974) complementou:

> "Em torno da lavoura da cana, largamente explorada para produção de açúcar, desenvolvia-se, nos engenhos, com o fim de suprir às suas necessidades e, nos centros urbanos, uma variedade de indústrias destinadas à fabricação de artigos para consumo no mercado interno. (...) A substituição das canas por aglomerações residenciais é um fato constante, como observa Afonso Varzea, na formação de numerosas cidades: Maceió era, nos meados do século XVIII, um pequeno povoado pertencente a um engenho de fabricar açúcar; bairros inteiros de Recife, às margens do Capibaribe e do Beberibe, como os de Salvador, de que as canas foram avançando pela orla da baía até a costa do outro lado, e blocos e quarteirões ou subúrbios do Rio de

Janeiro (Engenho Velho, Engenho Novo, Laranjeiras) e de Santos, estendem-se hoje onde outrora ondulava o mar verde-claro dos canaviais."[79]

Os engenhos serviram também como local de refúgio para os habitantes de cidades invadidas, como ocorreu em Recife tomada pelos holandeses em 1630:

> "Eles, ao que parece, fugiram com os seus tesouros, e a maior parte dos bens para as aldeias, montes e engenhos do interior do país, tendo sido prevenidos da nossa chegada com alguma antecedência."[82]

Deve-se também ressaltar o papel dos senhores de engenho nos primeiros 300 anos da existência do Brasil. Foram os verdadeiros aristocratas coloniais, exercendo influência local, regional e por todo o território brasileiro e o título de Senhor de Engenho era concedido por Sua Majestade. O governo neles se sustentava, pois cada um era um chefe político. Eles mandaram no Brasil por séculos e algumas de suas residências eram tão ou mais luxuosas do que as européias.[215] Teixeira Leite ressalta em sua obra de 1967 *Gênese Sócio-econômica do Brasil* sobre os senhores de engenho:

> "Êles exerciam grande poder político nos Senados da Câmara e nos comandos dos regimentos de infantaria (as milícias) – instituições encarregadas de executar e fazer executar as ordens emanadas da metrópole."[329]

A Câmara fixava preços de gêneros alimentícios, incluindo aguardente, e manufaturados, administrava os bens e contratos de subsídios, regulava a moeda, fixava os salários, deliberava sobre criação de aldeias e povoados e mais uma infinidade de atribuições.[329]

Denise A. Soares de Moura demonstrou que mesmo em1854 havia inúmeros engenhos de açúcar no oeste de São Paulo e neles predominava o trabalho escravo.[420]

MUNICÍPIO	FAZENDAS	AGREGADOS	COLONOS	ESCRAVOS
Jundiaí	19	60	0	720
Campinas	44	0	0	1.967
Piracicaba	51	0	0	1.889
M. Mirim	57	0	9	1.524
Limeira	13	22	0	80
Rio Claro	30	108	0	501
Araraquara	12	0	0	108
Franca	20	40	0	243
Sorocaba	10	3	0	409
Itu	164	40	0	3.408
P. Feliz	38	0	0	942
Pirapora	47	10	1	962
Capivari	70	0	0	1500
TOTAL	575	283	10	14.253

AÇÚCAR COLONIAL

> "(...) me resolvi a deixar neste borrão tudo aquillo, que na limitação do tempo sobredito apressadamente, mas com attenção ajuntei, e extendi com o mesmo estilo, e modo de fallar claro, e chão, que se usa nos engenhos: para que os que não sabem o que custa a doçura do assucar a quem o lavra, o conheção, e sintão menos dar por elle o preço que vale..."
> André João Antonil, *Cultura e opulência do Brasil por suas drogas e minas*.[62]

> "Freguesia localiza-se no Recôncavo da baía de Todos os Santos, em Matoim, município de Candeias. Fica de frente para a ilha da Maré. Sua história tem início na doação de uma sesmaria feita em 1560 a Sebastião Álvares. Vinte e quatro anos depois, o engenho passou a pertencer a Sebastião Faria, seu filho. Em sua primeira configuração, o conjunto mereceu a descrição feita pelo cronista colonial Gabriel Soares de Souza em seu Tratado Descritivo do Brasil (1587), onde destacou a existência de 'grandes edifícios, assim do engenho como de casa de purgar, de vivenda e de outras oficinas'." Fernando Tasso Fragoso Pires, *Antigos engenhos de açúcar no Brasil.*[476]

Quando realmente se começou a produzir cachaça no Brasil? Para chegar à cachaça vamos primeiro esboçar como era produzido o açúcar na época.

Uma descrição detalhada de um engenho que produzia açúcar e cachaça em 1877 é apresentada por Godofredo Tinoco:

> "Com uma chaminé de tijolo e cimento de 50 metros de altura, via-se em frente um grande edifício, de arquitetura semi-rústica, de vasto pórtico encimado pela inscrição 'Dolce Laboris Proemum', sobre o qual, em pequeno torreão cúpula, na cobertura geral, havia um relógio de 3 quadrantes marcando as horas.
> No interior, três planos diferentes:
> No 1º: as máquinas, todas de sistema horizontal, em número de 12; dois jogos de moendas de 3 (três) cilindros de 1.600 X 800; dois desfibradores Feure, com capacidade para 500 toneladas por dia; condutores de cana e bagaço; 6 litros de carvão animal; 1 jogo de bolsas, sistema Puvrez; 20 turbinas de ação indireta; cristalizadores dos produtos 1º, 2º e 3º jatos; dissolvedor da massa cristalizada; prensa de espuma; aparelhos de montar caldo; fornos de revificação; deposito de açúcar; ensacamento e

pesagem; 7 geradores a fogo interior, de 100 metros de superfície cada um, sistema locomotiva e os acessórios relativos.
No 2º plano: como o outro, servido por sólida escadaria de ferro fazendo frente a porta principal – o aparelho evaporador, tríplice efeito; 3 caldeiras para cosinhar no vácuo, com capacidade, cada uma por operação, para 7.500 quilos de açúcar; 3 eleinadores; 12 caldeiras de defecação; fundo duplo, depósito de cal e coadores.
Ainda no edifício principal, a distilaria, com aparelho savalle, calculado para produção diária de 200 pipas de aguardente a 21 Beaumé; dornas, bombas e peças, etc.
Ao lado de tudo isso, magnífica oficina mecânica, fábrica de gaz e gasômetro, balanças, confortáveis armazéns.
Como complemento indispensável a grande organização, fundada nas proximidades de sede da Freguezia de Nossa Senhora do Desterro de Quiçamã e do canal Macaé-Campos – uma linha de ferro agrícola ligando a estação do entrocamento da companhia Macaée Campos com 35 quilômetros, dispondo de 3 locomotivas, 3 carros para passageiros, 60 vagons de carga e boas linhas telefônicas.
A primeira safra (1877) produziu 1.745.990 quilos de açúcar e 291.663 litros de aguardente, no valor total de Rs. 274:071 $264, quando na quinta safra ? 1881 ? produziu 4.255.200 quilos de açúcar e 689.400 litros de aguardente, no valor total de de Rs. 992:872$810."[624]

Gaspar Barléu (1584-1648) descreveu sucintamente a produção de açúcar.[86] O mesmo fez Richard Fleckno (c. 1600-1678?), jesuíta irlandês que esteve no Rio de Janeiro em 1648[612], Fernão Cardim (1540?-1625) , padre português que viveu no Brasil a partir de 1583[146] e o Príncipe Maximiliano (1782-1867), naturalista, etnólogo e explorador alemão, em sua viagem pelo Brasil em 1815 a 1817.[385]

Resumo dos processos descritos pelos autores acima vem a seguir:

A cana é moída e o caldo (garapa) aquecido lentamente até atingir o ponto. Durante o aquecimento espuma com impurezas sobe à superfície e é removida. O caldo vai engrossando até a formação do mel, também chamado de mel de engenho. Ele é transferido a outro tanque e é agitado para acelerar a cristalização do açúcar. Ainda quente, é colocado em formas cônicas para cristalização. Na parte inferior das formas há um furo que permite a saída de mel não cristalizado, chamado de mel de furo ou melaço, que, no que diz respeito à produção de açúcar, é descartado. O mel cristalizado em forma de pão que permanece na forma é chamado pão de açúcar. Quando tirado da forma é o açúcar bruto, ou mascavo.

O Morro do Pão de Açúcar, uma das principais atrações turísticas da maravilhosa cidade do Rio de Janeiro, recebeu este nome devido ao seu formato semelhante ao do pão de açúcar do engenho.[702]

Na época dos primeiros engenhos para cada 2 kg de açúcar produzido cerca de 1 kg de melaço resultava como refugo. Como não se cristalizava nem aceitava posterior refino, parte era misturada ao alimento de animais e parte fornecido aos escravos para complementar sua pobre dieta. Mesmo assim sobrava imensa quantidade e, como não tinha valor comercial, era simplesmente descartado. O que era também dado a animais e escravos era a espuma retirada no processo, mas como a produção era maior que o consumo, uma boa parte era simplesmente jogada fora. O melaço e a espuma remanescente eram, para o horror dos atuais ambientalistas, simplesmente jogados no solo, rio ou mar, contaminando-os. Como se não fosse pouco, às vezes o caldo de cana desandava durante o aquecimento e tinha que também ser dispensado. Noutras ocasiões, por alguma falha que resultasse na parada da produção, o caldo não podia ser aquecido e tinha também que ser dado a animais e escravos, mas boa parte era jogada fora.

Tanto o melaço como a espuma e a garapa descartadas tinham grande quantidade de açúcar e se fossem deixados repousando por algumas horas iniciava-se sua fermentação, transformando o açúcar em álcool. A garapa fermentada, chamado vinho da cana, tem um duvidoso aroma de frutas e era muito apreciado pelos escravos, seguramente mais pelo álcool nele contido do que pelo sabor, que não é lá grande coisa. A graduação alcoólica do caldo de cana fermentado gira em torno de 8° GL[52]. Como toda grande jornada começa com o primeiro passo, tem assim início a jornada que levaria do melaço, espuma e caldo de cana fermentados à cachaça.

Richard Burton(1821-1890), viajando pelo Brasil em 1867, criticou o primitivismo da produção de açúcar no Brasil:

> "Visitamos, logo depois, o engenho, que é a forma mais simples de estabelecimento para a produção de açúcar. Nos mais adiantados, uma roda leve trabalha por meio de um eixo dentado, sendo colocados horizontalmente os dois cilindros de ferro ou, pelo menos, revestidos de ferro. Os antigos três cilindros perpendiculares estão caindo em desuso e, às vezes, uma canoura protege, hoje, as mãos dos escravos, a fim de evitar mutilação. Há uma total ausência de ciência química européia e da máquina moderna; o tacho de vácuo, o 'assentador' e o 'evaporador de vapor' são igualmente desconhecidos. Nem mesmo foi adotado o simples uso do corante de osso e cal para remover o albúmen e o ácido acético do açúcar. A cana madura deveria ser moída logo que é cortada; muitas vezes, fica empilhada no pátio, durante dias, e as rachaduras acidentais da parte externa da cana, que é manobrada por negros atrasados, provocam a acidificação do açúcar, pela entrada de ar. O caldo ou garapa corre diretamente para os tachos, que, muitas vezes, não são hermèticamente fechados; é fervido, vagarosamente, em tachos de cobre expostos à ação atmosférica, e a preguiça

do encarregado do trabalho impede que o caldo seja escumado cuidadosamente. Por isso, nesta Terra da Cana, quem quiser açúcar refinado, tem de mandar buscá-lo na Europa."[123]

INIMIGOS DO CANAVIAL

André João Antonil efetuou extensa descrição do plantio da cana, do funcionamento do engenho, da produção de açúcar e sua comercialização no século XVII. Apontou como innimigos da cana o excesso ou falta de chuva, o capim e as cabras, cavalos, bois e porcos que pisoteiam a plantação e/ou comem os brotos.[62]

Dierick Ruiters, piloto e cartógrafo holandês, salientou, ao visitar o Rio de Janeiro em 1617-1619, que as queimadas em canaviais eram benéficas para combater formigas:

> "Há, porém, muitas formigas (não tanto quanto em Pernambuco e na Bahia), as quais atacam continuamente as plantas, principalmente as que têm raízes doces. As plantações de açúcar sofreriam maiores prejuízos se os portugueses, cada vez que cortam a cana, não queimassem a terra." [242]

Formigas eram provavelmente um grande problema, já que Gaspar Barléu (1584-1648), durante a invasão holandesa, referindo-se à Capitania de Itamaracá, que compreendia parte da Paraíba e de Pernambuco, informou:

> "Na outra parte da ilha, assaz fértil, teem engenhos o seu trabalho; uma outra parte é estéril por causa das constantes devastações das formigas, das quais é perseguida principalmente esta ilha."[86]

Joan Nieuhof (1618-1672) narrando os transtornos sofridos pelos holandeses durante a invasão no Brasil cita as mortes de escravos e índios devido a moléstias e que:

> "Esses escravos, em sua maioria, eram adquiridos à razão de 200 ou 300 peças de oitavo, e, consequentemente, sua perda acarretava a ruína de lavradores que ainda tinham que se haver com as pragas e inundações frequentes causadoras de consideráveis danos aos canaviais."[436]

Mencionou também as formigas:

> "A prodigiosa quantidade de formigas que infesta o Brasil constitue séria ameaça para toda a espécie de produtos do solo."[436]

Duzentos anos depois, Carlos Frederico Philippe von Martius (1794-1868), médico, botânico e antropólogo e Johan Baptiste von Spix (1781-1826), naturalista, ambos alemães, informaram que na Bahia:

> "As formigas devastam em poucas horas as mais bellas plantações".[606]

Assim os inimigos dos canaviais eram as formigas, gado, porcos, cabras, falta ou excesso de chuva, além da morte de escravos.

PROIBIR OU TAXAR?

Além do açúcar, alguns engenhos iniciaram a produção de cachaça para consumo local e depois para ser comercializada. Inicialmente esta iniciativa foi reprimida pela corte portuguesa. Estava por trás dessa manobra a famigerada Companhia Geral do Comércio do Brasil formada por:

> "Podiam ser acionistas todos os portugueses, sem distinção de qualquer espécie, e os estrangeiros que vivessem em Portugal, contanto que subscrevessem vinte cruzados para cima.(...) A companhia tinha ainda o estanco de todo o vinho, azeite, farinha e bacalhau de consumo no Brasil, estanco aumentado posteriormente pelo pau-brasil."[3]

E

> "Logo a 4 de novembro de 1649, largava de Lisboa, do Tejo, a primeira frota – 18 navios de guerra, comboiando 48 mercantes, dos quais 32 armados para qualquer eventualidade. O porto inicial no Brasil seria a Bahia, de onde um grupo da frota de guerra se dirigiria ao Rio de Janeiro para comboiar os 20 barcos de comércio que ali estacionavam aguardando a escolta."[3]

A Companhia

> "(...) obtivera, entre outras coisas, que em 1651 fosse proibida a fabricação na colônia, da cachaça e do vinho do mel, a fim de que essas bebidas não fizessem concorrência ao vinho metropolitano vendido por ela."[329]

> "A proibição de criação e desenvolvimento de quaisquer indústrias, mesmo a do hidromel e da aguardente, que são importantes sub-produtos da cana, não visava também senão evitar que se desviassem, para outras produções que não a do açúcar, as atividades e emprezas dos colonos, baseadas na escravidão."[79]

A repressão aos engenhos produtores de cachaça nas minas de Minas Gerais foi justificada como uma tentativa de manter os escravos sóbrios, evitando-se, assim, distúrbios. O que na verdade estava por trás dessas medidas era o receio da concorrência com os vinhos portugueses. Contudo:

> "Os direitos alfandegários sobre produtos portugueses, tais como sal, vinho, vinagre e óleo de oliva, eram tão altos, que, encarecendo-os muito, tornava o seu consumo quase proibitivo, fazendo que o povo deixasse de beber o vinho português para consumir cachaça, produto da terra que, mesmo sendo de baixa qualidade, era mais barato, surtia o mesmo efeitos nos corpos e, portanto, era mais favorável o seu consumo e a sua produção."[645]

O consumo do vinho português estava limitado às pessoas muito abastadas, uma vez que:

> "(...) o luxo das pessoas da capitania fazia que só usassem bebidas finas, e 'de melhor gosto'. Assim, reafirmava que o consumo de aguardente em Minas Gerais não poderia atrapalhar o comércio da metrópole, por não ter qualidade para concorrer com os vinhos portugueses."[645]

Nas minas de diamantes a cachaça era proibida:

> "Os 'pedestres' devem procurar e prender os contrabandistas e impedir a venda de aguardente aos negros empregados na extração dos diamantes. Os regulamentos proíbem a venda de aguardente nos serviços para impedir entre os trabalhadores e os comerciantes uma conivência favorável ao contrabando, e a aguardente apreendida pelos 'pedestres' é confiscada em seu proveito."[555]

Não conseguindo reprimir a produção de cachaça e com sede insaciável de sugar a colonia, a Coroa achou melhor tributá-la pesadamente, além de outras "mercadorias".

> "Os impostos eram numerosos e asfixiantes: 'foros de sesmarias, pensões de engenhos, dízimos à igreja, 60 réis por arroba de açúcar branco que se pusesse na balança real, e 30 de mascavo; 80 réis por caixa de açúcar exportado e mais 40 réis por feito; e 30 réis por canada de aguardente fabricada nos engenhos e 1$600 por pipa nos despachos de exportação, e mais uma imposição geral, sob o título subsídio literário, destinada à manutenção das escolas públicas. Era, como se vê, um regime fiscal, levado aos extremos limites da extorsão, para atender como fim, às necessidades prementes da fazenda pública, e estrangular, em conseqüência, a lavoura da cana e a produção de açúcar, nos engenhos."[79]

No Espírito Santo o subsídio literário foi instituído em 1772 e taxava:

> "... um real em cada canada de vinho, e quartilho de aguardente, cento e sessenta réis em cada pipa de vinagre, e um real em cada arretel de (carne) vaca nas possessões de 'além-mar', o que foi confirmado por carta de seis de novembro de 1772."[449]

Como mencionado acima, foi criado até imposto sobre a aguardente para subsidiar a educação:

> "Data dessa época, a criação de um imposto para subsidiar a educação, taxado sobre a carne verde, o vinho, o vinagre e a aguardente. Além de mínimo, nunca foi cobrado com regularidade e os professores ficavam longo tempo sem receber, na ver-

dade seus salários equivaliam ao valor de um tonel de aguardente."[524]

Em 1716 foi instituído em Mariana, Minas Gerais, imposto sobre a cachaça para subsidiar a construção da igreja matriz e os prédios da câmara e da cadeia:

"Em Mariana, por exemplo, um mês após a posse dos primeiros oficiais camaristas, em 1711, o Conselho Ultramarino autorizou a cobrança de um tributo de meia pataca de ouro (2$000 réis) sobre cada barril de aguardente que se fabricasse localmente. O recurso seria destinado à construção da igreja matriz, além dos prédios da câmara e da cadeia. Em 1716, a demanda é finamente atendida, sendo implementada durante dez anos."[276]

Tributos sobre a cachaça ajudaram na reconstrução de Lisboa:

"No entanto, no mesmo período – ou, mais precisamente, entre 1756 e 1766 –, a taxa de 1$200 réis constituiu o subsídio voluntário, imposto sobre os estabelecimentos que comercializavam aguardente e cujos recursos eram destinados à reconstrução de Lisboa, devastada pelo terremoto de 1755." [276]

Além disso:

"(...) havia ainda os dízimos sobre produtos agrícolas, existentes desde 1704, e o subsídio literário, este último estabelecido em 1772 e destinado ao pagamento de professores de primeiras letras..."[276]

Somente a cana era isenta de impostos:

"Ora, a cana estava isenta de imposto, que incidia apenas sôbre os seus derivados, sôbre o açúcar, a rapadura, a aguardente."[573]

A Revolta da Cachaça foi uma das insurgências contra o excessivo imposto sobre a bebida:

"A Revolta da Cachaça foi possivelmente o primeiro e um dos menos propalados movimentos de insurreição nacional contra a dominação portuguesa. Proprietários da cana de açúcar e alambiques, indignados com a cobrança do imposto e perseguidos por vender aguardente, por este ser proibido, tomam o poder no Rio de Janeiro por cinco meses, são derrotados, seu líder é decapitado, conseguem depor um governador em 1661, e por fim são perdoados e ganham o respeito da Coroa."[525]

Em Ouro Preto, Minas Gerais, revoltas de 1831 a 1833 tinham como componente os elevados tributos sobre a cachaça:

"No entanto, também destacamos que essa ambigüidade política abria espaço para a rebeldia popular, incluindo aí os segmentos que lutavam contra os novos impostos sobre a produção de aguardente."[276]

Devido à política sanguessuga em relação à colônia, Portugal dificultava a circulação de moedas. Em consequência, a arrecadação de dízimos diminuiu consideravelmente na segunda metade do século XVII:

"A falta de moeda estava provocando uma violenta baixa dos contratos dos dízimos dos vinhos, aguardentes e principalmente o do açúcar, de cujas receitas saiam as consignações pelas quais eram pagas, respectivamente, a folha militar e as fôlhas eclesiásticas e secular, sendo que estas últimas montavam a oitenta mil cruzados."[329]

Os prepostos da Coroa sempre davam um jeitinho de saquear os habitantes do Brasil. Em 1727 o vice-rei Vasco Fernandes Cézar de Menezes (1673-1741) se ufanava em relação à Bahia:

> "Desta cidade, sua jurisdição e capitania tirei três milhões, lançados em os escravos que vêm da Costa da Mina, na carne, aguardentes da terra, azeite doce e de peixe, e..."[329]

Em 1809, muitos estavam descontentes com os impostos, como constatou John Mawe (1764-1829):

> "Sua conversação era constantemente dirigida contra os atos do governo, que fizera incidir taxas sobre a cachaça e outros artigos..."[387]

Portugal sempre viu o Brasil como uma fonte inesgotável de riquezas para sustentar seu corrupto governo. Além de integrantes do governo, quem também lucravam eram os improdutivos fidalgos daquele país, aos quais foi outorgado o monopólio das transações comerciais com a colônia. Na colônia, o comércio com a Coroa era exercido por portugueses que aqui se instalavam com o único objetivo de enriquecer. Não tardou para haver atrito entre os dois grupos devido à parcialidade dos soberanos portugueses, que geralmente atendiam às absurdas exigências dos comerciantes da Coroa, sempre exigindo maiores taxações e menores preços sobre o açúcar, tabaco, couro, algodão, cachaça e minérios daqui extraídos. Este atrito foi a semente dos movimentos de independência que, segundo Teixeira Leite, ao contrário do que muitos alegam, não foram desencadeados por brasileiros e sim por portugueses que dominavam a economia interna do Brasil.[329]

A pequena nação da península ibérica desencadeou uma das maiores revoluções mercantilistas em toda a história da humanidade ao desbravar todos os mares e descobrir o caminho marítimo para o Oriente. Além disso, carreou para si astronômica fortuna de suas colônias ao redor do mundo nos séculos XVI a XVIII, mas, ironicamente, nunca foi uma potência mundial.

Desde o início houve grande preconceito por parte dos portugueses em relação às pessoas nascidas na colônia. Como todo colonizador que se preze, incutiu na cabeça dos aqui nascidos que eles pertenciam a uma raça inferior e que, com exceção do pau-brasil, açúcar, tabaco, algodão, ouro, diamante e pedras preciosas, os demais produtos da colônia eram inferiores aos da metrópole. Não era permitida a produção de nada que concorresse com artigos fabricados em Portugal.

Quando o pirata inglês Richard Hawkins (1562-1622) visitou as costas brasileiras no início dos anos 1590, acentuou que:

> "A mercadoria mais abundante neste país é uma madeira chamada Brasil. A melhor se encontra em Pernambuco. É tido como excelente pau corante, por ser impregnado de quase todas as cores vivas. A terra também oferece uma boa lão de algodão, grandes reservas de açúcar, bálsamo e âmbar líquido. Lá, sentem falta de todo tipo de tecido, como o linho branco e a lão de carneiro. Também carecem de todo tipo de ferro, instrumentos de corte e de cobre. Em certos lugares, principalmente nos portos, vivem em falta de cera, vinho, óleo, farinha e pasta de milho, porque o país não tem bom sabugo. Além dessas coisas, os mercadores e traficantes nunca se esquecem de trazer miudezas e ninharias européias, como espelhos e contas, que agradam muito os nativos."[567]

Em 1613 e 1614 o padre francês Yves D'Evreux (1577-1632) observou:

"Quanto à terra firme do Maranhão, melhor seria se o Rei de Espanha não proibisse nas Índias Orientais e Ocidentais plantação de trigo e de vinhas para tê-las sempre dependentes de seu socorro, e de tudo quanto cresce nos seus reinos e Espanha e Portugal."[199]

Richard Fleckno (1600-1678?), jesuíta irlandês, que esteve no Brasil em 1648, quando discorreu sobre o que era aqui produzido, informou:

"Não produz trigo, nem vinho, nem sal o que attribúo não sómente á differença de clima, mas a medidas políticas, mantendo-o Portugal em sua dependência que assim lhe vende estas mercadorias indispensáveis e impede-lhe a revolta."[612]

Esta situação perdurava em 1711, como relatou Guillaume Francois de Parscau (1684- ?) referindo-se ao Rio de Janeiro:

"Pode-se avaliar o comércio da cidade pelo grande número de navios que encontramos no porto. Também é essa a única ocupação honesta dos habitantes, que não deixam de ser muito hábeis na matéria. Recebem da Europa o vinho, as aguardentes, as farinhas e todas as outras mercadorias necessárias ou agradáveis no dia-adia."[245]

Devido ao monopólio imposto por Portugal:

"(...) os navios que chegavam aos portos do Brasil vinham carregados com inúmeras mercadorias: azeite de oliva, pimenta, peixe seco, tecidos, jóias, adornos e utensílios domésticos, entre outras. Seu comércio tornava prósperos os mercadores de Lisboa e também os da terra, que abriam lojas para oferecer, durante o ano todo, as importações de além-mar."[636]

A comercialização de mercadorias era permitida somente aos que obtinham licença e pagavam os devidos impostos. Os demais eram punidos, como ocorria em São Paulo:

> "Nas Lavras de Santa Fé, localidade da cidade que ainda não foi possível situar geograficamente, Antonio Vaz Pinto Ribeiro vendia por si ou por outra pessoa, aguardente da terra, fumo às varas e toicinho às libras e outros gêneros comestíveis por pesos e medidas. Interrogado numa vereança da Câmara, justificou sua ação alegando que Antonio da Costa vendia aguasardentes, da mesma forma que a preta Rita forra e que Antonio da Silva Figueiró vendia os anos passados em uma venda publica que tinha ao pé de seu sítio e que ouve dizer a uma voz vaga que Manuel Antonio Baruel e Joaquim Gouveia também vendiam."[420]

A exportação de cachaças, quando foi liberada, só era permitida a pessoas licenciadas:

> "A aguardente era monopólio do 'contratador', que arrematava a autorização para o seu comércio em hasta pública."[449]

No Maranhão, mesmo sendo proibida, a produção de cachaça deve ter começado no século XVIII ou no início do século XIX, como registrou Gilberto Freyre (1900-1987):

> "(...) Assim escrevia em livro publicado em Lisboa em 1822 – *Estatística Historico-Geographica da Provincia do Maranhão offerecida ao Soberano Congresso das Cortes Geraes* – Antonio Bernardino Pereira do Lago. Observava mais haver naquela área colonial brasileira, apesar do alvará de 5 de janeiro de 1785 que proibira fábricas ou indústrias no Brasil, fabricas de descascar arroz,

de descaroçar algodão, de fazer assucar, de distillações e de tecer pano de algodão."[255]

Carente de recursos, a Câmara de Vitória apelou em 1825 ao Imperador parte do contrato de aguardente:

"(...) visto que tem-se augmentado muito a ponto de ser arrematado por Seis Contos de reis, para com este rendimento hir pouco a pouco reparando a Cadeia, e poder pagar aos seus empregados, não falando das imensas dívidas que já tem contrahido com as mais Camaras da Commarca."[449]

A taxação sobre a cachaça gerou recursos para cobrir as despesas:

"Assim é que Vitória, por exemplo, tinha as suas fontes de renda nos contratos de subsídio, de aguardente, enrolamento de pano de algodão, de aferições de medidas, balanças e pesos, e mais uns foros e pensões que se lhe pagavam dos chãos e teares."[449]

Mesmo hoje há uma excessiva tributação sobre a cachaça, principalmente sobre os pequenos produtores:

"O pequeno produtor de cachaça chega a pagar R$ 2,20 de imposto por litro vendido. A cachaça industrial, que está na mão de quatro grandes empresas do país, é vendida mais barata, por isso paga R$ 0,30 por litro", diz Murilo Albernaz, diretor-executivo da Fenaca (Federação Nacional das Associações dos Produtores de Cachaça de Alambique). O argumento, diz ele, é em proteção dos mais fracos: são 30 mil produtores, principalmente no semi-árido, que têm o alambique como fonte de renda numa produção estimada de 500 milhões de litros/ano. As quatro ou cinco maiores empresas, segundo Albernaz, produzem '800 milhões de litros por ano de cachaça de baixo preço. Em todo lugar do mundo se protege o pequeno produtor, [mas] no Brasil eles se influem pelo lobby das grandes indústrias'."[234]

Os valores de impostos sobre a cachaça ultrapassam hoje 80% do preço do produto:

"Segundo levantamento do Instituto Brasileiro de Planejamento Tributário (IBPT), as bebidas alcoólicas, típicas de festa junina, são os produtos com maior incidência de impostos: cachaça (81,87%), quentão (61,56%), cerveja (54,80%) e vinho (52,50%). O levantamento foi feito pelo IBPT."[604]

DECADÊNCIA DOS ENGENHOS

Com a decadência dos engenhos de açúcar, outros centros agregadores da população foram surgindo como as fazendas de tabaco, os sítios agro-extrativos da Amazônia, as fazendas de criação, as minerações, as fazendas de café e de cacau, os seringais, as charqueadas.[336]

"Uma propriedade rural montada no pé em que se acha, o Ribeirão Frio (fazenda de café) é mais do que um prédio de simples vivenda; é uma cidade em ponto pequeno, onde se cultivam muitos ramos da indústria e se põem em movimento todas as gradações do trabalho."[711]

Em São Paulo a expansão das fazendas de café contribuiu para o incremento da produção de aguardente:

"Mas o café não apenas se beneficiou da estrutura criada pela produção do açúcar, pois o desenvolvimento do complexo cafeei-

> ro e sua expansão, na segunda metade do século XIX, garantiu a própria sobrevivência da agromanufatura açucareira paulista e possibilitou a criação da grande indústria de açúcar e álcool em São Paulo, no último quartel do oitocentos. O complexo cafeeiro retribuiu o complexo açucareiro com capitais, estradas de ferro, imigrantes e um amplo mercado consumidor de açúcar, aguardente e álcool."[390]

A produção de açúcar dominaria a economia brasileira até cerca de 1660, quando o produto começou a sofrer concorrência das Antilhas e da evasão da mão de obra para a mineração no Brasil. Teixeira Leite, após informar sobre os altos preços pagos pelos mineradores na compra de escravos negros, concluiu:

> "Êsses preços impediam praticamente aos senhores de engenho comprar escravos, visto que a indústria açucareira atravessava, na época, séria crise, provocada pela concorrência do açúcar das Antilhas. As minas absorviam quase todos os escravos que chegavam de África, em virtude do alto poder aquisitivo na área da mineração."[329]

A cachaça, por ser mais barata, caiu no gosto da população em detrimento do vinho importado de Portugal. Como os navios que traziam vinho eram os mesmos que levavam o açúcar, a saída foi taxar a cachaça em 1643:

> "Neste sentido, não custa recordar que a Câmara fluminense lançou, em 1643, e repetiu, em 1661/65, o imposto sobre a aguardente. Com tal medida, procurava reduzir a produção da cachaça, para evitar a fuga das naus dos vinhos, que também comprava o açúcar."[240]

A decadência dos engenhos estendeu-se até 1695, mas as atividades já estavam sendo direcionadas para a extração mineral. Em sua obra de 1730 Rocha Pitta (1660-1738) registrou:

> "O oiro das Minas do Sul foi a pedra-imão da gente do Brasil, e com tão veemente atracção, que muita parte dos moradores de suas capitanias (principalmente da província da Bahia) correram a buscá-lo, levando os escravos que ocupavam em lavouras (...) Da sua ausência se foi logo experimentando a falta na carestia dos víveres e mantimentos, por haverem ficado desertas as fazendas que os produziam (...) Mas não é este só dano que padece o Brasil; outro maior mal lhe ameaça a última ruína, porque comprando as pessoas que vão para as Minas do Sul, e outras que delas vêm a este fim, por excessivos preços escravos do gentio de Guiné, que se conduzem da Costa da África, e carecendo de muitos as fábricas das canas e dos engenhos, se foi diminuindo a cultura do açúcar (...)"[479]

Para garantir o funcionamento adequado das minas de Goiás, foi instituído regimento proibindo, entre outras coisas:

> "Estivesse atento a que nos distritos auríferos não entrassem mulheres 'de má suspeita' nem mulatas, só admitindo a presença de pretas escravas munidas de passaportes. E ao mesmo tempo zelasse pela proibição de engenhos e engenhocas de aguardente."[614]

O mesmo ocorreu nas regiões mineradoras de Minas Gerais:

> "Em Minas Gerais, o consumo de aguardente pela população em geral, e pelos escravos, fez parte do cotidiano desde o início da colonização. Paralelamente, o combate à instalação de en-

genhos e à fabricação de aguardente também fez parte dos mesmos contextos e dinâmica sociais."[285]

Schwartz ponderou que em muitos casos os engenhos não obtinham lucros com a venda do açúcar. Ele vinha da venda da cachaça:

> "Como às vezes diziam os senhores de engenho, o açúcar permitia-lhes cobrir as despesas e a cachaça proporcionava-lhes o lucro. (...) Com o passar do tempo, o crescimento da população tornou a destilação do melado para a fabricação de aguardente uma indústria de certa importância no Brasil. Algumas regiões açucareiras, como Campos e Parati, no Rio de Janeiro, especializaram-se na produção de aguardente."[579]

O problema já existia nos meados do século XVII, conforme observa Antonio Carlos Jucá de Sampaio:

> "Exemplo ainda mais claro desse lucro está em uma correspondência de meados do século XVII. Nesta carta, endereçada a Salvador Corrêa de Sá e Benevides, o então governador da capitania fluminense defende a produção de aguardente local, que havia sido proibida pela coroa com estímulo de Benevides. Segundo D. Luís de Almeida o aguardente era fundamental à manutenção dos engenhos devido à facilidade de sua comercialização, pois 'com o açúcar não há sempre quem o compre, e a aguardente não falta quem a gaste'."[566]

Em Campos/RJ, a aguardente era importante produto da região no início do século XIX. O Príncipe Maximiliano (1782-1867), em sua passagem pela cidade em 1815, após enumerar os gêneros lá disponíveis comentou:

"O principal produto, entretanto, é o açúcar e a aguardente dele destilada. (...) além da aguardente, produzem-se, em cada um desses estabelecimentos, anualmente, quatro a cinco mil arrobas de açúcar."[385]

Nos arredores de Guanhães, Minas Gerais, os engenhos preferiam produzir cachaça em 1817:

"Em geral os que, nessa zona, cultivam a cana-de-açúcar, acham menos lucro em fazer melaço do que aguardente (cachaça), por causa do grande consumo que fazem desse licor os numerosos negros empregados no Distrito Diamantino, vizinho desse."[558]

Não só no Rio de Janeiro e Minas Gerais, mas também na Bahia isto ocorreu no início do século XIX:

"No Recôncavo, muitos dos tradicionais ofícios artesanais eram, nesse período, executados por escravos. A única manufatura nas vilas de Santo Amaro e São Francisco era a destilação de aguardente. Os alambiques variavam de tamanho, de empresas domésticas com quatro a cinco escravos até fábricas com vinte a quarenta trabalhadores cativos."[579]

A cachaça também contribuiu para subsidiar novamente a educação colonial, como observa Stuart B. Schwartz:

"Instituiu-se a educação pública, e em 1800 ministrava-se o curso primário em várias cidades menores e na capitania. Em Salvador, estabeleceram-se cátedras de latim, grego, filosofia e retórica, e professores régios, mantidos com impostos sobre a venda de carne e aguardente, encarregavam-se de estudos avançados."[579]

Fernando de Azevedo (1894-1974), ao abordar o enfraquecimento na produção de açúcar no início do século XIX, exemplificou o que ocorria na Bahia:

> "A decadência atingira a tal ponto que, da antiga lavoura de Ilhéus, na Bahia, além de algumas engenhocas que produziam aguardente e melados inferiores, não encontrou Wied Neuwied, na sua viagem ao Brasil, entre 1815 e 1817, senão uma propriedade digna de menção..."[79]

Maria Sylvia de Carvalho Franco informou que em Guaratinguetá:

> "Na época anterior à exploração do café, o único produto a ter algum significado comercial na região aqui considerada (Guaratinguetá/SP) foi a aguardente, e o imposto cobrado sobre sua fabricação e comercialização, o único a ter alguma importância nas rendas públicas locais."[252]

No estado de São Paulo:

> "Do montante de 866.140 arrobas de açúcar produzidas, em 1854, apenas 184.049 (21,25%) foram exportadas. Ou seja, quase 80% da produção de açúcar dos engenhos paulistas eram consumidos internamente, o que garantia a existência de uma importante agromanufatura escravista mercantil produtora de açúcar e aguardente. As tropas de mulas, em sua maioria, não mais tinham que enfrentar a descida da Serra do Mar carregadas de açúcar. Levavam agora um produto menos perecível, o café, e em maior quantidade. (...) O Almanak de São Paulo para o ano de 1873 traz o quadro da agromanufatura canavieira que sobreviveu em São Paulo, após a expansão cafeeira das duas décadas anteriores, abastecendo o interior paulista de açú-

car e aguardente. Os vales dos rios Tietê e Piracicaba continuam sendo a principal área de produção de açúcar da Província. (...) O mesmo ocorria com os municípios vizinhos, café e algodão eram remetidos para Santos, destinados à exportação, enquanto o açúcar, a aguardente e os gêneros alimentícios eram comercializados no mercado provincial." [390]

A agricultura só começou a ser relevante a partir de 1760, quando as atividades mineradoras iniciaram seu período de enfraquecimento.

Um fenômeno comum, mas de certa forma bizarro, para nós neste início do século XXI, que ocorria nas áreas de mineração era a escravidão exercida por ex-escravos:

"Ademais, a mineração possibilitava aos próprios escravos maiores oportunidades, não só de alforria, com o de se tornarem proprietários de cativos. Isto pode ser ilustrado pelos resultados obtidos a partir de manuscrito referente à capitação dos escravos no Serro do Frio, em 1738. Nessa localidade, entre os 1744 senhores listados que pagaram o tributo, proporcional aos escravos possuídos, nada menos de 387, ou seja, 22,2% constituíam-se de ex-ecravos, ou seja, elementos forros."[356]

Em alguns casos, ex-escravos e seus descendentes chegaram a se tornar senhores de engenho, onde também se produzia cachaça, como relatou Roberto Guedes:

"Em 1824, este senhor de engenho pardo, de 33 anos de idade, produziu 350 arrobas de açúcar, com o trabalho de 17 escravos, ou melhor, 16, pois um deles tinha apenas cinco anos. Os quatro agregados permaneciam. Sua mulher, Feliciana Maria, era branca, de 19 anos, e o casal tinha outro filho de dois anos, Antonio, pardo. Em 1829, aos 39 anos, senhoreava 22 escravos, dos quais 18 com mais de 14 anos. Ainda senhor de engenho pardo, produziu 400 arrobas de açúcar, dez canadas de aguardente, 100 alqueires de milho, 50 de feijão, 20 de arroz, e criou três bezerros."[282]

Quando as reservas de ouro ou diamantes iam se esgotando, geralmente a população se movia para outras regiões mais promissoras, deixando para trás, em alguns casos, apenas desolação:

"Ligados à casa, viam-se restos de uma moenda de cana, um alambique, moinho de fubá e uma máquina de fiar algodão, tudo muito desleixado. A fazenda apresentava ainda sinais da primitiva opulência e da grandeza de que gradualmente decaíra, à medida que as lavagens de ouro, na confluência dos rios e em outros lugares se esgotavam."[387]

Contudo, na maioria das vezes, vilas e cidades foram criadas onde antes era exercida a atividade mineradora:

"Em cada área de maior densidade de mineração surgiu um núcleo urbano. Os senhores das lavras acabaram por instalar-se nesses povoados, embora continuassem a manter suas residências nas lavras. Os arraiais, originados da fixação do comércio, cresceram com o duplicar das moradas."[187]

As atividades mineradoras foram também responsáveis pela ocupação do território nacional:

"Como sabido, a atividade aurífera levou à ocupação do interior brasileiro; os limites fixados em Tordesilhas foram largamente ultrapassados."[187]

ENGENHOS DE RAPADURA

Rapadura é basicamente um açúcar bruto (não refinado), sólido. A tecnologia para sua fabricação é bem simples e, apesar da ausência de registros confiáveis, parece que começou a ser produzida no Brasil tão logo se instalaram os primeiros engenhos de açúcar. Rapadura é a prima pobre do açúcar. Nem por isso é inferior, uma vez que possui muitos outros nutrientes que o açúcar perde durante o processo de refino.

Hoje, Minas Gerais é o estado com maior número de alambiques produtores de cachaça, com cerca de 9.000. Na década de 1940 nele havia 25.773 (66%) engenhos de rapadura, no total de 37.343.[215]

Na Bahia:

> "A Bahia produz açúcar de usina apenas no Recôncavo. Mas todas as regiões do Estado produzem cana, em maior ou menor quantidade, para o fabrico de rapadura, açúcar bruto, aguardente, vinagre."[302]

Em 1940 havia no Espírito Santo 148 estabelecimentos produzindo rapadura.[449]

Nos grandes engenhos de açúcar a rapadura era, eventualmente, produzida:

> "A rapadura já foi fabricada nos grandes engenhos porém nunca teve aí finalidade comercial, limitando-se a servir de regalo às crianças. Faziam-na com os resíduos que ficavam nos tachos ou com a terceira têmpera do açúcar." [302]

Contudo, os maiores produtores eram pequenos engenhos rudimentares:

"A produção importante, porém, era a que se fazia nos engenhos específicos, onde o açúcar era fabricado somente para uso doméstico. Esses engenhos rapadureiros existem no Brasil provavelmente desde o século XVII ou mesmo antes. Eram pequenos, rudimentares, com o testemunham viajantes estrangeiros que aqui estiveram."[302]

Por alguma razão, não se tem dado aos engenhos de rapadura a importância que eles merecem no papel que eles representaram no que se refere à produção de cachaça. Sabe-se que a maioria deles produzia, além da rapadura e do melado, a cachaça. Muitos evoluiram e se tornaram empresas fabricantes de cachaça, mas a maioria continua na clandestinidade.

"Na fazenda do Campo Sêco também existiu um engenho. (...) Apenas um humilde bangüê, uma engenhoca de rapadura. (...) Em século e meio, os quatro senhores do Brejo do Campo Sêco mantiveram engenhoca para fabricação do artigo negro e barato que adoçou o sertão do Rio das Contas. Obtiveram também um subproduto, a cachaça ou aguardente."[573]

Até alguns anos atrás (até hoje) em pequenos engenhos onde se fabricava apenas melado e rapadura era comum deixar um pouco de garapa azedar e consumir o vinho de cana.

Na década de 1940 meu pai tinha um pequeno engenho produtor de melado e rapadura em Andradina, São Paulo, e lá o pessoal colocava a garapa em garrafa, enterrava por alguns dias e, depois do conteúdo ter fermentado, ele era consumido como bebida alcoólica.

O Príncipe Maximiliano (1782-1867) observou que em Ilhéus no início do século XIX:

> "Vêm-se poucos engenhos de açúcar no Rio-dos-Ilhéus; são mais comuns os que se chamam 'engenhocas', isto é os que só fabricam 'melado' e aguardente..."[385]

Há atualmente no mercado cachaças produzidas a partir da rapadura.

Orientações técnicas sobre a produção de rapadura, bem como de melado e açúcar mascavo são encontradas em *Pequenas Indústrias Rurais de Cana-de-açúcar: melado, rapadura e açúcar mascavo*, da Embrapa.[168]

CANGACEIROS

Tanto os engenhos de açúcar, como as fazendas de criação de gado geraram poderosos latifundiários que dominam vastas áreas, principalmente no Nordeste, enquanto a maioria do restante da população permanecia na miséria. Essa desigualdade social gerou violências, sendo que a mais conhecida foi perpetuada pelo Cangaço. Cangaço significa ladrão, como explicou Mário Lopes:

> "É muito utilizada no Brasil esta palavra para designar ladrões. Esta palavra deriva da palavra canga dos bois e é aplicada aos bandidos porque estes estavam obrigados a carregar os seus pertences consigo, pendurados ao pescoço, tal como de uma canga se tratasse."[349]

Eram grupos de indivíduos que atacavam, dos meados do século XIX ao início do XX, fazendas, vilarejos e saqueavam depósitos e armazéns. A cachaça fazia parte do dia a dia dos cangaceiros tanto como bebida alcoólica como remédio. Também foi utilizada de forma macabra.

Como medicamento:

"Entre os anos de 1828 e 1848, o negro Lucas Evangelista, nascido em 18 de outubro de 1807, mais conhecido como Lucas da Feira, aterrorizou os moradores da cidade baiana de Feira de Santana. Ao lado de outros 30 homens, escravos fugidos como ele, o salteador costumava despojar os viajantes de seus pertences, num reinado que só durou menos do Lampião. Alberto Silva, em seu Três Estudos de História, publicado em 1955, conta que mulheres brancas eram vítimas de estupro e depois amarradas em um tronco, lambuzadas de mel, para morrerem de fome ou picadas por insetos. Na noite de 23 de janeiro de 1848, Lucas é emboscado e baleado no braço esquerdo, mas consegue fugir. Cinco dias depois, uma mulher que levava uma garrafa de aguardente canforada é obrigada a denunciar o esconderijo. Lucas da Feira levaria outra bala no braço já ferido, que termina sendo amputado. De Salvador, foi levado ao Rio de Janeiro, para que Dom Pedro II lhe conhecesse. De volta à Feira de Santana, seria enforcado na manhã de 26 de setembro de 1849. Antes, desmaiou de medo e pediu perdão."[468]

"Em depoimentos fornecidos por Dadá, a cangaceira relatou que ao abraçar a profissão, os homens levavam 'meizinhas', plantas, misturas e alguns produtos como cachaça, álcool e água oxigenada. (...)No ferimento à bala, aguardente, água oxigenada e pimenta malagueta seca eram introduzidos através do orifício de entrada. Segundo alguns sobreviventes, o tratamento era muito doloroso e mais angustiante do que a própria lesão.(...) Para suspender a menstruação: Semente de manjiroba em infusão. Infusão de grão e café na aguardente, durante 9 dias. (...) A raspa do pau de quixabeira era misturada com álcool ou cachaça e ingerida ou colocada sobre o ferimento; segundo os cangaceiros a ingestão dessa mistura reanimava e dava uma sensação de força ao doente. (Araújo e Fernandes: 2005, 93). (...) Na enfermaria improvisada das caatingas, colhiam seus remédios, tratavam seus doentes e quando a morte não podia ser evitada, restava-lhes enterrar os seus companheiros, embalados por rezas, cantigas e cachaça".[22]

Como bebida alcoólica – cangaceiros saqueavam armazéns em busca de cachaça:

"O estoque de bebidas alcoólicas do armazém local era confiscado pelos cangaceiros, que promoviam enormes bebedeiras. Eles também aproveitavam para reabastecer de cachaça seus cantis e fazer reservas para consumir durante suas andanças pelo sertão"[432]

A cachaça foi usada para se obter informações:

"(Poço Redondo, SE) – O Tenente João Bezerra acabou de retornar da fazenda Angico. Seus homens comemoram, alguns deles até se perguntam se receberão um aumento. Encontrei um, que não quis se identificar, mas depois de um pouco de aguardente, me revelou o seguinte:

"'Foi o delator sabe, o tal Pedro de Cândido. Contou para gente onde o bando estava. O Tenente, homem bravo este, organizou a tropa. Fomos de tocaia. Estavam lá Luís Pedro, Caixa de Fósforo, Mergulhão, Cajarana, Diferente, Enedina, Ângelo Roque e Elétrico, mas no meio nós vimos o homem, com aqueles óculos fininhos, tomando uma água. A mulher dele, tava perto. O tenente fez só um gesto. Mandamos bala. Eles não tiveram tempo de reagir não. Foi tiro, tiro. Acho que um dos homens tentou fugir, aquele ali' – e ele apontou uma espécie pacote, manchado de um líquido escuro, que os homens do Tenente João Bezerra carregavam – 'tentou fugir. Foi cravejado de bala, nas costas. Quando o tenente mandou o fogo parar, vimos que os dois estavam no chão, sem mover, Maria e Virgulino, com o braço esticado. Um dos nossos se aproximou e viu que morreu o maldito. Mas a mulher, ele teve de usar o facão ainda'."[629]

Para dar coragem aos cangaceiros:

"Nesta investida a Canindé aonde se situa agora a barragem Xingó, os cabras encheram seus cantis de muita cachaça e outras bebidas fortes, tendo saído dali para a fazenda Marandube perseguidos por forças volantes de Sergipe e as feras policiais que provinham de Nazaré de Pernambuco. As forças volantes de Nazaré tinham ódio de morte a Lampião; eram voluntários que como cachorros caçavam o inimigo visceral.
Em Maranduba morreram os cabras Sabonete, Quina Quina e Catingueira; estavam cheios de cachaça tendo dado luta de bravia louca por força do álcool."[319]

A embriaguez provocada pela cachaça contribuiu para a morte de alguns cangaceiros:

"Nos anos de 1933 a 1936 muitas histórias foram contadas em fantasiosas blagues tornando Lampião numa lenda viva; juntaram-se-lhe entretanto Zé Baiano e Corisco, sub tenentes temidos. Muitos não puderam fugir ao seu antecipado destino e morreram entre traição, bala perdida, podres de cachaça ou simples azar. Nestes anos e por estes caminhos, por aquelas razões, foram eliminados: Limoeiro, Arvoredo, Azulão e mulher, Canjica, Zabete, Esperança e Cocada."[319]

Cangaceiros eram chegados a uma cachaça e não a uísque, como alguns cogitaram:

"Tenho dezenas de depoimentos de cangaceiros e cangaceiras que estiveram com meu avô no sertão. Todos testemunham que bebiam cachaça (ou cerveja, ou lambidinha) e não uísque White Horse, como apregoa Frederico."[438]

A cachaça animava os bailes dos cangaceiros:

"Mesmo com a entrada da mulher no cangaço, o xaxado manteve seu lugar de honra no mundo do chapéu de couro e aço, de fogo e ferro, de mesma forma que vinha desde os primeiros momentos. Evidentemente já bastante modificado, com mais manejo de corpo, sempre com a pancada no coice da arma com os anéis, tocando ritmicamente na argola da bandoleira do fuzil ou batendo palmas. Quando havia alguém que executava instrumentos musicais, ai sim, era muito mais animado com o pé-de-bode, uma harmônica de boca, uma zabumba e um triângulo. Ai era só xaxado. E a cabroeira arrastava o pé e a poeira cobria regando a goela com cachaça, zinebra, conhaque e gasosa."[260]

Foi também usada para conservar cabeças de cangaceiros:

"Os soldados colocaram as cabeças cortadas, como troféus de vitória, em latas de querosene contendo aguardente e cal. E, para alimentar os urubus, deixaram os corpos mutilados e ensangüentados a céu aberto. Mesmo em adiantado estado de decomposição, as cabeças percorreram uma parte do Nordeste do Brasil, sendo exibidas à população. Elas atraiam multidões, onde quer que fossem expostas."[644]

O SUFOCO DOS ALAMBIQUES

Com o acelerado crescimento da produção de café nos fins do século XIX, no estado de São Paulo, o governo brasileiro incentivou a vinda de imigrantes europeus.

À medida que foram aqui se estabelecendo, muitos adquiriram glebas de terras e alguns, principalmente os italianos, iniciaram a produção de aguardente de cana nas regiões de Piracicaba, Campinas, Itú, Mogí-Guaçú e Ribeirão Preto.[409; 430]

> "A partir desse momento de instalação da grande indústria do açúcar, aguardente e álcool em São Paulo, a população do território paulista passará por uma grande expansão, com a entrada de milhares de imigrantes, a partir de meados da década de 1880, ampliando ainda mais o mercador consumidor provincial. Em 1887, entraram em São Paulo mais de 32.000 imigrantes; no ano seguinte, cerca de 92.000. Na última década do século entraram cerca de 750.000 imigrantes na Província e em 1900 a população da mesma alcançou a soma de 2.609.415 habitantes[54]. Só a população da capital saltou de 64.934, em 1890, para 239.820, em 1900, crescimento de 268%."[390]

> "A retomada, particularmente em São Paulo, da economia canavieira, por parte das grandes e hoje tradicionais famílias de imigrantes italianos, quer na região de Piracicaba – como os Ometto – quer na região de Ribeirão Preto – como os Biaggi –, teve na produção da aguardente de cana o seu ponto inicial: o primeiro investimento industrial desses atuais grandes grupos econômicos centrou-se na instalação e/ou compra de moendas e alambiques voltados para a moagem e posterior destilação da cana-de-açúcar."[430]

Logo os alambiques de aguardente se transformaram em usinas de açúcar, devido ao elevado preço do produto no mercado internacional.[316] Grande parte dos engenhos paulistas produtores de cachaça de alambique foram posteriormente absorvidos por grandes empresas produtoras de cachaça industrial[316], o que em menor escala ocorreu em vários estados brasileiros. A maior parte deles usava o melaço como matéria prima para a fabricação da cachaça. Os alambiques que sobreviveram passaram a plantar cana e a utilizar o seu caldo fermentado e destilado.

Ninguém melhor do que Clóvis Amorim, com sua bagagem de ex-produtor de cachaça, para descrever, em *Chão de Massapê*, uma obra de ficção, o que se passou no Recôncavo baiano na primeira metade do século XX:

> "Os Maragatos, pensando na própria instalação duma grande destilaria, com a capacidade para consumir toda a produção de mel das cinco usinas, cuidavam de apertar o cerco, afastando do caminho os pequenos alambiqueiros"[50]

Em alguns locais, após acabar com pequenos alambiques:

> "Desaparecia do paladar de tudo que foi cachaceiro a cachacinha famosa de Santo Amaro e surgia, então, sozinho no massapé, a Meleirinha dos Maragatos, fabricando pinga pubenta e acabando, duma vez por todas, com os pequenos alambiques de fogo nu, o maior atrativo da terra, cuja fama corria mundo."[50]

Apesar da sua origem modesta, a cachaça é hoje produzida no Brasil em mais de 40.000 alambiques e algumas grandes empresas, gerando mais de 450.000 empregos diretos e perfazendo cerca de 1,4 bilhões de litros por ano, quase toda consumida internamente. Apenas 1% é direcionada para a exportação, alcançando 60 países.[27] Além do Brasil, a cachaça é produzida em outros países como Argentina, Paraguai, Uruguai, Bolívia, Colômbia, Venezuela, Chile, Panamá, Cuba, México, Cabo Verde, Ilha da Madeira, Costa Rica, etc.[167]

Os alambiques, a maioria funcionando sem registro, são encontrados em quase todos os estados brasileiros, havendo em Minas Gerais cerca de 9.000. Contudo, o maior produtor em volume é o estado de São Paulo devido aos fabricantes industriais. Do total, 75% é cachaça industrial e 25% de alambique. Considerando o volume, o maior produtor é São Paulo (45%), Pernambuco (12%), Ceará (11%), Rio de Janeiro (8%), Minas Gerais (8%) e Goiás (8%).[561] Os maiores produtores de cachaça industrial são:

> "Dentre as maiores empresas produtoras e/ou engarrafadoras de cachaça no país destacam-se a Engarrafadora Pitu S/A, de Pernambuco, produtora da cachaça do mesmo nome e considerada a líder no setor; as Indústrias Reunidas de Bebidas – IRB, de São Paulo, produtora das marcas Tatuzinho, Velho Barreiro e Três Fazendas; o Grupo YPIOCA, do Ceará, produtor da cachaça do mesmo nome; a Carmignani S/A, produtora da caninha Cavalinho; a Indústrias Muller de Bebidas S/A, produtora da marca caninha 51; Fazenda Soledade, produtora da marca Nega Fulo; SEAGRAMS do Brasil, detentora da marca São Francisco."[430]

Na década de 1940 havia no estado de Minas Gerais 25.773 (66%) engenhos de rapadura, no total de 37.943. Contudo, na época havia 8.558 produtores de cachaça no país, sendo que a maioria , ou seja,1.852 (22%), estava no estado de São Paulo, enquanto no Nordeste havia apenas 692 entre Ceará e Sergipe. Minas Gerais nem é incluído na lista. A cachaça era também fabricada em engenhos de açúcar.[215]

Já no Espírito Santo havia, em 1940, 337 estabelecimentos produtores de açúcar e 198 de cachaça, sendo que destes, 175 produziam apenas cachaça.[449]

Anibal R. Mattos apresenta no seu *Açúcar e Álcool no Brasil*[383] lista dos 8.514 engenhos exclusivos de aguardente cadastrados em 1939:

Acre 3; Alagoas 95; Amazonas 27; Bahia 625; Ceará 301; Espírito Santo 173; Goiás 95; Maranhão 358; Mato Grosso 1.806; Minas Gerais 57; Pará 67; Paraíba 173; Paraná 240; Pernambuco 46; Piauí 107; Rio de Janeiro 445; Rio Grande do Norte 33; Rio Grande do Sul 1.478; Santa Catarina 509; São Paulo 1.839; Sergipe 37.[383]

SETOR SUCROALCOOLEIRO

A criação da cachaça foi uma consequência da iniciativa dos portugueses de implantar, na primeira metade do século XVI, engenhos de açúcar no Brasil e ela está umbilicalmente ligada a esse setor industrial, hoje chamado de setor sucroalcooleiro, que movimenta em torno de 2% do PIB brasileiro, cerca de 39 bilhões de reais por ano, e gera aproximadamente de 4 milhões de empregos diretos e indiretos.

A produção de açúcar sofreu altos e baixos até a metade do século XIX, como vimos anteriormente, mas continuou à mercê de vários fatores. Na segunda metade do século XIX, devido à grande perda do mercado internacional de açúcar pelo Brasil, o Imperador D. Pedro II estimulou a implantação de grandes unidades de produção, os engenhos centrais, com equipamentos modernos. Estes engenhos deveriam se concentrar na produção, deixando o plantio da cana para terceiros. A experiência fracassou. A concorrência de outros países das Américas, a produção de açúcar de beterraba pela Europa e o fim da escravidão no Brasil foram outros fatores determinantes para asfixiar a indústria açucareira nacional. Contudo, já no início do século XX, com a Primeira Guerra Mundial e a destruição da produção européia de açúcar de beterraba[316] a indústria açucareira do Brasil experimentou uma sensível recuperação. Contudo, o grosso da produção deslocou-se do Nordeste para o Estado de São Paulo, onde foi criado um parque industrial açucareiro com enormes e modernas usinas.[79]

A revolução no setor se consolidou quando o álcool, até então um produto de pouca relevância, começou a ser usado como combustível.

No Brasil o emprego do álcool como combustível já era discutido em 1903 e em 1919 o estado de Pernambuco estipulou o uso do álcool em veículos oficiais. O presidente Getúlio Vargas foi um grande incentivador do álcool combustível:

> "(...) e com o suporte das pesquisas realizadas por Eduardo Sabino de Oliveira, Fonseca Costa e Souza Mattos, na década de 1930, o presidente Getúlio Vargas promoveu o álcool combustível por meio de decretos. Entre suas ações destacam-se o estabelecimento da adição de álcool à gasolina (Decreto 19.717 de 20 de Fev. de 1931), e a criação do Instituto do Açúcar e do Álcool – IAA, responsável por regulamentar, organizar, fomentar e apoiar a produção de açúcar e álcool no país (Ripoli, 1983: 20). Também a Segunda Guerra mundial e a ameaça da redução de importações de petróleo levaram o álcool a ser indicado como o Carburante Nacional, capaz de libertar o país da dependência estrangeira das fontes de energia para transportes."[99]

Contudo, o grande avanço ocorreu com a implantação do Proálcool em 14 de Novembro de 1975 pelo decreto n° 76.593, que visava a substituição parcial de combustíveis automotivos derivados de petróleo pelo álcool. O Brasil importava a maior parte do petróleo e as sucessivas crises do fornecimento dessa commodity no início da década de 1970, devido ao seu embargo pelos países árabes em decorrência da guerra árabe-israelense, forçou o governo a prestigiar o uso do álcool como combustível.

Foi um ato isolado de um país com pouca expressão internacional na época, mas é hoje considerada uma atitude revolucionária. O lucrativo setor dos combustíveis levou vários produtores de cachaça a direcionar seus interesses para o álcool:

> "O desenvolvimento do PROALCOOL levou a que muitas empresas ligadas ao setor sucro-alcooleiro, voltadas para o segmento de produção da **cachaça**, o abandonassem, deslocando sua produção para o álcool carburante – hidratado ou anidro –, como é o caso da Destilaria COLOMBO, em São Paulo, que praticamente desativou sua produção de aguardente."[430]

Em 2007 os produtos derivados de cana ficaram em 2º lugar na matriz energética brasileira:

> "Pelos dados preliminares do BEN (Balanço Energético Nacional) de 2007, a participação dos produtos derivados da cana chegou a 16% na matriz energética brasileira, ficando atrás apenas de petróleo e derivados, com 36,7%. A energia hidráulica foi responsável por 14,7% da matriz brasileira."[172]

Em 2009 o uso do etanol superou ao da gasolina. Há dois tipos de destilarias de álcool: as destilarias anexas, construidas ao lado da usina de açúcar que usam o melaço e o caldo de cana, o que lhes permite direcionar a produção para o açúcar ou para o álcool de acordo com as necessidades do mercado. Há também as destilarias autônomas que, basicamente, usam apenas o caldo de cana. Como poucos setores, o sucroalcooleiro conseguiu fechar o ciclo da sustentabilidade:

> "Mais do que isto: a produção sucro alcooleira apresenta-se como um dos exemplos mais acabados de auto-sustentação

econômica, uma vez que o ponto de início de sua cadeia produtiva pode ser utilizado como ponto final: o plantio da cana é feito utilizando-se a fertiirrigação do vinhoto produzido em seu esmagamento; seu bagaço transforma-se na energia que move suas moendas e suas usinas e destilarias; o álcool é o combustível que move suas máquinas agrícolas e seus caminhões de transporte, e assim sucessivamente."[430]

Os produtos e subprodutos do setor sucroalcooleiro são empregados nos mais variados setores da indústria, como mostrado abaixo, o que dá uma idéia da dimensão e importância do setor.

AÇÚCAR – Os tipos de açúcar produzidos são: Cristal, Refinado granulado, refinado amorfo, refinado graçúcar, açúcar líquido, açúcar invertido, açúcar mascavo e açúcar demerara.

Açúcar cristal – usado nas indústrias alimentícias de bebidas, massas, biscoitos e confeitos.[101]

Açúcar refinado granulado – usado em produtos farmacêuticos, confeitos onde aparecem os cristais, xarope de alta transparência, mistura seca.[101]

Açúcar refinado amorfo – Consumo doméstico, misturas sólidas de dissolução instantânea, bolos e confeitos, caldas transparentes e incolores.[101]

Açúcar refinado graçúcar – Preparo de glacês, suspiros, bolos, chantilly, etc.[101]

Açúcar líquido – Produtos farmacêuticos, aplicado onde a ausência de cor é essencial, como bebidas claras, balas e doces, bebidas carbonatadas.[101]

Açúcar invettido – Frutas em calda, sorvetes, balas e caramelos, licores, geléias, biscoitos, bebidas carbonatadas.

Açúcar mascavo – Açúcar bruto, sem refino, contendo melaço. Rico em sacarose, frutose, glicose, minerais e proteínas. Utilizado no estado natural como fonte energética, geralmente por populações mais pobres.[168]

Açúcar demerara – Açúcar granulado resultante da purgação do açúcar mascavo. Pode ser usado em caldas, bolos, caramelos, pudins, compotas, licores.

RAPADURA – Pode ser considerada um açúcar bruto, sólido. Consumida ao natural.

MELADO – É o ponto do caldo de cana fervido e engrossado, mas não a ponto de cristalizar (rapadura). Consumido puro ou misturado com queijo, biscoito, bolo, mandioca, etc. Também usado em confeitaria, bebidas e balas.[168]

RUM – Bebida alcoólica produzida com a fermentação e destilação de subprodutos da produção do açúcar, como o melaço, ou caldo de cana. Usada ao natural, misturada em coquetéis e como ingrediente na culinária.

CACHAÇA – Bebida alcoólica semelhante na sua origem ao rum. Hojé é produzida principalmente do caldo de cana fermentado e destilado. Também usada ao natural, misturada em coquetéis e como ingrediente na culinária.

ÁLCOOL – São produzidos basicamente três tipos de álcool: hidratado, anidro e neutro.

Álcool hidratado – Com 96% de álcool e 4% de água é usado como combustível para automóveis.

Álcool anidro – Composto de 99,5% de álcool e 0,5% de água, é usado como aditivo em combustíveis. No Brasil é misturado na porcentage de 20% a 25% na gasolina.

Álcool neutro – Usado na indústria alcooquímida, de cosméticos, bebidas, farmaceuticas e tintas e vernizes.

BAGAÇO – 280 kg por tonelada de cana. Combustível para caldeira; produção de celulose; alimentação de gado confinado.[11]

TORTA DE FILTRO – Cada tonelada de cana produz de 30 a 40 kg e é resíduo da filtração do lodo na fabricação de açúcar e álcool, durante a purificação do caldo: usado como fertilizante.[11]

MELAÇO – subproduto da produção de açúcar. Cada tonelada de cana produz de 40 a 60 kg e é utilizado em: Produção de etanol; suplemento para forragens volumosas para gado de corte; suplemento para alimentação de porcos e cavalos; adubação orgânica; adubo foliar; cicatrizar o pé de batata após chuva de granizo; pulverização do milho; confecção de moldes na industria de fundição; confecção de refratários; revestimento de forno e na massa de tijolo na indústria cerâmica; dar consistência à porcelana; fabricação de briquete em mineração; dar consitência ao papelão e à casquinha de sorvete; em pneus; em velas para filtro de água; produção de proteína; levedura para panificação; antibiótico.[11; 388]

VINHAÇA – Resíduo da destilação do vinho, na produção de álcool; 12 a 18 litros de vinhaça para um litro de álcool. Usada na alimentação de animais, produção de proteínas, rações, produção de metano e fertilização do solo.[11]

ÓLEO FÚSEL – 0,05 a 0,2 litros para 100 litros de álcool. Usado na extração de álcoois com diferentes graus de pureza; solventes.[11]

ÁLCOOL BRUTO – 1 a 5 litros por 100 litros de álcool. Empregado como combustível e produção de alcoois extra fino e neutro.[11]

LEVEDURA SECA – 2,5 kg para 100 litros de álcool. Usada em ração animal.[11]

RESUMO

Os primeiros engenhos de açúcar foram instalados no Brasil na primeira metade do século XVI e logo foram se espalhando por quase toda a colônia. No início houve a tentativa de usar mão de obra escrava dos indígenas, que fracassou. Então escravos africanos foram trazidos. Com o tempo os proprietários dos engenhos tornaram-se a elite da colônia, dominando a economia e a política, e em torno dos engenhos foram se formando povoados que depois se transformaram em cidades. Dos problemas inerentes à plantação de cana um dos maiores era o ataque de formigas.

Alguns engenhos iniciaram também a produção de cachaça, o que foi inicialmente reprimida pela metrópole e depois a produção foi taxada. Na segunda metade do século XVII os engenhos experimentarem sua primeira crise devido à concorrência produzida na América Central e da evasão da mão de obra para o setor de mineração, muito mais lucrativo. Além dos grandes engenhos de açúcar, foram também instaladas pequenas unidades, produtoras de rapadura e melado. O anacrônico sistema econômico baseado em grandes latifúndios dos proprietários de engenho e criadores de gado gerou descontentamentos nas parcelas mais pobres da população. Algumas pessoas reuniram-se em grupos que atacavam as fazendas e armazéns, sendo que o mais famoso ficou conhecido como Cangaço.

A partir do final do século XIX pequenos alambiques de cachaça foram sendo absorvidos por grandes usinas e os que restaram passaram a usar o caldo de cana fermentado e destilado.

Dos pequenos e primitivos engenhos de açúcar do século XVI, o setor é hoje uma potência agro-industrial no Brasil como consequência da política governamental de empregar o álcool como combustível.

CACHAÇA NO ALTAR

O álcool sempre esteve presente na maioria das civilizações, como alimento, como promotor de alegria e/ou como meio de se comunicar com divindades, sendo que muitos povos antigos tinham seu Deus ou Deusa da bebida alcoólica.

Na Suméria, hoje Iraque, a utilização do álcool há cerca de 2.500 a.C. foi comprovada e eles tinham uma deusa, Ninkasi, A Deusa da Cerveja, que governava a arte de se produzir a apreciada bebida. Muitas informações relacionadas à cerveja foram deixadas por eles por meio da escrita cuneiforme , talvez a primeira forma de escrever desenvolvida pela humanidade, que lá foi iniciada em torno de 3.500 anos a.C.

Nos primeiros cem anos de sua descoberta, as religiões presentes no Brasil eram a cristã (catolicismo e protestantismo), as indígenas e as africanas, além do judaísmo, praticado clandestinamente pelos cristãos-novos.

No século XV e XVI era abrangente a influência da Igreja Católica sobre a maioria dos países da Europa, principalmente Espanha e Portugal. Nas embarcações desses países, os religiosos católicos estavam sempre presentes. Suas funções eram teoricamente dar apoio religioso para a tripulação e catequizar povos encontrados nas viagens. Na prática, estavam presentes para estender o já imenso domínio da Instituição que representavam.

Colombo só conseguiu apoio dos reis católicos Fernando e Isabel da Espanha para efetuar sua viagem de descoberta da América devido à intervenção dos religiosos do convento de Rábida, próximo ao porto de Palos, na Andaluzia.

Para celebrar a descoberta do Brasil, foi celebrada a primeira missa:

> "O dia seguinte, 26 de abril, era domingo de Pascoela (o primeiro após a Páscoa). Cabral mandou então que um altar 'mui bem arranjado' fosse erguido da parte emersa do ilhéu da Coroa Vermelha, sob um esperável (espécie de tenda, ou dossel, de forma cônica). Alí, frei D. Henrique cantou a missa, junto com os demais frades e capelães."[119]

A Igreja Católica combateu rigidamente cultos, vícios e costumes que eram contrários à fé católica. O alcoolismo foi um dos alvos, mas nada impediu que membros da Igreja possuíssem engenhos de açúcar, onde também, na maioria, se fabricava cachaça.

Os engenhos de açúcar que se instalaram no Brasil contavam além da lavoura da cana de açúcar, com a Casa de Engenho, onde se fabricava o açúcar, com a Casa Grande, onde morava o Senhor de Engenho com sua família, a Capela, o Barracão e outras instalações. A Capela:

> "Toda alva, quase sempre pequena e modesta, ergue-se a capela de engenho, na vizinhança da casa grande. Nela se realizam

> batizados, os casamentos, os enterros do pessoal do engenho: o senhor, sua mulher, seus filhos, parentes. Havia também capelas em cujos cercados se sepultaram, no tempo da escravidão, os escravos mortos: a de São Mateus, no 'Massangana', por exemplo, de que nos fala tão comovedoramente Joaquim Nabuco."[393]

O contrato do padre com o senhor de engenho determinava que ele tinha a função de rezar missas aos domingos e dias santos. Nos outros dias só a pedido de terceiros e sob renumeração pré-estabelecida. No dia a dia devia propagar os ensinamentos católicos, ouvir confissões e propagar:

> "Quanto são dignos de abominação os feiticeiros, e curadores de palavras, e os que a elles recorrem, deixando a Deos, de quem vem todo o remédio; os que dão peçonha, ou bebidas (como dizem), para abrandar, e inclinar as vontades; os borrachos, os amancebados, os ladrões, os vingativos, os murmuradores, e os que jurão falso, ou por malignidade ou por interesse ou por respeitos humanos. E finalmente que premio, e que pena hade dar Deos eternamente a cada qual, conforme obrou nesta vida."[62]

O salário recebido pelo padre do senhor de engenho apenas para rezar missas aos Domingos e feriados equivalia ao do feitor mór do engenho:

> "O que se costuma dar ao capellão cada anno pelo trabalho quando tem as missas de semana livres, são quarenta, ou cincoenta mil réis, e com o que lhe dão os applicados, vem a fazer, huma porção competente, bem ganhada, se guardar tudo o que acima está dito. Se houver a ensinar aos filhos do senhor do

engenho, se lhe accrescentará o que for justo, e correspondente ao trabalho."[62]

Outra função muito importante era:

"No dia em que se bota a canna a moer, se o senhor de engenho não convidar o vigário, o capellão benzerá o engenho, e pedirá a Deos, que dê bom rendimento, e livre aos que nelle trabalhão de todo desastre. E quando no fim da safra o engenho pejar, procurará que todos dêem a Deos as graças na capella."[62]

Fernando de Azevedo (1894-1974) confirma que as solenidades eram efetuadas tanto no início como no fim das atividades do engenho:

"(...) nas festas tradicionais dos engenhos – na 'botada' – com que se celebrava o início da moagem da cana ou na 'peja' que, marcando o término dos trabalhos da safra, se organizava para solenizar o ato da parada dos engenhos."[79]

*Esta tradição, herdada dos engenhos, perdura ainda em certas usinas atuais. Quando vai começar a moagem, a usina apita e rezamm missa: é a 'botada', quando termina a safra, torna a apitar. Diz-se então que a usina está 'pejada'." (anotação de Orlando Valverde, 1963 EM ANTONIL, AJ).[62]

Além dos padres atuarem em engenhos, conduzindo os ritos religiosos nas capelas, muitos engenhos pertenciam a padres:

"O engenho de Massangana está situado no sul do estado de Pernambuco, a 47 quilômetros de Recife. (...) No século XVIII a propriedade já figurava nos registros oficiais como pertencente ao padre Manuel de Mesquita e Silva e, como tal, declarada no relatório enviado a Lisboa, em 1774, pelo governador da Capitania, José Cezar de Meneses."[476]

"A história conhecida do engenho (engenho Mattas – Cabo – Pernambuco) tem início com um padre e seus filhos, membros do clã açucareiro dos Souza Leão. Em requerimento de 1800 (...)"[476]

"A igreja de Nossa Senhora da Penha integra o complexo do antigo engenho Velho do Paraguassu, localizado à margem oriental do estuário do Iguape, próximo à ilha dos Franceses. O engenho já existia no século XVI, sendo citado por Gabriel Soares de Souza em 1584 (...) Por morte do padre Pedro, herdou a propriedade seu sobrinho Manuel Garcia Pimentel, em 1691."[476]

"(...) e bois (importados), mas multiplicando-se aqui em grande número, especialmente os últimos, que se criam para o corte e para serviços outros, taes como o de tocar engenhos de açucar. Os padres da Companhia possuem em propriedade, não muito longe do Rio, mais de vinte mil cabeças num só pasto."[612]

"Localizado em São Francisco do Conde, no distrito de Monte Recôncavo, o engenho d'Água (...) Ainda no século XVII, a propriedade passa por sucessão ao filho de Faria Bulcão, Baltazar, e deste, em 1718, a seus filhos, os padres Gaspar e Matias, e José da Costa Bulcão."[476]

"O início das atividades da fazenda São Bento (Campos/RJ), de propriedade dos beneditinos, surgiu no século XVII (...) Como eram, a exemplo dos jesuítas, muito diligentes, os beneditinos conseguiram expandir seus domínios territoriais, beneficiados por compras e legados recebidos. Logo se tornaram proprietários da segunda maior fazenda campista em extensão de terras, cabeças de gado, engenhos de açúcar e número de escravos empregados nos diferentes serviços."[476]

"Até poucos anos antes da avaliação (feita em 1780), Araçatiba (no Espírito Santo) era administrada pelos jesuítas, com notória produção de açúcar, melado, aguardente e mel. (LEITE, 2000, p. 156) A quantidade de escravos serve, inclusive, para demonstrar tal notoriedade."[176]

"De resto, há apenas 25 anos que esse bons padres começaram a sua instalação no local (Jesuítas no Rio de Janeiro - 1711), onde mantém um colégio. Asseguraram-nos, que cerca da terça parte das casas da cidade lhes pertence, que possuem, perto da urbe, o mais belo engenho de açúcar do país e que, a 6 ou 7 léguas daqui, próximo ao mar, possuem uma propriedade considerável, de nome Santa Cruz."[245]

"Visitamos, com esse fim, a 3 ou 4 léguas da cidade, uma fazenda dos jesuítas (Rio de Janeiro, 1748), situada à beira-mar, onde esperávamos comprar algumas cabeças do rebanho aí mantido (como explicarei mais a frente), bem como uma quantidade de caules de bananeira suficientes para alimentar esses animais no mar. Adquirimos, no lugar, uns poucos carneiros, pois sua carne era muito ruim, mas adquirimos muitas aves, pela razão inversa. Compramos também farinha de mandioca – utilizada para combater o escorbuto –, aguardente e uma quantidade de limões, que seriam destinados àqueles que ainda tinham sintoma de escorbuto e aos que voltassem a manifestar a doença em auto mar." (...) "O gado grosso é bastante comum no Rio de Janeiro, pois os padres jesuítas encarregam-se de cuidar de sua conservação e reprodução. Para formar seus rebanhos, esses religiosos fazem capturar nos bosques os vitelos e as novilhas selvagens, depois mandam abater uma parcela dos primeiros e confinar o restante, juntamente com as novilhas, nos muitos currais que têm espalhados ao longo da costa do Brasil. Esse processo permite-lhes fornecer carne para todo o país."[247]

"Os cléricos aqui (Rio de Janeiro – 1803) têm muitíssimos bens, em terras, casas e espécies. Para se ter uma idéia, quando foi baixado um imposto de 10% sobre as rendas da igreja, os beneditinos propuseram trocar parte dessa taxa por uma contribuição anual de 40 mil coroas."[246]

" – Foi há muito tempo. Eu tava por aqui assim. Des'tamanho. Os donos do Engenho da Praia era uns frades. Homens marvado."[49]
"Possuem os beneditinos (em 1640) dois mosteiros, o de Frederica e o de Olinda. Teem lavouras na Paraíba, sendo ricos de gado, casas e canaviais. A eles pertence o engenho chamado Masurepe em Pernambuco."[86]

"Se se acrescentar ainda que muitas terras pertenciam a associações privadas, religiosas, e que estes colégios e mosteiros possuíam a personalidade civil com rendas às vezes consideráveis, será fácil compreender o interesse da própria Igreja em manter a monocultura latifundiária, com fundamento na escravidão."[79]

"Mosteiros como a abadia beneditina do Rio de Janeiro – a mais opulenta do Brasil, 'em razão, escreve Basílio de Magalhães, do avultado número de prédios de sua propriedade, afora os que recebe foros e laudêmios'; o de S. Sebastião, de Nossa Senhora da Graça e das Brotas; na Bahia, todos da Ordem de S. Bento; o da cidade de Olinda, Pernambuco, o da Paraíba do Norte, o de Nossa Senhora de Monserrate, no Rio de Janeiro, possuíam, todos, plantações de cana, fábricas e fazendas que exploravam, dedicando-se à criação como ao cultivo e à fabricação do açúcar e aguardente, em seus engenhos."[79]

Alguns atribuem aos religiosos, movidos pela ganância, a lavagem cerebral nos escravos:

"Não há quem nunca escutou falar que manga com leite, leite com jaca, abacaxi com cachaça ou com leite, cachaça com jaca ou manga, e tantas outras misturas de frutas com bebidas, façam mal à saúde e 'provoquem congestão'. Quem não ouviu dizer que onça prefere a carne de preto ou que sempre ataca o último da fila?
Estes conceitos, até hoje repetidos com a maior fé pelos mais velhos, na verdade são típicos de regiões onde houve colonização jesuítica. Consagram a maneira sutil e perspicaz como 'trabalhavam' a mente de seus escravos para evitar furtos domésticos.(...) Mal alimentados e privados de direitos, os escravos só tinham duas saídas. Uma, era complementar suas necessidades furtando alimentos que manipulavam (leite, aguardente etc.); a outra, comer frutas nativas ou crescidas próximo aos locais de trabalho (abacaxi, jaca, manga etc.)."[270]

Os religiosos também praticavam o comércio de vários gêneros, incluindo a cachaça:

"A propósito, a temática dos negócios praticados pelos jesuítas era uma constante nas cartas escritas por Mendonça Furtado a Pombal. Em uma delas, datada de 1756, referindo-se aos colégios dos jesuítas como 'grandes armazéns', o governado salientava que era 'fato notório que desde que os navios dão fundo no porto da cidade do Pará, (...), é uma feira grossíssima dentro dos ditos armazéns, na qual os mesmos padres (jesuítas) vendem a maior parte dos gêneros que neles juntam. (...) porque deles são os azeites de jandiroba, a manteiga de tartaruga, (...), salgas de peixe, uma grande parte das carnes, as farinhas, o feijão e arroz, e finalmente quase todos os comestíveis, e um grande número de arrobas de algodão, açúcar e aguardente'."[147]

A Companhia de Jesus, mais interessada em obter riquezas do que confortar os sofredores, foi abolida do império português em 1759:

"Essa 'poderosíssima corporação de gente', segundo o texto da *Dedução Cronológica e Analítica* – saída à luz em 1768 por ordem do Marquês de Pombal (1699-1782) –, não constituía uma Religião preocupada com a salvação das almas, antes, empenhava-se em aniquilar todos os poderes legítimos, por meio de intrigas, conflitos e, conseqüentemente, anarquia. E, sob a acusação de conspiradores, praticantes do crime de lesa-majestade, ladrões de ouro e portadores de riquezas ilícitas, os jesuítas, confessores régios por excelência e mestres dos principais colégios da Europa, foram expulsos do Império Português em 1759."[147]

No século XVIII os religiosos do sul da Bahia tinham má fama:

"Contudo, a maior parte das referências aos vigários das aldeias do Sul da Bahia enfatiza, antes, sua inércia, materialismo, simonia e imoralidade – nada de virtudes cristãs."[419]

CULTOS INDÍGENAS

Jean de Lery (1534-1611), calvinista francês, esteve no Brasil em 1557/1558. Escreveu *Viagem à Terra do Brasil*, onde foram registradas relevantes informações sobre o jovem país, notadamente sobre os habitantes originais, os índios. Contudo, suas observações sobre a religião dos nativos é impregnada de todo preconceito e fanatismo do protestantismo europeu do séc. XVI. Observou sobre os tupinambás, os selvagens da América:

> "Pois além de não ter conhecimento algum do verdadeiro Deus, não adoram quaisquer divindades terrestres ou celestes, como os antigos pagãos, nem como os idólatras de hoje, tais os índios do Peru, que, a 500 léguas do Brasil, veneram o sol e a lua."[333]

Mesmo a aprimorada lógica indígena não era considerada, como vemos no seguinte trecho:

> "E quando ribombava o trovão e nos valíamos da oportunidade para afirmar-lhes que era Deus quem assim fazia tremer o céu e a terra a fim de mostrar sua grandeza e seu poder, logo respondiam que se precisava intimidar-nos não valia nada. Eis o deplorável estado em que vive essa miserável gente."[333]

Jean de Lery reconhece alguma religiosidade dos índios segundo suas próprias observações:

> "Entretanto, ainda alguma luz atravessa as trevas de sua ignorância. Acreditam não só na imortalidade da alma, mais ainda que, depois da morte, as que viverem dentro das normas consideradas certas, que são as de matarem e comerem muitos inimigos, vão para além das altas montanhas dançar em lindos

jardins com as almas de seus avós. Ao contrário as almas dos covardes vão ter com Ainhãn, nome do diabo, que as atormenta sem cessar."[333]

Deve-se ressaltar que não só os protestantes, mas também os católicos vinham para a América com esta atitude preconceituosa. Voltando a Jean de Lery, adiante ele volta a citar os índios do Peru, que além de venerarem no sol e na lua, acreditavam também na ressurreição:

> "Quanto à ressurreição da carne, embora esses cães aleguem que o corpo morto jamais se levanta, eu lhes oporei os índios do Peru, os quais, pelo seu simples bom senso (sic), mesmo em meio à sua falsa religião, os desmentem. E ainda faço muito em citar o exemplo dos bárbaros, pois os próprios como afirma São Tiago, creêm na existência de um Deus e o temme. Tão abomináveis criaturas eu as envio diretamente ao inferno para que aí colham o fruto de seus monstruosos erros." [333]

Nos rituais religiosos indígenas a bebida alcoólica está presente, como relata o calvinista:

> "(...) os caraíbas (*falsos profetas, segundo Jean de Lery*) vão de aldeia em aldeia e enfeitam com as mais bonitas penas que encontram os seus maracás; e fincam-nos em seguida no chão, ao lado maior, entre as casas, e ordenam que lhes seja dado comida e bebida. Esses embusteiros fazem crer aos pobres idiotas dos selvagens que essas espécies de cabaças assim consagradas comem e bebem realmente à noite. E como os habitantes acreditam nisso não deixam de por farinha, carne e peixe ao lado dos maracás e nem esquecem o cauim."[333]

CULTOS AFRICANOS

Com os escravos trazidos da África, vieram também seus costumes, culinária e crenças. Na Umbanda os espíritos pedem cachaça para se manifestar, como explica Ligia Cabús:

"Os espíritos solicitam muitas vezes charutos, fumo em cachimbos e cachaça. Dizem os umbandistas que tais substâncias favorecem a sintonia com a vibração dos espíritos. Essa vibração que somente se ajusta pelo consumo de tabaco e álcool é nos leva a conclusão lógica de que tais espíritos desencarnados dos seus corpos físicos continuam apegados aos vícios adquiridos na vida terrena."[125]

Clovis Amorim, no seu livro *Alambique*, descreve o ritual:

"De súbito, curvaram-se todos. O ambiente era de pasmo e veneração. Reverência. Estupor. Entorpecimento. Era a chegada do santo. – Oxóssi! E um preto puxava a cantiga, saudando o santo: – Édurô dêmim lònan ô yê! – A umbbó k'o wá Jô! (...) As negras meio bêbadas se requebrando."[49]

Não apenas na Umbanda, mas de acordo com Lúcia Gaspar:

"Em cerimônias religiosas de cultos afro-brasileiros, como o candomblé e o xangô, a cachaça é um elemento importante. Despeja-se o líquido no chão para homenagear as divindades. A cachaça é indispensável no Catimbó brasileiro. Sem ela não se faz um amuleto ou feitiço "eficiente". No ritual indígena da pajelança, da Amazônia, umedecer os pulsos, as têmporas, a sola dos pés, a palma das mãos, a nuca e o alto da cabeça com cachaça, faz com que o indivíduo fique protegido por uma couraça impermeável por vários dias ou semanas."[266]

O feitiço já era comum no século XVIII e a cachaça estava presente, de acordo com a pesquisa de Luiz Mott:

> "Em apenas um destes documentos encontramos a aguardente de cana referida como pinga: datado de 1773, trata-se de uma denúncia contra dois irmãos, a mulata Florência e o crioulo Simão, ex-escravos, moradores na Freguesia dos Prados, bispado de Mariana. Diz este manuscrito que 'Florência mandou a um seu inimigo uma garrafa de aguardente com tantos feitiços dentro, que, colocando-se numa colher de prata a pinga, ficou preta como carvão e o doente logo morreu'. Localizamos apenas três informações sobre recipientes ligados ao armazenamento e consumo da aguardente: 'garrafinha', botija e copo."[418]

Daniela Buono Calainho nos relata outro caso de curandeirismo envolvendo a cachaça:

> "O ex-escravo Francisco Antônio era um curandeiro afamado na região das Minas Gerais em meados do século XVIII. Numa bacia cheia de água, com guizos, búzios, dedais e algumas pedras negras, ele dizia poder ver as moléstias e supostos feitiços daqueles que o procuravam. Proferia diante da bacia algumas palavras na língua de sua terra natal, a Costa da Mina, tirava um dos dedais, passava-o no corpo do 'enfermo', punha-o na boca e cuspia uma substância que dizia ser o feitiço ou a doença. Finalizava o tratamento com beberagens feitas de ervas variadas, ovos e aguardente."[131]

Nos rituais africanos alimentos e bebidas eram oferecidos às entidades. Com a vinda forçada para o continente americano, os escravos foram obrigados a substituir vários desses gêneros. Assim:

> "O emu, vinho de palma tão de agrado de Exu, Ogum e Oxóssi, foi sendo trocado pela brasileiríssima cachaça..."[336]

CACHAÇA E INQUISIÇÃO

Instalado em Portugal em 1.536, membros do Tribunal do Santo Ofício estiveram no Brasil pela primeira vez entre 1591 e 1594.[419] Houve processos ao longo do século XVI a XVIII, que eram enviados para julgamento em Lisboa. No livro *Confissões da Bahia: Santo Ofício da inquisição de Lisboa*, de Ronaldo Vainfas, há vários exemplos de confissões dos envolvidos.[642]

Os crimes a serem denunciados eram:

> "(...) judaísmo, luteranismo, proposições heréticas, descrença nos artigos da fé, bigamia, feitiçaria e pacto com o demônio, leitura e livros proibidos, apostasia, leitura da Bíblia em língua vernácula, fornecimento de armas aos indígenas ou adoção de costumes gentílicos."[419]

Luiz Mott[418] selecionou processos envolvendo bebida alcoólica (vinho e aguardente) e sodomia originários do Brasil. Alguns são muito ilustrativos, como no caso abaixo onde, em 1595, o jovem João Freire, de Olinda, confessou que tendo bebendo vinho com o sapateiro José Lessa:

> "Em seguida, o sapateiro o pôs de bruços e se lançou em cima dele cometendo o abominável pecado de sodomia."[418]

Outra pessoa envolvida em atos sodomíticos foi o Primeiro Governador e Capitão Geral do Estado do Brasil entre 1602 e 1607, Diogo Botelho:

> "inculpado de muitos atos sodomíticos, seja com este seu caso (com seu amante, Fernão Roiz de Souza), seja com marinheiros e forasteiros que perambulavam pelo porto de Salvador, não raras vezes, praticando ménage à trois."[418]

O fazendeiro Francisco Coelho foi o campeão de acusações, em 1672, como:

> "cometer por várias vezes, com brancos e índios, o pecado nefando."/"querendo manter cópula anal com ela (sua esposa)"/ "indo fazer suas necessidades, ajudado pelo dono da casa, pegara na sua natura dizendo se lhe servia aquilo nas mãos, levando uns pescoções sob umas pacoveiras."/"seu senhor certa vez lhe deu tanto aguardente a beber e que depois de bêbado tivera dele (índio Pascoal) o que quis, comunicando por detrás."[418]

Luiz Mott relatou vários outros caso do dito fazendeiro e concluiu que no fim do inquérito ele foi absolvido sob a alegação de que em todas os casos ele estava bêbado!

O mestiço Francisco Rodrigues foi acusado de assediar escravos em 1693, na Bahia, e um deles informou que na casa de caldeiras do engenho o réu:

> "estendeu um casacão sobre uma caixa de açúcar e lhe disse que se deitasse para fazer o ofício de mulher que ele faria o de homem, a cuja resolução respondeu que ele, testemunha, dando-lhe um bordão, algumas pancadas e correndo atrás dele para lhe dar mais."[418]

O soldado Inácio Pereira, servindo no Forte da Ilha de Santo Amaro, no Guarujá, em 1729, foi acusado de dar em cima de meninos e o vigário:

> "Deu-lhe uma correção pastoral, pelo referido, ao que o acusado negou, dizendo que se o fez, estava bêbado pois é dado à bebida."[418]

O seringueiro Lourenço Ferreira Esteves entregou carta em 1735, em Ouro Preto, confessando:

> "por temor do castigo e por temer que os seus escravos o declarem, confessa que turbado com aguardente, cometeu sodomia com os seguintes seus escravos: José Muria, Teresa, angolana; Inácio, Mina; Mariana, angolana; e três vezes com o moleque Antônio."[418]

Já o cirurgião aprovado Lucas da Costa Pereira, da vila de Nossa Senhora da Penha de Araritaguaba, em 1741, foi incriminado de ter sido:

> "(...) agente quatro vezes de pé com o capote aberto, em atos sodomíticos com negros das minas não batizados e, para os atrair, regalava-os com comida e aguardente (...)"[418]

Em 1752, em São João Del Rey, o professor João Pereira de Carvalho foi acusado de tentar seduzir seu aluno de dez anos e consta que lhe tenha dito:

"Meu amorzinho, minha vidinha, vinde para o bananal que eu lá vou com a garrafinha de aguardente."[418]

Francisco Serrão de Castro foi implicado em 1767, no Pará, de seduzir escravos e um deles alegou que ele:

> "O obrigou a segurar em seu membro mijando-lhe nas mão e dando-lhe depois um lenço para se limpar e um copo de aguardente, recomendando-lhe que não dissesse o que tinha com ele passado."[418]

Pode ficar a impressão de que os pecados estavam associados apenas a bebidas alcoólicas, o que não é o caso, uma vez que outros crimes sexuais foram denunciados ao Tribunal do Santo Ofício como relatou Ronaldo Vainfas: pedofilia, homossexualismo lesbianismo, zoofilia e incesto. [642]

Contudo, a maior parte das confissões era sobre infringir costumes católicos como comer carne na Quaresma, blasfemar e praticar rituais de outros credos como dos negros, judeus, protestantes e índios, além de se envolver com feitiçarias.[642]

Negros e mestiços foram denunciados ao Tribunal do Santo Ofício por feitiçaria:

> "Desde a Primeira Visitação do Santo Ofício à Bahia, em 1591, vários negros e mestiços são denunciados por praticar feitiçaria, na época chamada de mandingas e calunduns, reservando-se aos sacerdotes ou oficiais desses rituais, os cognomes de mandingueiros, calunduzeiros e quimbandas."[419]

Os religiosos, cuja função primordial era catequizar os nativos se envolveram em várias atividades sociais, políticas, agrárias, escravistas e assim por diante. Observemos o que afirmou Bruno Santos Conde:

> "Dessa maneira, a instalação dos jesuítas em Vitória no ano de 1551 representou o marco de uma sensível mutação na condu-

> ta moral dos habitantes locais. Os conflitos entre ambos diminuíram e o processo de colonização pôde se desenrolar com uma maior estabilidade. Entretanto, a presença mais marcante de catequizadores não foi crucial apenas do ponto de vista religioso.
> Como exemplo disso, Bazilio Daemon (1879) descreve a avaliação dos bens de Araçatiba do ano de 1780. A variedade e a quantidade destes bens demonstram a opulência de tais terras. São varias relíquias religiosas, jóias, construções, imensas terras, ferramentas, gado e outros itens. Mas o que mais chama a atenção é o número de servos: havia um total de 852 trabalhadores, entre 'escravos pretos, pardos e cabras'.
> Até poucos anos antes da avaliação, Araçatiba era administrada pelos jesuítas, com notória produção de açúcar, melado, aguardente e mel. (LEITE, 2000, p. 156) A quantidade de escravos serve, inclusive, para demonstrar tal notoriedade."[176]

A ganância dos religiosos era tão gritante que nenhuma Ordem foi permitida entrar onde havia minérios em Minas Gerais porque eles eram notórios contrabandistas de ouro. Irmandades constituídas de leigos construíam igrejas aos santos de suas devoções e contratavam párocos para a realização de cultos e outros ritos cristãos.[261]

A influência também se estendeu para a lavagem cerebral, induzindo, talvez, a um consumo maior da cachaça quando os jesuítas inventavam restrições para o seu consumo. Queriam defender seus interesses, como se vê a seguir, no texto de Geraldo Pignaton, onde fica implícita a ganância dos catequizadores:

> "Não há quem nunca escutou falar que manga com leite, leite com jaca, abacaxi com cachaça ou com leite, cachaça com jaca ou manga, e tantas outras misturas de frutas com bebidas, façam mal à saúde e 'provoquem congestão'. Quem não ouviu

> dizer que onça prefere a carne de preto ou que sempre ataca o último da fila?
>
> Estes conceitos, até hoje repetidos com a maior fé pelos mais velhos, na verdade são típicos de regiões onde houve colonização jesuítica. Consagram a maneira sutil e perspicaz como 'trabalhavam' a mente de seus escravos para evitar furtos domésticos.
>
> Afetos ao trabalho braçal, com grandes esforços físicos e dispêndio de energia, os escravos carregavam a injusta pecha de serem gulosos, de comerem em demasia. Para piorar, era crença corrente que escravo bem alimentado ficava lerdo e preguiçoso. Até no mercado negreiro, 'preto do mocotó fino' valia mais que o de 'mocotó grosso', por 'comer pouco e ser melhor de serviço'."

Mal alimentados e privados de direitos, os escravos só tinham duas saídas. Uma, era complementar suas necessidades furtando alimentos que manipulavam (leite, aguardente etc.); a outra, comer frutas nativas ou crescidas próximo aos locais de trabalho (abacaxi...)"[270]

A Igreja envolveu-se, inclusive, com tráfico de escravos, como relata Teixeira Leite:

> "No século XVIII, devido à mineração, o tráfico negreiro ampliou-se consideravelmente, em face da demanda de braços tornar-se cada vez maior. Assim é que constatamos que até mesmo os eclesiásticos entregaram-se ao torpe, porém rendoso negócio. Por isso, D. João V mandou, pôr um alvará de 1714, 'que todos sacerdotes que embarcarem peças de escravos dos ditos Reinos [de Angola, Congo ou Loango] para alguma parte paguem os direitos que deles deverem conforme o meu regimento e minhas provisões...'."[329]

Em sua viagem de 1815 a 1817 pelo Brasil o Príncipe Maximiliano (1782-1867) observou que em Linhares-ES o padre local:

> "(...) assumiu na colônia poderes que lhe não pertenciam, e interferiu em todos os negócios, mesmo nos que não diziam respeito aos seus deveres oficiais..."[385]

Dentre as suas imposições constavam:

> "Assim, as pessoas que quisessem viajar tinham que pedir permissão; não se permitia a nenhuma família consumir mais de uma garrafa de aguardente em três meses; e muitas outras restrições análogas."[385]

Em Poções/BA, o Príncipe Maximiliano teve mais uma má impressão do clero:

> "Em breve achei-me no pequeno 'arraial' de Poções, cujo vigário pareceu-me grande apreciador de bebidas fortes, pelo menos a julgar pelo seu estado de completa embriaguez. O lugar conta uma dúzia de casas e uma capela feita de barro." [385]

RESUMO

Religiosos da Igreja Católica estiveram presentes no Brasil desde o primeiro dia da chegada dos portugueses. Envolveram-se em todas as atividades sociais, econômicas e governamentais, defendendo os interesses da Instituição da qual faziam parte. Tentaram manter sob sua tutela todos os habitantes, como o mais humilde do escravo negro ou índio, os homens livres e os poderosos tanto civis como representantes do governo. Combatiam usos, costumes e crenças contrários ao catolicismo, mas seus próprios representantes muitas vezes se envolveram naquelas atividades proibidas. Eram contrários ao uso de bebidas alcoólicas, mas os próprios religiosos eram produtores de cachaça.

Os indígenas e os escravos africanos que tinham seus costumes e cultos próprios, cujas cerimônias envolviam o consumo de bebidas alcoólicas, foram muito perseguidos. O Santo Ofício perseguiu também os brasileiros e europeus aqui residentes que não seguiam os preceitos estipulados pela Igreja.

CACHAÇA DESBRAVADORA

A primeira atividade econômica dos portugueses na nova colônia foi a extração do pau-brasil. A segunda foi a implantação de engenhos de açúcar, ainda na primeira metade do século XVI, quase que exclusivamente ao longo do litoral, onde as comunicações entre os núcleos populacionais e a troca de mercadorias eram feitos por navegação de cabotagem.

> "Ainda se exportava (de Vitória/ES) algum açúcar, aguardente, café, milho, feijão, arroz, e algodão, mas era pouco, arrastando-se as embarcações costa a costa até a Bahia ou Rio de Janeiro, muitas raras vezes se aventurando até Pernambuco de um lado, até o Rio Grande do Sul, de outro."[599]

> "(...) permitiu a utilização cada vez maior de carros de boi que vinham atulhados de feixes de cana para os picadeiros ou abalavam das azenhas chiando ao peso de caixas de açúcar ou de

> pipas de aguardente, para as povoações e portos do litoral onde os esperavam as naus e caravelas portuguêsas."[79]

Devido à grande malha hidrográfica da colônia, canoas foram utilizadas principalmente para se transportar mercadorias entre vilarejos alcançáveis pela via fluvial. Para suprir as necessidades da viagem, ao longo do percurso foram se instalando pequenos núcleos que mais tarde se tornariam vilas e cidades.

Havia necessidade de muita mão de obra para cuidar da cultura da cana e para operar os engenhos. A opção mais óbvia foi escravizar os indígenas e grupos de homens armados se infiltraram no interior em busca de suas presas. Muitas vezes o objetivo era a procura de metais preciosos. Como estas incursões demoravam vários meses e às vezes anos, pequenas roças eram implantadas ao longo do percurso para se obter alimentos na volta. Estes núcleos, com o tempo, foram se tornando povoações, vilas e cidades.

Para movimentar os engenhos e servir de alimento às pessoas a eles agregadas, houve necessidade da criação de gado. Contudo, devido à rápida expansão das áreas necessárias ao cultivo da cana e aos estragos que o gado fazia aos canaviais, foi necessário adentrar o sertão em busca de novas pastagens. Esta expansão da pecuária foi criando aglomerados de pessoas, que depois se transformaram em vilas e em cidades.

A troca de mercadorias entre as vilas e cidades recém-criadas no interior teve que ser feito por tropas de mulas, único meio de transporte quando a região não era provida de malha fluvial propícia à navegação. Isto ocorria na maior parte dos casos nas regiões Sudeste e Sul. Estalagens foram se instalando pelo caminho e os locais, ao longo do tempo, foram crescendo, gerando finalmente cidades.

Atualmente o transporte ferroviário, rodoviário e aéreo permite o deslocamento de pessoas e mercadorias a uma velocidade inimagináveis há 100 anos. Já a comunicação entre pessoas de diferentes regiões tiveram um grande avanço através do telégrafo, seguida pelo telefone fixo, rádio, televisão, telegrama, telex e fax. Agora, a transmissão de dados e de voz e imagem através da internet possibilita a comunicação instantânea entre pessoas localizadas praticamente em qualquer local do planeta.

DESBRAVANDO PELA ÁGUA

Os indígenas da época do descobrimento usavam embarcações, feitas da seguinte maneira, segundo Hans Staden:

> "Existe lá, naquela terra, uma espécie de árvore, que chamam igá-ibira. Tiram-lhe a casca, de alto a baixo, numa só peça e para isso levantam em volta da árvore uma estrutura especial, a-fim-de sacá-la inteira. Depois trazem essa casca das montanhas o mar. Aquecem-na ao fogo e recurvam-na para cima, diante e atrás, amarrando-lhe antes, ao meio, transversalmente, madeira, para que não se distenda. Assim fabricam botes nos quais podem ir trinta dos seus para a guerra. As cascas têm a grossura dum polegar, mais ou menos quatro pés de largura e quarenta de comprimento, algumas mais longas, outras menos. Remam rápido com estes barcos e neles viajam tão distante quanto lhes apraz. Quando o mar está tormentoso, puxam as embarcações para a praia, até que se torne manso de novo. Não remam mais que duas milhas mar afora, mas ao longo da costa viajam longe."[607]

Europeus vindos ao Brasil se instalaram na região litorânea, fundando povoados que se converteram em vilas e depois em cidades. Incursões ao interior ocorreram com mais frequência onde havia rios que desembocavam no mar. Até o século XIX região amazônica foi explorada apenas através da imensa rede fluvial, que até hoje desempenha importante papel como meio de transporte. Há algumas rodovias, perfazendo 6.278km, dos quais apenas 1.640km são pavimentados, mas esta rede rodoviária é insignificante em relação ao enorme território amazônico. As hidrovias são inúmeras e além das linhas regulares no rio Amazonas, Madeira, Negro, Branco, Purus e Acre, entre a maioria das localidades a comunicação é feita via fluvial. Até o início da década de 1950 apenas Manaus tinha linha aérea regular, servida por hidroaviões.

Até 1786 todo o comércio marítimo através do Porto de Santos era por cabotagem onde sempre havia embarque de cachaça para outros estados, mas as exportações para Portugal eram feitas por intermédio do Rio de Janeiro, por onde saiam açúcar, algodão, madeira, café, couros, pedras preciosas e cachaça.[440]

Carlos A. L. Filgueiras publicou um ensaio sobre João Manso Pereira (1750 ?-1820), químico autodidata, que criticava no final do século XVIII os exportadores de cachaça para Portugal que não a concentravam para o transporte, tornando-o mais dispendioso:

> "No ano seguinte à publicação de seu primeiro livro, João Manso Pereira dá a luz uma obra complementar, intitulada *Memória sobre o Methodo Economico de Transportar para Portugal a Agua-Ardente do Brasil ?* O trabalho se inicia por mostrar a composição do vinho e da aguardente obtida desse e da cana de açúcar: *a aguardente, que é o resultado da decomposição do vinho, compõe-se de álcool, de água, e de uma pequena porção de matéria oleosa, seja qual for o vinho, de que nos sirvamos para a extrair.* Lamenta que os senhores de engenho brasileiros, ao exportar aguardente para Portugal, não se preocupem em desidratá-la mais, desperdiçando dinheiro, pois, como observa, *acaso não há água em Portugal?*"[235]

João Manso separa a cachaça, de acordo com a concentração de álcool:

> "Numa digressão, explica quais são os diferentes 'títulos' da aguardente *chama-se prova de Holanda à aguardente que corre primeiro até o ponto em que principia a perder a fortaleza... esta tal prova de Holanda, sendo outra vez destilada larga uma grande quantidade de água, ou fleugma, e forma uma aguardente mais forte a que se dá o nome de três-cinco, porque três partes dela misturadas com duas de água formam a dita prova de Holanda.* Uma nova destilação da aguardente *três-cinco* produz a aguardente chamada *três-seis,* que requer três partes de água para revertê-la à prova de Holanda."[235]

A destilação ocorre até se obter o álcool puro:

> "Enfim, destilando a prova *três-seis 'mais duas ou três vezes' , obtém-se o álcool, "que não é outra cousa mais do que o espírito ardente no seu maior grau de pureza, de quem se separam as substâncias heterogéneas por meio das reiteradas destilações."*[235]

João Manso recomendava a exportação da cachaça no grau de destilação chamado de "três-seis" e apresentava suas razões:

> "Voltando à linha inicial do texto, o autor propõe que é muito mais interessante exportar a aguardente na prova três-seis, por várias razões: "primeiramente poupa o lavrador ou o comerciante o importe dos cascos, porque tendo, v.g. de mandar para Portugal cem pipas de aguardente *de prova,* reduzindo-a ao título de tres-seis já economiza o valor de cinquenta pipas. É evidente que este valor que se poupou há de dar, com usura, para as despesas que tem de fazer com a lenha, com o destilador, e

> com os reparos do seu aparelho destilatorio, que se vai arruinando pelas multiplicadas destilações. Além disto também economiza os transportes, e economiza os fretes." Não lhe escapa um outro pormenor, que diz respeito à menor densidade do álcool em relação à água: 'pois uma besta carregada desta aguardente pode conduzir ainda mais do que duas carregadas com a aguardente ordinária, visto que ela tanto mais leve fica, e tanto mais diminui de volume, quanto mais se avizinha para o estado de álcool'."[235]

Defendia a concentração do líquido e explicava, segundo citação de Carlos A. L. Filgueiras:

> "Finalizando, João Manso alerta que os fiscais aduaneiros de Lisboa não têm o que temer em perdas de impostos para a Real Fazenda pelo envio de cinquenta pipas de *três-seis* no lugar de cem de aguardente de prova: no reino há *belíssimos físicos e matemáticos que podem fazer areómetros, ou pesalicores, para com toda a segurança guiarem aos inspetores no conhecimento do título da aguardente e, dessa sorte, cobrarem os justos direitos; pois é certo que se um barril de vinte canadas de aguardente de prova deve dar de direitos a Sua Majestade cento e sessenta, esse mesmo deverá dar trezentos e vinte se estiver cheio da aguardente do título de três-seis.*" [235]

Embora João Manso reconheça que a aguardente é composta de álcool, água e *de uma pequena porção de matéria oleosa,* as sucessivas destilações descaracterizariam a cachaça, umas vez que estas substâncias secundárias (há cerca de 300) é que distinguem a cachaça da simples mistura de álcool etílico com água.

Na alfândega, o transporte de pipas de cachaça era feito por escravos chamados de negros cangueiros, tendo sido registrado por Jean Baptiste Debret:

"A cena se passa no interior da Alfândega, perto dos armazéns em que são descarregados os líquidos.
Carregando os mais pesados fardos e por isso mesmo obrigado a descobrir, durante as horas mais quentes do dia, a parte superior do corpo, o *cangueiro* põe certa faceirice em dobrar em torno dos rins o resto de sua indumentária. Orgulhoso de sua força, não esquece de enfeitar a cabeça com qualquer boné velho de uniforme militar, a fim de realçar a originalidade de sua vestimenta; mas é principalmente na peça principal, no peitilho estofado, que o luxo dos enfeites aparece. Essa indispensável almofada, que atenua a pressão da vara no ombro do carregador, é sempre ornamentada com uma franja velha de seda mandada ajustar cuidadosamente num albardeiro. Não satisfeito ainda com esses trapos, não raro de cores variegadas, acrescenta ele um pedaço de espelho, botões de metal, e pequeninas conchas. A cabaça de aguardente e o saquinho de couro para o dinheiro completam o equipamento do *granadeiro* da Alfândega, título esplêndido com que o *cangueiro* foi distinguido entre os demais negros de ganho."[204]

Na primeira metade do século XIX, devido às péssimas condições das estradas, o comércio de cabotagem era muito intenso entre os estados brasileiros. Estatísticas dos anos 1930 a 1933 mostram o transporte marítimo não só de cachaça, como de alambiques.

Outra associação entre cachaça e transporte marítimo é ressaltada em documento da Prefeitura de São Sebastião/SP:

"As grandes canoas de voga cruzaram os mares de Paraty a Santos, fazendo o transporte de sal, de aguardente das fazendas, de peixe seco, entre outras mercadorias. Eram movidas por quatro a seis pares de remo e ainda utilizavam velas para auxiliar a população."[485]

No hoje município de Duque de Caxias, havia em 1769 um engenho que produzia açúcar e cachaça e três produzindo apenas cachaça, que era transportada por canoas por rio e ao longo da região costeira da Guanabara, conforme relatório do IBGE de 1945:

> "A revista do Instituto Histórico, tomo 76 (parte1ª), consigna que, no período compreendido entre 1769 e 1779, a freguesia de Nossa Senhora do Pilar de Iguaçu tinha um engenho de açúcar, pertencente ao capitão Luciano Gomes Ribeiro, fabricando 40 caixas dêsse produto e 17 pipas de aguardente, acrescentando ainda que o referido capitão possuía para seu serviço 74 escravos.
> Três engenhocas fabricavam aguardente: a de Matheus Chaves, a do capitão Pedro Gomes de Assunção e a do capitão João Carvalho de Barros.
> Produzia, também, a freguesia 13 000 sacos de farinha, 100 de feijão, 150 de milho e 2 100 de arroz, e o seu comércio fazia-se pelo rio, no qual havia 9 portos com 18 barcos e 1 lancha.
> Servindo grande parte da região costeira da Guanabara, existiam, nessa época, 14 portos espalhados desde o rio São João ou Meriti até o rio Sarapuí e eram os do rio Meriti, com três barcos; do Engenho Velho, do sargento mor José Dias de Oliveira, com uma canoa; da Pedra, do padre José Rodrigues, com uma canoa; de Pedro Álvarez Roiz com duas canoas de pesca; do Pau Ferro, de Francisco Pupo Corrêa, com um barco e duas canoas; da Valla, de D. Catarina Maria de Mendonça, com um barco; do capitão José Antonio Barbosa, com um barco e uma canoa; o de Ana Ferreira, com um barco; da Chácara (Xacra), de Ignacio Roiz e Antônio Martins; de João da Silva, com 3 canoas; do capitão João Pereira Lima Gramacho, com um barco e uma canoa; do mestre de campo Bartolomeu José Vahia, com um barco; e do capitão Pedro Alves Frique."[300]

No mesmo documento é ressaltada a importância de rios para se avançar para o interior:

> "A partir desse tempo, grande foi o progresso dessa região; seus rios, então desobstruídos, davam fácil escoamento aos produtos da lavoura. Nêles, a navegação de pequenos barcos se fazia francamente, por muitas léguas de sertão a dentro, onde o braço do negro escravizado tornava rendosa a exploração agrícola."[300]

No início do século XIX, gêneros produzidos na área abrangida por Cabo Frio eram levados para o litoral por lanchas:

> "Os habitantes do lugar vivem da exportação de certos produtos, como a 'farinha' e o açúcar. Elles são objectos de um comércio com a costa, feito por alguma 'lanchas' (SIC)."[385]

Também no Espírito Santo o transporte de mercadorias por embarcações era muito comum no início do século XIX:

> "A minguada produção agrícola e industrial era transportada em pequenas embarcações, pertencentes aos comerciantes locais, para o Rio de Janeiro e Bahia. Raramente alcançavam Pernambuco ou Rio Grande do Sul."[449]

Por volta de 1856, viajar para o Mato Grosso era viável apenas por água. O percurso foi interrompido entre 1864 e 1870 devido a Guerra da Tríplice Aliança e retomado em 1870.[587] Navegava-se do Rio de Janeiro até a foz do Prata pelo oceano Atlântico em embarcações grandes, oceânicas. De lá até o Mato Grosso iam de vapores menores, mas muito confortáveis. Seguia-se o Rio Paraná, o Rio Paraguai, o Rio São Lourenço e o Rio Cuiabá. Na primeira classe a alimentação era variada e requintada, regada de diferentes vinhos e champanhe. Nas segunda e terceira classes o almoço era geralmente arroz, feijão e legumes e no jantar apenas sopa era servida e, como bebida alcoólica, a cachaça.

As frotas de canoas que abasteciam a região de Cuiabá receberam o nome de monções:

> "Todos os anos, nos meses de março a abril, as viagens para o Oriente coincidiam com as jornadas paulistas para Cuiabá, aproveitando as cheias dos rios e a facilidade de navegação. O trajeto entre Porto Feliz a Cuiabá consumia cerca de cinco meses, mesmo tempo da rota entre Portugal a India. As monções ocupam importante capítulo da história colonial, marcando a ampliação das fronteiras e a colonização do interior, constituindo um prolongamento das bandeiras paulistas. As primeiras monções para Cuiabá empregavam o mesmo contingente humano das bandeiras do século XVII, mas se iniciaram quando o bandeirantismo entrava em declínio."[643]

A rota era bastante tortuosa:

> "Desciam então as canoas o Tietê até a foz, seguiam o curso do atual Paraná, entravam por um dos seus afluentes da margem direita, em geral o Pardo e, neste caso, subiam depois o Anhanduí-Guaçu, ganhando as contravertentes do rio Paraguai para atingir este rio através de um de seus afluentes orientais. Subindo em seguida o Paraguai, alcançavam São Lourenço e finalmente o Cuiabá, que os conduzia à nova terra da promissão."[2]

Outra descrição do itinerário nos é fornecida por Beatriz Piccoloto Siqueira Bueno:

"A rota para Cuiabá envolvia trecho de três dias por terra, margeando o rio Tietê, de São Paulo até a freguesia de Araritaguaba (atual Porto Feliz), passando pelas freguesias de São Roque e Araçariguama, e por Itu. Do porto de Araritaguaba, às margens do rio Tietê, próximo a Sorocaba e Itu, partiam as principais provisões dirigidas ao centro-oeste. Desde o século XVII, tal paragem já era utilizada como porto, sobretudo para as rotas do Paraguai. Mas foram as "monções" – expedições por via fluvial para abastecimento das minas de ouro – que intensificaram e dinamizaram o antigo ponto de partida. Ideal na monção de outono-inverno, correspondente ao período de seca (abril-maio – junho-agosto), percorria-se o Tietê em canoas, até o Paraná, de onde se partia em direção ao rio Pardo, e, deste, aos rios Coxim, Taquari, Paraguai, Porrudos e Cuiabá. Com trechos de varação[54] – em que as canoas eram carregadas pelos indígenas –, o trajeto era sofrido. Um total de 531 léguas, ou 3.504 quilômetros, de Porto Feliz a Cuiabá(...)."[117]

A cachaça fazia parte integrante das monções tanto para ser transportada de um local para outro, como para ser consumida durante a viagem:

"Exageros à parte, o fato é que o suprimento alimentar era primordial para a realização das monções. Por isso agricultores de Itu e Araritaguaba procuraram abastecer este nicho de mercado. Passados cem anos do início das primeiras monções, o capitão mor de Porto Feliz, antiga freguesia Araritaguaba, referindo-se às expedições informou: 'o que era aqui costume aprontar é feijão, farinha de milho, toucinho, carne de porco, farinha de mandioca, aguardente da terra'."[273]

"(...) na monção de Rodrigo Cesar de Menezes, em 1726, foram embarcados cem alqueires de farinha de mandioca e 150 da de milho para 65 de feijão e 23 de farinha de trigo. (...) Como líquidos: 8 barris de vinho, 3 de aguardente da terra (cana), além de 8 frasqueiras de aguardente do Reino (de uva) e 5 barris de azeite de oliva."[615]

"Conta o Conde de Azambuja que se embarcavam também galinhas 'mas só para os doentes de maior perigo'. Também não se dispensava a presença de alguns barris de aguardente."[614]

As monções deram origem a várias cidades:

"As monções contribuíram para garantir a expansão do território da colônia portuguesa na América. Saídas da capitania de São Paulo com o objetivo de dar suporte aos núcleos populacionais que se formaram no decorrer do século XVIII e nas primeiras décadas da centúria seguinte na região mais central da América do Sul, elas também proporcionaram o florescimento de tantos outros povoados."[582]

Heróicas incursões fluviais foram feitas entre o centro-oeste e o norte:

"Foi a viagem de Manuel Félix importante não só por abrir a comunicação entre Mato Grosso e o Pará, mas também por ter posto portugueses e espanhóis pela primeira vez em contato naquela fronteira. (...) Ali ficaram dezoito dias, e ao partir deram algumas bugiarias aos índios, mas do jesuíta só puderam conseguir que lhes aceitasse um pedaço de seda para o altar, tendo-os este generosamente presenteado com pães de sal e açúcar, cera, sabão, vinho, pão de trigo, biscoito, aguardente,

> chita, e livros de devoção, tanto floresciam estas missões dos Moxos."[599]

No século XIX algumas regiões do Sudeste, Centro-Oeste e Sul só eram alcançadas através de viagens pelos rios:

> "Meus homens, tendo chegado ao fim da viagem, entregaram-se à habitual 'pândega' dos barqueiros, bebendo muito, contando muita prosa, medindo forças e brigando, tudo isso entremeado de cantos, gritos, versos improvisados, e terminando tudo com os tremendos roncos do sono báquico. (...) Na manhã seguinte, os descarados derramaram lágrimas de contrição e de cachaça."[123]

Por volta de 1800, na região da Praia da Pipa, a 80 km de Natal/RN, há transporte de aguardente em barcaças, como descrito no seguinte relato de Ormuz Simonetti, onde também se pode observar o costume de se casar na época:

> "Por volta do ano de 1800, aporta na Pipa o português José Castelo da Silveira. Era mestre de carta de uma barcaça que fazia o transporte de mercadorias entre o Rio Grande do Norte e o porto do Recife. Histórias repetidas pela oralidade, dão conta que quando o 'Velho Castelo', como passou a ser chamado, desembarcou na praia, viu passando uma moça muito bonita e que lhe chamou bastante à atenção. Perguntou a um dos presentes: será que o pai daquela moça me dá ela em casamento? O interrogado respondeu afirmativamente e após perguntar ao futuro sogro e dele receber a aprovação, viajou para Portugal onde morava sua família, com promessa de breve retorno para o casamento. Três meses depois desse encontro, estavam casados. A moça se chamava Rita, por apelido, Cobrinha. Era filha

> de José Gomes de Abreu, antigo morador da comunidade. Tornou-se sócio do sogro em uma barcaça menor que o mesmo já possuía, e continuou com a mesma atividade de antes. A barcaça é um tipo de embarcação com dois a três mastros, bastante larga e com pouca quilha. Era utilizada no transporte de mercadorias. Transportava principalmente o sal de Areia Branca e Macau; o açúcar mascavo e a aguardente, produzidas nos engenhos de Goianinha, além de madeira, farinha de mandioca, látex extraído da mangabeira, peixe seco e óleo de carrapato, como chamavam o óleo extraído da mamona."[595]

Outro tipo de desbravador brasileiro é o navegador e escritor Amir Klink. Enquanto os anteriores saiam do litoral e penetravam o interior do Brasil, Amir Klink sai do litoral brasileiro e desbrava os mares. Sua primeira grande façanha foi em 1984 quando atravessou o Oceano Atlântico a remo, percorrendo em 99 dias os 7.000 km entre Luderitz, na Namíbia, e Salvador, Bahia.[48] Afirmam que levou a bordo uma garrafa de cachaça da cidade de Paraty. A aventura foi descrita em seu livro *Cem Dias Entre o Céu e o Mar* onde, estando nas proximidades da costa da Bahia, asseguram que comemorou bebendo uma caipirinha:

> "Não dispensaria, num momento tão importante, uma tradicional caipirinha de limão. E, misturando cane (uma aguardente de cana da Namíbia), limão desidratado e mel cheguei à fórmula perfeita."[128]

Em 1989 rumou de Paraty/RJ com seu veleiro Paratii até o Polo Sul, onde ficou por sete meses com o barco preso no gelo. Depois rumou para o Polo Norte, voltando ao ponto de partida em 1991, tendo esta viagem sido relatada nos livros *Paratii Entre Dois Polos*[320] e *As Janelas do Paratii*. Efetuou uma viagem de circunavegação à terra pelo trecho do Polo Sul, feito registrado no seu livro *Mar Sem Fim*[321] e levou uma garrafa de cachaça. A fazenda onde ele reside, em Paraty, Rio de Janeiro, foi sede de alambique de cachaça, que iniciou seu funcionamento em 1883.

> "Fomos para a baía Dorian verificar as condições do refugio Inglês DAMOY, que lá se encontra. Os refúgios são para prestar socorro e dar apoio a quem estiver em situação de emergência. Qualquer pessoa que realmente necessitar de comida, bebida e aquecimento, irá encontrar desde aguardente até chocolate, mas é essencial que após o uso seja reposto todo o item usado."[294]

Voltando aos meios de se atingir o interior do Brasil, mesmo no século XXI alguns locais do Norte e Centro-Oeste ainda dependem da via fluvial como meio de transporte.

> "O transporte fluvial, por conta das próprias condições regionais, é o mais usado pela população e também para o abastecimento e desenvolvimento dos principais núcleos econômicos, permitindo o acesso às localidades mais distantes no interior do Estado (Amazonas) situadas às margens de um curso d'água; no entanto, toda esta vasta rede hidroviária não propicia navegação para embarcações de maior calado durante o ano todo, apresentando-se em alguns rios, com muita sinuosidade, aliada a grandes distâncias e a baixa velocidade (Trisciuzi N., 2001; AHIMOC, 2005)."[224]

Como curiosidade, em setembro de 2010 foi encontrada soterrada em um afluente do rio Tietê, em Porto Feliz/SP, uma embarcação de 8 metros de comprimento e duas toneladas, possivelmente construída há 300 anos, feita de um único tronco de árvore, que deve ter servido para fazer a rota Porto Feliz/Cuiabá no início do século XVII.

DESBRAVANDO A PÉ

A conquista do território brasileiro foi efetuada por aventureiros, bandeirantes, sertanistas e boiadeiros. Ainda no século XVI grupos de homens eram enviados para o interior do território à procura de ouro e pedras preciosas e de índios para escravizar.

Talvez a primeira incursão em busca de ouro foi a de Pero Lobo e teve fim desastroso:

> "Em agosto de 1531, aportou na Ilha do Bom Abrigo, perto da atual Cananéia, na região sul, onde encontrou um bacharel degredado havia trinta anos, acompanhado de cinco ou seis castelhanos, que pode ter se chamado Francisco de Chaves, Duarte Pereira ou Cosme Fernandes Pessoa. Informado sobre a existência de grandes riquezas de prata e ouro no interior, mandou Pero Lôbo com oitenta homens (besteiros e espingardeiros). Somente depois de algum tempo houve notícias de que aviam sido mortos pelos indígenas localizados entre os rios Iguaçu e Paraná (essa expedição é considerada uma das primeiras 'entradas' em busca de ouro e pedras preciosas no interior do Brasil)."[298]

Outra foi efetuada por Martim de Sá (1575-1631) em 1597 para combater os tamoios e minuciosamente descrita por Anthony Knivet:

> "Como meu senhor era governador da cidade, enviou seu filho Martim de Sá com setecentos portugueses e dois mil índios. Assim, no dia quatorze de outubro de 1597, partimos com seis canoas pelo mar até um porto que fica a umas trinta milhas do Rio de Janeiro, chamado Paraty"[322]

Além de doenças, a fome era outro grande inimigo dessas aventuras, como continua Knivet:

"Meu amigo Henry Barraway estava tão doente que muitas vezes tive que carregá-lo nas costas e levava-o constantemente pela mão. Durante essa caminhada tivemos que comer todos os nossos escudos, que eram feitos de pele de búfalo curtida, além de um couro de vaca trazido pelo padre que nos acompanhava para proteger da chuva as coisas que ele usava na missa. Feliz daquele que conseguia um sapo ou uma cobra para comer."[322]

No Maranhão, onde os franceses invadiram entre 1612 e 1615:

"La Ravarière enviou Maillard, de Saint Malo, para subir o rio Mearim, e Pézieux partiu para a região chamada Gurupi, a mais de mil quilômetro d distância, onde haveria ouro e prata, que afinal não encontraram. Uma terceira incursão comandada por David Migan chegou até os tapuias, convencendo-os a conviver em paz com os tupinambás."[381]

Augusto de Lima Júnior (1889-1970) fez um apanhado das primeiras expedições ao interior do Brasil em busca de riquezas e da serra de Sabarabuçu, que segundo a lenda, era toda de prata:

"A mais remota de todas, foi a de Francisco Bruzza de Spinozza, castelhano de grande língua e homem de bem, que assistia na Bahia. Em 1554 (...) deslocou-se Spinozza, sertão a dentro, cerca de duzentas léguas, (...) penetrou Spinozza na região dos rios Jequitinhonha e Pardo, até a Serra das Almas, Grão-Mogol ou Itacambira, (...) Por mais de três meses (...) andou a expedição (...). A ferocidade da região, não permitiu êxito a esta tão esperançada empresa do Castelhano Spinozza. Serviu, entretanto, de animação a que novas expedições se tentassem."[339]

Continua Lima Júnior:

"Em 1561, Dom Vasco Rodrigues Caldas, fidalgo e vereador da Câmara Municipal da Bahia, com as devidas licenças, abalou-se para tentar, por sua vez, chegar à região dos ambicionados tesouros. Os índios Tupinaens, incumbiram-se de destroçar a coluna de Dom Vasco..."[339]

"Seduzido pelas informações de uns índios que apareceram em Porto Seguro levando amostras de pedras verdes, Martim Carvalho, organizou, com outros moradores da Capitania, uma expedição que, tendo por guia os alvissareiros índios, penetrou sertão a dentro em 1568. Durante oito meses, vaguearam por duzentas e tantas léguas, atravessaram terras, nas quais havia muito cristal e 'em certa terra azulada', deram com grãos amarelos, parecendo ouro, e abundantes pedras verdes, tidas como esmeraldas de má qualidade. Guardaram de tudo fartas amostras, que ficaram perdidas no naufrágio de uma canoa, quando atravessaram uma cachoeira do rio Cricaré."[339]

Lima Júnior (1889-1970) discorre sobre outras tentativas:[339]

– Antonio Dias Adorno chegou ao norte de Minas, mas fracassou.

– João Coelho de Souza também tentou encontrar riquezas no Norte de Minas e fracassou, mas deixou roteiro para Gabriel Soares de Souza, seu tio.

– Gabriel Soares de Souza (1540-1590) foi para Portugal e conseguiu autorização para explorar a mesma região e além de fracassar, morreu durante a expedição.

– Marcos de Azevedo, partindo do Espírito Santo, descobriu esmeraldas.

– André de Leão saiu de Piratininga em sua expedição de 1601-1602 e chegou até a Serra da Canastra, estabelecendo novo caminho para se atingir a região das minas.

– Nicolau Barreto em 1602 chegou ao Rio das Velhas.

– Lourenço Castanho Taque (1609-1677) chegou em 1675 ao Chapadão dos Araxás.

Augusto de Lima Júnior relata inúmeras entradas e bandeiras que tentaram chegar e as que chegaram à região de Minas Gerais em seu *A Capitania das Minas Gerais*.[339]

Em 1809, John Mawe viajando do Rio de Janeiro para Minas Gerais recomenda:

> "Aconselho às pessoas que tencionarem percorrer o mesmo caminho, a se munirem de camas e cobertas, de uma provisão de chá, açúcar, velas, aguardente, sal, sabão..."[387]

De São Paulo a Goiás os pousos dos sertanistas transformaram-se em importantes cidades:

> "O caminho de São Paulo a Goiás[56] era todo por terra, passando por Jundiaí, por Mogi do Campo, pelas aldeias do Rio das Pedras, de Pissarão, do rio das Velhas e do Lanhozo, por Santa Cruz e Meia Ponte (atual Pirenópolis), até chegar em Vila Boa (atual Goiás Velho)[57]. De pousos de sertanistas derivaram importantes núcleos, como Mogi Mirim, Mogi Guaçu, Campinas, Franca e Casa Branca (...). É imprescindível lembrar que as rotas terrestres eram percorridas em redes ou em mulas, por caminhos não calçados, debaixo de sol e chuva. Boa parte da interiorização se fez com tais meios de transporte ou simples pés descalços."[117]

BANDEIRANTES

Com a implantação de engenhos de açúcar, houve necessidade de mão de obra. Antes de se buscar escravos africanos, recorreu-se aos indígenas:

> "Mas enquanto não chegavam as levas africanas, os engenhos tiveram de servir-se do labor vermelho, tal qual ocorria na América espanhola. E para o recrutamento destes servos fácil recurso era a extensão ao Novo Mundo da multissecular instituição vigente do outro lado do Atlântico a da preia do escravo."[613]

Os grupos de homens que adentravam os sertões em busca de escravos indígenas foram divididos pelos historiadores em Entradas e Bandeiras. Os primeiros faziam parte de expedições patrocinadas pelo Governo, sendo, assim, estatais. Já os últimos eram expedições custeadas por particulares, ou seja, pela iniciativa privada.

Os melhores resultados foram obtidos, como ainda hoje se observa, pelos empreendimentos executados pela iniciativa privada. Seus integrantes eram chamados de Bandeirantes. Augusto de Lima Júnior explica a origem do nome Bandeira:

> "É puramente fantasiosa e até pueril a afirmativa de que os grupos paulistas marchavam pelos sertões carregando uma bandeira de pano. A expressão bandeira é oriunda da organização alemã, quando os camponeses e homens de armas tinham de acorrer para junto do castelo do senhor feudal, para se colocarem sob sua bandeira, isto é o pendão com a insígnia e os brasões do castelão."[339]

Na primeira metade do século XVII os holandeses ocuparam parte do nordeste brasileiro. Para desagregar a resistência local, incentivaram a fuga de escravos dos engenhos. Como também, ao mesmo tempo, tinham ocupado portos africanos fornecedores de escravos, os senhores de engenho tiveram que encontrar outra fonte de mão de obra. Tiveram que se voltar novamente ao índio.

Nessa época, na Capitania de São Vicente havia uma pequena localidade no planalto, afastada e mais ou menos isolada do litoral, onde hoje é a cidade de São Paulo. O clima frio e as constantes geadas não eram favoráveis ao cultivo de cana de açúcar. Seus habitantes, para obter mão de obra escrava para suas lavouras faziam incursões ao interior para aprisionar indígenas e paralelamente procurar pedras preciosas.

> "A localização da zona aurífera deve ser creditada aos bandeirantes paulistas que palmilharam extensas áreas do território brasileiro; tais sertanistas dedicavam-se à captura do elemento indígena, base de mão de obra e seu principal 'produto' de exportação. Tal atividade exigia a exploração do sertão e lhes possibilitava efetuar subsidiariamente a pesquisa mineral." [356]

Os paulistas se notabilizaram por executar incursões pelo interior do Brasil e eram vistos como um grupo destacado:

> "É preciso saber que esses paulistas são um amontoado ou mistura de todos os povos e raças, mistura em que predomina a raça portuguesa, e que são mais ou menos como os flibusteiros. Há muito tempo, eles estabeleceram-se em uma zona do território próximo das minas, onde têm uma bela cidade chamada São Paulo, da qual tiram o nome com o qual se designam. Sempre reconheceram o rei de Portugal como seu soberano, todavia, quando o monarca quis dar-lhes um governador, opuseram-se e expulsaram o representante de sua majestade, constituindo uma pequena república que tem como lei funda-

mental nunca receber comandante da parte do rei, mas pagar-lhe, não obstante, o quinto do ouro que extraem das minas – e, pelo que se diz, são muito corretos nisso."[245]

O custo de vida nas regiões mineradoras era altíssimo:

"Na verdade, é extraordinário o quanto que se gasta nas minas. Tudo o que vale uma moeda de ouro no Rio de Janeiro, nas minas vale pelo menos dez vezes mais. Muitos portugueses garantiram-me que, em certas ocasiões, se conseguiu apurar dois mil francos com a venda, aos negros, de um único quartão de aguardente."[245]

A conquista dos sertões foi acompanhada muitas vezes de genocídio. O bandeirante Domingos Jorge Velho (1641-1705), não tendo sucesso em arregimentar uma tribo para suas tropas:

"Promove uma grande festa de despedida, na noite da partida da bandeira, para a qual convida os indígenas. Ornados para a festa, os acroases compareceram desarmados e, depois de algumas horas de danças rituais e bebidas, quando se achavam cansados e desprevenidos, 500 guerreiros indígenas, atônitos, foram massacrados a golpes de espada e catana."[108]

Alvo frequente dos bandeirantes eram os indígenas já habituados ao trabalho:

"Durante o domínio espanhol (1580-1640), os bandeirantes paulistas entregaram-se ao apresamento dos índios catequizados e habituados ao trabalho disciplinado das províncias missioneiras jesuíticas de Guairá, Paraná, Uruguai, Itatins e Tape, tendo em vista, principalmente, o nordeste açucareiro."[329]

O objetivo das entradas e bandeiras que penetravam no sertão era o aprisionamento de indígenas para a escravidão. Elas, por sua vez, eram compostas por grandes contingentes de índios. Assim, segundo Teixeira Leite, ser caça e ser caçador foram as duas contribuições dos índios para a colonização do interior do território brasileiro:

> "Essa (ser caça) foi a maneira indireta de sua participação na expansão territorial da colônia. De maneira direta (ser caçador), o índio contribuiu decisivamente integrando as entradas e bandeiras."[329]

Um dos mais famosos bandeirantes é Bartolomeu Bueno da Silva, o Anhanguera, cuja lenda sobre ameaçar os indígenas de atear fogo aos seus rios e lagos é cheia de fascínio e contada em várias versões. Segue uma delas:

> "É notável o estratagema, de que usou o primeiro Anhanguera, quando se viu apertado pelos índios no rio Grande; ele os ameaça que ia lançar fogo a todo o país, se lhe fizessem o menor dano, do que lhes mostrava a prova; então lança pela terra a aguardente de um barril, comunica-lhe fogo, e com isto ficam pasmos, e sujeitos os índios ou quais, por causa deste, e de outros estratagemas, e por ele ser velho, o apelidara Anhanguera, que significa diabo velho."[20]

DESBRAVANDO COM BOIADAS

A pecuária, inicialmente exercida em pequena escala pelos senhores de engenho para suprir necessidades locais, foi adotada também por outras pessoas que não tinham grande capital inicial para construir engenhos. A grande demanda de bois para movimentar os engenhos, carne para alimentação e de couro para vestuário e outros artigos impulsionaram ràpidamente o setor, que necessitava de pouquíssima mão de obra.

Os boiadeiros eram muito bem conceituados e suas opiniões sobre as cachaças determinavam o sucesso ou fracasso das mesmas:

> "A força econômica do Brasil Colônia residiu em muito nos engenhos produtores de álcool e de açúcar, utilizando a força animal; do boi por excelência, equivalente nos dias de hoje ao indispensável motor elétrico.
> Para cuidar das boiadas e de outros animais do pasto, nasceu dessa atividade um tipo caracteristico conhecido pelo nome de Carreiro ou Boiadeiros.
> O Boiadeiro é antes de tudo um homem forte, másculo, jovial, ingênuo, respeitador, valente, namorador, sincero, companheiro, resistente, trabalhador e muito festeiro. Suas propriedades se restringem ao cavalo de sua predileção, a sua rede tarimba de capim seco, um céu cheio de estrelas e uma viola dependurada na parede da taipa, testemunha plangente dos ardores e dos cantares.
> Freguês acatado dos alambiques de todas as religiões, sua 'prova'é disputada e, de acordo com seu gosto, garante a fama da cachaça local;. Sua exclamação 'arre égua' complementada pelo 'esta é boa!', é selo de qualidade, daí passa para a mistura de mel e gotas de limão e, lambendo os beiços, esperto se despede: 'Adeus, meu camarada, até de repente, até outro dia, até outra hora...'"[158]

Grande área do sertão nordestino e parte da região norte foram exploradas como resultado da procura de novas pastagens para o gado, devido aos danos causados pelos bois aos canaviais:

"Não havendo, na época, arame, ia-se verificando um conflito entre criadores e lavradores. Os currais foram, então, retirados para o interior, penetrando inicialmente pelo sertão da Bahia. Os Ávilas e seus associados ocuparam, com suas criações, o sertão nordestino, em seus imensos latifúndios. Foram ao Maranhão, Piauí, Rio Grande do Norte e Ceará. Os Guedes de Brito, outros grandes criadores, ocuparam grandes extensões de terras nos sertões baianos. Subindo o rio São Francisco, esses criadores atingiram o interior mineiro. O gado foi para o açúcar o que o muar seria para a mineração. A sua criação era indispensável para mover os engenhos, como fonte de alimentação e fornecedor de matéria-prima para o vestuário e mais uma infinidade de utilidades. Chegou a caracterizar o panorama social do sertão brasileiro, constituindo a chamada Idade do couro, no dizer de Capistrano de Abreu."[329]

"Só depois da expulsão dos franceses do Maranhão, e holandeses de Pernambuco, é que os sertanistas, os bandeirantes, os boiadeiros, puderam se voltar para sua conquista e tocaram triunfantes suas boiadas para as ricas pastagens do Sertão de Dentro."[108]

Estas incursões iam criando arraiais, muitos dos quais seriam mais tarde transformados em cidades. Cachaça fazia parte das provisões dos boiadeiros.

"Mal ficavam prontos os galpões, organizavam-se despensas onde eram guardados os jacás cheios de milho, de carne seca, de farinha, de rapadura. As pipas de vinho do reino e cachaça. As cabaças transbordantes de mel. Os baldes de leite de vaca e de cabra."[108]

TROPEIROS

A grande distância entre a região mineradora e os portos marítimos foi inicialmente coberta por cavalos, resultando no sumiço desses animais em São Paulo e Santos no fim do século XVII e início do XVIII. Quando o novo caminho do Rio de Janeiro às minas começou a ser utilizado, o transporte da carga foi inicialmente feito por escravos o que, naturalmente, mostrou-se inviável. Optou-se em ambos os casos pelo emprego de tropas, mas os animais estavam disponíveis apenas nas regiões do Viamão e vizinhas do Prata.

Auguste de Saint-Hilaire, oferece em 1817, uma razoável definição de tropeiro e descrição da composição da tropa:

> "Dá-se o nome de tropeiros aos homens que conduzem as caravanas de burros destinadas a empreender essas viagens e outras semelhantes. As tropas um pouco consideráveis são divididas em lotes de sete animais, e cada um é confiado à guarda de um negro ou mulato que, caminhando na retaguarda dos cargueiros de que está encarregado, os incita e dirige por meio de gritos ou por um assobio bastante brando. Costuma-se carregar cada besta com oito arrobas (cerca de 120 quilos), e para não feri-los, iguala-se a carga com o maior cuidado."[558]

Ao se tornar o pólo distribuidor de animais, a cidade de Sorocaba, em São Paulo, teve vertiginoso desenvolvimento.

> "Não só o Rio Grande de São Pedro, aliás, se beneficiará com esse ramo de comércio, mas ainda São Paulo que, através das feiras de Sorocaba, vai ser o grande centro distribuidor dos animais...[3]

> "De resto, não é a agricultura que faz a riqueza de Sorocaba, e sim o comércio e burros bravos, dos quais a cidade é um verda-

deiro mercado. Esses animais vêm em tropas numerosas da província do Rio Grande, trazidas pelos negociantes do Sul."[559] "Havia boas mulas pastando pelas proximidades; as nativas custam 30$000 e as que vêm da Província do Rio Grande do Sul, passando por Sorocaba e São Paulo, em viagem de dois anos, valem de 50$000 a 60$000."[123]

"A entrada do século XVIII fez a vila sentir os reflexos quase que imediatos da explosão do ouro nas Gerais. É certo que a demanda por animais de transporte, assim como por gado 'vacum' para consumo, cresceu vertiginosamente, à proporção que a leva de mineradores se avolumava. Sorocaba inseria-se como ponto distribuidor do gado que despontava do longo caminho vindo do sul, transformando-se, com o passar dos anos, em centro de comercialização das tropas. Pelo menos desde 1750 são conhecidas as feiras sorocabanas, onde se reuniam os interesses dos compradores e vendedores. Estes não mais tangiam seus animais até vilas ou propriedades dos compradores, que vinham ao encontro do grande mercado que estourava anualmente em Sorocaba."[81]

Ronaldo Vainfas indica os principais roteiros para abastecimento da população das minas:

"Eram três os caminhos que levavam às minas: o Caminho dos Currais do Sertão (da Bahia), o Caminho Velho (São Paulo) e o Caminho Novo (Rio de Janeiro)..."[643]

As tropas levavam:

"De Portugal para Minas vinham aguardente, vinagre, vinho, azeite, bacalhau, peixe seco do reino, queijo flamengo, manteiga de Flandres, biscoitos, passas, nozes, farinhas, gengibre, sabão, pêra seca, chouriços, etc., produtos habituais nas mesas abastadas. Mas entravam, igualmente, tecidos, alfaias, marmelada de São Paulo, coco da Bahia, gado bovino, bestas, carne-seca, algodão e sal."[643]

A intensa movimentação dos tropeiros e sua importância no transporte de mercadorias foram registradas por várias fontes:

> "Em Oliveira vi-me num rancho imundo, misturado com tropeiros de todas as cores. Havia sacos de algodão amontoados em todos os cantos e cangalhas empilhadas umas sobre as outras. Dois ou três fogões rústicos cozinhavam a comida dos tropeiros. Uma dezena de pessoas nos rodeou, maravilhadas com a paciência de José Mariano em preparar os animais para empalhar. Os mineiros têm uma acentuada aversão por viagens marítimas, mas em compensação gostam de viajar por terra. A liberdade desfrutada nos ranchos agrada especialmente aos jovens. Depois de uma jornada fatigante eles saboreiam o repouso estendidos displicentemente sobre couros e se divertem tocando violão ou contando suas aventuras."[554]

> "A partir deste ponto, a estrada vai se animando gradualmente, com habitações e plantações (mas muitas dessas casas são cabanas miseráveis, construída para a venda de toucinho, milho, bebidas etc.), e por muitos lavradores, trazendo produtos de todas as regiões do Sudoeste, mesmo dos distritos mais remotos de Goiás, Curitiba, São Paulo e Mato Grosso. É comum verem-se oitocentos ou mil mulas, passando e repassando num só dia, além de numerosas manadas de excelente gado para o consumo da cidade. A nossa carga e as mulas cansadas cami-

nhavam tão vagarosamente que não avistamos o Rio de Janeiro, senão por volta de três da tarde."[387]

"Os distritos de mineração, sendo mais populosos, exigem a maior parte dos produtos de consumo e, em retribuição, enviam artigos de comércio mais valiosos; daí as inúmeras tropas de mulas, que viajam continuamente para este distrito e dele partem; a carga usual é de três cwt (em torno de 150kg) cada uma, carregada, por distâncias quase inacreditáveis, de 1.500 a 2.000 milhas (cerca de 2.400 a 3.200 km). O frete de retorno consiste, principalmente, de sal para o consumo do gado e ferro para o trabalho das minas."[387]

"A casa, que é bem construída e cômoda, tem engenho de cana de açúcar e destilaria, que lhe são contíguos. O açúcar é geralmente mandado para o Rio; o tropeiro tem, por seu trabalho, a metade, algumas vezes, os dois terços do que transporta, e compromete-se a trazer, em troca, sal, ferro e outras mercadorias."[387]

John Mawe (1764-1829), após constatar que o algodão produzido na região diamantífera de Minas Gerais em 1809 era de boa qualidade e era:

"(...) transportado em lombo de burro ao Rio de Janeiro, e nesse comércio são empregados constantemente grandes tropas daqueles úteis animais (burros). Levam três meses e algumas vezes quatro para ir ao Rio, e outro tanto para voltar."[387]

Auguste de Saint-Hilaire (1779-1853) relata a movimentação dos tropeiros em São Paulo:

"Depois de Moji a região se torna mais ativa e povoada. Encontram-se a todo momento burros carregados de mercadorias européias ou produtos coloniais. (...) Esta cidade, assim como Campinas e Jundiaí, situadas na mesma estrada, porém mais perto de São Paulo, fornece uma boa parte dos 'camaradas' que acompanham as tropas de burros e partem da capital da província para Goiás e Mato Grosso. (...) Alguns proprietários do termo de Campinas possuem (1819) suas próprias tropas de burros, que transportam o seu açúcar até o porto de Santos. (...) É principalmente ao comércio que se dedicam os habitantes da cidade (Santos-SP) . Alí chegam, quase que diariamente, várias centenas de burros carregados de produtos do interior, e todos os dias parte um igual número deles, levando para São Paulo as mercadorias importadas da Europa e de outras partes do mundo."[559]

Charles James Fox Bunbury (1808-1866) narra o transporte de mercadorias entre o Rio de Janeiro e a região das minas:

"Uma das principais razões pelas quais os artigos de luxo tão raramente são encontrados no interior, é, sem dúvida, a falta de boas estradas e o conseqüente risco, bem como a despesa de transporte. Vidros para janelas, sal, vinho, chá e muitas outras coisas são levadas do Rio de Janeiro para o interior em mulas, e, naturalmente, o seu preço fica muito elevado até chegarem às minas. O sal, por exemplo, disseram-me, custa quase sete vezes em Cocais ou Sabará do que no Rio."[121]

Carlos Frederico Philippe von Martius (1794-1868), médico, botânico e antropólogo e Johan Baptiste von Spix (1781-1826), naturalista, ambos alemães, citam várias vezes os movimentos de tropeiros em suas viagens pela Bahia, como no Porto de São Felix, às margens do Rio Paraguaçu:

"Numerosas tropas de muares recebem as mercadorias européias, vindas por via marítima, para transportá-las ao interior do Império."[606]

A cachaça era item obrigatório nas viagens:

"Depois das refeições, os tropeiros costumavam bater papo tomando cachaça. Pelas manhãs, o café tropeiro – com o pó no fundo, sem coar – e um golinho de pinga eram sagrados. 'Eles acreditavam que a aguardente limpava o organismo para a viagem. Além disso, a bebida era usada para desinfetar feridas', afirma Moacyr Flores, historiador da Pontifícia Universidade Católica do Rio Grande do Sul."[173]

Um paralelo interessante entre tropeirismo e cachaça é o fato do lendário Anísio Santiago (1912-2002), criador da premiada cachaça Havana, foi tropeiro na década de 1930:

"Na década de 1930, frequentemente realizava viagens entre Salinas e Montes Claros, em percurso de cerca de duzentos e cincoenta quilômetros, montado em mulas. A viagem de uma cidade para outra durava, em média, seis dias." [572]

Em alguns locais, a cachaça era transportada em lombo de mulas:

"As tropas começavam a chegar do sertão, trazendo os barris vazios. Os depósitos se movimentavam nas enchidas. Era lufa-lufa da freguesia. Os tropeiros vinham, com uma porção de burros, buscar alegria para as suas terras."[49]

"Desde o início do século passado, Maquine ficou famosa por sua cachaça. Naquela época, os pequenos produtores reuniam os melhores tropeiros para levar sua cachaça a diversas localidades da região."[10]

"É interessante também, quando se aborda o tropeirismo em nosso Estado, deixar bem claro a sua grande contribuição na movimentação econômica e intercâmbio cultural das várias regiões do Rio Grande do Sul. Os cargueiros quase sempre constituídos de muares, viajavam com suas bruacas ou broacas abarrotadas de mercadorias de sua região, tropeiros de cima da serra levando queijo, doces, vinhos, salame, enfim produtos bem campeiros e coloniais, pois ao retornarem do litoral por exemplo, traziam cachaça, farinha, açúcar mascavo, rapadura e o conhecimento das várias formas de conservar o peixe para consumo, uma vez que o nosso litoral sempre foi rico nesta iguaria."[297]

"A cozinha do tropeiro já apresenta outras características. A tropa era um conjunto de burros conduzidos pelos tropeiros. Iam e vinham, traziam e levavam cachaças, sementes, o precioso e raro sal, vasilhames, tudo enfim que se necessitasse transportar e comercializar."[442]

"Um outro João, o filho que também levava o sobrenome da mãe, o João Pereira Dias irriquieto e empreendedor, não sossega enquanto não constroe um engenho, já estamos em 1916 e o João da Amélia, como era chamado inicia a produção da famosa Amélia. Cuja fama chega as cidades de Bom Jesus e Cambuí. Nessa época o transporte da cachaça preferida dos sul mineiros era transportada em lombo de burros da fazenda." [126]

Mesmo agora, na primeira década do século XXI, em alguns locais mercadorias são transportadas por tropeiros, como os queijos e doces da região de Itamonte/MG para Visconde de Mauá/RJ.

VIAJANTES E OUTROS ESCRIBAS

Outro tipo de "desbravador" foi o visitante estrangeiro. Enquadram-se nesta categoria piratas, invasores, aventureiros, pesquisadores, historiadores e viajantes. Uns estiveram poucos dias por aqui e outros ficaram por longos períodos, percorreram extensas áreas do território nacional em pesquisas científicas, pirataria ou simplesmente em busca de aventuras. Seus relatos de viagem são importantes ferramentas para o conhecimento da história do Brasil, bem como da fauna, flora e relevo além de usos e costumes dos habitantes. Informações imprescindíveis sobre a cachaça foram por eles registradas.

Historiadores brasileiros da época colonial, imperial e republicana também prestaram valiosa colaboração para o entendimento da formação da história nacional, além de registrarem dados fundamentais sobre a cachaça. Alguns desses viajantes estrangeiros e historiadores brasileiros foram:

Afonso d'Escragnolle *Taunay* (1843-1899) – Biógrafo, historiador, ensaísta, lexicógrafo, romancista e professor brasileiro Escreveu *Leonor de Ávila; Ensaios de bibliografia; Nicolau A. Taunay* (documentos sobre sua vida e sua obra); *Pedro Taques e seu tempo; A vida gloriosa e trágica de Bartolomeu de Gusmão,* biografia; *Obras diversas de Bartolomeu de Gusmão; Escritores coloniais; História: São Paulo nos primeiros anos; História geral das bandeiras paulistas; História seiscentista da vila de São Paulo; História do café no Brasil; Lexicografia: Léxico de termos técnicos e científicos; A terminologia científica* e os grandes dicionários portugueses.

Américo Vespúcio (1454-1512) – Percorreu as costas do Brasil de agosto de 1501 a janeiro de 1502.

André João Antonil (1649-1716). Jesuíta italiano, chegou à Bahia em 1681, onde ficou até 1716. Escreveu *Cultura e opulência do Brasil por suas drogas e minas.*

André Thevet (1502-1590) – Frade franciscano francês, explorador, cosmógrafo e escritor que viajou ao Brasil no século XVI. Escreveu *A cosmografia universal de André Thevet.* 1575.

Antonio de Moraes Silva (1755-1824) – Advogado e magistrado brasileiro, escreveu D*icionário da Língua Portugueza.*

Anthony Knivet – Pirata inglês, viveu no Brasil de 1592 a 1601. Escreveu As incríveis aventuras e estranhos infortúnio de Anthony Knivet.

Auguste de Saint-Hilaire (1779-1853) – Botânico, naturalista e viajante francês. Esteve no Brasil de 1816 a 1822, percorreu vários estados e escreveu *Viagem ao Rio Grande do Sul* (1820-1821); *Segunda viagem ao Rio de Janeiro, a Minas Gerais e a São Paulo* (1822); *Viagem ao Espírito Santo e Rio Doce* (1818); *Viagem pelas províncias do Rio de Janeiro e Minas Gerais; Viagem a Curitiba e Santa Catarina; Viagem pelo distrito dos diamantes e litoral do Brasil* (1833); *Segunda viagem ao interior do Brasil, Espírito Santo; Viagem à província de Santa Catarina* (1820); *Viagem à comarca de Curitiba* (1820); *Viagem às nascentes do Rio São Francisco e pela província de Goiás; Viagem à província de São Paulo.*

Augusto-Emílio Zaluar (1825-1882) – Escritor, poeta e jornalista português. Veio para o Brasil em 1852. Escreveu *Peregrinação pela Província de São Paulo.*

Beaurepaire-Rohan, Visconde de (1812-1894) – Nobre, militar e político brasileiro, escreveu *Diccionario de Vocabulos Brasileiros.*

Carlos Frederico Philippe von Martius (1794-1868) – Médico, botânico, antropólogo e pesquisador alemão. Escreveu *Brasiliana da Biblioteca Nacional; Flora brasiliensis; A Fisionomia do reino Vegetal no Brasil; Como se deve escrever a História do Brasil.*

Changel de Lagrange (1678-1847) – Capitão-geral e guarda-costa francês. Participou da invasão francesa do Rio de Janeiro em 1711. Fez relato sobre a invasão.

Charles de Ribeyrolles (1812-1860?) – Publicista e político francês, viveu no Brasil de 1858 a 1860. Escreveu *Brasil pitoresco: descrição, viagens, colonização, instituições.*

Cristóbal de Acuña (1597–1676?) – Padre jesuíta espanhol, fez a navegação pelo rio Amazonas em 1638. Escreveu *Novo descobrimento do rio Amazonas.*

Daniel P. Kidder (1815-1891) – Missionário metodista norte americano, que esteve no Brasil em 1836-1837 e 1840-1842. Escreveu *Reminiscências de viagem e permanência nas Províncias do Sul do Brasil: Rio de Janeiro e Província de São Paulo* (compreendendo notícias históricas e geográficas do Império e das diversas províncias).

Erasmus Grover – Capitão de navio, visitou o Brasil em 1792 junto com a comitiva diplomática do lorde George Macartney, a caminho da China. Deixou registro sobre sua estada no Brasil.

Ferdinand Denis (1798-1890) – Viajante, historiador e escritor francês, viajou pelo Brasil de 1816 a 1819 e escreveu diversas obras sobre o país. Uma delas é *Brasil.*

Fernando de Azevedo (1894-1974) – Professor e educador; escreveu

Canaviais e engenhos na vida política do Brasil.

Fernão de Cardim (1540?-1625) – Missionário e escritor português, sua primeira viagem ao Brasil ocorreu em 1583-1599 e viajou de Pernambuco ao Rio de Janeiro. Foi Reitor do Colégio do Rio de Janeiro. Voltou ao Brasil em 1604 e foi Reitor do Colégio da Bahia. Escreveu *Tratados da terra e gente do Brasil.*

Francisco Pyrard (1578-1623) – Chegou na Bahia em 1610. Escreveu *Viagem de Francisco Pyrard, de Laval,* contendo a notícia de sua navegação às Índias Orientais, Ilhas de Maldiva, Maluco, e ao Brazil, e os diferentes casos, que lhe aconteceram na mesma viagem nos dez anos que andou nestes países (1601-1611).

Frei Vicente do Salvador (1564-1635) – Religioso franciscano brasileiro, recebeu o título de Pai da História brasileira, por ter sido o primeiro autor de uma história do Brasil. Escreveu *História do Brasil 1500-1627.*

Gabriel Soares de Souza (1540-1591) – Agricultor, senhor de engenho e empresário português, chegou ao Brasil entre 1565 e 1569, residiu muitos anos aqui e escreveu *Tratado descritivo do Brasil* em 1587.

Gaspar Barléu (1584-1648) – Poeta e humanista holandês do século XVII, esteve no Brasil durante a invasão holandesa de 1637 a 1644, sob o comando de João Maurício de Nassau. Escreveu *História dos fatos recentes praticados durante oito anos no Brasil.*

George Gardner (1812-1849) – Naturalista escocês, esteve no Brasil de 1836 a 1841 e escreveu *Viagem ao interior do Brasil,* principalmente nas províncias do Norte e nos distritos do ouro e do diamante durante os anos de 1836-1841.

Gilberto Freyre (1900-1987) – Sociólogo, antropólofo, escritor e pintor brasileiro. Deixou inúmeras obras, entre as quais *Casa-Grande & Senzala* (1933); *Guia Prático, Histórico e Sentimental da Cidade do Recife* (1934); *Sobrados e Mucambos* (1936); *Nordeste: Aspectos da Influência da Cana Sobre a Vida e a Paisagem...* (1937); *Assucar* (1939); *Olinda* (1939); *O mundo que o português criou* (1940); *A história de um engenheiro francês no Brasil* (1941); *Problemas brasileiros de antropologia* (1943); *Sociologia* (1945); *Interpretação do Brasil* (1947); *Ingleses no Brasil* (1948); *Ordem e Progresso* (1957); *O Recife sim, Recife não* (1960); *Vida social no Brasil nos meados do século XIX* (1964); *Brasis, Brasil e Brasília* (1968); *O brasileiro entre os outros hispanos* (1975).

Guilherme Piso (1611-1678) – Médico e naturalista holandês; participou da invasão holandesa entre 1637 e 1644, sob o comando de João Maurício de Nassau. Escreveu *História natural e médica da Índia Ocidental.*

Guillaume François Parscau (1684- ?) – Participou da invasão francesa ao Rio de Janeiro em 1711 e deixou relato sobre o assunto.

Hans Staden (1525-1579) – Aventureiro e mercenário alemão; esteve no Brasil em 1548 e em 1550-1554, quando foi aprisionado pelos tupinambás, permanecendo com eles por cerca de 10 meses. Escreveu *Duas viagens ao Brasil.*

Henry Walter Bates (1825-1892) – Entomólogo e naturalista inglês; chegou ao Brasil em 1848 e aqui permaneceu por 11 anos. Escreveu *Um naturalista no rio Amazonas.*

Jean de Léry (1534-1611) – Pastor, missionário e escritor francês; participou da invasão da Baia da Guanabara, em 1557, comandada por Villegagnon. Escreveu *Viagem à terra do Brasil.*

João Capistrano de Abreu (1853-1927) – Historiador brasileiro. Escreveu *Estudo sobre Raimundo da Rocha Lima* (1878); *José de Alencar* (1878); *A língua dos Bacaeris* (1897); *Capítulos de História Colonial* (1907); *Dois documentos sobre Caxinauás* (1911-1912); *Os Caminhos Antigos e o Povoamento do Brasil* (1930); *O Descobrimento do Brasil* (1883); *Ensaios e Estudos* (1931-33, póstumos); *Correspondência* (1954, póstuma).

João Maurício Rugendas (1802-1858) – Pintor alemão; esteve no Brasil de 1821 a 1825 em São Paulo, Rio de Janeiro, Mato Grosso, Pernambuco, Bahia e Espírito Santo. Pintou inúmeras gravuras registrando os usos e costumes, o povo, o relevo e escreveu *Viagem pitoresca através do Brasil.*

John Mawe (1764-1829) – Mineralogista inglês, esteve no Brasil de 1807 a 1811 e escreveu *Viagens ao interior do Brasil.*

Johann Baptiste von Spix (1781-1826) – Naturalista alemão. Esteve no Brasil de 1817 a 1820 com Carl Von Martius. Percorreu os rios Solimões e Negro. Escreveu com Carl Von Martius *Viagem ao Brasil; História e crítica dos sistemas de zoologia desde Aristóteles; O desenvolvimento do Brasil desde o descobrimento até nossa época.*

Joan Neiuhof (1618-1672) – Viajante alemão. Esteve no Brasil de 1640 a 1649. Escreveu *Memorável viagem marítima e terrestre ao Brasil.*

José Calasans (1915-2001) – Publicou inúmeros trabalhos, principalmente sobre a Guerra de Canudos e Antonio Conselheiro e também sobre folclore, incluindo a cachaça, como *Cachaça, moça branca* e *Ritual de bebedores.*

José de Anchieta (1534-1597) – Missionário, gramático, poeta, teatrólogo e historiador , chegou ao Brasil em 1553. Em 1554 ajudou a fundar o colégio da Vila de São Paulo de Piratinnga, que viria a ser a atual cidade de São Paulo. Escreveu *Os feitos de Mem de Sá; Arte de gramática da língua mais usada na costa do Brasil; Poema à Virgem*. Escreveu também inúmeras cartas e poemas.

Luís da Câmara Cascudo (1898-1986) – Historiador, folclorista, antropólogo, advogado e jornalista. Escreveu 31 livros, dentre os quais: *Prelúdio da cachaça; Excertos do folclore da alimentação; Antologia da alimentação no Brasil.*

Lycurgo Santos Filho (1910-1998) – Médico, historiador da medicina brasileira e genealogista. Deixou inúmeras obras, entre elas *Uma Comunidade Rural do Brasil Antigo* (Aspectos da vida patriarcal no sertão da Bahia nos séculos XVIII e XIX).

Manuel da Nóbrega (1517-1570) – Sacerdote jesuíta português, chegou à Bahia em 1547. Escreveu além de inúmeras cartas, a obra *Diálogo sobre a conversão do gentio.*

Mário Souto Maior (1920-2001) – Escritor e folclorista, escreveu inúmeros livros sobre vários temas como *Dicionário Folclórico da Cachaça; Nomes Próprios Pouco Comuns; Nordeste: a Inventiva Popular; Dicionário do palavrão e Termos Afins; Remédios Populares do Nordeste; Frei Damião – Um Santo?.*

Maximiliano de Wied Neuwied, Príncipe (1782-1867) – Naturalista, etnólogo e explorador alemão. Visitou o Brasil de 1815 a 1817, estando nos estados do Rio de Janeiro, Minas Gerais, Espírito Santo e Bahia. Escreveu *Viagem ao Brasil.*

Pero de Magalhães Gandavo (1540-1580) – Historiador e cronista português. Viveu na Bahia de 1565 a 1570. Escreveu *Tratado da terra do Brasil; História da Província Santa Cruz.*

René Duguay-Trouin (1673-1736) – Corsário francês, comandou a invasão francesa ao Rio de Janeiro em 1711 e deixou um relato sobre ela.

Richard Fleckno (c. 1600-1678?) – Esteve em 1648 no Brasil.

Richard Charles Burton (1821-1890) - Escritor, tradutor, linguista, geógrafo, poeta, antropólogo, orientalista, erudito, espadachim, explorador, agente secreto e diplomata britânico. Viveu como consul britânico no Brasil de 1865 a 1868. Escreveu inúmeras obras, entre elas *Viagem do Rio de Janeiro ao Morro Velho* e *Viagem de canoa de Sabará ao oceano Atlântico.*

Richard Hawkins (1562-1622) – Piloto de navio pirata inglês. Esteve no Brasil no início da década de 1590 e suas aventuras estão no livro *A viagem do pirata Richard Hawkins de E. San Martin.*

Robert Avé-Lallemant (1812-1884) – Médico e explorador alemão. Morou no Brasil de 1836 a 1855. Após ter retornado à Europa, retornou ao Brasil onde fez viagens exploratórias e depois escreveu *Viagem pelo sul do Brasil* (1858); *Viagem pelo norte do Brasil* (1859).

Rocha Pitta (1660-1738) – Advogado, historiador e poeta brasileiro. Escreveu *História da América portuguesa.*

Sérgio Buarque de Holanda (1902-1982) – Historiador, crítico literário e jornalista brasileiro. Escreveu *Raízes do Brasil; Cobra de Vidro; Monções; Expansão Paulista em Fins do Século XVI e Princípio do Século XVII; Caminhos e Fronteiras; Visão do Paraíso. Os motivos edênicos no descobrimento e colonização do Brasil; Do Império à República; Tentativas de Mitologia; Sergio Buarque de Hollanda: História* (org. Maria Odila Dias); *O Extremo Oeste* (obra póstuma); *O espírito e a letra* (org. Antonio Arnoni do Prado); *Para uma nova história* (org. Marcos Costa).

Thomas Davatz (1815-1888) – Colono suiço, liderou em 1856, revolta em uma fazenda de café em Limeira, no interior paulista, onde imigrantes europeus eram tratados como escravos. Escreveu *Memórias de um colono no Brasil.*

Yves D'Evreux (1577-1632) – Religioso e entomólogo francês, chegou em 1612 no Maranhão. Escreveu *Viagem ao norte do Brasil: feita nos anos 1613 a 1614.*

RESUMO

Logo após o descobrimento do Brasil o conhecimento do seu território foi efetuado através de navegação costeira, para carregamento do pau-brasil e, logo depois, do açúcar produzido nos engenhos que iam se instalando no litoral. Não tardou para incursões em pequenas embarcações ou a pé começarem a ser empreendidas ao seu interior em busca de índios para serem escravizados e de pedras preciosas e ouro. A necessidade de novos pastos para o gado forçou também a entrada pelos sertões.

Estes movimentos de conquistas do interior foram deixando pequenos agrupamentos de pessoas que, com o tempo, foram se tornando povoações, vilas e cidades. A comunicação entre estes aglomerados para o transporte de mercadorias era feita a pé, por embarcações e, posteriormente, por tropas de burros. A cachaça presenciou toda esta movimentação, uma vez que fazia parte das mercadorias transportadas.

Relatos destes movimentos e dados políticos, econômicos e sociais foram gerados em forma de livros ou cartas por viajantes estrangeiros como aventureiros, piratas, conquistadores e cientistas, além de brasileiros. Como outros setores da história do Brasil, o conhecimento que temos da criação da cachaça deriva daqueles relatos.

DATAS E LOCAIS DA CACHAÇA

Aqui são apresentados, em ordem cronológica, fatos relevantes relacionados com a cachaça:

1500 – Chegada da frota de Cabral ao Brasil
1519 – Açúcar brasileiro na Europa

> "O cronista espanhol Antonio Herrera escreveu posteriormente que em 1518 havia um engenho em operação no Brasil; embora alguns historiadores tenham posto em dúvida tal afirmação, há indícios, agora, da existência de açúcar brasileiro no mercado de Antuérpia em 1519. Em 1516, a alfândega de Lisboa recebeu açúcar do litoral do Nordeste. O capitão português Cristóvão Jacques havia estabelecido em Itamaracá um pequeno engenho que foi, porém, pouco depois, em 1530, destruído pelos franceses. Antes dessa data, a indústria açucareira no Brasil foi insignificante, constituída apenas por al-

guns engenhos pequenos que produziam pouco e esporádicamente."[579]

1557 – Registro da suposta primeira bebida alcoólica feita com cana de açúcar no Brasil.

"... ao chegarmos a esse país procuramos evitar a mastigação no preparo do cauim e fazê-lo de modo mais limpo. Por isso pilamos raízes de aipim e mandioca com milho, mas, para dizer a verdade, a experiência não provou bem. Pouco a pouco nos habituamos a beber o cauim da outra espécie embora não o fizéssemos comumente, pois tendo cana à vontade púnhamo-la de infusão por alguns dias na água depois de refrescá-la um pouco por causa do grande calor; e assim açucarada bebíamos a água com grande prazer."[333]

1583 – População da Bahia.

"(...) terá a cidade com seu termo passante de três mil vizinhos portugueses, oito mil índios cristão, e três ou quatro mil escravos da Guiné..."[146]

1590 – Primeiro alambique chega ao litoral brasileiro a bordo do navio do pirata Richard Hawkins (1562-1622).

"Reuni os mestres dos nossos navios e juntos concluímos que ali passaríamos a noite destilando água e dando à nossa natureza aquilo de que ela fora desprovida há tanto tempo."[567]

Início do século XVII – índio prefere cachaça.

"Bebem habitualmente água, mas também fabricam um certo licor, de farinha, e, ùltimamente, começaram a se habituar com a aguardente de cana que, entretanto, não se lhes permite levar para suas aldeias, a-fim-de não abusarem das bebidas alcoólicas."[436]

1605 – Possível produção de cachaça em Vitória-ES.

"No Estado do Espírito Santo, os primeiros engenhos de cana surgiram em São Mateus, ainda no século XVI. Em 1605, a cultura da cana já era importante também em Vitória, onde se produzia açúcar e aguardente. Assim, a cachaça capixaba possui cerca de 400 anos de história."[581]

1610 – Registro do consumo de caldo de cana fermentado pelos escravos.

"Há muitas galinhas da Índia, que vale cada uma dous escudos; um par de ovos cinco soldos; a canada de vinho quarenta soldos. Fazem vinho de canna de assucar, que é barato, mas só para escravos, e naturaes da terra. Há muita quantidade de fructas, como laranjas, limões, banana, cocos, e outras."[488]

1622 – Primeiro registro de produção de cachaça na Bahia.

"(...) período compreendido entre 21 de juno de 1622 e 21 de maio de 1623 foi adquirida e consta na relaçãode despesas, 'hua canada de augoa ardente para os negros da levada por v 480'." [373]

1627/1637 – Primeiros alambiques na cidade de São Paulo.

"Não existia em São Paulo, antes do decênio 1627-1637, se é exato, como indicam pesquisas recentes, que só por esse tempo se introduziram aqui os primeiros alambiques."[292]

1627/1637 – Comércio de cachaça na cidade de São Paulo.

> "Nuto Santana posteriormente, percorrendo as Atas da Câmara Municipal, que a Repartição do Arquivo publicara, pode encontrar, nas de 1638 (exatamente no meio do período que havíamos delimitado), notícia do comércio varejista de aguardente nacional, nas tavernas de São Paulo. Foi, pois, entre 1627 e 1637 que a fabricação começou."[24]

1643 – Imposto sobre cachaça.[240]
1658 – Descrição da produção de cachaça no Nordeste.[232]
1660 – O nome cachaça é empregado no lugar de aguardente.

> "Encontra-se incidental referência ao Livro dos Contratos da obra dos quartéis, no termo de dezenove de novembro de 1660, no qual se dispõe sobre a despesa de obras da Cadeia Nova, açougues e casas da Câmara que tinham sido arrematadas, e se faziam por Antônio Favela, com dinheiro das condenações de aguardente e cachaça, devidamente consignado."[190]

1666 – Informação de que cachaça era produzida em Paraty/RJ.[160]
1687 – Proibição de aguardente de milho.

> "Na correição anexada à Ata de 30 de dezembro de 1687, determina o ouvidor geral dr. Tomé de Almeida e Oliveira 'que se não consinta por nenhum modo' se venda na vila aguardente de milho, 'nem consertada nem por consertar...'"[24]

Final do século XVII – açúcar e cachaça no Maranhão.

> "São Luís contava então pouco mais de mil almas, alguns engenhos de açúcar e de aguardente"[108]

Início do século XVIII, cachaça fabricada em Santos/SP.

"Nos seus recôncavos há algumas moendas, que só fazem água ardente de cana, relíquia dos muitos engenhos que tiveram em outro tempo."[479]

1703 – Preço da cachaça em Minas Gerais.

"Por hum barrilote de agoardente, carga de hum escravo, cem oitavas.
Por hum barrilote de vinho, carga de hum escravo, duzentas oitavas.
Por huma gallinha, trez ou quatro oitavas.
Por hum boi, cem oitavas.
Por hum moleque, cento e vinte oitavas."[62]

1707 – Cachaça consumida em Minas Gerais vinha da Bahia.

"Aparecera (Frei Francisco de Menezes) em Sabará, ao que se supões, em 1707, interessado no monopólio do corte de gado nos açougues. Associou-se a Francisco do Amaral, homem de passado duvidoso e que havia obtido alguns anos antes o monopólio agora pretendido pelo frade trinitário. Conseguira, ainda, monopolizar o comércio da aguardente e do fumo, importados ambos da Bahia."[3]

1720/1725 – Alambiques em Cuiabá.

"Junto às primeiras plantações que datam dos fins do 1º quartel do século XVIII (entre 1720 e 1725), montara o brigadeiro sertanista, minerador e lavrador, os primeiros engenhos, onde, no depoimento de J. Barbosa de Sá, começaram a moer as moendinhas que chamamos escareçadores e a distilar em alambique que formavam de tachas e apareceram logo águas ardentes de cana que vendiam, o frasco a cinco e a seis oitavas de ouro, e as frasqueiras, a quarenta oitavas."[79]

1727 – Imposto sobre cachaça.[329]
1728 – Cana-de-açúcar chega em Cuiabá/MT.

"A cana-de-açúcar foi levada (para Cuiabá) em 1728, às escondidas, por iniciativa de um morador. Às escondidas, porque sua propagação nas imediações das lavras tinha sido proibida pelos governantes. Um dos motivos da proibição estava em que tendia a distrair os escravos do trabalho das minas. O outro motivo, aparentemente mais plausível, eram os danos que podem decorrer do consumo de aguardente pelos mineiros."[2]

1742 – Uso do nome cachaça no lugar de aguardente.

"O fato é que em 1742, já se dizia cachaça por aguardente."[24]

Meados do século XVIII – alambiques em Cuiabá.

" '(...) Já nos meados do século XVIII, na vila de Cuiabá, composta de mil fogos, e no seu distrito, registravam-se 16 engenhos ou engenhocas de fabricar aguardente de cana, com mais de três mil escravos da Guiné, que se distribuíam entre esses serviços, os de outras lavouras e os de mineração."[79]

1751 – Alambique no Pará.

"Em 1751, o Pará, a que agora estava subordinado o Maranhão, contava com 9 freguesias e seis ermidas paroquiais, sete fortalezas, vinte e quatro engenhos de açúcar, quarenta e duas engenhocas de aguardente, sessenta e três aldeias de índios missionados."[5]

1755 – Fundação do Engenho Boa Vista, o mais antigo alambique ainda em funcionamento.[170]
1772 – Aguardente produzida em Sorocaba/SP.

"Em 1772 (...) Cláudio de Madureira Carneiro (...) em Sorocaba, possuía um sítio onde colhia gêneros alimentícios e fabricava um pouco de açúcar e aguardente. (...) Em 1772, eram 10 os produtores de açúcar sorocabanos que possuíam 86 escravos, ou 9,3% do total do plantel da vila. Produziram, segundo a lista nominativa do mesmo ano, míseras 145 arrobas de açúcar e 84 canadas de aguardente, configurando mais uma atividade de engenhocas do que um engenho de porte."[81]

1773 – Aguardente chamada de pinga.

"Em apenas um destes documentos encontramos a aguardente de cana referida como pinga: datado de 1773, trata-se de uma denúncia contra dois irmãos, a mulata Florência e o crioulo Simão..."[418]

1776 – Venda de aguardente em no Estado de São Paulo.

"Nas Lavras de Santa Fé, localidade da cidade que ainda não foi possível situar eograficamente, Antonio Vaz Pinto Ribeiro 'vendia por si ou por outra pessoa', aguardente da terra, fumo às varas e toicinho às libras e outros gêneros comestíveis por pesos e medidas. (Atas da Câmara. Vol. 16, 1776, p. 453-54.)"[420]

1776 – Venda de cachaça em Itú-SP.

"Diversas vezes Itu e Araritaguaba foram chamadas para fornecer mantimentos para a Colônia do Iguatemi. Em 1766, a vila de Itu foi convocada a fornecer 1.100 alqueires de milho, além de feijão, capados e cachaças."[273]

1778 – Produção de cachaça em Araruama/RJ.

"Esta constatação pode ser confirmada na leitura do relatório, de novembro de 1778, do Mestre de Campo **Miguel Antunes Ferreira**, grande senhor de engenho. Este contava com 5 fazendas, 120 escravos a seu serviço, produção de 96 caixas de açúcar, 57 pipas de aguardente, destacando-se ainda a produção de 1.100 alqueires de **arroz**, 4.561 alqueires de **mandioca**, 2.461 alqueires de **feijão** e 2.054 alqueires de **milho.**"[115]

1781 – Exportação de cachaça de São Luis/MA.

"A exportação de São Luis naquele ano foi de 54.413 arrobas de algodão, 171.555 ditas de arroz, 410 de cacau, 24.005 peles curtidas, 14.769 couros brutos, 17 peles de veado, 26 canadas de cachaça, seis alqueires de sésamo..."[599]

1785 Produção de cachaça em Campos/RJ (Solar do Colégio).

"A descrição de Manuel Martins do Couto Reis, militar e cartógrafo português, em seu Manuscrito datado de 1785, comprova a importância econômica que a propriedade adquiriu, pela grande quantidade de escravos, gado, produção de açúcar e aguardente, produtos agrícolas de subsistência e tecidos."[253]

1785 – No Maranhão, a produção de cachaça deve ter começado no século XVIII ou no início do século XIX, como registra Gilberto Freyre:

> "(...) Assim escrevia em livro publicado em Lisboa em 1822 – Estatística Historico-Geographica da Provincia do Maranhão offerecida ao Soberano Congresso das Cortes Geraes – Antonio Bernardino Pereira do Lago. Observava mais haver naquela área colonial brasileira, apesar do alvará de 5 de janeiro de 1785 que proibira fábricas ou indústrias no Brasil, fabricas de descascar arroz, de descaroçar algodão, de fazer assucar, de distillações e de tecer pano de algodão."[255]

1797 – Cachaça em Cuiabá.

> "Todo o ano ali dá fruta a laranjeira, e produzem bem os melões, melancias e ananases, cultivando mandioca, milho, feijão, algodão e cana-de-açúcar, esta última principalmente para destilar."[599]

1797 – Venda de cachaça em Brumado/BA.

> "No 'Livro de Razão', de 1797 a 1809 existem apenas quatro registros de venda, dois em 1797 e 2 em 1798:
> 'Deveme meo Compe. Severo rapaduras e agoa ardent ...... pg 1$280'
> 'Deveme o do. (crioulo Antonio) de rapaduras e agoa ardente .... pg $320'
> 'De, o Mestre José de Cayxaça .... pg $480'
> 'deve mais [José Teodoro] do resto da agoardente......... pg $480'
> Já então a bebida chamava-se, indiferentemente, 'cachaça' ou 'aguardente'."[573]

1800 – Cachaça paga educação.

"Instituiu-se a educação pública, e em 1800 ministrava-se o curso primário em várias cidades menores e na capitania. Em Salvador, estabeleceram-se cátedras de latim, grego, filosofia e retórica, e professores régios, mantidos com impostos sobre a venda de carne e aguardente, encarregavam-se de estudos avançados."[579]

1803 – Cachaça chamada de rum em Santa Catarina.

"Não é provável que qualquer navio venha da Europa até a Ilha de Santa Catarina para comprar café, açúcar e rum, por dinheiro à vista; e eu tenho sérias dúvidas se em toda a ilha, e na costa vizinha, seria possível encontrar o suficiente para carregar um navio de 400 toneladas."[324]

"1 medida ou 4 garrafas de rum 320 Réis."[343]

1803 – Cachaça com o nome de rum exportada do Rio de Janeiro.

"Rum: 5.000 tonéis de 150 galões cada."[246]

Destes:

"Duzentos tonéis são enviados para Angola, onde são trocados por escravos."[246]

1805 – cachaça chamada de rum.

"Os legumes e frutas são fartos, mas, salvo a abóbora, não são próprios para viagens marítimas, pois perecem com muita facilidade. O rum, o açúcar e o melaço são excelente e vendidos a um preço razoável."[244]

1807 – Produção de cachaça em Santa Catarina.

"Passamos por duas plantações de cana de açúcar, devidamente aparelhadas para o fabrico de aguardente; e observamos várias cabanas espalhadas pela vizinhança."[387]

1809 – Preço da cachaça em Brumado/BA.

"De 1809 a 1811 vendeu-se a cachaça no Campo Sêco por duas patacas o 'frasco', correspondente êste a dois litros da bebida. Meio frasco (ou um litro), por $320 ou a uma pataca, e o quarto (ou um quarto de frasco, equivalente a meio litro), por meia pataca."[573]

1810 – Primeira fábrica de garrafas do Brasil.[473]
1818 – Cachaça fabricada em Guarapari/ES.

"Seus habitantes em geral são pobres e têm pouco escravos. As canas que suas terras produzem apenas podem ser empregadas para fazer aguardente e não colhem algodão,arroz, feijão e mandioca em abundância para entreter comércio regular com a capital."[557]

1818 – Cachaça em Campinas/SP.

"O açúcar faz o primeiro, e mais considerável ramo de exportação, que monta a cem mil arrobas, por ano; a aguardente o segundo:..."[20]

1818 – Cachaça em Goiás/GO.

"O terreno é próprio para diversas plantações, produz mui bem as uvas, os marmelos, laranjas, limas, e muitas outras frutas; e se algumas só aparecem em diminuta quantidade, é porque são pouco curiosos os habitantes; colhe-se milho, trigo, arroz, mandioca, feijão, e outros legumes; a aguardente tem muita extração."[20]

1818 – Cachaça em Jundiaí/SP.

"O açúcar, aguardente, e toucinho são os principais gêneros de exportação... Há no termo perto de quarenta engenhos, entrando neste número os de aguardente, situados..."[20]

1818 – Cachaça em Mogi Mirim/SP.

"Hoje exporta-se algum açúcar, e aguardente, gado vacum, e bestas muares. Os engenhos deste termo não chegam a trinta, contando as fábricas de aguardente..."[20]

1819 – Cachaça em garrafa em Valença/RJ.

"Por ocasião de minha viagem, em 1819, a Aldeia, que fica situada num pequeno descampado, entre morros cobertos de mata, compunha-se de apenas uma vintena de casas, a maioria das quais ainda inacabadas, não datando as mais antigas de doze anos. Estas casas, isoladas umas das outras, tinham uma aparência miserável, sendo mais da metade constituída de vendas de ínfima categoria, onde o máximo que se podia comprar era uma garrafa de cachaça."[554]

1819 – Cachaça produzida em Santos/SP.

"Cultiva-se a cana-de-açúcar nos arredores de Santos, mas unicamente para o fabrico de cachaça consumida na região." [559]

1819 – Cachaça produzida em Batatais/SP.

"Esse homem possuia também um engenho de açúcar, igualmente bem cuidado onde destilava a cachaça."[559]

1819 – Destilarias em Campinas/SP.

"A maioria dos habitantes das redondezas de Campinas são agricultores. Esse termo é o maior produtor de açúcar de toda a Província de São Paulo. Em 1819 já havia ali uma centena de engenhos de açúcar, incluindo as destilarias, e em 1838 já se contava noventa e três engenhos pròpriamente ditos e um igual número de destilarias onde se fabricava a cachaça."[559]

1821 – Preço de 1 litro de aguardente em Salvador/BA.

"Como uma 'carga' correspondia à quantidade ou pêso de mercadoria que um animal carregava, segue-se que o mano Silvério transportou uns 90 litros de aguardente, ao preço, mais ou menos, de $112 o litro."[573]

1837 – Cachaça de caldo de cana fermentado em São Paulo.

"O engenho de cachaça era o lugar onde se distilava o caldo de cana de açúcar. Na maioria das fazendas de cana existe a distilaria onde se converte o melaço que sai do açúcar, numa espécie de álcool a que chamam cachaça; nesta fazenda, porém, quer fosse pela sua proximidade do mercado ou por algum motivo econômico, nada mais se fabricava a não ser cachaça."[318]

1838 – Cachaça produzida em Porto Feliz/SP.

"Em 1838, quando o distrito de Pirapora ainda fazia parte de Porto Feliz, haviam sido produzidas em todo o território deste último 73.113 arrobas de açúcar e 560 canadas de cachaça (2.341 litros), bem como 20.480 alqueires de milho (807.200 litros), em pouco de arroz e uma certa quantidade de feijão. Enfim, existiam ali setenta e seis engenhos de açúcar."[559]

1839 – Cachaça em Guaratinguetá/SP.

"É esse o sentido do episódio registrado nas Atas Municipais da Câmara de Guaratinguetá , ocorrido nos anos 1839-1840. Lê-se, primeiramente, um requerimento do fiscal solicitando à Casa a determinação do preço do barril de aguardente, para efeito da cobrança dos direitos de 20% estipulados em lei e propondo que esse preço fosse fixado em $800, sugestão aceita pela Câmara. Consta, algum tempo depois, a notícia de um ofício do Presidente da Província 'um comunicado que em conseqüência de recurso interposto pelo Coletor da Vila, quanto ao diminuto preço com que foi taxado o barril de aguardente, deliberou-se fixar o seu preço em 1$600, decisão também acatada."[252]

1841/42 – Cachaça exportada do Rio de Janeiro (em mil réis).

Café	18,002,288
Açúcar	878,857
Tabaco	360,016
Aguardente	220,682 [318]

1850 – Preço comparativo em francos da cachaça em Limeira/SP.[202]

1 libra de manteiga (raridade)	2,00
1 medida de leite (difícil de se obter)	0,34
1 medida de vinho (falsificado com água e álcool)	7,00
1 medida de cerveja	7,00
1 medida de aguardente (caninha)	1,20

1852 – Fabricação de cachaça em Tietê/SP.

"Em 1852 a cidade foi aumentada, com a abertura de novas ruas até o 'Largo dos Curros', hoje a Praça Dr. Elias Garcia, abertura de novo Cemitério, contando já com mais de 50 engenhos que fabricavam aguardente e açúcar batido."[625]

1854 – Engenhos de açúcar no oeste de São Paulo.[390]

MUNICÍPIO	FAZENDAS	AGREGADOS	COLONOS	ESCRAVOS
Jundiaí	19	60	0	720
Campinas	44	0	0	1.967
Piracicaba	51	0	0	1.889
M. Mirim	57	0	9	1.524
Limeira	13	22	0	80
Rio Claro	30	108	0	501
Araraquara	12	0	0	108
Franca	20	40	0	243
Sorocaba	10	3	0	409
Itu	164	40	0	3.408
P. Feliz	38	0	0	942
Pirapora	47	10	1	962
Capivari	70	0	0	1.500
TOTAL	575	283	10	14.253

1854 – Alto consumo permite desenvolvimento de indústria de aguardente em São Paulo.

> "Do montante de 866.140 arrobas de açúcar produzidas, em 1854, apenas 184.049 (21,25%) foram exportadas. Ou seja, quase 80% da produção de açúcar dos engenhos paulistas eram consumidos internamente, o que garantia a existência de uma importante agromanufatura escravista mercantil produtora de açúcar e aguardente."[390]

1858 – Ainda não se fabricava cachaça em Joinville/SC.

> "E sem dúvida parece que a fabricação de açúcar e aguardente promete desempenhar um papel importante na colônia. Já via excelentes canaviais e notadamente no engenho do senhor Poschaan já se fabrica largamente o açúcar."[74]

1856 – Produção de cachaça no Sertão da Ressaca, Bahia.

> "(...) lavouras prosperam com rapidez, que já se acham 22 engenhocas os quais nos últimos três anos tem produzido mais ou menos dez mil canadas de aguardente, noventa arrobas de açúcar e dez mil rapaduras e que também a criação de gado vacum e cavalar tinha aumentado em razão do consumo dos últimos anos."[439]

1859 – Produção de cachaça no Rio Grande do Sul.

> "Encontram-se também indústrias especiais e produtos manufaturados: a aguardente, os couros, a carne-seca, as obras de celeros, etc."[523]

1859 – Botequins em Petrópolis/RJ.

"Botequins .... 5"[522]

1859 – Cachaça em São João Del Rei/MG.

"As plantações de cana-de-açúcar fornecem cachaça e vinagre, com um pequeno excedente para comercialização. Em 1859, o município tinha 48 engenhos, sendo 30 movidos a água e 18 por juntas de boi."[122]

1860 – Fabricação de rapadura em Guaratinguetá/SP.

"Cultiva-se também a cana, de que se faz a rapadura bastante para o consumo local; fabrica-se algum açúcar, e faz-se em grande escala a cultura de gêneros alimentícios."[711]

1860 – Consumo de cachaça em São Paulo/SP.

"(...) 6º – porque se tem aumentado a fatura da cachaca, que pela sua barateza e uso imoderado é um manancial de muitas desordens e pobreza nas famílias, e de muitas moléstias principalmente de hidropisias; pois é de pasmar que só na cidade de São Paulo chega o consumo mensal de dezesseis mil medidas."[711]

1860 – Aguardente, tavernas, licor e cerveja em Campinas/SP.

"Além do café, o cultivo da cana, a fabricação do açúcar e da aguardente continuam ainda a ser explorados com grande vantagem. (...) Há na cidade sessenta e quatro lojas de fazendas, e ferragens, vinte armazéns de gêneros de fora, e cento e dez tavernas, o que tudo paga direitos à municipalidade. Além destas, há três fábricas de licores, duas de cerveja, uma de vela de cera..."[711]

1860 – Cachaça em garrafa entre Sorocaba/SP e Porto Feliz/SP.

"Subindo um degrau de pedra que havia na porta, entrava-se nesta espécie de armazém de porão, adornado por duas ordens de prateleiras escorregadiças onde se enfileiravam algumas dúzias de garrafas de cachaças, tapadas com rolhas de espiga de milho."[711]

1860 – Tabernas em Porto Feliz/SP.

"O seu comércio é muito insignificante, pois apenas existem aqui algumas tabernas, e poucas lojas de fazendas e armazéns."[711]

"Leonardo explicou-me neste comenos a significação das duas palavras pinga e broa, que me estavam fazendo dar tratos ao juízo. Pinga quer dizer cachaça, e broa um pequeno e enresinado pão de milho, pouco mais ou menos com a consistência de uma pedra. Fiquei desanimado."[711]

1867 – Preço da garrafa de cachaça em 1867 no Brasil.

"Os antigos viajantes habitualmente preferiam essa 'pinga' ao vitriótico gim e aos adulterados conhaques que tinham penetrado no país; como a garrafa é vendida por um 'penny' ou dois 'pence', não há vantagem em adulterar o conteúdo."[122]

1867 – Fábrica de cerveja em Nova Lima/MG.

"Embaixo, à direita, fica o armazém de Alexander & Filhos, que fabricam sua própria cerveja, chamada 'Inkerman', a qual mistura de rapadura torna um tanto mais capitosa que o mais picante dos maltes escoceses, e que tem derrubado muito sujeito robusto, com tanta facilidade quanto faria uma bala dos russos."[122]

1869 – Preço da cachaça em Capivari/SP.

"Em ofício de 13 de janeiro de 1869, ao Governo provincial, a Câmara municipal de Capivari descreve o estado da lavoura do município, que produz café, algodão, açúcar, aguardente, milho, sendo que só o café e o algodão são exportados para o mercado de Santos, e os demais são vendidos neste mesmo municipio, a compradores daqui mesmo ou de outros municipios que aqui venhão comprar. O valor dos productos é regurlamente 5.000 rs por arroba de café, 4$000 rs por arroba de assucar, 2.500 rs por arroba de algodão, 20$ rs por 32 canadas de aguardente..."[390]

1882 – Produção de cachaça em Capivari/SP.

"Além dessa produção de açúcar, que superava mais de 1.000.000 de quilos anualmente, Capivari fabricava cerca de 8.000 cargueiros de aguardente, demonstrando a grande importância na economia do município. Capivari era um dos principais produtores de açúcar e aguardente da Província. Piracicaba, neste momento, exportava em média 4.500.000 quilos de café."[390]

1886 – Produção de cachaça em Santa Bárbara/SP.

"Dos 18 engenhos de Santa Bárbara, cinco eram movidos pela força do vapor, três pela da água e três pela tração animal. A produção alcançava 225.000 quilos de açúcar e 147.000 litros de aguardente."[390]

1888 – Cachaça em quiosque no Brás (São Paulo/SP).

"É desta época também a construção no Brás de uma nova estação da inglesa, localizada diante da Estação do Norte. Junto a Estação do Norte, em 1888, o português José Domingues Martins instalou um quiosque. Os quiosques eram construções de madeira, de forma cilíndrica, com um balcãozinho para fora, que passaram a marcar a paisagem paulistana nessa época. Aí se servia vinho e a famosa 'Cachaça do Ó', e fritavam-se sardinhas, bolinhos de bacalhau e lascas de fígado, indo no meio as tradicionais moscas, o que lhes valeu o nome de 'frege moscas'."[506]

1900 – Produtores de cachaça em São Paulo.

"A maioria do açúcar consumido em São Paulo no final do século XIX não provinha destas grandes indústrias, mas dos engenhos bangüês que se desenvolveram na antiga Província. Levantamento realizado pela Secretaria da Agricultura, em 1900, apontou a existência de 2.494 engenhos e engenhocas, dos quais 123 para a produção de açúcar, 72 de rapadura e 2.299 de aguardente. Estes e aquelas não davam conta de abastecer o mercado paulista, carecendo importar uma boa quantidade de açúcar nordestino. Os dados a seguir demonstram essa realidade."[390]

1903 – Início da produção da Monjopina.

"Além da sua importância para a economia pernambucana nos séculos XVII, XVIII e XIX, o Engenho Monjope era também centro de importantes decisões políticas da capitania.(...) No início do século XX (1903-4), o engenheiro italiano Vicente Antonio Novelino, compra Monjope, promove melhorias e volta a fabricar açúcar. Sem ter como concorrer com as novas usinas, que produzem mais por preços mais baixos, Novelino começa se dedicar aos subprodutos da cana: a aguardente (Monjopina), vinagre e hidromel. A bebida, inicialmente, é fabricada para distribuição com os amigos, mas, devido ao seu sabor primoroso, logo começa a ser engarrafada para venda em escala comercial por toda a região Nordeste."[309]

1935 – Número de produtores de cachaça.

"Além disso, se compararmos o número enorme de engenhos e de engenhocas, ainda existentes no país, de acordo com os dados relativos a 1935 (ou sejam 12.765 engenhos de bangüês; 16.032 engenhos de rapadura e 11.224 fábricas de aguardente)..."[79]

1975 – Implantação do Pro-álcool.
2001 – Dificuldade de denominação de origem para a cachaça.

"Concessões tarifárias na áreas de vinhos estão condicionadas a acordo específico que inclua questões de propriedade intelectual (tais como proteção de denominação de origem, antiga reivindicação da UE junto ao Brasil). Esse tema é relevante pois é de esperar que na questão de marcas e denominação de origem as pretensões européias sejam ambiciosas. O Brasil, é bem verdade, tem interesse em resguardar a nossa marca 'cachaça', mas está longe ainda de dispor de um sistema diversificado e tecnicamente definido de nossas denominações de origem."[401]

2002 – Ministro Celso Lafer defende diminuição de taxas sobre cachaça.

> "É preciso abrir espaço para produtos que vêm despontando com potencial exportador: frutas, cafés especiais, cachaça, carnes, móveis, autopeças, máquinas e componentes. É preciso acabar com o escalonamento tarifário, que pune nossos produtos com maior valor agregado."[402]

2007 – Lula enaltece as qualidades da cachaça na Jamaica.

> "Mais à frente ela foi produzir o açúcar, o álcool, ainda não para carro, e o aguardente, de boa qualidade, que o Brasil também está exportando hoje para o mundo desenvolvido. O dia em que o mundo experimentar uma boa cachaça brasileira, o uísque vai perder mercado."[403]

2007 – Itamarati discute taxas sobre a cachaça nos USA.

> "Outros temas: As partes também passaram em revista, de forma breve, alguns temas bilaterais específicos. O DoS concordou em discutir com a Secretaria do Tesouro o pedido do Brasil para mudança da classificação tarifária da cachaça."[404]

2008 – Lula leva cachaça para o Peru.

> "Inclusive, eu trouxe uma cachaça de qualidade para lhe presentear, produzida pelo meu Vice-Presidente."[405]

RESUMO

Fatos relevantes relacionados à cachaça são apresentados cronologicamente.

CACHAÇA NAS LETRAS

A cachaça se faz presente nos romances, contos, crônicas, poesias, literatura de cordel, ensaios e em tudo mais, ficção ou não ficção, que seja escrito por brasileiros ou estrangeiros que discorrem sobre nossa cultura. Nada mais natural, uma vez que mesmo que alguém não a aprecie, dificilmente não tem parente, amigo ou conhecido que o faça ou que de uma forma ou outra está a ela vinculada.

Mesmo quem mora em grandes centros urbanos, seus pais, avós ou bisavós tem suas origens na zona rural, onde alambiques eram e são comuns em sítios e fazendas. Além disso, muitas cidades brasileiras foram originadas de povoações que se instalaram em torno de engenhos de açúcar (a maioria também produzia cachaça) e depois se desenvolveram.

Viajantes estrangeiros que estiveram no Brasil desde o seu descobrimento também deixaram registros sobre as bebidas alcoólicas aqui encontradas, desde as produzidas pelos indígenas, pelos escravos africanos e importadas de Portugal e outros países.

A cachaça, o cachaceiro, o bar, a bebedeira, o ato de beber e o indivíduo embriagado estão nas obras literárias com certa frequência na descrição de eventos. São também usados como figuras de linguagem para enriquecer o texto. Às vezes, seus sinônimos são empregados para regionalizar ou caracterizar a situação e/ou o personagem. Outras palavras pertencentes ao universo da cachaça são encontradas em textos literários e algumas foram aqui incluídas. A maior parte das citações transcritas ao longo do presente trabalho não foram aqui inseridas.

> "51 – O Pasquim: 'Mas você enquanto isso está ascendendo socialmente. Tá bebendo uísque muito bem, sô! E antes, o que você bebia?'
> Lula: 'Olha, se você tivesse colocado aqui uma garrafa de 51 eu tomaria o dobro desse uísque. Bebo o que tiver, né, mas na minha sala do sindicato a gente abre garrafa de 51."[651]
> "51 – 'Nas reuniões, Lula não abria mão da cachaça 51 ou do conhaque Domecq. Naquela noite do sermão, ficou na água."
> *(O Estado de S. Paulo,* outubro de 2002)[651]
> "51 – 'Lula diz que Brasil terá carro *com cheiro de cachaça.* A citação foi feita durante mais uma defesa do etanol brasileiro feita pelo presidente da República. 'A Braskem que vai produzir o plástico verde, com sabor 51, ou com sabor Velho Barreiro, ou com sabor sei lá o que. Nós precisamos comprar esta briga enquanto nação brasileira e obrigar eles a dizer qual é a verdadeira razão pelo aumento do preço dos alimentos', afirmou."[640]

A MAIS BRASILEIRA DAS BEBIDAS – "O que um Manoel Beato faz pelo vinho, nas noites luxuosas do Fasano, orquestrando um concerto milionário de châteaux e domaines, de pauillacs e pomerols, de brunellos e barolos, Leandro faz pela mais brasileira das bebidas. Asperge, no almoço e no jantar, seu enciclopédico conhecimento pelas mesas rústicas do restaurante Mocotó, em São Paulo, e administra um acervo de 340 marcas escolhidas a dedo, quer dizer, pela língua e pelo faro."[97]

ABENÇOADA – "*Abençoada.* (Osvaldo Aguiar, *Crônicas Alegres,* Fortaleza, Imprensa Universitária do Ceará (1960). Segundo referência de Mário Souto Maior, Osvaldo Aguiar arrolou '654 eufenismo de cachaça recolhidos nos bares de Fortaleza e botequins de outras cidades'."[105]

ABRAÇANDO POSTE – "Não é bem assim. Ele nunca foi visto 'cercando frango' ou 'abraçando postes', não incomoda ninguém, é prestativo, e tem um temperamento suave e gentil."[328]

ABRE – "... segundo o costume universal do Amazonas, onde parece aconselhável, por causa da alimentação fraca de peixe, cada qual tomava meia xícara de cachaça, o abre, como eles chamam."[92]

ABRIDEIRA – "No entanto vinha bebendo desde o término da missa: ali mesmo, nas imediações da igreja, ele, Jesuíno e Massu tinham tomado umas abrideiras no início das comemorações."[36]

ABRIDEIRA – "Entre golinhos de abrideira, uns de joelho, outros de quatro, todas essas gentes seminuas rezavam em torno da feitiçaria pedindo a aparição de um santo."[59].

ABSINTO CABOCLO – "A conversa no bar prolongara-se noite a dentro, o vate revelava-se valente bebedor, apelidando cachaça de néctar dos deuses e absinto caboclo."[38]

ACENDE GOELA – " – 'Pode sossegar, Pê, que lá também vai ter moça, e muitas... É baile de bom batuque, samba sapateado!' ' – vamos inteirar de ver.' ' – Mas, os princípios, a gente prova um acende-goela. Tu, bebe, bebe, Pedro: estou com uma garrafa aqui...' "[548]

ADEGA – "As ruas (no Rio de Janeiro em 1803), apesar de retas e regulares, são sujas e estreitas, estreitas a ponto de o balcão de uma casa quase se encontrar com o da casa em frente. As casas, a propósito, têm comumente dois andares altos e independentes do térreo. Este é ocupado por uma loja ou por uma adega, em geral, muito suja, quente e insalubre."[246]

ADORADOR DE ÁLCOOL – "... informar à roda sobre o que é a clã de adoradores de álcool que passam a vida nas 'botecas'."[346]

AÉREO – "Rui Dantas depositou a coroa, estava aéreo, Julieta pensou que ele estivesse bêbado..."[36]

AFOGADO – "E longe de Japoné e do Gran-Circus Germânico, afogado em cerveja de botequim, Matinhos disse para Matinhos..."[156]

AFOGADO EM ÁLCOOL – "Morreu afogado em álcool, no álcool então barato em Ilhéus, cachaça do engenho dos Ávilas."[38]

AFOGADO NO ÁLCOOL – "Enlouquecia de desespero, que afogava no álcool."[634]

AFOGAR A MÁGOA – "Ela encheu-se também para afogar a mágoa."[315]

AFUNDADO – "Caíram numa Kneipe de letreiro preto sobre vermelho 'Die Rote Harfe', ele se afundou em cerveja. Com mais Kirschwasser, aguardente de cereja fortíssima, logo..."[113]

AFUNDADO NOS MISTÉRIOS DOS TÓXICOS – "Na cama fazia com Lola as maiores extravagâncias, bebiam os dois até cair de bêbados, afundavam nos mistérios dos tóxicos..."[35]

ÁGUA – "E Rabo-de-Burro triste/De pito murcho se ergueu./ Pegou do santo a garrafa/E daquela água bebeu./Deu c'a disgrama no couro/Que num gesto se rendeu"[450]

ÁGUA AMASIADA AO FOGO – "No sétimo dia, como descanso, tomou um resto de cachaça, água amasiada ao fogo. De porre, ou de graça, tomou nas mãos um punhado de areia, encharcou-a, forjando o barro do paraíso. E assim como quem não quer nada, ou tudo, esculpiu um caranguejo a quem batizou de Adão."[141]

ÁGUA ARDENTE – "Junto às primeiras plantações que datam dos fins do 1° quartel do século XVIII (entre 1720 e 1725), montara o brigadeiro sertanista, minerador e lavrador, os primeiros engenhos, onde, no depoimento de J. Barbosa de Sá, 'começaram a moer as moendinhas que chamamos escareçadores e a distilar em alambique que formavam de tachas e apareceram logo águas ardentes de cana que vendiam, o frasco a cinco e a seis oitavas de ouro, e as frasqueiras, a quarenta oitavas."[79]

ÁGUA ARDENTE – "'Dom Luiz Antônio de Souza Botelho Mourão, etc... Faço saber que Sua Majestade que Deus guarde, atendendo ao bem comum de seus fiéis Vassalos e desejando os fazer felizes com os benefícios do seu Real Favor e Proteção, é servido mandar criar escolas públicas de ler escrever e contar, e Estudos de Gramática, Grego, Retórica e Filosofia, para cuja subsistência ordena que se estabeleça nesta Capitania a coleta de carnes e águas ardentes para satisfação dos mestres dos referidos Estudos.' (S. Paulo, 29 de julho de 1774)."[24]

ÁGUA ARDENTE – "Não apenas vinho. Mas também isso./Ou água ardente. E sal e outras maravilhas./ Olhar-te como se olha um lenço velho/ De pescoço ou um par de calças esfarrapadas./ No mar, receio dizer-te, não se encontram/Linhas de fuga, finos tecidos vogando sobre as ondas."[552]

ÁGUA-ARDENTE – "O velho quer porque quer, insistentemente, nos levar para ver um terreno ali por perto que está à venda. Não sei como e já estávamos no carro com o velho falando sem parar, já anoitecendo. Paramos num bar, bebemos uma dose de uma água-ardente meio violenta, desapontadíssimos com a resposta de Felipe."[334]

ÁGUA DE ELOQUENCIA – "Galera, já que a grande maioria dos frequentadores das trilhas possuem rádio, seria legal aprendermos alguns códigos e gírias para usarmos. Abaixo os mais importantes:... GÍRIAS. Água de eloqüência – Cachaça."[219]

ÁGUA-DE-NOSSA-SENHORA – "E assim se chama ao parati água-de-nossa-senhora, branquinha, aguinha."[677]

ÁGUA DURA – "Aqui na Bahia 'beber água' pode significar beber cachaça,cerveja etc, é uma giria muito utilizada.'Agua dura' também significa cachaça etc.Bom essa é a famosa 'água que passarinho não bebe'."[709]

ÁGUA QUE PASSARINHO NÃO BEBE – "Inocência, enxuta de carnes, tinha uns cabelos que batiam nas pernas. Dizia-lhe em segredo: – O tocador foi beber água-que-passarinho-não-bebe."[66]

ÁGUA QUE PEGA FOGO – "Na Grécia, a Ácqua ardens (água ardente ou 'água que pega fogo') é registrada no Tratado da Ciência de Plínio, o Velho, que viveu entre 23 e 79 d.C., e obteve o Al Kuhu, absorvendo, com um floco de lã, o vapor da resina de cedro do bico de uma chaleira."[283]

AGUARDENTE – "Aguardente, s. f. Alcool extrahido do vinho, dos cereaes, da canna, das fructas doces, e quaesquer outros productos, sujeitos à fermentação e distilação. § Por 'aguardenteiro' Ulis. 5. 7."[585]

AGUARDENTE – "Seus habitantes (Guarapari/ES) em geral são pobres e têm pouco escravos. As canas que suas terras produzem apenas podem ser empregadas para fazer aguardente e não colhem algodão,arroz, feijão e mandioca em abundância para entreter comércio regular com a capital."[557]

AGUARDENTE – "O presidente Luiz Inácio Lula da Silva ganhou uma garrafa de aguardente, uma réstia de alho, contra o 'mau-olhado', e usou um boné do MST (Movimento dos Trabalhadores Rurais Sem Terra) ao visitar um assentamento no município de Nova União, a 380 km de Porto Velho. O presente foi entregue por uma sem-terra."[225]

AGUARDENTE – "Em 1751, o Pará, a que agora estava subordinado o Maranhão, contava com 9 freguesias e seis ermidas paroquiais, sete fortalezas, vinte e quatro engenhos de açúcar, quarenta e duas engenhocas de aguardente, sessenta e três aldeias de índios missionados."[5]

AGUARDENTE – "A cana-de-açúcar foi levada (para Cuiabá) em 1728, às escondidas, por iniciativa de um morador. Às escondidas, porque sua propagação nas imediações das lavras tinha sido proibida pelos governantes. Um dos motivos da proibição estava em que tendia a distrair os escravos do trabalho das minas. O outro motivo, aparentemente mais plausível, eram os danos que podem decorrer do consumo de aguardente pelos mineiros." // "Aparecera (Frei Francisco de Menezes) em Sabará, ao que se supõe, em 1707, interessado no monopólio do corte de gado nos açougues. Associou-se a Francisco do Amaral, homem de passado duvidoso e que havia obtido alguns anos antes o monopólio agora pretendido pelo frade trinitário. Conseguira, ainda, monopolizar o comércio da aguardente e do fumo, importados ambos da Bahia."[2]

AGUARDENTE – "Aqui, como nas Antilhas, tinha-se como certo que o fogo regulava a capacidade fertilizadora dos solos: 'terra virgem não queimada nada produz', dizia José da Silva Lisboa, pois as canas do primeiro plantio cresciam demasiadamente com prejuízo do seu teor de sacarose; o suco, pouco doce, servia apenas para a fabricação de aguardente ou utilizavam-se as canas para as novas plantações."[3]

AGUARDENTE – "Em 1772, eram 10 os produtores de açúcar sorocabanos que possuiam 86 escravos, ou 9,3% do total do plantel da vila. Produziram, segundo a lista nominativa do mesmo ano, míseras 145 arrobas de açúcar e 84 canadas de aguardente, configurando mais uma atividade de engenhocas do que um engenho de porte."[81]

AGUARDENTE – "O produto nobre, o 'açúcar macho', dividia-se em duas categorias: branco e mascavo (a porção que se encontrava no fundo das formas, pelo que adquiria uma tonalidade acastanhada), enquanto o subproduto destilado das formas – 'os meles' – podia ser utilizado para fabricar aguardente (cachaça) ou ser reprocessado, dando origem a um tipo de açúcar de qualidade inferior: o 'batido'."[192]

AGUARDENTE – "(...) Paulo lembrava-se de ter visto chegar uma vez, do sertão, coberto de poeira e sujo de barro, um engenheiro francês de barba ruiva; o qual, depois do banho de gamela e cuia, muito brasileiramente tomado pelo francês no próprio quarto, com escravos a lhe levarem da cozinha chaleiras de água quente e botijas de aguardente velha para 'purificar' a água..."[257]

AGUARDENTE – "Sucede a esta embriaguez do amor o mesmo que à embriaguez do álcool. A princípio basta-lhe o vinho fino e aristocrático; depois carece da aguardente; e por fim já não a satisfaz a infusão do gengibre em rum, isto é, a larva de um vulcão preparada à guisa de grogue."[16]

AGUARDENTE – "Entre outros de importância inferior, particularizaremos por serem mais abundantes os seguintes: farinha de mandioca, carne seca, (...) couros, peles, aguardentes e outros."[265]

AGUARDENTE – "Por fim, os cabras beberam a última dose de aguardente. Azulão esperava na soleira, manchando a terra, cuspindo os bofes, apoiado no cabresto de uma égua. Partiram. Com Severino, ficou, presenteado por Corisco – por não abrir mão de um punhado de sal, que é muito em questão de honra –, um fura-bucho, um sangra-cabra, um brilhoso de um punhal de inox, natural de Caroca, em Campina Grande. Esse foi o miúdo contado e ouvido, e a gastura que embebedou a face e as lembranças do velho Severino aguardenteiro, àquela tarde, no quintal de casa, sob céu azul, com neto – tiquin de gente – enganchado no colo."[590]

AGUARDENTE – "No final do século XIX, em 1894, a produção agrícola do município (é necessário lembrar ao leitor que nesta época o território mogiano ainda não tinha sofrido desmembramento algum) alcançava 1.670 pipas de aguardente; 170 pipas de vinho; 11.000 sacas de farinha de mandioca e 600 quilos de rapadura."[569]

AGUARDENTE – "Aludimos, em capítulo anterior, à observação de Luís Gomes Ferreira, médico europeu que residiu em Minas, de 1708 a 1730 ou pouco depois, segundo a qual a aguardente mineira era feita 'de caldo de cana espremida', possuindo 'certas qualidades muito contrárias à nossa natureza'.Confrontando esse processo, aliás seguido em outras partes do Brasil, àquela época, consoante esclarecemos com o adotado na Bahia, onde se fabricava a aguardente com o 'mel já depurado', escapando assim à sua condenação, o autor do *Erário mineral* afirmou que a cachaça mineira tinha 'uns poucos espíritos e o mais venenoso à natureza'."[188]

AGUARDENTE – "El origen del aguardiente tuvo lugar en este intenso período, en el que los acontecimientos del nuevo Mundo esbozaban la cultura y las raíces del Brasil como nación, y acabó fundiéndose a su propia historia por ser una bebida eminentemente brasileña."[527]

AGUARDENTE – "De espaço em espaço a aguardente inspirava o tocador de viola e animava os jogadores."[360]

AGUARDENTE – "Alguns enfermeiros imunizados furavam-lhes as pústulas com espinhos de mandacaru, lavavam-nas com aguardente e cânfora."[497]

AGUARDENTE – "– Credo, parece que engoli uma chispa de fogo. Isso mata até chiru! – O que é chiru, Isabel? – É caboclo, e caboclo bebe aguardente pura e diz que é fraca. – Pronto, Roberto, Isabel descobriu o nome para a sua invenção, chiru..."[649]

AGUARDENTE – "Ainda era mocinho, primeira ocasião em que estava provando aguardente: num pouso, de manhã, com muito frio, já tinha botado no copo..."[544]

AGUARDENTE – "Outro período que incrementou o setor canavieiro paranaense foi na década de 1970 quando o governo nacional criou o Programa Nacional do Álcool (Proálcool). A partir de então, o Paraná passou a ter um aumento significativo na produção, cujo objetivo já não era mais a fabricação de açúcar e aguardente, mas também do álcool combustível."[521]

AGUARDENTE – "No armazém se juntavam os poderosos e os importantes, para depois da missa tomar dois dedinhos de aguardente – o padre Tomaso aparecia para um licorzinho azulado e adocicado – e discutir a semana que acabava ali mesmo."[433]

AGUARDENTE – "Entrei na sala de jantar, abri uma garrafa de aguardente, sentei-me à mesa, bebi alguns cálices, a monologar, a dar vazão à raiva que me assaltava." / "Além disso eu estava curioso de saber a arguição que armariam contra mim. Bebendo aguardente, imaginava a cara de um juiz, entretinha-me em longo diálogo, e saia-me perfeitamente, como sucede em todas as conversas interiores que arquiteto" / "Fascinou-me, porém, uma garrafa de aguardente que o despenseiro trouxe às escondidas. O destinatário recusou-a abstêmio. Examinei o papel colorido, a cor do líquido: era exatamente aquilo que eu bebia enquanto laborava no romance difícil, interrompido várias vezes, entregue à datilografa ainda bastante sapecado... O rótulo de tintas vivas, colado ao vidro, forçava-me a um lento recuo no tempo. A sala de jantar da minha casa em Pajuçara reconstituía-se. Era noite. Sentado à mesa, entranhava-me na composição de largo capítulo..." / "... vinte e sete dias de esforço para matar uma personagem, amarrar-lhe o pescoço, elevá-la a uma árvore, dar-lhe aparência de suicida. Esse crime extenso enjoava-me. Necessários os excitantes para conclui-o. O maço de cigarros ao alcance da mão, o café e a aguardente em cima do aparador." / "Enfim, a garrafa de aguardente se esvaziou. Emergimos do sonho, erguemo-nos, fomos ver de perto as imundícies do porão, o lago de urina, que se havia reconstituído."[499]

AGUARDENTE – "Pastoreávamos à noite como se ela fosse um rebanho de môças e conduzíamos aos portos da aurora com nossos cajados de aguardente, nossos toscos bastões de gargalhadas."[37]

AGUARDENTE – "... o calor da aguardente não conseguia apagar a cócega leve, aquele frio na raiz dos quibas. A puta cigana o enfeitiçara..."[43]

AGUARDENTE – "Traziam consigo algumas garrafas vazias e nos prometiam peixes e tartarugas se lhes fornecêssemos, antes, a cobiçada aguardente, ou cauim, como a chamavam."[92]

AGUARDENTE – "Em algumas fazendas havia os Engenhos de Açúcar que, além do açúcar, produziam a aguardente e a rapadura."[116]

AGUARDENTE – "Fica tudo por isso mesmo, na alegria do encontro, que é sempre feito a gente tomar uma bebida fresca. Mas sem uma presença de novidade mais forte, sem uma aguardente pingando fogo no copo."[136]

AGUARDENTE – "Gaspar concordou bebericando a aguardente que abria o apetite..."[257]

AGUARDENTE – "Bebida, quase que só água, que se deixava nos vãos das janelas esfriando dentro das gordas quartinhas ou moringas de barro. Álcool, só um vinhosinho do Porto à sobremesa; uns goles de aguardente de cana antes da feijoada, para abrir o apetite."[255]

AGUARDENTE – "... Dona Mercedes, moça de largas prendas, pouco capinada pela mão do marido, que só guardava carinho para o ponto da aguardente." / "Na mesma noite, ancorou no Sobradinho, debaixo de água, um mercador de aguardente de nome Quirino Dias."[154]

AGUARDENTE – "Do mesmo modo obtém-se também, no primeiro sábado de cada mês, certa importância e dinheiro para a compra de carne de vaca, sabão, azeite de iluminação, aguardente (a única bebida de que dispõe o colono além da água) e outras coisas de menor importância"[202]

AGUARDENTE – "Os que acumulavam grande quantidade do metal precioso, minerando, vendendo, fazendo contrabando, em sua maioria entregavam-se a deleites e regozijos. Gastavam seu dinheiro com mulheres, tabaco, aguardente, armas." / "... índios vendiam arcos, flechas, cestos; negros de ganho ofereciam vegetais, aguardente, tabaco; mascates mostravam suas miudezas; marujos faziam trocas, buscavam mulheres."[407]

AGUARDENTE – "Sarmento da Cunha, o chapéu atirado para a nuca, a gola do sobretudo levantada, um copo de aguardente na mão esquerda, cerra então o punho da direita, o punho com que outrora golpeava a tribuna, ergue-se na arquibancada e brada: – Aí Camões, escreve agora a tua epopéia!"[414]

AGUARDENTE – "A amante não o espera: dorme com outro. A frustração vira ódio. Coração transfixado de ciúmes. À dor, se ajunta um complexo de rejeição do tamanho do universo. Meia garrafa de aguardente para aliviar. Desesperado, cogita de voltar."[593]

AGUARDENTE – "Em *Meu tio o Iauaretê*, um onceiro, mestiço de índia com branco, à medida que se embriaga com aguardente, narra diversas estórias de onça a um desconhecido viajante, hospedado em seu rancho."[475]

AGUARDENTE – "Quando o Major e Tio Laudônio passaram em frente à casa de Ramiro, o espanhol aproveitou para denunciar Lalino: o mulato estava de amizade com Nico, o filho do Benigno. Foram juntos à Boa Vista, com violões, aguardente, e levando também o Estêvão. O Major ficou danado de zangado. Não via a hora de encontrar o Laio."[540]

AGUARDENTE – "Muitos misturavam a jacuba pingando no coité um dedo de aguardente, eu nunca tinha avistado ninguém provar jacuba assim feita."[529]

AGUARDENTE – "João Toté, branco como algodão, pediu no mesmo instante, uma quarta de cachaça a João Borrego. O copinho tremia-lhe nas mãos, entornado a bebida. Virou-o de um trago, já pela metade e a aguardente não lhe deixou nenhum ranço na goela."[305]

AGUARDENTE – "Ainda no edifício principal, a distilaria, com aparelho savalle, calculado para produção diária de 200 pipas de aguardente a 21 Beaumé; dornas, bombas e peças, etc."[624]

AGUARDENTE – "(...) e porque supunha que era vinho ou aguardente, nos que os tinham posto em termos de intentarem um absurdo, por todos os princípios, indesculpável, lhes perdoava, com condição de se recolherem aos seus quartéis, que ficavam imediatos, onde eu mesmo os introduziria."[190]

AGUARDENTE – "Cultivava-se largamente a cana de açúcar. Para o seu aproveitamento industrial nenhum fazendeiro existe, que não tenha profusão de alambiques de estilar aguardente, com sua carapuça e cano, tachos de cobre e o mais necessário."[362]

AGUARDENTE – "Carolina e as cunhadas distribuiam aluá em cuias, e aguardente em xícaras; mas havia dois copos da fazenda para as pessoas de certa ordem."[456]

AGUARDENTE – "– Estou com sede. Disse. Cipriana levantou-se. – Queres beber o quê? – Aguardente. –Não mata a sede. – Mas mata a minha ânsia. Detesto água. Cipriana trouxe uma caneca de aguardente." / "Desceu pela ladeira do Pau da Bandeira, onde havia sinalização para barcos, e chegou à cidade baixa. Ali os arruamentos eram mais estreitos, sujos e escuros. Havia um cheiro de aguardente no ar." / "Ali se bebia uma mistura de aguardente e melado que fazia a cabeça girar em segundos. A música era atordoante." / "No porto principal, barris de breu, azeite e aguardente, caixas empilhadas." / "Trocavam açúcar por sal, tabaco por azeite, aguardente por vinho; estabelecia-se um sistema de escambo, onde, muitas vezes, o açúcar substituía a moeda."[406]

AGUARDENTE – "– O que desejais, viajantes? Temos pão, farinhas, chouriços, peixes salgados, criadinhas de quarto. – Aguardente, disse Jaguara.– guardente! E da boa, para os tapuipirangas aqui." / "Os paulistas beberam aguardente. Comeram sofregamente, com as mãos sujas, de unhas longas, as vitualhas que a mestiça colocava sobre a mesa. Quase todos aparentavam mais idade do que deviam ter, envelhecidos pelo vento e pelo sol. Os pés eram rachados, enlameados; as pernas, nuas dos joelhos para baixo, cobertas de picadas de insetos, arranhões de espinhos, pequenas feridas." / – "Lesa-majestade! Lesa-majestade! – gritou o taverneiro. – Foram os baienses que descobriram o ouro. Bebeu mais um copo de aguardente e cambeteou, o rosto afogueado. – Baienses... lá no Saba... rabuçu, descendo pelo São Francisco e pelo rio das Abelhas – proseguiu. – Fomos nós que descobrimos o ouro – disse um paulista." / "Bebeu novamente do frasco. '– E nos ossos.'– Seu hálito cheirava a aguardente, suas roupas também." / "Em barracas, comerciantes negociavam ninharias, vegetais quase podres, ervas de mineração e aguardente." / "Fazer como Macaonte ao curar Menelau ferido. Teria Macaonte adquirido os saberes de Menelau? Bebeu mais uma aguardente e saiu." / "Sobre uma mesa depositaram oferendas: milho, novilhos assados, leitões, galinhas, pão, vinho, aguardente." / "Bento amarrou os coréis da braguilha do uniforme, tirou um punhado de ouro e deu-o ao francês, sentindo pena do seu aspecto pálido e doentio, e nojo do seu cheiro de suor e aguardente, misturado com as vaporações de urina ácida que vinham da árvore."[406]

AGUARDENTE – "Os escravos aplaudiam sinceramente apenas a carne fresca assada, as sobras do banquete, o vinho e a aguardente em abundância, em que se fartavam."[360]

AGUARDENTE – "Os produtos utilizados na ida para o Brasil eram essencialmente os panos de linho, a aguardente e o vinagre. Este leque restrito de produtos dificultava acção de Nicolau Maria Raposo, mas eram as leis do Reino (nomeadamente o Alvará de D. João V 1730), que no sentido de controlar o contrabando com a colónia americana, impunha que dos Açores apenas se pudesse mandar manufacturas e comestíveis produzidos nos mesmos."[510]

AGUARDENTE – "Pai-Raiol tinha má reputação: fora vendido uma vez, e três vezes revendido pela desordem em que punha os parceiros, pelos furtos que incorrigivelmente praticava, e por suspeita de propinação de veneno a uma escrava que resistira a seus desejos impetuosos, e em breve morrera subitamente logo depois de aceitar a beber um copo de aguardente que ele lhe oferecera à porta de sua senzala." / "... com a concessão de remédios e segredos de feitiçaria mistura-se a aguardente, e no delírio de todos..."[359]

AGUARDENTE – "Rodas de garimpeiros, à toa, contando casos e chupando tragos de aguardente ou copos de cerveja."[337]

AGUARDENTE – "Quando foi no outro dia/Se ajuntaram muita gente/Só pra dar desprezo ao dono/Vamos beber aguardente/Pegaram a se consultar/Uns atrás, outro agüente."[489]

AGUARDENTE – "– Senhor, deixe ver a prova / Desta bebida excelente / Suando, não bebo vinho / O melhor é aguardente"[304]

AGUARDENTE – "A tentação da aguardente devemos admitir que fosse grande para quem trabalhasse sentindo o tempo todo o cheiro da garapa azeda, da cachaça alva, da sedutora imaculada." FREYRE, Gilberto. *O escravo no anúncio de jornais brasileiros do século XIX*. Recife, Imprensa Universitária, 1963, pág. 111.[376]

AGUARDENTE – "A sala tresandava a alho e aguardente."[23]

AGUARDENTE – "No tempo da minha infância, todo o açúcar e a maior parte da dita aguardente vinham de fora da Capitania, e ainda hoje vêm de Serra acima, para Santos e São Vicente, por causa da negligência dos naturais desta marinha..."[371]

AGUARDENTE – "Cerra a janela, enfadado. Aprofunda-se no interior da casa. Acode-lhe a vontade de tomar um trago de aguardente. Mas do modo que lhe chega a vontade, deixa-o."[144]

AGUARDENTE – "– Eu tiro, sim, senhor, mas fique certo que aguardente é invenção do céu..." / "Eu me intriguei com aguardente/E digo por que razão/Pro mode a imprudência dela/Capricho e malcriação/Queria por fina força/Fazer minha cama no chão" / "– 'Por aqui anda guará... ou é gente de tocaia. Se é alma penada, caminha, v'embora que eu tiro as penas, dou-te um banho de aguardente, mando purgar teus pecados.'"[315]

AGUARDENTE – "A fragância do peixe que María Benítez preparava alcançou-o naquele instante e se confundiu com a madressilva. Ao ouvir passos, tomou outro olé de aguardente. No fundo do copinho apareceu o sacerdote, encurvado sobre a bengala. Antes que Jerónimo tivesse tempo para se por em pé, o ancião explicou: – Atrasei-me porque tratava de negócio seu. – Meu? – Sim seu. Que tal essa aguardente?" / "Dom Clemente cheirou com saudade o copinho de aguardente do sobrinho..."[200]

AGUARDENTE – "Neste sentido, não custa recordar que a Câmara fluminense lançou, em 1643, e repetiu, em 1661/65, o imposto sobre a aguardente. Com tal medida, procurava reduzir a produção da cachaça, para evitar a fuga das naus dos vinhos, que também comprava o açúcar."[240]

AGUARDENTE – "Mais adiante deste vale, por volta das 10 horas, alcançamos outra pequena choupana, onde não encontramos cozinha européia, mas deliciosíssima melancia, que nos foi oferecida de pronto e gratuitamente, apesar de ser a única que havia na casa, bem como uma cuia cheia de farinha de mandioca. A nossa refeição foi encerrada com um gole de aguardente e um pedaço de pão que tínhamos em nossa provisão."[326]

AGUARDENTE – "Ele recendia a aguardentes, mas tinha muitas memórias: as músicas, as danças, as cantigas. (...) Jantar, jantar se jantava. Manuelzão não tinha fome nenhuma. Tomou um gole de café, outro gole de aguardente; pitou um cigarro."[531]

AGUARDENTE – "A maioria das casas cerca uma grande praça e se pode avaliar quanto é pobre pelo fato de que inutilmente pedi aguardente de cana em várias vendas."[553]

AGUARDENTE – "Grande parte das casas de beira do caminho são vendas, mas nelas só se encontram bananas, algumas garrafas de aguardente e um pouco de fumo."[553]

AGUARDENTE – "Os 'pedestres' devem procurar e prender os contrabandistas e impedir a venda de aguardente aos negros empregados na extração dos diamantes. Os regulamentos proíbem a venda de aguardente nos serviços para impedir entre os trabalhadores e os comerciantes uma conivência favorável ao contrabando, e a aguardente apreendida pelos 'pedestres' é confiscada em seu proveito."[555]

AGUARDENTE – "Mal alimentados e privados de direitos, os escravos só tinham duas saídas. Uma, era complementar suas necessidades furtando alimentos que manipulavam (leite, aguardente etc.); a outra, comer frutas nativas ou crescidas próximo aos locais de trabalho (abacaxi, jaca, manga etc.)."[270]

AGUARDENTE – "Travei amizade com ele (Padilha) e em dois meses emprestei-lhe dois contos de réis, que ele sapecou depressa na orelha. de sota e em folias de bacalhau e aguardente, com fêmeas ratuínas, no Pão-sem-Miolo. Vi essas maluquices bastante satisfeito, e quando um dia, de novo quebrado, ele me veio convidar para um São João na fazenda, afrouxei mais quinhentos mil réis. Ao ver a letra, fingi desprendimento."[494]

AGUARDENTE – "A 'aguardente' foi outro produto obtido da cana, pelos proprietários do Brejo do Campo Sêco. Fabricavam-na pelo processo extrativo direto, fazendo a garapa obtida na moenda fermentar ou azedar nos 'cochos' ou 'tinas', ou 'dornas', de madeira, de onde o 'mel', ou caldo fermentado, era levado para o 'alambique' e aí fervido e destilado pela ação do fogo direto."[573]

AGUARDENTE – "Ensinavam cães de extraordinário tamanho a ser tão ferozes como eles mesmos, e contudo tão obedientes, que bebiam aguardente a um leve aceno."[599]

AGUARDENTE – "Ó meu Brasil do café,/Da cana, da aguardente,/Dos Jesuítas, a fé, Dos índios, uma semente. Poema escrito em 12/03/2000, por ocasião dos festejos dos 500 anos do descobrimento do Brasil."[271]

AGUARDENTE – "Merece referência o fato da aguardente ter sido utilizada também pelas tropas encarregadas da repressão aos quilombos, o que permite identificar hábitos semelhantes nos diferentes agentes que compunham os pólos de uma das contradições características das sociedades escravistas (rebeldia versus repressão)."[285]

AGUARDENTE – "O gosto pela aguardente é quase geral em todo esse local; as mulheres não estão mais isentas que os homens, e os branco a ela se entregam quase tanto a gente de cor. É de crer que o tédio e a ociosidade sejam as causas que tornaram tão comum uma das paixões mais ignóbeis."[558]

AGUARDENTE – "Logo acima da feitoria do Rio Içá, avistamos uma canoa com dois índios, que haviam apanhado um pirarucu. Paramos e gritamos, chamando-os; vieram e venderam-nos por 700 réis (cerca de 15 sgr.) uma tartaruga de água doce e o peixe, pelo que ainda lhes demos um gole de aguardente."[75]

AGUARDENTE – "Panos de linho, aguardente e vinagre eram pois mandados aos correspondentes/comissários no Brasil, que por sua vez eram os responsáveis pelos tráficos na colonia."[510]

AGUARDENTE – "A descrição de Manuel Martins do Couto Reis, militar e cartógrafo português, em seu Manuscrito datado de 1785, comprova a importância econômica que a propriedade adquiriu, pela grande quantidade de escravos, gado, produção de açúcar e aguardente, produtos agrícolas de subsistência e tecidos."[254]

AGUARDENTE CANFORADA – "Aguardente canforada: misturar 300gr de aguardente a 60°, ou de álcool na mesma graduação e 5gr. de cânfora triturada. Conservar o líquido em uma garrafa bem tapada e empregá-lo para friccionar os músculos doloridos."[210]

AGUARDENTE CANFORADA – "Tomaram-lhe as feridas a pontos falsos, friccionaram-lhe o corpo inteiro com aguardente canforada e deram-lhe a beber cerveja preta."[76]

AGUARDENTE DE BEIJU – "De acordo com José, que se mantivera sóbrio, e se alarmou com a conduta violenta do outro, o dono da casa e o Pinto tinham passado quase toda a noite juntos, bebendo aguardente de beiju – uma bebida alcoólica feita com a raiz da mandioca."[92]

AGUARDENTE DE CABEÇA – "Ele era assim uma aguardente-de-cabeça, tinha o cheiro de virge quando sai do alambique."[315]

AGUARDENTE-DE-CABEÇA – "Traz aí, menina, meio copo daquela aguardente-de-cabeça do engenho do Capitão de Independência." MOTA, Mauro. *Pátio da Matriz*, Concórdia, 1965, pág. 49.[376]

AGUARDENTE DE LARANJA – "O Sr. Vieira me fez beber excelente aguardente, feita de laranjas. Para obter-se essa espécie de aguardente socam-se as laranjas; espreme-se assim seu suco; adiciona-se-lhe açúcar ou mel; deixa-se fermentar o licor, e, em seguida, distila-se por duas vezes."[558]

AGUARDENTE DE MEL – "O Dr. Renault afirma que cada colméia de abelha européia dá de doze a quinze enxames em seis meses, e 759 gramas de cera, com 20 litros de mel, ao passo que cada litro desse último produz quatro litros de ótima aguardente."[122]

AGUARDENTE DO BRASIL – "Numa carta ao Conselho Ultramarino, em 1679, o Governador Ayres Saldanha afirmou que haveria 'doze ou treze anos que se introduziu navegarem-se para aquela praça (Luanda) uma bebida a que chamam aguardente do Brasil'."[230]

AGUARDENTE DO REINO – "O autor acima mencionado nos conta que, em seu tempo, a espécie mais comum era chamada 'aguardente de cana' (em oposição a aguardente do reino, i.é., rum, gim, conhaque etc.); quando melhor destilada, 'aguardente de mel' e a melhor 'cachaza' ou 'cachassa', ambas escritas errôneamente. Essas expressões caíram em desuso."[122]

AGUARDENTE FINA DE CANA GARRINCHA – "Em alguns lugares do Rio, no entanto, sua associação com o produto era tão notória que até cachaças com o seu nome já estavam sendo fabricadas. Uma delas era a Aguardente Fina de Cana Garrincha, em Caxias."[165]

AGUARDENTE NATIVA – "Basta lembrar o episódio Larry Rohter, em 2004. O casto e abstêmio correspondente do *New York Times* no Rio de Janeiro, flertando com aquela oposição que bebe nas águas do veneno e do preconceito, escreveu uma contundente peça criticando o presidente por exagerar em seu apreço pela aguardente nativa. O bafafá provocou um mal-estar que quase acabou em ópera-bufa – o canhestro pedido de expulsão do jornalista, evitado à última hora pelo próprio Lula."[95]

AGUARDENTE VIVA – "E a festa passava. No morrer da fogueira porém, Tia Cló trazia a iô Liodoro cuja cuia cheia de aguardente viva, iô Liodoro se persignava..."[544]

AGUARDENTEIRO – "Agora, era o ex-destilador do Aratinga, aguardenteiro. Não estava, assim, tão fora do seu antigo ofício. Se já não fabricava, mas vendia aguardente. Que era duro o ofício de aguardenteiro na sua idade, mas havia dúvida que era."[280]

AGUARDENTEIRO – "Sabedor de que tinha dado com o galo do coronel, o aguardenteiro nem chegou ao assoalho do copo – correu por dentro da chuva e foi levar o sucedido ao sobradinho..."[154]

AGUARDENTEIRO – "Fico anos a fio no esquecimento de algo que aconteceu em determinado momento da vida. Severino aguardenteiro, e a sua família, por exemplo, apareceu de repente."[590]

ALAMBIQUE – "O alambique foi desenvolvido no ano de 800 D.C. Pelo Alquimista Árabe Jabir ibn Hayyan. – Foi da língua Árabe que nasceram os termos alambique ('al ambic') e álcool ('al cóhol') – Os Egípcios foram os primeiros povos a construir utensílios semelhantes a alambiques, cujos desenhos adornam um velho Templo de Mênfis. – A obra do Filósofo e Médico árabe Avicena (séc. X), descreve detalhadamente o alambique e suas aplicações. A origem provável do termo 'espirituosa', teve origem no século XIII, pois nessa altura utilizava-se muito a expressão 'espírito do vinho'."[120]

ALAMBIQUE – "Enquanto bebíamos o caldo de cana-de-açúcar, nos foi explicado pelos colonos que o processo da cachaça se dava da seguinte forma: a cana era moída, descía por um cano e ia para a dorna, ficava fermentando durante horas; em seguida, era colocada normalmente no alambique onde o caldo fervia. Com isso o seu vapor subia e passava por um tipo de serpentina e aí, estava pronta a cachaça."[175]

ALAMBIQUE – "Alambique, s. m. (do art. Arabe 'al' e da palavra grega 'ambix', vaso) Apparelho para distillar: consta de recipiente, onde se põe o que há de distillar-se; e de cabeça, ou capitel, onde se junta o vapor, que, condensado em liquido, sae pelos canos, serpentinas, ou gargalos. § fig. Tudo o que apura, subtilisa, etc. 'os olhos feitos alambiques, por onde estillava seu coração.' H. P. 1. 5. 7. 'maginações malenconicas, que são alambiques em que estillais a vida' Aulegr. 1. SC. 14. B. Flor. 2. P. 148."[585]

ALAMBIQUE – "Cultivava-se largamente a cana de açúcar. Para o seu aproveitamento industrial nenhum fazendeiro existe, que não tenha profusão de alambiques de estirar aguardente, com sua carapuça e cano, tachos de cobre e o mais necessário."[362]

ALAMBIQUE – "Os alambiques, atualmente, apresentam grandes variações e sistemas; porém, pela própria construção, destinam-se apenas à produção de aguardente, pois, por sua simplicidade, não podem obter concentrações alcoólicas acima de 89° GL nos destilados produzidos."[361]

ALAMBIQUE – "Ligados à casa, viam-se restos de uma moenda de cana, um alambique, moinho de fubá e uma maquina de fiar algodão, tudo muito desleixado. A fazenda apresentava ainda sinais da primitiva opulência e da grandeza de que gradualmente decaíra, à medida que as lavagens de ouro, na confluência dos rios e em outros lugares se esgotavam."[387]

ALAMBIQUE – "Parámos alguns minutos em logar mais pretencioso, onde havia cannavial, engenhoca de páu e alambique para distillar cachaça."[594]

ÁLCOOL – " – Quer ou não quer a cachaça? Levantava a garrafa com raízes dentro do álcool."[40]

ÁLCOOL FORTE – "Achava engraçada aquela maneira do velho Maximiliano beber, e o imagina bebendo cachaça com aqueles refinamentos, se engasgando com o álcool forte, queimando a língua."[35]

ALCOÓLATRA – "Homens desse departamento prepararam um dossiê para processar e prender Al Capone por sonegação fiscal. Entre eles, há um obscuro agente chamado Elliot Ness, por sinal, alcoólatra."[596]

ALEGRINHO – "Diadorim era o que estava alegrinho especial: só se ele tinha bebido."[529]

ALTERADO – "Quem sabia melhor beber do que êle, jamais completamente alterado, tanto mais lúcido e brilhante quanto mais aguardente emborcava."[36]

AMNÉSIA – "Cosme, hoje, trabalha olhando carros e é assim que garante a cachaça de cada dia. Não se importa muito com o que vai comer no outro dia, para ele o importante é alimentar o vício que carrega há tempos. Cachaça, para ele, é sinônimo de amnésia, esquecimento, a única forma de estar e não enxergar o que passa na vida."[259]

ANCORETA – "O 'ancorote', ou 'ancoreta', ou 'corote', era pequeno barril, um barrilete, destinado ao acondicionamento de água, vinho e aguardente. Seria o 'barrilito' que Spix e Martius viram no sertão nordestino, em 1816, custando 3$500 a 4$000, quando cheio de aguardente."[573]

APERITIVO – "Uma série de misturas de cachaça com catuaba, pau-de-resposta, mil-homens, erva-doce, pó de café, chá preto, gengibre, leite de coco, casca de laranja amarga, suco de frutas, cravo etc., constitui a galeria dos aperitivos ao lado dos licores."[676]

AQUA-VITA – "No cabelos fecundos do monge os peregrinos recolhiam ovos de pássaros, para a famosa omelette à l'anachorète, batidos os ovos com uma pitada de areia, em lugar do sal, à guisa de reprimenda à gula, enquanto as frondosas barbas do eremita davam por vezes duas colheitas anuais de cereais, para o pão e a aqua-vita."[133]

AQUECER A CORAGEM – "Velhos e experimentados generais, nos campos de batalha, com neve ou com poeira, com lama ou em pleno deserto, também sentiram a necessidade de aquecer a coragem para tomar uma decisão, dar uma ordem, ganhar uma batalha."[374]

ARMAZÉM – "Fôra grande o consumo de cachaça nessa noite trabalhosa, primeiro no armazém de Alonso onde a chuva os prendera, depois..." / "Seu Galo Doido carregava um esfaqueado às costas, parecia-lhe leve a carga, jamais a dividiu com ninguém, nem mesmo quando rolava bêbado sob a mesa, no botequim de Isidro do Batualê ou ao lado do balcão, no armazem do Alonso."[37]

ARMAZÉM DE PORÃO – "Subindo um degrau de pedra que havia na porta, entrava-se nesta espécie de armazém de porão, adornado por duas ordens de prateleiras escorregadiças onde se enfileiravam algumas dúzias de garrafas de cachaças, tapadas com rolhas de espiga de milho."[711]

ARMAZÉM DE SECOS E MOLHADOS – "(...) para se esquecerem das barbaridades que se praticavam nas mesmas escolas, dirigiam-se uns para os armazéns de secos e molhados, onde lhes constava que vendiam as gostosas bebidas chamadas Caramuru e Gengibirra..."[421]

ARREADO – "Foi assim que em noite de muita cachaça, quando todos baquearam – até Jesuíno Galo Doido, tão poucas vezes visto arreado –"[37]

ARRIADO – "Só não me diga que você nunca ficou 'avexado' para terminar o litro de cachaça, bebeu tanto que ficou 'arriado', virado na 'gota serena'... agora se for pego bebendo e depois dirigir, vai 'foder a tabaca da chola'!"[127]

ARRIAR O PANDÚ – "Outro que não vendeu uma quadra de bilhetes do elefante, que estava em sua posse tomou várias doses no bar do Rosental, próximo ao campo do Ateneu arriou o pandú e acordou rico foi o nordestino Abdias. Comprou fazendas e construiu imóveis na cidade. Deitou e rolou na sorte! Esnobou grana para todos os lados. O homem tinha o santo forte!"[455]

ARRODIAR O PÉ DE PAU – "Chico, cabra errado e bonequeiro, já melado depois de traçar um burrinho e duas meiotas, vinha penso, cambaleando, arrodiando o pé de pau, quando deu um trupicão que arrancou o chaboque do dedo."[239]

ARUÁ – "A bebida de candomblé mais conhecida é o Aruá ou Aluá, resultante da fermentação da rapadura com um punhado de milho de galinha em água fria. Depois de bem fermentada, coa-se a mistura com gengibre ralado."[676]

ASSOBERBADO DO BEBERETE – "Andam, enquanto isso, os outros ocupados a dar de beber aos dançantes, até que, assoberbados do beberete, caiam sem sentido."[454]

ASSUMIDO PELO DOMÍNIO CREPUSCULAR – "Os olhos injetados do Polaco tinham começado a perder o foco. A cachaça aos poucos assumia seu domínio crepuscular sobre o homem vermelho."[670]

AZULADINHA – "Vieram sanfonas, acenderam-se candeeirinhos de querosene, tabuleiros de manuês e jinjibirras surgiram, a azuladinha apareceu ali nas garrafinhas e a feira continuou ótima." LIMA, Jorge de. *Calunga*. Porto Alegre, Livraria do Globo, 1935, pág. 18.[376]

AZULZINHA – "... pos queria, discípulo de Rondon, que plantara o sertão de postos telegráficos, semeá-lo de garrafas vazias da azulzinha."[133]

AZULZINHA BEIJADEIRA – "E correr pelo povo os garrafões da azulzinha beijadeira – negócio como se diz: esses palhaços no palhiço. Eta, festa! Como se queria uma alegria."[531]

BADERNA – "Baderna – Bebedeira acompanhada de desordem."[272]

BAIÚCA – "Taberna. Pode-se dizer que é um local onde as pessoas se encontram para beber e se divertir. *Butecos, bares, reunião na casa de amigos*. Enviado por Mariana (MG) em 15-01-2009." [211]

BAIÚCA – "Significado de Baiuca: s.f. Bodega, pequena taberna, pequeno restaurante barato e mal frequentado."[213]

BAR – "O bar onde entrou – Gruta de Oxóssi, conforme o esmerado letreiro na porta da rua – era no coração do comércio e tinha um particular digno de nota: uma exposição de cobras de várias espécies, conservadas em líquidos coloridos, dentro de grandes frascos de vidro alinhados no balcão, daqueles que as bodegas de antigamente usavam para guardar bombons."[63]

BAR - "'O espetáculo não pode parar...', lembrou muito bem um senhor que frequenta um bar daqui do bairro onde moro. Tomando a sua cachaça lá estava ele rindo à-toa, dizendo a todos: 'Esse deputado aí que citou a Bíblia eu não voto nele não'. Em meio às gargalhadas, ao sair do bar, a última coisa que eu escutei de alguém da roda foram aquelas palavras que eu havia escutado anos atrás no mesmo estabelecimento: 'Só espero que tudo isso não termine em pizza'. A CPI da época era a do Banestado."[83]

BAR – "Essa juventude intelectualizada, segundo ele, vivia bebendo nos bares de esquerda da moda; sim, porque os bares, tanto quanto as pessoas, podiam ser de esquerda..."[656]

BAR – "O ponto de reunião do grupo é um bar do Baixo Leblon... Aquele ali, por exemplo, com longas barbas brancas, é o decano do grupo... Seu nome é Charles Darwin. Parece que é inglês. Enquanto o resto do grupo não chega, Darwin fica importunando os outros, oferecendo-se para contar sua história em troca de copos de pinga...Tem uma rapaziada que frequenta o bar que gosta de provocar o velho Darwin. '– Aí, vovô. Conta aquela da evolução'."[662]

BAR – "– Tome um 'scotch' legítimo. – Prefiro o paraguaio. Meu fígado... – Você não quer escocês legítimo para proteger o seu fígado? – Ele pode morrer de susto..." / "Procurei Toninho por toda parte. Finalmente voltei ao 'Orango Tango". Ele tinha dormido lá... – Suco de laranja com vodca. – Suco de laranja com vodca, a esta hora da manhã? – Tem razão. Só a vodca." / "– Garçon, este uísque é paraguaio? – Não senhor! Escocês legítimo. Por quê? – Quando eu sacudo o gelo toca 'Índia'."[674]

BAR – "Tudo ia bem, daquele trabalho ele gostava, no bar sabia-se de todas as novidades, comentavam-se os mais mínimos acontecimentos da cidade, as notícias o país e o mundo."[38]

BAR – "A primeira noite, eu dormi da melhor maneira que podia: com uma menina. Eu a encontrara num bar: O que ela era, o que fazia, e até seu nome, eu mal soube..." / "Nós fomos. O barzinho estava lotado, mas achamos inútil ir a outro ali perto, todos deviam estar daquele jeito."[681]

BAR – " – A Cláudia ia lhe falar sobre nós, ontem. Acho que não teve coragem. Ela me contou que você vinha a este bar todos os dias a esta hora e eu... – Espera aí. Que Cláudia? – Como 'que Cláudia'? A sua mulher. Eduardo olhou para Márcio. Ou Décio, ou como o diabo se chamasse o outro. Estava ficando bêbado. Devia haver algum engano. Sua mulher se chamava Sônia."[673]

BAR – "– Quer dizer que sou a bela e a fera ao mesmo tempo. Então vamos saudar esse fenômeno com um aperitivo. Foram ao bar." / "Não, Ricardo, vamos a um bar, desejo conversar com você sobre um certo assunto."[649]

BAR – "– Polaco! – gritou o Hatoum, de trás do balcão. – Deixa o homem em paz. Pelo tom de Hatoum, deduzi que aquilo acontecia sempre. O Polaco vivia importunando os fregueses novos do bar." / "O entusiasmo do Polaco pela limpeza étnica do mundo ecoava pelas paredes de ladrinho do bar vazio."[670]

BAR – "Ao se despedirem, tarde da noite, ele combina com o Daniel um encontro para o dia seguinte. Irão juntos para o bar."[666]

BAR – "Encontrei Antecedentes no lugar de sempre. Um bar da Prado. O Condicional, porque lá só dá meliante solto. Ele estava destruindo uma coxa de galinha. Compreendi como a coxa se sentia." / "O bar do português é o único lugar da galeria que não te ratos. Estão em greve contra a má qualidade da comida." / "As duas frequentavam um bar, o 'Big Shoe', mas Virgínia não ia lá sozinha. A Gomes tinha proibido por alguma razão. Comecei minha investigação pelo bar."[668]

BAR – "Reconheci o negrão. Era o pianista do Rick em Casablanca. Perguntei por que ele não tocava mais piano. – Sam? Porque só sabia uma música. A clientela não aguentava mais. Ele também faz sempre o mesmo sanduiche. Mas ninguém vem aqui pela comida. Cantarolei um trecho de 'As time goes by'. Perguntei: – O que você faria se ela entrasse por aquela porta agora? – Diria: 'Um chazinho, vovó?' O passado não volta. – Voltou uma vez. De todos os bares do mundo, ela tinha de escolher logo o seu, em Casablanca, para entrar." / "Uma semana depois o Silas e Vanda Vai Lá estavam juntos de novo. Até casaram, no civil, no religioso e na nossa mesa no bar, toda a turma junto, que era pra valer." / "De Bar: outra história de bar. Desde o princípio os outros notaram a má-vontade com que o Maurão recebeu o mais novo integrante da roda..."[657]

BAR – "A fisionomia aterrada e curiosa da cidade dá a entrever que se está à espera de uma verdadeira batalha; e a julgar-se pelas fisionomias que se amontoam nas secções, nos carros, nos cafés e botequins, parece que as prisões foram abertas e todos os seus hóspedes soltos, naquele dia."[88]

BAR - "Qual não é o seu espanto quando encontra o tal médico Diógenes de roupa branca, barba de pelo menos uma semana, avermelhada e rala que dava ao doutor um ar de louco; os cabelos por pentear, onde ele, Diógenes, metia as mãos que tremiam; a roupa suja, queimada em vários lugares pelos cigarros e pela cinza do charuto, sentado à uma mesa de bar bebendo cachaça."[370]

BAR – " – Olha que coisa mais feia, mais falta de graça, é ele baixinho que vem e que passa, no amargo balanço a caminho do bar..."[169]

BAR – "Havia três escalões em torno do bar, o Paulão e o Frank tiveram de fazer seus pedidos por cima de várias cabeças, a bebida foi de mão em mão até eles, como amendoim numa arquibancada lotada."[667]

BAR – "Três ou quatro indivíduos, no bar, se distraiam bebendo e jogando poker."[499]

BAR – "Chegou ao ambulatório do Instituto Nacional de Previdência. Fechado. O menino chorava. Carlos Lopes foi ao bar da esquina. Café com leite." / "... medo de discutir com motoristas de taxi & medo de ser agredido / assassinado lia notícias de mortes absurdas por causa de um troco de ônibus & de uma pinga num bar & de um encontrão & de uma trombada..."[111]

BAR – "Os bares e botequins já estavam abertos. Garrincha autorizou a distribuição de cachaça, cerveja e guaraná para o povo, tudo na sua conta."[165]

BAR – "Na Bahia, onde tudo também é em inglês como no Rio (as barcas daqui da ilha não são barcas, são 'ferry-boats', que o povo chama ferrobôte, (não sei se em alusão aos preços e serviços delas), todos os plurais ingleses são com apóstrofo e então todos os bares servem 'drink's'."[518]

BAR – "O major com a nota estendida na mão, o dono do bar recusando."[29]

BAR – "José Lopes, sorridente, escutava-o. – Com que remédio você se curou? – Vamos a um bar? Lá conversaremos melhor."[34]

BAR – "Luz elétrica só havia no cinema e no bar. A casa do seu Dr. Domingos estava iluminada a querosene."[30]

BAR – "Tem gente que fica mais tempo no bar do que em casa, e tem uns, como o Caçarola, que nunca mais voltaram para casa."[84]

BAR – "O bar é o endereço emocional das ilusões, porto aberto à fogueira dos prazeres; refúgio, local adequado para se combater o estresse, esquecer a fadiga e, sobretudo, desligar-se da neurose estafante dos dias." (...) "Era uma coisa sem controle. De tal maneira que, para me tirar da mesa de algum bar, só se fosse com a ajuda de um caminhão. Assim mesmo teria que levar o bar junto, na carroceria; do contrário, não sairia, nunca."[429]

BAR – "Eu, ahn... Eu não sei falar com secretária eletrônica... Olha, seguinte. Eu sou aquela que sentou do seu lado, ontem, no bar. A do sinalzinho que você disse que queria levar para casa, e eu tinha que ir junto, lembra?[659]

BAR – "Descobrimos um bar com música interessante e os gregos que eram seus donos ficara nossos amigos no primeiro olhar."[262]

BAR – "– E o bar? – Não temos finalidade lucrativa. Sabemos que o bar se tornou um ponto de convergência e encontro de almas desfaceladas neste século vinte. Sabemos que o homem bebe, o homem ou a mulher ou o homófilo bebe porque acha que se sente só e já tem dúvidas se poderá reencontrar-se. Começa por culpar-se de ter nascido para carregar todas as mazelas do Éden podre sobre os ombros e termina por admitir que é uma ilha solada, a única solidão do Planeta Terra." / "O número de farmácias e bares quadruplicam.

As mulheres quase sempre correm só para as farmácias. Mas as farmácias e bares vivem atopetados de homens ou pseudo-homens." / "Por que os bares dos homófilos e os das lésbicas e ninfomaníacas, apesar de existirem há apenas cinco ou seis anos, davam uma indiscutível aparência de mais tranquilidade, originalidade, espontaneidade e autenticidade?" / " – Acho que hoje. Ele vem mais às tabernas, às boates, aos bares, que às igrejas, quando quer vir ao encontro dos seres humanos."[149]

BAR-AMIGO – "Afinal havia muitos bares-amigos, solidários, além dos bares que pertenciam à rede da casa."[149]

BARMÁCIA – "Uma outra corrente de pessoas capitaneadas pelo jornalista Marcos Dantas (do Jornal Local) e pelo Radialista Valdivino Alves (Rádio Liberdade FM de Caiapônia) defendendo que a Barmácia do Campo Limpo deva ser credenciada junto aos SUS (Sistema Único de Saúde)."[312]

BARRACO – "'– É a úrtima daqui a poco fecho nóis vai tê jogo contra o Unidos da Abril.' José comeu toda a mortadela, mandou embrulhar uma porção. O homem fechou o barraco. El Matador ficou com uma garrafa de pinga."[111]

BARRAQUINHA – "– Aquele é dos bons. Foi uma linda compra, beira do mar. Um dia faço uma casa ali, Olavo pode pescar, abrimos uma barraquinha na praia, caipirinha, cerveja e peixe frito."[112]

BARRICA – "E então? – Então o quê? – O mastodonte aí, a barrica, pipa ou lá o que seja. – Eu diria tonel. – Tonel. E então? – Mistério insondável."[137]

BARRIL – "A cachaça armazenada em barris, tonéis ou dornas de madeira 'curtida' faz enorme diferença em sabor e em ocorrência de elementos voláteis. Nessas circunstâncias, há diferenças marcantes entre a bebida produzida no dia, a armazenada há um mês e a envelhecida há seis meses, principalmente se a madeira for boa em poros, idade e troca de oxigênio, sem interferir no sabor, como carvalho ou bálsamo."[526]

BARRIL – "Soltavam-se foguetes: Iô Nhô fazia anos e bodas-de-ouro. Drijimiro dele adquiriu também o alambique, barris, queria respeito e dinheiro, destilar aguardente; servia-o o Rixio, deixado de serenatas."[536]

BARRILOTE – "... Não sei se conseguirei o ingresso de alguns deles na Misericórdia. Se conseguir, ficarão me devendo mais essa mercê. – Algumas caixas de açúcar, barrilotes de vinho do bom, e acho que vos apóiam."[406]

BARZINHO – "Bomba, bomba, bomba – Itaparica com barzinho e motel flutuante! Imaginei meu avô rodopiando na sepultura (não por indignação, mas por não terem inventado essas coisas ainda no tempo dele, meu avô era danado)."[518]

BATIDA – "Às segundas-feiras, quando se esperava que eles descansassem do jogo de domingo, Garrincha promovia uma feijoada e uma pelada em Pau Grande, com a presença de Didi, Valentim e Quarentinha. Eles limitavam-se à feijoada e às batidas, sem arriscar-se na pelada."[165]

BATIDA DE CAJU – " – Madalena, peça uma batida de caju aí no boteco e traga uns acarajés, uns abarás, uns tira-gostos, umas coisinhas."[518]

BATIDA DE MARACUJÁ – "Tino já havia descido, tomava uma batida de maracujá que eu havia feito na véspera, queria se embebedar."[178]

BEBEDÃO – "Glorioso. Ainda bebedão, como sempre. Luiz dizia toda vez que os gringos fotografavam estas calçadas ornamentais, convenço-me da superioridade racial do mulato."[517]

BÊBADO - "E me revolto porque continuamos paralíticos, nostálgicos, depressivos. Bêbados deste lirismo deteriorado que os jornais sobre os quais tenho feito leito para este corpo que a terra há de comer, insistem em reproduzir. E que, mais do que a cachaça que me embriaga me faz ficar aqui ocupando o seu tempo com essa embriaguez poética que você sempre repeliu, ou não? Sei lá!!!"[338]

BÊBADO – "O bêbado só veste as calças / Com a braguilha pra trás."[8]

BÊBEDO – "Foram encontrar José Lopes, pela manhã, bêbedo num bar."[34]

BÊBADO – "... de Benedita podia-se dizer quanto se quisesse: leviana, inconstante, mentirosa, bêbada, cínica..."[37]

BÊBADO – "O bêbado foi dali direto para a casa de Dondoca e, atingido em sua honra e na cachaça, aplicou-lhe uma surra dessas de criar bicho, quebrando o cabo da vassoura nova nas costas da inocente."[39]

BÊBADO – "Ninguém bebeu, mas estão todos bêbados do baticum, o santo está com cada um deles, a dança é agora com os braços..."[35]

BÊBADO – "Distinguia as risadas, os gritos, as vozes dos bêbados, as conversas sobre política..."[31]

BÊBADO – "Saiu afinal. Chegando à sala do trabalho, nada disse: peou no chapéu, na bengala e tirou-se pela porta afora, cambaleando como um bêbado."[89]

BÊBADO – "O apelido de Átila vem do costume que ele tem de quebrar tudo, arrasar lugares, quando fica bêbado."[111]

BÊBADO – "Malandros e traficantes pelas esquinas, nas kneipes imundas. Fliperamas, lanchonetes turcas, bêbados dormindo nos portais, calças mijadas. Jovens drogados deitados nas calçadas." [110]

BÊBADO – "Queriam por força fazer o casamento dele com ela, convidaram para padrinho o Zé Bêbado – que felizmente já tinha morrido..."[134]

BÊBADO – " – Mas, vamos ao assunto. O que o traz? Que ordens? De Prisão? – Pior. Terça, vinte e sete tem um outro caso no tribunal. De rotina para nós. – Por que não para mim? Acha que vão me dar um cagaço agora só porque não estou bêbado como naquela noite?"[149]

BÊBADO – "No meio do picadeiro, de queixo caído e cartola na mão, o bêbado Finfilóquio falou baixinho..." [156]

BÊBADO – "Para Elza, que o procurou em Milão para saber por que se opunha ao emprego de Garrincha, Di Pietro teria sido mais direto: – 'Não quero bêbado aqui dentro'. Elza foi pedir reforço à embaixada em Roma e fez um comício contra a má vontade do IBC: – 'O Brasil deve muito mais que um emprego ao Neném!' "[165]

BÊBADO – "Um motorista, drogado ou bêbado, sei lá, entra com ônibus e tudo no Palácio do Planalto, destruindo metade do saguão. Mas foi absolvido pela justiça. Segundo esta, o motorista era inocente. O palácio é que estava desgovernado..."[169]

BÊBADO – "Anuncio pelo alto-falante, em voz bem nítida, para os bêbados e o púbico em geral: – É hora de partir. Cuidado com as portas. As portas vão se fechar."[262]

BÊBADO – "A Mané Fulô, homem bom como os trinta, que morreu afogado e bêbado."[315]

BÊBADO – "Com efeito, eu os vi não só beberem três dias e três noites consecutivas, mas ainda, depois de saciados e bêbados a mais não poder, vomitarem quanto tinham bebido e recomeçaram mais bem dispostos do que antes..."[333]

BÊBADO – "A cidade com seus bêbados na esquina, casais comendo yakitori na rua, o formigueiro das galerias, vitrines de televisores, vitrines de comida nos shoppings subterrâneos."[347]

BÊBADO – "O negro serenou e disse: – De dia o Pai-Raiol não vê Esméria; de noite, e de tarde, como agora, Esméria vai ver Pai-Raiol. – Para que isso?... – Os sapos dormem bêbados a essa hora..." / "Esse senhor e marido louco não o pensa, mas no delírio dos sentidos ergue a escrava até a altura de sua pobre mulher, a quem portanto avilta e a si se rebaixa até as misérias daquelas a quem se igualou bebendo com ela no mesmo copo a embriaguez mais ignóbil." / "... desde que conheceu que alucinara os sentidos do senhor com a embriaguez aviltante, animal da luxúria mais desenvolta..." / "O efeito mostrou-se indisputável e seguro. Paulo Borges dormiu, como o embriagado que se submerge no sono." / "Alguns dias depois Paulo

Borges, a quem a crioula incessantemente cercara de cuidados, e que hábil e petulante embriagara em novos frenesis..." / "– Que queres, crioula?... Não me posso vencer: é um sono de bêbado, ou de envenenado..."[359]

BÊBADO – " – Parecia que estava bêbado. / Era álcool ou sua desrazão? / – Bêbado da luz do Recife: fez esquecer sua aflição. / – Mas pareceu falar em versos. / – É isso estar bêbado ou não?"[392]

BÊBADO – "–Há uma misericórdia em Ouro Preto? – Misericórdia? Aqui não há hospícios nem cemitérios nem recolhimentos nem conventos nem hospitais. Aqui não há farmácia nem remédio. Apenas eu, quando não estou bêbado, cuido dos doentes."[407]

BÊBADO – "E, como a vida é também alguma repetição, dali a pouco de novo o apostrofaram: – Bêbado, outra vez? E: – Não senhor... – O Chico retrucou – ... ainda é a mesma."[537]

BÊBADO – "Marchou para os balaios e o primeiro que viu foi o de Rato e Sarigue, dois mulatos magros, irmãos por parte de pai e de mãe, que saiam também bêbados para pescar e que moravam, cada qual com duas mulheres, duas sogras, quatro cunhados, seis cunhadas e três sobrinhos, nos buracos do paredão da ladeira da Conceição, juntamente com os morcegos, segundo muitos também seus parentes, segundo outros sua comida em dias de festa de família."[515]

BÊBADO – "Quase que cada um era escuro de feições, curtidos muito, mas um escuro com sarro ravo, amarelos de tanto comer só polpa de buriti, e fio que estavam bêbados, de beber tanta saêta." / "Então, ele não queria existir? Existisse. Viesse! Chegasse, para o desenlace desse passo. Digo direi, de verdade: eu estava bêbado de meu. Ah, essa vida, às não-vezes, é terrível bonita..."[529]

BÊBADO – "Numa beira-d'água, encontraram uma vaca jovanês-castanha, deitada de adoescente. Delmiro tocou-a: ela andou um pedaço e tonteou e caiu. As mãos tinham amolecido, e ela parecia bêbada de cachaça. – 'É erva!' – todos falaram."[546]

BÊBADO – “Quem engana bêbado não merece perdão.”[620]

BÊBADO – “Em seguida, Ana Turva com seu sapato dourado e bêbado, pisando na longa echarpe à la Isadora Duncan.” / “Não lhe mostraria a carta se não cofiasse no instinto subterrâneo dos loucos e dos bêbados, paizinho me ensinou isso.”[621]

BÊBADO – “– Todo mundo sabe que preto tem cabeça dura. E depois, não querem ficar na terra. Gostam de ir morar na cidade, porque lá podem viver esmolando, sem fazer nada. Preto forro em Paraty é tudo vagabundo e bêbado.”[634]

BÊBADO – “Na semana seguinte, antes de começar a palestra, o Benê, um filho de alcoólatra que odiava bêbado e baleou dois deles numa padaria de Parelheiros porque importunaram uma moça que ele nem conhecia...”[648]

BÊBADO – “Bêbados de autopiedade, brindaremos esta cidade onde nascemos e morremos mais de uma vez (só eu foram três) mas salvamos o inimigo. Nosso reino, nosso umbigo.”[658]

BÊBADO – “– É. Estava ótima. Roque: o Pinto acaba de me telefonar para pedir desculpas pelo que ele me disse ontem. – Ah, telefonou? Eu sabia. Ele é um bom caráter. Quando bebe, perde as estribeiras, mas no fundo... – Acontece que eu não sei o que foi que ele me disse. Estava mais bêbado do que ele. – Você? Não notei. Eu devia estar bêbado.”[672]

BÊBADO – “Desculpe. Esquece este último símile. Minha amada. Minha vida. A inspiração é tanta que transborda e me foge, eu estou bêbado de paixão, o estilo tropeça o meio-fio, as frases caem do bolso...”[669]

BÊBADO – “Ele examinou meu rosto com seus olhos injetados de bêbado por um longo tempo.” [670]

BÊBADO – “‘Feliz ano-novo!’, gritaram da janela de um escritório jogando papéis picados que no lusco-fusco da tarde se confundiam com a revoada de pombos que vivem no teto da igreja e nos parapeitos das janelas. Olhou ao lado o mendigo que dormia bêbado de cachaça e fome e não soube dizer o que o separava daquele farrapo humano."[330]

BÊBADO – "Indefesas, as mocinhas acabavam por acreditar no disparate daquelas loucuras de bêbado. Às vezes, dependendo do grau da embriaguez, eu lhes dizia, com brava convicção, que era piloto de uma importante companhia aérea do país, e que volta e meia, estava de vôo marcado para os céus de outros continentes."[429]

BÊBADO – "Aí então, por um momento, aparece um velho na soleira da porta e um outro rapaz, nativos do lugar. O velho está bêbado e vendo-nos, seus olhos se iluminam. Percebendo que somos da cidade e que talvez pudéssemos ter dinheiro, quase implora a Elyseu alguns trocados para beber cachaça. O garoto vai transar com Felipe fora da casa e..."[334]

BÊBADO – "No entanto, os personagens, como que fantasiados com máscaras idênticas, se mostram todos feridos, chagados, bêbados, desesperados, suicidas, perseguidos, atormentados. Um deles é o pai, no conto *Um Homem Velho, Feio e Bêbado*, que morre 'babando, cuspindo, lutando', após ter abandonado a família e resvalado para o alcoolismo. É preciso, então, interná-lo como louco. Não pode viver entre as pessoas 'felizes' que compram automóveis. É um ser perigoso, um contaminador."[365]

BÊBADO – "Umas bêbadas que estavam/ estiradas pelo chão/ despertaram com os gritos/ e uma do cabelão/ perguntou a Dona Côca:/"Qual o preço do gatão?"... "Disse a velha: "Francamente!/ Eu estou achando pouco!/Por 1 e 99?!/Tome dois, nem quero o troco!/Deixe-me levar pra casa/esse meu Chico Cuoco!"[201]

BEBADOZINHO – "Súbito, apareceu um bebadozinho, manco da perna esquerda, maltrapilho, e respirando aquele bafo horrível de cachaça."[429]

BEBEDEIRA – "Na terça-feira, o tempo amanheceu nublado e ventoso. Os homens ocuparam-se da aguada e de outras tarefas necessárias. Recebemos 28 pipas de pão do Hindostan. Os marujos

William Thomas e Thomas O'Connor foram punidos com 12 chibatadas por bebedeira."[243]

BEBEDEIRA – "Nessa ocasião chegou ali uma grande embarcação pertencente a um negociante chamado Soares, e os tripulantes indígenas, como de costume, passaram os dois primeiros dias depois do desembarque em farras e bebedeiras. Um deles, que se achava bastante embriagado no momento resolveu ir banhar-se sozinho no rio (...) o índio tropeçou e no mesmo instante um par de mandíbulas escancaradas surgiu à superfície, agarrou-o pela cintura e o arrastou para o fundo. (...) Conseguiram localizar o monstro e, quando após um lapso curto de tempo, o jacaré subiu à tona para respirar – com uma perna do homem ainda se projetando para fora de suas mandíbulas – seus perseguidores deram cabo dele ao mesmo tempo em que lhe lançavam as mais terríveis pragas."[92]

BÊBADO DE CAIR – "Vai Rosa loira, a boca pequena, os olhos azuis, dizendo palavrões para as mulheres casadas, bêbada de cair."[35]

BÊBADO DE PERNAS – "Fontoura se levantou, bêbado de pernas, olhos injetados de cachaça e insônia."[135]

BEBEDEIRA – "... em Cambridge no início da década de 30, quando... o ativismo de esquerda e de direita competia com as bebedeiras e o esporte como principal atividade extracurricular." / "Como o Terceiro Mundo é ridículo, né? Até seus tiranos mais terríveis no fim são blefes. Ditadorezinhos. Generais de opereta. Um toma uma bebedeira e decide tirar um pedaço de terra da Inglaterra. Logo da Inglaterra..."[662]

BEBEDEIRA – "Hoje, existem pílulas milagrosas, mas eu ainda sou do tempo das grandes ressacas. As bebedeiras de antigamente eram mais dignas, porque você as tomava sabendo que no dia seguinte estaria no inferno."[671]

BEBEDEIRA – "No outro dia o capataz estaria arrependido e não saberia explicar ao Coronel Ubaldino a morte de dois homens. Eles haviam sido trucidados a golpes de terçado no auge da bebedeira que era sempre o melhor da festa."[602]

BEBEDEIRA – "(Eu sinto, às vezes, uma sensação de flutuação. A gravidade desaparece, eu me ergo no ar, alguns centímetros. Começa com uma impressão de bebedeira. Depois, perco a direção. Então, fico leve. Dois segundos. Fiquei assim depois de ter cheirado a caixa)."[112]

BEBEDEIRA – "Rememorando namoros, festas, brigas entre jovens atletas apaixonados e ciumentos, a ameaça de afogamento de uma criança, bailes de aniversário, bebedeiras a perturbar o silêncio da noite."[39]

BEBEDEIRA – " – Ah, foi assim que começou a camueca do outro – disse Cristina. – Vocês aí nessa bebedeira. Não foram na marcha não?"[136]

BEBEDEIRA – "O dono do bar – que parecia ter previamente tirado o dele antes da bebedeira, pagando-se dos prejuízos e despesas da véspera – estava começando a achar um grande negócio a história da candidatura do governador."[182]

BEBEDEIRA – "O curioso é que os tupinambás nada comem durante as bebedeiras do mesmo modo porque não bebem às refeições muito estranhando ver-nos entremear uma e outra coisa à nossa moda."[333]

BEBEDEIRA – "Um pé-rapado qualquer, destes que perdem a noite em cantorias e em bebedeiras, sem vintém, sem emprego, sem futuro, por causa da tal mulher, esfaqueara um moço..."[28]

BEBEDEIRA – "Quem não o conhecesse na intimidade não se daria conta de sua bebedeira, pois à exceção da euforia a brilhar-lhe nos olhos, a abrir-se em riso incontido, nada mais a revelava."[37]

BEBEDEIRA – "Perderam num instante a segurança, diluiu-se como por encanto a bebedeira. A presença da família – sobretudo das mulheres – deixava-os amedrontados e tímidos, sem saber como agir, onde pousar as mãos, como comportar-se ante o morto."[36]

BEBEDEIRA – "Nem sodade nem prazer. / Me inebriei de manhãs e de imprevistos. / Bebedeiras sentimentais... / Meu vício original."[58]

BEBEDEIRA - "Nas narrativas urbanas, localizadas em Fortaleza, os personagens vivem dramas de amor, de desavença familiar e pobreza. Em *Seu Mozart e o Povo da Rua* se narram conflitos de uma família pobre, seu cotidiano de discussões e bebedeiras."[365]

BEBEDEIRA – "Certo é que era uma eguinha meio boa, empinadinha e de trote ligeiro,matreira – diz que sabia tão bem o caminho da casa, na roça, que levava Mané direitinho, pateava abrindo a porta, despejava ele na cama para curtir a bebedeira."[483]

BEBEDÉRRIMO – "Mas, agora, maior, mais real, direto – no lugar amplo e sem outras formas – um homem sozinho: bebedérrimo, Badu."[543]

BEBEDICE – "(...) e levantando eu a voz perguntando se me conheciam, suspenderam o alarido e se avançaram alguns passos dois que mandavam o destacamento aos quais disse que bebedice ou atrevimento era aquele..."[190]

BEBEDICE – "Notei nesta quinzena vários e multiplicados casos de uma doença, velha no mundo, mas novíssima no bairro: o delírio alcoólico. O Delírio Alcoólico não é precisamente o delírio poético nem o delírio político. Este último delírio é outro. Suponho que esta espécie de delírio é proveniente do álcool, se as palavras têm alguma significação. Donde concluo que a bebedice para desenvolver-se entre nós, já em tal escala que a taberna é o pórtico da sepultura."[70]

BEBEDICE – "Hoje, que enfim eu medito mais nessa agenciação encoberta da vida, fico me indagando: será que é a mesma coisa com a bebedice de amor? Toleima."[529]

BEBEDICE – "Pode ser que esconda um frasco, nas abas da rede, tome um gole, e é para si que toca um alegrável, falam que é bebedice de cancionista."[547]

BÊBEDO – "Havia ali um bêbedo tresvairando em voz alta e alguns homens agachados em redor de um fogo que enchia o cárcere de fumaça." / "Que dizia aquele bêbedo que se esgoelava como um doido, gastando fôlego à toa?" / "Êle, os homens acocorados, o bêbeo, a mulher das pulgas, tudo era uma lástima, só servia para aguentar facão."[495]

BÊBEDO – "Qualquer polícia bêbedo se esgoelaria dirigindo-me insultos, depois aludiria ao meu prestígio inexistente."[500]

BÊBEDO – "Ou senão miolo de pão embebido em cachaça, que deixava os bichos (pardais) bêbedos e rolando pelos cantos, facílimos de matar, até com uma vassoura."[516]

BÊBEDO – "Um marinheiro, sem se aguentar de bêbedo, batia na mesa e cantava. Dos fundos vinha ruído de bilhar, algazarra, palavrões."[484]

BÊBEDO – "Revelou-me que se havia metido a conspirar estupidamente com dois figurões do exército. No dia da revolta se dirigira ao ponto combinado para receber ordens dos chefes. Um estava inteiramente bêbedo, o outro chorava como um desgraçado."[499]

BÊBEDO – "Sorte? A gente vai – nos passos da história que vem. Quem quer viver faz mágica. Ainda mais eu, que sempre fui arrimo de pai bêbedo. Só que isso se deu, o que quando, deveras comigo, feliz e prosperado. Ah, que saudades que eu não tenha... Ah, meus bons mau-tempos!"[538]

BÊBEDO – "Foram encontrar José Lopes, pela manhã, bêbedo num bar."[34]

BÊBEDO – "Um bêbedo, com as mãos abanando: – Hoje galo canta antes do dia amanhecer."[23]

BEBEDO – "O homem bebia e a mãe definhava nas unhas 'da pertinaz moléstia'. Minto: da tísica. 'Pertinaz moléstia' é tísica dos ricos... O clássico operário bebedo, em suma, e a clássica mãe tuberculosa."[346]

BÊBEDO – Chegando à sala do trabalho nada disse: pegou no chapéu, na bengala e atirou-se pela porta afora, cambaleando como um bêbado."[89]

BÊBEDO COMO UMA CABRA – "O ministro recordaria o fato certamente, datava apenas de um ano: o então Conselheiro da Embaixada fora preso pela polícia lusitana quando, bêbedo como uma cabra, tomava banho nu na praia elegante do Estoril, à meia-noite, em companhia da esposa do Ministro salazarista de Obras Públicas, nua ela também..."[44]

BEBEDOR – "Fôra Vasco bebedor de fama nos seus tempos."[39]

BEBEDOR – "Coisas de bebedor. Preocupado, aos extremos, em proteger o meu carro, estacionei-o na garagem, tranquei o portão por dentro e joguei as chaves no meio da rua."[429]

BEBELAMBER – "Mas agora o Gigão parava ali, bebelambendo água de poça, e mesmo assim, com ele diante perto, Miguilim estava sentindo saudade dele. Então, era porque ia mesmo morrer?"[530]

BEBENTE – "Serviços excluídos: entrega em domicílio, quando o carnavalente pensava que cachaça era água e queria dar uma de dono do morro, ou se a sede era demais e o bebente temia que aquela adega fosse a única remanescente na face da Terra."[592]

BEBER – "Pois eu bebo todos os amores que não tive, sobretudo um que passei a vida não tendo e perdendo, perdendo e não tendo."[338]

BEBER – "Cinco cargos, e todos omissões: porque não destes de comer, porque não destes de beber, porque não recolhestes, porque não visitastes, porque não vestistes. Em suma, que os pecados que ultimamente hão de levar os condenados ao inferno, são os pecados de omissão."[680]

BEBER – "Havia até quem dissesse que Jânio era deselegante e alcóolatra. Gostava de cachaça e cerveja, era dele a famosa pérola 'Bebo porque é líquido. Se sólido fosse, comê-lo-ia'."[26]

BEBER – "Arranjávamos um altar, Capitu e eu. Ela servia de sacristão, e alterávamos o ritual, no sentido de dividirmos a hóstia entre nós; a hóstia era sempre um doce. No tempo... *Dominus, non sum dignus*... Isto, que eu devia dizer três vezes, penso que só dizia uma, tal era a gulodice do padre e do sacristão. Não bebíamos vinho nem água; não tínhamos o primeiro, e a segunda viria tirar-nos o gosto do sacrifício."[69]

BEBER – "Desgostou-me fôsse alemão um homem totalmente bêbado que estava na casa. Não podem os alemães deixar de beber! Há muita coisa boa, magnífica, entre os alemães, mas, beber, bebem ele em todas as terras do Senhor."[74]

BEBER – "... e o querubim que contempla para sempre a face de Deus nós também podemos beber da alegria..."[634]

BEBER – "... fingiu um sorriso e sugeriu que fôssemos todos a Sintra a passsar o domingo. 'Bons ares', concordou o doutor. 'Bons bares', acrescentou o Carlota. Todos reprovamos sua lembrança, já que D. Pedro está proibido de beber qualquer coisa que não seja água fresca."[628]

BEBER – "Essa vida é uma coisa triste e porca, só mesmo a pessoas bebendo até cair de bêbada, só mesmo mamando garrafas e garrafas até não pensar mais, até esquecer tudo, tudo, tudo... Apenas quer beber, beber para não pensar. Beber até cair com sono, até esquecer."[35]

BEBER – "'Parceiros queridos. Dentro de instantes vou passar o prato sagrado. Para que coloquem suas contribuições... Dêem alguma coisa, o dinheiro de uma pinga, um maço de cigarros, uma cerveja, um cinema. É como se estivessem bebendo com Deus, fumando e se divertindo com ele... O prato sagrado veio de Jerusalém, estava na mesa da última ceia, pertencia ao apóstolo que estava à esquerda de Cristo."[112]

BEBER – "Comunicação interessante é a recebida de um filho de Diamantina, informando existir ali um ditado que diz: 'Em Diamantina só os sinos não bebem, porque vivem de boca para baixo'..."[216]

BEBER – "Pensava e bebia mais e bebia também as palavras do dr. Virgílio."[41]

BEBER – "Ramiro, que tinha visto o episódio, bebia os ares do Falua, debruçado na mesa. Os demais estavam todos presos à istrionice do Falua."[135]

BEBER – "– Andira, o velho Andira, bebeu mais sangue na guerra do que já beberam cauim nas festas de Tupã, todos quantos guerreiros alumia agora a luz dos seus olhos."[17]

BEBER – "Aquele homem, na sala, agora estaria bebendo. Uma vida inteira, bebesse! Talvez somente o álcool o iria um dia abrandar, corroer-lhe a absurda austerez, trazê-lo a ponto humano."[544]

BEBER – "– Paris – explicou o marido. – De lá é que se vai para a França – e fez um gesto de silêncio para seguir bebendo as palavras de Padre Basílio, que já ia em meio à oração."[60]

BEBER – "Um homem não identificado deve ter bebido demais e resolveu passar a noite num terreno da Vila Branca, junto à nova avenida radial que vai passar por ai. Escolheu para se deitar justamente num monte de piche depositado no lugar, sem notar que o material ainda estava mole. O piche cedeu e acabou por encobrir o descohecido."[111]

BEBER – "Quando voltamos à praça para beber e esquecer, Cuiúba nos recebeu com afabilidade."[518]

BEBER – "'Júlia não bebe, só por isso já é uma pessoa limitada', disse minha mãe e começou a cantar um trecho da Traviata."[347]

BEBER – "O amor é a lei da vida, a razão única da existência. Encher de uma só vez a alma, sem que ninguém lhe beba o licor divino, e regressar ao Céu sem ter conhecido a felicidade da terra, nem quererá Deus, nem o temerás tu."[72]

BEBER – "Nesta mesma noute um outro sujeito e de muito peior cara, veio beber cerveja à venda, e enquanto despejava duas garrafas..."[358]

BEBER – "... eu sei que Ieropé bebeu sua fé de Page, acabou com sua malícia e sapiência de candiru, a agulha que prende os mundos, o fedorento, o catinguento Maivotsimim."[133]

BEBER – "– Pois é – disse Almeirim ainda pálido, bebendo a cachaça do jarro que tinha pousado na areia. Xiquexique arrancou o jarro da mão dele e bebeu goles e goles." / "Soldado Almerim, na mão livre, trouxe o que restava da cachaça e passou o jarro a Margarida e Cristiana para que bebessem."[136]

BEBER – "Vivi! Amei! Qual tu: Na morte / Arrancaram da terra os ossos meus." / "Assim bebeu-te a vida, a mocidade e a crença, / Não boca de mulher... mas de fatal serpente!..."[25]

BEBER – "Não me importo a ser levado a beber. O que me preocupa é ser levado para casa." / "Invejo as pessoas que bebem. Pelo menos têm alguma coisa em que botar a culpa." / "Bebo para tornar as outras pessoas mais interessantes." / "Um alcoólatra é alguém de quem você não gosta e que bebe tanto quanto você." / "Os ricos são muito chatos e, além disso, bebem demais."[164]

BEBER – "–Desde quando é que o senhor admite que podia ser para jogar ou para beber? Disse o pai entrando na sala e encaminhando-se para a cabeceira da mesa"[344]

BEBER – "Fantasiado de príncipe, o pequeno Maurício bebia goles e mais goles de cachaça. E prometia uma semana de folia. Os amigos também bebiam, riam e davam passos desequilibrados de frevo. Não havia carnaval como o de Olinda. O melhor e mais alegre carnaval do Brasil, do mundo."[364]

BEBER – "Tampouco pretendo, com isto, apregoar, entre os bebedores, o falso moralismo, mandando-os pararem de beber. Pois quem pode, bebe; quem não pode, implode."[429]

BEBER – "A muçulmana sou eu e afinal és tu que não bebes álcool. – Não gosto. Não gosto mesmo. – Por acaso raramente bebo álcool. Por causa da linha. Mas hoje não sei o que me deu, já é a segunda dose."[466]

BEBER – "... do lado de cá todos os caixões estavam ocupados pelos frequentadores e ainda assim uma parte da freguesia bebia sua cachaça em pé..." / "Já era hora de estar contando os cruzados do dia, bebendo sua cachaça."[37]

BEBER – "Mas o Gordo nunca foi à escola e se contentava em narrar com a sua voz baixa e sonora os casos que ouvia, as velhas lendas que aprendera na cidade, e as histórias que inventava quando bebia." / "Tem sujeitos que quando bebem ficam assim tristes. Outros ficam alegres, riem e cantam..."[31]

BEBER – "(Seu Babau estava capengando de uma perna, o doutor Filadélfio escrevia uma carta para Maneca Mãozinha e bebia copos e copos)."[32]

BEBER – "– Morreu de quê? – De tanto beber. De que outra coisa poderia morrer Giovani? Bebia como um desesperado, desgostos de família."[39]

BEBER – "Todo o tempo que a alma dele tinha deixado de beber essa imagem querida... todo esse longo passado, não vivido, resumia-se naquele olhar."[14]

BEBER – "Eis como ignorava D. Ermelinda os idílios, que estavam compondo seus filhos, naquele sítio pitoresco, onde bebia-se o amor como um doce eflúvio da natureza." / "Encostada à rótula da janela, com os olhos engolfados no azul, bebendo a cintilação das estrelas como um orvalho de luz..." / "Miguel ainda bebia o sorriso de Linda; e ela inebriada pelo triunfo que o moço alcançara..."[13]

BEBER – O moço, desafiado pelo pai, bebe meio litro de cachaça... – Se for macho atire... – Já que pede eu te mato – e André aperta o gatilho."[632]

BEBER – "A Margarida, com seu exagero, despejou um copo de vinho na cabeça de um convidado que não queria beber mais." [456]

BEBER – "A natureza matinal, dando-se a beber, aos sorvos, ia bulir com os corações lá dentro."[23]

BEBER ATÉ CAIR – "Simeão abafou no seio rugidos de fera, e apenas terminou o banquete, fugiu com desespero, vagou pelo campo, e investindo enfim para uma das senzalas em que se faria o fado, bebeu desordenado, bebeu até cair em completa embriaguez."[360]

BEBER ATÉ DIZER CHEGA – "Ainda no início daquela tarde, o coronel tinha uma carrada de razões pra tirar a rolha da melhor aguardente de sua adega e beber até dizer chega."[507]

BEBER PRÁ CARAMBA – "(...) Ele (Lula) falou que estou gordo e todo mundo diz que ele bebe prá caramba. Eu... tanto é mentira que estou gordo, como deve ser mentira que ele bebe prá caramba."[528]

BEBER UMA CACHAÇA DOS DIABOS – "Tinha vindo do Itambé para o Oiteiro, mas a negra da cozinha de lá, uma tal de Agostinha, bebia uma cachaça dos diabos."[509]

BEBERETE – "Mas também acontece sentarem-se em redes de algodão e uns em frente dos outros beberem modestamente; mas como o seu costume é de reunirem todos, de uma aldeia ou de muitas para beber (o que nunca fazem para comer), esses beberetes especiais são muito raros."[333]

BEBERICAR – "... e enquanto os homens bebem de um trago elas, no desempenho do ofício de despenseiras, não se esquecem de bebericar sofrivelmente e isso tantas vezes quantas necessárias para que na centena de potes ali enfileirados não fique uma só gota de cauim."[333]

BEBERICAR – "– Vamos! Continue bebendo. Você precisa continuar mantendo a aparência de segurança e serenidade. É só ir bebericando. Não precisa embriagar-se."[149]

BEBERRÃO – "Era o pé de zambeta mais beberrão daquelas zonas, que amassava a cana com farinha." / "Tragava o resto que ficava, lento, com arte de beberrão."[315]

BEBERRÃO – "E como são refinados beberrões, alguns há que em uma reunião sorvem mais de vinte potes de cauim..."[333]

BEBERRÃO – "... que se sentia muito à vontade na companhia de índio beberrão, ladrão e correto feito Atroari, Canoeiro, Ipavu." [133]

BEBERRÃO – "O Doca, o Forde, o João Batista, o Zé Bordéu, o Borginho, o Waldomiro Santos, o Chiquinho, para onde foram as almas desses infaustos beberrões, consumidos pelo álcool?"[429]

BEBIDA BRABA – "Uma segunda dose de 'bebida braba' e todos os nossos amigos em necessidade foram contemplados."[123]

BEBIDA DA PLEBE – "Lorde Vito constata, com grande consternação e certo asco, que sua lady conhece o travo da bebida da plebe. Desde quando, e onde, contraíra o secreto vício?"[137]

BEBIDA ESPIRITUOSA – "... a moderação completamente estranha, motivo pelo qual são para eles, é tão perigosa a aguardente, como qualquer bebida muito espirituosa."[385]

BEBIDO ALÉM DA MEDIDA – "Como se fosse um bicho-de-sete-cabeças um jovem secundo-secretário de Embaixada, farto até a raiz dos cabelos da chata monotonia da vida de Bogotá, beber além da medida e dizer alguns palavrões em meio a uma festa diplomática!"[44]

BEBIDO DE GAMBÁ – "... porque nas horas vagas, quando não estou bebido de gambá, meto a mão nos impostos, que não sou besta."[156]

BEBIDO DEMAIS – "Desde o dia em que se casou, não teve um momento de felicidade: o marido bebia demais, nada procurava fazer do seu agrado."[633]

BEBINHO – "Você estava completamente bêbado quando matou? – Bebinho mesmo não estava, não, senhor... Mas estava um bocado chumbado..."[491]

BÊBO – "Ou então pegar um coco-verde, começar a jogar bola com outros bêbos, e vir driblando a multidão da Rua do Amparo até a Praça do Jacaré, ida e volta, a noite toda, sem que ninguém me tomasse a bola. Não me perguntem como, nem por quê. É Carnaval."[617]

BEBO – "Não tou bebo que aquele tiquim de dela-fria não deu pra matar-o-bicho, não cabeu num burado de dente." ASFORA, Permínio. *Noite grande*. Rio de Janeiro, Editora Minerva Ltda., 1947, pág. 210.[376]

BEBO – "Di premero só bebia/Nego, caboco e mulato/Hoje inté os home arto/Veve bebo todo dia" / "– É sério ou é conversa de bebo?" / "– Bobage! Briga de bebo. Não tem o que vê..."[315]

BEBUM – "Mas finalmente a porta se fechou com estrondo e uma luz se acendeu lá dentro, sinal de que o bebum tinha conseguido pelo menos rastejar corredor abaixo."[516]

BEBUM – "Sendo assim Santo Expedito/Disse pro pobre bebum:/"A partir de hoje você/Não vai mais ser qualquer um/Será o Rabo-de-Cana,/Senhor de bucho em jejum."[450]

BELISCAR – "Puta da vida, levou uma tarde inteira a beliscar numa garrafa de pinga, misturada com mel de abelha, a meladinha aumentando-lhe a ira e a coragem."[50]

BICADA – "Esvaziaram o botijão. –Uma bicada. E, estalando a língua: – É bom que dói."[23]

BICADA - "A um canto, esperando quem lhe quisesse pagar uma bicada, demorava o sacristão."[144]

BICADA – "Bote aí uma bicada de genebra bem grande, que ainda hoje não matei o bicho."[65]

BICADA – "Não dispensava um cachimbo na boca e, como pretexto para comprar alguma coisa, ia várias vezes à venda e cada vez tomava uma bicada de aguardente."[492]

BICADA – "Uma bicada! Siá Chica vai ao balcão, trazendo uma garrafa e dois copos. Logo Timóteo enche-os e bebe o seu de um só trago." RABELO, Sylvio. *Cabeleira ai vem!* Recife, Arquivo Público Estadual, 1965, pág.76.[376]

BICADA – "Louvando a branca diz um repentista: "Eu conheço um camarada/ Que não gostando da branca/ Chega na venda e se abanca/ Falando em barriga inchada.../ – Depois toma uma bicada/ Sem careta fazer!/ Todo mundo pode ver/Que este sujeito é manhoso/ Bebe por achar gostoso/ Não é defeito beber." ADÃO FILHO, José. *Não é defeito beber (Argumentos de um pau d'água)*. Recife, Typ. Chaves, 1927, pág. 12.[376]

BICADA – "Por arte do diabo, apareceram outros fregueses e convidaram Zé Lourenço para trocar umas bicadas." / "Aquilo de manhã cedo, em jejum, era santa meizinha. Fechava o corpo. Nunca deixava de comentar o sabor da bicada."[315]

BICADA – "Pára um instante, minha gente! Mais uma bicada a todos para esquentar o sangue e depois três dancinhas pra terminar!"[305]

BICADA – "No engenho, o meu avô botava jucá nos feridos. A destilação se abria para uma bicada. A boca do fogo podia fazer mal."[508]

BICHA BRABA – "Bebericou uma golada e, passando o dorso da mão pelo bigode fino, elogiou: – Bicha braba!"[501]

BICHINHA – "Cipriano aceitou: – Vamos ver a fama da bichinha. – Bebeu, fez careta, retemperou a goela e declarou, as palavras atrapalhadas saindo entre o fôlego sufocado: – Só não é fogo porque derrama."[306]

BIRITA – "Vamos lá. Excesso de luz? Talvez, li em algum lugar que, antes de morrer, Goethe pediu mais luz. O cardápio dos excessos é variado. Temos excesso de obstinação, excesso de liberdade, excesso de coragem, e mais um montão de excessos, incluindo – por que não? excesso de birita e de drogas leves e pesadas – dependendo de quem as usa e a padaria que freqüenta..." "Também pode levá-los a Mercearia São Pedro, mas aí o problema é do Marquinhos. Que inclui o excesso no preço da birita, e ganha a vida com isso."[412]

BIRITA ORGÂNICA – "Se você anda sem assunto para discutir no bar, aqui está um bom: birita orgânica. Pois é, o status que antes só verduras e frutas podiam ostentar alcançou o vinho, a cerveja e até a cachaça, que ganharam versões orgânicas."[678]

BIRITEIRO – "Embora ele não tenha aquela aparência inchadinha de biriteiro profissional..."[516]

BIRITEIRO – "A noite era dos grilos em cantorias e do vento que trazia um frio forte o bastante para deixar as ruas desertas. Alguns biriteiros bebiam nas biroscas."[341]

BIROSCA – "O gringo estava placidamente acomodado num tamborete à mesa da birosca, olhando as caboquinhas desfilarem. O dia estava indo embora levando o sol num céu avermelhado e deixando apenas o mormaço como lembrança."[603]

BIROSCA – "... que durante o dia se regalava com aquele puta país Brasil onde a gente, andando de ônibus, de perua, de trem, chega tropeçava em cidade e mais cidade, botequim e mais botequim, birosca e mais birosca da gente quase se ajoelhar em frente, com cada prateleira de cerveja dourada até o teto que dava arrepio de ver."[133]

BIXINHA – "A bixinha tem um ímã / Isto eu sei que existe / Porque quando eu estou alegre / Bebo até ficar triste, / Se estou com frio vou esquentar / Se estou quente vou esfriar, / Aí a vontade existe."[290]

BOA COMPANHÊRA – "Lula: vamos tomar uma dose pra vê se essa cachaça é boa 'companhêra', Wilma? Wilma: Lula isso né cachaça não omi!"[477]

BODEGA – "Eu vivia afastado da política e me considerava um adepto do terrorismo boêmio. Andava com os guitarristas pelas bodegas do Alcazar e digo que não me impressionava com nada."[602]

BODEGA – "Por isso, Zeca de Dora, entre cachaça e cerveja, na bodega de Isidoro, prometia e apalavrava – como contei no começo – o que faria com Chica. Porque era Chica de Inácio a mulher a quem Zito amava, na ribanceira, coberta pelo capim de um palmo."[60]

BODEGA – "Em Salvador existia apenas um nobre papalino, era um dos Magalhães, sócio da grande firma junto à qual a casa Moscoso & Cia. Ltda, era uma bodega de estrada."[39]

BODEGA – "O espaço geográfico em que se movimentam os seres fictícios é o mesmo. Vez por outra, protagonistas de um capítulo surgem às escondidas em outros. É o caso de Teofânio, o dono da bodega aonde quotidianamente os bêbados da Salina vão se embriagar e contar as novidades. E nem mesmo ele consegue sobrelevar-se à categoria de primeiro personagem, apesar de quase todos os contos serem narrados em sua bodega."[367]

BODEGA – "Pesado, o silêncio abateu-se sobre a roda de homens que conversava na bodega, onde alguns esquentavam o corpo."[144]

BODEGA – "... em fazermos sociedade no teu negócio. Tu continuas atendendo o balcão, como antes. E ficas com a quarta parte dos lucros. Te garanto que vais ganhar mais do que estavas ganhando com aquela bodega de vender cachaça. Que achas da proposta?" / "– Então vamos comprar mais uma carreta – anunciou Gardone, empolgado – E vamos fechar esta bodega. – Epa! – reagiu Scariot – E a nossa cachaça?" / "Na entrada da bodega arriou do ombro o pesado saco. – Ora, viva – gritou ele, um pouco ofegante. O Ângelo não tomou toda a cachaça?"[482]

BODEGA – "Tudo era vendido pela hora da morte; só a virgindade se mercadejava a baixo preço. Meninas impúberes com os corpinhos conspurcados. Deitavam-se a elas nos fundos das bodegas por um rabo de bacalhau ou um brote duro."[23]

BODEGA – "Levantou-se, foi até a porta de uma bodega, com vontade de beber cachaça."[495]

BODEGA – "...foi assim que, numa tarde, entrou numa bodega, à beira da estrada, gritando com a voz rouca, esturricado de sede, para o bodegueiro: – Em nome do Padrinho Cícero do Juazeiro, dême cana." / "Tinha andado cinco léguas quando chegou numa bodega, arriou a bolsa e tomou um trago." / "Zé Lourenço perdeu a cabeça e caiu ali mesmo no terreiro da bodega." / "O dono da bodega pediu que ele voltasse." / "Aos aguardenteiros notívagos que só entregam às bodegas aguardentes sem selo." / "João Florêncio pagava o foro e criava o seu magote de amarelos com os minguados vinténs de sua bodega."[315]

BODEGA – "O árabe vendia de tudo um pouco e o estabelecimento era ao mesmo tempo bodega de cachaça, armazém de secos e molhados, loja de roupa feita e de tecidos baratos..."[43]

BODEGA – "Ora, ora... E não digo: tem aparecido na bodega uns caras desconhecidos, que, com a desculpa de beber um trago, ficam tirando lorota." RABELO, Sylvio. *Cabeleira ai vem!* Recife, Arquivo Público Estadual, 1965.[376]

BOLICHO – "Pra doença que começava com consoante, receitava lavagem. Pras que começavam com vogal, como angina ou icterícia, receitava emplasto. E dava certo, porque na minha família só se morria de briga em bolicho." / "Glossário 15. Bolicho – bar, bodega."[657]

BOM DE JÁ BEBIDO – "Agora, bom de já bebido, retomava o violão, desrasgava, trazia das cordas..."[548]

BOMBA DE ETANOL – "Deveriam fazer dos cidadãos cariocas bombas de etanol para abastecer o resto do mundo. Estou convencida de que esta seria a única maneira de se gerar divisas para o território."[323]

BORRA DE MELAÇO – "Qual a definição acadêmica da palavra cachaça? Recorre-se ao bom Mestre-Aurélio: ao seu famoso Dicionário. Aí se diz, de forma erudita, que cachaça, brasileirismo, é a aguardente que se obtém mediante a destilação do mel ou borras de melaço."[218]

BORRACHO – "Tomava um trago, seguido de outro, até ficar completamente borracho." VILAÇA, Antonio. *Meu limão, meu limoeiro*. São Paulo, Edições Arquimedes, 1969, pág. 40.[376]

BOTECO – "Tem um boteco que frequento. O 'Espelunca's'. O 'Espelunca's' tem o único 'strip-tease' literário da cidade. A mulher fica vestida em cima do palco... e os homens a despem com os olhos." / "Entrei num bar estranho. O 'Fossa's'. Era um bar só de maníaco-depressivos. Descobri isto quando fiz meu pedido e o garçom interpretou à luz da psicologia freudiana. – Você odeia a sua mãe. Era um Bar estranho. – Quer se divertir um pouco, garotão? – Quero. – Então está no lugar errado." / No bar maníaco depressivo as brigas eram diferentes. – Por que os dois brigaram? – Um deles estava lendo 'O Ser e o Nada' do Sartre e o outro contou o fim." [661]

BOTECO – "Na saída, com os maxilares destroncados e a sensação de que tinha comido vento moído, refugiei-me imediatamente num boteco da esquina, comi um sanduíche de pernil e jurei romper relações com o primeiro que me levasse à macrobiótica..."[518]

BOTECO – "Depois que apeavam todos, ele virava a lança; dirigia uma última frase aos amigos. Era tempo de molhar a garganta no boteco da Teresa, onde recebiam com honras especiais." CAMPOS, Eduardo. *O abutre e outras estórias*. Fortaleza, Imprensa Universitária do Ceará, 1968, pág. 63.

BOTECO – 'serve, não importa, eu...', mas desistiu. Desceu no velho elevador de porta pantográfica, agradeceu ao ascensorista e ganhou a Rua Sete de Setembro aniquilado. Na esquina da Primeiro de Março, entrou num boteco, pediu uma dose de cachaça e tomou num gole, sentindo o líquido queimar a garganta e aquecer lentamente o corpo e a alma."[330]

BOTEQUIM – "Tom, escute isto: 'Rio de Janeiro, que eu sempre hei de amar/ Rio de Janeiro, a montanha, o sol, o mar'. Mas as ligações eram ainda mais precárias do que hoje e o botequim estava apinhado com os habituais vadios de bermudas e chinelos, discutindo futebol."[163]

BOTEQUIM – "O botequim é mesmo uma entidade integradora. É altamente democrática. Se se for ver, é a instituição que mais serviços comunitários presta aos homens do bairro. Mais que a igreja, o clube, a delegacia. Exagero? De modo algum. Vendendo refeições fiado, emprestando dinheiro, fixando em suas paredes anúncios manuscritos pedindo ou oferecendo empregos, ponde seu telefone à disposição dos que não o têm (telefone é privilégio de poucos neste 1929), oferecendo suas mesas para quem quer que seja, o botequim realmente serve e integra a comunidade"[386]

BOTEQUIM – "Dona de um palavreado fácil, rico e fluente. Poesia, turismo, geografia, ciências humanas, folclore, e culinária eram os temas prediletos da sua conversa, durante os nossos encontros, à noite, pelos botequins da então romântica São Paulo."[429]

BOTEQUIM – "Ainda, pois, chegava-se – ao rincão, pouso, tetos – rancharia de todos. Topávamos rede, foguinho, prosa, paz de botequim, à qualquer conta. A bem aventurança do bocejo. Desta maneira."[535]

BOTEQUIM – "Encontram-se em Oliveira várias lojas de tecidos e armarinhos com variado estoque, além de botequins, uma farmácia e dois albergues, cada um com o seu rancho. Há também alfaiates, sapateiros, serralheiros,etc."[554]

BOTEQUIM – "– Pra quê, doutor! A onça invocou que eu estava de olho comprido na mulher do baiano... A gritaria atraiu os vizinhos. Seu Valdo não sabia onde esconder a cara. Por fim, convencido da impossibilidade de acalmar a esposa, mandou-se para o botequim, morto de vergonha de conhecidos."[648]

BOTEQUIM – "Um bêbado falava sozinho na esquina. Num botequim, homens discutiam política."[41]

BOTEQUIM – "A guarda do porto fora reforçada, automóveis da polícia passavam em grande velocidade e se comentava, aos cochichos, afirmações dos tiras, lançadas nos botequins, de que 'muito sangue correria naquele dia'."[45]

BOTEQUIM – "Não era nada agradável ver aquele bando de seringueiros vagabundos, bebendo e passeando pelos botequins de Pedro Alonso, com o milionários, quando bem poderiam estar produzindo riqueza."[602]

BOTEQUIM – "Sinto vontade de escalar aqueles engradados. Escalo, chego ao topo e respiro ar limpo. Os fundos do botequim dão para os fundos de um prédio de apartamentos."[291]

BOTEQUIM – "Botequim onde o freguês, depois de cheirar uma lasca do fumo de rolo, pedia dele a extensão de um palmo bem medido, bebia a sua dose de cachaça fazendo careta, virava-se para cuspir no chão e começava ali mesmo a mascar um naco do tabaco."[423]

BOTEQUIM – "No botequim encomendaram uma primeira rodada, para animar." / "De passagem, anotou num botequim ao pé da ladeira com variado sortimento de cachaça." /"Assim quase foi encanado perto da Igreja do Rosário dos Negros, no Pelourinho, onde se dera o batizado do filho de Massu, quando saia do botequim de Alonso."[37]

BOTEQUIM – "... penetrando em festas pobres dos morros distantes, bebendo cachaça nos botequins da cidade baixa." / "A lua entrou pelo botequim. Os marinheiros ouvem como se entendessem a valsa do Negro." / "Antonio Balduíno se lembra que Jubiapá está no botequim, baixa o braço, e vai se sentar junto do Goro e de Joaquim."[31]

BOTEQUIM – "Saúdam Guma de todos os lados. O botequim ferve de gente." / "Bebeu no 'Farol das Estrêlas' à saúde de Guma e da sua futura."[32]

BOTEQUIM – "A camisa Negro Pastinha trocaria, num botequim conhecido, por uma garrafa de cachaça."[36]

BOTEQUIM – "De sua mesa de botequim, dois parentes de Nair tinham visto o Fusca com Garrincha e Elza entrando em Pau Grande a oitenta por hora."[165]

BOTEQUIM – "Como é que podiam saber o que ele pensava, me diga? No que sim, é que naquela conversa palrada que começou a desenvolver no botequim, crescia, em arroubo e imaginação – deu para arrotar umas grandezas que nunca teve, como a estória da égua que comprara de um bando de ciganos, no engano, desmerecendo pra comprar barato. Pois já viu alguém enganar cigano em matéria de cavalo, seu?"[483]

BOTEQUIM – "– Não terão os míseros, como Sade, ido decompor-se em algum Charenton? – Algum quê? – Algum hospício de alienados? – Não senhor, estão aí pelos botequins mesmo." / "... parecia até o padre quando sobe a escada daquela varandinha de pau dourado de igreja, pra falar a lenga-lenga dele, história de antepassado, feito pajé, mas o botequim é muito mais bonito e mais sério porque lá não é só o sacana do padre que é servido e que toma o vinho dele, e assim mesmo num dedal de cálice. No botequim vem cerveja pra todas as mesas e todo o mundo bebe quando quer, num copo grande, mesmo que nem dê gorjeta para o sacristão, quer dizer, o garção..."[133]

BOTEQUIM – "Disse que não era nada e convidou todo mundo para comer sarapatel no botequim em frente."[29]

BOTEQUIM – "O que dizem agora é que você está convidando toda a ralé dos cais e botequins para uma manifestação contra o Governo."[136]

BOTEQUIM – "Nas vendas e botequins, vitrolas soltando nos ares negros a nostalgia errante dos choros, e das canções dengosas."[337]

BOTEQUIM – "Os moleques também não sabiam mais do que eu. Nas missas de festa que assistíamos na vila, pouco víamos o padre no altar. Andávamos pelos botequins no capilé, ou tirando a sorte de papeizinhos enrolados."[508]

BRANCA – "Não se zangue por isso, sinhá dona... Não foi para ofender que eu contei... Bote mais um tostãozinho da branca e eu vou m'embora."[238]

BRANCA – "Louvando a branca diz um repentista: "– Eu conheço um camarada/ Que não gostando da branca/ Chega na venda e se abanca/ Falando em barriga inchada.../ – Depois toma uma bicada/ Sem careta fazer!/ Todo mundo pode ver/Que este sujeito é manhoso/ Bebe por achar gostoso/ Não é defeito beber." ADÃO FILHO, José. *Não é defeito beber (Argumentos de um pau d'água)*. Recife, Typ. Chaves, 1927, pág. 12.[376]

BRANQUINHA – "Tá aí, quem era eu? Um chofé como você, como todos esses aí. Sempre bebi meu gole de branquinha. Isso nunca me impediu."[35]

BRANQUINHA – "E num desses dias de muita branquinha, batuque e mulher no forrobodó da rua do Urubu, o moço do Liberdade grudou-se a noite inteira com Zefa Pastôra do pastoril do velho Mutuca, do Bonito, que foi grude pra ninguém botar defeito." [280]

BRANQUINHA – "Saudaram com entusiasmo e goles de branquinha o encontro das calças de brim."[43]

BRANQUINHA – "Tome Sá Nana! Hoje é domingo! Dia de tomar uma branquinha!" MARINHO, Luiz. *Um sábado, em 30*. Recife, Imprensa Universitária, 1968, pág. 97.[376]

BRANQUINHA – "Beba, seu Zé! Que homem mais esmorecido! Isto não é veneno, é só branquinha! Beba, que depois você vai ver!"[491]

BRANQUINHA – "Se o velho bebe cachaça/ O filho bebe é branquinha:/ Para não ficar ardosa/ Bota mel, faz meladinha,/ Sai com as pernas traçando/ Como quem traça bainha..."[8]

BRANQUINHA – "Vinham garrafas e mais garrafas da branquinha, já abertas. O olho de João Cambraia corria, guloso, de uma em uma."[315]

BRANQUINHA – "– Saltem um cálice da branquinha potabilíssima de Januária que está com um naco de umburana macerado no fundo da garrafa!"[542]

BRANQUINHA – "... com pouca eu vou largar esta sentina, tomar um banho de duas horas, beber mais umas branquinha e depois eu vou dançar um arrasta pé..."[396]

BRANQUINHA – "O bichinho é encapetado – falou manso um crioulo. E referindo-se a Rufino: – O ceguinho pede esmola para beber a branquinha."[66]

BRAZILIAN BRANDY – "Chateaubriand não os desapontou: quando chegou a carruagem real que deveria transportá-lo até Buckinghan, ele, vestido de fraque e cartola, quebrou o protocolo e convidou os quatro espantados cocheiros para se aquecerem brindando com ele 'a dose of Brazilia brandy' – uma legítima cachaça de alambique pernambucana."[415]

BRAZILIAN WHISKY – "Nos porões do Itaquicê, o navio que levou a delegação brasileira para lá (Olimpíadas de Los Angeles, 1932), foram armazenadas várias caixas do que ficou conhecido em Los Angeles como brazilian whisky. A velha e boa cachaça brasileira fez sucesso como água no deserto."[148]

CABARÉ – ""Percebeu que estava livre outra vez e teve uma satisfa mãe. Virou Jiguê na máquina telefone, ligou pros cabarés encomendando lagosta e francesas."[59]

CACHAÇA – "Por ocasião de minha viagem, em 1819, a Aldeia (atual Valença/RJ), que fica situada num pequeno descampado, entre morros cobertos de mata, compunha-se de apenas uma vintena de casas, a maioria das quais ainda inacabadas, não datando as mais antigas de doze anos. Estas casas, isoladas umas das outras, tinham uma aparência miserável, sendo mais da metade constituída de vendas de ínfima categoria, onde o máximo que se podia comprar era uma garrafa de cachaça."[554]

CACHAÇA – "O engenho de cachaça era o lugar onde se distilava o caldo de cana de açúcar. Na maioria das fazendas de cana existe a distilaria onde se converte o melaço que sai do açúcar, numa espécie de álcool a que chamam cachaça; nesta fazenda, porém, quer fosse pela sua proximidade do mercado ou por algum motivo econômico, nada mais se fabricava a não ser cachaça."[318]

CACHAÇA – "Benze coxos de cachaça; taxas; fornalhas; a máquina que arfa e bufa em respiros cadenciados e tudo move, parecendo um cavalo a galope; caldeiras e bueiros. Benze tudo."[79]

CACHAÇA – "Até sem pagar despacho / Cachaça, fumo e café / Não quer mais nem ver muié / Se arrependeu de ser macho."[8]

CACHAÇA – "Rodeavam os caipiras a mesa e devoraram as provisões, depois de terem molhado a garganta com um copázio de boa cachaça de Piracicaba, a fim de secorregar-lhes bem o bocado, e não os engasgar." / "Afastando de si o corpo miserável com a ponta do pé, entrou na venda para beber um martelinho de cachaça."[13]

CACHAÇA – "Troçulho tocava com os beiços e restituía o quarteirão. Enchia-o para o companheiro que recusava beber e derramava a cachaça." / "O feitor chamava à ordem: – Mundiça, olha essa buzina! A cachaça ia pegando fogo à sensualidade mestiça." / "Vendiam faca de ponta e cachaça, para que a polícia e a justiça cumprissem, depois, o seu dever."[23]

CACHAÇA – "Por esse motivo, somente por esse motivo, que não é por produzir açúcar, condes, viscondes, barões, marqueses, cachaça, que Santo Amaro é uma cidade amada dos homens do cais." / "Conseguiu conversar com Lívia, ela estava de acordo, também ela o desejava. ... Nessa noite no 'Farol das 'Estrelas' Guma pagou cachaça para todos e concordou com o doutor que cofre era mais bonito que concha." / "O velho perguntou a Lívia: – Tu tem cachaça aí? Vamos beber um trago pra festejar a volta de um parente."[32]

CACHAÇA – "The first time someone mentioned Cachaca to us, we wanted to say 'Gesundheit'. It turns out they weren't sneezing, however – they were telling us about a rum-like Brazilian spirit that's starting to appear in bars and liquor stores all over the country. Who knew?"[342]

CACHAÇA – "Sobre o balcão viu uma garrafa, transbordando de límpida cachaça, transparente, perfeita. Encheu um copo, cuspiu para limpar a boca, virou-o de um a vez. E um berro inumano cortou a placidez da manhã no Mercado, abalando o próprio Elevador Lacerda em seus profundos alicerces. O grito de um animal ferido de morte, de um homem traído e desgraçado: – Águuuuua !" / "Lá estava êle, sentado na calçada do pequeno mercado, debulhado em lagrimas, segurando uma garrafa quase vazia. Ao seu lado, solidários na dor e na cachaça, vagabundos diversos faziam côro às suas lamentações e suspiros." / " – Ele era bom... - ... era bom... – repetiam os demais, menos o novato, à espera de uma explicação para os tristes lamentos e a cachaça grátis." / "Negro Pastinha acordou quando sentiu o cheiro da cachaça... Passaram a fumaça poderosa sob o nariz do negro, nem assim ele acordava. Mas apenas destamparam a garrafa... o negro abriu os olhos e reclamou um trago."[36]

CACHAÇA – "Otália ficou com as mãos abanano, a vista baixa, e disse: – Queria encontrar pelo menos o embrulho. Tem coisa de estimação. Uma voz môrna como a noite recém-inaugurada. Levantou os olhos súplices para os dois amigos, cada qual com seu copo de cachaça..." / "– Mandei buscar na França um navio com quatrocentas mulatas. Vai chegar na quarta-feira... – e após uma pequena pausa para um gole de cachaça, repetiu: – Quatrocentas..." / "Tendo recebido a cachaça e bebido um gole, Otália continuou:..." / "... o cabo ganhando uns cruzados aqui, outros ali, os mil-réis estritamente necessários para a cachaça da noite." / " – O que mais? – Otália buscou na memória: – Os olhos grudados em cima de mim que nem os do moço aqui... – e riu nas bochechas de Curió, mas não ria de deboche, ria porque achava engraçado e pela cachaça bebida." / "A polícia, os policiais! – e Galo Doido cuspia seu desprêzo com o ranço da cachaça." / "... a cabeça pesada de tanta conversa e de tanta cachaça, propôs abandonarem a busca e..." / "A mulher servia a cachaça, silenciosa, avelhantada, sem rir mas também sem chorar, vivendo apenas." / "Nesta altura a cachaça estava sendo servida." /– Um cafezinho antes da bebida para esquentar a boca... – anunciou Marialva e todos concordara, mesmo Massu, cujas preferências iam para uma cachaça imediata." / "O segundo momento, sensacional, foi quando ela, após ter servido a cachaça e colocado a garrafa sobre a mesa, à disposição das visitas, sentou-se num tamborete e cruzou as pernas." / "... Curió encomendava a cachaça inicial da jornada, um capitão de areia aproximou-se dêle e..." / "Segundo confissão posterior de Marialva, fora nessa hora, ao vê-lo sórdido de cachaça e sujeira, que se rendeu àquele amor culpado." / "Tantos como um exército não eram os convidados mas comiam por um batalhão, garfos dignos do maior respeito. Cachaça, vermute e cerveja à farta." / "Curió por exemplo: não tocava na comida, esvaziando os cálices de cachaça um em seguida ao outro, sem intervalo." / "Estava encharcando-se de cachaça, Marialva nunca o vira beber tanto." / "Foram dias agitados de confabulações, demorados exames de diversos ângulos da situação, previsões, conselhos, planos e correspondente derrame de cachaça." / "Sergipe era terra de boa cachaça e lugar de futuro para um camelô." / "... tinha em casa umas cachaças especiais tratadas com ervas só dos índios conhecidas, deixavam um homem mais fogoso que cavalo reprodutor ou gato vagabundo em noite de lua." / "Ergueram então os copos de cachaça em sua honra, num brinde mudo porém significativo." / "Jesuino notou a mão um pouco trêmula – da muita cachaça bebida naquele dia, completada agora com cerveja – no ombro do capitão da areia..." / "Ainda bebeu uma cachaça, antes de sair, descontente com tudo, com a falta de dinheiro, a perseguição da polícia, com Otália e consigo mesmo." / "Martim aceitou um gole de cachaça, lastimaram os dois os tempos difíceis." / " – Meu vício é só mulher... – dizia ele quando lhe ofereciam cigarro ou o convidavam para completar uma mesinha de pôquer. Esquecia de citar a cachaça, talvez por não considerá-la um vício e, sim, uma necessidade, uma espécie de milagroso remédio para diversos males, inclusive para os males do amor." / "Em vez de sentir-se vaidoso com o sucesso de sua amiga, capaz de derramar o bálsamo da alegria no coração de Massu, homem importante, compadre de Ogun, deu para brabo beber umas cachaças armou-se com uma faca e veio tomar satisfações." / "O velho debochado descera para a cidade, saíra para beber cachaça." / "A festa prolongou-se noite a fora, Otávio Lima mandara distribuir cerveja e cachaça, dançou-se num palanque armado na Sé."[37]

CACHAÇA – "Bebeu um gole da garrafa de cachaça que o gordo lhe oferecia e virou para a assistência procurando o dono daquela voz." / "Os pés batiam no chão, os umbigos batiam nos umbigos, as cabeças se tocavam, estavam todos embriagados, uns de cachaça, outros de música." / "O Gordo bebeu um trago de cachaça porque tinha medo de defunto." / "Reza de novo. Bebe cachaça. Quantas vezes já teria passado por ele a garrafa? Essa está no finzinho. Quantas terão ainda que abrir? Numa sentinela se gasta muita cachaça..." / "A cachaça o transporta ao passado, traz junto dêle aquelas a quem ele amou e que já morreram. Sem bebida ele tem que tomar conhecimento das dificuldades do Circo, da falta de dinheiro..."[31]

CACHAÇA – "– Não recusava cachaça, mas no cabaré bebia vermute misturado com conhaque." / "... foi tenteando com os dedos no lado direito até que a padecente gemeu mais forte e ele sentiu o buraco da cárie no molar... Nos guardados do depósito, encontraram a torquês. O negro pediu que obtivessem um pouco de cachaça: – Pra moça tomar um gole e sentir menos." / "Não tardou a crescer o grupo reunido em torno do fogo e das garrafas de cachaça." / "Enquanto isso era preciso festejar o São João para que a vida não fosse apenas o trabalho, a caça, a cachaça, o fuxico e o chamego das mulheres, a lama e a morrinha." / "O coronel Boaventura Andrade propõe um brinde com cachaça."[43]

CACHAÇA – "Vasco adormeceu, de sono profundo e sem sonhos, com o calor e a cachaça." / "Tanto bateram à porta, tanto chamaram por seu nome, que terminou por abrir e enfrentá-los: a barba por fazer, os pés vestidos de meias as calças amassadas, a língua pastosa de cachaça."[39]

CACHAÇA – "Os que conheci naquela época são hoje homens feito, malandros do cais, com cachaça e violão, operários de fábrica..." / "Mas, fora disso, poderá ser apenas uma ceia gostosa, com cerveja, precedida de uma cachaça forte, num restaurante qualquer..." / "Estávamos todos conversando e bebendo uma cachaça com ervas que igual não se faz mais..."[29]

CACHAÇA – "A cachaça era forte, Epaminondas sentiu queimar-lhe o peito. O suor corria-lhe na testa... – A cachaça é bom pro calor... – diagnosticou com meio sorriso nos lábios moles."[47]

CACHAÇA – "– Um bêbado se plantou na porta de casa, não há jeito de sair, o que é que eu vou fazer? Lá ia dona Norma, reconhecia sorridente: – Ora, é Bastião Cachaça, gente minha... Vam'bora, Bastião, sai daí, vá tirar uma soneca na garagem lá de casa..."[42]

CACHAÇA – "Na curva da estrada a surucucu pulou no fifó aceso, com o baque José da Tararanga caiu. Quando sentiu a primeira picada da cobra abriu o litro e o bebeu todo. No outro dia, quando os homens passaram para o trabalho nas roças, encontraram José de Tararanga que dormia, a surucucu também enroscada no seu peito. Mataram a cobra, José de Tararanga tinha dezessete picadas, mas nada lhe aconteceu por causa da cachaça. O álcool diluiu o veneno..." / "Juquinha foi lá dentro, trouxe uma garrafa de cachaça, começou a servir aos homens que haviam trazido o cadáver." / "Ia entrando com a carta na mão. Mas lembrou-se do portador: – Militão, senta aqui na varanda. Vou lhe mandar uma pinga... Gritou: – Raimunda! Raimunda! – O que é, madrinha? – Sirva uma cachaça a seu Militão aqui na varanda..."[41]

CACHAÇA – "Às vezes, à noite, a gente dava um pulo até a casa da velha Júlia para beber um trago de cachaça e dar um dedo de prosa." / "Aquelas crianças pequenas e empapuçadas... Fumavam cigarrões de fumo picado, e bebiam grandes tragos de cachaça desde a mais tenha idade."[30]

CACHAÇA – "Se cachaça fosse fortificante, o brasileiro seria um gigante. Enviado por Fernando (MT) em 11-04-2007"[211]

CACHAÇA – "Hoje eles tinham outros escravos pretos, mulatos e brancos, nas extensões das fazendas de fumo, de cacau, de gado ou nos alambiques de cachaça." / "– Você sabe qual é a coisa mais melhor do mundo? – Qual é minha tia? – Adivinhe. – Mulher... – Não. – Cachaça... – Não. – Feijoada... – Não sabe o que é? É cavalo. Se não fosse cavalo, branco montava em negro..." / "Os que estavam sem trabalho afogavam as mágoas em cachaça e, quando queriam, gritavam a sua raiva contra os patrões."[40]

CACHAÇA – "Mas este depois da primeira viagem, se tomara de um medo tal, que se fazia lerdo de propósito, e era recomendações a todos, tinha exigências. Já por duas vezes falara em cachaça."[57]

CACHAÇA – "O leiloeiro tinha piscos d'olhos significativos; de martelo em punho, entusiasmado, o ar trágico, mostrava com o braço erguido um cálice de cachaça, ou, simplesmente acocorado, esbrocava com o furador os paneiros de farinha e de milho."[77]

CACHAÇA – "O toucinho jamais falta naquelas regiões e o arroz e o feijão são também encontrados. Os homens recebiam ainda um trago de cachaça todas as noites."[123]

CACHAÇA – "Começam tomando uma grande quantidade e caiçuma e caxiri – bebidas feitas com mandioca e vários tipos de frutas fermentadas; contudo, preferem a cachaça quando conseguem obtê-la."[92]

CACHAÇA – "Cachorro que morde bode / Mulher que erra uma vez / Homem que bebe cachaça / Não há remédio p'ros três."[132]

CACHAÇA – "Podemos, assim, observar diversas influências na cultura brasileira, como certos vocábulos, hoje corrente, originários do nagô e do quimbundo, esta a língua geral dos bantus". (FROTA, 2000, p. 53). Palavras como *cachaça, caçula, quitute, cuíca* e *cuscuz*."[588]

CACHAÇA – "Pelo reposteiro aberto via-se Fontoura dormindo numa cama de vento, uma garrafa de cachaça ao seu lado no chão." / "Fontoura, que não tocara na garrafa de cachaça desde a hora do almoço, bebeu um largo trago no gargalo." / "... a Vanda que se sentava ao seu lado na soleira da porta da casa do Posto, ao Fontoura que ainda bebia cachaça, Falua veio dizer: - O velho renunciou. Não tem negócio de licença não. Agora é Café Filho." / " – Ele só trouxe garrafas – disse Lauro – Duas mudinhas de roupa e garrafas de cachaça. Esta é a bagagem dele. Agora é que eu vi." / "E uma coisa importante que eu queria lhe dizer. A gente não aprende nada não. Dentro da cachaça então eu vejo isto com a maior nitidez."[135]

CACHAÇA – "– Minha idéia – disse Nando – é armar uma grande mesa no quintal, cobri-la com uma toalha branca, pescar bastante peixe, ostras, caranguejos, comprar um garrafão de vinho, cachaça." / "Severino e Bonifácio Torgo tinham se sentado, enquanto Nando punha os cálices na mesa, a cachaça, pão e mortadela." / "O sargento foi cheirando os jarros que ainda estavam de até acertar num de cachaça pura." / "O sargento bebeu mais cachaça, catucou Nando com o pé." / "O soldado cuspiu forte, saliva e cachaça." / " – Mais, mais um pouquinho – disse Margarida, tonta do bafo de fumo de rolo e cachaça que se desprendia de Almeirim."[136]

CACHAÇA – "Mas seu Vivaldo tinha sabido ver, naquela posta de camaiurá, o gatuno exemplar, de ninguém botar defeito, que ele soltava todas as noites para o furto regular de cerveja, carne seca, cachaça e goiabada, gêneros que, mais os que vinham da rapinagem..." / "... obcecadas pela morte de Deus – a coroa de espinhos, os cravos dos pistilos e estames, os dez discípulos fiéis nas cinco pétalas – antes de dar aqueles frutos cujo suco, misturado com cachaça, era sem dúvida responsável pela ressurreição, três dias depois." / "A partir desse dia a cerveja passou a morar numa torre entre as lembranças de Ipavu, uma torre alta e fria, de último andar de apartamento de cidade, ligada ao paraíso da Fazenda Guarani e o Bar Resplendor, inatingível feito uma cabaçuda branca, enquanto a cachaça entrava em sua vida como uma puta em vida de menino, franca, destabocada e forte, em cima dum lençol, sem sutiã, sem calça, sem besteira." / "Mesmo assim, a verdade seja dita, punhadinho de gente que houvesse, pingo de capiau que fosse, matusquela e banguela, Vicentino trovejava, arrotando cachaça..." / "... Ipavu foi encontrar na caixa de remédios um derradeiro comprimido de aralém, o qual, como não havia água à mão, ele serviu a Vicentino com um gole de cachaça, e, só então, dia já querendo raiar, saiu correndo pro mato." / "Aqueles merdas, pensou Ipavu, bebendo caxiri em cuia em vez de beber cerveja gelada e cachaça, aquela lagoa grande que nem um mar sem um puto dum botequim em lugar nenhum!" / "Quando Vicentino Beirão acordou ainda conseguiu, naquela hora das despedidas, pairar por um derradeiro instante nas altitudes severas do pensamento lúcido, por cima dos fumos da cachaça, os quais, diga-se de passagem, e a bem da verdade, iam de certa forma animar as chamas de sua pira."[133]

CACHAÇA – "E que era Fernando Barreto, vinho do mesmo pote, cachaça do mesmo alambique? Didi e Amarildo ao mesmo tempo. A malícia de um e o tutano de outro."[153]

CACHAÇA – "Talqualmente um dois de paus, fiquei no meio da estação, enquanto o trem puxava Juca Azevedo para o seu engenho de cachaça." / "(...) uma vez que o balancinho o trem é conforto capaz de botar sonolência mesmo em olho de boneca. No braço dessa cachaça dormi para acordar já em Santo Amaro, no choro das ferragens."[154]

CACHAÇA – "Enquanto Dona Expedita pensava em Teles e Moscoso em Mercedes, um pobre-diabo puxado a gasolina de garrafa chegou perto deles e garantiu em voz embrulhada em cachaça: – Tem circo novo na praça. A elefantada está chegando!" / "Não só resgatei a minha compromissada, como convenci o ignorantão Lilico Vilela a comprar dez alqueires no céu... Quase que não fecha negócio só por causa de meio palmo a menos... Depois disso, Chiquinho Ferreira mandou descer dois andares de cachaça." / "Como achasse o licor educado demais, mandou cruzar a bebidinha com cachaça de fundo de garrafa."[156]

CACHAÇA – "– Farta vinagre, sinhá, só chegou para por o peru de vinha-d'alho. – Fizeste-o beber bastante cachaça para a carne ficar macia? – Sim, senhora."[448]

CACHAÇA – "'Bota duas águas aí, nossa amizade', disse Garrincha. O empregado encheu dois copos normais para servir água – só que com cachaça. Jordan não era inocente. Em todo Carnaval, saia na Mangueira. Mesmo assim, arregalou os olhos: – 'Mas isso é cachaça, Garrincha!' Garrincha riu. – 'O que você pensou que fosse?' – 'Água. Cachaça eu não gosto.' – 'Pois eu gosto às pampas. Deixa que eu tomo a sua. Salta uma São Lourenço aí pro meu amigo Jordan!' / "Voltou (Garrincha) para Roma com um estoque de cachaça, feijão e carne seca capaz de resistir a vários invernos."[165]

CACHAÇA – "O restilo é o melhor para conservar exemplares de animais e plantas, mas afeta o delicado colorido da cobra coral, por exemplo, e assim as descrições da mesma frequentemente são errôneas. Se for usada a cachaça, ela tem de ser mudada, depois de alguns dias."[122]

CACHAÇA – "A ordem veio mais uma vez do Barão. Sóbrio, já na plataforma, à frente de alguns passageiros desorientados, muitos deles desejando rebater o frio de Minas com uma boa cachaça, deu ordem contrária à das duas noites anteriores: – Abram as portas!"[182]

CACHAÇA – "Quando a rádio-patrulha sai, Tartaruga mune-se de coragem, bota a cara na janela do carro e grita para dentro: – Vá roubar cachaça da sua mães, seu merda!" / "A garrafa de cachaça ia em meio, embaixo da mesa da Brahma... Abriu os olhos, esfregou o nariz e apesar de embaçado da bebedeira viu o que nunca esperava ver: o fantasma a cinco metros, virado de costas, bebendo pelo gargalo sua preciosa cachaça, genuína, vinda de Angra dos Reis... Por causa da cachaça ou por qualquer outra causa, lá está, as..."[183]

CACHAÇA – "O cheiro da cachaça e urina era forte, mas o pior eram os roncos." / "Fizemos tempo para o tal baile, e quando fomos a noite caiu, lá fomos nós, dispostos a tudo. Para se precaver, Dos Passos tomou umas doses de cachaça e quis obrigar-me a isso. Recusei-me. Preferi enfrentar com lucidez a provação que nos esperava." / " – E o café? – O Grande Arquimandrita era otimista fanático. – Não tem café – respondeu o crioulinho. – E cachaça? – Também não tem cachaça. Só água."[181]

CACHAÇA – "Quando ele trouxe a vela para você, depois do jantar, mostrou a garrafa de cachaça. Queria me avisar que tinha conseguido comprar cachaça em algum beco, nós fiscalizamos severamente o pessoal, uma garrafa de cachaça é pior que dez policiais aqui dentro." / "Quando entrou no quarto de Macedo, o cheiro da cachaça era forte. A garrafa já estava partida, no chão, uma poça melando as tábuas." / "Macedo ronda a nossa mesa, toma apenas uma xícara de café, onde despeja um pouco de cachaça. Vera repara e olha-me, com ansiedade."[180]

CACHAÇA – "Ainda que uns, como o leite, os ovos e o açúcar, possam ser maléficos, lá está o Bourbon, que outra coisa não é senão cachaça americana..."[229]

CACHAÇA – "Os escravos se alimentavam de cabeças de animais e de fato, que consiste nos intestinos de animais abatidos, misturados ao angu de fubá e acompanhados por cachaça."[261]

CACHAÇA – "Zé Targino, só pra não dar o braço a torcer, retrucava: – Isso é refugo... – Esse ano ainda não vi melhor...Cedia, afinal: – Em "Umburana" isso só da cachaça..." / "– Era preciso acabar com o Cazuza... A cachaça daquele cachorro está me fazendo um macho velho safado. Olhe Joana: " O senhor só tem é prosa." / "Joana meteu-se outra vez por baixo do cafezal, sorrindo perversa. – Cachaça! Cachaça! Diabo te cuspa!" / "E os companheiros carregavam-no num bangüê de cipó para curtir a cachaça pela última vez debaixo da terra fria." / " Terto Gardino foi o último que voltou da vila. Bebera demais e ficara curtindo a cachaça na porta do cemitério." / "As escravas e filhas de escravas que, à semelhança do milagre bíblico, transformaram cachaça em leite, para alimentar os seus senhores."[315]

CACHAÇA – "– Pai-Raiol teve raiva de Esméria que andava como uma garrafa de cachaça no fado... teve raiva, e quis matá-la... para não matá-la... empurrou-a... A crioula tremeu."[359]

CACHAÇA – "Não vão fazer que nem eu, que vim pra estudar pra defender a nossa gente e hoje só defendo as melhor marca de cachaça." / "...Pra que tanta galinha preta naquele galinheiro e tanta garrafa de cachaça empilhada ali no canto?... – ...Essas galinha é das pessoa que traz para eu fazer despacho na encruzilhada contra os inimigo; daí eu como elas e também dou pras pessoa que está com pouco dinheiro... Quanto às garrafa de cachaça a gente bebe nos sábado, nos domingo e nos dia de festa... – Quem tem culpa que as pessoa venha me procurar? A fé é quem cura; não é, meu irmão?" / "As boneca delas é um pedaço de pau ou uma garrafa de cachaça vazia enrolada num pedaço de trapo." / "E a festa continua animadamente que... e as últimas gotas de cachaça e de licor de jenipapo são bebidas."[396]

CACHAÇA – "A inquieta Tribuna da Imprensa de Carlos Lacerda não iria perder um prato cheio como aquele. Sob a manchete '205 mil dólares numa festa em Paris', frase curtas resumiam o noticiário enviado pelas agências internacionais: Cachaça e champanhe para 76 brasileiros levados em aviões fretados" / "Só as festas que Chateaubriand ofereceu na embaixada ficaram mais célebres que as gafes cometidas durante sua ruidosa passagem pela Inglaterra... os convites eram disputados entre o corpo diplomático estrangeiro... Mas o especial era o cardápio: as mais picantes, apimentadas e extravagantes comidas do Nordeste eram servidas acompanhadas de cachaça pernambucana da melhor qualidade."[415]

CACHAÇA – "Sinh'Aninha apresentou-se de cabeção, com a sua saia nova e muitos rapapés e mesuras: – Senhoras sejam desta casa, minha donas! Aqui está a serva de Vosmecês... – Tem cachaça? – disse uma gaiata."[456]

CACHAÇA – "A comida, ele mesmo a faz, que comida de garimpeiro dá pouco ou nenhum trabalho: charque cozido com feijão, e café adoçado com rapadura. O fumo de rolo e a cachaça completam o restinho do sustento. Para que mais?"[457]

CACHAÇA – "(...) certos colonos começaram a reconhecer no intérprete não uma pessoa digna de confiança, mas um vagabundo chamado Kleinschmidt que, durante o interrogatório, se permitiu dirigir-me, entre risotas, várias perguntas pilhéricas, como por exemplo esta: 'A cachaça não é um dos mantimentos que os colonos desejariam plantar em suas roças?' ou: 'O Sr. Vergueiro organizará um canavial onde os colonos também possam fazer as suas plantações de açúcar?'"[202]

CACHAÇA – "João Miguel cuspiu um cuspo grosso que lhe pegava à língua, amargo de cachaça." / "– Desgraça, não, João, cachaça!... Foi a cachaça que te perdeu!"/ "– Qual foi afinal a causa do crime? Ciúme, cachaça? Vocês só se matam por terra, cachaça e mulher..."[491]

CACHAÇA – "Travessei o São Francisco/ montado numa cabaça;/ arriscando a minha vida/ por um gole de cachaça..." / "(...) Tristeza dessa, do velho Camilo, cachaça qualquer não empapava?"[531]

CACHAÇA – "É impressionante como o Governo Lula cai em esparrela. Depois do profundo desgaste do caso 'Waldobicho' e de outros foras imperdoáveis, o pessoal do Governo parece que não aprende. Eis que surge mais um, a cachaça, a imprensa e a expulsão, que ganhou tremenda repercussão nacional e internacional."[274]

CACHAÇA – "Presidente brindou com o líder do Uzbequistão Islam Karimov durante o almoço, no Palácio do Itamaraty. A cachaça faz parte de uma edição especial produzida no circuito turístico da Estrada Real, em MG."[340]

CACHAÇA – "Em Caruaru, a 130 quilômetros do Recife: (Lula) bebeu cachaça com o povo nas barracas armadas na praça, tomou uísque no gargalo de garrafinhas de dose individual, em cima do palanque." (*Jornal do Brasil*, agosto de 1987)[651]

CACHAÇA – "O presidente não estava ali para falar de política, e sim para tomar cachaça e brincar. Resumiu o deputado Anselmo Abreu. 'Lula deixou a festa depois de todos os seus ministros'." (Aniversário do PT, *Veja*, fevereiro de 2004)[651]

CACHAÇA – "Na Europa, conversei (Lula) tanto com um ministro alemão que me conhecia das divergências de 79, quando ele era diretor da Volkswagen na Alemanha e a gente começou a fazer a greve na Volkswagen, quanto com um dirigente sindical francês que cansou de tomar cachaça comigo em São Bernardo e hoje é ministro de Mitterrand." (*IstoÉ*, abril de 1989)[651]

CACHAÇA – "Sobre o Lula, não se pode dizer in vino veritas. O mais apropriado é dizer in cachaça veritas." (Brizola, em dezembro de 1985, citado em *Veja*, junho 1998)[651]

CACHAÇA – "Foi uma coisa assim, de amigo para amigo, na definição de Carlos Massa, o Ratinho. A entrevista-churrasco concedida pelo presidente Lula ao apresentador, e exibida no SBT na última sexta-feira, teve viola, cantoria, cachaça e muita piada de gaúcho." (*Veja*, maio de 2004)[513]

CACHAÇA – "Já em sua primeira função pública, a de diretor jurídico do Sindicato dos Metalúrgicos do ABC, (Lula) recebia associados com amabilidade, oferecendo cachaça." (*O Estado de S. Paulo*, janeiro de 2003)[651]

CACHAÇA – "Vício, mania, hábito, predileção. *A cachaça dele é a política.*"[159]

CACHAÇA – "Em viagem pela Jamaica, Lula defendeu abertamente o consumo da cachaça brasileira. 'O dia que o mundo experimentar a boa cachaça brasileira, o uísque vai perder mercado', declarou o presidente nesta quinta, em Kingston. Temporão, que já implicou com uma propaganda de cerveja protagonizada pelo cantor Zeca Pagodinho, tentou se explicar."[394]

CACHAÇA – "Com a popularidade em alta e no último ano de governo, o presidente Lula surpreendeu os presentes à inauguração de uma barragem em Goiânia ao usar frases de conotação sexual e reclamar que os goianos só lhe oferecem empadão em vez de cachaça."[9]

CACHAÇA – "A sacarose está em volta dessa levedura, que é o açúcar da cana de açúcar. Ela tem uma enzima que vai cortando essa sacarose e joga para dentro dela a glicose, que é metade dessa sacarose. E no interior dela, no citoplasma, é onde ocorre a produção de etanol, que ela despeja para fora como se fosse seu xixi. Da qual uma parte é a cachaça."[277]

CACHAÇA – "Descobri recentemente que, apesar de ser produzida há mais de quatro séculos, a legítima cachaça brasileira só foi regulamentada há pouco tempo, no primeiro ano de mandato do presidente Luiz Inácio Lula da Silva *(à esquerda, provando uma branquinha)*. No Decreto 4.851, de 2003, o artigo 92 diz o seguinte: 'Cachaça é a denominação típica e exclusiva da aguardente de cana produzida no Brasil, com graduação alcoólica de trinta e oito a quarenta e oito por cento em volume, a vinte graus Celsius (°C)'. Não bastasse isso, o governo brasileiro ainda editaria um texto regulamentar básico para disciplinar a produção e comercialização de cachaça no país. Trata-se da Instrução Normativa nº 13, de 29 de junho de 2005, baixada pelo Ministro da Agricultura e publicada no Diário Oficial da União de 30 de junho de 2006. Conforme este regulamento técnico, a 'Cachaça é (...) obtida pela destilação do mosto fermentado do caldo de cana-de-açúcar com características sensoriais peculiares, podendo ser adicionada de açúcares até 6 g/L, expressos em sacarose'. O bom desse governo é que ele estabelece prioridades! Manguaça Cidadão já!"[378]

CACHAÇA – "O NYT noticia hoje (12 de maio de 2004) que as autoridades brasileiras tencionam retirar o visto ao seu correspondente no Rio por este se ter referido num artigo aos 'problemas de Lula com a bebida'. Só não dizem é se era com cachaça ou caipirinha."[87]

CACHAÇA – "Voltando a reportagem, ressaltamos ainda uma crítica na qual o *The New York Times* afirma que substituiram a bebida preferida do Presidente Lula, que é a cachaça, pela cerveja. Francamente, não sabemos se é a cachaça, ou a cerveja ou outra qualquer, mas, já lemos e ouvimos muitas pessoas dizendo que é a cachaça, sendo que há alguns meses, todo o Brasil viu pela televisão o craque Ronaldo Fenômeno, do Corinthians, time do presidente Lula, afirmar que 'já tinha ouvido muitas pessoas dizerem que o Presidente Lula gosta demais de uma cachaça'. Isto foi dito a um repórter de noticiário da TV, em transmissão ao vivo, com cobertura nacional. E até hoje, Luiz Ignácio não desmentiu as palavras do craque do Corinthians. / Segundo ainda o mesmo jornal, a mudança do hábito 'saudável' da cachaça, do Presidente, para a cerveja (no filme), se deu por que um dos patrocinadores do filme foi uma fábrica de cerveja. Não cremos nisso. Na verdade, o vício da cachaça é mais criticável e mais desagregador do que o da cerveja, que seria mais bem aceito pelo grande público do que o da cachaça. Assim, do mesmo modo que todas as situações de vida de uma pessoa têm sempre dois lados, o lado bom e o lado ruim, neste filme sobre Lula, acentuou-se ao extremo o lado bom, inventando-se se necessário, de tal forma que as realidades de cada momento transmutaram-se na mais pura e desavergonhada ficção."[220]

CACHAÇA – "À sua maneira, Anísio Santiago, para manter o alto padrão de qualidade da cachaça, não aceita aumentar a produção, apesar de ter estrutura para tal. Na visão do produtor, levando-se em conta unicamente o fator preço, a sua produção de 10 mil litros/safra equivale à produção de 150 mil litros, de qualquer outro grande produtor de cachaça no Município de Salinas e região. A diferença é que a demanda pela sua cachaça é constante, apesar de ser reprimida pela inelasticidade da oferta do produto."[570]

CACHAÇA – "Ao longo do tempo a cachaça *Havana* tornou-se a mais elitizada do gênero no Brasil, sendo reverenciada por personalidades como Ronald Reagan (ex-presidente dos EUA), François

Miterrand (ex-presidente da França), Fidel Castro (atual ditador de Cuba), Hélio Garcia (ex-Governador de Minas), dentre outras não menos importantes."[571]

CACHAÇA – "Brasília – O presidente Luiz Inácio Lula da Silva recebeu, ontem, uma comitiva de carreiros da cidade de Damolândia, em Goiás, que foram convidá-lo para participar no próximo dia 26 da saída da romaria em direção à cidade de Trindade, onde se realiza a Festa do Divino Pai Eterno. O convite para a festa foi um carro de boi, o meio de transporte utilizado na romaria, que dura três dias. Além do carro, a comitiva deu de presente 'carnes de lata', conservadas na banha de porco, paçoca moída no pilão, carne seca, biscoito de polvilho e três garrafas de cachaça do Carreiro, feita na cidade."[458]

CACHAÇA – "As vozes não traziam uma identificação – podiam ser de homens, velhos, crianças, mulheres, corvos e sopros em um gargalo de garrafa de cachaça à base de mandioca."[124]

CACHAÇA – "Brasília – A cachaça, mais genuína e tradicional bebida brasileira, chegou definitivamente ao poder, por obra e graça do presidente Luiz Inácio Lula da Silva, que não abre mão de servi-la – em substituição a bebidas importadas – em solenidades oficiais e reuniões informais na Esplanada dos Ministérios. Mais barata, 100% brasileira, a cachaça tem defensores em todos os escalões de governo."[452]

CACHAÇA – "Na produção de cachaça ou álcool, o caldo-de-cana fica armazenado para fermentação. Depois é destilado."[695]

CACHAÇA – "Lula discursou ontem em Goias e falou sobre cachaça, pererecas e ponto G. Arrancou gargalhadas da platéia como bom animador de auditório. Sem dúvida, 'instigante' e estranha retórica para um Presidente da República."[209]

CACHAÇA – "A verdade é o seguinte: política é como uma boa cachaça: você toma a primeira dose e não tem mais como parar, só quando termina a garrafa." (Lula, no livro *Lula, o Filho do Brasil,* de Denise Paraná)[651]

CACHAÇA – "Outras compras identificadas no SERRAcard: – R$ 640,00 na Cachaçaria Água Doce. – R$ 366,00 na choperia Farol. Ambas pagas com SERRAcards de funcionários da Secretaria da Saúde. É isso mesmo que você leu: Secretaria da Saúde! Além de proibir saque em dinheiro com o SERRAcard, o governo demo-tucano de JOSÉ SERRA precisa voltar ao Jornal Nacional, para declarar que **proibirá beber em serviço**. Mesmo que o pagamento no SERRAcard seja no cartão, sem fazer o saque em dinheiro."[712]

CACHAÇA – "Protegidas do vento e das tempestades pelas montanhas, as águas calmas da Baía da Guanabara serviam de abrigo ideal para reparo das embarcações e reabastecimento de água potável, charque, açúcar, cachaça, tabaco e lenha."[327]

CACHAÇA – "Dos indígenas parece ter ficado no brasileiro rural ou semi-rural o hábito de defecar longe de casa; em geral no meio da touça de bananeiras perto do rio. E, de manhã, antes do banho. Um gole de cachaça com caju e às vezes um pelo-sinal para guardar o corpo precedem ordinariamente esse banho higiênico."[258]

CACHAÇA – "O comerciante riu se dependesse do Ângelo não vendia uma gota de cachaça. Os donos do alambique morriam de fome." / "Acordou lavado de suor. Começava a anoitecer. Abriu a janela, e entrou um ar fresco, quase frio. O companheiro de quarto chegou, cheirando a cachaça, e o convidou para ver as 'morenas'." / "Mas o Toni Scariot, com seu copo de cachaça, que acompanhava a conversa, interveio irritado:" / "O que sabia é que o Toni Scariot, além de gostar muito de cachaça tinha idéias muito esquisitas." / "– Qualquer um pode ser capitalista. Qualquer um. Basta tomar menos cachaça e trabalhar mais, em vez de ficar dormindo na estrada." / "Aí fiquei sabendo que o diabo é um cagão." / "Os dois se completavam. Só não dispensavam, religiosamente, ao fim de cada dia, o pagamento suplementar de uma garrafa de cachaça." / "Sei o que eu digo e o que eu faço, mesmo com um barril de cachaça na cabeça." / "Tu tens a Teresa. Eu tenho a cachaça, tu não és assim tão diferente. Cada um se diverte como pode." / "E, então, o que é que tu queres? Vês que só me resta beber cachaça." / "– E tu te livraste? – Eu? Já falei. Me livrei através da cachaça." / "A cachaça me derrubou, é certo. Mas uma saia erguida também te derrubou." "...Embora, e acho que nem notaste, faça já uns seis meses que parei com a cachaça." / "– Tu tens a Teresa, eu tenho a cachaça – dissera ele uma vez. Ainda aora Mássimo se recusava a colocar as duas coisas no mesmo plano. Ter a Teresa era ter uma nova vida, inteira, aberta pela frente. E a cachaça? Bem, para o Scariot, talvez, também fosse isso." / "– Ora, ora, ora – guinchou Scariot, rindo – Não dou seis meses para o Garone estar casado com a Pierina. Ou juntado. Enfim, fazendo filhos nela. Jogo um barril de cachaça."[482]

CACHAÇA – "Mestre piloto,/ Onde está o seu juízo?/ Por causa de sua cachaça/ Todos nós estamos perdidos."[496]

CACHAÇA – "Fabiano virou o copo de um trago, cuspiu, limpou os beiços à manga, contraiu o rosto. Ia jurar que a cachaça tinha água." / "Acordou sobressaltado. Pois não estava misturando as pessoas, desatinando? Talvez fosse efeito da cachaça."[495]

CACHAÇA – "Existe uma cultura em torno da cachaça, crenças populares, hábitos e manias dos bebedores, além de uma história entrelaçada com os principais fatos de nosso passado." (Hugo Carvana)[129]

CACHAÇA – "Cachaça é a metafísica do pobre que, sem saber, está amarrado a tradições de milênios". (Arnaldo Jabor)[129]

CACHAÇA – "Quando o Brasil criar juízo e se tornar uma potência mundial, será a cachaça e não o whisky, a bebida do planeta." (Sobral Pinto)[129]

CACHAÇA – " – 'Generá, tuxaua quer que você dê a ele fumo, cachaça e dinheiro. Cachaça e fumo pode dar, mas dinheiro dá para mim: caboclo brabo não tem que fazer com dinheiro.'" / "Tinham vivido ali possivelmente, preguiçando em botequins sórdidos, bebendo cachaça, tocando violão, alguns dos vagabundos agora comprimidos na piolheria da Colônia Correcional."[500]

CACHAÇA – "Enfim, quem come jaca e bebe qual espécie de cachaça estupora, mas nas horas antes parece ótimo, até chegar ao estuporamento."[519]

CACHAÇA – "João Popó arrepiou-se ao lembrar mais uma vez o acontecido encheu de cachaça um canequinho e bebeu tudo, terminando com um estremeção." / "Sentiu-se muito feliz com a decisão de não levantar-se, sentiu-se, aliás, extraordinariamente bem, ao contrário do que esperaria quem tivesse bebido tanta cachaça quanto ele." / "Sentou-se na mesma poltrona de vime em que estivera antes, brigou com as mulheres da casa porque não quiseram trazer-lhe uma lapada de cachaça e a muito custo aceitou um copinho de clarete que bebeu aos golinhos, classificando-o de xarope azedo."[515]

CACHAÇA – "Dada a mais cachaça ao menino Guirigó e ao cego Borromeu: para eles falarem coisas diferentes do que certas, por em si desencontradas, diversas de tudo." / "Ah, e bebiam, seguro que bebiam as cachaças inteirinhas da Januária." / "Mas, eu tivesse alargado braço e movido mão, para com tiros do meu revólver ripostar, e eu mal morto estava – ponto que enquadrado de passantes balas, que rentes, até quentes. – Urutú Branco... – eu só relembrei, sussurrado ditoso, como quando com mocinha meiga se namora. Cachaças que em minha alegria. Em vento. E balas, mais, só; num enorme, num minuto."[529]

CACHAÇA – "Dito: meio se escuta, dobro se entende. Virei cria de cobra. Na cachaça, botava sementes da cabaceira-preta, dosezinhas; no café, cipó timbó e saia-branca."[534]

CACHAÇA – "Cada um a chama como quer. Pra não dizer que cada região tem seu nome particular... A cachaça vai se reinventando e, carinhosamente, ganhando sempre novas formas de ser pedida."[196]

CACHAÇA – "O livro *Prelúdio da Cachaça* foi escrito em Natal em 1967, editado e divulgado pelo Instituto do Açúcar e do Álcool em 1968. É composto por 99 páginas, sendo estas divididas em 17 capítulos, introduzidos pelo prefácio de Claribalte Passos, que define a obra como 'admirável Sociologia da Aguardente' (pp.3)."[549]

CACHAÇA – "E os pobres do mato não pediam esmolas: vinham receber presentes – de farinha, toucinho, rapadura, sal, café, um gole de cachaça."[544]

CACHAÇA – "Mãitina bebia cachaça, surtia todas as venetas, sumia o senso de velhice. (...) A mal derradeiro deixavam ela tomasse como quisesse; porque estavam supeditando escondido na cachaça o pó de uma raiz, que era para ela enfarar de beber, então, sem saber, perdia o vício. (...) Seo Aristeu sossegava para almoçar. Supria de aceitar cachaça. Oh homem! (...) Quando a Rosa brabeava, desse jeito assim, Papaco-o-Paco também desatinava. Aquilo ele gritava só numa fúria: – 'Eu não bebo mais cachaça, não gosto de promotor! Filho-da-mãe é você! É você, ouviu!? É você!...' (...) Decidiram dar ao Dito um gole d'água com cachaça. Mas ele tinha febre muito quente, vomitava tudo, nem sabia quando estava vomitando. (...) Tinham de sair cedo, por forma que precisavam de caminhar muito, e estavam comendo farofa de carne, com mandioca cozida, todos bebendo café e cachaça. (...) Era mesma coisa se o Dito estivesse depositado ali, e não no cemiteriozinho longe, no Terentém. Só os dois conheciam o que era aquilo. Quando chovia, eles vinham olhar; se a chuva era triste, entristeciam. E Miguilim furtava cachaça para Mãitina. (...) Amarro fitas no raio,/ formo as estrelas em par/ faço o inferno fechar porta,/ dou cachaça ao sabiá/..."[530]

CACHAÇA – "– 'Homem sucinto, meu padrinho! Botava pimenta na cachaça, mas bebia só um gole, em jejum, antes da campeação." / " – Terei matado algum? – perguntou, balançando o Ivo mansamente. – Cachaças..."[548]

CACHAÇA – "Ele se vestem com tecidos grosseiros de algodão ou lã, fabricados em casa. O próprio sal lhes custa pouco, já que o adquirem de S. Romão em troca do açúcar e da cachaça produzidos em suas terras."/ "Fica assim explicado o gosto generalizado pela cachaça entre os habitantes de Vila Boa. Enfraquecidos pelos seus próprios desregramentos, entediados por uma vida sem perspectiva, eles encontram na aguardente o estimulante que os arranca por alguns instantes de sua apatia e os impede de sentir a monotonia de sua existência."[556]

CACHAÇA – "Cultiva-se a cana-de-açúcar nos arredores de Santos, mas unicamente para o fabrico de cachaça consumida na região." / "(...) já os campônios brasileiros mal conversam uns com os outros, não cantam, não riem, e se mostram tão melancólicos após beberem cachaça quanto o eram antes." / "Na estrada que liga São Paulo a Penha vê-se um grande número de casinhas, onde se acham instaladas as vendas. Mas, enquanto na Província de Minas e em outros lugares essas casas são abertas para todo mundo, ali o comprador não entra no local onde estão armazenados os mantimentos e a cachaça."[559]

CACHAÇA – "Enquanto a carne chiava, a caneca de cachaça com gengibre corria de boca em boca; dançava-se e amava-se ao clarão sobrenatural daquela fogueira, numa cálida noite de Todos-os-Santos."[578]

CACHAÇA – "Eu olhava novamente para aquelas caras imberbes, as poucas mulheres de ossos salientes, dentes podres, o suor, o cheiro de cachaça, as pálidas vozes que me traziam outra coisa que a idéia de súditos."[602]

CACHAÇA – "Olhem: o pão é da padaria do Zé Braga, o peixe é do Viveiro do Muniz, a farinha é de Muribeca, e as bananas são do meu quintal. A cachaça é do engenho do Mendonça, e o vinho é puro de Lisboa." / "Mais de uma vez tenho comprado aqui meu vintém de aguardente."[241]

CACHAÇA – "Ressaca de cachaça. Você acordava sem saber como, de pé, num canto do quarto. Levava meia hora para chegar até à cama porque se esquecera como caminhava..."[671]

CACHAÇA – "– Tragam vodca – disse Dedé, que, na confusão, em vez de botar a parte de cima do biquini, tirara a parte de baixo. A política internacional não era seu forte. Quando viu que era vodca e não cachaça, o sereio rosnou e quebrou a garrafa contra a amurada."[660]

CACHAÇA – "A cachaça fala com a língua dos homens. Não sei quanto desta história é da cachaça e quanto é dos homens." / "A biografia daquele espantalho vermelho devia ser mais fascinante do que qualquer história improvável que ele tivesse para me contar em troca da cachaça." / "Não me dei conta, naquele primeiro dia, de que o que economizaria trocando a água mineral do hotel pelos sucos do Hatoum gastaria em cachaça para o espantalho." / "Tempo era o que não faltava para o Polaco. Uma rápida inspeção das prateleiras do Hatoum me assegurou que cachaça também não." / "O copo estava no ar e o Polaco apontava para a sua outra particularidade: estava vazio. Hatoum sacudiu a cabeça mas trouxe a cachaça... " / "O Polaco olhou para o meu suco de açaí com nojo, depois bebeu um gole de cachaça, com surpreendente delicadeza." / "Ele suspendia a cachaça do Polaco, mesmo que alguém estivesse pagando, mas os muitos copos esvaziados durante o dia começavam a fazer efeito..." / "Contei do encontro no bar, dos dois dias ouvindo o Polaco, da minha conclusão de que era tudo uma maluquice, a cachaça falando." / "Ele entrara no bar do Hautoum porque se chamava 'Rosa'. E não sairia mais. Se refugiara na sua Rosa, onde pretendia se desmanchar lentamente, em paz, como um cavalheiro. Se apenas não tivesse aquela compulsãode falar... Isso se não fosse a cachaça falando."[670]

CACHAÇA – "Mort. Ed Mort. Detetive particular. Está na plaqueta. Neste escritório que compartilho com uma colônia de baratas e um rato albino (chamado Voltaire, porque ele às vezes desaparece mas sempre volta) numa galeria de Copacabana só há lugar para uma mesa, uma cadeira e meu arquivo de metal. Comprei o arquivo para guardar uma garrafa de cachaça, mas ultimamente ele só tem servido para as minhas pastas."[668]

CACHAÇA – "Mas, apenas servido, repeliu o copo com asco. Pela primeira vez em sua vida atribulada em imprevisíveis de intemperança, a cachaça o repugnava." Santos, João Felício dos. *Ataíde, azul e vermelho*. Rio de Janeiro, Editora Expressão e Cultura, 1969, pág. 160.[376]

CACHAÇA – "Agora, advirto também a este portal, para ter cuidado com alguns colaboradores do Rio de Janeiro. Não confiem em cariocas que andam de bermuda o dia inteiro e falam como surfistas, aos quase sessenta anos. Estes são os mais típicos 'intelectuais' da raça. Intelectual carioca é aquele que senta à mesa de um lugar medonho, intitulado Baixo Gávea, para discutir a novela das oito, tomando cerveja quente. Scholar carioca só frequenta a Universidade do Chopp e a Academia da Cachaça."[323]

CACHAÇA – "Chegávamos. Aprendíamos ali, sentados pelo chão de cimento, que o melhor da espera do almoço era a espera. Isto porque enquanto não vinha a grande hora ouvíamos frevos de Capiba, de Nelson Ferreira, de Edgard Moraes, de João Santiago, e bebíamos cachaça, e cerveja, e cachaça, que explodia, para os desatentos, nessa alegria."[416]

CACHAÇA – "Faz toda a diferença. Blake exclui o óbvio. Ou seja, a cachaça pela cachaça. Existe um pressuposto de graduação, pit stops e caminho a seguir e palácios (que não são botecos, nem padarias) a serem desfrutados em conseqüência de uma travessia. Blake fala em disciplina e compensação."[412]

CACHAÇA – "Mas de repente, a porta do quarto se abriu e surgiu o Tonico, muito cínico e sacerdotal, pedindo que lhe trouxessem agulha e linha, um prato fundo, cachaça e uma lata com brasas. Aí Mané Fulô apareceu também, mais amarelo do que nunca, amassado, sofrido. E foi dizendo assim: que era pra entregarem a Beija-Fulô prô seu Toniquinho, que ela agora era dele."[483]

CACHAÇA – "Li agora uma notícia que me deixou com um caroço engasgado na goela. O Yahoo vai fechar o GeoCities, primeira casa deste nosso cigano Caroço, que também já foi do Blogspot. Foi lá que nós, ainda em fraldas, experimentamos o primeiro contato com esse admirável mundo novo virtual. Feio de doer, coitado, como todo recém-nascido. Mas até que com umas cachaças na cabeça dá pra encontrar uma certa graça."[400]

CACHAÇA – "Com o nome oficializado, todos os fabricantes tiveram que mudar os rótulos das embalagens, colocando o nome 'cachaça' no lugar de 'água ardente de cana'."[408]

CACHAÇA – "E tendo do Santo um visto/Rabo-de-Burro escutou/"A freira que faleceu/Pra você se transformou/Nesse líquido gostoso/Que de cachaça chamou."[450]

CACHAÇA – "Os habitantes do Rio são mais imoderados em relação à comida do que em relação à bebida. Não têm costume de tomar vinho do porto porque é muito forte e quente para o clima; o mais apreciado é o vinho catalão – pelo menos é consumido em grandes quantidades e sua importação anual é enorme. O povo em geral, e especialmente os negros, toma cachaça, um tipo inferior de rum, destilada da cana-de-açúcar." / "Grande parte da má conduta e infortúnio dos alemães e irlandeses originaram-se aí, especialmente com relação aos últimos que, quando recebiam rações de comida de má qualidade, intragáveis de se comer, trocavam-nas por cachaça, que os embriagava rapidamente."[685]

CACHAÇA – "(...) mesmo quando toda a cerveja, o uísque, a cachaça, o vinho centelhado haviam se acabado, essa escassez etílica e tremenda ainda nos deixando ainda mais perplexos e despremeditados, em semicírculo ao redor da mesa devastada, em busca de algo que não mais existia na Terra, assoberbados, ai, era aí quando Chuang Temn... aí, neste momento em que eu beijava Jorge, profundamente, a sua boca, lhe mordia a língua de leve com esculpida força meditada para que ele então abrisse os olhos e então visse o inimaginável..."[335]

CACHAÇA – "Eu me lembrei dessa, também. Escute, meu velho. Enquanto as mulheres cantavam pro morto, na sala, os homens bebiam cachaça no terreiro. Quando morria um menino, a gente levava pra enterrar e ganhava doce, bolo e ponche de laranja. Parecia que o povo se alegrava porque um anjinho tinha subido ao céu." / "O Diabo carregava as almas ruins. Bastava eu fechar os olhos pra ver o Satanás. As mulheres cantavam, os homens bebiam cachaça, o defunto não se mexia na cama. Os meninos se agarravam com medo às saias das mães. O vento apagava as lamparinas e o Diabo entrava de mansinho. Era preto, vestia paletó branco e tinha os olhos vermelhos. Xô! Xô! Daqui você não leva nada! Xô! Eu, Dolorida, não deixo. Xô! Xô! Xô!..."[391]

CACHAÇA – "Que importava que a goiabada, o pão de batata, os queijos, a cachaça de espantar o frio da Serra da Mantiqueira fossem o vômito que na serra de Petrópolis poluiu o Piabanha?"[389]

CACHAÇA – "A boca, cheia de feijão e farinha, ria gostosamente: Gosto mermo é de pipoca e de mulé, que elas têm uma fulôzinha escondida por debaixo da saia. Levantou, cantou e fez o sinal-da cruz: Cachaça num bebo que me dá umas agonia. Fico vendo alma. Mas quarquer mil-réis o cão atenta, o senhor sabe..."[675]

CACHAÇA – "O cara podia se fantasiar de índio peruano e passar o carnaval inteiro batendo num tambor inaudível pendurado ao pescoço. Ou então se vestir de mulher, sair pra tomar cachaça, e dois dias depois perceber que ainda estava com a mesma roupa."[617]

CACHAÇA – "Conduziu levemente o próprio corpo à rede. 'Ai, querida, desse jeito assim não!' – deu um chega pra lá na coitada, que não se fez de rogada e permaneceu misturada naquele conjunto (melhor: naquele latíbulo): lençol, rede, ele, ar de cachaça, fumo e um fio sonoro que vinha do rádio."[393]

CACHAÇA – "Ou Manuel, o empregado doméstico de 'Os Angorás ou Uma noite, talvez, em Alexandria'. Retirante do sertão, torna-se tratador de jardim, limpador de piscina de mansão. Faz-se personagem, interlocutor de doutor, de ricaço. Acostumado a beber cachaça, é convidado a beber uísque com o patrão. E a ouvir confidências."[366]

CACHAÇA – "Igual a Adão e Eva depois da expulsão do paraíso. Por isso a gente vive dizendo: Para iso. Digo, pára isso que eu quero descer, tá muito estressante, me arranja um calmante, porque sem a cachaça ninguém segura esse rojão."[284]

CACHAÇA – "Nossa Princesa das Arábias com um entusiamo à prova de balas, me explicou: 'Estive dois meses no Recife e adorei o povo do lugar, o brasileiro é o povo mais feliz do planeta, fiquei louca pela caipirinha, que trouxe excesso de bagagem de 30 cachaças. Fui tratada como princesa pelos seus conterrâneos.' / 'Foi ao Marco zero onde tomou cachaça pura (ficou viciada em cachaça e bolo de rolo, até engordou dez quilos!) sempre acompanhada, dentro do carro blindado de vidros fumés'."[451]

CACHAÇA – "Alegria que há dois anos atua nos bares da vida de BH. O Grupo de Stand Up Queijo Comédia e Cachaça, realiza hoje às 20:30h no teatro Dom Silvério (junto ao Chevrolet Hall) o show de comemoração do segundo aniversário e gravação do primieiro DVD."[363]

CACHAÇA – "Mudo de tristeza entra no tugúrio onde mora. Um bebê de onze meses chora sem parar. Bebe mais um copo de cachaça. Chove. O teto esburacado deixa-se atravessar por filamentos verticais de água."[593]

CACHAÇA – "O precursor de Castro Alves e dos jovens zangados dos anos 60, também foi *beatnic avant-la-lettre* vagando por aí ao léu, sempre com uma garrafa de cachaça e sem profissão definida (a vida toda foi sustentado pelo pai). Poucos colegas puderam como ele vivenciar a inadaptação completa a uma rotina burguesa e levar às últimas consequências a vocação 'maldita' da poesia."[434]

CACHAÇA – "Regra geral os vermes – independente de gênero e categoria – vivem deprimidos pelos cantos, querem colo e sofrem por amor, dedicam-se às cachaças mineiras e, uma vez que não têm virilidade, conhecem de cor os sambas e as biografias dos negões da antiga, de modo que praticam uma boêmia premeditada, e puxam o saco uns dos outros, e, é claro – além dos prosaicos tickets-refeição e rapapés –, faturam dinheiro grosso, bolsas, editais e licitações públicas."[411]

CACHAÇA – "Ocultou em seu ouvido uma moeda / para comprar cachaça / depois de duras penas esqueceu / que metálicas algemas / marcavam /a construção de sua existência."[100]

CACHAÇA – "Cachaça já foi sinônimo de bebida ruim e de péssima qualidade, já que o público para o qual era voltado normalmente era de baixíssima renda e que queria encher a cara com o menor custo possível sem se preocupar com frescuras, como qualidade do produto, bafo de onça ou nível de ressaca próximo à morte, por exemplo."[102]

CACHAÇA – "A Europa do século XVII experimentava uma bebida nova que fazia o maior sucesso, o rum, vindo da Jamaica. Era uma fermentação e destilação do mel da cana-de-açúcar. Os portugueses já tinham uma bebida feita de borra de vinho. Decidiram, porém, aproveitar o mel de cana abundante no Brasil. A idéia dos brasileiros era ter uma bebida própria, também de cana-de-açúcar, para competir com o rum. Nascia assim a cachaça, também conhecida como 'garopa' e 'jeribita'. No princípio, a cachaça era a bebida do brasileiro pobre. Mas logo foi conquistando todas as classes sociais."[94]

CACHAÇA – "Os carnavais não passavam de forrós. Porém, muito melhores e mais animados do que os bailes de qualquer municipal. E ocorriam também na nova Casa Grande. Cada dançador pagava dez mil réis. Serviços incluídos: cachaça à vontade, *música,* danças, namoros, se fossem com a cara um do outro, obviamente, iluminação a querosene, através de petromaxes, e tira-gosto de siriguela verde ou caju."[592]

CACHAÇA – "Vi na televisão que as lojas bacanas estavam vendendo adoidado roupas ricas para as madames vestirem no reveillon. Vi também que as casas de artigos finos para comer e beber tinham vendido todo o estoque. Pereba, vou ter que esperar o dia raiar e apanhar cachaça, galinha morta e farofa dos macumbeiros."[237]

CACHAÇA – "O bispo sardinha – é sempre deglutido na maior festa popular do estado – a festa de iemanjá – no dia 15 de agosto na praia do futuro – onde deleuze e todo o bando do devir-deveriam vir-ir-devir p'ra ver e tomar do chá de todas as ervas misturada com a cachaça."[250]

CACHAÇA – "Kurepilândia es un caos. Mas un caos com sabor. Sabor de vida, juventude caliente, submarino, buena y mala literatura, media-luna de grasa o de manteca. Us kurepis, ou kurepas (argentinos em guarani-paraguayo), son simpáticos, gostam di ler, escrevem biem, fabricam excelentes vinos, libros, cremas de queso, empanadas, chocolates, condones, adoram litoral brasileru, acham que u Brasil es el más grandi du mundo, bailan salbajemente u tango, pero tambiém sabem bailar cachaca, mambo, salsa, funk carioca."[214]

CACHAÇA – "Sábado agora, dia 30 de julho, a partir das 17:30 será realizado o 6° Sarau da Esquina. É aberto para qualquer pessoa chegar e declamar textos de sua própria autoria ou clássicos. Têm participado tanto autores, poetas ou prosadores que já são conhecidos e publicados, como o Marcelino, a Ivana, a Índigo, a Andrea Del Fuego, quanto pessoas que estão participando de um sarau pela primeira vez. E é um sarau comemorativo do lançamento oficial, mundial e universal, do meu site, o DESCONCERTOS (www. descon certos.com.br), com degustação de cachaça, que já virou uma espécie de tradição do evento. O endereço é LIVRARIA DA ESQUINA, rua Caetés, 489, esquina com a Caiubi, Perdizes (tel. 3873-9331/ 0075)"[194]

CACHAÇA – "Na ponta de baixo, o que vemos? O velho Graça morando em pensão, bebendo suas cachaças e queimando as pestanas em redações sujas (hoje são limpérrimas) para faturar o leite dos rebentos. Clarice, a doce Lispector, fazendo das tripas coração para manter a forma e seu 'trem de vida', devagar, quase parando, sendo expulsa de jornais e suplicando editoras."[443]

CACHAÇA – "A festa acabou – aliás, nem sei se ela começou mesmo algum dia! Estou sem mulher./ Estou sem carinho./ Sem riso, sem utopia./ Só a cachaça não seca./ Perdi o ônibus, ou ele me perdeu, seu lá, entende?!!!"[338]

CACHAÇA – "– Severino, se apoquente não. Peço desculpas. Pena estarmos noutra época. Bom seria ter cabra do seu talhe comigo, no bando. Quanto a você, cabra – disse enquanto olhava para o desaforado –, respeite quem lhe deu teto, prosa, cachaça e lhe matou a fome. Sente e coma... Tudo!" / "Homem simples, meu avô. Era do certo. Fazia o que tinha que fazer. Saia de casa e, com duas burras abarcadas de cachaça, voltava dias depois, após abastecer os comércios locais."[590]

CACHAÇA – "Copo de cachaça escorrendo no seio da cafetina /terminarás assim vadia, na sarjeta sem sombra minha /gavião pega-macaco perseguido por pombas malditas/oferecerei vossas cabeças num prato escuro"[380]

CACHAÇA – "A prudência, ah!, a prudência. Por isso é que o Filhote não passa de um cão filosófico solitário: prudência demais. Corresse um pouco mais de risco e viveria melhor. Mais feliz, pelo menos, que esse negócio de filosofia pura corrói o fígado e os miolos. É a cachaça da alma, um ácido do espírito."[462]

CACHAÇA – "– Se cachaça fosse remédio, Zé, vendia na farmácia! A voz vinda de lugar algum. De quem a voz? Ele não sabia. Mas estava firmemente ancorado no balcão, e era isso o que importava. A padaria, ela sim um barco bêbado, rodopiando ao sabor das ondas alcoólicas. Quando enfim deixou seu porto seguro, a Rua Augusta parecia um deserto negro, pontuado aqui e ali por postes de luz esquálida. Postes tortos, distorcidos, flutuantes às vezes. Mas concretos, ele confirmou, plantados com firmeza no chão. Estranhas árvores cinzentas."[461]

CACHAÇA – "Eu mesmo, um semi-deus, crio um buraco no tempo, uma matéria escura, uma nuvem, uma dúvida. Mastigo um bolinho de queijo ensopado de tabasco. Viro do avesso a cachaça... o mundo aparece em miniatura no fundo do copo... Existe sobriedade?"[471]

CACHAÇA – " Ontem à noite sonhei com Raul Seixas. Ele disse: Vai homem! Vai à imprensa que sempre te fechou a porta na cara e diz: 'Abre-te Sésamo!'. Aqui estou: 'Abre-te Sésamo em nome de Raul Seixas!'. Será que vão respeitar o homem? Será que anos de paparico servem para alguma coisa? A imprensa adora um paparico. Uma biografia. Foi biografia. Pronto! O jornal arreganha as páginas. Tivemos uma dessas necrofilias recentemente. 'Abre-te Sésamo!'. Deixem-me comer o pâncreas de Raul. O pâncreas no último estágio de pancreatite aguada com cachaça."[481]

CACHAÇA – "Abre os poros, pipoca as pálpebras, e, com a pá virada,mija em leque no cururu malocado na cruz da encruzilhada. Cachaças para capotar e enrascar-se em palpos de aranhas."[563]

CACHAÇA – "Escrever, essa cachaça"... "Estou para ver moça mais teimosa que a literatura. Pessoalmente, já virei as costas para ela uma dúzia de vezes, por razões as mais variadas: falta de tempo, compromissos profissionais, familiares – e tome gravata!, como dizia o Vinícius. A princípio esse afã escrevinhador parece sumir com o rabo entre as pernas, fenecendo a força que te empurra para o teclado."[654]

CACHAÇA – "(...) ou uma boa queda d'água de engenho, para um regalado banho, fazendo antes de entrar n'água o sinal da cruz e chupando um ou dois cajus entre goles de cachaça." FREYRE, Gilberto. *Manifesto regionalista.* (4ª Ed.). Recife, Instituto Joaquim Nabuco de Pesquisas Sociais, 1967, pág. 64.[376]

CACHAÇA – "– Fascinante! Mas então os caboclos ficam também sob o efeito da cachaça."[514]

CACHAÇA – "Incomodada com a queda do comércio da Bagaceira e do vinho portugueses na colônia e alegando que a bebida brasileira prejudica a retirada do ouro das minas, a Corte proíbe várias vezes a produção, comercialização e até o consumo da Cachaça."[480]

CACHAÇA – " No caso da carta de bebidas, a especialidade da casa repousava na temperatura exata, perfeita, da cerveja, embora exibindo boa linhagem de uísques e vodkas, cachaças mineiras e licores caseiros."[6]

CACHAÇA – "– Mas que porcaria é essa? – Perguntou Ossip.– Cachaça brasileira – respondeu Babs.– Tem cheiro de fruta – disse Ronald. Não pude esconder a minha indignação. Eu simplesmente não lembrava desta parte da história. De certo estava por demais entretida nos aspectos das discussões. Eu, uma brasileira, passaria vergonha ao engasgar com uma cachaça brasileira, na frente de um argentino. – Algum problema? – Indagou Oliveira, que não tirava as sobrancelhas de mim. – Bem, eu estava só ironizando com os meus botões... sou brasileira, mas essa cachaça brasileira não entra não." / "– Pensei que a cachaça fosse comum na América Central – Comentou Ossip. – O Brasil não fica na América Central – falei. E até agora não sei se por ironia ou por falta de conhecimento, ele respondeu: – Na Oceania, então. Imagino que o Brasil seja íntimo dessa bela bebida. Sua família deveria estar habituada... quer dizer, presumo isso em parte por causa da sua vestimenta. Que uniforme horrível! Perdoe a honestidade. Você estava pensando em algum tipo de disfarce de operária para vir falar com a gente?"[98]

CACHAÇA – "Ao que tudo indica, o hábito de beber cachaça era generalizado entre as classes mais humildes, independentemente do gênero e da condição legal dos indivíduos (livres ou escravos)." [19]

CACHAÇA – "7º Mandamento – Nunca beberás cachaça sozinho."[198]

CACHAÇA – "– Ah, negro velho dos infernos, que conheci sua tramóia – gritou Sá Quitéria, furiosa, saindo do bamburral e segurando-o pelo papo. E, na luta do casal, lá se foi o feitiço que o pobre pai Zé adquirira com o sacrifício dum quartilho de cachaça e meia mão do seu bom fumo pixuá."[503]

CACHAÇA – "– Olha, seu Dito, sempre lhe tive na estima desde pequerrucho; nem sei mesmo como aprontei aquela tarantada na porta da Silvirina; devia ser da cachaça."[501]

CACHAÇA AIRADA – "– O Juca passou inda agorinha no caminhão, e disse que o seu Laio estava lá, numa cachaça airada, no botequim velho que foi da empresa, com outros companheiros, fazendo sinagoga."[540]

CACHAÇA CANFORADA – "Numa época de muita chuva, Atanásio Pires acompanhado por seus filhos, Joaquim, Ricardo e Antônio, seguiram pela costa dos Rios Chopim, Iguaçu e Canoas até a barra do atual Rio Cruzeiro do Iguaçu. Naquele local permaneceram por vários dias, não se sabe exatamente quantos, sem pegar caça alguma. A fome que já era insuportável fez com que os seus filhos propusessem matar um dos cachorros. Atanásio concordou solicitando que fosse morto o mais gordo e ruim. Como nunca bebia, tomou alguns goles de cachaça canforada e dormiu enquanto o alimento era preparado pelos filhos."[425]

CACHAÇA COM COCA-COLA – "Noel misturou cachaça com Coca-Cola nos três copos recém-distribuídos no balcão. Martelo pediu duas cocas litro e uma garrafa de cachaça, avisando, ao sair, que entregaria os cascos no outro dia."[341]

CACHAÇA COM RAÍZES – "Outro aspecto que, além da cachaça com raízes, agrada o visitante do Bar Sport é o registro histórico das campanhas eleitorais da região oeste de Goiás nas últimas duas décadas."[312]

CACHAÇA DA CABEÇA – "O processo de destilação sofreu uma revolução durante a primeira metade do século XX em Salinas, Minas Gerais, cidade situada na parte nordeste do Estado. Anísio Santiago, um destilador de cachaça denominada Havana, introduziu no Brasil a técnica de separar a cachaça em três partes durante o processo de destilação. A primeira e terceira partes, chamadas 'cachaça da cabeça' e 'rabo da cachaça' são desprezadas, aproveitando-se somente o 'coração' , a parte mais nobre da bebida."[575]

CACHAÇA DE CABEÇA – "Chico saiu e Julião indo até o guarda-louças tira um copo, enche de cachaça e entrega ao soldado: – Tome! É de cabeça! Ajudará a aplacar a dor" MARINHO, Luís. *Um sábado em 30*. Recife, Imprensa Universitária, 1968, pág. 79.[376]

CACHAÇA DE GENGIBRE – "'Para beber tem suco de açaí, cupuaçu, mangaba, murici, seriguela e cachaça de gengibre.' Ela deu uma fungada no nariz vermelho."[347]

CACHAÇA DE QUALIDADE – "O Tarso é um baita de um companheiro, mas é um companheiro polêmico. Em vez de chimarrão, Tarso, tome um belo de um uísque de qualidade, tome uma cachaça de qualidade, tome uma caipirinha."[355]

CACHAÇA DE MANDIOCA – "Venturinha serviu-se novamente: cachaça de mandioca era outra coisa, não tinha cheiro e sabia bem, queimava o peito."[43]

CACHAÇA DE MANDIOCA – "Vai criar mil dificuldades e beber toda a cachaça de mandioca que os índios estão fazendo para o quarup."[135]

CACHAÇA DE PITANGA – "Martim, ao receber mais tarde um relatório completo dos acontecimentos e ao analisá-lo em companhia dos amigos, emborcando uns tragos de cachaça de pitanga, não concedeu maior importância à movimentada crônica policial."[37]

CACHAÇA EM COPO GRANDE – "O convite de seu Joãozinho Bem-Bem, isso, tinha de dizer, é que era cachaça em copo grande! Ah, que vontade de aceitar e ir também..."[539]

CACHAÇA ENVELHECIDA – "Será denominada de cachaça envelhecida, a bebida que contiver no mínimo cinquenta por cento de aguardente de cana envelhecida, por um período não inferior a um ano, podendo ser adicionada de caramelo para a correção da cor."[583]

CACHAÇA FEIA – "Desistiu de evitar as poças que a chuva tinha deixado e caminhou sobre elas, molhando os sapatos e as bainhas da calça. Cachaça feia. E se ela o visse assim?"[516]

CACHAÇA FESTEIRA – "Nando era a chamada cachaça festeira, Tavinho estava engraçadíssimo..."[516]

CACHAÇA PRETA – "Luís Pequeno batia o fermento, metendo cal dentro do vinho. A cachaça preta escoava imprestável, com cheiro de coisa podre."[49]

CACHAÇA-QUEIMADA – "Seo Vevelho foi por si mesmo buscar cachaça-queimada, pra trazer para o velho Camilo."[531]

CACHAÇA VERDE – "Ah, cachaça... Entre as muitas possíveis classificações, vai a minha: Cachaça verde = não armazenada/envelhecida em barris, direto do alambique para a garrafa. Quanto menor o 'coração', e maiores a 'cabeça' (produto dos primeiros 15 a 35% da distilação) e 'cauda'(identicas porcentagens do fim da destilação) melhor a cachaça, desde que utilizada cana armazenada por não mais de 12 horas depois de cortada."[301]

CACHAÇADA – "Estava explicado porque, apesar de Honório dever novecentos mil-réis à despensa, o coronel não o botava para fora e ainda lhe fornecia dinheiro para as cachaçadas de Pirangi."[30]

CACHAÇADO – "Ou o paciente fica de tal modo cachaçado e esquece a cólica ou a cólica fica cachaçada e esquece de doer. Não há outra alternativa." / "Tomar uma fabulosa cachaçada de preferência de cana caiana. Depois de uma hora deitar-se ao sol (isto é muito importante) na posição horizontal costal por duas razões que se seguem."[600]

CACHAÇAZINHA – "Aí, durante mais de 50 anos, o Carrilho, entregue ao labor de todo dia, destilava sua cachaçazinha, lutando para criar prole numerosa."[50]

CACHACEIRO – "'Uma pessoa chique ganhando cachaça é algo chique. Um metalúrgico ganhando cachaça é cachaceiro'. Lula, em Goiás, explicando que um cachaceiro é identificado pela primeira anotação na carteira de trabalho, não pela quantidade de garrafas que derruba."[441]

CACHACEIRO – "(a) adj, qualificativo da pessoa que é dada ao uso imoderado da cachaça, e que com Ella se embriaga: Meu criado é um grande cachaceiro."[93]

CACHACEIRO – "... cuidando de três meninos/ lavando roupa e varrendo /feito uma negra-de-ferro/ de fome o corpo tremendo /e o marido cachaceiro/pelos botequins bebendo."[201]

CACHACEIRO – "Da próxima vez que você for ao boteco jogar conversa fora com os seus amigos cachaceiros, mostre à eles que você tem um vocabulário acima da média. É só decorar os 179 apelidos que a cachaça ganhou pelo Brasil adentro, e ser considerado o intelectual da turma."[106]

CACHACEIRO – "... Florêncio ouvia a filha ressonar na sala, poderoso apelo. Que podia fazer o velho cachaceiro? Comeu a cria antes que outro a comesse."[43]

CACHACEIRO – "Ipavu até então se classificaria, ele próprio, em qualquer recenseamento, como cervejeiro convicto e cachaceiro ocasional..."[133]

CACHACEIRO – "Quem tem dinheiro pra tomar uísque tem dinheiro pra tomar cachaça, no entanto a recíproca não é verdadeira: quem tem dinheiro pra cachaça, não tem para o uísque. Explico: a cachaça rompeu a barreira do social, o cachaceiro não."[647]

CACHACEIRO – "Os personagens são sempre tipos, quase todos serranos: pequenos proprietários rurais, mulheres fortes, homens valentes e vingativos. Também os tipos suburbanos, como as prostitutas, os operários, os cachaceiros, carecem de profundidade."[368]

CACHACEIRO – "A maneira com que ele falou 'cachaceiro', logo no começo, realmente denunciava alguma coisa, com quase toda certeza alguma coisa desagradável..."[516]

CACHACEIRO – "– É isso mesmo!... Cachaceiro!... Dispa-se mais depressa! Cumpra o seu dever!..."[57]

CACHACEIRO – "Companheiros, não fiquem bebendo assim, senão os jornalistas vão dizer que petista é cachaceiro." (Lula) Durante o vôo para Cuba, dirigindo-se a um grupo de petistas que tomavam uma garrafa de uísque. (*Veja*, dezembro de 2000).[651]

CACHACENTO – "... fora Janjão Caramujo que sempre viajava no bagaço da comitiva, por ser desimportante e cachacento."[154]

CACHACINHA – "– Não bebe... Ahn... É bom que comece logo... – Que comece logo? Por quê? – Vai saber depois... É tudo que resta aqui... – mostrava a garrafa – Santa Cachaça, a melhor santa de Pirapora. Mais milagrosa que o Padre Cícero ou esse beato novo que anda pelo sertão, o tal de Estêvão... Aproximou o cálice do outro, concluiu: – Deixe de orgulho, vire a cachacinha... Não presta, é uma merda, mas é a melhor que há por aqui... É de Januária. Não se compara com a Pernambucana..."[47]

CACHACINHA – "Vários políticos importantes do Brasil, em todas as épocas, sempre foram chegados a tomar uma cachacinha. Citam, normalmente, Getúlio Vargas, Jânio Quadros e o presidente Luis Inácio Lula da Silva."[584]

CACHACINHA – "Homenagem ao Dia Nacional da Cachaça (21 de maio). Eu nunca tomei uma gota, mas essa homenagem vai para os meus amigos que gostam de uma cachacinha!"[217]

CACHACINHA – "Desaparecia do paladar de tudo que foi cachaceiro a cachacinha famosa de Santo Amaro e surgia, então, sozinho no massapé, a Meleirinha dos Maragatos, fabricando pinga pubenta e acabando, duma vez por todas, com os pequenos alambiques de fogo nu, o maior atrativo da terra, cuja fama corria mundo."[50]

CACHACINHA – "Despedira-se de todos, abraçou um a um, convidou-se para outras, que o procurassem, dava sopa para uma cachacinha amiga, só chamá-lo, dormia nas canoas da praça – era fácil encontrá-lo."[183]

CACHACINHA – "Para calor e mulher fujona nada igual a uma cachacinha. Um trago?"[39]

CACHACINHA – "– Espiridião vai querer uma cachacinha..."[43]

CACHACINHA – "Gabriel Vasconcelos, Ministro do Trabalho do tirano Vargas... tentar enganar... Saibamos responder às propostas demagógicas de Gabriel Cachacinha com nossas exigências."[45]

CACHACINHA – "– Então isso aí – concordou Scariot. – Irmão. E, se o irmão não leva a mal, está na hora da cachacinha."[482]

CACHACINHA – "Brasília – Em discurso durante o almoço que ofereceu em homenagem ao presidente da Rússia, Vladimir Putin, o presidente Luiz Inácio Lula da Silva fez uma brincadeira: 'Embora o presidente Putin não tome bebidas de alto teor alcoólico, vamos comemorar a presença dele no Brasil com uma cachacinha tipicamente brasileira', afirmou, antes de fazer o brinde, com aguardente de cana 'Sabor de Minas', de Salinas, em Minas Gerais, que tem a fama de produzir a melhor cachaça do País."[413]

CACHACINHA – "Gosto de ficar no fogão tomando minha cachacinha. É chato político falar que toma cachaça, porque se criou a idéia no Brasil de que político tem que ser santo. Eu gosto de tomar minha cachacinha. Faz parte da vida. Respeito quem não gosta." (*O Globo*, novembro de 2001)[651]

CACHACINHA – "Hipótese, aliás, aventada quando alguns amigos íntimos, além de Tibéria e Dalva, enontraram-se na oficina de Alfredo, santeiro há muitos anos estabelecido na Cabeça, para traçar os planos de fuga e beber a cachacinha da despedida." / "Assim deletreando, degustando uma cachacinha ali e mais além quando a luz de um botequim..." / "Levantou-se para servir uma cachacinha." / " – Vamos beleza, sirva Galo Doido e aqui o seu moreno... Uma cachacinha escolhida..."[37]

CACHACINHA – "O Bira, com aqueles olhos de dar quebranto em criancinha, se animou: – O negócio foi o seguinte. O gringo tava lá no canto dele, quando o professor apareceu. A gente estava na mesa do lado, bebendo cerveja, e o professor primeiro veio na nossa direção, todo animado como sempre, e perguntou se a gente pagava uma cachacinha pra ele."[603]

CACHACINHA – "Sempre tem uma primeira vez na vida, é um momento histórico, queridinho. Merece até uma comemoração. Uma cachacinha, sargento? Tem aí daquela divina que o senhor gosta."[4]

CACHACINHA – "Vai acontecer com os plantadores de soja o que aconteceu com os plantadores de cana. Eles têm duas opções: ou faz álcool, ou faz açúcar e de vez em quando faz uma cachacinha também."[353]

CACHACISTA – "Janjão Caramujo – Pardavasco de bons prestativos. Limpador de cavalos e cachacista sem remissão."[154]

CACHIXI – "E foi lá que Macunaíma provou pela primeira vez o cachixi terrível cujo nome é cachaça."[59]

CACHIMBADA – "Eu não gosto de aguardente/ Salvo sendo misturada/ Tomando uma cachimbada/ Eu fico até mais contente./ às vezes viro valente/ Sem espalhafatos fazer/ Para ninguém conhecer/ Quando estou na carraspana,/ Beber roendo coirana/ Não é defeito beber." ADÃO FILHO, José. *Não é defeito beber*. Recife, Typ. Chaves, 1927, pág. 6.[376]

CACHIMBO – "O cachimbo, preparado para a cachimbada que o dono da casa habitualmente oferece aos que vêm visitar o novo herdeiro deve ser feito com mel de abelha urucu e aguardente de cabeça, da boa, da que faz colarinho quando despejada no copo. Geralmente, dois tipos de cachimbo são feitos: um, mais fraco para ser servido às mulheres e mocinhas, e outro, com maior percentagem de aguardente, destinado aos homens e rapazes. E para que fique bem curtido e muito mais gostoso, o cachimbo deve ser preparado com uma certa antecedência. Ainda sobre o cachimbo ou, mais propriamente, sobre a arte de tomá-lo, é interessante obedecer à etiqueta: quando qualquer pessoa tomar uma dose de cachimbo servido, a rigor, pelo dono da casa que é o pai da criança e em ocasião própria, manda o ritual que se faça uma pequena careta seguida do clássico pigarro, exagerando o seu ruído gutural. As mulheres, então, ainda exageram mais na careta e riem, demonstrando que a bebida está forte e muito gostosa."[375]

CACHIMBO – "Pouco álcool. Lá uma vez, cachaça com mel de abelha, cachimbo, clareando as idéias." (CASCUDO, Luís Câmara. *Gente viva*. Recife, Universidade Federal de Pernambuco, 1970, pág. 174).[376]

CACHIMBO – "Cutruca apareceu sobraçando uma garrafa de levanta-velho, que foi logo transformada em meladinha para os homens, cachimbo para as mulheres." HOMEM, Homero. *Cabras das rocas*. Rio de Janeiro, Editora Tempo Brasileiro, 1966, pág. 123.[376]

CACHIMBO – "... é ainda a cachaça, misturada com mel de abelha e limão, e temos então o 'cachimbo', que se oferece aos amigos quando visitam os recém-nascidos. 'Hoje tem cachimbo na casa de fulano' – é uma fórmula comum, no Nordeste, de se participar o nascimento de uma criança."[215]

CAFURNA – "O ar que se respirava nessa lóbrega cafurna seria sem dúvida julgado mefítico pela junta de higiene pública. Leonardo chegou à porta, entrou, e, batendo um murro sobre o balcão, gritou em voz de estentor: – Olá de dentro!... Então não tem aqui gente?"[711]

CAÍDO NO PORRE – "... e daqui a pouco estou dormindo gostoso com a cadelinha da tua Maria da Penha... Sei que tu é apaixonado por ela, mas ela não liga não. Tu vai ficar por aqui mesmo, caído no porre, vomitando pinga, seu bostinha de cachorro..."[457]

CAIEBA – "Mesmo sem camisa, não aguenta ficar em casa aos domingos e como não sobra dinheiro para levar a família geralmente numerosa ao cinema, ao parque de diversões ou à praia, só precisa de uns trocados para passar a tarde no bar, com os amigos, tomando suas lapadas de caieba."[374]

CAINDO DE BÊBADO – "... Jesuíno contou-lhe do desespêro de Curió, caindo de bêbado pelos cantos, com ar de mártir e falando em suicídio."[37]

CAINDO DE CACHAÇA – "Os homens em tôrno do cadáver bebiam cachaça e contavam histórias. História de cobras, a história de José da Tararanga que vivia bêbado e uma noite voltava para casa caindo de cachaça, na mão direita o fifó aceso, na esquerda um litro de parati."[41]

CAINDO PELAS TABELAS – "Logo montaram Fofó, que já caia pelas tabelas, num canto da sala para que saudasse o noivo..."[156]

CAIP – "No mundo inteiro bebem-se a tequila mexicana, a vodca russa, a grappa italiana. O destilado brasileiro ainda não foi descoberto pelos estrangeiros. Agora, os produtores perceberam que, independentemente da maior qualidade de certas cachaças, o que faz sucesso lá fora é a caipirinha. Os alemães, que compram um terço da cachaça exportada pelo Brasil, já deram até um apelido carinhoso para o aperitivo: caip." [652]

CAIPIRINHA – "À noite, ainda em meio ao festival de paios e linguiças e um dilúvio de caipirinhas, Garrincha levou Elza para um canto: – 'Crioula, estou te amando'. – Ela fingiu surpresa: – 'Mas como? Você é casado, ama a sua mulher.' – 'Não, nunca amei ninguém. Tem um monte de mulheres me querendo. Inclusive, até hoje, a Angelita Martinez. Mas eu amo é você'. – Elza continuou vendendo caro: – 'Ah, só pode ser a caipirinha!' Garrincha não se deu por achado: – 'Caipirinha ou não, é isso que estou te dizendo.'"[165]

CAIPIRINHA – "Um dia, o Itaborá e o Adélio sentados no quintal, a Mirna recém servira a caipirinha, de biquíni, e se dirigia de volta para a casa, e o Itaborá suspirou... Até o fim do veraneio ficou aquela coisa chata entre os quatro. O Itaborá não odia tossir que todos o olhavam, desconfiados."[664]

CAIPIRINHA – "Tão ardilosa era a expressão do rostinho da menina e tão brejeiro seu olhar, que a transfiguravam completamente. Quem assim a visse, julgaria ter diante de si, a chasqueá-lo, o trejeito garoto de um caipirinha."[13]

CAIPIRINHA – "Lembro-me do instante em que ele ergueu o copo, agitou o copo seco com uma rodela de limão no fundo, e fez menção de se levantar para reforçar a caipirinha."[291]

CAIPIRINHA – "Há muitos dias longe de uísque, cerveja e caipirinha – ele só se permite um licor depois do jantar e dois charutos cubanos marca Cohiba diários –, o deputado Luiz Inácio Lula da Silva

(PT) exibe nova silhueta, esculpida com o auxílio de passeios de bicicleta. E ainda filosofa: 'Sem álcool, a vida é mais bem aproveitada."[651]

CALCINHA DE NÁILON – "Para o baile de sábado a diretoria preparava dezenas de garrafas de batida de limão, calcinha-de-náilon e leite-de-onça."[341]

CALDO DE CANA – "Os homens saíram e foram beber caldo de cana. A banda executou dobrados e marchas."[31]

CALIBRINA – "Então, Manuel Alves Pinheiro foi ao boteco da esquina e tomou algumas calibrinas. Em outras palavras: mamou coragem." HOLANDA, Nestor de. *Telhado de vidro*. Rio de Janeiro, Brasil, 1967, pág. 232.[376]

CALIBRINA – "Sem calibrina, no meu natural mentiroso, digo o contrário, sou serviçal de tudo que é graúdo da terra."[156]

CAMBALEANTE – "O filho Nenê, dodói da nhá Maria, desgostoso, deu para beber. Chegava cambaleante, nos braços do pai conduzido para a cama."[631]

CAMINHO DO CÁRCERE – "O horroroso e terrível 'caminho do hospital, do cárcere e do hospício' começava ali, naquela torneirinha que mijava inocente e sem nenhuma intenção..."[49]

CANA – "Que lhe pagava cinzano com biter russo, papafina para o paladar do filho estragado por canas ordinárias e falsificadas."[183]

CANA – "Desta vez ia direto ao engenho Gravatá, onde encheria suas ancoretas de boa cana."[280]

CANA – "O marinheiro dormia na rede, a garrafa de cana nos braços."[508]

CANA – "Tomou o copo com a mão trêmula, desarrolhou o cabaço e a cana chiou." / "– E a cana, Zé Lourenço? Você deixou mesmo de beber?" / "E gargalhava como um doido, correndo os olhos vermelhos pelos botijões de barro vidrado, cheios de cana, dos engenhos do brejo, do seu brejo..." / "Entubibada de cana, a piolhada aquietava-se, adormecia, gozando, deliciosamente, as emanações que subiam à cabeça de Chica e se destilavam no suor." / "Uma garrafa de cana, hoje, parece mais uma boneca enfeitada, de tanto selo que leva." / "Minha parteira – Siá Aninha, ainda conheci a velhinha, chocha como um maracujá murcho –, quando ia fazer um parto, levava sempre debaixo do braço um cabacinho de cana...Tomava um trago, molhava as mãos com 'ela', antes de começar o serviço."[315]

CANA – "Ao passarem pela praia, rumo ao ônibus, Tartaruga serve sua generosa cana."[183]

CANA – "...Vicentino ofereceu a Ipavu um cálice, tomado com gratidão, a quentura boa da cana..."[133]

CANA – "– Homem! Vocês vão se assentando nessas redes! Ó Pedro! Vê cachimbos! Traze a cana e o café."[77]

CANA – "Era assim que Damião / (o ex-marido de Côca) / queria viver: na cana / sem tirar copo da boca / enquanto sua mulher / em casa feito uma louca..."[201]

CANA – "O 'marinheiro' dormia na rede, com a garrafa de cana nos braços. A destilação do engenho só trabalhava para a gente da casa-grande. E o Seu Rodolfo falava também de mulheres."[508]

CANA-CAPIM – "Bairrista, isso ao último ponto: a tudo preferia o que fosse nacional. 'Não trocava a sua boa cana-capim e o seu vinho de caju por quantos cognacs e vinhos do Porto havia por ali." / "Serviu-se o café, vieram os licores, o conhaque e a cana-capim." / "Encheram-se três copinhos de cana-capim."[77]

CANGIBRINA – "Quem tem o que fazer não faça aqui porque, deu uma hora da tarde, a gente inicia a comer, depois desses vermutes, dessas cangibrinas, depois dessas catuabas, essas jurubebas, desses alcatrães, dessas meopatias, depois dessas mundurebas, e dê quantas horas dê a gente só paramos de comer quando quiser..."[519]

CANINHA – "Cachaceiro sem rival, ninguém como ele para provar e diagnosticar das qualidades de uma caninha."[37]

CANINHA – "A cachaça começa sua história com os árabes. Mas foi provavelmente o catalão Arnaldo de Vilanova quem produziu caninha pura, no século 14, com o objetivo de combater a peste com álcool de cana-da-índia. Só que o remédio viciou e a Igreja não só proibiu sua fabricação como ameaçou os fabricantes com as penas do inferno."[710]

CANINHA – "O acesso às vezes atacava-o maneirinho; porém quando ele facilitava, apanhando chuva nos partidos, carregando mais uns goles na caninha, a tremedeira vinha doida em riba do velho." LIMA, Jorge de. *Calunga*. Porto Alegre, Livraria Globo, 1935, pág.61.[376]

CANINHA – "Não diga uma coisa desta, seu capitão. Ainda hoje não engoli um quarto de cachaça. Eu passei ali pela venda de Salu, e ele me disse: 'Passarinho, toma essa caninha para lavar a boca'."[509]

CANINHA – "O soldado olhava-o com desprezo: 'Caninha Fernandez'."[40]

CANINHA – "Foram também os portugueses que importaram a devoção a São Benedito, santo associado à cachaça, mesmo antes de sua canonização em 1807. Conhecido como 'o santo mouro', ele nasceu em 1526 na Sicília (Itália), filho de um escravo africano. Seu culto tornou-se muito popular no Brasil, como padroeiro dos negros e da caninha."[384]

CANINHA – "E conversando pagodeando devoraram o bode consagrado e cada qual buscando o garrafão de pinga dele porque ninguém não podia beber no do outro, todos beberam muita caninha, muita!" / "Exu ia sarando, tudo foi desaparecendo por encanto quando a caninha circulou e o corpo da polaca virou são outra vez."[59]

CANINHA – "Caninha ou Canninha, dim. de cana; caniço. B. P. § 'Estar com a caninha n'agua'; estar debicando ou gracejando com alguém. § 'A caninha verde'; dança rural acompanhada de cantigas populares. § (no Brasil) Aguardente de canna de assucar."[585]

CANINHA – "O Joaquim Ribeiro, professor, um pouco tocado pela caninha da panelada, azucrinava o praciano com as suas preleções."[456]

CANTINA – "Mas não precisa ser sempre assim. Ninguém pode dizer dessa cantina não beberei."[662]

CARAMEMO – "Surpreendentemente uma vez, disse ele na sua rude linguagem, uma caravela de pêros (isto é, portugueses, que como já referi são inimigos mortais dos nossos tupinambá) na qual, de mortos e comidos todos os homens e recolhida a mercadoria existente, encontramos grandes caramemos (tóneis e outras vasilhas de madeira) cheias de bebida que logo tratamos de provar."[333]

CARGA DE CACHAÇA – "Como uma 'carga' correspondia à quantidade ou pêso de mercadoria que um animal carregava, segue-se que o mano Silvério transportou uns 90 litros de aguardente, ao preço, mais ou menos, de $112 o litro."[573]

CARRASPANA – "Para você não há segredo. Estou aborrecido com o Padilha. – Alguma carraspana que ele tomou?" RAMOS, Graciliano. *São Bernardo* (3ª Ed.). Rio de Janeiro, Livraria José Olympio Editora, pág. 97.[376]

CARRASPANA – "A minha mulher fazia comigo o que se faz com um cachorro. Se eu fosse me entregar, teria me metido na cachaça. Fiz finca-pé e peitei a desgraça vergado, com afronta. Mas nem um dia eu deixei esta boca de forno. Nem um dia eu me meti em carraspana para me esquecer." REGO, José Lins do. *Moleque Ricardo*. (7ª Ed.). Rio de Janeiro, Livraria José Olympio Editora, 1943, pág. 200.[376]

CARRASPANA – "Foram-lhe perdoando as carraspanas. Ela tinha precisão daquilo."[315]

CARREGADO NA AGUARDENTE – "E, ao cabo de longo intervalo, encontrei-o de novo, muito por baixo, carregando na aguardente, jogando..."[498]

CASA DE BEBIDAS – "Ia todas as noites a uma casa de bebidas, assim uma espécie de venda de muito luxo e lá estava horas perdidas petiscando e conversando com senhoras muito bonitas, bem limpas... algumas com o pescoço e os braços todos à mostra..."[616]

CASA DE VENDA – "Com o que, certificados que queríamos sua amizade, se atreveram alguns mancebos a vir com ela à casa do dito Álvaro Rodrigues na cachoeira do rio Paraguaçu, donde êle os trouxe a esta cidade ao capitão-mor Álvaro de Carvalho, que logo os mandou vestir de pano vermelho e mostrar-lhes a cidade, onde não havia casa de venda ou taverna em que não os convidassem e brindassem."[565]

CASINHOLA – "Para aqui chegarmos, seguimos quase sempre as cumiadas e gozamos de larga vista. Não descobrimos, porém, habitação alguma. À beira do caminho apenas vimos uma casinhola onde uma pobre mulher vende aguardente de cana e algumas miseráveis provisões."[553]

CATEDRÁTICO NA ARTE DE BEBER – "Velho conhecido dos meios etílicos, ele era um catedrático na arte de beber, ao lado do seu generoso auxiliar de copo – o Escurinho."[429]

CATIMPUERA – "O milho constituia o único remédio e regalo daquelas minas, 'porque dele se fazia a farinha que supria o pão, a canjica fina para os brancos, e grossa para os negros, o cuscuz, arroz, bolos, biscoitos, pastéis de carne e peixe, pipocas, catimpuera, aloja, angu, farinha de cachorro, água ardente, vinagre e outras muito mais equiparações', que tem inventado a necessidade e necessitam de momento."[615]

CAUABA – "No dia seguinte àquele em que visitei a aldeia, devia celebrar-se a festa de Todos os Santos, e todos os habitantes haviam preparado cauim, ou cauaba, bebida inebriante que se faz com raízes de mandioca."[557]

CAUIM – "Maanape tirou dez garrafas, abriu e veio vindo um aroma perfeito. Era o cauim famoso chamado quiânti."[59]

CAUIM QUE QUEIMA – "Muito bem – disse ele – padre, não beberemos o bom vinho da França? Ou o cauim, que queima, isto é, aguardente?"[199]

CAUIM TATA – "Depois de achar-se um pouco entusiasmado com o segundo copo, começou a pronunciar guturalmente estas palavras: Goi i catu catonhe cauim tatá..."[199]

CAUINAGEM – "Prosseguindo no assunto, direi que enquanto dura a cauinagem os nossos brejeiros americanos, para melhor esquentar o cérebro, cantam, assobiam e..."[333]

CAXIRI – "Índio era burro de morar no mato, beber caxiri azedo, numa cuia, quando podia encher a cara de cerveja e sair correndo na hora de pagar a conta." / "... feito meu aprendiz Javari quando tomou o xarope duma vez, dum trago, feito caxiri, vinho de buriti, e foi um tiquinho..."[133]

CAXIRI – "Cara de homem em cuia de pinga. Nando se viu cabeludo, barbado de vários dias. A cuia de caxiri que tinha levantado do chão ao pé da rede do Fontoura refletia alguma coisa enquanto os olhos do Fontoura nada."[135]

CAXIXI – "João Troçulho fez pouco e passou-lhe a quenga de caxixi."[23]

CAYXAÇA – "No 'Livro de Razão', de 1797 a 1809 existem apenas quatro registros de venda, dois em 1797 e 2 em 1798:

> 'Deveme meo Compe. Severo rapaduras e agoa ardente .... pg 1$280'
> 'Deveme o do. [crioulo Antonio] de rapaduras e agoa ardente .... pg $320'
> 'De, o Mestre José de Cayxaça...................................... pg $480'
> 'deve mais [José Teodoro] do resto da agoardente....... pg $480'
> Já então a bebida chamava-se, indiferentemente, 'cachaça' ou 'aguardente'."[573]

CHÁ DE CANA – "Os mercados interno e externo se expandem e a *apaga tristeza* pode ser encontrada em lata e em submarcas destinadas a *drinks* ou para ser consumida pura. Mas o *chá-de-cana* 'nas pedras' ou *cowboy* – nesta modalidade tida como *aquela que matou o guarda* –, já é consumido pela *intelligentsia* brasileira muito antes de cair nas baladas da vida."[332]

CHAMEGO – "Foi em 1918. Gastou três meses de ida e volta. Foi a pé. Naquele tempo, bebia como timbu, mas vivia desgostoso por não poder deixar aquele chamego."[315]

CHAPADO – "Espinhara jogou-se no rio, é verdade isso? – Sete vezes. Jogou-se. – Mas ele sabia nadar, não é? Jogou-se 7 vezes e escapou. – O rio estava seco. (Risos.) Ele ficou na lama, aquela coisa horrível. – Absolutamente bêbado? – Total. Ele ficava chapado e se jogava no mangue... Então tem esses aspectos: não é só poesia, é um monte de coisas. É cultura alternativa, é postura ideológica, é um monte de coisas."[417]

CHARANDA – "La charanda es una bebida alcohólica regional mexicana, obtenida por destilación y rectificación de mostos fermentados preparados a partir de jugo de caña o de sus derivados, como son el *melado* o jugo concentrado por evaporación, el *piloncillo*, La melaza(1) o la propia azúcar cristalizada."[562]

CHICOTE DE TRIPA – "João Borrego protestou, achando que aquilo era exagero. Todos falavam daquela concentrada. Um azougue. Até diziam que a bichinha era chicote de tripa."[306]

CHUCHURREAR – "Ele agradeceu e enquanto o homenzinho se sentava a seu lado, talvez para matar a curiosidade, pôs-se a chuchurrear a bebida."[578]

CHUMBADO – "Você estava completamente bêbado quando matou? – Bebinho mesmo não estava, não, senhor... Mas estava um bocado chumbado..."[491]

CHUPAR – "... quando o senhor parou naquele arruado, o senhor começou a chupar branquinha sem parar e ficou pileque..."[396]

CHUPAR – "Rodas de garimpeiros, à toa, contando casos e chupando tragos de aguardente ou copos de cerveja."[337]

CHUPAR – "Gabou sem cessar o leitão com farofa e bebeu sozinho duas garrafas de cerveja, apesar de antes do jantar ter chupado bem uns três cálices de cachaça de Pirapora."[134]

CHUPITAR – "Trazia sempre num bolso do paletó uma garrafinha de pinga presa ao puíto por uma corrente de prata. Desarrolhou e chupitou de manso."[59]

CHUPITAR – "E, chupitando sua cachacinha, entre os recentes amigos, já um pouco despido do ar de grande personalidade..."[38]

CINZANO COM CACHAÇA – "Virou a dose de Cinzano com cachaça, acendeu um cigarro, fez questão de pagar a conta. As crianças procuravam uma seda para apertar um baseado."[341]

CLASSE BEBEDORA – "O trabalho é a perdição da classe bebedora."[164]

COCKTAIL – "O cocktail é uma bebida misturada à base de algum espirituoso forte, principalmente o gim, e no Brasil a cachaça."[427]

CODÓRIO – "Macunaíma estava muito contrariado com aquele chove-não-molha e passava o dia na rede mastigando beiju membeca entre codórios de restilo."[59]

COLEÇÃO DE CACHAÇAS – "Nada menos que 12.800 garrafas de cachaça compõem a coleção do administrador de fazenda Messias Soares Cavalcante. Em dois cômodos, ele guarda e aprecia desde as marcas mais comuns até algumas raridades. São pingas de todas as regiões do país e também de 13 outros países."[310]

COLEÇÃO DE CACHAÇAS – "A coleção mais grande de garrafas de cachaça pertence à Messias Soares Cavalcante, que tem coletado 12.800 garrafas diferentes desde 1988."[286]

COLEÇÃO DE CACHAÇAS – "O RankBrasil homologou o recorde de 'Maior Coleção de Cachaça do Brasil' conquistado por Messias Soares Cavalcante, da cidade de Alfenas/MG, que como muitos brasileiros aprecia uma boa cachaça."[505]

COLEÇÃO DE CACHAÇAS – "Coleção de cachaças tem acervo de 14 mil."[311]

COM A CABEÇA ENEVOADA – "Ficamos os dois sentados em silêncio, degustando a bebida. Logo senti minha cabeça enevoada. – Estou bêbado – falei."[681]

COM A CABEÇA TRANSTORNADA – "Perguntaram-lhe, é certo, os episódios da guerra do Paraguai, que ele contava, minuciosamente, nos momentos de calma e de tolerância da assistência, pois que, transtornada a cabeça com sucessivas doses de 'cachaça', decomposto o traje..."[421]

COM ÁLCOOL NOS MIOLOS – "Pavio dormia como um bom cidadão com álcool nos miolos."[49]

COM AS PERNAS VACILANDO – "As pernas dele vacilaram, estranhou. Não podia estar bêbado, duas caipirinhas não fazem mal a ninguém."[113]

COM OS MIOLOS ENCHARCADOS – "– É, pelo jeito, você já está com os miolos encharcados de muita pinga, bêbado."[429]

COM OS OLHOS EM BRASA – "Tinha a cabeça muito fraca, muito leve: um golo de aguardente, uma dose de líquido espirituoso, um martelo de vinho punha-lhe os olhos em brasa, desequlibrava-o, subindo logo..."[142]

COMER-RAMA – "Da mulher não digo nada/ Por ser uma boa criatura,/ Um amigo me assegura/ Que a sua vive chumbada,/ E que é valente e malcriada/ Faz qualquer homem correr,/ Bebe para engrandecer/ Seu valor e sua fama,/ Se todo mundo come rama/ Não é defeito beber." ADÃO FILHO, José. *Não é defeito beber*. Recife, Typ. Chaves, 1927, pág. 13.[376]

COMERCINHO – "– Salve Deus! Ainda sou Quirino Dias, do comercinho de cachaça de Macaé."[154]

CONCENTRADA – ver CHICOTE DE TRIPA

CONHAQUE BRASILEIRO – "Não esquecia beber seu golito de 'conhaque brasileiro' mas sabia se conter evitando excessos."[142]

CONTRABANDO – "Desarrolhei o contrabando e em redor percebi numerosos canecos a ameaçá-lo. Fiz uma distribuição avara, contando os pingos, o que não me livrou de uma perda avaliada em trinta por cento."[499]

COPO – "– Não, disse eu, ao copo. Uma decisão de mim para comigo mesmo, tentando, nos tribunais do meu íntimo, uma absolvição justa e plausível, para o todo o resto da minha vida, longe do copo."[429]

COQUETEL – "Pedimos cerveja. – Só vendemos cerveja com champanhe. – Com champanha? – Sim, é um coquetel muito bom, nossa especialidade. Pelas mesas, as pessoas tomavam champanhe rosa misturada com cerveja. Não arriscamos."[110]

COQUETEL – "Além de ser tomada pura a Cachaça é utilizada na confecção de batidas e diversos coquetéis, sendo sua utilização mais comum na elaboração da Caipirinha o coquetel nacional por excelência."[184]

CRAMBAMBALI – "Darei a receita fornecida pelo fabricante: Despeje em uma terrina uma garrafa da melhor cachaça, acrescente-se um quantidade suficiente de açúcar, queime-a. Ponha, aos poucos, uma garrafa de vinho do porto e, quando a chama enfraquecer, um pouco de canela e umas talhadas de limão. Apague, e terá a maravilha dos 'crambambali'."[122]

CU DE CANA – "– Mata-borrão, não, mata-borrão é uma delicadeza sua, bêbado mesmo, cachaceiro, cu-de-cana, numa confissão tem-se que dar nome aos bois."[516]

DADO A BEBER – "Nunca mais foi o mesmo, depois desse filme. Ter vivido o papel de um gigante, ainda que um gigante potencial perturbou-o. As várias videntes, astrólogas e médiuns perguntou pela palavra mágica; ninguém sabia de que estava falando. Desgostoso, deu para beber e arruinou-se. Anos depois, morreu."[580]

DANADA – "– Vai timbora, Chica. Vai curtir em casa essa danada!"[315]

DANADA – "Estamos colocando o que nosso povo diz sobre a danada: Com sucupira faz bem ao coração. / Com suco de limão faz baixar a febre. / Cura ou faz passar a dor de dente."[597]

DANDANDO DE TRAMPÉS – "Ah, e junto bebo, vou vivente, dúzias de goles não é que me põem dançando de trapés!"[545]

DAQUI – "Do pai da moça ele herdou o tudo que o pai tinha: cinco casas na cidade, um engenho de farinha, o alambique que produzia uma cachaça 'daqui' e as terras do descampado, hoje motivo de tudo."[60]

DAR GOLES – "Fontoura dava grandes goles no gargalo de uma garrafa e era inútil perguntar o que é que ele bebia. O cheiro da cachaça subia violento pelos ares."[134]

DAR O CHUPÃO – "De vez em quando o garrafão de cachaça corria a roda. Cada um depois de mil trejeitos e negaças dava-lhe o seu chupão."[13]

DAR PRA BEBER – "E agora deu pra beber. Não tá vendo?"[31]

DAR UM TRAGO – "O Beirão baixou a cabeça, pediu de volta a Ipavu o frasco daquele mel queimado e incandescente, deu um trago ele próprio, dizendo..."[133]

DAR UMA GOLADA – "Ele sentou-se ao lado de um túmulo, tirou a garrafinha de bebida do bolso, deu uma golada e disse: – Você não pode imaginar a satisfação que tenho quando eles falham."[262]

DE CACHAÇA ALTA – "Pela maneira como a porta era aberta ela sabia da altura da cachaça e do resultado do jogo. Fechava os olhos, a fingir-se adormecida."[42]

DE CHIFRE CHEIO – "... Eles todos já foram castigados: o Roque se afogou numa água rasinha de enxurrada... ele estava de chifre cheio..."[541]

DE IR AO GARGALO – " – Enche o Guyon de novo, tio Ramiro – disse Vanda – derramando o resto no lenço de Nando. – Caríssima sobrinha – disse Ramiro obedecendo – você é de ir ao gargalo e não ao cálice. A você eu daria sim um alambique de banho-maria Déroy."[135]

DEGLUTIR – "Coloca-se o cujo em decúbito costal, isto é, deitado de costa e fazemo-lo deglutir ¾ de litro de 'BUNDA BRANCA', nobre cachaça paulista, envelhecida em tónéis de cumaru por 20 anos."[600]

DEGUSTAR – "Jussara bebeu em pequenos goles, estalando a língua, como se degustasse vinho raro, enquanto voltava a fitar o turco..."[43]

DELA – "– Não é sede de branco. É sede de negro. É sede 'dela'."[315]

DELA-FRIA – "Não tou bebo que aquele tiquim de dela-fria não deu pra matar-o-bicho, não cabeu num burado de dente." ASFORA, Permínio. *Noite grande*. Rio de Janeiro, Editora Minerva ltda., 1947, pág. 210.[376]

DESGRAÇA BRASILEIRA – "Eu assistia, interessado, ao nascimento de uma das 'desgraças brasileiras', tão combatida pelos puritanos retóricos que sofrem do fígado ou do estômago."[49]

DESPEDIR – "– Mas não é por isso que estou bebendo. Como vamos começar a andar a pé e não posso carregar minhas garrafas, despeço-me."[135]

DESTILADO BRASILEIRO – "Foi-se o tempo que cachaça era sinônimo de bebida de qualidade duvidosa, que povoava apenas os balcões de botecos. Os métodos de produção evoluíram e, hoje, a legítima cachaça tem status de bebida da moda no mundo, um destilado tipicamente brasileiro servido nos melhores pontos de mais de 30 países."[646]

DESTILADO DE CANA – "Devido à ocorrência, embora rara, de pessoas susceptíveis ao destilado de cana vulgarmente conhecido por pinga deve ter-se certa cautela no tratamento das figoses."[600]

DESTILADO DE CANA – "Como as Havaianas, o destilado de cana virou coisa chique. Mas enquanto as sandálias são produzidas em massa e não admitem imitações, a força cultural das cachaças está em sua diversidade. Cada aldeia de duzentos habitantes tem a sua. Sempre com uma tradição subjacente ou um rótulo criativo, jocoso, simbólico do etos do Brasil profundo."[464]

DESTILAR BEBIDA – "Enquanto Felisberto destilava bebida sentado na varanda, eu chamava Belinha para conversa de travesseiro. Na primeira viagem ela ainda tentou protestar: – Seu Eduardo, não faça isso. Sou moça de respeito."[155]

DESTILARIA – "Ao ver, nesta última, as fornalhas para aquecer as caldeiras e alambiques, disse francamente ao Capitão que não podia ter elaborado pior plano, mas a resposta foi que não se conhecia nenhum melhor. (...) Quando o interroguei sobre o processo, o proprietário confessou-me sua ignorância e chamou um dos negros para me informar. Ponderei a este homem ser excessiva a quantidade de combustível desperdiçada e propus novo método para poupá-lo, assim como para melhorar o gosto desagradável da aguardente, causado pelo empireuma (ácido pirolenhoso); ela deveria ser redistilada com igual quantidade de água, tomando-se o cuidado prévio de limpar o alambique; mas ele apenas soltou uma gargalhada como a dizer que este deveria ser certamente o melhor método, pois o aprendera com velho fabricante de açúcar."[387]

DEVASTAR – "Calixto Peixoto, funcionário de pequeno porte de Bela Cruz do Cariré, depois de devastar duas garrafas da famosa Vai em Frente que é Mole, desandou em confidências."[156]

DIA NACIONAL DA CACHAÇA – "Dia Nacional da Cachaça – 13 de Setembro, O projeto de Lei no. 5428/2009, que tramita na Câmara dos Deputados e institui o dia 13 de Setembro como o Dia Nacional da Cachaça."[568]

DIGESTIVO – "Invariavelmente o primeiro a aparecer após o almoço era Tonico Bastos, tomava um digestivo, cachaça com bitter."[38]

DIVINA – "Sempre tem uma primeira vez na vida, é um momento histórico, queridinho. Merece até uma comemoração. Uma cachacinha, sargento? Tem aí daquela divina que o senhor gosta."[4]

DORNA – "Dorna ou coxo ou cuba – recipiente geralmente de madeira para fermentação ou envelhecimento de uma bebida como vinho, cachaça, whisky, conhaque, tequila."[186]

DROGA – "Chica distribuiu a droga com os presentes."[315]

DOENTE – "Américo acomodava o areômetro no aparador, com o mesmo cuidado de quem coloca um termômetro no sovaco. Aquele canudinho de vidro era a coisa mais delicada do Desterro... E a febre da 'doente' ia bem: vinte graus... A destilação fazia gosto."[49]

DOSE – "Uma coisa é a euforia do momento. A outra, o tombo, o precipício: de dose em dose é que se chega à overdose." [429]

DOSEZINHA – "Dito: meio se escuta, dobro se entende. Virei cria de cobra. Na cachaça, botava sementes de cabaceira-preta, dosezinhas; no café, cipó timbó e saia-branca."[533]

EBRIEZ – "Na ebriez desse ambiente cúmplice, que lhe tirara os sentidos, narcotizando-o com as suas fragrâncias, Lúcio agarrou-lhe as mãos e puxava-lhe os dedos, como se estivesse despetalando um malmequer."[23]

ÉBRIO – "Mas é principalmente quando emplumados e enfeitados que matam e comem um prisioneiro de guerra em bacanais à moda pagã, de que são sacerdotes ébrios, que se faz interessante vê-los rolar os olhos nas órbitas."[333]

EMBARAÇADO NO SONO DA CACHAÇA – "Da sombra das casuarinas um vulto começou a vigorar. Era Janjão Caramujo, todo embaraçado no sono da cachaça."[154]

EMBEBEDADO – "– Acho que você está querendo me embebedar..."[663]

EMBEBEDAR – "– Mas nós somos finos. Nenhuma festa teve guerra de chocolate. Nos embebedamos como pessoas civilizadas."[665]

EMBEBEDAR-SE – "Alimentavam-se de caça e pesca, e cultivavam, talvez, o milho e a mandioca, coisas que davam sem plantar, com as quais, fermentadas em potes para esse fim fabricados, preparavam o cauim com que se embebedavam."[352]

EMBEBER – "Estiveram juntos alguns momentos. Como de costume Leopoldo falou, e a moça embebeu-se daquelas palavras apaixonadas como de um eflúvio suave."[16]

EMBEBER-SE – "Ei-los em face. Morena acariciou o senhor, e abraçou o filho com o pescoço. Manuel olhava Catita; e a moça embebia-se nesse olhar."[14]

EMBORCAR – "Emborcou a garrafa como o fazia em moço, bebeu sem medida e sem vacilação."[39]

EMBORCAR – "Passou o copo a Zé Turgino, que fez bochecho com o primeiro trago, jogou a golpada para uma banda e emborcou o resto." / "E começaram. Emborcavam o mesmo tanto de cada vez." / "Antes de emborcar um copo espumarento e cheio, tinha uma loa na ponta da língua, que recitava sem embaraço."[315]

EMBORRACHADO – "Nenhum dos dois sabia pescar e, se sabiam, sempre estavam emborrachados demais para trazer o peixe bem de forma que Leléu já estava ciente do que ofereciam no balaio e de que o venderiam por qualquer preço."[515]

EMBRIAGADO – "Por que Feola escalou Julinho contra a Inglaterra, e não Garrincha? Já se escreveu muito sobre essa partida, e uma das versões sustenta que Garrincha teria saído à noite, na véspera do jogo, e chegado embriagado pela manhã ao Hotel Miramar, em Copacabana."[165]

EMBRIAGADO – "– Eu posso registrar um poema histórico? Por favor. 'Monólogo de um cidadão da Mauricéia favelada. Fizeste brotar dentro de mim o amor, alimentando os meus sonhos em teus mamilos cancerosos. E te tornaste uma prostituta me embriagando e iludindo como um filho da puta. E o meu amor afogou-se em teus negros mangues, onde os sonhos mergulharam no Capibaribe. E teu porto tornou-se Amsterdam ao abrir tuas maurícias pernas aos aventureiros ávidos, fazendo de teus filhos sifilíticos bastardos. Princesa das águas sujas, das pontes e dos rios, foda-se, Recife! Não és digna da legião de famintos e esfarrapados'."[417]

EMBRIAGADO – "... embriagada também pelas palavras de Virgílio, e seus olhos eram novamente os trêfegos e sonhadores olhos da normalista dos anos passados."[41]

EMBRIAGADO – "Suponho que não foi a primeira vez que me embriagavam. As sertanejas do Nordeste entorpecem os filhos à noite com uma garrafa de vinho forte. Meus irmãos ingeriram isso e procederam bem: não choravam, não gritavam, não manifestavam nenhuma exigência. Acordavam quietinhos, moles, bestas, bons como uns santos."[498]

EMBRIAGADO – "Mas as palavra que uma pessoa pronunciava quando estava embriagada era como se estivesse prenha – palavras apenas na boca, que pouco tinham a ver com o centro secreto que era como uma gravidez."[345]

EMBRIAGADO – "... fotógrafos dos Associados, de agências internacionais e dos jornais e revistas franceses retratavam o cineasta Orson Welles meio embriagado tentando dançar xaxado com a atriz Ginger Rogers..."[415]

EMBRIAGADO – "O velho Francisco vinha contando a Rufino a história do seu próprio casamento e o negro, já meio embriagado, ouvia com apartes escrabosos."[32]

EMBRIAGADO – "Bebia cachaça pelo gargalo da garrafa e jamais foi visto embriagado."[34]

EMBRIAGADO – "O anúncio do cabaré dizia 'luzes, flores e mulheres'. Duas lâmpadas elétricas, umas raras e pobres flores artificiais e as quinze ou vinte rameiras da localidade. Homens embriagados e muita cachaça." / "Pobres mulheres, que choravam, rezavam e se embriagavam."[30]

EMBRIAGADO – "Vivia sempre meio embriagado, resmungando seu saber (estudara um ano num colégio de padres), ganhando cinco tostões de um e de outro para fazer cartas para famílias, para namoradas, esposas e amantes eventuais."[32]

EMBRIAGADO – "À buliçosa frente deles, ia inteiramente embriagado o Valadão, decano dos paus-d'água da cidade." LIMA, Jorge de. *A mulher obscura*. Rio de Janeiro, Livraria José Olympio Editora, 1939, pág. 125.[376]

EMBRIAGADO – "– Porra, como vamos dar conta de subir essa escada, no cú da madrugada, totalmente embriagados, bêbados?"[429]

EMBRIAGADO – "Antes de dormir, você, ainda embriagado,

contou que Múcia havia tido um ameaço de enfarte em Paris."[174]

EMBRIAGADO – "Sem dinheiro, chegou a beber remédios e perfumes. Qualquer coisa que contivesse álcool. 'É preciso estar sempre embriagado. De vinho, de poesia ou de virtude'."[634]

EMBRIAGADO – "À porta de uma bodega um pescador, meio embriagado, trazendo ainda, enfiada em pindobas, as últimas porções do peixe fresco, cantava arrastadamente trovas do sertão..."[238]

EMBRIAGADO – Se na hora eu estava embriagado, bêbado, quando ele se despencou, que é que sei? Não me entendam! Deus vê. Deus atonta e mata. A gente espera é o resto da vida."[532]

EMBRIAGAR – "... conversando intimamente com os objetos de Raimundo, lendo os seus papéis, mexendo em tudo, a palpitar num gosto novo e desconhecido, secreto, cheio de sobressaltos, quase criminoso; saboreando aos poucos, em goles compassados, como um vinho bom, gozos extremamente fortes, violentos; sentindo-se embriagar, consumir, abosorver por aquela loucura de perseguir um nada..."[77]

EMBRIAGAR-SE – "Não queríamos nada para beber. Nada de aperitivos. Não é positivamente à mesa das refeições que a América se embriaga; não é durante o almoço ou jantar que a América faz o seu espantoso consumo de bebidas alcoólicas. É antes ou depois: nunca durante."[414]

EMBRIAGAR-SE – "Ao fundo da sala, Viana, em traje púrpura, parecia preocupado. Pascoal, a seu lado, embriagava-se. Uma negra banhou-lhe os pés, e ele riu, fazendo comentários jocosos, deixando entornar a aguardente de seu cálice."[407]

EMBRIAGAR-SE – "Se não fosse, se não se chamasse venda, teria outro e mil nomes no patuá do escravo... mas onde ia sempre o escravo, o quilombada, vender o furto, embriagar-se, ultrajar o honra do senhor e sua família..."[360]

EMBRIAGAR-SE – "Hoje os homens ainda podem ser sinceros, após embriagarem-se. Vem à tona o subconsciente e revelam tudo o que viviam aprisionando a sete chaves. O álcool é o 'Abre-te Sésamo'."[149]

EMBRIAGAR-SE – "Foi Oreste Ristóri, muitos anos depois, quem me falou pela primeira vez de Jorge Amado." (...) "Um belo dia, ele apareceu na minha casa trazendo-me um magro volume, 'Cacau'." / "A mim ela explicava serem perigosos esses almoços no meio do mato, os homens misturando vinho com cerveja, se embriagando..."[268]

EMBRIAGATINHADO – "E, desistindo do elevador, embriagatinhava escada acima. Pôde entrar no apartamento. A mulher esperava-o de rolo na mão. – Ah, querida! Fazendo uns pasteizinhos para mim? – O Chico se comoveu."[537]

EMBRIAGUEZ – "Assim, no meio das alegrias do amor, saboreie ainda a embriaguez da fatuidade."[68]

EMBRIAGUEZ – "– Foi um encanto, um deslumbramento, uma embriaguez dos sentidos... ainda não sei de mim..." / "... uma vez levada aos lábios essa taça enfeitiçada e peçonhenta, a imaginação pode mais e o galanteio torna-se exigente, insaciável, como o jogo, a embriaguez, a luxúria." / "Esse abandono, essa imprudência, essa embriaguez, essa cegueira e surdez de amantes..." / "Nas trevas do espírito os corações escravos não podem abrir-se à virtude que é luz generosa, abrem-se à corrupção que tem embriaguez que olvida..." / "... a mísera imaginou-se, ainda, mulher sem condições de encantamento, pobre taça que não tinha o dom a embriaguez..."[358]

EMBRIAGUEZ – "Ora, quem não se lembra do escândalo de Noé, o timoneiro da Arca do Dilúvio, que bebeu vinho e se embriagou, ficando despido dentro da tenda? A nudez do bíblico ancião foi depressa escondida pelos filhos, que cobriram-lhe com um manto, tentando camuflar a embriaguez do pai. Noé, que após o dilúvio viveu 350 anos, morreu na idade de 950 anos, conforme atesta a Gênesis 9-10, do Antigo Testamento."[429]

EMBRIAGUEZ – "O índio voltou o rosto com desdém; recusava as flores como tinha recusado os frutos; repelia a embriaguez do prazer como havia recusado a embriaguez do vinho."[18]

EMBRIAGUEZ – "Eu ia perdendo os mecanismos da lucidez, a noção das coisas. Tanto que, com a embriaguez, fui sofrendo perdas de memória, sem saber de onde vinha, ou para onde ia."[429]

EMBRIAGUEZ – "Não bebia, e detestava o fumo: a escrava, desconhecia as duas repugnantes consolações da escravidão, a dupla embriaguez da aguardente e do cachimbo..."[359]

EMBRIAGUEZ – "Eis como eu quero – na embriaguez da morte... / Do banquete no chão pender a fronte..."[25]

EMBRIAGUEZ – "Devaneios e embriaguez de uma rapariga."[345]

EMBRIAGUEZ – "No dia 2 de julho foi castigado o marinheiro John Mallet com 12 açoites, por furto. No dia 10 o marinheiro John Junkins, por embriaguez e briga."[426]

EMBRIAGUEZ – "Sucede a esta embriaguez o amor o mesmo que à embriaguez do álcool. A princípio basta-lhe o vinho fino e aristocrático; depois carece de aguardente, e por fim já não a satisfaz a infusão do gengibre em rum, isto é, a lava de um vulcão preparada à guisa de grogue." / "Mas sabia-se que o moço tinha bom e seguro rendimento; e quanto à política, ele a comparava a uma embriaguez causada pela mais ordinária zurrapa de taberna."[16]

EMBRULHADO EM CACHAÇA – "... um pobre-diabo puxado a gasolina de garrafa chegou perto deles e garantiu com voz embrulhada em cachaça..."[156]

EMPAPADO – "– Rui Barbosa não fazia por menos. Só falava empapado de conhaque com salsaparrilha."[156]

EMPILECADO – "Num dia em que eu estava muito desesperado, desempregado e empilecado, ele me disse: 'Não te falei? Coincidência de data fulmina a gente'."[137]

ENCHARCADO DA URCA – "Não é que estivesse exatamente bêbado, na hora da nossa conversa. Mas a gente sentia o cara encharcado da uca."[134]

ENCHARCAR – "Pedro Lamarca se encharcava de uísque. O médico fizera um sanduiche de carne assada e tomava vodca." [177]

ENCHARCAR – "E quando à casa voltares / Não deixe de te encharcares / Parando em todos os bares / Que no caminho encontrares."[600]

ENCHER A CARA – "Há poucos dias atrás, no meio de uma tardinha de sexta de feriadão e já tendo enchido a cara de 'Tira mágoa', uma das boas lá do alambique do Alarico, de Jequeri, uma outra banda de Minas que não sei se você conheceu, alguém, um rapaz estudante ergueu o copo e o corpo e disse um verso que depois revelou ser seu – vê se confere: *uma parte de mim sofre, outra pede amor.*"[338]

ENCHER A CARA – "Encheram a cara de pinga, de qualquer marca, para esquecer o feito, junto com a cara do sujeito, que sem conhecerem seu nome por completo, há pouco haviam assado como a um porco. Era Lourival da Silva e Santos, quase um parente de muitos se em conta levassem sua procedência."[171]

ENCHER A CARA – "... quando ele enchia a cara de cachaça, pra esquecer a mulher que tinha corneado ele com o Joelão, não faltava índia, que ele fodia aos gritos obcenos e às carreiras, e mandava logo embora, com um colar de vidro e um pé no rabo." / "Índio era burro de morar no mato, beber caxiri azedo, numa cuia, quando podia encher a cara de cerveja e sair correndo na hora de pagar a conta."[133]

ENCHER A CARA – "– Não, mas pelo menos vou tomar uísque – disse o Falua. – Vê se não enche a cara – disse Sônia. – Senão dá encrenca."[135]

ENCHER A CARA – "O Rio é uma cidade tão maravilhosa, que seus maiores poetas, Tom e Vinicius, para viver aqui, enchiam a cara diariamente. Bêbados daquele jeito, eles adorariam viver até em Budapeste no anos 40. Ninguém consegue ficar mais de cinco horas completamente lúcido aqui. E é assim que o narcotráfico faz seu pé de meia. Com a lei seca do bafômetro, as ruas do Rio estão às moscas. Ninguém sai se não puder afogar as mágoas em álcool."[323]

ENCHER A CAVEIRA – "Porém, os dois estavam contentes, ainda por conta de comemorações, se deixassem passariam – como no dia anterior – horas e mais horas enchendo a caveira."[507]

ENFRASCADO – "Dela e de milho compõem uma bebida mui parecida com a cerveja, na qual, quando se enfrascam (o que mui de uso lhes acontece), maquinam mais que ordinárias fraudulências e traições."[454]

ENGENHO DE AGUARDENTE – "São Luís contava então pouco mais de mil almas, alguns engenhos de açúcar e de aguardente."[108]

ENGENHOCA DE AGUARDENTE – "Estivesse atento a que nos distritos auríferos não entrassem mulheres 'de má suspeita' nem mulatas, só admitindo a presença de pretas escravas munidas de passaportes. E ao mesmo tempo zelasse pela proibição de engenhos e engenhocas de aguardente."[614]

ENGENHO-DE-PAU "(...) onde o cheiro dos bois apenas começava a corrigir o ar áspero das ervas e árvores do campo-cerrado, e, nos matos, manhã e noite, os grandes macacos roncavam como engenho-de-pau moendo."[531]

ENGOLIR – "Eu carregava um copo de vinho, fiz um brinde mudo em direção dele e engoli a bebida de uma só vez."[602]

ENTORNAR - "João Toté, branco como algodão, pediu no mesmo instante, uma quarta de cachaça a João Borrego. O copinho tremia-lhe nas mãos, entornado a bebida. Virou-o de um trago, já pela metade e a aguardente não lhe deixou nenhum ranço na goela."[305]

ENTORNAR – "A barca Veraneio da RUDI parou toda corintiana na porta do *La Mamita* – e era engraçado que ninguém da rua via o que acontecia atrás da meia parede de azulejos azuis e brancos –, o Fininho entrou, entornou a cachaça, tirou o berro da cinta, veio para o fundo, atirou na testa da Paraguaia justamente quando o Ismaé (que de crioulo ficou branco no susto) estava gozando e disse *'Agora vou pra Júlio Mesquita acabar com aquele Saponga, teu amante, e vai ser na faca mesmo porque azeitona de trezoitão ele nem merece'* e foi embora sorrindo perversidade de Ray-Ban de camelô na janela da viatura. O Ismaé foi vomitar no banheiro."[382]

ENTRADO NA CACHAÇA – "Perto das casuarinas, Janjão Caramujo, já bem entrado na cachaça, esquentava o sol."[154]

ENTRAR PELO(A) – "Dona Anginha usava mecha na venta; naquelas circunstâncias, porém, fungava antes o seu simonte, da bocetinha de tartaruga. Entrara um pouco pelo vinho, no que o hóspede lhe fizera boa companhia."[456]

ENTRAR NUM SERVIÇO – "Para amansar meus dissabores, entrei num serviço de conhaque no Café High-Life."[155]

ENTUBIBADO – " A madrugada veio encontrar toda aquela gente entubibada de cana, rouca de berrar rezas macabras, terríveis, por entre goles e mais goles de truaca." / "Entubibada de cana, a piolhada aquietava-se, adormecia, gozando, deliciosamente, as emanações que subiam à cabeça de Chica e se destilavam no suor."[315]

ENXUGAR – "Antes de terminar este assunto, e a fim de que leitores se convençam de que se tivessem vinho à vontade enxugariam galhardamente o copo..."[333]

ENXUGAR – "Meu pai foi um cara que bebeu muito na vida dele, acho que começou bebendo normal, mas depois passou a enxugar mesmo, a qualquer hora e em qualquer lugar, bebia até álcool de farmácia quando acabava a grana..."[84]

ENXUGAR OS BOFES – A falar, a falar ao certo, que sim – que desde as barras do dia andava em jejum, debaixo da chuva, sem mesmo ter enxugado os bofes com dois dedos de cachaça no fundo do cornimboque, mas..."[504]

ESCORRER O COPO – "Bastião escorria o copo. Cuspia embolado, depois de um estalo de língua."[49]

ESPECIARIA – "Além disso mascam continuamente bétele, que é uma erva muito cálida, não falando em que em seu comer ordinário elas usam de tantas especiarias, que às vezes mal podia eu meter um pedaço na boca; e também lhes lançam alhos, cebolas e outras semelhantes coisas cálidas."[487]

ESTADO DE EMBRIAGUEZ – "Enviando um preso à cidade, de início inculpou-o pesadamente: 'estando o Pinheiro no negócio de Vitor Riso, em estado de embriaguez foi por ele agredido a bofetadas e...'"[252]

ESPELUNCA – "Conheci Rick Blaine em Paris, não faz muito. Ele tem uma espelunca perto de Madeleine que pega todos os americanos bêbados que o Harry's Bar expulsa."[657]

ESPÍRITO – "Hoje beber é um uso/ Em todo e qualquer distrito,/ Enquanto a tomar-esprito,/ Bem poucos terão abuso;/ Eu de copo bem me acuso/ Só deixo quando morrer./ Não censurem o meu dizer,/ Nem me digam que isto é falta;/ Vem-nos da gente mais alta./ Não é defeito beber." CARVALHO, Rodrigues de. *Cancioneiro do Norte*. (3ª Ed.). Rio de Janeiro, Instituto Nacional do Livro, 1967, pág. 144.[376]

ESQUENTAR O CORPO – "Pesado, o silêncio abateu-se sobre a roda de homens que conversava na bodega, onde alguns esquentavam o corpo."[144.]

ESTABELECIMENTO DE MOLHADO – "No dia 13 de Novembro de 1904 o meu mano Octaviano abriu o estabelecimento de molhado com o capital de 400$000 r; q o meu mano Quincas emprestou; pois elle estava sem recurso algum de subsistência; isto é, duzentos mil réis que Quincas deu e duzentos e tanto a debito."[492]

ESTADO ETÍLICO – "É claro que no estado etílico em que se encontrava muita coisa havia perdido o sentido, menos a marcação cerrada de Marlúcia: 'Vim te buscar, Totonho!'."[393]

ESTAR AOS TOMBOS – "Pelas tantas, quando estava aos tombos, abraçou-se chorando ao cadáver de Neco, arrependida de tudo o que fizera com ele."[315]

ESVAZIAR – "Pedro Vidal, embora desaparecesse com frequência atrás do tabique para encher e esvaziar seu copo, era um desses bêbedos que, quanto mais bebem, mais assumem um equilíbrio pausado e digno."[515]

ESVAZIAR – "Paguei minha conta. Hatoum anotava todos os copos de cachaça esvaziados pelo Polaco."[670]

EXPERIMENTAR – "Rodolfo me deu uma dose pequena, foi uma brincadeira, compreende? Eu só queria experimentar. – Já faz algum tempo que você está experimentando, eu disse enquanto me desvencilhava da sua mão que me apertava o braço."[622]

FAZER MEDICAÇÃO – "Fez uma ligeira medicação no Bar Estrela D'Alva, consumindo meio copo da revigorativa cachaça Sai de Baixo..."[156]

FAZER ÁS – "Luís pequeno estava de cerimônia: – Má quebrei o jejum. Fiz só ás."[49]

FEITO UM BARRO DEPOIS DA CHUVA – "Mas a gente sentia o cara encharcado da uca. Feito um barro depois da chuva."[134]

FIA DA CANA – "Cachaça fia da cana / Neta do veio Paixão / Eu meto ela no bucho / Ela me mete no chão.''[626]

FIA DO SENHÔ DE ENGENHO – "Morreu estendendo os braços magros, esbugalhando os olhos, a boca escancarada, pedindo rouco: – A fia do senhô de engenho! A fia do senhô de engenho."[315]

FICAR DE FOGO – "Já o coronel Veremundo, contam até seus inimigos, muito embora não fosse de ficar de fogo, não fazia para beber e qualquer motivo era bom para mandar abrir uma garrafa de cachaça(...)"[507]

FICAR NO PILEQUE – "... o senhor começou a chupar branquinha sem parar e ficou no pileque."[396]

FICAR SOB O EFEITO – " – Fascinante! Mas então os caboclos ficam também sob o efeito da cachaça. Claro, pois se estão no corpo de alguém que se embriagou..."[515]

FOGO MISTERIOSO – "Fogo misterioso, porque explodiu dentro do corpinho piquira, dentro da cabecinha miúda... O copo voou cheio, pesado, transbordando da pinga nova do Bilé – para se espatifar no meio da testa do Filipão."[457]

FOGO VIVO – "Xixi Piriá levantou mais o copo levando-o à boca ... Fogo vivo que lhe queimou a boca, a garganta, o corpo inteiro, quando engoliu a primeira golada daquela maldição."[457]

FORA DE SI – "Joga uma dose de rum na cerveja, disposto a acionar as turbinas. Sabe que a noite promete ser longa, é o que quer. Cada vez mais com vontade de passar dias e dias fora de si, numa viagem intrépida."[112]

FORTE BEBIDA – "Tomando um gole de pinga, diretamente da garrafa, o padre discretamente passou a língua sobre os labios, apreciando a forte bebida com uma expressão de prazer, e após alguns instantes em silêncio respondeu..." [328]

FRASCO – "De 1809 a 1811 vendeu-se a cachaça no Campo Sêco por duas patacas o 'frasco', correspondente êste a dois litros da bebida. Meio frasco (ou um litro), por $320 ou a uma pataca, e o quarto (ou um quarto de frasco, equivalente a meio litro), por meia pataca."[573]

FRATURAR – "Entusiasmado, fraturou um samburá de garrafas de cerveja, pediu a palavra, fez discurso..."[156]

FREGE – "As vitrines do bar estão vazias, empoeiradas. (...) Três garçons, o que é demais para um frege destes."[109]

GARAPA AZEDA – "A tentação da aguardente devemos admitir que fosse grande para quem trabalhasse sentindo o tempo todo o cheiro da garapa azeda, da cachaça alva, da sedutora imaculada." FREYRE, Gilberto. *O escravo no anúncio de jornais brasileiros do século XIX*. Recife, Imprensa Universitária, 1963, pág. 111.[376]

GARAPA AZEDA – "Levantou a cabeça, deu com o rosto de uma mulato de meia idade, de chapéu de palha, barba de sete dias, capa amarrada ao pescoço por uma corda encardida, cheiro de garapa de limão azedada e cachaça."[515]

GARAPA DOIDA – "Os que não possuem engenhos e mais pertences têm engenhocas onde moem a cana. A garapa dela retirada guardam-na em vasos fermentados, resultando daí a chamada Garapa Doida , que substitui a cachaça dos alambiques." (*Folclore Acreano*, Rio de Janeiro, 1938)[160]

GARRAFA – "No interior, porém, a dieta vegetal, a facilidade de se encontrar bebida barata e forte, a falta de estímulo e o exemplo dos exilados, que encontram na garrafa seu melhor amigo, tomou as classes inferiores, como as regidas pela 'Lei de Bebidas Alcoólicas de Maine', uma raça de bebedores."[122]

GARRAFÃO – "Descobriu o Malaquias agachado sobre o garrafão de cachaça, a despejar o conteúdo no prato de açúcar, e berrou: – Negro! Vim buscar-te!"[501]

GARRAFÃO – "Vaqueiro Salúz matou o porquinho melhor, porque a carne-seca não chegava e Mãitina, na cozinha, não esbarrava de bater paçoca no pilão – aquele surdo rumor. Careciam também de levar, para o caminho, um garrafão de cachaça."[530]

GASOLINA DE GARRAFA – "... um pobre-diabo puxado a gasolina de garrafa chegou perto deles e garantiu com voz embrulhada em cachaça..."[156]

GENEBRA – "Bote aí uma bicada de genebra bem grande, que ainda hoje não matei o bicho."[65]

GENGIBIRRA – "A bebida Gengibirra era feita de farinha de milho, gengibre, casca de limão e água, ficando também por alguns dias em infusão e depois era vendida a 80 réis cada uma meia garrafa ou botija louçada, que, antes, serviam para cerveja preta inglesa, sendo as rolhas das mesmas garrafas amarradas com barbantes e estouravam quando eram abertas." / "Os paulistas, abolindo as 'Gengibirras', habituaram-se ao 'chopp', graças às iniciativas das primitivas 'Stadt Bern', em 1877, com caramanchão ao ar livre – uma novidade deliciosa – e 'bolich' – o supremo regalo do esporte..."[421]

GIRIBITA – "Às vezes depois da ceia/ Chegando alguma visita/ Um copo de giribita/ Beber não é ação feia,/ Esquentando o sangue na veia/ Mal nenhum pode fazer,/ Memo sem aparecer/ Para distrair ninguém/ Beber para dormir bem/ Não é defeito beber." ADÃO FILHO, José. *Não é defeito beber*. Recife, Typ. Chaves, 1927, pág. 17.[376]

GIRIBITA – "– Eu tinha de gostar da giribita..."[315]

GOLE – "Então matava. Tinha de matar o Dalberto. Matava, pois matava. Soropita bebeu um gole de tranqüilidade."[545]

GOLE – "Um gole pro santo."[445]

GRANDE MAL – "Via a origem do 'evitem o grande mal' dos discursos bombásticos."[49]

HARD LIQUOR – "The song opens with the voice of Cachaça explaining how he got his nickname (cachaça in Portuguese is a hard liquor made of sugar cane). It is a well deserving tribute to one of Mangueira's greatest sons."[653] (O som tem início com a voz do Cachaça explicando porque ele tinha aquele apelido {em português cachaça é uma bebida forte destilada da cana de açúcar}. É um tributo bem merecido para um dos maiores filhos da Mangueira.)

HONRAR O VÍCIO – "Lá se foi, por sua vez, desaparecida do mundo, a cachacinha gostosa de Santo Amaro, fabricada a capricho e até com certa ternura, que a gente bebia, trago a trago, molhando a palavra, honrando o vício, com fabulação e fantasia, para excitar, para amolentar, para conter o frio ou abrandar o calor."[50]

HOTEL AMBULANTE – "Em 1848, José dos Santos Torres, em Pernambuco, de um bem conhecido hotel ambulante Oh ! Que belo retiro!, isto é, 'elegante e espaçoso Kioski' onde se encontrava 'toda a qualidade de bebidas espirituosas e refrescos' e muitos e variados quitutes europeus e brasileiros."[257]

IMACULADA – "A tentação da aguardente devemos admitir que fosse grande para quem trabalhasse sentindo o tempo todo o cheiro da garapa azeda, da cachaça alva, da sedutora imaculada." FREYRE, Gilberto. *O escravo no anúncio de jornais brasileiros do século XIX*. Recife, Imprensa Universitária, 1963, pág. 111.[376]

IMACULADA – "Esperou pelo outro destilador, mas perdeu o tempo dela. Por fim, no auge do desespero deu pra furtar, pra pedir.

Mendigou pelos caminhos, enamorada da mais repelente criatura que levasse debaixo do braço uma garrafa cheia de imaculada."[315]

IN CACHAÇA VERITAS – "Sobre o Lula, não se pode dizer 'in vino veritas'. O mais apropriado é dizer 'in cachaça veritas'." (Brizola, em dezembro de 1985)"[651]

INCONSCIENTE – "Há noite que seu único desejo é beber até ficar inconsciente, sem pensar em nada, largado por aí, e limpo pelo álcool de toda sujeira que o rodeia."[47]

INEBRIADO – "Nem sodade nem prazer. / Me inebriei de manhãs e de imprevistos. / Bebedeiras sentimentais... / Meu vício original."[58]

INEBRIADO – "Já se escreveu e se disse que o poder embriaga, inebria, entorpece."[308]

INFUSÃO – "Ela tomou outra cumbuquinha de cachaça, queixou de que não gostava daquilo assim sem mistura – ele não queria provar uma infusão que ela tinha lá dentro?"[515]

INGERIR – "Após os trinta e dois começara a experiência dolorosa na busca de compensar a não ingestão de álcool com outros meios de fuga."[149]

INGERIR – "Deixa-se então escoar (bonito, hein?) uma hora, tempo durante o qual é importantíssimo que o paciente ingira doses cavalares de 'DE CABEÇA PRA BAIXO' cachaça afrodisíaca de rótulo obsceno a qual ajudará a derme endêmica a receber os bons fluídos necessários à sua total recuperação capilar."[600]

IR NA TALHA – " Ainda que eu vá na talha/ Mas quero tudo virar!" FILHO, Nascimento. *Pé de conversa*. São Luís, 1957, pág. 71.[376]

JACUBA – "Premido pela sede, desci ate uma delas e aí encontrei dois mulatos jovens, que comiam farinha umedecida na água da fonte – refeição frugal a que dão o nome de jacuba.* (...) *Pirão preparado com água, farinha de mandioca e açúcar ou mel. Às vezes adiciona-se a isso um pouco de aguardente. (Mário Guimarães Ferri).[557]

JANUÁRIA – "Vou buscar uma januária para nós..." BARREIROS, Eduardo. *O segredo de sinhá Ernestina.* Rio de Janeiro, Livraria José Olympio Editora, 1967, pág. 26.[376]

JANUÁRIA – "Sem nada dizer Vicentino lhe estendeu não o frasco de metal do mel incandescente, o da branca louca, há muito esgotado, e sim uma honesta e diáfama garrafa de cachaça de Januária, reparando Ipavu, com assombro e um respeito tocado de veneração filial, que Vicentino possuia garrafas e garrafas da januária enroladas não só em lona como calçadas com tijolo de cortiça, para que boiassem em caso de naufrágio." / "O sonho deu ainda mais estreitamento no peito dele e Ipavu, estendendo a mão, pegou a januária em uso, que o Vicentino" / "A seguir e ainda sem falar, os seringueiros apontaram a Ipavu o fardo que jazia por terra e mandaram que com ele se selasse e se ajaezasse, o que Ipavu fez, sem muito entender por que, depois de depositar no chão o saco de lona com as januárias." / "Quando Ipavu abriu os olhos viu logo Vicentino sentado num tronco de árvore, cálice na mão, garrafa de januária em cima do tronco..." / "... carregando eles o restante da januária, mais o pouco da rapadura e o fósforo, pois aquela merda de palito o Beirão podia enfiar no rabo, um a um." / "Era leve a sacola restante, com meia garrafa de januária e meio tijolo de rapadura..."[133]

JANUÁRIA – "Não sabendo, se chegou, com uns, para a barraquinha do Joãozim da Venda. Queria beber uma januária."[531]

JANUÁRIA AZULOSA – "Tudo em mais paz, me ofereceram: bebi da januária azulosa – um gole me foi: cachaça muito nomeada."[529]

JENUÁRIA – "O que não se faz, na grande desocupação assim, de dia de festa? – Vamos consumir uma jenuária, seo Camilo?"[531]

JERIBITA – "E numa entonação mais viva: – Eu tinha de gostar da jeribita."[315]

JERIBITA – "– Vamos primeiro tomar um golezinho de jeribita, disse Bom-Crioulo ao saltar no cais Pharoux. Aqui mesmo no quiosque... É preciso esquentar os rins. – Eu não quero. – Hás de tomar nem que seja um copo de maduro (bebida fermentada, feita com mel de cabaú misturado com água). Maduro? – Sim, maduro: é uma bebida muito boa."[142]

JERIBITA – "Antes do termo cachaça firmar-se, no Brasil, definitivamente como a aguardente derivada da fermentação e destilação do caldo ou do melaço da cana-de-açúcar, convém registrar um nome que prevalesceu pelos séculos XVI e XVII. Era também muito popular jeribita e suas variações: jiribita, jurubita, geribita, giribita, geriba, piripita."[313]

JEROPIGA – "– Vigia só, o Chefe: ele bebe jeropigas... E a festa passava. No morrer da fogueira, porém, Tia Cló trazia a iô Liodoro uma cuia cheia de aguardente viva..."[544]

JUREMA – "Eu sou caboclo / que só visto pena. / Eu só vim em terra / para beber jurema."[157]

JUREMA – "Depois de saudar a aldeia dos caboclos o encantado se curva para a frente, com as mão unidas no baixo-ventre, soltando grunidos e monossílabos ininteligíveis, para saudar os tocadores de atabaque, ou, sem qualquer hesitação, diz ao que veio: Eu sou cabloco/ que só visto pena/ Eu só vim em terra/ Para beber jurema!" CARNEIRO, Edison. *Candomblés da Bahia*. Rio de Janeiro, Edições Ouro, 1967, pág. 104.[376]

JUREMA – "Se a mulher era o diabo, pra que bebeu/essa jurema que é o beijo seu?/Se a mulher era o diabo, pra que bebeu essa jurema que é o beijo seu?"[574]

LAMBADA – "Muito obrigado, ó minha gente! Agradeceu o velho comovido, abrindo a boca desdentada; venham tomar lambada." QUADROS, J. *O celerado*. Revista do Norte, nº 21.[376]

LAMBADA – "A cachaça, nos nossos sertões, é mezinha para males físicos e mesmo morais: há contrariedade? toma-se um gole e tudo desaparecerá; reina alegria? saúda-se esta alegria com uma bicada; dói o dente? bochecha-se cachaça e a dor some; há falta de apetite? tome-se um aperitivo de cachaça e a fome volta voraz; falta coragem para resolver um negócio sério? uma lambada forte de cachaça, torna-se corajoso; falta-lhe disposição de falar em público? uma chamada boa de cachaça torna-o orador; faz frio? toma-se uma talagada de cachaça e esquenta-se; faz calor? toma-se um golinho de cachaça e refresca-se; enfim, a cachaça transforma a personalidade do amante do álcool etílico."[152]

LAMBADA – "Gentil, o negro estendeu a garrafa ao sarará, oferecendo: – Uma lambada? É bom pra sossegar o juízo."[43]

LAMBIDA – "Mais um trago de cachaça e concordavam. – Boa lambida."[30]

LAMBIDINHA – "Tenho dezenas de depoimentos de cangaceiros e cangaceiras que estiveram com meu avô no sertão. Todos testemunham que bebiam cachaça (ou cerveja, ou lambidinha) e não uísque White Horse, como apregoa Frederico."[438]

LAPADA – "Ia à feira, mas antes de deixar a bodega, gemia em tom infantil: – Uma lapada boa." ASFORA, Permínio. *O amigo Lourenço*. Rio de Janeiro, Livraria José Olympio Editora, 1962, pág. 83.[376]

LAPADA – "– Compadre João, bote mais outra lapada daquela cachaça gostosa; hoje é meu dia de folga."[396]

LAPADA – "O tabelião convidou a Caldeirão (antiga banda de música da cidade de Bom Jardim, Pernambuco). Todos os músicos entraram para tomar uma lapada. Deolinda ficou no sereno até tarde." MOTA, Marly. *Pátio da Matriz*. Recife, Coleção Concórdia, 1965, pág. 29.[376]

LAPADA – "E por entre os aplausos dos três, com um pigarreio e uma risadinha fina, entrecortada, bebeu em dois tragos toda a pechincha. Não cuspiu como faziam os outros, com pena de perder o gosto dela. – Outra lapada, Torira."[315]

LAPADA – "Felipe entrou, aproximou-se do balcão grudento de açúcar, pediu uma lapada." QUEIROZ, Rachel de. *Caminho das pedras*. Rio de Janeiro, Livraria José Olympio Editora, pág. 336.[376]

LAPADA – "– Ah – disse Deolinda – vai ver que foi por acaso. Soldado também toma sua lapada de cachaça."[136]

LATADA – "Gente, pois, ainda havia de haver, continuada, lá na chã? Sim ao certo, de repingo, folgueando. Dando honras, derredor da latada do Joãozim."[531]

LAVADO – "Há uma terceira destilação, o 'lavado'. Segundo dizem, é tão forte e anídrico, que, se lançado ao ar, desce como um borrifo e quase se evapora. Não é, contudo, destilado em argila queimada, e não se torna, assim, álcool absoluto."[122]

LEVANTA VELHO – "Cutruca apareceu sobraçando uma garrafa de levanta-velho, que foi logo transformada em meladinha para os homens, cachimbo para as mulheres." HOMEM, Homero. *Cabras das rocas*. Rio de Janeiro, Editora Tempo Brasileiro, 1966, pág. 123.[376]

LEVAR AOS LÁBIOS – "O homem fez uma pausa, apanhou a taça de bebida e brincou com ela um instante; depois, levou-a aos lábios distraidamente e..."[634]

LISA – "Seu Elias começou a vida como copeiro. Em seu primeiro restaurante, o Dom Camilo, também em Perdizes, cansou de ouvir o ex-presidente Jânio Quadros gritar: "Dá uma lisa (pinga) para mim."[586]

LOJINHA – "Israel assumira o controle da boca-de-fumo desde que seu irmão Vida Boa fora assassinado. Vivia bebendo nas lojinhas e quando embriagado mexia com as mulheres, inclusive com as casadas."[341]

MAIS BÊBADO QUE UMA ÉGUA – "Mário, mais bêbado que uma égua, respondeu: – Frequenta rendez-vous..."[29]

MAL EQUILIBRADO DAS PERNAS – "Apontava Bertinho Soares que, em meio da sala, num intervalo da música, uma garrafa de champanhe na mão, mal equilibrado das pernas, cantava com sua voz de falsete..."[46]

MAL SE AGUENTANDO EM PÉ – "Dalvino, bêbado, mal se aguentava em pé. A língua grossa de cachaça, reduzia-se a ameaças vãs e juras de vingança."[43]

MALDIÇÃO – "Xixi Piriá levantou mais o copo levando-o à boca ... Fogo vivo que lhe queimou a boca, a garganta, o corpo inteiro, quando engoliu a primeira golada daquela maldição."[457]

MANDAR PRÁ BAIXO – "...aí chegou o Fininho, o tira mais sangue do inferno que São Paulo já teve, pediu uma cachaça, mandou o cálice pra baixo de uma golada de uma só vez e sem essa nem aquela pipocou o maior teco bem no meio dos cornos da puta."[382]

MANDUREBA – "O rival tentava aprumar-se, mas a mandureba dava-lhe no pé do micoque, derribava-o sem pena." / "O dia já claro de todo, João Cambraia saiu numa rede encardida, amarrada nas pontas de uma vara grossa, balançando-se ao compaso vexado de dois homens que a carregavam, seguidos pela negrada tonta de sono e de mandureba." / "A mandureba escanchava-se-lhe no cangote e zombava de tudo." / "Neco guardava na camarinha um cabaço cheinho de madureba para as enventualidades" / "Depois indagava com indiferença, procurando o copinho e uma garrafa de mandueba na prateleira: – Compadre, quanto?"[315]

MANJARRA – "Pinga ´paraty´ – A história da pinga de Paraty está intimamente ligada a uma das primeiras atividades econômicas do Brasil: o cultivo da cana-de- açúcar. Apesar de os primeiros engenhos terem surgido na Capitania de São Vicente, acredita-se que no fim do século 17 a bebida começou a ser produzida artesanalmente em Paraty. Na época, ela era fabricada com roda d´água e caldeira ou com manjarra – uma engenhoca que funcionava à força animal (burros). No início chamada de 'jeribita', 'mel de canna' ou 'agoa ardente', a partir do século 18 a bebida ficou conhecida como 'paraty', sinônimo de aguardente de primeira linha, comum não só entre os escravos africanos como também por toda a Corte brasileira."[221]

MARAFO – "De plantador passa a consumidor ou usuário. Além disso, adota a magia negra e se transforma em cavalo de Exu. Ao mexer num despacho de outro Exu: 'Baixou a mão, revolveu a farofa com o dedo, atirou longe uma moeda, sonâmbulo, sonâmbulo de todo. Apanhou o charuto, que chegou aos lábios, mas soltou antes de morder. Por fim pegou na garrafa, tirou a chapinha nos dentes – imagine que força de transe – e foi tacando o marafo na boca.' E a seguir principia a morrer, até 'cair de borco por cima do despacho. Morto'."[369]

MARAFO – "Chegou gargalhando alto, já desceu quebrando a demanda, antes de cumprimentar os filhos da terra firmou o ponto, jogou marafo no chão e comeu fogo de vela... quem compra marafo e vela para poder correr gira... Te boto num terno de madeira, esse! Só quero uma garrafa de marafo e um toco, esse... No momento em que o Exu reiniciara sua fala, relatando fatos de sua vida que só ele sabia, abriu os olhos, depois bebeu marafo oferecido pelo Exu, aprendeu a oração que Exu lhe ensinou."[341]

MARAFU – "MARAFU, banto, mesmo que malafa e malafo, cachaça; bebida votiva de Exu. Kik.kimb. malafu; maravu."[684]

MARIA-LOUCA – "– Vocês agora tratam AIDS com Biotônico Fontoura? – Qual é a gozação? Ninguém te avisou que é proibido? Eles bebem misturado com a maria-louca, a pinga destilada clandestinamente." / "Ezequiel curou-se da tuberculose e ficamos amigos. Era o mais respeitado destilador de maria-louca do pavilhão Oito. A fama de sua pinga atraia fregueses da cadeia inteira. A tal da maria-louca é a aguardente tradicional do presídio. Segundo os mais velhos, sua origem é tão antiga quanto o sistema penal brasileiro. O milho da pipoca que a mãe lhe trazia, sem saber a que se destinava, era a matéria prima de Ezequiel: num tambor grande comprado na Cozinha Geral, juntava cinco quilos de milho, com açúcar e cascas de frutas como melão, mamão, laranja ou maçã. Depois, cobria a abertura do tambor com um paninho limpo e atarraxava a tampa... Durante sete dias a mistura fermenta. – No sétimo, a fermentação é tanta que o tambor chega a andar sozinho, parece que está vivo. Devido à pressão interna, todo cuidado é pouco para abrir o recipiente. Aberto, seu conteúdo é filtrado num pano e os componentes sólidos desprezados. Nessa hora, a solução tem gosto de cerveja ou vinho seco. Um golinho dessa maria-louca amortece o esôfago e faz correr um arrepio por dentro. Cada cinco litros dela, vai virar um litro de pinga, depois de destilada a mistura. Na destilação, o líquido é transferido para uma lata grande com um furo na parte superior, no qual é introduzida uma mangueirinha conectada a uma serpentina de cobre. A lata vai para o fogareiro até levantar fervura. O vapor sobe pela mangueira e passa pela serpentina, que Ezequiel esfria constantemente com uma caneca de água fria. O contato do vapor com a serpentina resfriada provoca condensação, fenômeno físico que impressionava o bigorneiro, nome dado ao destilador da bebida... Cinco quilos de milho ou arroz cru e dez de açúcar permitem a obtenção de nove litros de bebida."[648]

MARVADINHA – "Na porta da venda o pessoal palestrava. Matá-o-bicho, prego, marvadinha, já-berrou, abrideira, lapoada, eram palavras que corriam de boca em boca."[49]

MATA-BICHO – "As mulheres de cabelo comprido bebiam cachaça para matar o frio. – Dá cá um mata-bicho pra eu não me resfriar..."[30]

MATA-BICHO – "– Um mata-bicho... Paga, camarada..."[31]

MATA-BICHO – "Olá, é possível ouvir essa expressão em algumas regiões de Portugal. A sua origem é angolana. Um dos significados que tem por cá é gole de bebida alcoólica forte que se bebe em jejum."[708]

MATAR A SEDE – "A máscara fazia perder o vício da embriaguez aos escravos, por lhes tapar a boca. Tinha só três buracos, dous para ver, um para respirar, e era fechada atrás da cabeça por um cadeado. Com o vício de beber, perdiam a tentação de furtar, porque geralmente era dos vinténs do senhor que eles tiravam com que matar a sede, e aí ficavam dous pecados extintos, e a sobriedade e a honestidade certas."[71]

MATAR O BICHO – "Aos que lhe negavam um níquel para matar o bicho ou sugeriam espécie de trabalho, injuriava usando para isso da mais torpe adjetivação." BARREIROS, Eduardo. *O segredo de sinhá Ernestina*. Rio de Janeiro, Livraria José Olympio Editora, 1967, pág. 80.[376]

MATAR O BICHO – "Na loja de Zacarias enquanto matava o bicho, o vaqueiro desabafou a raiva: – Desgraçado. Quando acaba, andam espalhando que o governo ajuda os pobres... Não ajuda nem a morrer!" QUEIROZ, Rachel de. *O quinze*. (4ª Ed.). Rio de Janeiro, Livraria José Olympio Editora, pág. 26.[376]

MATAR O BICHO – "Não tou bebo que aquele tiquim de dela-fria não deu pra matar-o-bicho, não cabeu num burado de dente." ASFORA, Permínio. *Noite grande*. Rio de Janeiro, Editora Minerva ltda., 1947, pág. 210.[376]

MATAR O BICHO – "– Deixe de lamproa, pomboca! Eu não como lambança. Você só é homem para matar... o bicho."[23]

MÉ – "OS 10 MANDAMENTOS DO MÉ : 1– Sempre que tomais algo etílico brindais ao Mussumzis! / 2 – Não cobiçais o mé alheio. / 3 – Louvais sempre ao Mussum como o cara mais gente boa do mundis! (Você com certeza deixaria o Mussa ficar com a sua irmã) / 4 – Façais todo ano o ritual sagradis do Mé! / 5 – Torçais e vejais sempre a mangueira entrar! (No bom sentido, é claro!) / 6 – Matarás todas as garrafas! / 7– Não roubarás o mé alheio, peça primeiro!! / 8 – Sempre que puder, fique somente de cueca e meias!! / 9 – Cultive a tradicional 'pança de cervejeiro'. / 10 – Agradeça sempre pelo mé nosso de cada dia!". Extraído do site Macacos Me Mordam.[103]

MEIOTA – "A meiota leva esse nome por conter a metade de um litro de cana (e é, é?!?!?), ela tem um tamanho compacto, dá pra levar no bolso e entrar desapercebido em qualquer festa onde seja proibida a entrada portando bebidas."[299]

MEIZINHA – "O triste seo Quincôrno não esbarrava de tomar meizinhas, na esperança. Não resignava. Tomava pó de bico de pica-pau torrado, na cachaça, chá de membro de quati, ou infuso, chá de raiz de verga-tesa – coisas de um nunca precisar, deus-livre-guarde."[545]

MEL – "Mel: 1. Bebida alcoólica artesanal fabricada com cachaça e mel; melzinho."[263]

MELA – "Ia numa boa mela o pândego do contador, fazendo a risada desassombrada da Guidinha ecoar de moita em moita, que do riacho para além estas eram muito bastas."[456]

MELAÇO – "Melaço – é o líquido que se obtêm como resíduo de fabricação do açúcar cristalizado, do melado ou da refinação do açúcar bruto."[511]

MELAÇO – "– E Perilo Ambrósio lembrou com um arrepio de orgulho sua admirada máquina a vapor, sua abundante produção de açúcar, melaço e aguardente..."[515]

MELADO – "Levantou a garrafa contra a luz, sacudiu-a, passou-lhe um pano para limpar a poeira, sacou a rolha com os dentes, encheu dois canecos, bebeu um atrás do outro, ficou bêbado imediatamente, já saiu melado para a rua."[515]

MELADÃO – "Quem não o conhecesse talvez não notasse que estava meladão, mas isto era visível pelo maxilar pendente mesmo com a boca fechada e o olhar agressivamente enviezado."[515]

MELADINHA – "Cutruca apareceu sobraçando uma garrafa de levanta-velho, que foi logo transformada em meladinha para os homens, cachimbo para as mulheres." HOMEM, Homero. *Cabras das rocas*. Rio de Janeiro, Editora Tempo Brasileiro, 1966, pág. 123.[376]

MELADINHA – "Se o velho bebe cachaça, / O filho bebe é branquinha; / Para não ficar ardosa / Bota mel, faz meladinha, / (...)"[8]

MEOPATIA – "Quem tem o que fazer não faça aqui porque, deu uma hora da tarde, a gente inicia a comer, depois desses vermutes, dessas cangibrinas, depois dessas catuabas, essas jurubebas, desses alcatrãos, dessas meopatias, depois dessas mundurebas, e dê quantas horas dê a gente só paramos de comer quando quiser..."[519]

MERGULHAR NO ÁLCOOL – "Foi a primeira toada que Totonho Candeia pronunciou quando Marlúcia entrou no boteco: 'Ai, querida, desse jeito assim não dá mais para viver!', fazendo correr pelas mesas risinhos de deboche da rapaziada. Totonho Candeia já estava mergulhado no álcool desde a manhã."[393]

MIJO DE ÉGUA – "– Não é verdade, Natale? Não é mesmo verdade? Ei, ô pirata, porco capitalista. Me bota mais um copo desse teu mijo de égua. Stchopa serviu a cachaça de maus modos, como se quisesse deixar claro para o Gardone que fazia isso contra a vontade. Natale não parava de rir. Agora achava engraçado o mijo de égua, também ele queria mais um mijo de égua."[482]

MILAGREIRA – "O coração diante de tão generosa benesse, revive passando a galopar forçando com isto a circulação da milagreira em todas as artérias."[600]

MINAS – "Modéstia às favas, nós, mineiras, somos imbatíveis. Minas é sinônimo de cachaça, Kátia Sá. Somos bom de serviço, uai! A cachaça é um Trem de Minas, o Espírito de Minas, o Sabor de Minas. Lá em Minas tem Salinas, a capital nacional da branquinha. No ranking da Playboy de 2007, de 20, 07 eram de Salinas. Experimente a Salinas, Saliboa, Salicana, Salivare, Salineira, Saliníssima e, finalmente, a Saideira."[21]

MOÇA-BRANCA – "E aí alguém tinha arrematado uma garrafa de moça-branca, para ele, Manuelzão."[531]

MOÇORÓ – "Os mortos eram velados na casa dos parentes. A tristeza da perda era a mesma. Mas os velórios eram diferentes: 'Não tinha choro, era só alegria para amenizar o sofrimento da família. O gurufim (velório) era uma das poucas diversões dos moradores, uma verdadeira festa. Todo mundo bebia, comia e contava histórias e piadas a noite toda com muito *moçoró* (cachaça) para alegrar a família do morto', conta Milton, com saudade."[486]

MOLHADO – "O beber já foi defeito/ Nas tabernas do passado/ Mas hoje se vê molhado/ Até juiz de direito/ Juiz de fato e prefeito/ Bebem depois de comer/ Para o discurso fazer/ Com toda a pontuação/ Para quem tem posição/ Não é defeito beber." ADÃO FILHO, José. *Não é defeito beber*. Recife, Typ. Chaves, 1927, pág. 7.[376]

MOLHADO – "– Aquele é de todo jeito. Eu só apanho no seco. Molhado, sou peixe n'água."[315]

MOLHADO DE CACHAÇA – "Mas correta ou deturpada, molhada de cachaça, caída no chão dos cabarés, lá ia ela fazendo o elogio de Vadinho, sua louvação."[42]

MOLHAR A GARGANTA – "Diz o pensador que 'sem dúvida nenhuma, o álcool é um fator de linguagem. Enriquece o vocabulário e libera a sintaxe' (Bachelard: 1994, p.129). Pode-se então objetar que João Fulano tomando goles de aguardente para cantar seus versos talvez esteja querendo mais do que o simples 'molhar a garganta', técnica rudimentar comumente usada por cantores, no intuito de aquecer a voz."[470]

MOLHAR A GARGANTA – "Quando chega a hora da janta/ Está vazio o garrafão,/ A mulher bota o feijão/ Enquanto eu molho a garganta/ Quando o calor se levanta/ Fazendo o suor descer/ Sou franco e devo dizer/ Tomo uma dose aumentada/ Defendendo a feijoada/ Não é defeito beber." ADÃO FILHO, José. *Não é defeito beber*. Recife, Typ. Chaves, 1927, pág. 16."[376]

MOLHAR A GARGANTA – "Depois que apeavam todos, ele virava a lança; dirigia uma última frase aos amigos. Era tempo de molhar a garganta no boteco da Teresa, onde recebiam com honras especiais." CAMPOS, Eduardo. *O abutre e outras estórias*. Fortaleza, Imprensa Universitária do Ceará, 1968, pág. 59.[376]

MOLHAR A GOELA – "Chica era assim: sisuda e calada quando não bebia, mas se molhava a goela, ficava importuna e malcriada como os seiscentos diabos."[315]

MOLHAR A PALAVRA – "Pelas amuradas e convés do barco viam-se recostados ou estendidos os bruços, cerca de dez marujos, que passavam o tempo a galhofar, molhando a palavra em um garrafão de boa cachaça de São Gonçalo, cada um quando chegava a sua vez." ALENCAR, José de. *O ermitão da Glória*. São Paulo, Editora Piratininga, s/d, pág. 7.[376]

MOLHAR NA BOCA – "Era o que pensava seo Jujuca, molhando a cerveja na boca e atendendo às perguntas do senhor Alquist."[548]

MONTADO EM SELA DE CACHAÇA – "Em campanha angariativa de votos, entrou Badaró Furtado em Jacuná de Santa Cruz montado na maior sela de cachaça já existida."[156]

MORBILIDADE ETÍLICA – Apagado, fora de mim, por causa da morbilidade etílica, (nunca saberei como consegui chegar em casa, lá na Chácara Chão de Espera) – com o rosto escalavrado e sangrando, estenderam-me sobre a cama."[429]

MOVIDO A CACHAÇA – "Em poucos dias, turmas de trabalhadores movidos a cachaça, limparam e organizaram o que se chamaria, por uma profunda condescendência, Palácio Imperial"[602]

MUITO DOIDO – "Como o meu velho, seu Jorge da Birosca, que Deus o tenha... Bom pai, honesto, honrado, trabalhador... assassinado por um alemão do Dendê, por motivo à-toa: futebol. Quer dizer, futebol e cachaça, né?, porque o X9 só deu os seis tiros no velho porque tava muito doido."[331]

MULATINHA – "Nunca o encontravam caído, ainda depois de ter esvaziado uma ânfora da mulatinha." / " Chica só guardou de toda aquela tragédia uma grata recordação: a cachaça. Neco tinha razão: não era tão má a mulatinha. Sabia fazer cócegas de goela abaixo: tinha umas cadeias quentes, batia no bucho, tornava a subir e ficava o tempo todo na cabeça."[315]

MUNDUREBA – "Quem tem o que fazer não faça aqui porque, deu uma hora da tarde, a gente inicia a comer, depois desses vermutes, dessas cangibrinas, depois dessas catuabas, essas jurubebas, desses alcatrãos, dessas meopatias, depois dessas mundurebas, e dê quantas horas dê a gente só paramos de comer quando quiser..."[519]

NÃO SE AGUENTAR DE BÊBADO – "Mário, que já não se aguentava de bêbado, comentou apontando a moça de vermelho: – Aquela não é mais moça... Só não sei qual o rendez vous que ela frequenta..."[29]

NÃO TER LEME NAS PERNAS – "E de meio em meio copo acabou na posse de Gudesteu Paranhos mais bebido de não ter leme nas pernas."[156]

NAS ÁGUAS – "Sem aguardente na entranha não passo de Peixotinho dos Impostos, mais serviçal que um capacho. Nas minhas águas sou outra prosopopéia. Sou Peixotão das Mulatas..."[156]

NATALÍCIO – "...Dedé foi pegando combustão de botequim em botequim. E assim ancorou num natalício de certo Juquinha Alves que Dedé nunca viu mais gordo."[156]

NÉCTAR DOS DEUSES – "Existem pessoas que agitam a garrafa na busca da espuma para conferir a qualidade da mesma. Esse método não é confiável, pois alguns maus produtores adicionam um pouco de detergente no 'néctar dos deuses' para proporcionar essa espuma."[463]

NO DIA DE CACHAÇA – "Não ia mais ter de esperá-lo madrugada afora, nem de esconder de suas vistas o dinheiro pago pelas alunas, nem de vigiar suas relações com as mais bonitas, nem de apanhar dele nos dias de cachaça e mau humor, nem de ouvir os ácidos comentários dos vizinhos."[42]

OFICINA – "Sábado costumo ir à oficina Mar e Rio, encontrar amigos e aproveitar para dar um 'tapa no beiço'. É um verdadeiro festival de sabores, conversa fiada e gargalhadas..."[469]

OLHAR POR UMA JANELINHA DE VIDRO – "Será que o ato de beber é um problema dos dias em que vivemos? Não. 'Olhar por uma janelinha de vidro' é um costume tão antigo como a política, a guerra, o amor, a prostituição."[374]

PAÇOCA DE CACHAÇA – "– Estava uma paçoca de cachaça quando falei com ele."[134]

PANCADINHA – "Ninguém morria naquelas mãos. Ela morreu velhinha, engatinhando por dentro da casa, mas era mais fácil esquecer uma precisão do que uma pancadinha todo santo dia."[315]

PARATI – "Entrando numa venda, meio aberta, e nela não encontrando ninguém, enchera uma garrafa de parati e se deixara ficar a beber sentado na margem do Tubiacanga..."[90]

PARATI –

• "Era só beber um trago de parati e ficava logo esperto" (Aloísio de Azevedo, 1857-1913, *O Coruja*)

• "Foi a sociedade que não o educou, que o ensinou a beber, porque é preciso haver consumidores de parati" (Lúcia Miguel Pereira 1901-1959, *Amanhecer*)

• "Sentaram-se à mesa. Quaresma agarrou a pequena garrafa de cristal e serviu dois cálices de paraty." (*Policarpo Quaresma*, Lima Barreto)

• "... carroceiros, verdureiros, carvoeiros, de passagens; habitues do paraty, como os há na cidade de chopes..." (*Histórias e Sonhos*, Lima Barreto)

• "Os que estavam nus vestiram-se e a maior parte da negrada veio para o terreiro beber paraty." (*A Viagem Maravilhosa*, Graça Aranha)

• "Tua presença embebeda muito mais que parati..." (*Maria Bonita*, Afrânio Peixoto, 1914)[460]

PARATI – "A *Parati* l'on produit de la très bonne *cachaça* (eau-de-vie de canne-à-sucre). D'ailleurs, la *cachaça* produite dans la ville commune s'appelle *parati*. Donc, *parati* est synonyme de *cachaça*."[627]

PARATI – "Papaco-o-Paco sobrecantava: 'Mestre Domingos, que vem fazer aqui? Vim buscar meia pataca, p'ra beber meu parati...'"[530]

PARATY – "Paraty chegou a ter 200 alambiques (hoje são apenas 3 que, verdadeiramente, produzem cachaça no município). Paraty chegou a ser sinônimo de cachaça: 'me vê uma paraty'."[459]

PASTO DA NOITE – "O dia airoso eu vi. E partimos para a carraspana, eu e o artista plástico Omar Souto, enquanto os pastos da noite estavam vazios."[429]

PAU D'ÁGUA – "Quando o pastoril de Palmira começava no quadro principal do povoado, os dois pau-d'águas pareciam um par de caninana se disputando." BELO, Júlio. *Memórias de um senhor de engenho*. (2ª Ed.). Rio de Janeiro, Livraria José Olympio Editora, pág. 232.[376]

PAU D'ÁGUA – "Do vício não se lembrava mais. Para muitos aquilo era fogo de palha, porque Zé Lourenço fora pau-d'água de fazer arruaça e descompor todo mundo."[315]

PAU D'ÁGUA – "À buliçosa frente deles, ia inteiramente embriagado o Valadão, decano dos paus-d'água da cidade." LIMA, Jorge de. *A mulher obscura*. Rio de Janeiro, Livraria José Olympio Editora, 1939, pág. 125.[376]

PÉ-DE-CANA – "Foi como se o pé-de-cana não tivesse boca. Moscoso cantava 'adios-muchachos-compañeros-de-mi-vida'. E Dona Expedita dançava em 1910."[157]

PECHINCHA – "A pechincha chiava, espumarenta, no copo grosso de vidro que corria de boca em boca." / "O destilador era um artista que já sabia calcular pelo cheiro o grau da pechincha." / "Zé da Lóia só agora desfizera-se da enxada e do matulão. Pediu o copo, prometeu que faria o batismo, meditou um pouco, com a pechincha na mão, a saboreá-la com os olhos gulosos e acesos."[315]

PEGAR COMBUSTÃO – "E enquanto navegava na direção de Dona Alfenina de Melo, Dedé foi pegando combustão de botequim em botequim."[156]

PERU DE ANIVERSÁRIO – "Sem saber de nada, bêbado de trocar pernas, perfeito peru de aniversário, Finfilóquio entrou no camarim do mágico..."[156]

PESADO DE ÁLCOOL – "Por volta da meia noite, quando o jogo atingia a maior animação, no fundo do seu sono de pedra, pesado de cansaço e álcool, Mirandão ouviu a mesma voz da véspera."[42]

PIFA – "Dona Durvalina sofria porque Perestrelo não largava as noites boêmias dos bares do Pina, onde tomava pifas violentos." HOLANDA, Nestor de. *Telhado de vidro*. Rio de Janeiro, Brasil, 1967, pág. 233.[376]

PIFÃO – "Eram quase cem crianças olhando o velho carrossel de Nôzinho França que a estas horas estava encornado num pifão tremendo na Porta do Mão." AMADO, Jorge. *Capitães de areia*. Rio de Janeiro, Livraria José Olympio Editora, 1937, pág. 89.[376]

PIFÃO – "Então dava de embriagar-se, tomando pifões homéricos, quando a via e dialogava sozinho, como se ela estivesse ali."[149]

PIFÃO – "Nunca reclamava do abuso, ele nem pedira licença para dormir na Magnólia, certa noite de muito pifão deitou ali sem saber como, gostou, voltou, se..."[183]

PIFÃO – "Mesquitinha é que, cada vez que se federava num pifão, narrava a história a seu modo, muito direitinho, sem tirar nem botar, para quem quisesse ouvir." SANTOS, João Felício dos. *Ataíde, azul e vermelho*. Rio de Janeiro, Editora Expressão e Cultura, 1969, pág. 96.[376]

PIFÃO – "Apareceu-me no dia seguinte ainda com vestígios de pifão: – Seu Paulo Honório, venho consultá-lo. O senhor, homem prático..." RAMOS, Graciliano. *São Bernardo* (3ª Ed.). Rio de Janeiro, Livraria José Olympio Editora, pág. 19.[376]

PIFÃOZINHO – "– Compreendo perfeitamente. Um pifãozinho de vez em quando, isso se passa com pessoas até da mais alta roda."[38]

PILEQUE – "Nada – respondeu o marido. Tomaram um pileque e o negro andou defendendo a Chiquinha, rapariga de Cazuza." ASFORA, Permínio. *Noite grande*. Rio de Janeiro, Editora Minerva Ltda., 1947, pág. 222.[376]

PILEQUE – "O dr. Nogueira, mande-me cá o Padilha amanhã. Preciso falar com ele, mas esse desgraçado nem se agüenta nas pernas. Não se esqueça, ouviu? Amanhã quando ele curtir o pileque." RAMOS, Graciliano. *Angústia*. (3ª Ed.). Rio de Janeiro, Livraria José Olympio Editora, pág. 50.[376]

PILEQUE – "Ainda atordoado pela extravagância do pileque, dei um rolé na pista, olhei em derredor (a tarde inclinava-se deslizante para os leitos do seu lusco-fusco), e não vi, absolutamente ninguém, exceto o Zezinho Oriente, já comigo em terra firme, no solo paraibano."[429]

PINGA – "Por conta disso, Adhemar de Barros – arqui-inimigo de Jânio – aproveitando-se de boatos de que Jânio era chegado a uma garrafa de pinga, o adversário mandou divulgar a notícia de que levaria o oponente para a tribuna do seu comício. De fato, diante a uma platéia ansiosa, ele anunciou a chegada. E para a surpresa da multidão, fez um gambá aparecer em cena."[26]

PINGA – "João Feio era um franco e jovial companheiro, e não podia suportar o tédio de um passeio alta noite, no meio de um sono interrompido, sem uma pinga para beber, sem um camarada para conversar, sem uma distração enfim."[18]

PINGA – "Às cinco horas da manhã o gole de pinga e o prato de feijão nos davam forças para o trabalho do dia."[30]

PINGA – "Dizem que a pinga mata / Pouco a pouco, lentamente / Por isso, não largo dela, / Pra não morrer de repente!"[682]

PINGA – "Atirou para um canto o cigarro, pediu outro copo de pinga: – De que vale a vida da gente?"[31]

PINGA – "Ouviram um freguês gritar num canto: – Olhe se essa pinga sai ou não..."[32]

PINGA – "Bebe-se muita pinga em Minas? Bebe-se. Pinga boa, a de muitas partes do estado. Pinga da cabeça. E muita, muita pinga detestável, na maioria dos casos."[303]

PINGA – "O capitão de areia foi encontrá-lo num botequim, nas imediações do Mercado, solitário ante um cálice de pinga." / "Misturou umas cervejas e uns tragos de pinga e colocou-se na porta da entrada à espera do cabo."[37]

PINGA – "Capaz como ninguém de adivinhar a marca, a procedência das pingas mais diversas, conhecendo-lhes todas as nuanças de cor, de gosto e de perfume."[36]

PINGA – "Os espíritos revelaram ao Sr. Peterson que ao aquecer a mistura que ele havia colhido, ele deveria sobre a fervura construir uma <u>coifa</u>, que ao invés de conduzir os gases para cima, os conduziria para um <u>barril</u> através de um <u>cano</u>. E que desta forma, Peterson seria o primeiro mortal a produzir o precioso álcool. Ao acordar o Sr. Peterson fez o que havia sido instruído no seu sonho. Com isso, ao notar as gotas escorrendo deste rústico destilador, Peterson batizou essa bebida com um nome singelo: **Pinga.**"[207]

PINGA – "– Eu estava bebendo uma pinga no botequim Formoso, bem calmo da vida."[40]

PINGA – "Em vez de me xingar, deviam me agradecer e convidar para um gole de pinga, povo ingrato!" / "Reinação do Compadre – Referia-se a Exu, o traquinas, o pregador de peças. Tu não dá comida pra ele toda segunda-feira? Pra quem é o primeiro gole de pinga que tu bebe? Não é pra ele?"[43]

PINGA – "No adro da igreja há pinga, café,/ imagens, fenômenos, baralhos, cigarros/ e um sol imenso que lambuza de ouro/ o pó das feridas e o pó das muletas."[55]

PINGA – "E conversando pagodeando devoraram o bode consagrado e cada qual buscando o garrafão de pinga dele ninguém não podia beber no do outro, todos beberam muita caninha." / "Às vinte horas Macunaíma chegou na biboca levando debaixo do braço o garrafão da pinga obrigatório." / "– Foi-se embora. Depois que andou légua e meia sentiu calor e lembrou de beber pinga para refrescar. Trazia sempre no bolso do paletó uma garrafinha de pinga presa ao puíto por uma corrente de prata."[59]

PINGA – "O bom Mr. Gordon fornecera-me excelente carne salgada, com língua e pão, para aliviar a monotonia do passadio brasileiro; também, para caso de doença, uma garrafa de conhaque e outra de gim, que poderiam tomar o lugar da pinga."[123]

PINGA – "Na casa da Urca, Garrincha raramente podia ser visto sem um copo na mão. Às vezes, quando a pinga ou o conhaque acabava, ele a convidava a irem lá fora comprar – Elza aceitava, mas com o coração pesado."[165]

PINGA – "Lula garante que a abstinência só vai até 15 de novembro. 'Estou só dando um tempo. Com essa quantidade de pinga que tenho aí, não vou deixar tudo para os outros'." (*Jornal do Brasil*, agosto de 1986)[651]

PINGA – "... ele (Lula) está aí à nossa frente faz quase duas horas, devorando com o melhor dos apetites um suculento tucunaré, entremeado por fortes goladas de pinga de alambique com cerveja gelada. Mas não se abala nem um pouquinho com o efeito da bebida, a não ser pelos olhos que ficam cada vez mais brilhantes e atentos."[651]

PINGA – "José se virara com tanta indignação para o mano, todos viram: mesmo com desrespeito pelo velho Joaquim Prestes, o Albino ia tomar um daqueles cachações que apanhava quando pegado no truco ou na pinga."[57]

PINGA – "Adelaide soltou um longo suspiro, e expectorou esta queixa bem alto para que todos a ouvissem: – Meu Deus! Que sina a minha de ter maridos pingas! Você ainda é pior que o outro!"[78]

PINGA – "No campo, Rosa Maria gritava, quando o pai gritava. Ria quando o pai ria. Xingava, quando o pai xingava. Ela gostava dele, do colo, do cheiro: suor, cigarro, pinga."[111]

PINGA – "... mas chegando lá viam um Crenaque às moscas, os pataxó e crenaque propriamente ditos espalhados pelas cercanias, plantando milho, bebendo pinga, e paravam de encher o saco." / "... tinham apresentado ao Beirão, depois de um acanhado rateio, dentro de uma tigelinha de aparar látex, uma porção de moedas... sobretudo depois que ele calculou, vagaroso, de cabeça, quantas doses de pinga ou garrafas de cerveja estavam ali..." / "... enquanto esperava, ainda sentado no tronco, cálice de pinga na mão, que Ipavu, retrocedendo alguns passos..." / "... mas Ipavu contratou eles por três garrafas de pinga e um quilo de carne seca cada um e botou tudo nu, pintado de jenipapo e armado de arco e flecha, e, com Vicentino Beirão no comando, entraram em Pirapora num domingo e acamparam nas escadas da prefeitura." / "Os guarani e os caingangue tiveram lá um troço, um treco, caíram numa bebedeira lá deles mesmos, sem pinga sem nada, podendo até ser que de tanto ficarem de piroca dura tinham de repente esporrado por dentro, lá pras idéias deles..."[133]

PINGA – "– Trouxe a cachaça? – disse Fontoura. – Eu já vim alguma vez aqui sem trazer tua pinga, desgraçado?" / "Nando ia servir outra rodada de pinga mas Bonifácio Torgo levantou a mão."[136]

PINGA – "Menescal não permitia bebida a bordo, o que obrigava Ronaldo e Toninho Botelho a contrabandear uísque ou pinga para o barco, em garrafas de guaraná Caçula, casco escuro."[163]

PINGA – "– Pinga. Pode me chamar de Pinga, em homenagem à pinga muito boa desta cidade. Faz jus à fama. – Pinga não é nome de gente. Nem de cavalo. – Respondeu o delegado, demonstrando uma irônica beligerância."[328]

PINGA – "– Uma pinga que estou com muita pressa – disse este, e correu para dentro da venda. Simeão recebeu logo um copo de aguardente, que bebeu de uma vez, atirando o resto à cara do menino, que o servira."[360]

PINGA – "– Como? Você está brincando, curtindo com a nossa cara. Em Goiás, – prosseguiu o Zezinho – nós gostamos tanto de mulher e de pinga que, ao irmos para a cama, levamos juntos a mulher e a pinga, para não perdermos um só minuto de prazer com essas delícias da vida."[429]

PINGA – "Para os amigos sempre havia garrafinha ou outra, e empoeirada, da pinga do Bilé – não a pinga nova de hoje, mas a antiga, a fabricada ainda nos bons tempos do alambique de barro."[457]

PINGA – "No quarto dia, ficou inesperadamente jovial. Conversou na venda do Garibaldi, fez troças com o 'Capacete', chegando a puxar-lhe a bigodeira vasta de paxá. Bebeu um pouco de pinga, contra seus hábitos."[472]

PINGA – "Aí certificou-se novamente de que o querosene estava batizado e decidiu beber uma pinga, pois sentia calor." / "Se não tivesse tido a idéia de beber, não lhe haveria sucedido aquêle desastre. Nem podia tomar uma pinga descansado. Bem. Ia voltar para casa e dormir."[495]

PINGA – "Ao mais gemesse, repuxando a cara, pelo que verdadeiro muito doia. Aguentava. Assim esquentasse de mais; para refrescar, então ele bochechava a breve, com um caneco de água com pinga."[529]

PINGA – "– Não tirava as esporas: umas imensas nos calcanhares, de cachorro recurvo e roseta rosa-de-ventos – e aisava, engraçado: – 'Vai vigia sua pinga, que os outros bebem tudo embora..."[546]

PINGA – "É ele que se apresenta como culpado quando o carcereiro encontra uma faca escondida, a serpentina para destilar pinga ou o corpo sem vida." / "– Para mim não faltava nada, que os companheiros levavam comida, baseado para fumar e até pinga para criar coragem de encarar a quentinha."[648]

PINGA – "Foto-legendas: Da esquerda para a direita: Ramsés II, Luiz XVI, Pinga I e Pinga II, João XXIII. A senhora de chapéu não foi identificada."[657]

PINGA – "Veio a pinga, uma pinga zangada, de trazer água aos olhos e um pigarro teimoso à garganta. E, enquanto a Ismena acendia o fogo para o café e a queimada, correu-se a primeira mão. Não houve coisa de maior: O Craro e o Prequeté ganharam no empate, com jeito frio, sem uma palavra ao menos."[444]

PINGA – "Maldita pinga que ele tomou antes de dirigir. Nem de boa procedência era. Fosse boa teria controlado a tempo." / "Marcaram o dia da transferência; um domingo à tarde. Jogo do Brasil, festa, farra e cachaça. Era uma combinação explosiva para mentes tão estreitas. Houve então mais pinga circulando de boca em boca, e o carro da lei, repleto de sujeitos cultivando o mesmo hábito de Lourival, virou perto do local do anterior acidente..." / " Não tomara pinga desta feita, mas isso não o ajudou em nada. Quando enchera a cara o haviam ajudado, mas agora, sóbrio, era digno da ira popular. Sujeitos alcoolizados, com idéias poucas, sem motivo razoável, tomaram a dianteira dos fatos, impelidos por uma vida de frustrações e desencanto, desespero mesclado com abominação por espelhos."[171]

PINGA – "Tô ficando repetitivo.Você, a pinga ruim que bebi, a vida besta que levo, sei lá!!!"[338]

PINGA – "Sá Maruca, bota pr'aí mais um cobre de pinga e meia quarta de fumo, que o que tenho na patrona não chega para o pito."[501]

PINGA – "Um dos pormenores que primeiro chamou minha atenção foi a ausência da mão num dos braços de um operário. O que foi isso cumpade? Ora, patrãozinho, eu tinha chegado do arruado onde fui bochechar um trago de pinga mode passar o diabo duma dor de dente e engoli a infeliz sem querer, e vim direto moer cana..."[593]

PINGA – "Leonardo explicou-me neste comenos a significação das duas palavras 'pinga' e 'broa', que me estavam fazendo dar tratos ao juízo. 'Pinga' quer dizer 'cachaça', e 'broa' um pequeno e enresinado pão de milho, pouco mais ou menos com a consistência de uma pedra. Fiquei desanimado."[711]

PINGA – "... ele está aí à nossa frente faz quase duas horas, devorando com o melhor dos apetites um suculento tucunaré, entremeado por fortes goladas de pinga de alambique com cerveja gelada. Mas não se abala nem um pouquinho com o efeito da bebida, a não ser pelos olhos que ficam cada vez mais brilhantes e atentos." (*Correio Braziliense,* abril de 1987)[651]

PINGA COMPOSTA – "Venturinha correu os olhos pelo sortimento de bebidas, pingas variadas puras ou compostas com folhas, frutas e madeiras: numa das garrafas, o corpo enroscado de uma cobra-coral."[43]

PINGA CRIOULA – "Se fosse possível jantar café... Nossa lavoura (Derby não gostava que se dissesse agricultura) só almejou o *post prandium*. Açúcar, doces os mais saborosos, café odorífico, charutos fragantes, pinga crioula, que bela sobremesa! É de tirar o padre do altar."[5]

PINGA DE CANA – "Alguns fregueses sonolentos, cabeças caídas, diante dos copos de pinga. Não pensem que é pinga de cana, não. Purinha, mas factícia, gosto idêntico, raspa garganta e não deixa cheiro."[109]

PINGAIADA – "– Ih! Éivem o Gabé, com sua pingaiada![429]

PINGAZINHA – "Eu também não sou abstêmio. Tomo a minha pingazinha..."[38]

PINGUDA(O) – "Quando estava pinguda de muita cachaça, soflagrava umas palavras que a gente não tinha licensa de ouvir, a Rosa dizia que eram nomes de menino não saber, coisas pra mais tarde."[530]

PIPA – "Os molequinhos criados nas casas-grandes chamaram também a tenção de Maria Graham, nos engenhos de cana que visitou no sul do Brasil: um deles o engenho dos Afonsos, de propriedade da família Marcos Vieira – uma boa propriedade com 200 bois e 170 escravos agrícolas e produzindo 3 mil arrobas de açúcar e setenta pipas de aguardente."[258]

PITU – "Cantinho da bebida latina, onde há pisco, tequila e até Pitu a 20 dólares a garrafa."[110]

PITU – "E existem algumas marcas que de tão famosas já fazem parte do imaginário em certos lugares, virando sinônimo da própria bebida. É como o nome 'Pitu', de fabricação pernambucana, vendida em todo o Brasil e sucesso em vários outros países, uma das marcas de cachaças mais famosas que existem. Dizer 'tomar pitu' também quer dizer 'beber cachaça'."[104]

PITUZINHA – "(...) mas certamente o Furlan veio aqui tomar uma pituzinha e ele falou: – Uma Pitú e uma mortadela vai dar jogo..."[354]

PORRE – "Andando pela rua, de repente nos lembramos: 'Ih! Estou mal do fígado, hoje. Tomei um porre ontem. Melhor mandar um Necroton para dentro'."[110]

PORRE – "Tomou um porre nesta noite e pensou em engajar como marinheiro olhando o navio que o conduzia."[31]

PORRE – "Me conta como passou... como foi de viagem. Que de porre tu andou tomando por esse mundão de Deus – e a gargalhada era sincera." SANTOS, João Felício dos. *Ataíde, azul e vermelho*. Rio de Janeiro, Editora Expressão e Cultura, 1969, pág. 89.[376]

PORRE – "Percebia-se que o homem curtia um resto de porre e pretendia recomeçar outro. Os outros homens achavam uma graça enorme as grosserias do Durão." LIMA, Jorge de. *Calunga*. Porto Alegre, Livraria do Globo, 1935, pág. 36.[376]

PORRE – "Ah, se Ipavu pudesse carregar Uiruçu para o botequim não ia mais nem precisar fugir na hora de pagar o porre, que era só exibir a lindeza de Uiruçu, harpia chamada dos brancos..." / "...quem quer continuar bugre e filho da puta duplo, quer dizer, filho da puta índia, como tinha dito aos berros o capitão da PM de Carmésia quando batia nele de sabre no dia do primeiro porre de Ipavu no Bar Resplendor." / "Javari, que durante o dia era até menino de remar muito e dado a se meter entre as mulheres, todo femeeiro, na hora do banho do rio, tinha roubado do posto e bebido inteirinho um vidro de xarope, só pra ficar de porre..."[133]

PORRE – "De repente, pipocou um tiroteio. Gritos de polícia e de gente bêbada. Plutz! Eu fui parar debaixo da saia de uma negrona, lá dentro da cozinha, rente ao fogão caipira gritando: – Acode, gente! O demônio está solto! O medo foi tão grande que me deu diarréia. E o porre sumiu."[429]

PORRE MÃE – "Porém nos dias de muito pajuari bebido, Ci encontrava o Imperador do Mato-Virgem largado por aí num porre mãe. Iam brincar e o herói esquecia no meio."[57]

PORRISTA – "Você está ficando um pau d'água permanente – disse Vilar – um porrista que acha grande vantagem se chamar de porrista. O fato é que porrista prefere beber a fazer o que tem de fazer."[135]

PRECIOSA – "O homem tinha um faro de cachorro. Chica só queria dele a preciosa. Em troca, dava-lhe os seus afagos violentos, alucinados."[315]

PREGO – "Enfim, senhores, não nego,/ Falo sem ter medo algum,/ Pois sempre pelo comum,/ Gosto de tomar meu prego/ Neste destino me rego,/ Pronto a não me arrepender,/ Quem duvidar venha ver:/ Ela com mel ou imbira/ Faz milagre, que admira/ Não é defeito beber." CARVALHO, Rodrigues de. *Cancioneiro do Norte*. (3ª Ed.). Rio de Janeiro, Instituto Nacional do Livro, 1967, pág. 149.[376]

PRODUTO PREFERIDO DE LULA – "Pois bem, carnaval de 1961 enquanto Jânio estava se mantendo a dedinhos pro ar, passinhos de americanos no carnaval e algumas doses de pinga. Estava todo feliz pela festa e continuava a consumir o produto preferido de Lula."[287]

PROVIDÊNCIA – "Lula é visto em praia na Bahia. E, pelo tamanho do isopor, tem bastante 'providência' para tomar por lá."[317]

PUXAR FOGO – "Nilo estava também ali, conversando com Lourival, o comprador de algodão. Já estava puxando fogo."[65]

PUXAR UM FOGUINHO – "O sargento pega o senhor, Capitão. Ele quando puxa um foguinho fica terrível."[509]

QUEIMADO – "Voltou novamente à casa. Luzia desconfiou que já estivesse queimado: – Parece que você já está puxando fogo, homem?" ASFORA, Permínio. *O amigo Lourenço*. Rio de Janeiro, Livraria José Olympio Editora, 1962, pág. 120.[376]

QUENTÃO – "O Quentão é típico de festas juninas (numa panela doure o açúcar e o gengibre, junte a canela e o cravo, acrescente a água e depois a cachaça), Suor de Virgem e o Mijo de menino, são licores, sendo que o segundo é usado para comemorar o resguardo da mãe."[236]

QUENTE – "Dona Angélica, eu quero que a senhora me desculpe o que eu disse ontem... Estava meio quente e a senhora sabe..."[491]

QUICHAÇA – "Depois do segundo copo de 'Quichaça', a timidez foi pra cucuia, logo deu uma reposta sobre a maneira do patrão (...)"[507]

QUITANDA – "– Uma pessoa de respeito, em vez de encarregar um negro, entrar pessoalmente numa quitanda para pedir, em alto berratório, um botijão de cachaça ordinária?"[515]

QUITANDA – "A tasca do tio Joaquim era a corte que decidia sobre a belleza feminina; era a camara dos poetas lyricos. A quitanda do Sebastião roncava sobre os costumes ecclesiasticos; nas dissensões entre Egreja e Estado, tomava sempre o partido do Estado; era o parlamento revolucionário."[85]

RABO DE GALO – "A Lanterna dos Afogados estava fechada. Ninguém pelas ruas, nem uma cabrocha para levarem para o areal. Nem uma venda onde bebessem um rabo de galo."[31]

RAIZ ENTERRADA NA CACHAÇA – "Meio adernado na sela, raiz enterrada na cachaça, o tratador de cavalo parecia desfalecido."[154]

RAPADURA – "E deitava cal, azeite e cinza na fervura das tachas para 'limpar a rapadura'."[23]

RAPADURA – "Grande, o gasto com jabá, cachaça e rapadura, mas da dúzia de calças de brim tinham saído apenas duas e a preço rebaixado."[43]

RAPADURA – "O primeiro mel de furo que escorre é dado aos animais, pois não serve para alimentação. O segundo é usado para fazer cachaça ou rapadura inferior."[302]

REBEBER – "Mãitina bebia e rebebia, queria mais, ela gastava a cachaça toda. Tudo, que todo mundo fazia, era errado."[530]

RECINTO – "Encurtando, aconselhei o major a fazer ceata com a menina de suas paixões em recinto de conhaque e beberetes."[154]

RECORRER AO ÁLCOOL – "José perdeu aos poucos a coragem, o gosto de viver, a alegria. Vegetava, recorrendo ao álcool para alívio de uma situação sem remédio."[346]

REGAR O REPASTO – "Como sempre, jantaram fartamente e regiamente regaram o repasto com bons vinhos portugueses."[91]

REFERÊNCIA LUXUOSA – "Forbes – que, só para se ter uma ideia, buscou o privilégio de ser o hóspede número 1 do Hotel Fasano – não está sozinho nessa suave transição que vai fazendo da aguardente do Brasil uma referência luxuosa, não mais um condenado tabu. A cachaça, quem diria, já tem o seu próprio *name dropping.*"[96]

REFRIGERIO DA PHILOSOPHIA – "Julgaes que um Fenelon, um Sieyés, um Mirabeau... possa fallar quatro horas sem beber?! Ide buscar o nectar dos deuses para a minha garganta divina!.. A cachaça é o refrigerio da philosophia..."[85]

RESOLUÇÃO – "Vai tomar uma resolução? Tome-a com limão."[189]

RESSACA – "Se você é um fedaputa cachaceiro e quer combater a ressaca o melhor remédio é largar de ser vagabundo e parar de beber, mas se não tem vergonha na cara, vai umas dicazinhas aí! Dicas 1 – O que acontece com o corpo? R: O que é a Ressaca? Ressaca é uma resposta do organismo a uma agressão que sofreu. Funciona assim: o corpo gasta glicose para metabolizar o álcool. Glicose é açúcar, açúcar é energia. Resultado: A gente fica fraco e sonolento. O excesso de álcool também inflama o aparelho digestivo faz a cabeça doer, provoca náuseas, vómitos e aumenta a sensibilidade à..."[130]

RESSACA – "Chegava o militante sindical, de ressaca da sexta e do sábado, com um volume de Machado e acusação pronta de que Lukács era um revisionista. Chegava a professora da universidade, pálida, sarcástica e de ressaca, de vários dias da semana. Chegava o desempregado, irônico e mal humorado, de ressaca de quase todos os dias da semana."[416]

RESTAURANTE-BAR-BOATE – "Vai até outro restaurante-bar-boate onde o número de mulheres que praticam o lesbianismo é bem marcante. Ali estão também as ninfomaníacas, os hermafroditas."[149]

RESTILO – "O 'restilo', como o nome indica, é uma redestilação da cachaça ou da caninha e afasta o desagradável cheiro do espírito de melaço. Essa forma é pouco conhecida em São Paulo; em Minas, é a bebida preferida, e os fazendeiros chamam-na, jocosamente, de 'vinho brasileiro', preferindo-o, e com razão, às horríveis bebidas importadas, a preços exorbitantes, da 'Península'."[122]

RESTILO – "Macunaíma estava muito contrariado com aquele chove-não-molha e passava o dia na rede mastigando beiju membeca entre codórios longos de restilo."[59]

RESTILO – "Tomava um cálice de restilo, secava os lábios, ia ficando mais corado."[544]

RESTILO – "Antes, Zé Bebelo me ofereceu mais restilo, o tanto também bebeu, às saúdes."[529]

RESTILO – "Dorica olhou para ele com raiva. Tinha licor de buriti, e restilo com umburana. Lélio tomou um trago de restilo e ainda conversou um pouco..."[546]

RESTILO – "Que ela quer é cachaça! Que está dizendo dá o cobre, a gente furtar para ela um gole, um copo do restilo que pai tem... (...) Mãitina tinha ficado em casa, mas ganhou gole de cachaça. Vaqueiro Salúz também ganhou do restilo de Pai, mas veio mais a gente."[530]

RUM – "Ela (a cachaça), porém, não é uma bebida prejudicial ou intragável; no inverno e na estação chuvosa é geralmente considerada como um saudável antídoto contra os efeitos do frio e da chuva. Recentemente, um fabricante vem tentando aprimorá-la através de novos processos, transformando-a numa bebida tão boa quanto o rum."[685]

RUM BRASILEIRO – "Apesar da materia prima ser a mesma, nós os brasileiros, insistimos para que a cachaça seja mundialmente reconhecida como bebida típica do Brasil e não como *rum brasileiro.* A diferença entre *rum* e cachaça está no processo de sua fabricação. Enquanto *rum* é feito a partir do molasso do caldo da cana e pode ser produzido o ano todo, a cachaça é destilada do mosto fermentado, obedecendo a safra agrícola."[630]

RUM DO BRASIL – "Nosso governo está tentando legitimar a Cachaça como genuíno produto brasileiro, já que outros países estão de olho grande nessa fatia do mercado. Nos EUA, por exemplo, cachaça é denominada 'Rum do Brasil', ignorância que prejudica a exclusividade de nosso produto e incentiva os produtores de rum a vender gato por lebre."[424]

SABOREAR – "Saborear pequenos golinhos, o fundo do copo virou gelo, o freezer é bom de verdade."[109]

SACIAR A SEDE – "Assim devido ao movimento pendular a que fica sujeito no seu desespero de saciar a sede o lumbago vai cedendo."[600]

SANGRAR – "... estilhaçou a cara de um macaco a bofetões depois de sangrar dúzias de garrafas de cerveja e copos de cachaça."[156]

SECAR – "No dia da assinatura da escritura, me afundei na maior bebedeira de toda a minha vida, secando, para começo de conversa, o botequim inteirinho do Anjinho Carimã."[50]

SEMENTE DE ARENGA – "Torira, ponha logo essa semente-de-arenga para chiar no copo."[315]

SENTINDO OS PASSOS CONFUSOS – "Pensou em arrumar uma vadia para fazer sexo. Deu uma volta na Treze, subiu pela rua do Meio, bebeu um traçado, acendeu um cigarro. Sentiu os passos confusos, resolveu ir para casa."[341]

SERVIR-SE – "Sentou-se a um banco no jardim, serviu-se de cerveja e entrou a pensar."[91]

SINHAZINHA – "Essa paixão pela sinhazinha, como chamava ela, com ternura, começou na mesma noite em que perdeu Neco Bequé." / "Chica tomou-se de uns amores por sinhazinha, e todo tempo em que podia era para amá-la."[315]

SOLTANDO AGUARDENTE PELAS JUNTAS DO COTOVELO – "E soltando aguardente pelas juntas do cotovelo foi parar no picadeiro do Circo Bagdá..."[156]

SORVER – "E como são refinados beberrões, alguns há que em uma reunião sorvem mais de vinte potes de cauim..."[333]

SORVER – "Chegavam com a disposição de se embriagar. Falavam alto e riam, sorviam a aguardente dos copos, contraiam o rosto numa careta..."[407]

SORVER – "Quando o cabo começava a sorver sua cachacinha, voltando das rápidas excursões em busca de dinheiro..."[37]

SOVERTER – "Tinham sovertido, aos litros, a delas-frias, a-do-ó, e conhacada, espumarral de cervejas."[531]

SUFOCADO – "...poderia ter um bom assunto para um sermão naquele baile sem alegria mas de danças rápidas, de músicas entremeadas de tiros, de gritos, de garrafas se esvaziando rapidamente, mulheres sufocadas com cachaça."[47]

SUMO DA CANA TORTA – "Da mulher não digo nada:/ Por ser melhor criatura,/ À noite, muito segura,/ Toma bonita copada,/ Alguma por despachada,/ Bebe para a gente ver,/ Outras para ninguém saber/ Bebem por detrás da porta/ O sumo-de-cana-torta.../ Não é defeito beber." Autor desconhecido[376]

SUOR DA CANA TORTA – "E outras mais acanhada/Vão tomar detrás da porta/O suor da cana torta/num é defeito beber." / "A vida para ela resumia-se num copinho de suor-de-cana-torta, desde que acertou com a venda e se deixou arrastar, sem força, pelo primeiro trago."[315]

TABACARIA – "Toda quinta-feira, por volta das cinco horas da tarde, ele pode ser visto à porta da tabacaria onde joga no totobola, esperando os amigos não só para debater suas apostas esportivas, mas como para ficar bebericando e brandindo jornais inflamadamente."[518]

TABERNA – "Fazem construir ranchos e tabernas à margem da estrada e os alugam a pessoas pobres a quem dão milho e aguardente para que os vendam aos transeuntes."[553]

TAFIÁ – "Sinônimo de cachaça. Destilada do melaço, é um subproduto do refino do açúcar. Sua utilização foi extensa e variada no mundo português: moeda de troca no tráfico negreiro; produto 'calmante dos ânimos' dos escravos nas travessias do Atlântico e 'refúgio da dura vida' nas senzalas; dentifrício (limpeza bucal) dos portugueses e produto indispensável na ração das bandeiras. Desta forma, remontando a paisagem colonial como uma pintura descrita, certamente seria encontrado a figura do alambique. Até hoje, no Brasil, a 'cachaça' – nome popular do aguardente – tem seu lugar de destaque. Na África Central Ocidental aguardente tornou-se conhecida como 'geribita'."[289]

TALAGADA – "Este agradeceu e bebeu de uma talagada só." PRETA, Stanislaw Ponte. *Rosamundo e os outros*. Rio de Janeiro, Editora do Autor, 1963, pág. 69.[376]

TALAGADA – "O jeito de clarear os pensamentos e continuar com o pulmão mais quieto e esquecido foi uma talagada matutina, com um naco de rapadura e um inhame cozido."[133]

TALAGADA – "– Não tem, Gervão velho, coisa mais calhada para abrir as verdades da gente do que uma talagada de aguardente." / "No Bar do Alemão, de modo a esquentar o ânimo, bebeu uma talagada de mel de abelha com meio copo de Assobio de Cobra..."[156]

TALAGADA – "Baião de dois: Farinhada/A sagrada rapadura/Bebo uma talagada/Gole de cachaça pura/Para cantar o Brasil:/E os festejos da cultura..."[185]

TALAGADA – "Carne de sol: baião de dois/A sagrada rapadura/Bebo uma talagada/Gole de cachaça pura/Para cantar o Nordeste/Terra de amor e ternura..."[195]

TASCA – "Alguns homens que se divertiam na tasca sairam, levando suas negras. Os que ficaram, arriçados, puseram suas pistolas e facas sobre as mesas. O taverneiro parecia ignorar tudo à sua volta, enquanto roia um osso de cabrito e se enchia de mais aguardente."[407]

TAVERNA – "Melancolia que pode ser acrescida de amargor e escândalo, se se der crédito ao rumor e acordo com o qual Coquinho, Ostinho e Labinha – Cochrane, Wasington e Labatut, na intimidade –, bebendo numa taverna da Bahia, chegaram a discutir abertamente a divisão do espólio do velho..."[515]

TAVERNA – "Portanto seria do decoro e interêsse da Companhia que ela própria desse com largueza roupas e confortos desta espécie, porque, não sem lucro, seria fácil descontar nos soldos os preços respectivos. (...) porque, recebendo integral e constantemente a sua paga, não saberiam haver-se com tamanha ventura e gastariam, sem proveito, o seu dinheiro nas tavernas e nas demasias..."[86]

TEIMOSA – "Nesse trabalho focalizamos, de ligeiro, entre outros aspectos ligados à *caninha* ou *teimosa*, a 'idéia de morte' que, vez por outra, deve atravessar o anuviado cérebro do beberrão."[435]

TEM SUA BAETA INGLESA – " 'Um inglês bêbado, que pleonasmo!' diziam eles. 'Tem sua baeta inglesa' era equivalente, na África Portuguesa, a 'falar inglês', significando: 'Está bêbado'."[122]

TENDA – "Numa tarde escura de meados de novembro, o mameluco Diogo, filho bastardo de Joseph Pardo, acompanhado de seu irmão, entrou na tenda do reinol Mendes Pinto e pediu aguardente. – Não quero índio aqui. Ide beber noutro lugar – disse o vendilhão."[407]

TINGUAÇA – "– Me vê aí uma *Tinguaça*? Tem? – Tem sim, senhor. Mas não fica bem começar a frase com um pronome obliquo átono. Pega mal. O senhor sabe como é, cidade pequena, o senhor pode ficar mal falado, com fama de iletrado. – Me desculpe. Quer dizer: desculpe-me. Pensei que ia dizer que não ficava bem começar o dia tomando uma *tinguaça*."[467]

TIORGA – "Aos domingos metia-se na tiorga e ficava de todo insuportável."[77]

TIQUIRA – "– Uma especialidade. Tiquira feita pelo negro Nicodemos em Ferradas. – Expunha a garrafa à claridade da manhã: a aguardente de mandioca tinha reflexos azulados: – Reservada para quem merece." / "Com três doses de tiquira subindo do bucho para a cabeça, o doutorzinho – tamanho homem! – sentia-se magnânimo."[43]

TOCA – "Seu paradeiro não é mesmo fácil de saber. Tanto pode estar na leiteria do João da Abissínia, um amigo negro que vende a melhor coalhada e a mais fresca broa de milho da cidade, como em botequins tão escondidos que o pessoal da terra os chama de 'tocas'."[386]

TOMAR – "... agora veja essa peixeira que eu truxe, que deixei envenenada dentro dum rato morto duas semanas e tem um anzol no bico que é para eu arrancar um pedaço de sua tripa quando ela sair da sua barriga e tomar com cachaça, porque se tem uma coisa boa essa coisa é uma tripa de cabra safado assada de tiragosto, fritada na farinha do reino."[519]

TOMAR UM GOLE – "Gardone fez de conta que não ouviu a provocação. Os outros rodearam o Scariot, insistindo. Finalmente ele tomou um gole de cachaça, deu uma cuspida e disse: – O diabo é cagão."[482]

TOMAR UM GOLE – "O bar do português é o único lugar da galeria que não tem ratos. Estão em greve contra a má qualidade da comida. Tomei um gole de cachaça para pensar. O estômago quis devolver a cachaça mas o esôfago se recusou a dar passagem de volta."[668]

TOMAR DE UM GOLE – "Onde é que eu estava me metendo? Mas não podia recusar nada a aquele anjo. Devia ter desconfiado quando ela tomou a cachaça de um gole só e ainda se lambeu."[668]

TONEL – "... embora pelo menos um outro Beirão que tinha inventado no século quatorze a bagaceira que a família punha pra madurar em tonéis dos mesmos carvalhos que tinham semeado D. Fernando, o Formoso, e Dona Leonor Teles, e de cuja madeira sairiam, além das pipas, as naus do vil descobrimento cabralino."[133]

TORNEI-ME UM ÉBRIO – "... vai ver que é desses casos tipo tornei-me um ébrio, o que explicaria um sujeito aparentemente tão competente preferir ser peixeiro..."[516]

TRAÇADO – "Parou numa tendinha e pediu um traçado... Outra tendinha. Entornou mais um traçado... Mais uma tendinha, onde bebeu outro traçado."[341]

TRAGO – "Baixa a cabeça, sensibilizado, e deplora não ter trazido consigo uma garrafa de cachaça. Um trago, nessa hora, o ajudaria!"[144]

TRAGO – "Rodas de garimpeiros, à toa, contando casos e chupando tragos de aguardente ou copos de cerveja."[337]

TRAGO – "A vida para ela resumia-se num copinho de suor-de-cana-torta, desde que acertou com a venda e se deixou arrastar, sem força, pelo primeiro trago." / "O outro embirrou, mas cedeu e, agitado como um galo de raça, pediu que fosse selado o ajuste com um trago."[315]

TRAGO – "Epaminondas recrimina a atitude e o estado daquele seu colega de profissão, recusa um trago de cachaça oferecido pelo mais antigo, ao qual esse lhe aconselha a começar logo. 'É tudo o que resta aqui'."[370]

TRAGO – "Nas choupanas em festa recebem-se os convidados com estrepitosas salvas de ronqueira e como em geral não há espaço para tantos, arma-se, de fora, no terreno varrido, decorado de ramagens, mobiliado de cepos e troncos, e raro tamboretes, mas imenso, alumiado pelo luar e pelas estrelas, o salão de baile. Despontam o dia com alentados tragos de aguardente, a teimosa." CUNHA, Euclides da. *Os Sertões*. Rio de Janeiro, Edições Ouro, 1967, pág. 115.[376]

TRAGO – "Uma bicada! Siá Chica vai ao balcão, trazendo uma garrafa e dois copos. Logo Timóteo enche-os e bebe o seu de um só trago." / "Ora, ora... E não digo: tem aparecido na bodega uns caras desconhecidos, que, com a desculpa de beber um trago, ficam tirando lorota." RABELO, Sylvio. *Cabeleira ai vem!* Recife, Arquivo Público Estadual, 1965, pág. 76.[376]

TRAGO – "Zé Velho e Generoso, fechado o corpo com o trago da pinga e embolsada a maquia da peita, tinham metido os trabucos ao ombro, e já lá iam distantes, batendo a poeira leve da estrada com as suas alpercatas de couro."[501]

TROACA – "Chica chegou a ameaçá-lo de abandono, mas ele não deixou a troaca."[315]

TROCANDO PERNAS – "E foi alto, trocando pernas, que Santinho deu explicações de sua desavença com o macaco ao xerife de Timão do Ipó."[156]

TROCANDO AS PERNAS – "Trocando as pernas por causa do uísque e emocionado com 'a genialidade desses brasileiros malucos', Obermuller retornou ao Sumaré na hora em que Chateaubriand chegava ao Jochey Club para cumprimentar a equipe."[415]

TRÔPEGO DAS PERNAS – "Pelo passeio defronte, cosido à parede, passava o filho do Visconde, meio trôpego das pernas, em busca da cama da Justina, com coisa de garrafa e meia no miolo."[50]

TRUACA – "Este fuzuê acaba mal. Quando eu tomo uma truaca nem Deus Nosso Senhor vindo do céu."[23]

TRUACA – "Despojavam-lhe do dinheiro para pagar a truaca e o contrato da aposta." / "João Cabraia deu mingau na quinta-feira. Desta vez a truaca montou-lhe no cangote, e o negro velho teve que espichar a canela." / "O remédio era lavar o ouvido com truaca. Melhorava sempre." / "– Quando eu nasci, meu pai encheu uma gamela de truaca e me deu um banho." / "– Eu nem sei se Zé de Lóia morre, duvidou Manoel Pedro. Alegre daquele jeito e tomando truaca..."[315]

TRUACA – "Com a mulher no calcanhar, Santana bebia regrado e ainda ouvia censuras: – Deixa essa truaca, homem de Deus!" ASFORA, Permínio. *O amigo Lourenço*. Rio de Janeiro, Livraria José Olympio Editora, 1962, pág. 125.[376]

UCA – "Mas a gente sentia o cara encharcado da uca."[134]

UM TROÇO – " – Vamos tomar um troço ali no Amarelinho? – foi o que Cae falou."[507]

UMA QUE MATOU O GUARDA – "Olá pessoal vamos juntos falarmos sobre os apelidos da cachaça, assim como, me dá uma que matou o guarda, e discutirmos as preferensias de cada um??? eu adoro tomar uma envelhecida em barril de carvalho,p/ abrir o (apetite) desculpa pra tomar uma dose!!!!! rs..... vamos lá gente!"[469]

UMAS E OUTRAS – "tomávamos umas e outras no Bar Calypso." PRETA, Stanislaw Ponte. *Rosamundo e os outros*. Rio de Janeiro, Editora do Autor, 1963, pág. 71.[376]

UMAS E OUTRAS – "A coisa, então, tava nesse pé, ninguém sabia de nada e todo mundo tinha uma explicação para o bafafá. A única coisa sabida é que o gringo chegou no fim daquela tarde e se sentou quieto no seu canto, pensando apenas em beber umas e outras, apreciando o vai-e-vem das meninas."[602]

UNS GOLES A MAIS – "– Fale, meu bem – disse Marta, preocupada, aflita, mas pensando que provavelmente se tratava de alguma briga, de alguma farra, de uns goles a mais – Fale, vamos."[134]

USGA – "A Anti-Alcoólica Semana/ Passou desapercebida,/ Tendo aumentado a bebida/ No ventre da raça humana!/ Consumiu-se até mais cana/ Em lugar de a combater! Se quiserem me atender/ Não fabriquem mais a usga!/Então o usineiro rusga/ Não é defeito beber." ADÃO FILHO, José. *Não é defeito beber*. Recife, Typ. Chaves, 1927, pág. 18.[376]

VACILANTE DAS PERNAS – "(Caco Podre já um tanto vacilante das pernas, comecara a beber antes da alvorada.)"[39]

VAQUEIRO – "Os vaqueiros, a cavalo, iam tocando os animais a sua frente, e se alguma vaca se desgarrava do rebanho,eles a cercavam a galope e a traziam de volta."[560]

VENDA – "Pequeno armazém situado à beira de uma estrada ou caminho, servindo de taberna para a gente do povo."[573]

VENDA – "Estava com desejo de beber um quarteirão de cachaça, mas lembrava-se da última visita feita à venda de seu Inácio."[495]

VENDA – "Não bebia, não fumava, não vivia pelas portas das vendas." / "Na minha vida só peço/Que São Miguel me defenda/De homem de fala mansa/E mulher de porta de venda." / "Num dia de domingo, de tardezinha, entubibou-se na porta da venda junto com dois companheiros."[315]

VENDA – "E foi à venda próxima beber dezoito mil reis de cerveja."[346]

VENDA – "Quando bebia na venda de seu Lourenço ficava ainda mais sorumbático e dava sem motivos socos no balcão."[31]

VENDA – "Entrando em uma venda, onde estava de bródio uma grande porção e gaúchos a galhofar e beber, o furriel criou alma nova."[14]

VENDA – "A venda do Vito Stchopa tresandava a cachaça e querosene. Além do mais, estava abafada."[482]

VENDA – "O nº 3 é a venda, progresso indiscutível, mas não de todo respeitável. Fui uma vez censurado, por confessar ter gozado os extremos opostos da fazenda e da venda. Esta corresponde à 'pulperia' das colônias hispano-americanas, ao 'emporium' de aldeia da Inglaterra, combinado com a 'grocery' (mercearia) e a 'public house' (botequim); vende de tudo, desde alho e livro de missa, até cachaça, doces e velas; às vezes, é dupla, com um lado para secos e outro para molhados."[122]

VENDA – "A venda de que falo é uma taberna especialíssima que não poderia existir... e nem se confunde com a taberna regular que em toda parte se encontra..." / "Desprezível e nociva durante o dia, a venda é esquálida, medonha, criminosa e atroz durante a noute; os escravos, que aí então se reúnem, embebedam-se, espancam-se, tornando-se muitos incapazes de trabalhar na manhão seguinte..." / "Explorador das trevas protetoras dos vícios e do crime, o vendalhão baixo, ignóbil, sem consciência, paga com abuso duplo e escandaloso a garrafas de aguardente, a rolos de fumo, e a chorados vinténs o café, o açúcar e os cereais que os escravos furtam aos senhores..."[360]

VENDA – "Só não faltavam as vendas de cachaça, farinha, milho e feijão. Eram duas. A principal ficava frente a frente com dois paus semi-apodrecidos, cruzados e plantados defronte à capela, e aos quais chamavam cruzeiro. Era a mais sortida porque, diferente da outra bodega, vendia também querosene."[591]

VENDA – "Às vezes existe, ao lado do rancho, farinha de mandioca, feijão, toucinho, carne sêca e aguardente inferior."[550]

VENDA – "Vi três marrecas nadando / outras três fazendo renda; / também vi uma perua / caixeirando numa venda..."[545]

VENDINHA – "Carrapato já foi gente como nós... Uma feita botou uma vendinha na beira da estrada e fazia muitos negócios porque não se incomodava de vender fiado. Tanto fiou tanto fiou, tanto brasileiro não pagou que afinal carrapato quebrou e foi posto pra fora da vendinha. Ele agarra tanto na gente porque está cobrando as contas."[59]

VENDINHA DE RODAPÉ DE ESTRADA – "Vinha vindo de beber com uns e outros em peregrinagem de uma enfiada de vendinhas de rodapé de estrada."[156]

VENDOLA – "O comércio se reduzia a umas tantas vendolas onde podiam comprar cachaça, fumo e querosene, algumas frutas."[45]

VIAGEM INTRÉPIDA – "Joga uma dose de rum na cerveja, disposto a acionar as turbinas. Sabe que a noite promete ser longa, é o que quer. Cada vez mais com vontade de passar dias e dias fora de si, numa viagem intrépida."[112]

VINHO DE CAJU – "Sobre a mesa havia uma ceia posta: novilho, frangos, peixes, lagostas, compotas. Recendia um cheiro acre misturado com o odor de vinho de caju levemente adocicado."[406]

VINHO DE LARANJA – "Tomam-se duzentas laranja doces, descascam-se cinquenta e põem-se as cascas de molho em um galão de água. Espreme-se todo o caldo, e põe-se o mesmo em um barril, com trinta e duas libras de açúcar refinado. Enche-se o barril de água, e mexe-se e sacode-se bem, ajunta-se um quarto de bacia de fermento, e, enquanto este for fazendo o efeito, vai-se jogando no barril a água das cascas, de maneira que o barril fique sempre cheio. Logo que cessa a fermentação, põe-se um quarto de galão de aguardente velha, ou restilo, tampa-se o barril e deixa-se a bebida descansar durante sete meses, antes de engarrafá-la. Às vezes, são necessários três dias para começar o trabalho, e este continua durante trinta a quarenta dias. Para se dar ao vinho sua cor, deve-se queimar uma xícara de açúcar no restilo, antes do barril ser tampado."[122]

VINHO DO REINO – "– Diabo deste vinho do reino!... Não sei que mistura lhe deitaram!... Querem ver que pôs-me, meio lá, meio cá?"[15]

VINHO DE FOGO – "Depois de achar-se um pouco entusiasmado com o segundo copo, começou a pronunciar guturalmente estas palavras: Goi i catu de catonhe cauim tatá, 'Oh! Quanto é bom, muito bom o vinho de fogo, ou o vinho que arde'."[199]

VIRA-COPO – "Se fosse um homem de proceder correto, amigo do seu trabalho e dos bons modos, nenhuma oposição levantariam. Mas, o que era ele? Um cantador de modinhas, um loroteiro, um vira-copo." [238]

VIRAR – "Talvez a assombre um arrependimento. O homem-da-vida afirma: Não. E vira o chope."[56]

VIRAR O COPO – "O quiosque vivia movimentado e até Pereira perdeu a vergonha de passar o dia virando o copo com a capangagem." ASFORA, Permínio. *Noite grande*. Rio de Janeiro, Editora Minerva Ltda., 1947, pág. 315. [376]

VIRAR O COPO – "Andei pelas imediações num misto de satisfação e tristeza, misturei ternura & raiva, ruminando sobre a precariedade deste mundo. Entrei num bar, pedi uma cachaça e virei o copo."[348]

VIRAR UM TRAGO – "Como eu tinha falado, tava sentado com um amigo virando um trago."[41]

ZONZO – Muito zonzo talvez vinho demais além da gravidade do vôo, que saber para onde vou, ia ser Montreaux mas agora não tenho assim tanta certeza, esta viagem esta zonzeira..."[634]

RESUMO

Frases contendo as palavras cachaça, bar, beber, bebedeira, cachaceiro, embriagado e seus sinônimos, além de outros termos utilizados no universo das bebidas alcoólicas e registrados por escritores são apresentados alfabeticamente.

FONTES E REFERÊNCIAS BIBLIOGRÁFICAS

1. A HISTÓRIA DA EMBALAGEM NO BRASIL – EVOLUÇÃO DE SUCESSO. Texto adaptado da revista PACK, edição especial, ano 6, no.74, outubro de 2003. Disponível em: http://www.furg.br/portaldeembalagens/dez/historia.html. Consulta 14-12-2009.
2. AB'SABER, Aziz N. et AL (1972). História Geral da civilização brasileira. Tomo I: A época colonial – Administração, economia, sociedade. Direção de Sérgio Buarque de Holanda. (1° vol.; 4ª Ed.). 399p. São Paulo, Difusão Européia do Livro.
3. AB'SABER, Aziz N. et AL (1973). História Geral da civilização brasileira. Tomo II: A época colonial – Administração, economia, sociedade. Direção de Sérgio Buarque de Holanda. (2° vol.; 3ª Ed.). 518p. São Paulo, Difusão Européia do Livro.
4. ABREU, Caio Fernando (1982). Morangos mofados. 170p. São Paulo, Círculo do Livro S.A.
5. ABREU, João Capistrano de, 1853-1927 (1963). Capítulos de história colonial, 1500-1800 & Os caminhos antigos e o povoamento do Brasil. 5ª edição, 402p. Brasília, Editôra Universidade de Brasília.
6. ACAMPORA, Alexandre (2006). Canjão. Disponível em: http://www.cronopios.com.br/site/prosa.asp?id=1019. Consulta 04-01-2010.
7. ACUÑA, Cristóbal de (1994). Novo descobrimento do rio Amazonas. 211p. Consejeria de Educación de La Embajada de España em Brasil. Uruguay, Oltaver S. A. Buenos Librosactivos.
8. ADERALDO, Cego (1994). Eu sou o cego Aderaldo. 209p. São Paulo, Maltese.
9. ÁGUA DOCE CACHAÇARIA. Lula quis saber o motivo de nunca ganhar cachaça dos goianos. Disponível em http://www.aguadoce.com.br/interno.php?:=ultimas_noticias&tt=atd&c =104. Consulta 10-01-2010.
10. ALAMBIQUE ESPRAIADO (s/data). Cachaça para apreciadores. Disponível em http://www.alambiquedoespraiado.com.br/historico.asp. Consulta 08-12-2009.
11. ALCARDE, André Ricardo. Outros produtos. Disponível em http:/

/www. agencia.cnptia.embrapa.br/gestor/cana-de-acucar/arvore/CONTAG01_108_22122006154841.html. Consulta 31-07-2010.

12. ALENCAR, José de. As Minas de Prata. Disponível em: www.caminhosdoromance.iel.unicamp.br/biblioteca/0268/300-325.pdf. Consulta 20-12-2009.
13. ALENCAR, José de 1829-1877 (1980). Til. 159p. São Paulo, Ática.
14. ALENCAR, José de 1829-1877(1982). O gaúcho. (2ª Ed.), 166p. São Paulo, Ática
15. ALENCAR, José de 1829-1877 (1982). O sertanejo. (3ª Ed.), 204p. São Paulo, Ática.
16. ALENCAR, José de 1829-1877(1984). A pata da gazela. (8ª Ed.), 88p. São Paulo, Ática.
17. ALENCAR, José de 1829-1877 (1984). Iracema. (15ª Ed.), 87p. São Paulo, Ática.
18. ALENCAR, José de 829-1877 (1984). O guarani. (11ª Ed.), 222p. São Paulo, Ática.
19. ALGRANTI, Leila Mezan (2005). Aguardente de cana e outras aguardentes: por uma história de produção e do consumo de licores na América portuguesa. Pp.71-92. In: Álcool e drogas na história do Brasil. Organizadores: Renato Pinto Venâncio e Henrique Carneiro. 310p. São Paulo, Alameda; Belo Horizonte, Editora PUCMinas.
20. ALINCOURT, Luis d', 1787-1841. (2006). Memória sobre a viagem do porto de Santos à cidade de Cuiabá. 149p. Brasília, Senado Federal, Conselho Editorial.
21. ALMANAQUE DO BEM – Carta da cachaça. Disponível em http://almanaquedobem.com/2009/07/10/carta-da-cachaca/. Consulta 22-06-2010.
22. ALMEIDA, Isnaia Firminia de Souza (2006). Lampião: a medicina e o cangaço. CAOS - Revista Eletrônica de Ciências Sociais Número 11 – Outubro de 2006 Pág. 112-130. Disponível em http://www.cchla.ufpb.br/caos/n11/09.pdf. Consulta 08-12-2009.
23. ALMEIDA, José Américo de, 1887-1980 (1983). A Bagaceira. (21ª Ed.) 125p. Rio de Janeiro, J. Olympio.
24. ALMEIDA JÚNIOR, A. de, (1940) "Sobre o aguardentismo colonial". *Revista do Arquivo Municipal*. São Paulo, 6(72), novembro/dezembro de 1940, p.155-164.
25. ALVES, Castro 1847-1871 (1997). Espumas flutuantes. 167p. São Paulo, O Estado de São Paulo, Klick Editora.
26. ALVES, Léo da Silva (2007). Jânio Quadros – Orador de outros tempos. Disponível em: http://pt.shvoong.com/law-and-politics/law/

1673970-j%C3%A2nio-quadros-orador-outros-tempos. Consulta 06-04-2010.
27. ALVES, Marina (2009). Mercado da cachaça. Revista Envasador – Edição 40 – Guia de Fornecedores 2009. Disponível em: http://www.ibrac.net/index.php?option=com_content&view =article&id=130:mercado-de-cachaca&catid=3 :noticias&Itemid=57. Consulta 16-10-2009.
28. AMADO, Jorge 1912-2001 (1961). ABC de Castro Alves. (8ª Ed.). 321p. São Paulo, Livraria Martins Editora.
29. AMADO, Jorge 1912-2001 (1961). Bahia de Todos os Santos. (89ª ed.), 326p. São Paulo, Livraria Martins Editora.
30. AMADO, Jorge 1912-2001 (1961). Cacau. (11ª Ed.), pp. 147-246. In: País o carnaval – Cacau – Suor. 312p. São Paulo, Livraria Martins Editora.
31. AMADO, Jorge 1912-2001 (1961). Jubiapá. (11ª Ed.), 319p. São Paulo, Livraria Martins Editora.
32. AMADO, Jorge 1912-2001 (1961). Mar morto. (10ª Ed.). 261p. São Paulo, Livraria Martins Editora.
33. AMADO, Jorge 1912-2001 (1961). O amor do soldado. 225p. São Paulo, Livraria Martins Editora.
34. AMADO, Jorge 1912-2001 (1961). País do carnaval. (11ª Ed.) pp. 17-146. In: País do carnaval – Cacau – Suor. 312p. São Paulo, Livraria Martins Editora.
35. AMADO, Jorge 1912-2001 (1961). São Jorge do Ilhéus. (10ª Ed.), 370p. São Paulo, Livraria Martins Editora.
36. AMADO, Jorge 1912-2001 (1965). A morte e a morte de Quincas Berro Dágua. pp. 11-69. In: Os velhos marinheiros. 322p. São Paulo, Livraria Martins Editora.
37. AMADO, Jorge 1912-2001(1971). Os pastores da noite. (36ª Ed.), 320p. SãoPaulo, Livraria Martins Editora.
38. AMADO, Jorge 1912-2001 (1995). Gabriela, cravo e canela. 363p. Rio de Janeiro/São Paulo, Editora Record.
39. AMADO, Jorge 1912-2001 (1997) . Os velhos marinheiros ou a completa verdade sobre as discutidas aventuras do comandante Vasco Moscoso de Aragão, Capitão de longo curso. 243p. Rio de Janeiro/São Paulo, Editora Record.
40. AMADO, Jorge 1912-2001 (1961). Suor. pp. 247-374. In: País do carnaval – Cacau – Suor. 312p. São Paulo, Livraria Martins Editora.
41. AMADO, Jorge 1912-2001 (1961). Terras do sem fim. (11ª Ed.), 298p. São Paulo, Livraria Martins Editora Ltda.

42. AMADO, Jorge 1912-2001 (1995). Dona Flor e seus dois maridos. 397p. Rio de Janeiro / São Paulo, Editora Record.
43. AMADO, Jorge 1912-2001 (1996). Tocaia grande – A face obscura. 421p. Rio de Janeiro / São Paulo, Editora Record.
44. AMADO, Jorge 1912-2001 (s/data). Os subterrâneos da liberdade : I – Os ásperos tempos. (7ª Ed.), 327p. São Paulo, Livraria Martins Editôra.
45. AMADO, Jorge 1912-2001 (s/data). Os subterrâneos da liberdade: II – Agonia da noite. (7ª Ed.), 342p. São Paulo, Livraria Martins Editôra.
46. AMADO, Jorge 1912-2001 (s/data). Os subterrâneos da liberdade: III A luz no fim do túnel. (7ª Ed.), 407p. São Paulo, Livraria Martins Editôra.
47. AMADO, Jorge 1912-2001 (s/data). Seara vermelha. (7ª Ed.), 333p. São Paulo, Livraria Martins Editôra.
48. AMIR KLINK. Biografia. Disponível em: http://www.amyrklink.com.br/conteudo.php?page=biografia. Consulta 19-12-2009.
49. AMORIM, Clóvis (1980). O alambique. Pp. 1-96. In: Alambique; Chão de massapê. 280p. São Paulo, GRD; Brasília, INL.
50. AMORIM, Clóvis (1980). Chão de massapê. Pp. 99-280. In: Alambique; Chão de massapê. 280p. São Paulo, GRD; Brasília, INL.
51. AMOROSO, Marta – Crânios e cachaça: Coleções ameríndias e exposições no século XIX. Departamento de Antropologia-FFLCH/USP. Disponível em: http://www.revistasusp.sibi.usp.br/pdf/rh/n154/a06n154.pdf. Consulta 10-09-2010.
52. AMPAQ (2003). Apostila do curso de produção de cachaça de qualidade. Eng. Gustavo Eduardo de Oliveira (coordenador). (1ª Ed.), 64p. Belo Horizonte, Sistema Ampaq.
53. ANCHIETA, José de 1534-1597 (1984). Minhas cartas; Do irmão José de Anchieta ao geral P. Diogo Laínes, Roma. São Vicente, 1° de junho de 1560. Pp.56-73. In: Minhas cartas. 158p. São Paulo, Associação Comercial de São Paulo.
54. ANCHIETA, José de 1534-1597 (1984). Minhas cartas; Do Ir. José de Anchieta ao general P. Diogo Laínes, Roma (carta sobre as coisas naturais de São Vicente). São Vicente, 31 de março de 1560. Pp.26-48. In: Minhas cartas. 158p. São Paulo, Associação Comercial de São Paulo.
55. ANDRADE, Carlos Drummond de 1902 - 1987 (1982). Romaria. p-37-38 In: Antologia poética. 237p. São Paulo, Abril Cultural.
56. ANDRADE, Mário de 1893-1945 (1982). Amar, verbo intransitivo. 155p. Belo Horizonte, Editora Itatiaia Ltda.
57. ANDRADE, Mário de 1893-1945 (1997). O poço. pp 72-88. In: Con-

tos novos. 144p. São Paulo, O Estado de São Paulo / Klick Editora.
58. ANDRADE, Mário de 1893-1945 (1980). Poesias completas. 214p. São Paulo, Livraria Martins Editora
59. ANDRADE, Mário de 1893-1945 (1997). Macunaíma – O herói sem nenhum caráter. 126p. (30ª Ed.). Belo Horizonte, Vila Rica Editoras Reunidas Ltda
60. ANÍSIO, Chico (1975). Teje preso. 174p. Rio de Janeiro, Rocco.
61. ANSELMO, Ebenézer (2010). lula, O Filho Do Brasil. Disponível em: http://www.artigonal.com/politica-artigos/lula-o-filho-do-brasil-1730245.html. Consulta 06-04-2010.
62. ANTONIL, André João, 1649-1716 (1963). Cultura e opulência do Brasil por suas drogas e minas. 104p. (Separata do Boletim Geográfico, nº 166 a 171). Anotações de Orlando Valverde. Edição da Divisão Cultural, Conselho Nacional de Geografia. IBGE.
63. ARAUJO, Nélson de (1991). 1591 – A Santa Inquisição na Bahia. Pp.7-114. In: 1591, a Santa Inquisição na Bahia e outras estórias. 378p. Rio de Janeiro, Nova Fronteira.
64. ARBOLÁEZ, Lucia (2009). O rum cubano não tem segredos - Breve retrospectiva da sua história. Disponível em http://www.granma.cu/portugues/2009/diciembre/juev17/rum-cubano-segredos.html. Consulta 10-09-2010.
65. ASFORA, Permínio, 1913-2001 (1940). Sapé. 289p. Curitiba, São Paulo, Rio, Editora Guaíra Ltda
66. ASFORA, Permínio, 1913-2001 (1957). Vento nordeste. 286p. Rio de Janeiro, Livraria José Olympio Editora.
67. ASSIS, Machado de 1839-1908 (1997). A semana I. 250p. São Paulo, Globo.
68. ASSIS, Machado de 1839-1908 (1997). Crítica & variedades. 249p. São Paulo, Globo.
69. ASSIS, Machado de 1839-1908 (1997). Dom Casmurro. 217p. São Paulo, Globo.
70. ASSIS, Machado de 1839-1908 (1997). História de quinze dias. 170p. São Paulo, Globo.
71. ASSIS, Machado de 1839-1908 (1997). Relíquias de casa grande. 138p. São Paulo, Globo.
72. ASSIS, Machado de 1839-1908 (1997). Ressurreição. 118p. São Paulo, Globo.
73. ASSUNÇÃO, Paulo de, (2000). A terra dos Brasis: a natureza da América portuguesa vista pelos primeiros jesuítas 1549-1596. 274p. São Paulo, Annablume.

74. AVÉ-LALLEMANT, Roberto 1812-1884 (1953). Viagem pelo sul do Brasil no ano de 1.858. Coleção de obras raras. Segunda parte. 360p. Rio de Janeiro, Ministério da Educação e Cultura; Instituto Nacional do Livro.
75. AVÉ-LALLEMANT, Roberto 1812-1884 (1961). Viagem pelo norte do Brasil no ano de 1.859. Vol. 2, 284p. Rio de Janeiro, Ministério da Educação e Cultura; Instituto Nacional do Livro; Coleção de Obras Raras, VII.
76. AZEVEDO, Aluísio 1857-1913 (1981). Casa de pensão. (3ª Ed.) 182p. São Paulo, Ática.
77. AZEVEDO, Aluísio 1857-1913 (1983). O mulato. (5ª Ed.), 190p. São Paulo, Ática.
78. AZEVEDO, Artur 1855-1908 (1997). Paulino e Roberto. Págs. 7-13. In: Plebiscito e outros contos, 124p. Rio de Janeiro, Ediouro.
79. AZEVEDO, Fernando de 1894-1974 (1948). Canaviais e engenhos na vida política do Brasil. 243p. Rio de Janeiro, Instituto do Açúcar e do Álcool.
80. AZEVEDO, Tales de 1904-1995 (1940). Um esquema de pesquisas etnográficas sobre alimentação. Pp. 231-248. In: São Paulo, Revista do Arquivo Municipal, LXXII, 33
81. BACELLAR, Carlos de Almeida Prado (2001). Viver e sobreviver em uma vila colonial: Sorocaba, séculos XVIII e XIX. 274p. São Paulo, Annablume/Fapesp.
82. BAERS, Joannes (1978). Olinda conquistada. 100p. São Paulo, IBRASA; Brasília, INL.
83. BAHIA, José Aloise (2005). O "Espetáculo" não pode parar. Palanque literário e eleitoral. Disponível em: http://www.cronopios.com.br/site/artigos.asp?id=440. Consulta 05-01-2010.
84. BARBOSA, Amilcar Bettega (2002). Deixe o quarto como está: estudos para a composição do cansaço: contos. 124p. São Paulo, Companhia das Letras.
85. BARBUY, Heraldo 1913-1988 (1936). Beco da cachaça (Romance e costumes paulista – 1860). 276p. São Paulo, Empresa Editora J. Fagundes.
86. BARLÉU, Gaspar 1584-1648 (1974). História dos fatos recentes praticados durante oito anos no Brasil. 414p. Belo Horizonte, Ed. Itatiaia; São Paulo, Ed. Da Universidade de São Paulo.
87. BARNABÉ (2004). **Mas era com cacha**ça ou caipirinhas? Disponível em: http://barnabe.weblog.com.pt/arquivo/051453.html. Consulta 06-04-2010.

88. BARRETO, Lima 1881-1922 (1985). Os bruzundangas. 142p. São Paulo, Ática.
89. BARRETO, Lima 1881-1922 (1986). Triste fim de Policarpo Quaresma. 159p. Série Bom Livro - Edição Didática. São Paulo, Editora Ática.
90. BARRETO, Lima 1881-1922 (1996). A Nova Califórnia. pp. 39-55. In: O homem que sabia javanês e outros contos. 108p. Rio de Janeiro, Ediouro.
91. BARRETO, Lima 1881-1922 (1996). Um especialista. pp. 23-38. In: O homem que sabia javanês e outros contos. 108p. Rio de Janeiro, Ediouro.
92. BATES, Henry Walter 1825-1892 (1979). Um naturalista no rio Amazonas. 305p. Belo Horizonte, Ed. Itatiaia; São Paulo, Ed. da Universidade de São Paulo.
93. BEAUREPAIRE-ROHAN, Visconde de 1812-1894 (1889). Diccionario de Vocabulos Brasileiros. 147p. Rio de Janeiro, Imprensa Nacional.
94. BEBIDAS DOIDAS – O nascimento da cachaça. http://www. bebidas. doidas.com/curiosidades.tech?id=100. Consulta 09-07-2009.
95. BEIRÃO, Nirlando (2010). A nobreza (nem sempre compreendida) de uma bebida made in Brasil. Disponível em: http://www. revista brasileiros.com.br/edicoes/30/textos/846/. Consulta 06-04-2010.
96. BEIRÃO, Nirlando (2010). Enquanto isso, nos Jardins... Disputando espaço com conhaques e uísques. Disponível em: http://www.revistabrasileiros.com.br/edicoes/30/textos/848/. Consulta 06-04-2010.
97. BEIRÃO, Nirlando (2010). O sommelier das brancas e douradas - Leandro e o inebriante paraíso do Mocotó. Disponível em: http://www. revistabrasileiros.com.br/edicoes/30/textos/847/. Consulta 06-04-2010.
98. BENCZ, Vanessa (2008). Capítulo 9 ½: Conversando com o Clube da serpente. Disponível em: http://www.cronopios.com.br/site/ensaios.asp?id=3082. Consulta 04-01-2010.
99. BENNERTZ, Rafael e VELHO, Lea (2009). A sociologia da tecnologia e o desenvolvimento do álcool no Brasil. III Simpósio Nacional de Tecnologia e Sociedade. Desafios para a transformação social. 10 a 13 de novembro de 2009. PPGTE Programa de Pós Graduação em Tecnologia. UTFPR Universidade Tecnológica Federal do Paraná. Disponível em http://sociologiadaciencia.files.wordpress.com/2010/02/trabalhocompleto_bennertz_e_velho_gt01.pdf . Consulta 01-09-2010.
100. BEZERRA, Márcio (2006). Exercícios de aproximação. In: Primei-

ro manifesto da poesia acreana contemporânea. Disponível em: http://www.cronopios.com.br/site/poesia.asp?id=1621. Consulta 04-01-2010.

101. BIANCHINI, Vivian Karina e ASSUMPÇÃO, Maria Rita (2002). A diferenciação de produtos na cadeia produtiva do açúcar: O processo de produção dos açúcares líquido e líquido invertido. XXII Encontro Nacional de Engenharia de Produção - Curitiba – PR, 23 a 25 de outubro de 2002. Disponível em http://www.agencia. cnptia. embrapa.br/Repositorio/ENEGEP2002_TR11_ 0983_000fxg 0zp8q02 wyiv80soht9hptpvr0l.pdf. Consulta 01-09-2010.

102. BLODEGA.COM – DOSES DE HUMOUR E INFORMAÇÃO BEM SERVIDAS – Em busca da batida (de limão) bem servidas. Disponível em: http://www.blodega.com/index.php/2009/05/17/em-busca-da-batida-de-limao-perfeita/ . Consulta 11-07-2009.

103. BLOG DO RENÉ SANTOS NETO – Os dez mandamentos do mé. Disponível em http://renesantosneto.blogspot.com/2007_09_16_archive. html. Consulta 11-08-2009.

104. BOLSA DE NOVIDADES – Cachaça: 70 anos de Pitú. Disponível em http://www.bolsadenovidades.caixadepandora.com.br/2008/01/15/cachaca-70-anos-de-pitu/. Consulta 12-07-2009.

105. BOQUADY, O ESCRITOR – Dicionário de sinônimos de cachaça e algumas designações para bebidas alcoólicas. Disponível em http://boquady.blogspot.com/2008/09/dicionrio-de-sinnimos-de-cachaa-e.html. Consulta 10-07-2009.

106. BOTECO MÓVEL – 179 sinônimos para cachaça. Disponível em http://botecomovel-zonzeiras.blogspot.com/2009/05/164-sinonimos-para-cachaca.html. Consulta 05-07-2009.

107. BOTELHO, Tarcísio R. (2005). A produção de tiquira no Maranhão: história de uma ausência. Pp. 215-229. In: Álcool e drogas na história do Brasil. Organizadores: Renato Pinto Venâncio e Henrique Carneiro. 310p. São Paulo, Alameda; Belo Horizonte, Editora PUCMinas.

108. BRANCO, Renato Castelo 1912-1995 (1983). A conquista dos sertões de dentro. 151p. São Paulo, LR Editores.

109. BRANDÃO, Ignácio de Loyola (1988). Não verás país nenhum. 356p. São Paulo, Global.

110. BRANDÃO, Ignácio de Loyola (1984). O verde violentou o muro. 279p. São Paulo, Global.

111. BRANDÃO, Ignácio de Loyola (1980). Zero. (7ª Ed.), 285p. Rio de Janeiro, Codecri.

112. BRANDÃO, Ignácio de Loyola (s/data). O ganhador. 328p. São Paulo, Círculo do Livro S.A.
113. BRANDÃO, Ignácio de Loyola (s/data). O beijo não vem da boca. 470p. São Paulo, Círculo do Livro S.A.
114. BRASIL ALERTA – Veja as frases inacreditáveis de Lula. Disponível em http://www.brasilalerta.com.br/arquivos/veja-as-frases-mais-inacreditaveis-de-lula. Consulta 10-02-2010.
115. BREVE HISTÓRICO – POVOAMENTO DA REGIÃO. Disponível em http://www.sebraerj.com.br/custom/pdf/cam/sal/02_BreveHistorico. pdf. Consulta 10-12-2009.
116. BRIOSCHI, Lúcia R., BACELAR, Carlos A. P., CHIACHIRI FILHO, José, JUNQUEIRA, Eduardo D. & SAMPAIO, Heloisa de Mesquita (1991). Entrantes no sertão do Rio Pardo: o povoamento da Freguesia de Batatais – séculos XVIII e XIX. 293p. São Paulo, Ceru.
117. BUENO, Beatriz Piccolotto Siqueira (2009). Dilatação dos confins: caminhos, vilas e cidades na formação da Capitania de São Paulo (1532-1822). In: An. mus. paul. vol.17 no.2 São Paulo July/Dec. 2009. Disponível em http://www.scielo.br/scielo.php?pid= S0101-47142 009000200013&script=sci_arttext. Consulta 05-07-2010.
118. BUENO, Daniel. Brasil Curioso. Disponível em: http://www.danielbueno.com.br/site/curiosidades/brasil.html. Consulta 11-12-2009.
119. BUENO, Eduardo (1998). A viagem do descobrimento: a verdadeira história da expedição de Cabral. 137p. Rio de Janeiro, Ed. Objetiva.
120. BUJ, Manoel –34ª Degustação Cognac e Brandy – Associação Brasileira de Enologia. Disponível em http://www.enologia.org.br/one/gerenciador_arquivos/users/downloads/Degustacao-de-cognac-pdf.pdf. Consulta 26-09-2010.
121. BUNBURY, Charles James Fox, 1808-1866 (1981). Viagem de um naturalista inglês ao Rio de Janeiro e Minas Gerais: 1833-1835. 124p. Belo Horizonte, Ed. Itatiaia; São Paulo, Ed. da Universidade de São Paulo.
122. BURTON, Richard Francis, Sir. 1821-1890. (1976). Viagem do Rio de Janeiro ao Morro Velho. 366p. Belo Horizonte, Ed. Itatiaia; São Paulo, Ed. Da Universidade de São Paulo.
123. BURTON, Richard Francis, Sir. 1821-1890. (1977). Viagem de canoa de Sabará ao oceano Atlântico. 360p. Belo Horizonte, Ed. Itatiaia; São Paulo, Ed. Da Universidade de São Paulo.
124. CABRAL, Reinaldo (2008) O narcobenfeitor de Altmira. Disponível em: http://www.cronopios.com.br/site/prosa.asp?id=2974. Consulta 04-01-2010.

125. CABÚS, Lígia. Oferenda, fumo e cachaça na Umbanda. Disponível em: http://mortesubita.org/jack/cultos-afros/teoria/oferendas-fumo-e-cachaca-na-umbanda/view. Consulta 22-12-2009.
126. CACHAÇA AMÉLIA – Da Amélia ao Arco Íris. Disponível em http://www.cachacaamelia.com.br/page2.php. Consulta 23-06-2010.
127. CAÇA CACHAÇA – A turma mais arretada do sertão. Disponível em http://www.candeeiro.net/cachaca/2008/08/07/dicionario-pernambuques/. Consulta 10/07/2009
128. CACHAÇA COQUEIRO. Coqueiro p'ra quem sabe. Disponível em: http://www.cachacacoqueiro.com.br/acoqueiro.html. Consulta em 18-12-2009
129. CACHACAS.COM - GAZETA DA CACHACA – Cultura & cachaça. Disponível em http://www.cachacas.com/famosos.php. Consulta 01-06-2009.
130. CAFÉ COM AMIGOS – Para os fedaputas dos cachaceiros. Disponível em http://cafecomamigos.com.br/tag/cachaca/. Consulta 26-10-2009.
131. CALAINHO, Daniela Buono (S/DATA). Os mensageiros ilegítimos da salvação: os feiticeiros. Inquisição em Portugal e no Brasil. Disponível em http://www.rumoatolerancia.fflch.usp.br/node/2204. Consulta 10-12-2010.
132. CALASANS, José (1951). Cachaça, moça branca, 112p. 2ª edição, salvador, livraria progresso editora.
133. CALLADO, Antonio 1917-1997 (1982). A expedição Montaigne. 129p. Rio de Janeiro, Nova Fronteira
134. CALLADO, Antonio 1917-1997 (1957). A madona de cedro. 207p. São Paulo, Círculo do livro Ltda.
135. CALLADO, Antonio 1917-1997 (1996). Quarup. Vol. I, 380p. Rio de Janeiro / São Paulo, Editora Nova Fronteira.
136. CALLADO, Antonio 1917-1997 (1996). Quarup. Vol. II, pp. 383-601. Rio de Janeiro / São Paulo, Editora Nova Fronteira.
137. CALLADO, Antonio 1917-1997 (2004). A revolta da cachaça. 128p. Rio de Janeiro, Nova Fronteira.
138. CALMON, Pedro 1902-1985 (1939). História do Brasil; 1º volume; As origens (1500-1600). 476p. São Paulo, Companhia Ed. Nacional.
139. CÂMARA, Marcelo (2004). Cachaça – Prazer brasileiro, 143p. Mauad Editora Ltda, Rio de Janeiro
140. CÂMARA, Marcelo (2009). Fantasia não eliminada. Disponível em:http://www.alesfe.org.br/materia/materiatoda.asp? numeromateria=251. Consulta 16-12-2009.

141. CAMILO, Yara Maria (2005). Náufrago. Disponível em: http://www.cronopios.com.br/site/prosa.asp?id=498. Consulta 05-01-2010.
142. CAMINHA, Adolfo 1867-1987 (1983). Bom-crioulo. 80p. São Paulo, Ática.
143. CAMINHA, Pero Vaz de 1450-1500 (1963). A carta. Edição de base: *Carta a El Rei D. Manuel*, Dominus, São Paulo, 1963. Disponível em: http://www.cce.ufsc.br/~nupill/literatura/carta.htm.l Consulta 02-05-2010.
144. CAMPOS, Eduardo 1923-2007 (1966). À véspera do dilúvio. 166p. Rio de Janeiro, Record.
145. CANTONI & SANGALLI - CÂMARA MUNICIPAL DE SÃO JOSÉ DE ALÉM PARAÍBA – ANNO 1889 (2010). Relação de negociantes estabelecidos na Freguezia de Sant'Anna do Pirapetinga - Ano de 1889. Disponível em http://www.arquivohistorico-mg.com.br/pirapetinga/negociantes_pir89.html. Consulta 09-12-2009.
146. CARDIM, Fernão 1540?-1625 (1980). Tratados da terra e gente do Brasil. 206p. Belo Horizonte, Ed. Itatiaia; São Paulo, Ed. da Universidade de São Paulo.
147. CARDOSO, Patrícia Domingos Woolley (2006). O Diário de Bordo de um Jesuíta Expulso do Estado do Grão-Pará e Maranhão, 1757-1758. In: SBPH – Sociedade Brasileira de Pesquisa Histórica. 26ª Reunião, julho de 2006. Disponível em http://sbph.org/reuniao/26/trabalhos/Patricia%20Domingos%20Woolley%20Cardoso.pdf. Consulta 09-12-2009.
148. CARMONA, Lédio; RODRIGUES, Jorge Luis e PETRIK, Tiago (2000). Brasileiros olímpicos. 221p. São Paulo, Editora Panda.
149. CARNEIRO FILHO, Alberico (1975). O andrógino. 279p. Ri de Janeiro, edição do autor.
150. CARNEIRO, Henrique (2010). Bebida, abstinência e temperança na história antiga e moderna. 287p. São Paulo, Editora Senac São Paulo.
151. CARVALHEIRA, Octávio Pinto (2006). A nossa cachaça. 201p. São Paulo, edição do autor.
152. CARVALHO, Hernani de (2002). A cachaça, vista pelo folclore. In: Jangada Brasil. Ano 5, nº 49, setembro 2002. Disponível em http://www.jangadabrasil.com.br/setembro49/especial02.htm. Consulta em 07/07/2009.
153. CARVALHO, José Cândido de 1914-1989 (1972). Ninguém mata o arco-íris. 233p. Rio de Janeiro, Livraria José Olympio Editora.
154. CARVALHO, José Cândido de 1914-1989 (1989). O coronel e o lobisomem. 321p. Rio de Janeiro, Livraria José Olympio Editora Ltda.

155. CARVALHO, José Cândido de 1914-1989 (1984). Olha para o céu, Frederico! (6ª Ed.) 128p. Rio de Janeiro, J. Olympio.
156. CARVALHO, José Cândido de 1914-1989 (1984). Os mágicos municipais. 231p. Rio de Janeiro, J. Olympio.
157. CARVALHO, Murilo (1988) Cachaça, uma alegre história brasileira. 157p. São Paulo, Caninha 51 Indústria e Comércio de Bebidas.
158. CASA BRANCA DE OMULU (S/DATA). Os boiadeiros. Disponível em http://www.omolu.com.br/boiadeiros.htm Consulta 09-12-2009.
159. CASCUDO, Luís Câmara 1898-1986 (2002). Excertos do folclore da alimentação. In: Jangada Brasil. Ano IV, nº 42, fevereiro de 2002. Disponível em http://www.jangadabrasil.com.br/fevereiro42/cp42020a.htm. Consulta 30/07/2009.
160. CASCUDO, Luís Câmara 1898-1986 (2006). Prelúdio da cachaça. 86p. São Paulo, Global.
161. CASCUDO, Luís Câmara 1898-1986 (2008). Antologia da alimentação no Brasil. 304p. 2ª Ed. São Paulo, Global.
162. CASTRO, R. C. G. A formação da brasilidade alimentar. Jornal da USP, São Paulo, ano XV, n. 599, jun. 2002. Disponível em: http://www.usp. br/jorusp/arquivo/2002/jusp599/pag06.htm . Consulta 08-10-2009.
163. CASTRO, Ruy (1990). Chega de saudade: a história e as histórias da Bossa Nova. 463p. São Paulo, Companhia das Letras.
164. CASTRO, Ruy (1990). O melhor do mau humor. 154p. São Paulo, Editora Schwarcz Ltda.
165. CASTRO, Ruy (1995). Estrela solitária: um brasileiro chamado Garricha. 520p. São Paulo, Companhia das Letras.
166. CAVALCANTE, Messias Soares (1983). Implantação e desenvolvimento da preservação de madeiras no Brasil. São Paulo, Instituto de Pesquisas Tecnológicas, IPT. 57p. (Pesquisa e Desenvolvimento nº 14).
167. CAVALCANTE, Messias Soares (2007). Coleção de Cachaças do Messias. Disponível em: http://www.pingaiada.alfenas.net/index.php. Consulta 12-12-2009.
168. CESAR, Marco Antonio Azeredo et all. (2003). Pequenas indústrias rurais de cana-de-açúcar: melado, rapadura e açúcar mascavo. 155p. Editores técnicos: Fábio Cesar da Silva, Marco Antonio Azeredo Cesar, Carlos Arthur Barbosa da Silva. Brasília, Embrapa Informação Tecnológica.
169. CHAVES, Juca (1993). A culpa é do governo – A verdadeira história política do país em música, verso e prosa, 106p. São Paulo, Maltese.

170. CHICO JUNIOR. Um alambique de dois séculos e um simples pudim de leite. Disponível em: http://www.slowfoodbrasil.com/content/view/183/95/. Consulta 14-10-2009.
171. CID, Jorge Plá (2005). Tudo é relativo. Disponível em: http://www.cronopios.com.br/site/prosa.asp?id=747. Consulta 05-01-2010.
172. CIRILO JÚNIOR (2008). Cana-de-açúcar se torna segunda fonte de energia do país – Folha Online – 08/05/2008 – 13h08. Disponível em http://www1.folha.uol.com.br/folha/dinheiro/ult91u399844.shtml. Consulta 10-09-2010.
173. COELHO, Endrigo (s/data). Tropeirismo: No lombo da mula. In: http://historia.abril.com.br/cotidiano/tropeirismo-lombo-mula-434335.shtml. Consulta 22-12-2009.
174. COELHO, Luiz Lopez (1974). A idéia de matar Belina. 152p. São Paulo, Editora Três.
175. COLÉGIO MILITAR DE FORTALEZA – Trabalho interdisciplinar: Conhecendo um engenho. Disponível em http://www.aquiceara.com/pages_br/br/engenho/relatorio_david.html. Consulta 07-07-2009.
176. CONDE, Bruno Santos (2009). Senhores de fé e de escravos: a escravidão nas fazendas jesuíticas do Espírito Santo. Disponível em: http://www.labhstc.ufsc.br/ivencontro/pdfs/comunicacoes/BrunoSantosConde.pdf. Consulta 22-12-2009.
177. CONY, Carlos Heitor (1976). A noite do massacre (Paranóia). 108p. Rio de Janeiro, Civilização Brasileira.
178. CONY, Carlos Heitor (1964). Matéria de memória. 167p. Rio de Janeiro, Civilização Brasileira.
179. CONY, Carlos Heitor (1967). O ventre. 166p. Rio de Janeiro, Civilização Brasileira
180. CONY, Carlos Heitor (1975). Pessach: a travessia. 301p. Rio de Janeiro, Civilização Brasileira.
181. CONY, Carlos Heitor (1975). Pilatos: romance. (2ª ed.). 174p. Rio de Janeiro, Civilização Brasileira.
182. CONY, Carlos Heitor (1995). Quase memória (1ª Ed. 1995 com uma impressão). 213p. São Paulo, Companhia das Letras.
183. CONY, Carlos Heitor (1960). Tijolo de segurança. Pág. 237. Rio de Janeiro, Civilização Brasileira.
184. COQUETEIS.COM.BR – Cachaça. Disponível em http://www.coketeis .com.br/default.asp?area=32&id=12. Consulta 11-07-2009.
185. CORDEL DAS FESTAS POPULARES. Disponível em: http://www.gustavodourado.com.br/cordel.htm. Consulta 03-01-2010.

186. CORREIO GOURM@ND – Glossário da cachaça. Disponível em http://correiogourmand.com.br/info_glossario_produtos_bebidas_cachaca_glossario.htm. Consulta 06-07-2009.
187. COSTA, Iraci Del Nero da (1982). Fundamentos econômicos da ocupação e povoamento de Minas Gerais. Pp. 41-52. In: Revista do Instituto de Estudos Brasileiros, nº 24. São Paulo, Instituto de Estudos Brasileiros, Universidade de São Paulo. 201p.
188. COSTA FILHO, Miguel. *A cana-de-açúcar em Minas Gerais*. Rio de Janeiro, Instituto do Açúcar e do Álcool, 1963, p.223-231) http://www.jangadabrasil.com.br/setembro49/especial21.htm. Consulta 09-12-2009.
189. COSTA, Luiz Edmundo M. M. (1987). Cachaça suor de alambique – sua história, sua técnica, seu folclore, 173p. Alagoas, Ed. do autor.
190. COSTA, Luiz Monteiro (1958). Na Bahia colonial – apontamentos para história militar da cidade do Salvador. 168p. Salvador, Editora Progresso
191. COUTINHO, Carlos Alberto Tavares et all (2010). A história da cerveja no Brasil. In: Cervesia, disponível em: http://www.cervesia.com.br/historia_da_cerveja%20no%20brasil.asp. Consulta 17-03-2010.
192. COUTO, Jorge (1998). A construção do Brasil. Ameríndios, portugueses e africanos, do inicio do povoamento a finais de quinhentos. 408p. Lisboa, Edições Cosmos.
193. CRISPIM, Jack Eliseu (2000). Manual de produção de aguardente de qualidade. 333p. Guaíba, Agropecuária.
194. CRONÓPIOS. DA REDAÇÃO (2005). 6º Sarau da Esquina. Disponível em: http://www.cronopios.com.br/site/noticias.asp?id=388. Consulta 05-01-2010.
195. CULTURA NORDESTINA. Disponível em: http://www. gustavodourado.com.br/cordel/Cultura%20Nordestina.htm Consulta 03-01-2010.
196. CURIOSIDADES – Os muitos nomes da cachaça. Disponível em http://www.cachacagabriela.com.br/curiosidade02.php. Consulta 06-07-2009.
197. CURTIS, Waine (2007). And a bottle of rum – A history of the new world in ten cocktails, 199p. Three Rivers Press, New York
198. D'GUSTA. Os dez mandamentos da cachaça. Disponível em http://www.dgusta.com.br/. Consulta 24-07-2009.
199. D'EVREUX, Yves 1577-1632 (2002). Viagem ao norte do Brasil: feita nos anos 1613 a 1614. 436p. São Paulo, Siciliano.
200. DANOSO, José (1977). O obsceno pássaro da noite. 419p. São

Paulo, Círculo do Livro.
201. DANTAS, Janduhi (s/d). A mulher que vendeu o marido por R$ 1,99. Disponível em: http://www.camarabrasileira.com/cordel48.htm. Consulta 05-01-2010.
202. DAVATZ, Thomas (1980). Memórias de um colono no Brasil: 1850. 304p. Belo Horizonte, Ed. Itatiaia; São Paulo, Ed. da Universidade de São Paulo.
203. DAVIES, B. The rumelier and caribbean rum – from cane to the bottle. Disponível em http://www.therumelier.com/id17.html. Consulta 10-03-2010.
204. EBRET, Jean Baptiste 1768-1848 (sem data) Viagem pitoresca e histórica do Brasil – Negros carregadores de cangalha. Disponível em: http://www.terrabrasileira.net/folclore/manifesto/oficios/carrega1.html. Cconsulta 21-12-2009.
205. DECRETO-LEI 739 DE 24 DE SETEMBRO DE 1938 - Aprova o regulamento para a arrecadação e fiscalização do imposto de consumo. Disponível em http://www.jusbrasil.com.br/legislacao/126748/decreto-lei-739-38. Consulta 23-06-2010.
206. DENIS, Ferdinand 1798-1890 (1980). Brasil. 434p. Belo Horizonte, Editora Itatiaia – São Paulo, Edit. da Univeridade de São Paulo.
207. DESCICLOPÉDIA – Pinga. Disponível em http://desciclo.pedia.ws/wiki/cacha%c3%a7a. Consulta 06-07-2009.
208. DIAS, Alice Conde, SOBEL, Tiago Farias & COSTA, Écio de Farias. O sistema harmonizado pode ser utilizado como barreira técnica? A análise do caso da cachaça, no período de 2002 a 2007. Disponível em http://www.bnb.gov.br/content/aplicacao/eventos/forumbnb2009/docs/o-sistema.pdf. Consulta 10-09-2010.
209. DIAS, Álvaro (2010). Cachaça e pererecas no ponto G do discurso de Lula. Disponível em: http://www.blogalvarodias.com/2010/02/cachaca-e-pererecas-no-ponto-g-do-discurso-de-lula/. Consulta 05-04-2010.
210. DICAS DE JARDINAGEM – Cânfora. Disponível em http://www.dicasdejardinagem.com.br/ntc/default.asp?cod=126. Consulta 07-08-2009.
211. DICIONÁRIO INFORMAL. Disponível em http://dicionario informal.com.br/definicao.php?palavra =cacha%e7a&id=131. Consulta 06-07-2009.
212. DICIONÁRIO INFORMAL. Disponível em http://www.dicionario informal.com.br/definicao.php?palavra= bai%FAca&id. Consulta 02-07-2009.

213. DICIONÁRIO ONLINE DE PORTUGUÊS – Baiuca. Disponível em http://www.dicio.com.br/baiuca/ consulta 04/08/2009
214. DIEGUES, Douglas (2005). Palabras di esperma caliente contra u frio kurepi. Disponível em: http://www.cronopios.com.br/site/colunistas. asp?id=487. Consulta 05-01-2010.
215. DIEGUES JÚNIOR, Manuel (2006). O engenho de açúcar no Nordeste. 92p. Maceió, EDUFAL.
216. DORNAS FILHO, João (2002). A cachaça no folclore de Minas Gerais. In: Jangada Brasil. Ano 5, nº 49, setembro 2002. Disponível em http://www.jangadabrasil.com.br/setembro49/especial30.htm. Consulta 15-07-2009
217. DRIKA CURIOSA NA COZINHA. Homenagem ao Dia Nacional da Cachaça (21 de maio). Disponível em http://drikacuriosa .blogspot. com/2009/05/homenagem-ao-dia-nacional-da-cachaca-21.html. Consulta 06/08/2009.
218. E.C. – História da cachaça. Disponível em http://www.esquadrao cachaceiro.hpg.com.br/histicachaca.html. Consulta 11-08-2009.
219. EART – Códigos e gírias no rádio. Disponível em http://www.eart.esp.br/forum/viewtopic.php?t=475&sid= 922ba8decea0f02 08fc34fdbe0f69143. Consulta 29-07-2009.
220. EBENÉZER, A. lula, O Filho Do Brasil. Disponível em http://www.artigonal.com/politica-artigos/lula-o-filho-do-brasil-1730245.html. Consulta 10-01-2010.
221. ESTADAO.COM.BR – Suplementos: Viagem e aventura. Disponível em http://www.estadao.com.br/arquivo/suplementos/2000/not20000805p14540.htm. Consulta 25/07/2009.
222. FAPESP NA MÍDIA (2007). Brinde à cachaça. Publicado em: Problemas Brasileiros (Bebidas) em 1 de Março de 2007. Disponível em http://www.bv.fapesp.br/namidia/noticia/8757/brinde-cachaca. Consulta 24-10-2009.
223. FEIJÓ, Ateneia & MACIEL, Engels (2002). Cachaça artesanal : do alambique à mesa. 112p. Rio de Janeiro, Ed. Senac Nacional.
224. FENLEY, Claudio Augusto (2007). Aviação e desenvolvimento sustentável do Amazonas - Tese de doutorado apresentada à Universidade do Rio de Janeiro, 146p. Disponível em: http://www.catalineiros.com/site/abracat/admin/imgforum/ClaudioAugustoFenley.pdf . Consulta 20-12-2009.
225. FERNANDES, Kamila (2004). Lula ganha garrafa de aguardente e usa boné do MST em Rondônia. Disponível em: http://www1 .folha.uol.com.br/folha/brasil/ult96u63200.shtml. Consulta 06-05-2010.

226. FERNANDES, Francisco & LUFT, Celso Pedro (1982). Dicionário de sinônimos e antônimos da língua portuguesa. (26ª Ed. Ver. E ampl.). 880p. Porto Alegre, Globo.
227. FERNANDES, Thais (2008). Vida de ébrio - Pequeno mamífero bebe regularmente néctar de palmeira com teor alcoólico igual ao da cerveja. Disponível em: http://cienciahoje.uol.com.br/noticias/zoologia/vida-de-ebrio/. Consulta 11-12-2009.
228. FERNANDES, Valentim (2001). Certidão de Valentim Fernandes – 20 de maio de 1503. Pp. 295-305. In: JANAÍNA, Amado & FIGUEIREDO, Luís Carlos (2001): Brasil 1500: quarenta documentos. 550p. Brasília, Editora Universidade de Brasília; São Paulo, Imprensa Oficial do Estado de São Paulo.
229. FERREIRA, Jurandir (1991). Da quieta substância dos dias. 390p. São Paulo, Instituto Moreira Salles.
230. FERREIRA, Roquinaldo (2010). Dinâmica do comércio intracolonial: Geribitas, panos asiáticos e guerra no tráfico angola de escravos (século XVIII). Pp. 339-378. In: O antigo regime nos trópicos: a dinâmica imperial portuguesa (séculos (XVI-XVIII). Organizadores: João Fragoso, Maria Fernanda Baptista Bicalho e Maria de Fátima Silva Gouvêa. Rio de Janeiro, CivilizaçãoBrasileira. 473p.
231. FIGUEIREDO, Betânia Gonçalves (2005). O arranjo das drogas nas boticas e farmácias mineiras entre os séculos XVIII e XIX. In: Álcool e drogas na história do Brasil. Organizadores: Renato Pinto Venâncio e Henrique Carneiro. 310p. São Paulo, Alameda; Belo Horizonte, Editora PUCMinas.
232. FIGUEIREDO, Luciano & VENÂNCIO, Renato Pinto (2005). Águas ardentes: O nascimento da cachaça. Pp.12-57. In: FIGUEIREDO, Fernando; VENÃNCIO, Renato Pinto; DEL PRIORE, Mary & NOVAES, Fernando Valadares (2005). Cachaça – Uma alquimia brasileira, 124p. Rio de Janeiro, 19 Design Editora Ltda.
233. FIGUEIREDO, Fernando et all (2005). Cachaça - Alquimia brasileira, 124p. Rio de Janeiro, 19 Design Editora Ltda.
234. FIGUEIREDO, Talita (2007). Produtor de cachaça tem dor de cabeça com tributo cobrado sobre preço final. In: Folha Online. Disponível em http://www1.folha.uol.com.br/folha/dinheiro/ult91u113734.shtml Consulta 04-07-2010
235. FILGUEIRAS, Carlos A. L. (1993). João Manso Pereira, químico empírico do Brasil colonial. Química Nova 16(2). Disponível em: http://64.233.163.132/search?q=cache:CsluLyc9ENEJ:quimicanova.sbq.org.br/qn/qnol/1993/vol16n2/v16_n2_%2520(14).pdf+

pipa+aguardente&cd=24&hl=pt-BR&ct=clnk&gl=br. Consulta 21-12-2009.
236. FLORÂNIA, ESCONDIDA NAS SERRAS – Disponível em http://www. inforside.com.br/florania/escondida_serras/cultura/cultura.html. Consulta 24-07-2009.
237. FONSECA, Rubem. Feliz Ano Novo. Disponível em: http://www.passeiweb.com/na_ponta_lingua/livros/resumos_comentarios/f/feliz_ano_novo. Consulta 06-01-2010.
238. FONTES, Amando (1975). Os corumbas. (11ª Ed.), 175p. Rio de Janeiro, Livraria José Olympio Editora.
239. FORUM HARDMOB – Algum cearence aqui? Me ajude! Disponível em http://forum.hardmob.com.br/showthread.php?t=237530. Consulta 30-07-2009.
240. FRAGOSO, João (2009). Imperial (re)visions: Brazil and the portuguese seaborne empire. Conference in Memory of Charles R. Boxer. Fidalgos da terra e o Atlântico Sul. Pp. 75-112. In: O Brasil no império marítimo português. Organizado por Stuart Schwartz e Erik Myrup. 556p. Bauru, Edusc.
241. FRANÇA, Jean Marcel Carvalho (2000). Chancel de Lagrange. Pp. 137-171. In: Outras visões do Rio de Janeiro colonial: antologia de textos (1582-1808). 346p. Rio de Janeiro, José Olympio.
242. FRANÇA, Jean Marcel Carvalho (2000). Dierick Ruiters. Pp. 36-42. In: Outras visões do Rio de Janeiro colonial: antologia de textos (1582-1808). 346p. Rio de Janeiro, José Olympio.
243. FRANÇA, Jean Marcel Carvalho (2000). Erasmus Grower. Pp.247-252. In: Outras visões do Rio de Janeiro colonial: antologia de textos (1582-1808). 346p. Rio de Janeiro, José Olympio.
244. FRANÇA, Jean Marcel Carvalho (2000). George Mouat Keith. Pp. 287-296. In: Outras visões do Rio de Janeiro colonial: antologia de textos (1582-1808). 346p. Rio de Janeiro, José Olympio.
245. FRANÇA, Jean Marcel Carvalho (2000). Guillaume François de Parscau. Pp. 71-137. In: Outras visões do Rio de Janeiro colonial: antologia de textos (1582-1808). 346p. Rio de Janeiro, José Olympio.
246. FRANÇA, Jean Marcel Carvalho (2000). James Kingston Tuckey. Pp. 258-286. In: Outras visões do Rio de Janeiro colonial: antologia de textos (1582-1808). 346p. Rio de Janeiro, José Olympio.
247. FRANÇA, Jean Marcel Carvalho (2000). Pierre Sonneral. Pp. 188-220. In: Outras visões do Rio de Janeiro colonial: antologia de textos (1582-1808). 346p. Rio de Janeiro, José Olympio.
248. FRANÇA, Jean Marcel Carvalho (2000). René Duguay-Trouin.

Pp.53-70. In: Outras visões do Rio de Janeiro colonial: antologia de textos (1582-1808). 346p. Rio de Janeiro, José Olympio.

249. FRANÇA, Jean Marcel Carvalho & RAMINELLI, Ronald (2009). Andanças pelo Brasil Colonial: catálogo comentado (1503-1808). SãoPaulo, Editora UNESP.

250. FRANÇA, Mardonio (2006). Siara, minha siara do mundo que transmuto. Disponível em: http://www.cronopios.com.br/site/artigos. asp?id=1441. Consulta 04-01-2010.

251. FRANÇA, Maria Ignez Teixeira (2006). Ritos de passagem – Como é difícil virar adulto. Revista Planeta, edição 404, abril/2006. Disponível em: http://www.terra.com.br/revistaplaneta/mat_403.htm. Consulta 31-12-2009.

252. FRANCO, Maria Sylvia de Carvalho (1974). Homens livres na ordem escravocata. (2ª Ed. Reimpressão de1976). 235p. São Paulo, Ática.

253. FREITAS, Carlos Roberto Bastos (2006). O mercado municipal de Campos dos Goytacazes; A sedução persistente de uma instituição pública. -Dissertação apresentada ao Centro de Ciências do Homem da Universidade Estadual do Norte Fluminense Darcy Ribeiro, como exigência parcial para obtenção do título de Mestre em Políticas Sociais. Disponível em http://www.uenf.br/Uenf/Downloads/P_SOCIAIS_4856_1191439478.pdf. Consulta 12-12-3009.

254. FREITAS, Carlos Roberto Bastos (2009). O Solar do Colégio. Disponível em http://osolararquivo.blogspot.com/. Consulta 10-12-2009.

255. FREYRE, Gilberto, 1900-1987 (1951). Introdução à história da sociedade patriarcal do Brasil. II Sobrados e mocambos: Decadência do patriarcado rural e desenvolvimento urbano. (2ª Ed.; 2º vol.). p. 343-733. Rio de Janeiro, São Paulo, Livraria José Olympio Editora.

256. FREYRE, Gilberto, 1900-1987 (1951). Introdução à história da sociedade patriarcal do Brasil. II Sobrados e mocambos: Decadência do patriarcado rural e desenvolvimento urbano. (2ª Ed.; 3º vol.). p. 734-1188. Rio de Janeiro, São Paulo, Livraria José Olympio Editora.

257. FREYRE, Gilberto, 1900-1987 (2000). Dona Sinhá e o filho do padre. 286p. Rio de Janeiro, Edições de Ouro.

258. FREYRE, Gilberto, 1900-1987 (2006). Casa grande e senzala.: formação da família brasileira sob o regime de economia patriarcal. (51ª Ed. revista) 727p. São Paulo, Global.

259. FROTA, Suely (2006). CIDADE VERMELHA / 311 NORTE – Loucuras das Ruas Disponível em http://horariodebrasilia. blogspot.com/2006/12/cidade-vermelha-311-norte-loucuras-das.html. Consulta 11-08-2009.

260. FUNDAÇÃO CABRAS DE LAMPIÃO (2009). As origens do xaxado. Disponível em http://www.cabrasdelampiao.com.br/xaxa_org.php. Consulta 08-12-2009.
261. FURTADO, Júnia Ferreira (2003). Chica da Silva e o contratador de diamantes. 403p. Companhia das Letras, São Paulo
262. GABEIRA, Fernando (1981). O crepúsculo do macho: depoimento. (20ª Ed.), 245p. Rio de Janeiro, Codecri.
263. GAME FORUM – Carioquês. Disponível em http://forum. gameforum. com.br/viewtopic.php?f=482&t= 42666&p=626956. Consulta 30-07-2009.
264. GANDAVO, Pero de Magalhães c.1540-c.1580 (1980). Tratado da terra do Brasil; História da Província Santa Cruz. 150p. Belo Horizonte, Ed. Itatiaia; São Paulo, Ed. da Universidade de São Paulo.
265. GARDNER, George, 1812-1849. (1975). Viagem ao interior do Brasil, principalmente nas províncias do Norte e nos distritos do ouro e do diamante durante os anos de 1836-1841. 260p. Belo Horizonte, Ed. Itatiaia; São Paulo, Ed. da Universidade de São Paulo.
266. GASPAR, L. (2010) Henry Kostner. Pesquisa escolar on line. Fundação Joaquim Nabuco, Recife. Disponível em: http://www.fundaj.gov.br/notitia/servletnewstorm.ns.presentation. Navigation Servlet?publicationCode=16&page Code=305&te xtCode=2682&date=currentDate. Consulta 28-12-2009.
267. GASPAR, Lúcia. Cachaça, folclore. Disponível em: http://www.fundaj.gov.br/notitia/servlet/newstorm.ns.presentation. NavigationServlet?publicationCode=16&pageCo de=300 &textCode=5776&date=currentDate. Consulta 22-12-2009.
268. GATAI, Zélia 1916-2008 (1979). Anarquistas, graças a Deus. 271p. Rio de Janeiro, Editora Record.
269. GATELY, Iain (2008). Drink – A cultural history of alcohol. 546p., Gotham Books, New York. ISBN 978-1-592-40303-5.
270. GERALDO.PIGNATON (2006). Psicologia jesuítica. Disponível em: http://www.jornaldedebates.com.br/debate/11-setembro-mudou-mundo/artigo/psicologia-jesuitica-0. Consulta 22-12-2009.
271. GIOMO, Fernando. Brasil 500 anos. Disponível em: http://www.autores. com.br/2009113026734/Literatura/Poesias/brasil-500-anos.tml. Consulta 09-12-2009.
272. GLOSSÁRIO SERTANEJO. Disponível em http://www.widesoft.com.br/users/pcastro4/glosscp.htm. Consulta 14-08-2009.
273. GODOY, Silvana Alves de (2002). Itu e araritaguaba na rota das monções (1718-1838). Dissertação de Mestrado apresentada ao Instituto

de Economia da UNICAMP para obtenção do título de Mestre em História Econômica, sob orientação da Profa. Dra. Lígia Maria Osório Silva. 235p. Universidade Estadual de Campinas – Instituo de Economia.
274. GÓES, José Cristian (2004). Lula, a cachaça e a imprensa. Disponível em: http://www.infonet.com.br/josecristiangoes/ler.asp?id=9797&titulo=Cristian_Goes. Consulta 05-04-2010.
275. GOMES, Walter Otoni. O perfil da cachaça. SEBRAE Serviço Brasileiro de Apoio às Micro e Pequenas Empresas. Disponível em http://www.agencia.cnptia.embrapa.br/Repositorio/ESTUDO_SEBRAE_cachaca_000fjd7aiji02wyiv809gkz514kr8pf2.pdf Consulta 10-09-2010.
276. GONÇALVES, André Lisly & VENÂNCIO, Renato Pinto (2005). Aguardente e sedição em Ouro Preto, 1831-1833. In: Álcool e drogas na história do Brasil. Organizadores: Renato Pinto Venâncio e Henrique Carneiro. 310p. São Paulo, Alameda; Belo Horizonte, Editora PUCMinas.
277. GOVERNO DA PARAÍBA – A UNIÃO – Especial Cachaça: Boas práticas levam ao sucesso. 21 de maio de 2009. Disponível emhttp://www.auniao.pb.gov.br/v2/index.php?option=com_ content&task=view&id=23511&itemid=39. Consulta 14-07-2009.
278. GRAVATÁ, Carlos Eduardo S. (1990). Almanaque da cachaça. 159p. Belo Horizonte, edição do autor.
279. GRAVATÁ, Carlos Eduardo S. (1999). Manual da cachaça artesanal. (4ª Ed.). 104p. Belo Horizonte, Uma Editoria.
280. GRIZ, Jayme (1969). O cara de fogo. 173p. Recife, editora não mencionada.
281. GRUPO AMORIM – Museu da cortiça. Disponível em: http://www.amorim.com/cor_museu.php. Consulta 29-12-2009.
282. GUEDES, Roberto (S/DATA). Cinco gerações dos Rocha: de escravos a senhores. Porto Feliz, São Paulo, 1798-1893. Disponível em http://www.rj.anpuh.org/resources/rj/Anais/2006/conferencias/Roberto%20Guedes.pdf. Consulta 10-12-2009.
283. GUESA ERRANTE – Suplemento literário JP – A cachaça do santo (I). Ano II, Edição 58. Disponível em http://www.guesaerrante.com.br/2005/11/30/Pagina368.htm. Consulta 10-07-2009.
284. GUIMARÃES, Ana (2006). Coisa de louco. Disponível em: http://www. cronopios.com.br/site/prosa.asp?id=888. Consulta 04-01-2010.
285. GUIMARÃES, Carlos Magno (2005). Os quilombos, a noite e a aguardente nas Minas coloniais. Pp. 93-122. In: Álcool e drogas na história do Brasil. Organizadores: Renato Pinto Venâncio e Henrique

Carneiro. 310p. São Paulo, Alameda; Belo Horizonte, Editora PUCMinas.

286. GUINNESS WORLD RECORDS – Coleção mais grande de garrafas de cachaça. Disponível em http://community.guinnessworldrecords.com/_Coleo-mais-grande-de-garrafas-de-cachaa/PHOTO/10095477/7691.html Consulta 12-06-2010.

287. HERON (2009). Porque Jânio Quadros proibiu o lança-perfume! Disponível em: http://aquemseatreve.wordpress.com/2009/03/17/porque-janio-quadros-proibiu-o-lanca-perfume/ Consulta 06-04-2010.

288. HISTÓRIA DO ÁLCOOL. A embriaguez de Noé. Disponível em http://www.alcoolismo.com.br/artigos/historia.htm. Consulta 13-08-2010.

289. HISTÓRIA LUSO-BRASILEIRA – Colônia de Caiena. Disponível em http://www.historiacolonial.arquivonacional.gov.br/cgi/cgilua.exe/sys/start.htm?infoid=247&sid=48. Consulta 11-07-2009.

290. HISTÓRIAS E LENDAS DE S. VICENTE. Primeiros produtores de vinho e cachaça (5). Disponível em http://www.novomilenio.inf.br/sv/svh028e.htm. Consulta 11-07-2009.

291. HOLANDA, Chico Buarque de (1991). Estorvo. 131p. São Paulo, Companhia das Letras.

292. HOLANDA, Sérgio Buarque 1902-1982 (1994). Caminhos e fronteiras. 301p. 3ª edição, 5ª impressão. Companhia das Letras, São Paulo.

293. HOW STUFF WORKS. 10 Invenções da China antiga – Álcool. Disponível em: http://ciencia.hsw.uol.com.br/10-invencoes-chinesas7.htm. Consulta 22-12-2009.

294. HURODOVICH, Marcos (2002). Diário de bordo do Paratii 2 – Baia Dorian. Disponível em: http://360graus.terra.com.br/nautica/default.asp?did=2990&action=coluna. Consulta 14-12-2009.

295. IAA – INSTITUTO DO AÇÚCAR E DO ÁLCOOL (1954). Documentos para a história do açúcar. Vol. I. Legislação (1534-1596). 450p. Rio de Janeiro, Serviço Especial de Documentação Histórica.

296. IAA – INSTITUTO DO AÇÚCAR E DO ÁLCOOL (1963). Documentos para a história do açúcar. Vol. III. Engenho Sergipe do Conde – Espólio de Mem de Sá (1569-1579). 495p. Rio de Janeiro, Serviço Especial de Documentação Histórica.

297. IGTF (S/DATA). O Tropeirismo. Disponívem em http://www.igtf.rs.gov.br/temario_pdf/4_tropeirismo.pdf. Consulta 08-12-2009.

298. IGUAPE (S/DATA). Disponível em http://www.ecojureia.org.br/index.php?view=article&id=47%3Aiguape&format=pdf&option=com_content&Itemid=56&lang=pt. Consulta 19-12-2009.

299. INOVOX – Celular de cearence é cachaça no bolso. Disponível em http://inovavox.com/2007/08/29/celular-de-cearense-e-cachaca-no-bolso. Consulta 10-07-2009.
300. INSTITUTO BRASILEIRO DE GEOGRAFIA E ESTATÍSTICA – Conselho Nacional de Estatística (1945). Aspectos históricos e geográficos – Alguns resultados estatísticos 1945, 13 p. Disponível em: http://biblioteca.ibge.gov.br/visualizacao/monografias/GEBIS%20-%20RJ/sinopse1948/RJ_Duque%20de%20Caxias.pdf Consulta 20-12-2009
301. IPBOARD – Cachaça. Disponível em http://brazilianguitar.net/index.php?showtopic=1741&st=10. Consulta 12-07-2009.
302. JAMBEIRO, Marusia de Brito (1973). Engenhos de rapadura: racionalidade do tradicional numa sociedade em desenvolvimento. 193p. São Paulo, Instituto de Estudos Brasileiros, USP.
303. JANGADA BRASIL – A presença da cachaça na vida dos mineiros. Disponível em http://www.jangadabrasil.com.br/marco/cp70300b.htm. Consulta 06-07-2009.
304. JANGADA BRASIL – Cancioneiro – O baile da aguardente. Disponível em http://www.jangadabrasil.com.br/marco/cn70300b.htm. Consulta 10-01-2010.
305. JARDIM, Luís (1974). Maria Perigosa. Pp 13-23. In: Maria Perigosa. 187p. Rio de Janeiro / São Paulo, Livraria José Olympio Editora / Editora Civilização Brasileira / Editora Três.
306. JARDIM, Luís (1974). O homem que galopava. Pp159-170. In: Maria Perigosa. 187p. Rio de Janeiro / São Paulo, Livraria José Olympio Editora / Editora Civilização Brasileira / Editora Três.
307. JARDIM, Luís (1974). Paisagem perdida. Pp. 89-115. In: Maria Perigosa. 187p. Rio de Janeiro / São Paulo, Livraria José Olympio Editora / Editora Civilização Brasileira / Editora Três.
308. JORNAL DA GÍRIA. Jornal Mensal em idioma gírio. Edição 033– Ano IV– Niterói/RJ, Junho/Julho/Agosto de 2004 Disponível em em http://www.cruiser.com.br/giria/jornal.28.09.04.htm. Consulta 29-07-2009.
309. JORNAL DO COMÉRCIO-PERNAMBUCO (s/data). Engenho Monjope. Disponível em http://www.pousadamonjope.com.br/html/monjope_hist.htm. Consulta 10-12-2009.
310. JORNAL DOS LAGOS – Cidades. Cachaça de todo jeito. Disponível em http://www.jornaldoslagos.com.br/jlagos/dat/doc/co.pdf. Consulta 30-06-2009.
311. JORNAL HOJE EM DIA –Coleção de cachaça tem acervo de 14

mil. Minas, pág.5 – Belo Horizonte, segunda feira, 18/01/2010. Belo Horizonte, EDIMINAS S/A.

312. JORNAL INTERATIVO - VIBRANTE INDEPENDENTE – Cachaça calcinada. Disponível em http://www.jlocal.com.br/geral.php? pesquisa=2059. Consulta 12-07-2009.

313. JOSÉ'S SITE – A origem do nome 'cachaça' (bebida para os burros do séc. XVI. Coitado dos muares, viviam cheios da maguaça). Disponível em http://hipolytus.multiply.com/journal/item/83/83. Consulta 12-08-2009.

314. JOYCE, Bruno Resende, HOHENDORFF, Cláudio G. V. e SANTOS, a. l. (2009). Produção de cachaça. Disponível em:http://74.125.47.132/search?q=cache:x7fHVlOz8ewJ:www.enq.ufsc.br/labs/probio/disc_eng_bioq/trabalhos_grad2005/cachaca/cachaca.ppt+cacha%C3%A7a+fermenta%C3%A7%C3%A3o&cd=3&hl=pt-BR&ct=clnk&gl=br. Consulta 16-12-2009.

315. JULIÃO, Francisco (2005). Cachaça. 96p. Recife, Ed. Universitária da UFPE.

316. JUNQUEIRA, Eduardo Diniz. (2006). A cana-de-açúcar, origem e influência. Disponível em http://www.jornalcana.com.br/Conteudo/HistoriadoSetor.asp. Consulta 13-08-2010.

317. KIBE LOCO (2010). In: Panorama – Veja Essa. p.50. Revista Veja (Ed.2147) – ano 43 – nº 2 – 13 de janeiro de 2010, 126p. São Paulo, Editora Abril S.A.

318. KIDDER, Daniel Parish, 1815-1891 (1980). Reminiscências de viagem e permanência nas Províncias do Sul do Brasil: Rio de Janeiro e Província de São Paulo : compreendendo notícias históricas e geográficas do Império e das diversas províncias. 334p. Belo Horizonte, Ed. Itatiaia; São Paulo, Ed. Da Universidade de São Paulo.

319. KIMBOLAGOA (2009). Brasil e cangaço IX. Disponível em http://kimbolagoa.blogs.sapo.pt/89348.html. Consulta 08-12-2009.

320. KLINK, Amir (1992). Entre dois pólos, 228p. Círculo do Livro Ltda, São Paulo. ISBN 85-332-0423-X

321. KLINK, Amir (2000). Mar sem Fim – 360° ao redor da Antártica, 271p. Editora Schwarcz Ltda, São Paulo. ISBN 85-7164-989-8

322. KNIVET, Anthony (2008). As incríveis aventuras e estranhos infortúnio de Anthony Knivet. (2ª Ed.) 255p. Rio de Janeiro, Zahar.

323. KÓVAK, Mathilda (2008). Das invasões cariocas ou a Queda da Pastilha. Disponível em: http://www.cronopios.com.br/site/colunistas. asp?id=3574. Consulta 03-01-2010.

324. KRUSENSTER, Adam Johann Von (1984). Auf den Schiffen Na-

deshda und Newa. Pp. 129-145. In: Ilha de Santa Catarina; relatos de viajantes estrangeiros nos séculos XVIII e XIX. (2ª Ed.). 334p. ilust. Florianópolis, Editora da UFSC / Assembléia Legislativa.

325. LACERDA, Silvestre. A tanoaria – A arte e a técnica. Disponível em: http://ler.letras.up.pt/uploads/ficheiros/5299.pdf. Consulta 14-12-2009.

326. LANGSDORFF, Georg Heinrich Von (1984). Bemerkungen auf einer um die Welt in den Jahren 1803 bis 1807. Pp. 159-184. In: Ilha de Santa Catarina; relatos de viajantes estrangeiros nos séculos XVIII e XIX. (2ª Ed.). 334p. ilust. Florianópolis, Editora da UFSC / Assembléia Legislativa.

327. LAURENTINO, Gomes (2007). 1808: como uma rainha louca, um príncipe medroso e uma corte corrupta enganaram Napoleão e mudaram a história de Portugal e do Brasil. 414p. São Paulo, Editora Planeta do Brasil.

328. LEIERER, Paulo Adolpho (1997). Pinga. 266p. Edição do autor. Impresso em São Paulo por A. M. Corrêa Ltda.

329. LEITE, Alfredo Carlos Teixeira (1967). Gênese sócio-econômica do Brasil. 376p. Porto Alegre, Sulina.

330. LEMOS, Nivaldo (2006). O cheiro doce da maçã verde. Disponível em: http://www.cronopios.com.br/site/prosa.asp?id=1531. Consulta 04-01-2010.

331. LEMOS, Nivaldo (2007). Blown in the Wind. Disponível em: http://www.cronopios.com.br/site/prosa.asp?id=2686. Consulta 04-01-2010.

332. LEONAM, Carlos e BADARÓ, Ana Maria (2008). Tem nego bebo aí. In: Carta Capital – Colunistas – 03/04/2008. Disponível em http://www.cartacapital.com.br/app/coluna.jsp?a=2&a2=5&i=583. Consulta em 11/07/2009.

333. LERY, Jean de 1534-1611 (1980). Viagem à terra do Brasil. 303p. São Paulo, Ed. Da Universidade de São Paulo.

334. LIMA, Carlos Emídio C. (2006). A encenação desviante do teatro cósmico do demiurgo. Disponível em: http://www.cronopios. com.br/site/colunistas.asp?id=1345. Consulta 04-01-2010.

335. LIMA, Carlos Emídio C. (2006). O romance inédito e esquecido de Jorge Amado na voz da velha e negra senhora – Parte V. Disponível em: http://www.cronopios.com.br/site/colunistas.asp?id=1248. Consulta 04-01-2010.

336. LIMA, Cláudia (1999). Tachos e panelas – Historiografia da alimentação brasileira. 309p. Recife, edição da autora.

337. LIMA, Herman (1976). Garimpos. (5ª Ed. ver.). 166p. Rio de Janeiro, Civilização Brasileira; Brasília, INL.

338. LIMA, Nilo (2007). O bêbado e a estátua do poeta ou no meio do caminho tinha uma pedra? Disponível em: http://www.cronopios.com.br/site/prosa.asp?id=2180. Consulta 04-01-2010.

339. LIMA JÚNIOR, Augusto de. 1889-1970 (1978). A capitania das Minas Gerais. 141p. Belo Horizonte, Ed. Itatiaia; São Paulo, Ed. Da Universidade de São Paulo.

340. LIMAO (2009). Lula toma cachaça em reunião em Brasília. Disponível em: http://fotos.limao.com.br/galeria,,59471,, 13,%7C, BRASIL-LULA-TOMA-CACHACA-EM-REUNIAO-EM-BRASILIA-00.htm?pPosicaoFoto=61. Consulta 05-04-2010.

341. LINS, Paulo (2002) Cidade de Deus. 403p. São Paulo, Companhia das Letras.

342. LIQUOR SNOB - Cachaca - Not Just For Peasants Anymore. Disponível em http://www.liquorsnob.com/archives/2006/04/cachaca_not_just_for_peasants_anymore.php. Consulta 31-08-2009.

343. LISIANSKY, Urey 1773-1837 (1984). The ship Neva. Pp.147-156. In: Ilha de Santa Catarina; relatos de viajantes estrangeiros nos séculos XVIII e XIX. (2ª Ed.). 334p. ilust. Florianópolis, Editora da UFSC / Assembléia Legislativa.

344. LISPECTOR, Clarisse (1990). Começos de uma fortuna. pp. 129-137. In: Laços de família: contos. 168p. Rio de Janeiro, Francisco Alves.

345. LISPECTOR, Clarisse (1990). Devaneios e embriaguez de uma rapariga. pp 17-28. In: Laços de família: contos. 168p. Rio de Janeiro, Francisco Alves.

346. LOBATO, Monteiro (1946). Negrinha. 298p. São Paulo, Editora Brasiliense

347. LOMBARDI, Bruna (1990). Filmes proibidos. 255p. São Paulo, Companhia das Letras.

348. LONZA, Furio (2005). Longo trecho em declive. Disponível em: http://www.cronopios.com.br/site/prosa.asp?id=712. Consulta 05-01-2010.

349. LOPES, Mário (2008). Significado da palavra cangaço. Disponível em http://lopezio.blogspot.com/2008/08/significado-da-palavra-cangao.html. Consulta 05-06-2010.

350. LOPES, Myriam Bahia, & LIMA, Eduardo de Sousa (2005). A falsificação de vinho na cidade de Ouro Preto no século XIX. In: Álcool e drogas na história do Brasil. Organizadores: Renato Pinto Venân-

cio e Henrique Carneiro. 310p. São Paulo, Alameda; Belo Horizonte, Editora PUCMinas.
351. LOPES, Reinaldo José (2009). Primatas embriagados. In: Globo.com. Visões da vida. Disponível em http://colunas.g1.com.br/visoesdavida/?s=%C3%A1lcool+e+animais. Consulta 11-12-2009.
352. LUÍS, Washington 1879-1957 (1980). Na capitania de São Vicente. 357p. Belo Horizonte, Ed. Itatiaia; São Paulo, Ed. da universidade de São Paulo.
353. LULA (2006). Lula o álcool e a cachacinha. Disponível em: http://www.youtube.com/watch?v=6it8-AaeDhM. Consulta 04-04-2010.
354. LULA (2009). Recomenda rolão de mortadela. da sadia com aguardente Pitú. Disponível em http://www.youtube.com/watch? v=Hbe6CyUfpkA. Consulta 04-04-2010.
355. LULA (2010). Mensagem gravada pelo presidente Lula para o aniversariante Tarso Genro. Panorama - Veja Essa. pp.60. In: Revista Veja (Ed.2158 – ano 43 – nº 13 – 31 de março de 2010). 142p. São Paulo, Editora Abril.
356. LUNA, Francisco Vidal (1982). Economia e sociedade em Minas Gerais (Período Colonial. Pp. 33-40- In: Revista do Instituto de Estudos Brasileiros, nº 24. São Paulo, Instituto de Estudos Brasileiros, Universidade de São Paulo. 201p.
357. LUNA, Francisco Vidal & KLEIN, Herbert S. Observações sobre Preços Agrícolas em São Paulo (1798/1836). In: *Boletim de História Demográfica*, anoVIII, no. 21, março de 2001. In: http://www.brnuede.com/pesquisadores/paco/pdf-paco/ar49.pdf. Consulta 21-12-2009.
358. MACEDO, Joaquim Manuel de (1991). Lucinda a mucana. P.155-314. In : As vítimas algozes. 314p. + XXXVIII. (3ª Ed.). São Paulo, Editora Scipione.
359. MACEDO, Joaquim Manuel de (1991). Pai-Raiol o feiticeiro. P.69-152. In: As vítimas algozes. 314p + XXXVIII. (3ª Ed.). São Paulo, Editora Scipione.
360. MACEDO, Joaquim Manuel de. (1991). Simeão o Crioulo. p-9-68. In: As vítimas algozes. 314p + XXXVIII. (3ª ed.). São Paulo, Editora Scipione.
361. MACEDO, Luiz Carlos Hernandes (1993). Álcool etílico: da cachaça ao cereal. 157p. São Paulo, Ícone.
362. MACHADO, Alcântara (1980). Vida e morte do bandeirante. 247p. São Paulo, Ed. Da Universidade de São Paulo.
363. MACHADO, Lilian (2010). Feliz aniversário Queijo Comédia e

Cachaça. In: Blog Algo a Mais Comunicação. Disponível em http://www. algoamaiscomunicacao.com.br/blog/category/sem-categoria. Consulta 10-09-2010.
364. MACIEL, Nilto (2007). Cena de carnaval em Olinda. Disponível em: http://www.cronopios.com.br/site/prosa.asp?id=2189. Consulta 04-01-2010.
365. MACIEL, Nilto (2007). Emanuel Medeiros Vieira: Desespero E M. In: Considerações sobre contos – Parte II. Disponível em: http://www.cronopios.com.br/site/ensaios.asp?id=2093. Consulta 04-01-2010.
366. MACIEL, Nilto (2007). Geraldo Markan: Viagem aos abismos. In: Considerações sobre contos – Parte II. Disponível em: http://www.cronopios.com.br/site/ensaios.asp?id=2093. Consulta 04-01-2010.
367. MACIEL, Nilto (2007). Mário Pontes e o realismo exótico. In: Considerações sobre contos – Parte II. Disponível em: http://www.cronopios.com.br/site/ensaios.asp?id=2093. Consulta 04-01-2010.
368. MACIEL, Nilto (2007). O neonaturalismo de Juarez barroso. In: Considerações sobre contos – Parte II. Disponível em: http://www.cronopios.com.br/site/ensaios.asp?id=2093. Consulta 04-01-2010.
369. MACIEL, Nilto (2007). Rachel de Queiroz contista. In: Considerações sobre contos – Parte II. Disponível em: http://www. cronopios. com.br/site/ensaios.asp?id=2093. Consulta 04-01-2010.
370. MACKELLENE, Léo. A formação e o sentido do Brasil em Jorge Amado e Aluísio Azevedo. Disponível em: http://www.cronopios.com.br/site/ensaios.asp?id=1895. Consulta 04-01-2010.
371. MADRE DE DEUS, Gaspar da, frei, 1715-1800. (1975). Memórias para a história da Capitania de São Vicente. 250p. Belo Horizonte, Ed. Itatiaia; São Paulo, Ed. da Universidade de São Paulo.
372. MAIA, Amazile Biagioni Ribeiro de Abreu e CAMPELO, Eduardo Antonio Pinto (2006). Tecnologia da cachaça de alambique. 129p. Belo Horizonte SEBRAE/MG; SINDBEBIDAS.
373. MAIOR, Mário Souto (1970). Cachaça. 203p. Recife, Instituto do Açúcar e do Álcool – Coleção Canavieira nº 3.
374. MAIOR, Mário Souto (1986). Cachaça etc. e tal. Pp. 79-91. In: Folclore quase sempre. 130p. Recife, Grumete Edições.
375. MAIOR, Mário Souto (1997). Como nasce um cabra da peste (3ª Ed.). 89p. Recife, 20-20 Comunicação e Editora. Fortaleza, O Curumim Sem Nome.
376. MAIOR, Mário Souto (2004). Dicionário folclórico da cachaça. 144p. Recife, Dundação Joaquim Nabuco. Editora Massangana.
377. MAIS VOCÊ CULINÁRIA. Dia do pão de queijo. Disponível em:

http://receitas.maisvoce.globo.com/Receitas/0,,RED65-7765-DIA+DO +PAO+DE+QUEIJO,00.html. Consulta 16-15-2009.

378. MARCÃO (2009). Governo Lula regulamentou a cachaça. Disponível em: http://www.futepoca.com.br/2009/04/governo-lula-regulamentou-cachaca.html. Consulta 06-04-2010.

379. MARCGRAVE, Jorge 1610-1644 (2008). Cardápio do indígena nordestino. Pp. 284-287. In : -CASCUDO, Luís Câmara 1898-1986 (2008). Antologia da alimentação no Brasil. 304p. 2ª Ed. São Paulo, Global.

380. MARCO, Teodoro (2008). Telefonema de Maldoror para o Presidente da República. In: A coroa de Horus e outros poemas. Disponível em: http://www.cronopios.com.br/site/poesia.asp?id=3896. Consulta 03-01-2010.

381. MARIZ, Vasco & PROVENÇAL, Lucien (2007). La Ravardière e a França Equinocial; Os franceses no Maranhão 1612-1615. 231p. Rio de Janeiro, Topbooks.

382. MARQUES, Waldemir (2009). O maior espetáculo da terra. Disponível em: http://www.cronopios.com.br/site/prosa.asp?id=4270. Consulta 03-01-2010.

383. MATTOS, Aníbal R. (1942). Açúcar e álcool no Brasil. 221p. Iniciação Técnico-Profissional, Biblioteca Pedagógica Brasileira, Série 4-A, Vol.5. São Paulo, Companhia Editora Nacional.

384. MATUTANDO... - Pinga ni mim. Disponível em http://matutando2. blogspot.com/2007/11/pinga-ni-mim.html. Consulta 28-07-2009.

385. MAXIMILIANO, Príncipe de Wied Neuwied (1940). Viagem ao Brasil. Tradução de Edgar Sussekind de Mendonça e Flavio Poppe de Figueiredo, refundida e anotada por Oliverio Pinto; Biblioteca Pedagógica Brasileira, Brasiliana, série 5ª, vol. 1, 511p. São Paulo, Companhia Editora Nacional.

386. MÁXIMO, João e DIDIER, Carlos (1990). Noel Rosa: uma biografia. 533p. Il. Brasília, Editora Universidade de Brasília.

387. MAWE, John, 1764-1829 (1978). Viagens ao interior do Brasil. 245p. Belo Horizonte, Ed. Itatiaia; São Paulo, Ed. da Universidade de São Paulo.

388. MELAÇOS BRASILEIROS - Disponível em http://www.melacos.com.br/. Consulta 01-09-2009 .

389. MELILLO, Mário (2005). Íris infinita. Disponível em: http://www.cronopios.com.br/site/prosa.asp?id=741. Consulta 05-01-2010.

390. MELO, José Evando Vieira de (2006). Café com açúcar: a formação

do mercado consumidor de açúcar em São Paulo e o nascimento da grande indústria açucareira paulista na segunda metade do século XIX. Pp. 74-93. In: Saeculum - Revista de História, ano 12, n. 14 (2006). - João Pessoa: Departamento de História/ Programa de Pós-Graduação em História/ UFPB, jan./jun. Disponível em http://www.cchla.ufpb.br/saeculum/saeculum14.pdf. Consulta 10-12-2009.

391. MELO, José Inácio Vieira de. (2005). O código do livro dos homens. Disponível em: http://www.cronopios.com.br/site/artigos.asp?id=394. Consulta 05-01-2010.

392. MELO NETO, João Cabral de (1996). Morte e vida Severina. 135p. Rio de Janeiro / São Paulo, Editora Record.

393. MENDES JÚNIOR (2009). Lacanastrão. Disponível em : http://www.cronopios.com.br/site/prosa.asp?id=3866. Consulta 03-01-2010.

394. MENDONÇA, Alba Valéria (2007). Temporão não vê contradição em Lula promover cachaça. Disponível em: http://g1.globo.com/Noticias/Politica/0,,MUL86084-5601,00.html. Consulta 05-04-2010.

395. MENEZES, Bruno de 1894-1963 (2008). Cozinha no extremo norte – Pará-Amazonas. In: CASCUDO, Luís Câmara 1898-1986 (2008). Antologia da alimentação no Brasil. 304p. 2ª Ed. São Paulo, Global.

396. MENEZES, Pedro (1964). Casas de caranguejo. 147p. São Paulo, Editora Fulgor.

397. MERCADINHO DE J. EVANGELISTA (2007). Mercadinho de J. Evangelista. P. 38-39. In: Almanáque de S. Carlos 1905. (Edição fac-similar). 154p. São Carlos, Imprensa Oficial / EdUFSCar.

398. METABOLISMO. Disponível em: http://www.virtual.epm.br/material/tis/curr-bio/trab99/alcool/metabolismo.htm. Consulta 19-12-2009.

399. MEU CINEMA BRASILEIRO. Como Era Gostoso O Meu Francês. Disponível em: http://www.meucinemabrasileiro.com/filmes/como-era-gostoso-meu-frances/como-era-gostoso-meu-frances.asp. Consulta 15-12-2009.

400. MEU GAMBÁ – Parte 1 – O Encontro. Disponível em http://oca-roco. word ress.com/?s=Casa+da+Cacha%C3%A7a+1. Consulta 16-06-2010.

401. MINISTÉRIO DAS RELAÇÕES EXTERIORES (2001) I Reunião da SENEUROPA (Brasília, 26 de julho de 2001) . Disponível em http://www.itamaraty.gov.br/sala-de-imprensa/notas-a-imprensa/2001/07/26/i-reuniao-da-seneuropa-brasilia-26-de-julho-de/?searchterm=cachaça. Consulta 14-06-2010.

402. MINISTÉRIO DAS RELAÇÕES EXTERIORES (2002). Nota nº

416 Apresentação do Ministro Celso Lafer no XXII Encontro Nacional de Comércio Exterior (ENAEX) - "Cenário Internacional, Agenda de Negociação Externa e Protecionismo" (Rio de Janeiro, 24 de outubro de 2002). Disponível em http://www.itamaraty.gov.br/sala-de-imprensa/notas-a-imprensa/2002/10/24/apresentacao-do-ministro-celso-lafer-no-xxii/?searchterm=cachaça. Consulta 14-06-2010.

403. MINISTÉRIO DAS RELAÇÕES EXTERIORES (2007). Discurso do Presidente da República, Luiz Inácio Lula da Silva, por ocasião da cerimônia de inauguração da Usina de Etanol da Jamaica Broilers Group - Port Esquivel, Jamaica , 09/08/2007. Disponível em http://www.itamaraty.gov.br/sala-de-imprensa/discursos-artigos-entrevistas-e-outras-comunicacoes/presidente-da-republica-federativa-do-brasil/0194172988211-discurso-do-presidente-da-republica-luiz-inacio/?searchterm=cachaça. Consulta 14-06-2010.

404. MINISTÉRIO DAS RELAÇÕES EXTERIORES (2007). Nota nº *611* Diálogo de Parceria Econômica entre o Ministério das Relações Exteriores do Brasil e a Secretaria de Estado dos EUA. Disponível em http://www.itamaraty.gov.br/sala-de-imprensa/notas-a-imprensa/2007/12/13/dialogo-de-parceria-economica-entre-o-ministerio/?searchterm=cachaça. Consulta 14-06-2010.

405. MINISTÉRIO DAS RELAÇÕES EXTERIORES (2008). Discurso do Presidente da República, Luiz Inácio Lula da Silva, durante a abertura do Seminário Empresarial Brasil-Peru - Lima, Peru, 17/05/2008. Disponível em http://www.itamaraty.gov.br/sala-de-imprensa/discursos-artigos-entrevistas-e-outras-comunicacoes/presidente-da-republica-federativa-do-brasil/871788080274-discurso-do-presidente-da-republica-luiz-inacio/?searchterm=cachaça. Consulta 14-06-2010.

406. MIRANDA, Ana (1989). Boca do Inferno. (2ª Ed. 1ª reimpressão). 331p. São Paulo, Companhia das Letras.

407. MIRANDA, Ana (1991). O retrato do rei. 375p. São Paulo, Companhia das letras.

408. MIRANDA, Avay (2009). A invenção da cachaça, segundo um filho ilustre de Taiobeiras. In: O Norte.net. Disponível em http://www.onorte.net/noticias.php?id=21103. Consulta 07-07-2009.

409. MIRANDA, José Roberto (2008) História da cana-de-açúcar. 167p. Campinas-SP, Komedi.

410. MIREPOIX GASTRONOMIA COM ARTE & ALMA (2009). O crescimento na produção de cachaça. Disponível em http://chefdeboracordeiro.blogspot.com/2009/05/o-crescimento-da-producao-de-aguardente.html. Consulta 12-12-2009.

411. MIRISOLA, Marcelo (2008). A noite que levei a Praça Roosevelt para dar uma volta no Copacabana Palace. Disponível em: http:// www. cronopios.com.br/site/prosa.asp?id=2774. Consulta 04-10-2010.
412. MIRISOLA, Marcelo (2008). Blake na padaria. Disponível em: http:/ /www.cronopios.com.br/site/artigos.asp?id=3312. Consulta 04-01-2010.
413. MONTEIRO, Tânia (2004). Lula e Putin trocam amabilidades e brindam com cachaça mineira. Disponível em: http://www.feiradacachaca.com.br/atendimento/reportagens/estadaolulaeputin/Lula%20e%20Putin%20trocam%20amabilidades%20e%20brindam%20com %20cacha%E7a%20mineira%20-%20Economia%20%20%FAltimas%20not%EDcias%20%20www_estadao_com_br.htm. Consulta 05-04-2010.
414. MOOG, Viana (1959). Uma jangada pra Ulisses. 282p. Rio de Janeiro, Ed. Globo.
415. MORAIS, Fernando (1994). Chatô : o rei do Brasil. 732p. São Paulo, Companhia das Letras.
416. MOTA, Urariano (2005). Domigo na casa do Gordo. Disponível em: http://www.cronopios.com.br/site/prosa.asp?id=631 Consulta 05-01-2010.
417. MOTA, Urariano (2007). Os poetas marginais do Recife. Disponível em: http://www.cronopios.com.br/site/poesia.asp?id=2482. Consulta 04-01-2010.
418. MOTT, Luiz (2005). In vino veritas – Vinho e aguardente no cotidiano dos sodomitas luso-brasileiros à época da Inquisição. In: Álcool e drogas na história do Brasil. Organizadores: Renato Pinto Venâncio e Henrique Carneiro. 310p. São Paulo, Alameda; Belo Horizonte, Ed. PUCMinas.
419. MOTT, Luiz (2010). Bahia: Inquisição & sociedade. 294p. Salvador, EDUFBA.
420. MOURA, Denise A. Soares de (2006) Região, relações de poder e circuitos mercantins em São Paulo (1765-1822). PP. 39-56. In: Saeculum - Revista de História, ano 12, n. 14 – João Pessoa: Departamento de História/ Programa de Pós-Graduação em História/ UFPB, jan./jun. Disponível em http://www.cchla.ufpb.br/saeculum/saeculum 14.pdf. Consulta 10-12-2009.
421. MOURA, Paulo Cursino de, 1897-1943. (1980). São Paulo: evocações da metrópole. 306p. Belo Horizonte, Ed. Itatiaia; São Paulo, Ed. da Universidade de São Paulo.

422. MOURÃO, Rui. *Quando os Demônios Descem o Morro*, de Rui Mourão, Editora Casa & Palavras, São Paulo, 2008, 293 p. Disponível em: http://www.cronopios.com.br/site/lancamentos.asp?id=3938. Consulta 03-01-2010.
423. MOURÃO, Rui. Quando Vila Rica renasceu em Ouro Preto. Disponível em: http://www.cronopios.com.br/site/lancamentos.asp ?id=3938. Consulta 03-01-2010.
424. MUNDO PARALELO – Esquenta peito. Disponível em http:// meumundoparalelo.blogspot.com/2008/01/esquenta-peito.html. Consulta 24/07/2009.
425. MUNICÍPIO DO CRUZEIRO DO IGUAÇU-PARANÁ – Sobre o município: História. Disponível em http://www.cruzeirodoiguacu. pr.gov. br/2009/sobre_historia.asp. Consulta 07-08-2009.
426. NABUCO, José Thomaz (1986). Um médico do Brasil Colônia: o cirurgião-mor Manoel Fernandez Nabuco e sua gente. 370p. Rio de Janeiro, Nova Fronteira.
427. NABUCO, Maurício (2008). Cocktails. Pp. 45. In: CASCUDO, Luís Câmara 1898-1986 (2008). Antologia da alimentação no Brasil. 304p. 2ª Ed. São Paulo, Global.
428. NAEQ. Metabolismo do etanol. Disponível em: http://www.ucs.br/ ccet/defq/naeq/material_didatico/textos_interativos_06.htm. Consulta 19-12-2009.
429. NASCENTE, Gabriel (2004) O copo das ilusões. 266p. Goiânia, Kelps.
430. NASCIMENTO, Cesar Augusto Oller do (2006). Cachaça: nicho de mercado ou alternativa estratégica. In: Rev. Humanidades, Fortaleza, v. 21, n. 2, p. 188-194, jul./dez. 2006. Disponível em http:// www.unifor.br/joomla/joomla/images/pdfs/pdfs_notitia/2591.pdf. Consulta 10-09-2010.
431. NASCIMENTO, Ronaldo F., CARDOSO, Daniel R., LIMA NETO, Benedito dos Santos & FRANCO, Douglas Wagner (1998). Influência do material do alambique na composição química das aguardentes de cana-de-açúcar. Publicado em Quím. Nova vol.21 no.6 São Paulo Nov./Dec. 1998. Disponível em http://images.google.com.br/ imgres?imgurl=http://www.scielo.br/img/fbpe/qn/v21n6/ 2907t1.gif&imgrefurl=http://www.scielo.br/ scielo.php%3Fscript%3Dsci_arttext%26pid%3DS0100-40421998000600013&usg=__GJvqiIwDER0TKcvN92qqUHMdLJY =&h=297&w=281&sz=16&hl=ptBR&start=11&tbnid=UznEof1pRDwvz M:&tbnh=116&tbnw=110&prev=/images%3Fq%3Dn%

25C3%25BAmero%2Balambiques% 26gbv%3D2%26hl%3Dpt-BR%26sa%3DG. Consulta 16-10-2009.

432. NAVARRO, Roberto (2008). O que foi o cangaço? Revista Mundo Estranho. Editora Abril. Disponível em http://mundoestranho.abril.com.br/historia/pergunta_287701.shtml. Consulta 08-12-2009.

433. NEPOMUCENO, Eric (1979). Memórias de um setembro na praça. 69p. São Paulo, Ática.

434. NÊUMANNE, José (2005). A poesia boêmia e engajada de Fagundes Varela. Disponível em: http://www.cronopios.com.br/site/resenhas .asp?id=729. Consulta 05-01-2010.

435. NEVES, Guilherme Santos. Coletânea de estudos e registros do folclore capixaba: 1944-1982 – Cachaça e folclore In: Estação capixaba. Disponível em http://www.estacaocapixaba.com.br/folclore/coletanea/coletanea_59_cachaca_folclore.htm. Consulta 06-07-2009.

436. NIEUHOF, Joan 1618-1672 (1981). Memorável viagem marítima e terrestre ao Brasil. 415p. Belo Horizonte, Ed. Itatiaia; São Paulo, Ed. Universidade de São Paulo.

437. NORDESTE WEB (2003). Mais respeito com a marvada. Disponível em http://www.nordesteweb.com/culinaria/saibamais/ne_cul_saiba+20080628b.htm. Consulta 11-07-2009.

438. NORDESTE WEB (2003). Neta de Lampião prepara filme sobre cangaço. Disponível em http://www.nordesteweb.com/not07_0903/ne_not_20030801a.htm. Consulta 08-12-2009.

439. NOVAIS, Idelma Aparecida Ferreira (2008). Estradas e rios: as rotas comerciais do sertão da ressaca. In: IV Encontro Estadual de História – ANPUH-BA História: Sujeitos, Saberes e Práticas. 29 de julho a 1° de agosto de 2008. Vitória da Conquista-BA. Disponível em http://www.uesb.br/anpuhba/anais_eletronicos/Idelma% 20Aparecida%20 Ferreira%20Novais.pdf. Consulta 10-12-2009.

440. NOVOMILENIO. Os Andradas – capítulo 1: A Vila de Santos-Suas condições topológicas, demográficas, econômicas e sociais, publicada em 1922 por Alberto Sousa (Typographia Piratininga, São Paulo/SP). Disponível em http://www.novomilenio.inf.br/santos/h0300i05.htm. Consulta 16-12-2009.

441. NUNES, Augusto (2010). Me engana que eu gosto (9). Disponível em: http://veja.abril.com.br/blog/augusto-nunes/tag/cachaca/. Consulta 06-04-2010.

442. NUNES, Dona Lucinha (S/DATA). Cozinha mineira: um puco da sua história. Disponível em http://correiogourmand.com.br/info_cozinhas_do_brasil_05_minas_gerais.htm. Consulta 08-12-2009.

443. NUNES, Sebastião (2005). Quem tem medo de Humberto de Campos? Disponível em: http://www.cronopios.com.br/site/colunistas.asp?id=247. Consulta 05-01-2010.
444. O JOGO DE TRUCO. Jornal Mensal em idioma gírio. Edição 033– Ano IV– Niterói/RJ, Junho/Julho/Agosto de 2004 Disponível em http://www.fructal.com.br/sistemas/livro/truco.shtml. Consulta 30-07-2009.
445. OCTOPOP Disponível em http://en.octopop.com/community_-jovens-espiritas-_15337_-um-gole-pro-santo-_24729328.html. Consulta 10-07-2009.
446. OLIVEIRA, Aryeverton Fortes, ANEFALOS, Lilian Cristina, GARCIA, Luís Alberto Ferreira, ISTAKE, Márcia & BURNQUIST, Heloisa Lee (s/data). Sistema Agroindustria da cachaça e potencialidades de expansão das exportações. Disponível em http://www.fearp.usp.br/egna/resumos/Oliveira.pdf. Consulta 10-09-2010.
447. OLIVEIRA, Consuelo Ribeiro de ; et al (2005). Cachaça de qualidade : Manual de boas práticas ambientais e de produção. 72p. Convênio de cooperação técnica SEAPA/ SEMAD/ AMPAQ/ FEAM/ IMA.
448. OLIVEIRA, J. M. Cardoso de 1865-1962 (2008). Um jantar baiano em 1889. Pp. 184-193. In : -CASCUDO, Luís Câmara 1898-1986 (2008). Antologia da alimentação no Brasil. 304p. 2ª Ed. São Paulo, Global.
449. OLIVEIRA, José Teixeira de (1975). História do Estado do Espírito Santo. 2ª ed. 596p. Vitória, Fundação Cultural do Espírito Santo.
450. OLIVEIRA, Rafael A. C. (2004). A lenda do Rabo-de-Cana. Disponível em: http://www.camarabrasileira.com/cordel93.htm. Consulta 05-01-2010.
451. OLUDÉ, Inêz (2008) A princesa das arábias na favela Amaro Branco em Olinda. Disponível em : http://www.cronopios.com.br/site/artigos. asp?id=3442. Consulta 04-01-2010.
452. ONORTE ON LINE (2003). **A c**achaça no poder. Disponível em: http://www.onorte.com.br/noticia/71508.html . Consulta 06-04-2010.
453. ORICO, Oswaldo (1972). Cozinha amazônica – Uma autobiografia do paladar. Belém, Universidade Federal do Pará. , p. 103-107. Disponível em: http://www.jangadabrasil.com.br/abril44/cp44040a.htm. Consulta 26-12-1946.
454. OSÓRIO, Jerônimo (2001). Da vida e feitos de El-Rei D. Manuel, 1571. (2001). Pp. 489-506. In: AMADO, Janaína. Brasil 1500: quarenta documentos. 550p. Brasília, Editora Universidade de Brasília; São Paulo, Imprensa Oficial do Estado de São Paulo.

455. OVERMUNDO - A Capa da Cachaça. Disponível em http://www.over mundo.com.br/banco/a-capa-da-cachaca. Consulta 12-07-2009.
456. PAIVA, Manoel de Oliveira (1981). Dona Guidinha do poço. 139p. São Paulo, Ática.
457. PALMÉRIO, Mário (1989). Vila dos Confins. (23ª Ed.), 298p. Rio de Janeiro, José Olympio.
458. PARANÁ ONLINE (2004). Lula ganha carro de boi e cachaça. Disponível em: http://www.parana-online.com.br/editoria/policia/news/84660/. Consulta 06-04-2010.
459. PARATY. Rio de Janeiro. Disponível em: http://www.santograu.com.br/par.html. Consulta em 18-12-2009.
460. PARATY TUR. Cachaça ou Pinga Disponível em http://www.paraty.tur.br/servicos/sorveterias.php. Consulta 24-07-2009
461. PARREIRA, Cláudio (2008). Além do espelho. Disponível em: http://www.cronopios.com.br/site/prosa.asp?id=3703. Consulta 03-01-2010.
462. PARREIRA, Cláudio (2008). Quimera. Disponível em: http://www.cronopios.com.br/site/prosa.asp?id=3103c. Consulta 04-01-2010.
463. PARTES – A sua revista Virtual. Cotidiano: Cachaça, a verdadeira preferência nacional. Ano I, número 4, julho de 2000. Disponível em http://www.partes.com.br/cotidiano04.html. Consulta em 09-07-2009.
464. PCBARRETO.COM VERSÃO 2.0 – Cachaça também é cultura. Disponível em http://pcbarreto.blogspot.com/2007/07/cachaa-tambm-cultura.html. Consulta 19-08-2009.
465. PENA, Martins 1815-1848. O caixeiro da taverna. Disponível em: http://www.bdteatro.ufu.br/download.php?pid=TT00190. Consulta 21-12-2009.
466. PEPETELA (2003). Jaime Bunda, agente secreto. 383p. Rio de Janeiro, Record.
467. PEREIRA, Tiago Sânzio S. e REIS, Alexandre (2009). . O Universo Fantástico da Filosofia de Boteco. In Mesa de Bar: Onde as coisas acontecem... Disponível em http://butecobh.blogspot.com/2009/03/o-universo-fantastico-da-filosofia-de_19.html. Consulta 08-08-2009.
468. PERNAMBUCO.COM (S/DATA). Banditismo por necessidade, pura maldade ou questão de classe. Disponível em http://www.pernambuco.com/imprimir.asp?xurl=http://www.pernambuco.com/diario/2008/07/06/especial3_0.asp. Consulta 08-12-2009.
469. PESCAKI – Apelidos e gosto da famosa cachaça. Disponível em http://www.pescaki.com/index.php?showtopic=118C. Consulta em

07-07-2009.
470. PESSOA, André Vinícius. João Fulano ou quantidades: O cancionista do sertão. Disponível em: http://www.letras.ufrj.br/ciencialit/garrafa8/al-andrevinicius.html. Consulta 09-12-2009.
471. PESSOA, Paulo. (2009). Tríptico literário: crônico. Disponível em: http://www.cronopios.com.br/site/prosa.asp?id=4094. Consulta 03-01-2010.
472. PICCHIA, Menotti Del (1948). O crime daquela noite. 191p. São Paulo, Clube do Livro.
473. PILKINGTON DO BRASIL LTDA. História Pré-Industrial do Vidro no Brasil - Da Antiguidade a Bizâncio, de artefatos romanos aos vitrais da Idade Média, é longo o caminho da fabricação do vidro até chegar ao Brasil. Disponível em: http://www.pilkington.com/the+americas/brazil/portuguese/about+pilkington/history+of+float+in+brazil/history+of+glass+brazil.htm. Consulta 13-12-2009.
474. PINHEIRO, Mirabeau, CASTRO, Lúcio de e LOBATO, Heber (1953). Cachaça. Suapesquisa.com. Marchinhas de carnaval. Disponível em http://www.suapesquisa.com/carnaval/marchinhas_carnaval.htm. Consulta 08-08-2009.
475. PINTO, Ubirajara Santiago de Carvalho. Meu tio o Iauretê: O retorno poético. Disponível em: http://www.letras.ufmg.br/bay/sites/literaterras/ubirajaraindex.htm. Consulta 09-12-2009.
476. PIRES, Fernando Tasso Fragoso (1994). Antigos engenhos de açúcar no Brasil. (2ª Ed. – 4ª Impressão), 206p. Rio de Janeiro, Nova Fronteira.
477. PIRES, Robson (2009) 20 de agosto de 2009. Disponível em: http://www.robsonpiresxerife.com/blog/notas/lula-vamos-tomar-uma-dose-pra-ve-se-essa-cachaca-e-boa-companhera-wilma-wilma-lula-isso-ne-cachaca-nao-omi/. Consulta 06-04-2010.
478. PISO, Guilherme 1611-1678 (1957). História natural e médica da Índia Ocidental. 685p. Rio de Janeiro, Coleção de Obras Raras - Instituto Nacional do Livro - Ministério da Educação e Cultura.
479. PITTA, Rocha 1660-1738 (1950). História da América portuguesa. 497p. Rio de Janeiro, São Paulo, Porto Alegre, W. M. Jackson Inc.
480. PORTAL SÃO FRANCISCO. História da cachaça. Disponível em: http://www.portalsaofrancisco.com.br/alfa/historia-da-cachaca/historia-da-cachaca-1.php. Consulta 11-12-2009.
481. PORTELA, Cláudio (2009) Tremo, corro, apanho pra esconder. Disponível em: http://www.cronopios.com.br/site/artigos.asp?id=3840. Consulta 03-01-2010.

482. POZENATO, José Clemente (1985). O quatrilho. 276p. São Paulo, Círculo do Livro.

483. PRADA, Cecília (2006). Mané Fulô. (Baseado no conto "Corpo Fechado" de João Guimarães Rosa –incluído na antologia "Quartas Histórias", org. de Rinaldo de Fernandes – Garamond, Rio, 2006). Disponível em: http://www.cronopios.com.br/site/prosa.asp?id=1972. Consulta 04-01-2010.

484. PRATA, Ranulpho 1896-1942 (1946). Navios iluminados, 199p. São Paulo, Clube do Livro.

485. PREFEITURA DE SÃO SEBASTIÃO - Departamento de Comunicação (2009). Artesãos fazem canoa artesanal em frente a Sectur. Disponível em: http://www.saosebastiao.sp.gov.br/finaltemp/printing.asp? ID=10850. Consulta 20-12-2009.

486. PUBLIQUE Depoimentos – A batucada sobe o morro. Disponível em http://www.favelatemmemoria.com.br/publique/cgi/cgilua.exe/sys/start.htm?infoid=24&tpl=printerview&sid=2. Consulta 08-08-2009.

487. PYRARD, Francisco (de Laval)1578-1623 (1944). Viagem de Francisco Pyrard, de Laval, contendo a notícia de sua navegação às Índias Orientais, Ilhas de Maldiva, Maluco, e ao Brazil, e os diferentes casos, que lhe aconteceram na mesma viagem nos dez anos que andou nestes países: (1601-1611). Versão portuguesa correcta e anotada por Joaquim Heliodoro da Cunha Rivara. Edição revista e actualizada por A. de Magalhães Basto; B. H. Série Ultramarina. Vol I. 338p. Porto, Livraria Civilização Editora.

488. PYRARD, Francisco 1578-1623 (1944). Viagem de Francisco Pyrard, de Laval, contendo a notícia de sua navegação às Índias Orientais, Ilhas de Maldiva, Maluco, e ao Brazil, e os diferentes casos, que lhe aconteceram na mesma viagem nos dez anos que andou nestes países: (1601-1611). Versão portuguesa correcta e anotada por Joaquim Heliodoro da Cunha Rivara. Edição revista e actualizada por A. de Magalhães Basto.; B. H. Série Ultramarina; B. H. Série Ultramarina. Vol. II. 376p. Porto, Livraria Civilização Editora.

489. QUEIMADAS, Fabião das. Romance do boi da mão de pau. Disponível em: http://www.jangadabrasil.com.br/revista/abril89/cn89004b.asp. Consulta 09-12-2009.

490. QUEIROZ, Carlota Pereira de (1965). Um fazendeiro paulista no século XIX. 205p. Comissão Estadual de Literatura; Coleção História; São Paulo, Conselho Estadual de Cultura, Imprensa Oficial do Estado.

491. QUEIROZ, Rachel de 1910-2003 (1992). João Miguel. 128p. São Paulo, Siciliano.

492. RABELLO, Evandro (1969). O mundo de Dona Finha. 59p. Recife, Secretaria de Educação e Cultura – Departamento de Cultura.
493. RAMINELLI, Ronald (2005). Da etiqueta canibal: beber antes de comer. Pp.29-46. In: Álcool e drogas na história do Brasil. Organizadores: Renato Pinto Venâncio e Henrique Carneiro. 310p. São Paulo, Alameda; Belo Horizonte, Editora PUCMinas.
494. RAMOS, Graciliano. São Bernardo. Disponível em: http://www.csanl. com.br/professores/material/estudo_casa/arquivos/literatura_2em.pdf. Consulta 02-01-2010.
495. RAMOS, Graciliano 1892-1953 (1968). Vidas secas. 159p. São Paulo, Livraria Martins Editora.
496. RAMOS, Graciliano 1892-1953 (1995). Cegueira. Pp. 129-136. In: Infância. 269p. Rio de Janeiro / São Paulo, Editora Record.
497. RAMOS, Graciliano 1892-1953 (1995). Padre João Inácio. Pp. 57-62. In: Infância. 269p. Rio de Janeiro / São Paulo, Editora Record.
498. RAMOS, Graciliano 1892-1953 (1995). Uma bebedeira. PP.33-40. In: Infância. 269p. Rio de Janeiro / São Paulo, Editora Record.
499. RAMOS, Graciliano 1892-1953 (1996). Memórias do cárcere (I). 378p. Rio de Janeiro / São Paulo, Editora Record.
500. RAMOS, Graciliano 1892-1953 (1996). Memórias do cárcere (II). 319p. Rio de Janeiro / São Paulo, Editora Record.
501. RAMOS, Hugo de Carvalho 1895-1921 (2010) Gente da gleba. Pp. 71-141. In: Tropas e boiadas. 154p. Goiânia, Kelps
502. RAMOS, Hugo de Carvalho 1895-1921 (2010) Mágoa de vaqueiro. Pp. 26-31. In: Tropas e boiadas. 154p. Goiânia, Kelps
503. RAMOS, Hugo de Carvalho 1895-1921 (2010) O saci. Pp. 59-60. In: Tropas e boiadas. 154p. Goiânia, Kelps
504. RAMOS, Hugo de Carvalho 1895-1921 (2010) Pelo caiapó velho. Pp. 147-150. In: Tropas e boiadas. 154p. Goiânia, Kelps
505. RANKBRASIL O livro dos recordes – Maior coleção de cachaças do Brasil. Disponível em http://www.rankbrasil.com.br/Recordes/Materias/?Maior_colecao_de_cachaca_do_Brasil+1223&Grupo=3. Consulta 13-07-2010.
506. REALE, Ebe (1982). Brás, Pinheiros, Jardins: três bairros, três mundos. 223p. São Paulo, Pioneira/Edusp.
507. REBELLO, Gilson (1984). No reino da cachaça. 301p. São Paulo, Global.
508. REGO, José Lins do 1901-1957 (1980). Menino de engenho. 128p. (28ª Ed.) Rio de Janeiro, Editora José Olympio.
509. REGO, José Lins do 1901-1957 (1984). Fogo morto. 274p. São

Paulo, Círculo do Livro S.A.

510. REGO, Maria Machado Vaz do. A Atlanticidade da economia micaelense de setecentos a casa de Nicolau Maria raposo. Disponível em: http://www.ceha-madeira.net/canarias/hia8.html. Consulta 16-12-2009.

511. RESOLUÇÃO - CNNPA nº 12, de 1978 MELAÇO, MELADO E RAPADURA D.O de 24/07/. Disponível em: http://www. engetecno. com.br/port/legislacao/doces_melado_ melaco_rapadura.htm. Consulta 16-12-2009.

512. REVISTA DE HISTÓRIA DA BIBLIOTECA NACIONAL (2008). Cachaçólogo contesta. Disponível em http://www.revistadehistoria.com.br/v2/home/?go=detalhe&id=1720. Consulta 14-10-2009.

513. REVISTA VEJA (2004). Lula e a bebida. Maio de 2004. Disponível em: http://veja.abril.com.br/190504/capa/lula_bebida.html. Consulta 05-04-2010.

514. RIBEIRO, Evelin Louise Pavan Ribeiro e CAMARGO, Diva Cardoso de Camargo . Um estudo de tradução baseado em corpus da obra traduzida. Disponível em http://www.gel.org.br/estudoslinguisticos/edicoesanteriores/4publica-estudos-2005/4publica-estudos-2005-pdfs/um-estudo-de-traducao-872.pdf?sqmsessid= a38ffc79c82bcbe561e1c641326fd16c. Consulta 30-03-2010.

515. RIBEIRO, João Ubaldo (1984). Viva o povo brasileiro. 673p. Rio de Janeiro, Nova Fronteira.

516. RIBEIRO, João Ubaldo (1995). O sorriso do lagarto. 362p. Rio de Janeiro / São Paulo, Editora Record.

517. RIBEIRO, João Ubaldo (1987). Setembro não tem sentido. (2ª Ed.), 207p. Rio de Janeiro, Nova Fronteira.

518. RIBEIRO, João Ubaldo (1988). Sempre aos domingos. 274p. Rio de Janeiro, Nova Fronteira.

519. RIBEIRO, João Ubaldo (s/data). Sargento Getúlio. 157p. Rio de Janeiro, Nova Fronteira.

520. RIBEIRO, José Carlos Gomes Machado (2002). Fabricação artesanal da cachaça mineira. (2ª Ed.). 221p. Belo Horizonte, Ed. O Lutador.

521. RIBEIRO, Vitor Hugo e ENDLICH, Ângela Maria. O setor sucroalcooleiro do Paraná – dos engenhos às usinas. Disponível em:http://docs. google.com/viewer?a=v&q=cache:1lKpUcOPFLsJ:www.dge.uem.br/semana/eixo4/trabalho_24.pdf+aguardente+cabotagem&hl=pt-BR&gl=br&sig=AHIEtbSxuAOc1WduX7D8tlYgpDddo49LiA. Consulta 17-12-2009.

522. RIBEYROLLES, Charles de, 1812-1860? (1980). Brasil pitoresco: descrição, viagens, colonização, instituições. (Reconquista do Brasil; nova série; v. 29). 1° vol.; 286p. Belo Horizonte, Ed. Itatiaia; São Paulo, Ed. da Universidade de São Paulo.

523. RIBEYROLLES, Charles de, 1812-1860? (1980). Brasil pitoresco: descrição, viagens, colonização, instituições. (Reconquista do Brasil; nova série; v. 29). 2° vol.; 239p. Belo Horizonte, Ed. Itatiaia; São Paulo, Ed. da Universidade de São Paulo.

524. RODRIGUES, Idaie Caetano. O relacionamento professor/aluno. Disponível em http://www.diaadiaeducacao.pr.gov.br/portals/pde/arquivos/240-2.pdf. Consulta 09-12-2009.

525. RODRIGUES, Paula de Oliveira e RODRIGUES, Antonio Edmilson M. (2008). Revolta da cachaça: Uma manifestação popular que demonstrou organização em torno dos seus interesses contra o poder excessivo. In: ANAIS DO II ENCONTRO INTERNACIONAL DE HISTÓRIA COLONIAL. Mneme – Revista de Humanidades. UFRN. Caicó (RN), v. 9. n. 24, Set/out. 2008. ISSN 1518-3394. Disponível em http://www.cerescaico.ufrn.br/mneme/anais/st_trab_pdf/pdf_9/paula_st9.pdf. Consulta 10-12-2009.

526. ROMANO, Demóstenes. Como reconhecer uma boa cachaça. Artigo originariamente publicado na revista *Sabor do Brasil*, MRE, 2004. Disponível em http://www.dc.mre.gov.br/imagens-e-textos/revista-textos-do-brasil/portugues/revista13-mat21.pdf. Consulta 06-07-2009.

527. RON MEDELLIN AÑEJO. Historia Del Aguardiente. Disponível em http://www.ronmedellin.cl/fla/index.php?option=com_content&task=view&id=18&Itemid=39. Consulta 12-08-2010.

528. RONALDINHO (2006). Ronaldinho e Lula bêbado. Disponível em http://www.youtube.com/watch?v=ZS1qeUBTwN0&feature=related. Consulta 04-04-2010.

529. ROSA, João Guimarães 1908-1967 (1983). Grande sertão: veredas. 429p. São Paulo, Abril Cultural.

530. ROSA, João Guimarães 1908-1967 (1984). Campo geral. Pp. 13-142. In: Manuelzão e Miguilim. 258p. 9ª Ed. Rio de Janeiro, Nova Fronteira.

531. ROSA, João Guimarães 1908-1967 (1984). Uma estória de amor. Pp. 143-258. In: Manuelzão e Miguilim. 258p. 9ª Ed. Rio de Janeiro, Nova Fronteira.

532. ROSA, João Guimarães 1908-1967 (1985). Antiperipléia. Pp.18-21. In: Tutaméia: Terceiras estórias. 227p. 6ª Ed. Rio de Janeiro, Nova

Fronteira.
533. ROSA, João Guimarães 1908-1967 (1985). Droenha. Pp.50-54. In: Tutaméia: Terceiras estórias. 227p. 6ª Ed. Rio de Janeiro, Nova Fronteira.
534. ROSA, João Guimarães 1908-1967 (1985). Esses Lopes. Pp.55-58 In: Tutaméia: Terceiras estórias. 227p. 6ª Ed. Rio de Janeiro, Nova Fronteira.
535. ROSA, João Guimarães 1908-1967 (1985). Hiato. Pp. 72-75. In: Tutaméia: Terceiras estórias. 227p. 6ª Ed. Rio de Janeiro, Nova Fronteira.
536. ROSA, João Guimarães 1908-1967 (1985). Lã, nas campinas. Pp. 97-100. In: Tutaméia: Terceiras estórias. 227p. 6ª Ed. Rio de Janeiro, Nova Fronteira.
537. ROSA, João Guimarães 1908-1967 (1985). Nós, os temulentos. Pp. 115-118. In: Tutaméia: Terceiras estórias. 227p. 6ª Ed. Rio de Janeiro, Nova Fronteira.
538. ROSA, João Guimarães 1908-1967 (1985). Uai, eu? Pp.197-199 In: Tutaméia: Terceiras estórias. 227p. 6ª Ed. Rio de Janeiro, Nova Fronteira.
539. ROSA, João Guimarães 1908-1967 (1995). A hora e vez de Augusto Matraga. PP. 339-386. In: Sagarana. 386p. Rio de Janeiro / São Paulo, Editora Record.
540. ROSA, João Guimarães 1908-1967 (1995). A volta do marido pródigo. PP. 81-130. In: Sagarana. 386p. Rio de Janeiro / São Paulo, Editora Record.
541. ROSA, João Guimarães 1908-1967 (1995). Corpo fechado. PP. 269-300. In: Sagarana. 386p. Rio de Janeiro / São Paulo, Editora Record.
542. ROSA, João Guimarães 1908-1967 (1995). Minha gente. PP.189-238. . In: Sagarana. 386p. Rio de Janeiro / São Paulo, Editora Record
543. ROSA, João Guimarães 1908-1967 (1995). O burrinho pedrês. Pp. 15-80. In: Sagarana. 386p. Rio de Janeiro / São Paulo, Editora Record.
544. ROSA, João Guimarães 1908-1967 (1997). Burití. Pp.89-258. In: Noites do sertão. 258p. (8ª Ed. 13ª impressão). Rio de Janeiro, Nova Fronteira.
545. ROSA, João Guimarães 1908-1967 (1997). Dão-Lalalão (O devente). Pp.11-87. In: Noites do sertão. 258p. (8ª Ed. 13ª impressão). Rio de Janeiro, Nova Fronteira.
546. Pp. 175-311. . In: No Urubuquaquá, no Pinhém (Corpo de Baile). (9ª Ed.), 313p. Rio de Janeiro, Nova Fronteira.

547. ROSA, João Guimarães 1908-1967 (2001). Cara-de-Bronze. Pp. 107-174. In: No Urubuquaquá, no Pinhém (Corpo de Baile). (9ª Ed.), 313p. Rio de Janeiro, Nova Fronteira.

548. ROSA, João Guimarães 1908-1967 (2001). O recado do morro. Pp. 27-105. In: No Urubuquaquá, no Pinhém (Corpo de Baile). (9ª Ed.), 313p. Rio de Janeiro, Nova Fronteira.

549. ROTEIROS & DESCOBRIMENTOS Disponível em http://www.historia ecultura.pro.br/modernosdescobrimentos/desc/cascudo/ccrdpreludiodacachaca.htm. Consulta 07-07-2009.

550. RUGENDAS, João Maurício (1940). Viagem pitoresca através do Brasil. Biblioteca Histórica Brasileira, 2ª edição, 270p. São Paulo, Livraria Martins.

551. SÁ, Luis Fernando (2002). Pelé, garoto propaganda do século. Revista Isto É Dinheiro, nº 239, 27/mar. Disponível em http://www.istoedinheiro.com.br/noticias/10683_PELE+GAROTO PROPAGANDA +DO+SECULO. Consulta 28-04-2010.

552. SAIÃO, Nicolau. (2008). As aventuras de Nicolau. In: Escrita e o se contrário. Disponível em: http://www.cronopios.com.br/site/poesia. asp?id=3689. Consulta 03-01-2010.

553. SAINT-HILAIRE, Auguste de, 1779-1853 (1974). Segunda viagem ao Rio de Janeiro, a Minas Gerais e a São Paulo, 1822. 125p. . Belo Horizonte, Ed. Itatiaia; São Paulo, Ed. Universidade de São Paulo.

554. SAINT-HILAIRE, Auguste de , 1779-1853 (1974). Viagem às nascentes do Rio São Francisco. 190p. Belo Horizonte, Ed. Itatiaia; São Paulo, Ed. Universidade de São Paulo.

555. SAINT-HILAIRE, Auguste de, 1779-1853 (1974). Viagem pelos Distritos dos Diamantes e litoral do Brasil. 233p. Belo Horizonte, Ed. Itatiaia; São Paulo, Ed. Universidade de São Paulo.

556. SAINT-HILAIRE, Auguste de, 1779-1853 (1975). Viagem à província de Goiás. 158p. Belo Horizonte, Ed. Itatiaia; São Paulo, Ed. Universidade de São Paulo.

557. SAINT-HILAIRE, Auguste de, 1779-1853 (1975). Viagem ao Espírito Santo e Rio Doce. 121p. Belo Horizonte, Ed. Itatiaia; São Paulo, Ed. Universidade de São Paulo.

558. SAINT-HILAIRE, Auguste de, 1779-1853 (1975). Viagem pelas províncias do Rio de Janeiro e Minas Gerais. 378p. Belo Horionte, Ed. Itatiaia; São Paulo, Ed. Da Universidade de São Paulo.

559. SAINT-HILAIRE, Auguste de, 1779-1853 (1976). Viagem à província de São Paulo. 229p. Belo Horizonte, Ed. Itatiaia; São Paulo, Ed. Universidade de São Paulo.

560. SAINT-HILAIRE, Auguste d , 1779-1853 (1978). Viagem a Curitiba e Santa Catarina, 209p. Belo Horizonte, Ed. Itatiaia; São Paulo, Ed. Universidade de São Paulo.

561. SAKAI, Rogério Haruo. Cachaça. Disponível em: http://www.agencia.cnptia.embrapa.br/gestor/cana-de-acucar/arvore/CONT000fiog1ob502wyiv80z4s473agi63ul.html. Consulta 20-10-2009.

562. SALAS, José Alfredo Uribes & ZAVALA, Maria Teresa Cortés (2008). Caña, azúcar y aguardiente de charanda. Denominación de origen y patrimonio cultural, Michoacán, México. I SEMINARIO DE PATRIMONIO AGROINDUSTRIAL Paisajes Culturales del Vino, el Pan, el Azúcar y el Café.

563. SALAZAR, Jussara (2005). Estética da recepção. In: Waly: Uma trans-sintaxe + trilogia enviasada. Disponível em http://www. cronopios. com.br/site/colunistas.asp?id=263. Consulta 05-01-2010.

564. SALVADOR, José Gonçalves (1981). Os magnatas do tráfico negreiro: séculos XVI e XVII. 212p. São Paulo, Pioneira / Ed. Da Universidade de São Paulo.

565. SALVADOR, Vicente do, Frei 1564-1635 (1965). História do Brasil 1500-1627. (5ª Ed. Revista por Capistrano de Abreu, Rodolfo Garcia e Frei Venâncio Willeke, OFM). 527p. São Paulo, Edições Melhoramentos.

566. SAMPAIO, Antonio Carlos Jucá de (s/data). Crédito e circulação monetária na Colônia: O caso fluminense, 1650-1750. Disponível em http://www.abphe.org.br/congresso2003/Textos/Abphe_2003_75.pdf. Consulta 10-12-2010.

567. SAN MARTIN, E. (2001). A viagem do pirata Richard Hawkins. 429p. Porto Alegre, Artes e Ofícios.

568. SANTANA, Alexsander (2010). Amigos da Cachaça – Dia Nacional da Cachaça – 13 de setembro. In: Facebook. Disponível em http://www.facebook.com/posted.php?id=101647037025&share_id=147780648566190&comments=1. Consulta 30-09-2010.

569. SANTANA, Antonio Carlos da Paz e MARQUES, Marta Inês Medeiros (2005). **A Organização do sitema agrícola de pequenas unidades agrícolas localizadas em regiões metropolitanas 1. In:** III Simpósio Nacional de Geografia Agrária – II Simpósio Internacional de Geografia Agrária - Jornada Ariovaldo Umbelino de Oliveira – Presidente Prudente, 11 a 15 de novembro de 2005. Disponível em http://www4. fct.unesp.br/nera/publicacoes/singa2005/Trabalhos/Artigos/Ant%F4 nio%20Carlos%20da%20Paz%20Santana.pdf. Consulta 12-12-2009.

570. SANTIAGO, Roberto Carlos Morais (2002). **A inelasticidade da oferta da Cachaça Havana. In: Partes – A sua revista virtual.** ano II novembro de 2002 n.27. Disponível em http://www.partes.com.br/ed27/servicos.asp. Consulta 11-07-2009.
571. SANTIAGO, Roberto Carlos Morais - Cachaça Havana -Anísio Santiago, patrimônio de Minas. Disponível em http://www.partes.com.br/ed19/cotidiano.asp. Consulta 13-08-09.
572. SANTIAGO, Roberto Carlos Morais (2006). O mito da cachaça Havana – Anísio Santiago. 289p. Belo Horizonte, Cuatiara
573. SANTOS FILHO, Lycurgo, 1910-1988 (1956). Uma comunidade rural no Brasil antigo (Aspectos da vida patriarcal no sertão da Bahia nos séculos XVIII e XIX). Biblioteca Pedagógica Brasileira * Brasiiana*, série 5ª, vol. 9. 447p. São Paulo, Companhia Editora Nacional.
574. SANZ, Alberto Luís. O modernista Ascenso Ferreira. Disponível em: http://www.educacaopublica.rj.gov.br/biblioteca/literatura/0040_32.html. Consulta 08-01-2010.
575. SAPO.PT – Sabores. Disponível em http://sabores.sapo.pt/restaurante/?2441/uai/. Consulta 14-07-2009.
576. SAQUÊ – A HISTÓRIA. Disponível em http://japaoonline. locasite. com.br/pt/saque.htm. Consulta 20-05-2010.
577. SCHILLING, Voltaire. O tratado descritivo. Disponível em: http://educaterra.terra.com.br/voltaire/500br/tratado_descritivo.htm. Consulta 18-12-2009.
578. SCHMIDT, Afonso 1890-1964 (1950). A sombra de Júlio Frank. 179p. São Paulo, Clube do Livro.
579. SCHWARTZ, Stuart B. (1988). Segredos internos: engenhos e escravos na sociedade colonial 1550-1835. 474p. São Paulo, Companhia das Letras.
580. SCLIAR, Moacyr (1989). A orelha de Van Gogh. 163p. São Paulo, Companhia das Letras.
581. SEBRAE-SEAMA (s/data). Recomendações de controle ambiental para produção de cachaça. Dispinível em http://201.2.114.147/bds/BDS.nsf/2C827DED6D4B894003256EA8005177B9/$File/NT0006011A.pdf. Consulta 17-10-2009.
582. SENA, Divino Marcos de (2010). Camapuã no período do ocaso das monções: população, trabalho, exploração e resistências In: Revista História em Reflexão: Vol. 4 n. 7 – UFGD - Dourados jan/jun 2010. Disponível em www.periodicos.ufgd.edu.br/index.php/historiaemreflexao/article/.../460. Consulta 10-10-2010.
583. SENADO FEDERAL – SUBSECRETARIA DE INFORMAÇÕES.

DECRETO Nº 4.851, DE 2 DE OUTUBRO DE 2003. Altera dispositivos do Regulamento aprovado pelo Decreto nº 2.314, de 4 de setembro de 1997, que dispõe sobre a padronização, a classificação, o registro, a inspeção, a produção e a fiscalização de bebidas.

584. SETE CANDEEIROS DO CAJÁ – Jânio e sua cachaça preferida: Providência! Disponível em http://setecandeeiroscaja.blogspot.com/2010/04/janio-e-sua-cachaca-preferida.html. Consulta 22-06-2010.

585. SILVA, Antonio de Moraes, 1755-1824 (1891). Diccionario da língua portuguesa. (Ed. 8ª), Vol. 1, 882p.; vol. 2, 1067p. Rio de Janeiro, Lisboa, Editora Empreza Litteraria Fluminense.

586. SILVA, Chico e MARINI, Eduardo (2010). Pagode e rasteira. ISTOÉ Independente. Edição 1662. Disponível em: http://www.istoe.com.br/reportagens/detalhePrint.htm?idReportagem= 40062&txPrint=completo. Consulta 06-04-2010.

587. SILVA, Edil Pedroso da. O cotidiano dos viajantes nos caminhos fluviais de Mato Grosso no século XIX. Disponível em: http://64.233.663.132/search?q=cache:dadPhjhCGqIJ:www.revista navigator.com.br/navig4/art/N4_art2.doc+aguardente+ rota+mon%C3%A7%C3%B5es&cd=16&hl=pt-BR&ct=clnk&gl=br. Consulta 14-12-2009.

588. SILVA, José Dimas da Paixão. A produção açucareira e o sistema escravista no Brasil colônia. Disponível em: http://static. recantodasletras.com.br/arquivos/1358780.doc. Consulta 14-12-2009.

589. SILVA, Jairo Martins (2006). Cachaça – O mais brasileiro dos prazeres. 211p. São Paulo, Editora Anhembi Morumbi

590. SILVA, Luciano (2006). Por um punhado de sal. Disponível em: http://www.cronopios.com.br/site/prosa.asp?id=1510. Consulta 04-01-2010.

591. SILVEIRA, Ray (2005). Relíquias da Casa Grande. Disponível em: http://www.cronopios.com.br/site/colunistas.asp?id=409. Consulta 05-01-2010.

592. SILVEIRA, Ray (2005). Relíquias da Casa Grande – Final. Disponível em: http://www.cronopios.com.br/site/colunistas. asp?id=525. Consulta 05-01-2010.

593. SILVEIRA, Ray (2008). Vaso vazio. Disponível em: http://www.cronopios.com.br/site/colunistas.asp?id=3705. Consulta 03-01-2010.

594. SMITH, Herbert H. (1922). Do Rio de Janeiro a Cuyabá. 373p. São Paulo, Companhia Melhoramentos de S. Paulo.

595. SIMONETTI, Ormuz Barbalho (publicação prevista p/2010). A praia da Pipa dos Meus avós - Crônicas da pipa. Disponível em: http:/

/www.pipa.com.br/conteudo/noticias/pipanoar/index.php?id=15. Consulta 21-12-2009.

596. SOARES, Jô (1998). O homem que matou Getúlio Vargas: biografia de um anarquista. 342p. São Paulo, Companhia das letras.

597. SOLUTION COMERCIAL IMPORT. E EXPORT LTDA - Nomes dados à cachaça. Disponível em http://www.solutioncoml.com.br/curiosidades.htm. Consulta em 06-07-2009.

598. SOME HISTORY OF THE BARREL. Disponível em: http://www.kwtastings.com/somehistoryofthebarrel. Consulta 19-12-2009.

599. SOUTHEY, Robert, 1774-1843. (1981). História do Brasil. Vol. 3. Belo Horizonte, Ed. Itatiaia; São Paulo, Ed. Da Universidade de São Paulo.

600. SOUZA, Diniz de (1983). Receituário pinguístico. 120p. São Paulo, Editora própria.

601. SOUZA, Gabriel Soares de. 1540-1590 (1971). Tratado descritivo do Brasil em 1587, 389p. Companhia Editora Nacional e Editora da USP, São Paulo

602. SOUZA, Márcio (1978). Galvez, Imperador do Acre. 182p. Rio de Janeiro, Ed. Brasília/Rio.

603. SOUZA, Márcio (2007). A alegria brasileira. Disponível em: http://www. cronopios.com.br/site/colunistas.asp?id=2411. Consulta 04-01-2010.

604. SPEED NEWS. Sistema Público de Escrituração Digital. Imposto representa mais de 80% do preço da cachaça. Disponível em http://www.spednews.com.br/06/2010/imposto-representa-mais-de-80-do-preco-da-cachaca/. Consulta 04-07-2010.

605. SPINOZA, Laerte J. S. (s/data). Tecnologia de produção de cachaça: *Princípios do Processo de Produção de Cachaça de qualidade.* Disponível em http://www.crq4.org.br/downloads/tec_cachaca.pdf. Consulta 14-04-2010.

606. SPIX, Johan Baptiste Von 1781-1826 & MARTIUS, Carlos Frederico Philippe von 1794-1868 (1938). Através da Bahia - Excerptos da obra Reise in Brasilien; transladados a português pelos Drs. Pirajá da Silva e Paulo Wolf; trabalho apresentado ao 5° Congresso Brasileiro de Geografia e aprovado com louvor; Bibliotheca Pedagogica Brasileira, série 5ª, vol 118, 3ª Ed., 342p.; São Paulo, Companhia Editora Nacional.

607. STADEN, Hans 1525-1579 (1974). Duas viagens ao Brasil, 216p. Editora da Universidade de São Paulo, São Paulo.

608. SUA HISTÓRIA. Centro de referência histórica da Ilha do Governador - História - Curiosidades - Fatos. Disponível em: http://www. ilha.

com.br/ilhadogovernador/?page=hist_crono. Consulta 21-12-2009.
609. SUA PESQUISA. COM. CARNAVAL E HISTÓRIA D CARNAVAL. Festas carnavalescas, carnaval, escolas de samba, história do carnaval, origens, escolas de samba vencedoras dos últimos carnavais no Rio de Janeiro e em São Paulo, . Disponível em: http://www. suapesquisa. com/carnaval/. Consulta 11-12-2009.
610. SUA PESQUISA.COM. GRANDES NAVEGAÇÕES – Navegações portuguesas, pioneirismo português, Vasco da Gama e a chegada às Índias, instrumentos de navegação, bússola, astrolábio, descobrimentos marítimos, viagem de Cristóvão Colombo, viagem de Pedro Álvares Cabral, Escola de Sagres e as caravelas. Disponível em: http://www.suapesquisa.com/grandesnavegacoes/. Consulta 11-12-2009.
611. SUA PESQUISA.COM. HISTÓRIA DO FUTEBOL – Origens do futebol, Chegada do futebol no Brasil, Charles Miller, FIFA, Copa do Mundo. Disponível em: http://www.suapesquisa.com/futebol/. Consulta 11-12-2009.
612. TAUNAY, Affonso de E. 1876-1958 (1933). Visitantes do Brasil colonial – séculos XVI-XVII. 241p. + I-VIII. São Paulo, Cia. Editora Nacional.
613. TAUNAY, Affonso de E., 1876-1958. (1975). História das bandeiras paulistas. Tomo I (3ª Ed.). 337p. São Paulo, Edições Melhoramentos; Instituto Nacional do Livro – Ministério da Educação e Cultura.
614. TAUNAY, Affonso de E., 1876-1958. (1975). História das bandeiras paulistas. Tomo II (3ª Ed.). 319p. São Paulo, Edições Melhoramentos; Instituto Nacional do Livro – Ministério da Educação e Cultura.
615. TAUNAY, Affonso de E., 1876-1958. (1975). História das bandeiras paulistas. Tomo III (3ª Ed.). 290p. São Paulo, Edições Melhoramentos; Instituto Nacional do Livro – Ministério da Educação e Cultura.
616. TAUNAY, Visconde de (Alfredo Maria Adriano d'Escragnolle Taunay) 1843-1899 (1986). Inocência. (14ª Ed.), 128p. São Paulo, Ática.
617. TAVARES, Bráulio (2009). É Carnaval! Disponível em: http://www.cronopios.com.br/site/colunistas.asp?id=3830. Consulta 03-01-2010.
618. TÁVORA, Franklin 1842-1888 (1981). O cabeleira. (4ª Ed.), 143 p. São Paulo, Ática.
619. TEIXEIRA JR., Luiz Alexandre (1986). O engenho colonial. 32p. São Paulo, Ática.
620. TELLES, Carlos Queiroz 1936-1993 (1993). AAA. Pp. 55-56. In: Tirando de letra. 244p. São Paulo, Círculo do Livro / Editora Best Seller.
621. TELLES, Lygia Fagundes (1985). As meninas. (16ª Ed.), 262p. Rio de Janeiro, Nova Fronteira.

622. TELLES, Lygia Fagundes (1997). Verão no aquário. 220p. Rio de Janeiro, Editora Nova Fronteira S.A.
623. THEVET, André 1502-1590 (2009). A cosmografia universal de André Thevet, cosmógrafo do rei. 186p. Coleção Franceses no Brasil – Séculos XVI e XVII vol. II. Rio de Janeiro, Batel: Fundação Darci Ribeiro.
624. TINOCO, Godofredo (1962). Macaé – História. Disponível em:http://64.233.163.132/search?q=cache:5V2GgeConbYJ: 200.156.96.75/jongos/files/biblio_godofredo_tinoco_macae_ historia.doc+pipa+aguardente& cd=39&hl=pt-BR&ct=clnk&gl= br. Consulta 21-12-2009.
625. TIETÊ (2008). Tietê. In: Rio Tietê. Disponível em http://www.riotiete.com.br/tiete.html. Consulta em 29-12-2009.
626. TONEIS & CIA – Cachaça é poesia. Disponível em http://www.toneis. com.br/modules.php?name=News&file=article&sid=68. Consulta 08-08-2009.
627. TOP DO BRASIL – Paraty, Rio de Janeiro. Disponível em http://www.top dobrasil.com.br/fr/parati/festival-de-cachaca.php. Consulta 28-07-2009.
628. TORERO, José Roberto (1994). Galantes memórias e admiráveis aventuras do virtuoso conselheiro Gomes, O Chalaça. 231p. São Paulo, Círculo do Livro.
629. TORRES, João Camilo de Oliveira (2008). Bandido perigoso finalmente preso! Disponível em http://www.aletria.com.br/textos_abre.asp?id=133. Consulta 08-12-2009.
630. TRAÇOS DA VIDA DE UMA MULHER: Rum e cachaça, qual a diferença. Disponível em http://glacinia.blogspot.com/2010/06/rum-e-cachaca-qual-diferenca.html. Consulta 15-08-2010.
631. TREVISAN, Dalton (1969). Ó noites mágicas de circo. Pp.112-117 . In: Guerra conjugal. 143p. Rio de Janeiro / São Paulo, Editora Record.
632. TREVISAN, Dalton (1969). O pai, o chefe, o rei. Pp.47-49. In: Guerra conjugal. 143p. Rio de Janeiro / São Paulo, Editora Record.
633. TREVISAN, Dalton (1969). Tentações de uma pobre senhora. Pp. 36-39. In: Guerra conjugal. 143p. Rio de Janeiro / São Paulo, Editora Record.
634. TREVISAN, João Silvério (1994). Ana em Veneza. 579p. São Paulo, Círculo do Livro / Editora Best Seller.
635. TRINDADE, Alessandra Garcia (2006). Cachaça – Um amor brasileiro, 165 p. São Paulo, Editora Melhoramentos
636. TRINDADE, Etelvina M. de C. (1996). O trabalho nos engenhos. 40p. São Paulo, Atual.

637. TUBALDINI, Maria Aparecida dos Santos. A produção de cachaça artesanal nos enclaves de produção familiar e empresarial de cana-de-açúcar em Ouro Preto: Um estudo de caso de desenvolvimento rural local. Disponível em http://docs.google.com/viewer?a=v&q=cache:8OftBKHxFQAJ:www.alasru.org/cdalasru2006/18%2520GT%2520Maria%2520Aparecida%2520dos% 2520Santos%2520Tubaldini.pdf+TUBALDINI,+Maria+Aparecida.+Santos&hl=pt-BR&gl=br&pid=bl&srcid=ADGEESgIzWCKA1ubhtm ccqa3QDrzsZBbLbVID6W5qZ6wSNrbSQUtehr-ScA1FKXJgRgR-5CmfjdjtDrJlV-_LOttiRJx7yO1ZAM7kbaR_S2vZfNjq 4g4BztC4lEWnmViT5uQ3kT8dX&sig=AHIEtbTPse3pv D9J2D186vgFP6gJwEX8Dg. Consulta 23-06-2010.

638. UNZELTE, Celso (2002). O livro de ouro do futebol. 696p. São Paulo, Ediouro.

639. UOL. Os Segredos do Rum. Disponível em: http://taste.uol.com.br/news/templates/noticia.asp?idNoticia=1581. Consulta 16-12-2009.

640. UOL NOTÍCIAS (2008). Lula diz que Brasil terá carro "com cheiro de cachaça". Disponível em: http://noticias.uol.com.br/ultnot/2008/04/25/ult23u2044.jhtm. Consulta 05-04-2010.

641. USP – UNIVERSIDADE DE SÃO PAULO Pró-Reitoria de Cultura e Extensão Universitária. Ruínas Engenho São Jorge dos Erasmos. Disponível em: http://www.usp.br/prc/engenho/. Consulta 11-12-2009.

642. VAINFAS, Ronaldo (1997). Confissões da Bahia – Santo Ofício da Inquisição de Lisboa. 362p. Companhia das Letras, São Paulo.

643. VAINFAS, Ronaldo (organizador) (2000). Dicionário do Brasil colonial (1500-1808). 599p. Rio de Janeiro, Objetiva.

644.6 VAINSENCHER, Semira Adler (2006). Maria Bonita. Disponível emhttp://www.fundaj.gov.br/notitia servletnewstorm.ns. presentation. Navigation Servlet?publicationCode=16&pageC ode=309&textCode=6334& date=currentDate. Consulta 08-12-2009.

645. VALADARES, Virgínia (2005). O consumo de aguardente em Minas Gerais no final do século XVIII: uma visão entre os poderes metropolitanos e colonial. Pp. 123-139. In: Álcool e drogas na história do Brasil. Organizadores: Renato Pinto Venâncio e Henrique Carneiro. 310p. São Paulo, Alameda; Belo Horizonte, Editora PUCMinas.

646. VALE PARAIBANO – quarta feira, 24 de julho de 2002 - Visconde de Mauá faz festa de pinga. Disponível em http://jornal.valeparaibano.com.br/2002/07/24/turismo/cachaca.html Consulta 16-06-2010

647. VALLE, Marcelo (2009). Casa da Cachaça 2: Com Classe, Sem Classe. Disponível em http://ocaroco.wordpress.com/2009/04/02/casa-da-cachaca-2-com-classe-sem-classe/. Consulta 11-08-2009.
648. VARELLA, Drauzio (1999). Estação Carandiru. 297p. São Paulo, Companhia das Letras.
649. VARELLA, Márcia Fagundes (s/data). De pecadora a freira. 169p. São Paulo, Ed. A Voz Dos Livros Ltda.
650. VASCONCELOS, Yuri. Como o álcool age no corpo? In: Mundo Estranho. Disponível em: http://mundoestranho.abril.com.br/saude/pergunta_287781.shtml. Consulta em 19-03-2010.
651. VEJA ON LINE – Lula e a bebida. Brasil. 19 de maio de 2004. Disponível em http://veja.abril.com.br/190504/capa/lula_bebida.html. Consulta 20-07-2009.
652. VEJA ONLINE – Receita caipira. Disponível em http://veja.abril.com.br/230800/p_097.html. Consulta 14-07-2009
653. VELHA GUARDA DA MANGUEIRA. Disponível em http://musicabrasileira.org/reviewsinterviews/vgmconvidados.html. Consulta 27-07-2009.
654. VELLOSO, Mário (2008). Escrever, essa cachaça. Disponível em: http://www.cronopios.com.br/site/artigos.asp?id=3225 Consulta 04-01-2010.
655. VENTURA, Sandra & GIRALDEZ, Ricardo (2006). Cachaça – Cultura e prazer do Brasil. 193p. São Paulo, Damara Editora Ltda.
656. VENTURA, Zuenir (1988). 1968: O ano que não terminou. 314p. Rio de Janeiro, Nova Fronteira.
657. VERÍSSIMO, Luis Fernando (1986). A velhinha de Taubaté. (8ª Ed.), 142 p. L&PL Editores Ltda.
658. VERÍSSIMO, Luis Fernando (1989). Barricada. Pp. 141-143. In: Orgias. 143p. Porto Alegre, L&PM.
659. VERÍSSIMO, Luis Fernando (1989). Bip. Pp. 71-73. In: Orgias. 143p. Porto Alegre, L&PM.
660. VERÍSSIMO, Luis Fernando (1989). O sereio. Pp. 41-43. In: Orgias. 143p. Porto Alegre, L&PM.
661. VERÍSSIMO, Luis Fernando (1991) . Ed Mort em procurando o Silva. 39p. Porto Alegre, L&PM
662. VERÍSSIMO, Luis Fernando (1995). Comédias da vida pública. 353p. São Paulo, Círculo do Livro Ltda.
663. VERÍSSIMO, Luis Fernando (1995). Diálogo. Pp. 126-128. In: Comédias da vida privada. (10ª Ed.). 326p. Porto Alegre, L&PM
664. VERÍSSIMO, Luis Fernando (1995). Elas &/ou elas. Pp. 95-98. In:

Comédias da vida privada. (10ª Ed.). 326p. Porto Alegre, L&PM
665. VERÍSSIMO, Luis Fernando (1995). Festa de criança. Pp.223-225. In: Comédias da vida privada. (10ª Ed.). 326p. Porto Alegre, L&PM
666. VERÍSSIMO, Luis Fernando (1995). Mergulho. Pp. 165-167. In: Comédias da vida privada. (10ª Ed.). 326p. Porto Alegre, L&PM
667. VERÍSIMO, Luis Fernando (1995). Noites do Bogart. Pp. 280-300. In: Comédias da vida privada. (10ª Ed.). 326p. Porto Alegre, L&PM.
668. VERÍSSIMO, Luis Fernando (1997). Ed Mort vai longe. Pp. 39-45. In: Ed Morte: todas as histórias. 108p. Porto Alegre, L&PM.
699. VERÍSSIMO, Luis Fernando (2000). Cultura. pp. 149-151 In: As mentiras que os homens contam. 166p. Rio de Janeiro, Objetiva.
670. VERÍSSIMO, Luis Fernando (2004). O opositor. 140p. Rio de Janeiro, Objetiva.
671. VERÍSSIMO, Luis Fernando (s/data). A ressaca. Pp. 71-73. In: Ed Mort e outras histórias. 198p. São Paulo, Círculo do Livro.
672. VERÍSSIMO, Luis Fernando (s/data). Desculpas. Pp.93-95. Ed Mort e outras histórias. 198p. São Paulo, Círculo do Livro.
673. VERÍSSIMO, Luis Fernando (s/data) Marido enganado. Pp. 151-154. Ed Mort e outras histórias. 198p. São Paulo, Círculo do Livro.
674. VERÍSSIMO, Luis Fernando e PAIVA, Miguel (1997). Com a mão no milhão. 55p. Porto Alegre, L&PM.
675. VERUNSCHK, Micheliny (2006). Ia 14/UM a Um. Disponível em: http://www.cronopios.com.br/site/prosa.asp?id=1493. Consulta 04-01-2010.
676. VIANNA, Hildegardes (2008). Breve notícia sobre a cozinha baiana. Pp. 46-60. In: CASCUDO, Luís Câmara 1898-1986 (2008). Antologia da alimentação no Brasil. 304p. 2ª Ed. São Paulo, Global.
677. VIANNA, Sodré 1904-1945 (2008). Molhos da Bahia. Pp. 130-135. In: CASCUDO, Luís Câmara 1898-1986 (2008). Antologia da alimentação no Brasil. 304p. 2ª Ed. São Paulo, Global.
678. VIDA SIMPLES - Birita do bem. Disponível em http://vidasimples.abril.com.br/edicoes/025/mente_aberta/conteudo_262333.shtml. Consulta 19-08-2009.
679. VIEGAS, Susana de Matos (2006). Nojo, prazer e persistência: beber fermentado entre os tupinambá de Olivença (Bahia). In: Revista de História 154 (1º - 2006), 151-188. Disponível em http://www.revistasusp.sibi.usp.br/pdf/rh/n154/a07n154.pdf. Consulta 20-08-2010.
680. VIEIRA, Antônio Padre (1960). Sermão da primeira dominga do advento. Pp. 189-213. In: Sermões escolhidos. 213p. São Paulo, Li-

vraria e Editôra Logos Ltda.
681. VILELA, Luiz (1987). O inferno é aqui. 233p. São Paulo, Círculo do Livro.
682. VILLELA, Francisco (2008). Ave, cachaça! Nascimento, vida, reza & glória. 101p. Brasília , edição do autor, comercialização Pig Produções (61) 9211-1020.
683. VIOTTI, Hélio Abranches, S. J. Pe. (1980). Anchieta e a Eucaristia – Catequista e missionário. Pp. 227-236. In: Anchieta – O apóstolo do Brasil. 2ª edição. 342p. São Paulo, Edições Loyola.
684. VOCAMBUNDO. Disponível em http://www. mgquilombo.com.br/download/vocambundo.doc. Consulta 13-07-2009.
685. WALSH, Robert. *Notícias do Brasil*. Belo Horizonte, Editora Itatiaia / São Paulo, Editora da Universidade de São Paulo, 1985, v.1, p.218. Disponível em: http://www.jangadabrasil.com.br/setembro49/especial21.htm. Consulta 09-12-2009.
686. WEIMANN, Erwin (2006). Cachaça – A bebida brasileira, 151p. Editora Terceiro Nome, São Paulo
687. WIKIPEDIA. Aguardente. Disponível em: http://pt.wikipedia.org/wiki/Aguardente- Consulta 12-12-2009.
688. WIKIPEDIA. Barrel. Disponível em: http://en.wikipedia.org/wiki/Barrel. Consulta 19-12-2009.
689. WIKIPEIA. Carnaval. Disponível em: http://pt.wikipedia.org/wiki/Carnaval. Consulta 11-12-2009.
690. WIKIPEDIA. Conhaque. Disponível em: http://pt.wikipedia.org/wiki/Conhaque. Consulta 15-12-2009.
691. WIKIPEDIA. Conservação de alimentos. Disponível em : http://pt.wikipedia.org/wiki/Conserva%C3%A7%C3%A3o_de_alimentos. Consulta 12-12-2009.
692. WIKIPEDIA. Descoberta do Brasil. Disponível em: http://pt.wikipedia.org/wiki/Descoberta_do_Brasil. Consulta 11-12-2009.
693. WIKIPEDIA. Dilúvio. Disponível em: http://pt.wikipedia.org/wiki/Dil%C3%BAvio_(mitologia). Consulta 18-12-2009.
694. WIKIPEDIA. Dionísio. Disponível em http://pt.wikipedia.org/wiki/Dioniso. Consulta 18-12-2009.
695. WIKIPEDIA. Engenho. Disponível em: http://pt.wikipedia.org/wiki/Engenho. Consulta 12-12-2009.
696. WIKIPEDIA. Feitoria de São Vicente. Disponível em: http://pt.wikipedia.org/wiki/Feitoria_de_S%C3%A3o_Vicente. Consulta 11-12-2009.
697. WIKIPEDIA. Francis Drake. Disponível em: http://pt.wikipedia.org/

wiki/Francis_Drake. Consulta 15-12-2009.
698. WIKIPEDIA. Gabriel Soares de Souza. Disponível em: http://pt.wikipedia.org/wiki/Gabriel_Soares_de_Sousa. Consulta em 18-12-2009.
699. WIKIPEDIA. Geber. Disponível em http://pt.wikipedia.org/wiki/Geber. Consulta 08-07-2009.
700. WIPIDEDIA. Hans Staden. Disponível em: http://pt.wikipedia.org/wiki/Hans_staden. Consulta 18-12-2009.
701. WIKIPEDIA. Jogo de bola mesoamericano. Disponível em http://pt.wikipedia.org/wiki/Jogo_de_bola_mesoamericano. Consulta 05-06-2010.
702. WIKIPEDIA. Morro do Pão de Açúcar. Disponível em: http://pt.wikipedia.org/wiki/Morro_do_P%C3%A3o_de_A%C3%A7%C3%BAcar. Consulta 12-12-2009.
703. WIKIPEDIA. Oak (wine). Disponível em: http://en.wikipedia.org/wiki/Wine_barrel. Consulta 19-12-2009.
704. WIKIPEDIA. Paleolítico. Disponível em: http://pt.wikipedia.org/wiki/Paleol%C3%ADtico. Consulta 11-12-2009.
705. WIKIPEDIA. Pedro Álvares Cabral. Disponível em: http://pt.wikipedia.org/wiki/Pedro_%C3%81lvares_Cabral. Consulta 18-12-2009.
706. WIKIPEDIA. Pirata. Disponível em: http://pt.wikipedia.org/wiki/Pirata. Consulta 15-12-2009.
707. WIKIPEDIA. Rum. Disponível em: http://en.wikipedia.org/wiki/Rum. Consulta 19-12-2009.
708. WORDREFERENCE.COM – Language Forums. Disponível em http://forum.wordreference.com/showthread.php?t=310188. Consulta 30-07-2009.
709. WORDREFERENCE.COM – Language Forums. Disponível em http://forum.wordreference.com/showthread.php?t=569586. Consulta 29-07-2009.
710. WWW.RECEITASWEB.COM.BR – Conheça o básico sobre cachaça. Disponível em http://www.receitasweb.com.br/index.php?id=844&acao=mostrar. Consulta 08-08-2009.
711. ZALUAR, Augusto-Emílio, 1825-1882. (1953). Peregrinação pela Província de São Paulo (1860-1861). 236p. São Paulo, Livraria Martins Editora S.A.
712. ZÉ AUGUSTO (2008). Cachaça no SERRAcard. Disponível em: http://osamigosdopresidentelula.blogspot.com/2008/02/cachaa-no-serracard.html. Consulta 05-04-2010.

ÍNDICE REMISSIVO

ACQUARZENTE
Origem do termo aguardente em português 44

AÇÚCAR
Açores 200
Açúcar colonial 211-216
Açúcar e Álcool no Brasil, livro 90, 148, 246, 532
Antonil, André João 101
Beterraba 246
Caixotes 125
Campinas-SP 104, 211, 304, 327, 329, 331, 333
Campos-RJ 231, 325
Capivari-SP 211, 335
Cascudo, Luís da Câmara 96
Com cachaça e café 153
Compondo nome de aguardente 46
Da terra 118
Decadência 228-235
Diegues Júnior, Manuel 117
Engenhos centrais 246
Engenhos de 12, 32-34, 52, 91, 95, 104, 105, 109, 112,114, 199-235
Escravos produtores de 234
Exportação 130, 220, 283, 327, 328
Fermentação 21, 24, 44, 61, 64, 65, 69, 75, 86, 88, 99, 105,110, 112, 118, 148, 157, 159, 162, 215, 250, 344, 362, 410, 421, 447, 464, 468, 500
Furá 84
Guaratinguetá 333
Igreja produtora 13, 254, 257
Ilha da Madeira 200
Importância no séc. XVI 34, 202, 252, 275
Imposto 222
Instituto do Açúcar e do Álcool 247
Jundiaí 211, 328, 331
Leis 5, 90, 106
Léry, Jean de 58
Lisboa 51, 98, 201, 317
Mann, Thomas 96
Maranhão 103, 203, 226, 320, 322, 325, 344
Mascavo 214, 220, 238, 249, 250, 288, 306, 346, 515
Mattos, Anibal R. 90, 148, 246, 532
Maximiliano 213, 232, 237
Medicamento 99, 200
Mel de furo 118, 214, 488
Melaço 81, 90, 130, 137, 139, 141, 162, 164, 214, 215, 249, 250, 251, 326, 329, 394, 471
Melado 118, 238, 250, 258, 270, 471, 515
Mogi Mirim 328
O engenho de açúcar no Nordeste, livro 200, 518
Oliveira, José Teixeira de 51, 97, 538
Pão de açúcar 213, 558
Parati 96, 231
Pernambuco 95, 203, 216, 224, 257
Pirata 54, 224
Piso, Guilherme 99
Pitta, Rocha 92, 230
% na aguardente 45
% na cachaça 46
% no rum 140
Porto Feliz 104

Primeiro registro de entrada em Portugal 95, 201, 317
Produção colonial 102, 211-216
Rapadura 118, 222, 236, 238, 250, 306, 333, 348
Rum 112, 137, 139, 140, 141
Santa Catarina 139
São Paulo 104, 211, 229, 233, 246, 329, 331
São José 200
Sertão da Ressaca 332
Setor sucroalcooleiro 246-251
Sorocaba 211, 323, 345
Sonnerat, Pierre 54
Subproduto 32, 81, 82, 111, 112, 118, 137, 162, 250, 251, 345, 492
Tietê 234, 331
Tinoco, Godofredo 212
Tipos de 249
Transformação em álcool 21, 81, 215
Troperio 304
Vinho de cana 114
Vitória 51, 275, 319

ACUÑA, PE. CRISTÓBAL DE
Armazenagem de bebidas pelos índios 127
Bebidas indígenas 70
Cauim 70
Ferramentas indígenas 187
Jesuíta espanhol 309
Novo Descobrimento do Rio Amazonas, livro 309, 503

AFRICANO
Bebida alcoólica 12, 81-84, 339
Cachaça, origem da palavra 37
Cultos 264-266, 273
Escambo 57, 84-85
Escravo 32, 252, 294, 295
Inventor do vinho de cana 32
Miscigenação 206
São Benedito 437
Suco de palmeira 66
Tráfico 85
Vinho de cana 106, 116

AGUARDENTE
41
Água da vida 24
Aqua vitae, 23, 44
Água ardente em navio 50
Aguardente da terra 32, 35, 39, 46, 48, 226, 285, 286, 323
Acquarzente 44
Burton, Richard 152
Cauim 32, 33, 76, 77, 133, 348, 439
Composição 278, 280
Conservação de cabeças de cangaceiros 242
Conservação de espécimes biológicos 47
Decreto nº 4851 44-46
Definição 44-46
Espanhola 37
Sinônimo de cachaça 13, 32, 35, 37, 38, 39, 42, 43, 46, 47, 49, 51, 52, 95, 116, 117, 132, 141, 142, 143, 147, 152, 320, 322, 325
Impostos sobre 57, 229, 233
Invenção 23-24
Inventada fora do Brasil 12
Medicamento 150, 239, 305
Medronho 44, 87
Motim 57
Portuguesa 32
Prova de Holanda 279
Rum 142, 157, 158, 159-164
Santa Inquisição 266-269
Texto 344-356
Tipos 44-45, 87, 157
Thaddeus of Florence 23-24
Transporte 287-288
Três cinco 279
Três-seis 279, 280

AGUARDENTE CANFORADA
Medicamento 239
Receita 356

AGUARDENTE DA TERRA
Cachaça 32, 35, 39, 46, 48
Monções 285-286

Proibição 226
Comercialização em 1.776 323
Século XVII 32

AGUARDENTE DE CANA
Cachaça 35, 38, 43, 46, 47, 49, 51, 52, 95, 116, 117, 132, 141, 142, 143, 147, 152, 320, 322, 325
Definição 45
Distinta da cachaça 47
Imposto 51
Invenção 12, 32-33

AGUARDENTE DE CANA ENVELHECIDA
Decreto nº 4851 45
Definição 45

AGUARDENTE DE CEREAL
Decreto nº 4851 44
Definição 44

AGUARDENTE DE MANDIOCA
Cauim 33
Tiquira 33, 494

AGUARDENTE DE MEL
De mel de abelha 357

AGUARDENTE DE MELAÇO
Aguardente de cana 357
Decreto nº 4851 44
Definição 44
Maximiliano 47, 117

AGUARDENTE DE MELADO
118, 137, 209, 231
Charanda 441
Decreto nº 4851 45
Definição 45
Importância 231
Índios destilaram o melado 59
Início da destilação do melado 85

AGUARDENTE DE MILHO
Alambique 76
Almanaque de São Carlos 33
Burton, Richard 152
Cauim 32, 76
Em 1905
Holanda, Sérgio Buarque de 76
Mercado 33
Origem da aguardente de milho 33
Proibição 77, 320
São Paulo 33

AGUARDENTE DE RAPADURA
Decreto nº 4851 45
Definição 45

AGUARDENTE DE VEGETAL
Decreto nº 4851 45
Definição 45

AGUARDENTE DO REINO
De uva 286
Definição 357
Monções 286

AGUARDENTE FINA DE CANA GARRINCHA
357
Futebol 31

AGUARDENTEIRO
Texto 344, 346, 357, 358, 388

AGUARDIENTE
Aguardente 113
Fonte 545, 547
Origem do termo aguardente 44
Rum 5, 107, 111
Texto 347

ALAMBIQUE
Açúcar e Álcool no Brasil, livro 91
Aguardente de milho 76
Alambique, livro 43, 506
Amorim, Clóvis 43, 244, 506
Antonil, André João 102
Azevedo, Fernando de 204
Bahia 232

Boiadeiro 298
Burton, Richard 104, 151
Cachaça 90, 129, 163
Cachaça Artesanal: do alambique à mesa, livro 519
Cachaça Suor de Alambique, livro 516
Casa de cozer méis 92
Ceará 245
Chão de Massapé, livro 244
Coluna de destilação 118
Cuiabá 321, 322
Da Europa 32
De barro 90, 118
De cerâmica 129
De ferro 118
De fundo de quintal 148
Decadência 243-244, 252
Diegues Júnior, Manuel 117, 518
Dornas 43
Em sinônimo de cachaça 36
Empresa doméstica 232
Fenaca 227
Filgueiras, Carlos A. L. 146, 520
Fonte 503, 506, 516, 519, 531, 537
Funcionamento 43, 105, 145
Goiás 245
Hawkins, Richard 181-185
Holanda, Sérgio Buarque de 76
Inovações 145
Inventário 94, 106, 203
Inventor 23
Klink, Amir 289
Mais antigo do Brasil ainda funcionando 136, 323
Mariana-MG 131
Mato Grosso 204
Mattos, Aníbal R. 91
Mawe, John 145
Melaço, falta de 162
Minas Gerais 236, 245
Pará 322
Paraty 96
Pereira, João Manso 145, 146
Pernambuco 245
Piracicaba 243
Piso, Guilherme 99
Pitta, Rocha 92
Primeiro no Brasil 184, 318
Primeiro em São Paulo 76, 98, 319
Primitivo 152
Proliferação 143, 203
Purgador de assucar 102
Quantidade atual 244-245
Queiroz, Carlota Pereira de 135
Queiros, Manuel Elpídio Pereira de 136
Revolta da cachaça 222
Ribeirão Preto 243
Rio de Janeiro 145, 245
Rum de 137
Sá, Mem de 94
São Paulo 98, 203, 243, 244, 245
Século XVI 106
Século XVIII 145
Século XIX 252
Séc. XXI 148, 244
Souza, Gabriel Soares de 92, 93
Souza, Martim Afonso de 95
Sufoco 243-246
Tecnologia da cachaça de alambique, livro 531
Texto 339, 342, 351, 355, 356, 358-359, 368, 394, 400, 401, 411, 428, 430, 445, 447, 454, 460, 476, 481, 482, 484, 492
Transporte por água 281
Zona rural 339

ÁLCOOL
A sociologia da tecnologia e o desenvolvimento do álcool no Brasil, livro 510
Abre-te Sésamo 451
Absoluto 466
Açúcar e Álcool no Brasil, livro 90, 148, 246, 532
Água açucarada 88, 89
Aguardente canforada 356
Álcool e Drogas na História do Brasil, livro 504, 511, 520, 524, 530, 535, 542, 554
Álcool etílico: da cachaça ao cereal,

livro 531
Álcool isoamílido 116
Alimento 34
Anidro 140, 248, 250
Brandy 178, 180, 394, 511
Bruto 251
Cachaça e o teor de 45
Cachimbo 433
Cauim 66
Combustível 15, 34, 162, 247, 249, 250, 251, 252, 347
Cultos africanos 264
Destilaria 162, 248
Efeito em animais 20, 21
Efeito no ser humano 12, 21, 22
Em sinônimo de beber 471, 488
Em sinônimo de cachaça 359, 371
Em sinônimo de cachaçaceiro 342
Em sinônimo de embriagado 342, 359, 443, 478
Evaporação em tonéis de madeira 123
Evolução humana 21, 22
Fonte 504, 510, 511, 520, 524, 525, 530, 531, 532, 533, 535, 542, 554, 555
Fonte de calorias 19
Frutos com álcool 21
Geber 23
Hidratado 248, 250
Instituto do Açúcar e Álcool 247, 413, 508, 516, 525, 531
Lei que obriga acondicionamento em recipientes de até 1 litro 127, 128, 517
Levedura seca 251
Mattos, Aníbal R. 90, 533
Medicamento 19
Melaço 248, 251
Metabolismo 19
Neutro 250, 251
Óleo fúsel 251
Pereira, João Manso 279, 280, 521
Proálcool 247, 248, 337, 347
1° relato de bebida alcoólica derivda de cana 88-89
Prova de Holanda 279
Prova Três-cinco 279
Prova Três-seis 279
Setor sucroalcooleiro 246-251
Teor em aguardente 45
Teor em cachaça 46
Teor em bebidas africanas 83
Teor em bebidas indígenas 51
Teor em frutas maduras 21
Texto 342, 344, 346, 347, 349, 356, 358, 359, 371, 376, 380, 381, 383, 394, 399, 410, 413, 432, 433, 435, 437, 443, 451, 453, 454, 456, 462, 465, 466, 471, 472, 473, 477, 480, 488, 489
Tipos de álcool no mosto 144
Utilização 15
Vinagre 70, 84, 89, 128, 176, 219, 220, 236, 301, 333, 337, 352, 356, 403, 439
Vinhaça 251

ALMUDE
Volume em litros 104

ALQUIMISTA
Invenção do rum/cachaça 23, 44, 109, 358

AMBURANA
Madeira para barril 122

AMENDOIM
Madeira usada para barril 122

AMORIM, CLÓVIS
Chão de massapé, livro 244, 506
Culto africano 264
Fonte 506
O alambique, livro 43, 506
Supressão de pequenos alambique 244
Trabalho no alambique 43
Tropeiro 43

ANCHIETA, PE. JOSÉ DE
Antropofagia 67

Fonte 506, 557
Mandioca 189
Missionário 312

AND A BOTTLE OF RUM
Fonte 517
Invenção do rum 5, 86, 107, 109

ÂNFORA
Recipiente de cachaça 474
Transporte de líquidos 119

ANGELIM
Madeira para barril 122

ANGICO
Fazenda Angico 240
Madeira de barril 122
Sinônimo de cachaça 36

ANHANGUERA
Bandeirante 297
Silva, Bartolomeu Bueno 297

ANTIGO TESTAMENTO
Embriaguez de Noé 16, 452

ANTONIL, ANDRÉ JOÃO
Cachaça 101,102
Caxaça 36
Cultura e opulência do Brasil por suas drogas e minas, livro 36
Engenho de açúcar 101, 102, 199, 211, 217
Fonte 507
Garapa 82, 101
Inimigos do canavial 216
Jesuíta italiano 101, 308
Origem da palavra cachaça 101, 102
Preço da cachaça em barril 123

ANTROPOFAGIA
Anchieta, Padre José de 67

AQUA VITAE
Nome da aguardente 23
Thaddeus of Florence 23

ARARIBÁ
Madeira para barril 122

ARICONTE
Dilúvio 17

AZEVEDO, FERNANDO
Cachaça em Mato Grosso 204
Canaviais e engenhos na vida política do Brasil, livro 309, 508
Decadência do açúcar 233
Engenhos formam cidades 209
Fonte 508
Professor 309
Produtores de cachaça em 1.935 105

BAGACEIRA
A Bagaceira, livro 504
Alambique 32
Bebida destilada 24, 32, 49, 86
Cachaça inferior à 144
Falta de 86
Invenção 495
Texto 504

BAHIA
A Santa Inquisição na Bahia, livro 507
Alambique 236, 237
Antonil, André João 82, 308
Através da Bahia, livro, 551
Augoa ardente 97, 106, 319
Bahia de Todos os Santos, livro 505
Bahia: Inquisição & sociedade, 535
Barléu, Gaspar 216
Barril 121, 126
Beaurepaire-Rohan 42

Bebidas indígenas 59

Boiada 299
Cachaça 47, 49, 117, 130, 321, 332
Caldo de cana fermentado 82

Cardim, Fernão de 40, 206, 310
Carnaval 25
Casas de cozer méis 92
Cascudo, Luís da Câmara 49
Companhia Geral do Comércio 218
Confissões da Bahia: Santo Ofício da inquisição de Lisboa, livro 266, 554
Desbravamento 291, 292, 299
Descobrimento do Brasil 169-170
Engenhos de açúcar 202, 232, 233
Engenhos de padre 257, 259
Engenho de rapadura 236
Entrudo 25
Escambo 85
Exército regular 56
Êxodo 230
Exportação 130
Feitiçaria 266, 269
Formigas 216, 217
Gandavo, Pero de Magalhães 313
Garapa fermentada 59
Gastronomia indígena 132
Imposto 223
Início da produção de cachaça 92, 95, 97, 108
Inquisição 267, 269
Jerebita 46
Klink, Amir 288
Leite, Alfredo Carlos Teixeira 186, 205, 528
Lima Júnior, Augusto de 291, 292
Má fama de religiosos 261
Martius, Carlos Frederico Philippe Von 25, 126, 130, 132, 304
Maximiliano 47, 117, 313
Miranda, Ana 107
Motim 57
Na Bahia colonial - apontamentos para história militar da cidade do salvador, livro 516
Navegação 275, 283
Nobre, Francisco Ignácio da Siqueira 129
Nóbrega, Manuel 313
Pitta, Rocha 230
População em 1.583 318
O Boca do Inferno, livro 61, 107
Parreiras na Bahia 40
Pitta, Rocha 92
População em 1.583 206
1ª fábrica de vidros 129
1º registro de cachaça 97, 319
Pyrard de Laval 50, 51, 170, 310
Roteiro para as minas 301
Rugendas, João Maurício 312
Ruiters, Dierick 216
Rum 107
Sá, Mem de 97
Santos Flho, Lycurgo 313
Souza, Gabriel Soares de 82
Spix, Johan Baptiste Von 25, 126, 130, 132, 304
Texto 344, 345, 346, 365, 464, 487, 493, 516
Tratado da terra do Brasil; História da Província Santa Cruz, livro 314
Tratado Descritivo do Brasil, livro 91
Tropeiro 301, 304
Uma Comunidade Rural do Brasil Antigo (Aspectos da vida patriarcal no sertão da Bahia nos séculos XVIII e XIX), livro 313, 549
Vainfas, Ronaldo 266, 301
Vinhos de frutas 41, 59

BÁLSAMO
Madeira usada para barril 122, 123, 129, 367

BANDEIRANTES
294-297
Anhanguera 297
Bartolomeu Bueno da Silva 297
Desbravadores 290, 295
Domingos Jorge Velho 296
Entradas e bandeiras 294, 297
Lima Júnior, Augusto 294
Objetivos 297
Origem do nome Bandeira 294
Paulistas 295

BAR

24
Texto 362-367

BARBADOS
Berço do rum 108, 111
Rum de 138

BARLÉU, GASPAR
Armas indígenas 188
Cauim 69
Costumes dos africanos 83
Descoberta do Brasil 171
Engenhos geram cidades 209
Fonte 509
Formigas 216
História dos fatos recentes praticados durante oito anos no Brasil, livro 310
Humanista holandês 310
Índios na idade da pedra 188
Nassau, Maurício de 69
Produção de açúcar 213
Vinho de palma 83

BARRIE, JAMES MATTHEW
Capitão Gancho 181
Peter Pan 181

BARRIL
Anhanguera 297
Antonil, André João 123
Artigos ingleses 125
Bahia século XVII 121
Cachaça no 120-127, 132
Chopp 127
De vinte canadas 281
Diógenes 120
Dionísio 121
Efeito da madeira na cachaça 122-123
Franco, Maria Sylvia de Carvalho 124
Heródoto 120
Imposto 221
Invasão holandesa 121
Madeiras usadas 120, 122-123
Maximiliano 126
Preço da cachaça em 123, 124, 125, 330
Relação volume x área de contato com o líquido 121
Salvador, Frei Vicente do 121
Texto 367, 368, 411, 412, 479, 497, 500
Transporte de cachaça 120, 132
Uso na antiguidade 120, 121
Uso para fazer bote 124
Usos 120, 121, 126
Vinho de laranja 500
Volume 119

BARRILOTE
Antonil, André João 123
Preço da cachaça em 123, 124, 321
Texto 368

BATES, HENRY WALTER
Beber como cultura indígena 80
Entomólogo inglês 311
Fonte 509
Garrafas com índios 133
Um naturalista no rio Amazonas, livro 509

BEAUREPAIRE-ROHAN, VISCONDE DE
Cascudo, Luís da Câmara 49
Definição de cachaça 42
Definição de cauim 60-61
Diccionario de Vocabulos Brasileiros, livro 42, 509
Fonte 509
Militar e político brasileiro 308
Pinga 47

BEBIDA, ABSTINÊNCIA E TEMPERANÇA
Livro 19

BEBIDA DESTILADA
22-24
Alambique 92, 96, 100, 118
Augoa ardente 106
Cachaça 114

Cachaça, uma alegre história brasileira, livro 142, 514
Carvalho, Murilo 142
Descoberta da destilação 22-23
Europeus 32, 89, 114
Florence, Thadeus of 23
Índios não produziam 33
Mawe, John 145, 146, 532
Rum 112, 137
Temperatura de ebulição144
Tipos 24

BEBIDAS DOS AFRICANOS
84
Aluá 84
Meu 84
furá 84
malafu 84
Quimbebe 84
Quimbombo 84
Teor alcoólico 83
Viagens marítimas 166
Vinho de palma 53
Walu 84

BEBIDAS DOS ÍNDIOS
61-81
Abatiui 74
Beeutinguí 74
Cachixí 74
Cacimacaxera 74
Caiçuma 74
Caoi 74
Catimpuera 74
Cauim 32-40-41, 58, 61-65, 67-71, 73, 74
Caxirí 74
Chicha 74
Eivir 75
Frutas fermentadas 58, 73
Giroba 75
Guariba 75
Ivir 75
Jetiuy 75
Jurema 75
Karacou 75
Makururu 75
Manaví 75
Mocororó 75
Nanai 75
Olonití 75
Pacobí 75
Pacouy 75
Pajauarú 75
Pajuari 75
Pasta de guaraná 75
Tarubá 73, 75
Tepiocuy 75
Tiborna 75
Tikira 75
Tipiaci 75
Tucanaíra 75
Vinho de abacaxi 67
Vinho de caju 60, 67, 68, 69, 71, 73, 74, 500
Vinho de mel 68
Vinho de jabuticaba 67
Vinho de mangaba 67

BEBIDA FERMENTADA
22-24
Africanos 23, 32, 33, 84
Álcool em 15
Animais 20-21
Cachaça 38
Cauim 58
De cana – inventada pelos franceses 58
Espuma 37,38
Europeus 32
Garapa 37, 59, 60, 82, 99, 100, 101, 103, 110, 113, 141, 214, 215, 237, 355
Garapa azeda 49, 103, 109, 237, 353, 459, 461
Humanos 21-22
Índios 23, 33, 58, 74, 66-81, 169
Irã 23
Maduro 464
Na China a mais antiga 23
Nas tribos das Américas e África 22, 23

No Egito - cervejaria 23
No Irã - vinho 23
Primeira a ser descoberta pela humanidade 22-23
Rum 112
Souza, Gabriel Soares de 40 82
Tipos 24, 74
Viagem marítima 166
Vinho de cana 12, 35, 41, 46, 58, 87, 90, 93, 109, 114, 237

BEIJÚ-ASSÚ
Cauim 61

BEIRÃO, NIRLANDO
Lula 155
New York Times 155

BÍBLIA
Dilúvio 16-19, 452, 513, 557
Eucaristia 15, 16, 557
Inquisição 266-273
Noé 16, 452
Pão 16
Vinho 16

BICHO DE PÉ
192-197
Burton, Richard 195
Cabo Frio 194
Campinas 195
Campo dos Goytacazes 194
Capivari 195
Dona Sinhá e o Filho do Padre, livro 196, 522
Flechno, Richard 193
Freyre, Gilberto 196
Lagrange, Chancel de 194
Maximiliano, Príncipe de Weid Neuweid 194
Minas Gerais 195
Pyrard, Francisco 193
Rio das Pedras 194
Rio de Janeiro 194
Rosa, Guimarães 196
Saint-Hilaire, Auguste de 194
São João Del Rei 195
Tunga penetrans 192
Thevet, André 193

BORNÉUS
Brum 109
fermentado de cana de açúcar 109

BOTELHO, TARCÍSIO R.
A produção de cachaça no Maranhão: história de uma ausência, livro 33, 510
Tiquira 33

BOURBON
Texto 404
Uísque de milho 33

BRUM
Caldo de cana fermentado 109

BURTON, SIR RICHARD FRANCIS
Agente secreto 314
Bicho do pé 195
Cachaça definição 151
Cachaça em garrafa 134
Caninha 108
Cauim definição 61
Cerveja 153
Caldo de cana fermentado 108
Descrição da fabricação da cachaça 104
Fonte 512
Preço cachaça 134
Produção do açúcar 215
Rum 108
Viagem de canoa de Sabará ao oceano Atlântico, livro 512
Viagem do Rio de Janeiro ao Morro Velho, livro 512

CABARÉ
Texto 394, 398, 450, 473

CABRAL, PEDRO ÁLVARES
A viagem do descobrimento: a verdadeira história da expedição de Ca-

bral, livro 186, 511
Barléu, Gaspar, 171
Bueno, Eduardo 187, 511
Comandante 103
Descobrimento do Brasil 165-197
Dom Manuel 168
Fracasso na Índia 169
Índios na Idade da Pedra 186-188
Índios 173
Lepe (ou Lopes), Diego de 170, 171
Lorimer, Rosemeire Bertoline 174-177
Mantimentos 176
Missa 254
Paleolítico 186
Partida de Portugal 172, 176
Pinson, Vicente 170
Pyrard de Laval 170
Quem descobriu o Brasil 169-178
Rota 168-169
Salvador, Frei Vicente do 168
Vespúcio, Américo 171
Vinho 120, 173
Vinho em barris 120

CABREUVA
Madeira usada para barril 123

CABUS, LIGIA
Cultos africanos 264
Fonte 512

CACHAÇA COM COCA-COLA
Texto 426

CACHAÇA COM GENGIBRE
Espevitada 36
Texto 346, 360, 361, 415, 487

CACHAÇA DE CABEÇA
Cabeça e cauda 148
Definição 149
Santiago, Roberto 148
Texto 427
Sinônimo de cachaça 149

CACHAÇA DE ÍNDIO
Ver BEBIDA DE ÍNDIO

CACHAÇA DE MANDIOCA
A produção de tiquira no Maranhão: história de uma ausência, livro 510
Botelho, Tarcísio R. 510
Cauim 33
Texto 427
Tiquira 33, 494, 510

CACHAÇA DO Ó
Quiosque 115

CACHAÇA ENVELHECIDA
Decreto N ° 4851 45-46
Definição 45-46
Efeitos da madeira do barril 122-123, 163
Não é cachaça 142
Texto 246, 247

CACHAÇA HAVANA
O mito da cachaça Havana – Anísio Santiago, livro 548
Santiago, Anísio 149, 305, 548

CACHAÇA SÉCULO XVIII
Alambique mais antigo 136

CACHAÇÃO
Safanão 38

CACHIMBADA
Texto 432

CACHIMBO
Tabaco em 264, 385, 436, 453
Texto 432, 433, 466

CAGASSA
Resíduo da produção de açúcar 36

CAIPIRINHA
Brasileira 161
Daiquiri 181

Drinque 163
Fonte 509
Klink, Amir 288
Texto 367, 408, 420, 427, 434, 443, 444

CALAINHO, DANIELA BUONO
Curanderismo 265
Fonte 512

CALDO DE CANA
Aguardente 43
Antonil, André João 82
Beaurepaire-Rohan 42
Cachaça 82
Caninhá 43
Escravos africanos 81, 82
Espuma 52, 82, 102, 214
Etanol 249
Garapa doce 103
Índios 51
Melado 118, 137
Piso, Guilherme 82
1° registro de consumo 185
Produção de açúcar 128
Rum 13
Texto 346, 358, 394
São Paulo 190
Silva, Antonio de Moraes 42
Texto 347, 358, 394, 435
Vinho de cana 55

CALDO DE CANA FERMENTADO
Aguardente de cana 51, 52, 114
Alambique 162
Álcool 249
Antonil, André João 82
Bornéus 109
Brum 109
Burton, Richard 107
Cachaça 34, 35, 37, 51, 82, 116, 118, 162, 163, 250, 329
Caninha 107, 141
Cascudo, Luís da Câmara 50
China 109
Componentes 144
Cuba 113
Destilação 35, 45, 46, 52, 106, 117, 162
Escravos descobriram 12, 82, 319
Espuma 82
Europeus descobriram 12
Franceses descobriram 58
Garapa azeda 49, 103, 109, 237, 353, 459, 461
Índia 109
Índios descobriram 12, 57-81, 58, 81
Irã 109
Melaço 87, 113, 162, 209
Melado 59, 85, 209, 237, 250
Pólo, Marco 109
1° registro de consumo 49, 88
Pyrard de Laval 50, 51, 82
Rum 108, 111, 112, 116, 118, 140, 141, 157
Sumatra 109
Tailândia 109
Teor de álcool 215
Texto 408
Viagem do Rio de Janeiro ao Morro Velho, livro 61,108, 314, 512
Vinho de cana 87, 114
Vinho de canna de assucar 50

CALMON, PEDRO
Origem africana ao nome cachaça 37

CÂMARA, MARCELO
Cachaça – Prazer brasileiro, livro 513
Cachaça envelhecida 142
Uso do termo cachaça no lugar de aguardente 48

CANA DE AÇÚCAR
Açúcar 81, 99
Africano 82, 112
Aguardente 12, 33, 34, 41, 44, 45, 52, 81, 162, 278
Augoa ardente 106
Beaurepaire-Rohan 61
Burton, Richard 61
Cachaça 11, 46, 48, 81, 114, 117

Cascudo, Luís da Câmara 47
Cauim 61, 88
Cuiabá 318
Cultivo 99, 254
Derivados 52
Diccionario de Vocábulos Brasileiros, livro 62
Engenhos 254, 303
Fonte 504, 515, 516, 527, 535, 537, 547
Implantação do cultivo no Brasil 201, 202
Índio 59, 61
Léry, Jean 89
Maximiliano 73
Melaço 99
Minas Gerais 232
Pequenas Indústrias Rurais de Cana-de-açúcar: melado, rapadura e açúcar mascavo 238, 515

Piso, Guilherme 99
Primeiro uso para produzir bebida alcoólica no Brasil 87-88, 106, 318
Revolta da Cachaça 222
Ron Zacapa 138
Rum 106, 112, 137, 140, 143, 157, 159, 162
Santa Catarina 327
Santos-SP 328
São João Del Rei - MG 333
São Paulo 203, 244, 295
Souza, Gabriel Soares de 93
Tafiá 162
Temperatura de ebulição 144
Texto 344, 350, 358, 359, 394, 408 415, 418, 421, 461, 464, 467
Tropeiro 303
Viagem á terra do Brasil 89
Viagem do Rio de Janeiro ao Morro Velho, livro 61

CANADA
Água 120, 172
Aguardente 220, 235, 280, 323, 332, 335
Augoa ardente 97, 319
Bahia 319, 332
Cabral 120, 172
Cachaça 104, 324, 330
Capivari 335
Cascudo, Luís da Câmara 50
Espírito Santo 220
Maior, Mário Souto 97
Neiuhof, Joan 100
Porto Feliz 330
Pyrard, Francisco 50
São Luís 324
Sorocaba 323
Souza, Gabriel Soares de 41
Texto 345
Vinho 50, 199, 120, 172, 220, 319
Volume em litros 104

CANGACEIRO
238-242
Cachaça 238, 239
Definição 238
Embriaguez 241
Saque 240
Texto 465
Uísque 242

CANINHA PELÉ
30

CAPITANIA DE PERNAMBUCO
Combates 60
Engenhos de açúcar 202, 203
Staden, Hans 60

CAPITANIA DE SÃO VICENTE
Bandeirantes 295
Cachaça 95
Combates 60
Engenho de açúcar 202, 205
Escravos 205
Início do plantio de cana 201
Memórias para a história da Capitania de São Vicente, livro 531
Na capitania de São Vicente, livro 530

São Paulo 295
Souza, Martim Afonso de 95
Staden, Hans 60
Texto 467

CARAÍBE
Dilúvio 17

CARAMEMO
Definição 438

CARDIM, FERNÃO
Bebidas indígenas 68
Cauim 43
Fonte 305
Índios na idade da pedra 188
Instrumentos indígenas 188
Missionário português 310
Parreiras Bahia 40
População Bahia 206
Produção de açúcar 213
Tratados da terra e gente do Brasil, livro 188, 514
Vinho sendo produzido em São Paulo em 1.585 39
Vinho Rio de Janeiro 40

CARNAVAL
11, 31
Fonte 505, 506, 531, 540, 551, 552, 557
Matius, Frederico Philippe Von 25
Paixão nacional 24-25
Spix, Johan Baptiste Von 25
Texto 378, 381, 384, 403, 419, 487

CARNEIRO, HENRIQUE
Bebida, abstinência e temperança na história antiga e moderna, livro 19, 514
Embriaguez em diferentes épocas 19
Fonte 504, 511, 514, 520, 524, 530, 535, 542, 554

CARVALHO
Conservação de espécimens 126
Madeira para barril 22, 122
Maximiliano 126
Rum 140, 143
Texto 367, 439, 495, 497

CASA DE COZER MÉIS (OU MELES)
Bahia 92
Pitta, Rocha 92
Salvador 92

CASCUDO, LUÍS CÂMARA
Aguardente da terra 35
Antologia da alimentação no Brasil, livro 313, 514, 532, 533, 536, 539, 556
Cachaça com pólvora 72
Cachaça em Paraty 95
Folclorista 313
Fonte 514, 532, 533, 536, 538, 556
Início d produção de cachaça 50
O nome cachaça não é africanisno 37
Origem da palavra cachaça 47
Prelúdio da cachaça, livro 35
Texto 433
Uso do termo cachaça no lugar de aguardente 47-48

CASTANHA OU CASTANHEIRA DO BRASIL
Madeira usada para barril 123

CAUABA
Definição 429

CAUIM
Acuña, Padre Cristóbal de 70
Aguardente 77
Aguardente de milho 32, 133
Barléu, Gaspar 69
Bates, Henry Walter 133
Beaurepaire-Rohan 61-62
Bebidas indígenas 58, 59, 67, 70, 73, 74, 173
Burton, Richard 61
Cachaça 59
Cardim, Fernão de 67

Catimpuera 62, 76
Cauaba 439
Cauim com pé do inimigo 110
Chiche 69
D'Evreux, Yves 68
Definição 61, 62
Denis, Ferdinand 73
Duas Viagens ao Brasil, livro 60
Franceses descobriram o vinho de cana 58
Hawkins, Richard 63
Holanda , Sérgio Buarque de 76
Kidder, Daniel P. 64
Knivet, Anthony 67
Léry, Jean de 58, 66
Mandioca 60, 93, 190
Martius, Carlos Frederico Philippe Von 64
Maximiliano 59, 64
Milho 64, 65, 76
Missa 74
Mott, Luiz 59
Neiuhof, Joan 71, 77, 190
Preparo pelos índios 41, 61-62
1ª bebida alcoólica de cana de açúcar 88, 318
Recipientes para armazenagem 70
Rituais indígenas 263
Saquê: semelhança no preparo 64
Sinônimo de cachaça 133
Spix, Johan Baptiste Von 64
Staden, Hans 60, 62
Substituído pela aguardente 78-79
Texto 348, 379, 383, 439, 448, 491, 500
Tiquira 33
Thevet, André 65

CAUIM-TATÁ
Burton, Richard 61
Cauim 61

CAXAÇA
Resíduo da produção de açúcar 36

CAVENDISH, THOMAS
Ataque de índios 185
Knivet, Anthony 67
Pirata 67, 206
Uso de barril para bote 124

CEDRO
Madeira de barril 122, 123

CERVEJA
3.100 a.C. - Egito 23
Animais 20-21
Barril 121
Bebida fermentada 23-24
Burton, Richard 152
Campinas 1860 333
Cangaceiro 242
Cauim 73
Cerveja caseira 149
Cervejaria 3.400 a.C. 23
Consumo na Idade Média 165
Denis, Ferdinand 63
Deusa da 253
Em 1830 149
Em barril 125
Em garrafa 125
Em pipa 121
Em tonel 62
Embarcações 166
Fonte 516, 519
Imposto 228
Início da fabricação 22
Irá 23
Lula 156
Mawe, John 146
Minas Gerais 1809 146
Nova Lima MG 152, 334
Preço em 1.850 331
Salvador, Frei Vicente do 121
Texto 342, 343, 352, 356, 365, 367, 378, 379, 380, 386, 387, 392, 397, 398, 399, 401, 402, 407, 409, 417, 425, 431, 434, 440, 441, 444, 452, 454, 455, 459, 460, 465, 469, 474, 479, 481, 484, 491, 495, 498, 500

CHINA

Bebida fermentada 7.000 a.C. 23
Fonte 525
Futebol 3.000 a.C. 26, 28
Grover, Sir Erasmus 178, 309
Rum 138
Vinho de cana 109
CINZANO
Texto 435, 442

CODÓRIO
Texto 442, 489

COLEÇÃO DE CACHAÇAS
442

COLOMBO, CRISTÓVÃO
Apoio da Igreja 254
Descoberta da América 168
Fonte 552
Pinzón, Vicente 171

COMO ERA GOSTOSO MEU FRANCÊS
Filme sobre Staden, Hans 60
Fonte 533

COMPANHIA GERAL DO COMÉRCIO DO BRASIL
Monopólio 218
Proíbe fabricação de cachaça 218
Sócios 218

CONSELHO ULTRAMARINO
Imposto sobre cachaça 221
Texto 357
Tráfico de escravos 85

CORISCO
Cangaceiros 238-242
Sub tenente de Lampião 241
Texto 346

CORONEL XAVIER CHAVES
Alambique mais antigo ainda funcionando 136

CORTIÇA
Ânfora vedada com 119
Fonte 524
Museu da 119
Rolhas de 119-120, 129, 134
Texto 463

CRAMBAMBALI
Receita 444

CRISTO
Eucaristia 16
Sangue de 16
Texto 379

CUBA
Aguardente 5, 86, 107
Berço do rum 5, 86, 107, 108, 111, 112
Cachaça 5, 86, 107, 139, 245
Cuba libre 180
Daiquiri 181
Hemingway, Ernest 181
Rum 138
Texto 410, 430

CULTOS AFRICANOS
264-266
Amorim, Clóvis 264
Cabús, Lígia 264
Cachaça 264, 265
Calainho, Daniela Buono 265
Carimbo 265
Candomblé 264
Curandeirismo 265
Exu 266
Feitiço 265
Gaspar, Lúcia 264
Mott, Luiz 265
Ogum 266
Oxossi 266
Ritual 264
Umbanda 264
Vinho de palma 266
Xangô 264

CULTOS INDÍGENAS
262-263
Cauim 263
Lery, Jean de 262
Preconceito 262
Viagem à Terra do Brasil, livro 262

CURTIS, WAYNE
And a bottle of rum - A history of the new world in ten cocktails, livro 5, 86, 107, 109, 517
Brasil berço do rum 5, 86, 107, 11
Cachaça é rum 5, 86, 107, 111
Fonte 517
Invenção da cachaça 5, 86, 107, 111
Invenção do rum 5, 86, 107
Preparo do rum colonial 110
Rum 5

D. MANUEL I
Frota de Cabral 168
Vespúcio, Américo 173

D'EVREUX, YVES
Bebidas indígenas 68
Costumes indígenas 68
Entomólogo francês 315
Fonte 518
Indios na Idade da Pedra 187
Monopólio português 224
Viagem ao norte do Brasil: feita nos anos 1613 a 1614, livro 315, 518

DADÁ
Cachaça como medicamento 239
Cangaceira 239
Cangaceiro 238-242

DECRETO N° 4851
Definição de aguardente 44-46
Definição de cachaça 45
Definição de rum 140-141

DEFOE, DANIEL
Robinson Crusoé 182
Rum, primeiro livro com a palavra rum 182

DENIS, FERDINAD
Bebidas indígenas 73, 173
Brasil, livro 518
Escritor francês 309

DESCOBRIMENTO DO BRASIL
A viagem do descobrimento: a verdadeira história da expedição de Cabral, livro 186, 511
Abreu, João Capistrano de 312
Bueno, Eduardo 186
Índios 186, 187
Paleolítico 186
Terra (da cachaça) á vista 165-178
Texto 355

DESTILAÇÃO
Aguardente 5
Bahia 232
Engenhos 209, 231
Inventada na China 24
João Manso 279
Rum 250, 251
São Paulo 243
Texto 389, 408, 421, 426, 428, 436, 448, 464, 466, 469

DESTILARIA
Álcool 162, 248
Aldeamento indígena 80
Amorim, Clóvis 244
Anexa 162
Autônoma 248
Cachaça 248
Campinas 1.819 104, 329
Chão de massapé, livro 244
Igreja 80
Mawe, John 145
Proálcool 248
Rio de Janeiro 145
Saint-Hilari, Auguste de 104
São Paulo 104
Setor sucroalcooleiro 246-252
Texto 447

DIDIER, CARLOS
Noel Rosa – uma biografia 36
Sinônimos de cachaça 36

DIEGUES JÚNIOR, MANUEL
Cachaça de mel ou melado 117
O engenho de açúcar no Nordeste, livro 200, 518
Senhor de engenho 200

DILÚVIO
A versão dos índios 18
À Véspera do Dilúvio, livro 513
Fonte 513, 557
Maximiliano 19
Nieuhof, Johan 18
Noé 16, 452
Texto 434, 452
Thevet, André 16
Versões em culturas primitivas 17
Versão na cultura indígena 17-18

ENGENHO BOA VISTA (CORONEL CHICO XAVIER)
Alambique mais antigo em funcionamento 136, 323

ENGENHO BOA VISTA (PARATY)
Mann, Thomas 96

ENGENHO CEREGYPE
Primeira vez que aguardente é documentada 97

ENGENHO DE AÇÚCAR
199-235
Alambique 90, 92
Antonil, André João 199, 211, 216
Antigos engenhos de açúcar no Brasil, livro 212, 541
Azevedo, Fernando de 209, 233, 256, 309
Bahia 117
Bandeirantes 294-297
Barléu, Gaspar 209, 213, 216
Batatais 329
Burton, Richard 215
Cachaça em engenho de açúcar 200, 282, 329
Caldo de cana fermentado 113
Campinas 211, 329, 331
Canaviais e engenhos na vida política do Brasil, livro 309, 508
Cangaceiros 238
Capitania de São Vicente 95, 203, 205, 468
Cardim, Fernão 213
Casas de cozer meles 92
Cavendish, Thomas 207
Centrais 246
Crise 229, 252
Cuba 112
Cultura e opulência do Brasil por suas drogas e minas, livro 36, 199, 211, 308, 507
Decadência 228-235
Descrição da produção de açúcar 99, 101, 213
Diegues Júnior, Manuel 200. 519
Duque de Caxias 282
Engenho Ceregype 97
Engenho São Jorge dos Erasmos 202
Escravo africano 112
Escravo branco 206
Escravo índio 297
Flecknoe, Richard 213
Festas 256
Fonte 529
Formação de cidades 209
Formiga 216, 217
Fragoso, Fernando Tasso 212
Gado 299
História natural e médica da Índia Ocidental 36, 541
Holandeses 210, 294
Igreja proprietária 227-258
Ilha dos Sete Engenhos 203
Implantação no Brasil 200
Índias Ocidentais 109
Inimigos do canavial 216-217
Invenção da cachaça 95, 108
Inventários 94, 106

Jundiaí 211, 328, 331
Knivet, Anthony 206
Leite, Alfredo Carlos Teixeira 205
Maior, Mário Souto 97
Mão de obra 32
Maximiliano 117, 213
Mineração 101, 229
Mogi Mirim 328
Moura, Denise A. Soares de 211
Nas Américas 109, 252, 294
Número de 104, 202-203, 211, 328, 329
O Engenho Colonial, livro 552
O Engenho de Açúcar no Nordeste, livro 200, 519
O trabalho nos engenhos, livro 199, 554
Padre 255-260
Pão de açúcar 214, 558
Papéis dos 208-211
Paraná 95, 544
Paraty 96, 231, 467, 539, 553
Pirata 206
Pires, Fernando Tasso Fragoso 212, 476
Piso, Guilherme 36, 99, 541
Pitta, Rocha 92
Porto Feliz 104, 330
Primeira indústria brasileira 12, 95
Primeiro em 1518 201
Refúgio contra invasores 210
Rio de Janeiro 97, 203, 206, 207, 231, 232, 258
Rio Taípe 117
Sá, Martim de 206
Sá, Salvador Correia de 206
Santa Bárbara SP 335
São Luís MA 203, 320, 455
São Paulo 104, 211, 229, 233, 243, 329, 331
Schwartz, Stuart B. 200
Segredos Internos: Engenhos e escravos na sociedade colonial 1550-1835, livro 200
Senhores de 12, 199, 210
Setor sucroalcooleiro 246-251
Sistema de defesa 55-56
Souza, Gabriel Soares de 42, 91, 212, 257, 310, 551
Souza, Martim Afonso de 95, 108, 202
Tráfico 85
Trindade, Etelvina M. de C. 199, 554
Tropeiro 303
Vinho de cana 58
ENGENHO DE RAPADURA
236-237
Açúcar da terra 118
Andradina SP 237
Azevedo, Fernando 105
Bahia 236
Cachaça 237
Caldo de cana fermentado 237
Engenho de açúcar 236
Engenhos de rapadura: racionalidade do tradicional numa sociedade em desenvolvimento, livro 526
Espírito Santo 236
Guaratinguetá 333
Melado 237
Minas Gerais 236
Número em 1935 105, 337
Pequenas Indústrias Rurais de Cana-de-açúcar, livro 238
Total em 1940 245

ENGENHO MONJOPE
Cachaça Monjopina 336
Fonte 526

ENGENHO SÃO JORGE DOS ERASMOS
Alambique 95
Berço da cachaça 95
Fonte 554

ENVASAMENTO DA CACHAÇA
119-137
Acuña, Padre Cristóbal de 127
Ancorote 125
Anoreta 125
Ânfora 119
Artigos acondicionados em barris

121, 125, 126
Barbacena 135
Barrilote 123
Barroso 135
Bates, Henry Walter 133
Barril: material para emergências 124
Barril de metal 121
Bombona plástica 121
Burton, Richard 134
Cabral 120
Cachaça em garrafa no séc. XIX 129-136
Cachaça em tronco escavado 126
Celtas 120
Corote 125
Decreto-lei 739 127-128
Diógenes 120
Efeito do tipo de madeira 122-123
Envasamento 120-137
Envasamento em barril 120-127
Envasamento em garrafa 127-137
Franco, Maria Sylvia de Carvalho 124
Frasco 133
Garrafa empalhada 129
Guaratinguetá SP 124
Heródoto 120
Jacareí SP 131
Lisianski, Urey 129
Madeiras para barril 122-123
Mariana MG 131
Martius, Frederico Philippe Von 126, 130
Maximiliano 126, 130
Museu da Cortiça 119
Nobre, Francisco Ignácio da Siqueira 129
Pipa 120, 130
Preço da cachaça em barril 123, 124, 125
Preço da cachaça em garrafa 130, 136
Primeira fábrica de garrafas no Brasil 129
Queiroz, Manuel Elpídio Pereira de 136
Recipientes de outros materiais 137
Rio Amazonas 133
Rolha de cortiça 129, 134
Romanos 120
Salvador, Frei Vicente do 121
Saint-Hilaire, Auguste de 126, 131
Santa Catarina 129
Spix, Johan Baptiste Von 126, 130
Valença 131
Viagem às nascentes do rio São Francisco, livro 131
Volume do barril x área de contato da cachaça com a madeira 121-122
Ypióca 129
Zaluar, Augusto-Emílio 133

ERA DAS GRANDES NAVEGAÇÕES
Cabral 168, 169
Colombo, Cristóvão 168
Espanha 167
Especiarias 166-167
Gama, Vasco da 169
História do Brasil 1500-1627 168
Índia 167
Pólo, Marco 167
Portugal 167
Salvador, Frei Vicente do 168
ESCAFANDRO
Knivet, Anthony 207
Pernambuco 207

ESCAMBO
Cachaça x escravo 57, 84-85
Texto 351
Tráfico 84-85

ESCRAVOS
Africanos 12, 81-85, 86, 102, 126, 154
Alimento 81, 82, 99
Antonil, André João 101, 123
Bandeirantes 13, 290, 294-297
Bebidas africanas 83, 84, 153
Bebidas indígenas 61-81, 110
Cachaça 38
Caldo de cana 81
Caldo de cana fermentado 82, 112
Cultos africanos 264-266
Cultos indígenas 262-263

Engenhos de açúcar 204-208
Escambo 57, 84-85, 138
Escravo proprietário de escravo 234
Espuma fermentada 101
Europeu 67, 207
Feitiço 264, 265, 269
Freyre, Gilberto 154
Garapa doce 103
Igreja 260, 270, 271
Indígenas 13, 58
Inquisição 267, 268, 269
Invasão holandesa 217, 294
Lavagem cerebral 260
Lavoura 58, 205, 230, 295, 322
Maximiliano 110
Melaço 81
Mineração 230
Piso, Guilherme, 99
Pyrard de Laval 82
Rapé 134
Rum 110, 112
São Paulo 295
Segredos internos: Engenhos e escravos na sociedade colonial 1550-1835, livro 549
Tráfico 84-85
Vinho de cana 12, 50, 114

ESPÍRITO SANTO
Alambique 246
Fonte 515, 538, 547
Engenho de açúcar 202, 309
Engenho de rapadura 236, 245
Gandavo, Pero de Magalhães 202
História do Estado do Espírito Santo 51, 538
Imposto 220
Incursões 292
Maximiliano 313
Oliveira, José Teixeira de 51
Padres proprietários 258
Produção de cachaça em 1605 51-52, 95
Rugendas, João Maurício 312
Saint-Hilaire, Auguste de 308
Transporte por água 283
Viagem ao Espírito Santo e Rio Doce. 1818 308, 547

ETANOL (ver ÁLCOOL)

EUCARISTIA
Vinho 15

FERMENTAÇÃO

Aguardente 44
Bagaceira 86
Barléu, Gaspar 69
Bebidas indígenas 61, 69
Borra da produção de açúcar 99
Cachaça 118, 157
Cachaça x rum 159, 162
Caldo de cana 118, 215
Cauim 61, 64
China 24
Cuba de 148
Em flores, frutos e produtos orgânicos 21-22, 61
Em lona plástica 148
Escravo 99
Espuma 215
Garapo 112
Lery, Jean 88
Melaço 105, 215
Piso, Guilherme 99
1ª bebida alcoólica obtida da cana 88
Rum 110, 118
Saquê 64
Tarubá 65
Texto 215, 344, 361, 410, 421, 447, 464, 468, 500

FIGUEIREDO, LUCIANO
Águas ardentes: O nascimento da cachaça, livro 5, 90, 520
Cachaça sem registro no séc. XVI 5, 90
Fonte 520

FITZGERALD, F. SCOTT
Primeira menção ao daiquirí em lite-

ratura de ficção 181

FLECKNO, RICHARD
Bicho do pé 193
Engenho de açúcar 213
Hospedagem 192
Monopólio 225
No Brasil em 1.648 314
Preconceito 204

FORMIGA
Bahia 217
Barléu, Gaspar de 216
Capitania de Itamaracá 216
Fogo para combater a 216
Inimigos do canavial 216-217
Martius, Carlos Frederico Philippe Von 217
Nieuhof, John 217
Nóbrega, Padre Manuel da 39
Praga nas vinhas 39
Praga no canavial 216, 252
Rio de Janeiro 216
Ruiters, Dierick 216
Spix, Johan Baptiste von 217

FRANÇA, MARIA IGNEZ TEIXEIRA
Ritos de passagem 83
Texto 521

FRANCESES
Água açucarada 88
Bebidas indígenas 68
Bicho do pé 194
Cauim 88
Corsários 60
Criadores do rum 111-112, 151
Criadores do vinho de cana 87-89
D'Evreux, Yves 67
Descobriram o Brasil 172
Destruição de engenho 201, 317
Duas viagens ao Brasil, livro 60
Fonte 532, 553
Ilha dos Franceses 257
Ilha dos Sete Engenhos 203
Invasão do Maranhão 291, 299
Invasão do Rio de Janeiro 194
La Ravardière e a França Equinocial; Os franceses no Maranhão 1612-1615, livro 532
Lagrange, Chancel de 194
Ocupação da Paraíba 209
Staden, Hans 60
Tafia 42, 108, 111, 151
Texto 450

FRANCO, MARIA SYLVIA DE CARVALHO
Fonte 522
Guaratinguetá SP 124, 233
Homens livres na ordem escravocata 522
Imposto sobre aguardente 233
Preço barril cachaça 124

FREIJÓ
Madeira para barril 122, 123

FREYRE, GILBERTO
Bicho de pé 196
Cachaça no Maranhão 103, 226
Casa-Grande & Senzala, livro 73, 522
Dona Sinhá e o Filho do Padre, livro 196, 522
Fonte 522
Marginalização de apreciadores de cachaça 154
Qualidade da cachaça 153
Sobrados e Mucambos, livro 311, 522
Sociólogo 311
Tarubá 73
Texto 353, 424, 459, 461

FUTEBOL
1.895 primeira partida no Brasil 29
Aguardente Fina De Cana Garrincha 31
Ameríndios 28
Caninha Pelé 30
China 3.000 a.C. 26
Fonte 552, 554
Garrincha 31

Grécia 26
Idade Média 27
Inglaterra 1.175 28
Japão 26
Macunaíma 28-29
Miller, Charles 29
O Livro de Ouro do Futebol, 29
Paixão nacional 24-25
Pelé 30
Roma 26
Texto 390, 474

GANDAVO, PERO DE MAGALHÃES
Engenhos de açúcar em 1570 202
Fonte 523
História da Província de Santa Cruz, livro 202, 314, 523
Historiador português 202, 313, 314
Tratado da Província do Brasil, livro 202, 523

GARAPA
Africanismo 37
Antonil, André João 82, 101, 103
Azeda 49, 103, 109, 237
Bebidas indígenas 60
Calmon, Pedro 37
Caninha 141
Cascudo, Luís da Câmara 49
Cuba 113
Doce 103
Doida 459
Enterrada em garrafa 237
Escravos 82, 101
Fermentada (ou azeda) 49, 59, 103, 237
Madeira para barril 122, 123
Maximiliano 59
Melado 237
Mott, Luiz 59
Pinga 141
Piso, Guilherme 99, 100
Produção do açúcar 214-215
Rapadura 237
Rum 110
Texto 353, 355, 459, 461
Vinho 99

GARRAFA
Andradina SP 237
Bates, Henry Walter 133
Burton, Richard 134, 135
Decreto Lei 739 127
Cachaça em 24, 43, 115, 127-137, 131, 133, 272
Cangaceiro 239
Cerveja 125
Com rolha de cortiça em 1.862 134
Engarrafadoras 245
Empalhada 129
Feitiço 265
Fonte 519, 524
Garapa em 237
Garrafão 134, 135
Garrafas com índios 78, 130, 133
Hawkins, Richard 181
Jacareí SP 131
Klink, Amir 288, 289
Lisiansky, Urey 129, 139
Lula 156
Mariana MG 131

Martius, Carlos Frederico Philippe von 130

Maximiliano 130, 272

Monjopina 337

Obrigatoriedade do uso 127
Pelé 30
Pipa – 500 garrafas 130
Porto Feliz 133
Preço da garrafa de cachaça 130, 132, 134, 135, 136, 139, 326, 334
Primeira fábrica no Brasil 129, 327
Queiroz, Crlota Pereira de 135
Restrição do padre 272
Revestimentos de 137
Rótulo 43, 128
Rum 130, 139, 143
Saint-Hilaire, Auguste de 131

Santa Catarina 129, 326
Sinônimo de cachaça 460
Spix, Johan Baptiste Von 130
Sorocaba 133, 334
Texto 340, 341, 342, 344, 347, 348, 350, 354, 356, 359, 361, 362, 367, 379, 380, 384, 385, 391, 393, 394, 396, 397, 398, 399, 401, 402, 403, 404, 405, 410, 411, 416, 417, 420, 426, 428, 430, 433, 435, 436, 437, 439, 441, 442, 444, 445, 446, 447, 449, 450, 453, 458, 459, 460, 462, 463, 465, 466, 467, 468, 470, 471, 472, 475, 476, 479, 480, 481, 482, 484, 485, 491, 492, 494, 495, 496, 499, 500
Transporte de espécimens 126
Transporte por burros 129
Valença 1.819 131, 328
Vinho 182
Ypioca 129
Zaluar, Augusto-Emílio 133

GARRINCHA
Aguardente Fina de Cana Garrincha 31, 357
Futebol 31
Texto 365, 368, 370, 392, 403, 434, 449, 480

GASPAR, LUCIA
Cultos afro-brasileiros 264
Fonte 523

GEBER
Destilação 23
Fonte 558

GÊNOVA
Monopólio das especiarias 166, 197

GENTINHA QUE VEIO!
191-192
Acomodações 192
Miscigenação 192

GONZAGA, TOMAS ANTONIO
Primeiro uso no Brasil da palavra cachaça 48

GRÁPIA
Madeira usada para barril 122, 123

GRAVATÁ, CARLOS EDUARDO S.
Almanack Laemmert 43
Almanaque da cachaça, livro 524
Manual da cachaça artesanal, livro 524
Nomes da cachaça 43

GRUPO AMORIM
Ânfora 119
Fonte 524
Museu da Cortiça 119

GUADALUPE
Cachaça é rum 157
Colonização francesa 112

GUARATINGUETÁ
Franco, Maria Sylvia de Carvalho 124, 233
Imposto 124, 233, 330
Preço barril cachaça 124, 330
Rapadura 333

HAITI
Cachaça é rum 157
Curtis, Wayne 86
Invenção do rum 86, 108
Rum 138, 157

HAMILTON, EDWARD

And a bottle of rum, livro 109
Brasil inventou o rum= cachaça 109
Curtis, Wayne 109

HAVANA
Cachaça 149
Fonte 548
O mito da cachaça Havana - Anísio Santiago, livro 548

Salinas MG 149
Santiago, Anísio 149, 305
Texto 409, 426

HAWKINS, RICHARD
A viagem do pirata Richard Hawkins, livro 314, 548
Cauim 63
Efeito do vinho na tripulação 182, 183
Encalhe do navio 183
Escassez 224
Fogo amigo 185
Ilhas Malvinas 63
Lógica britânica 185
Pau-brasil 223
Piratas 314
Primeiro alambique no Brasil 183, 318
Vinho em garrafa 182

HERÓDOTO
Barril de madeira de palmeira 120

HOLANDA, SÉRGIO BUARQUE DE
Aguardente de milho 76
Caminhos e Fronteiras 76, 314, 525
Catimpuera 76
Fonte 503, 525
Historiador 314

IGREJA
Acuña, Cristóbal 70, 127, 187, 309
Anchieta, José 67, 189
Barléu, Gaspar 213
Burton, Richard 135
Cachaça 13
Cardim, Fernão 39, 67, 188
Carnaval 25
Catequese com cachaça 80
Companhia de Jesus 261
D'Evreux, Yves 67, 187, 224
Dízimo 220
Engenho Boa Vista 136
Fonte 507, 512, 522, 535, 542, 554, 557
Funções do padre no engenho 255-256
Imposto para construir igreja 221
Influência 254-263
Inquisição 266-269
Lavagem cerebral 270, 271
Maximiliano 272
Mott, Luiz 266
Nóbrega, Manuel da 39, 192
Prepotência de padre 272
Proibida em Minas Gerais 270
Proprietária de engenhos 254-260, 270
Sodomia 266
Texto 347, 378, 380, 392, 430, 439, 450, 459, 484
Tráfico de escravos 271

ILHA ESPANHOLA
berço do rum 86, 108, 111

ILHA DO GOVERNADOR
Engenho de açúcar 203
Fonte 551
Ilha dos Sete Engenhos 203

ILHA DOS SETE ENGENHOS
Ilha do Governador 203

ÍNDIA
Açúcar 199
Bebida alcoólica 23, 109
Cabral 168, 169
Casa da 201
Colombo, Cristóvão 168
Especiarias 167
Galinhas da 50
Gama, Vasco da 168
História natural e médica da Índia Ocidental, livro 36
Monções 284
Nozes da 84
Monopólio italiano de especiarias 167
Ocidental 36, 58, 109, 225, 311
Oriental 170, 225, 310
Piso, Guilherme 36
Pyrard de Laval 50
Rota marítima 167, 173

Viagem de Francisco Pyrard, de Laval, contendo a notícia de sua navegação às Índias Orientais, Ilhas de Maldiva, Maluco, e ao Brazil, e os diferentes casos, que lhe aconteceram na mesma viagem nos dez anos que andou nestes países: (1601-1611), livro 310

ÍNDIOS
Acuña, Pe. Cristóbal de 70, 71
Antropofagia 67
Armazenagem de bebidas 70
Assar carne 71
Bates, Henry Walter 80
Bebidas 23, 32, 41, 61-81
Beaurepaire-Rohan 62, 64
Barléu, Gaspar 70
Burton, Richard 61
Cachaça catequisadora 80
Camuflagem 72
Catequisação com cachaça 13
Cauim 32, 60, 61-62, 67-69, 70, 74, 76, 88, 92
Como assavam carnes 71
Como faziam fogo 71
Criatividade 72
D'evreux, Yves 68
Denis, Ferdinand 73
Descobriram que o caldo de cana fermentado embriagava 58-60
Dilúvio 17-19
Duas Viagens ao Brasil, livro 60
Escravos 32, 58, 67
Fazer fogo 71
Fervendo água em folha de palmeira 72
Futebol 28
Hawkins, Richard 63
Holanda, Sérgio Buarque de 76
Idade da pedra 186-188
Integração 79
Knivet, Anthony 67
Mandioca 93, 112, 186, 189-191
Martius, 72
Maximiliano 19, 59, 64, 74, 78
Milho 92
Mott, Luiz 59, 79
Nieuhof, Joan 18, 71
Orientação na floresta 132
Piso, Guilherme 70
Pitta, Rocha 73
Saint-Hilaire, Auguste de 77
Souza, Gabriel Soares de 92, 93
Spix 72
Staden, Hans 60, 62-63
Substituição de suas bebidas por cachaça 77-81
Thevet, André 17
Troca de mulher por cachaça 79
Viagem do Rio de Janeiro ao Morro Velho, livro 61
Vinho de cana 12
Vômito 66
Zaluar, Augusto-Emílio 71

INIMIGOS DO CANAVIAL
216-217
Antonil, André João 216
Barléu, Gaspar 216
Chuva e animais 217
Formiga 216
Martius Carlos Frederico Philippe von 217
Nieuhof, Joan 217
Ruiters, Dierick, 216
Spix, Johan Baptiste Von 217

INQUISIÇÃO
266-272
A Santa Inquisição na Bahia, livro 507
Bahia 267
Bahia: Inquisição e sociedade, livro 535
Botelho, Diogo 267
Cachaça e 266-272
Confissões da Bahia – Santo Ofício da Inquisição de Lisboa, livro 266
Crimes sexuais 269
Guarujá SP 268
Mott, Luiz 266, 267
Ouro Preto 268

Pará 269
São João Del Rei 268
Sodomia 266, 267
Vainfas, Ronaldo 266, 266

INSTITUTO DO AÇÚCAR E DO ÁLCOOL
Criação 247
Documentos para a história do açúcar. Vol. I. Legislação (1534-1596) 525
Documentos para a história do açúcar. Vol. III. Engenho Sergipe do Conde - Espólio de Mem de Sá (1569-1579) 525
Texto 413
Vargas, Getúlio 247

INVASÃO FRANCESA
Bicho do pé 194
Duguay-Trouin, René 179, 314
Lagrange, Chancel de 194, 309
Parscau Guillaume François 53, 194, 311
Rio de Janeiro 53, 179, 194, 314

INVASÃO HOLANDESA
Avanço urbanístico de Recife 53
Barléu, Gaspar 69, 216, 310
Barril 121
Bebidas indígenas 69
Exércitos regulares 56
Formiga 216
Mandioca 190
Nassau, Maurício de 55, 69, 190
Nieuhof, Joan 18, 190
Olinda e Recife 54
Piso, Guilherme 311
Recife 54, 55
Salvador, Frei Vicente do 121
Tipo de comércio 191

IPÊ-AMARELO
Madeira usada para barril 122, 123

JARDIM, LUÍS
Fonte 526
O homem que galopava, conto 36
Sinônimos de cachaça 36
JATOBÁ
Infusão em cachaça 141
Madeira usada para barril 122, 123

JEQUITIBÁ
Lenha para alambique 43
Madeira usada para barril 122, 123

KIDDER, DANIEL P.
Missionário norte americano 309
Preparação do cauim 64
Reminiscências de viagem e permanência nas Províncias do Sul do Brasil: Rio de Janeiro e Província de São Paulo : compreendendo notícias históricas e geográficas do Império e das divreendendo not de Janeiro e Provalgum motivo econnverte o melaço que sai do açersas províncias, livro 309

KLAIN, HERBERT S.
Conversão de unidades de medida 104

KNIVET, ANTHONY
As incríveis aventuras e estranhos infortúnio de Anthony Knivet, livro 308, 527
Cauim 67
Escafandro 207
Escravo 67, 206
Incursão ao interior 290
Índio 290
Paraty, primeiro relato sobre a cidade 96
Pirata inglês 308
Sá, Martim de 206, 290
Sá, Salvador Correia de 206

KOSTER, HENRY
Cachaça chamada de rum 139

LAGRANGE, CHANCEL DE

Bicho-do-pé 194
Fonte 521
Invasão francesa 179, 194, 309
Vinho 179

LAMPIÃO
Cachaça como medicamento 239
Cachaça dá coragem 241
Cangaceiros 238-242
Fonte 504, 537
Lenda viva 241

LEITE, ALFREDO CARLOS TEIXEIRA
Bandeirantes 297
Escravos índios 205
Gênese Sócio-econômica do Brasil, livro 210, 528
Idade da Pedra 186
Igreja no tráfico de escravos 271
Mineração 229
Portugueses desencadearam a Independência do Brasil 223
São Paulo – nº de escravos índios e negros 205
Senhores de engenho 210, 229

LEMOS, GASPAR DE
Nome de São Vicente 202

LERY, JEAN DE
Água açucarada 58
Calvinista francês 262, 311
Cauim 58, 66, 67
Costumes indígenas 58, 66, 262-263
Franceses criaram a 1ª bebida alcoólica com a cana 58, 87-89
Preconceito 262
Viagem à Terra do Brasil 89, 262, 311, 528
Vinagre 89

LIMA JÚNIOR, AUGUSTO DE
A capitania das Minas Gerais, livro 293, 529
Incursões ao interior 291-293
Origem do nome Bandeira 294

LISIANSKY, UREY
Cachaça chamada de rum 129
Preço da cachaça 129
The ship Neva. Pp.147-156. In: Ilha de Santa Catarina; relatos de viajantes estrangeiros nos séculos XVIII, e XIX, artigo 529

LOPES, MÁRIO
Definição de cangaço 238

LORIMER, ROSEMEIRE BERTOLINE
Bebidas alcoólicas em embarcações 174
Conservação de alimentos em embarcações 175
Frota de Cabral 176

LOURO-CANELA
Madeira usada para barril 122

LOURO-FREIJÓ
Madeira usada para barril 122, 123

LUCAS DA FEIRA
Cachaça como medicamento 239
Cangaceiro 239
Evangelista, Lucas 239

LULA
Beirão, Nirlando 154
Cachaça na Jamaica e Perú 338
Cachaceiro 156
Cheiro de cachaça 196
Decreto para diferenciar cachaça do rum 160
Ebenézer, Anselmo 156
Expulsão de jornalista 155
Fonte 503, 507, 511, 518, 519, 523, 529, 530, 532, 533, 534, 535, 539, 541, 543, 545, 554, 555, 559
In cachaça veritas 462
Lula, o filho do Brasil, filme 156
Sinônimo de cachaça 487

Texto 340, 344, 357, 382, 387, 406, 407, 408, 409, 410, 428, 429, 430, 431, 434, 462, 480, 481, 487

LULL, RAYMOND
Quintaessência 24

LUNA, FRANCISCO VIDAL
Fonte 530
Unidades de medida 104

MACUNAÍMA
Fonte 507
Futebol, 28-29
Inventor do futebol 28
Texto 432, 442, 480, 489

MADEIRAS USADAS EM BARRIL
Influência na cachaça 122-123

MAIOR, MÁRIO SOUTO
Cachaça, livro 313, 530
Como nasce um cabra da peste, livro 313, 530
Dicionário folclórico da cachaça, livro 313, 530
Folclorista 313
Invenção da cachaça 96, 97, 319

MANDIOCA
189-191
A produção de tiquira no Maranhão: história de uma ausência, livro 33, 510
Aguardente de 33, 34, 44
Anchieta, José de 189
Beauarepaire-Rohan 62
Bebida alcoólica 41, 58, 59, 74-75, 78
Botelho, Tarcísio R. 33, 510
Burton, Richard 61
Cardim, Fernão 67
Cauim 41, 60, 61, 62, 64, 67, 68, 69, 71, 73
D'Evreux, Yves 67
Denis, Ferdinand 73
Farinha 191, 258, 285, 286, 288
Freyre, Gilberto 73
Kidder, Daniel P. 64
Neiuhof, Joan 71, 77, 190, 412
Martius 64
Maximiliano 64
1° registro de bebida alcoólica de cana 58, 88
Piso, Guilherme 69
Plantio pelos índios 189
Saquê 64
Souza, Gabriel Soares de 40, 41
Spix 64
Staden, Hans 60, 62
Substituta do trigo em Portugal 189
Tarubá 73
Texto 344, 346, 354, 356, 400, 410, 414, 427, 439, 448, 462, 494, 499
Tiquira 33

MARANHÃO
A produção de tiquira no Maranhão: história de uma ausência, livro 33
Açúcar e álcool no Brasil, livro 246
Alambique 203, 246, 320, 322, 325
Botelho, Tarcísio R. 33
Bebidas indígenas 67
Conquista do sertão 299
D'Evreux, Yves 67, 68, 187, 315
Engenho de açúcar 203, 320, 322
Ferramentas indígenas 187
Fonte 513
Freyre, Gilberto 103, 226, 325
Gado 299
Incursão francesa ao interior 291
Índios na Idade da Pedra 187
Invasão francesa 112, 291, 299
La Ravardière e a França Equinocial; Os franceses no Maranhão, livro 532
Mattos, Anibal R. 246
Monopólio 225
Produção de cachaça 103, 226
Texto 344
Tiquira 33
Viagem ao norte do Brasil: feitas nos anos 1613 e 1614
Vinho de caju 68

MARTINICA
Colonização francesa 112
Rum igual à cachaça 157

MARTIUS, CARLOS FREDERICO PHILIPPE VON
Água em barril na Bahia 126
Antropólogo alemão 304, 309
Através da Bahia – Excerptos da obra Reise in Brasilien, livro 551
Cachaça exportada em pipa 130
Cachaça x aguardente 47
Carnaval 25
Cauim 64
Criatividade indígena 72
Formiga 217
Gastronomia indígena 132
Rum chamado de cachaça 139
Texto 360
Tropeiro 304
Viagem ao Brasil 312

MAXIMILIANO, PRÍNCIPE DE WEID NEUWEID
Aguardente 117, 232, 238
Bebidas indígenas 59
Bicho de pé 194
Brasileiros viciados em cachaça 81
Cachaça 117, 232
Cachaça em garrafa 130
Cachaça para índios 78, 130
Campos RJ 231
Cauim 64, 74
Cauim com pé do inimigo 110
Conservação de espécimens biológicos em barril 126
Criatividade indígena 72
Dilúvio na cultura indígena 19
Distinção entre cachaça e aguardente 47
Farinha de mandioca 191
Guanhães MG 232
Ilhéus BA 237
Linhares ES 272
Melado 238
Naturalista alemão 213, 313
Padre autoritário 272
Padre cachaceiro 272
Poções BA 272
Preço do barril de cachaça 125
Produção do açúcar 213, 232, 238
Rum: incentivo à coragem 180
Tipos de aguardentes 117
Viagem ao Brasil, livro 313, 532

MÁXIMO, JOÃO
Noel Rosa: uma biografia, livro 36, 532
Sinônimos de cachaça 36

MAWE, JOHN
Alambique no Rio de Janeiro 145
Cachaça de baixa qualidade 146
Cachaça obrigatória na viagem 293
Ensinando mineiro a fazer cerveja 146
Imposto 223
Mineralogista inglês 146, 312
Tropa região de minas 303
Viagens ao interior do Brasil, livro 312, 532

MEL DE FURO
Engenho de rapadura 118
Sinônimo de melaço 214
Texto 488

MELAÇO
Açúcar e álcool no Brasil, livro 90
Açúcar mascavo 249
Aguardente de 44
Aguardente de mel 117
Barato 139, 206
Beaurepaire-Rohan 42
Burton, Richard 105, 151
Cachaça 109
Cascudo, Luís da Câmara 49
Decreto nº 4851 44, 140
Definição 118
Destilação 44, 85, 90, 105
Diccionario da Língua Portuguesa, dicionário 41
Diccionario de Vocabulos Brasileiros,

dicionário 42
Exportação 130
Fermentado 81, 87
Fonte 533, 543
Freyre, Gilberto 74
Guanhães MG 232
Índios 81
Keith, George Mouat 139
Martius 130
Matéria prima para o álcool 215, 248, 251
Matéria prima para a cachaça 42, 49, 52, 85, 90, 105, 116, 137, 141, 151, 162, 164, 209, 244, 329
Matéria prima para o rum 109-110, 113, 140-141, 157, 250
Mattos, Aníbal R. 90
Mel de furo 214
Refugo 214
Silva, Antonio de Moraes 41
Spix 130
Tarubá 74
Texto 389, 394, 464, 471, 489, 492
Vinho de cana 87

MELADO
Aguardente 45
Andradina SP 237
Azevedo, Fernando 233
Decadência dos engenhos 233
Definição 118, 250
Destilação 59, 85, 209, 231
Diegues Júnior, Manuel 117
Engenho de rapadura 237
Engenhoca 238
Índios 59
Matéria prima para a cachaça 45, 85, 117, 118, 137, 209, 231
Maximiliano 238
Mott, Luiz 59
Pequenas indústrias rurais de cana-de-açúcar: melado, rapadura e açúcar mascavo, livro 238, 515, 543
Produção de 238, 252, 258, 270
Sinônimo de embriagado 471
Texto 351, 361, 441, 471

MENEZES, DARIO TELLES DE
Ypióca 129

MILHO
Abatiuí 74
Acelerador de fermentação 118
Aguardente de 32, 33, 34, 44, 76, 77, 152, 320
Alimento nas minas 77
Aluá 84
Alqueires de 104, 235, 324, 330
Barléu, Gaspar 69
Bebidas africanas 84
Bebidas indígenas 23, 40, 41, 59, 61, 69, 73-75, 76, 92, 93, 112
Bourbon 33
Burton, Richard 61, 135, 152
Caixote com 135
Caminhos e fronteiras, livro 76
Capivari 335
Cardim, Fernão de 67
Catimpuera 74
Cauim de milho 40, 41, 58, 59, 60, 61, 62, 64, 65, 67, 69, 73, 74, 88, 318
Chicha ou Chiche 69, 74
Cuiabá 325
Denis, Ferdinand 73
Duque de Caxias RJ 282
Eivir 75
Farinha de 224
Freyre, Gilberto 153
Goiás 328
Hawkins, Richard 224
Holanda, Sérgio Buarque de 76
Ivir 75
Karacou 75
Matéria prima para cachaça 77
Maximiliano 59, 64
Melaço 251
Monções 285, 286
Oloniti 75
Origem do rum (e da cachaça) 112
Pão de 334
Pirapora SP 104

Piso, Guilherme 69
Plantio por índios 186
Primeira bebida alcoólica de cana de açúcar 88, 318
Processo para moer 153
Provisão de boiadeiro 299
Quimbembé 84
Quibombo 84
Rolha de espiga de 133, 334
Rum 157
Salvador, Frei Vicente do 169
Souza, Gabriel Soares de 40, 41, 92, 93
Texto 352, 361, 400, 439, 448, 455, 460, 468, 469, 481, 484, 492, 494, 499
Thevet, André 65
Tropeiro 302
Uísque 33, 157
Viagem do Rio de Janeiro ao Morro Velho 61
Vinho de 169
Vitória ES 275
Zaluar, Augusto-Emílio 133

MEOPATIA
Texto 436, 471, 474

MILLER, CHARLES
Fonte 552
Futebol 29
O livro de ouro do futebol, livro 29
Unzelte, Celso

MIRANDA, ANA MARIA NÓBREGA
Como era gostoso o meu francês, filme 60
O Boca do Inferno 61, 107, 534
O retrato do rei 61, 534
Rum baiano 107

MOCORORÓ
Bebida indígena 75

MONOPÓLIO
Aguardente 226
Cartel 53
Corte de gado 321, 345
Especiarias 166
Fleckno, Richard 225
Improdutivos fidalgos portugueses 153
Leite, Teixeira 223
Parscau, Guillaume François de 53, 225
Pitta, Rocha 53
Semente da Independência 223
Sonnerat, Pierre 54
Texto 345

MONÇÕES
Bueno, Beatriz Piccolotto Siqueira 284
Cachaça 285
Colonização do interior 284
Cuiabá MT 284
Definição 285
Fonte 523, 525, 549
Gerando cidades 286
Itú SP 285
Itu e araritaguaba na rota das monções (1718-1838), tese de mestrado 523
Porto Feliz SP 285
Rota 284

MOTT, LUIZ
Bahia: Inquisição & sociedade, livro 419
Botelho, Diogo 267
Feitiço 265
Garapa fermentada 59
In vino veritas – Vinho e aguardente no cotidiano dos sodomitas luso-brasileiros à época da Inquisição, artigo 418
Inquisição 266-269
Oitenta bebidas indígenas 59
Sodomia 266
Troca de mulher por cachaça 79

MOURA, DENISE A. SOARES DE
Engenhos de açúcar 211

Fonte 536
MUSEU DA CORTIÇA
Ânfora vedada com cortiça 119
Fonte 524

NASCIMENTO, EDSON ARANTES DO
Cachaça Pelé 30
Fonte 547
Futebol 30
Pelé 30

NASSAU, MAURÍCIO DE
Barléu, Gaspar 69
Invasão holandesa 55, 69, 310
Mandioca 190
Piso, Guilherme 311
Urbanização de Recife 55

NEW YORK TIMES
Beirão, Nirlando 154
Ebenézer Anselmo 156
Texto 357, 409

NIEUHOF, JOAN
Cachaça para índio 100
Cauim 71
Como índio assa carne 71
Como índio faz fogo 71
Dilúvio na cultura indígena 18
Escravidão branca 207
Índios na idade da pedra 188
Inimigos do canavial 217
Invasão holandesa 18
Memorável viagem marítima e terrestre ao Brasil, livro 537
Viajante alemão 207
Vinho com pólvora 71

NOBRE, FRANCISCO IGNÁCIO DA SIQUEIRA
Primeira fábrica de vidro no Brasil 129

NÓBREGA, PADRE MANUEL DA,
Envio de mulheres 116
Formigas atacando vinhas 39
Jesuíta português 313

NOVO TESTAMENTO
Eucaristia 16
OLINDA
Baers, Joannes 508
Destruição de registros 54
Dilúvio 18
Fonte 508, 531, 539
Inquisição 266
Invasão holandesa 18, 54, 55
Mosteiros 259
Nieuhof, Joan 18
Olinda conquistada, livro 508
Pipa de vinho 55
Sodomia 266
Staden, Hans 60
Texto 381, 465, 466

OLIVEIRA, JOSÉ TEIXEIRA DE
Cachaça no ES em 1605 51
História do Estado do Espírito Santo, livro 51, 538
Produção de cachaça em 1.605 51

OSIRIS
Culto de 16
Eucaristia 16

PALEOLÍTICO
Fonte 558
Índios na Idade da Pedra 186-188

PÃO DE AÇÚCAR
Fonte 558
Mel cristalizado 214
Morro do Pão de Açúcar 214

PÃO DE QUEIJO
Brazilian rum 143
Cachaça – uma alegre história brasileira 142
Cachaça e pão de queijo 141-143
Cachaça envelhecida não é cachaça 142
Carvalho, Murilo 142

Fonte 532
Rum 142
Rumeliers 143

PARSCAU, GUILLAUME FRANÇOIS DE
Fonte 521
Invasão francesa 53, 179, 311
Monopólio português 53, 225
Saque 179

PAU-D'ARCO
Madeira para barril 122

PEDOFILIA
Inquisição 269
Vainfas, Ronaldo 269

PELÉ
Caninha Pelé 30
Futebol 30

PENA, MARTINS
Cachaça falsificada 147
Carnaval 25
Entrudo 25
O Caixeiro da Taverna, peça teatral 25, 147, 540

PEREIRA
Madeira para barril 122

PINGA
Amado, Jorge 115
Cachaça 115, 334
Cacau, livro 115
Cachaça envelhecida não é cachaça 142
Cachação 38
Caninha 141
De caninha 33
Diccionario da língua portuguesa, dicionário 550
Feitiço 265
Fonte 518, 528, 532, 539, 555
Pelé 30
Pinga, livro 528
Porto Feliz SP 334
Preço 334
Presidente Jânio Quadros 466, 479
Primeira menção ao nome, em 1773 47, 265, 323
Pubenta 144
Silva, Antonio de Moraes 47
Sinônimo de cachaça 43
Sinônimo de embriagado 47
Texto 349, 350, 363, 365, 367, 379, 384, 399, 430, 433, 437, 440, 442, 443, 446, 454, 458, 459, 466, 467, 468, 469, 479-484, 487, 496
Tropeiro 305

PINZON, VICENTE
Chegou ao Brasil antes de Cabral 170-171

PIPA
Água 177
Aguardente 147, 213, 220, 276, 279, 280, 282, 324
Azeite de peixe 121
Cabral 120, 142
Cachaça 130, 280, 299
Cerveja 121
Fonte 520, 553
Índio 70
Invasão francesa 179
Lavrada 70
Melaço 94
Olinda 55
São Paulo 39, 40
Texto 346, 350, 367, 373, 485, 495
Transporte 280, 282
Três-seis 279, 280
Vinagre 220
Vinho 39, 40, 55, 94, 120, 121, 147, 172, 179, 299
Volume em litros 104

PIRATA
181-185
A Ilha do Tesouro, livro 181

A viagem do pirata Richard Hawkins, livro 548
Ataque de 86, 106, 192, 200
Bêbado 182, 183, 184
Barrie, James Matthew 181
Cabo Frio RJ 183, 184
Capitão Gancho 181
Cauim 88
Cavendish, Thomas 67, 134
Defoe, Daniel 181
Desbravador 307
Destruição de registros 54
Drake, Sir Francis 181, 206
Escravo 206
Fonte 13, 558
Hawkins, Richard 63, 181, 185, 225, 314, 318
Homero 181
Ilhas Malvinas 63
Knivet, Anthony 206, 308
Lógica britânica 185
Mon opólio 224
Morgan, Henry 181
Odisséia 181
1º reistro de bebida alcoólica de cana 88
Robinson Crusoé 181
Rum 180, 181
Stevenson, Robert Louis Balfour 181
Texto 472
Vinho 185

PISO, GUILHERME
Aguardente 100
Alambique 99
Bebidas indígenas 58, 69, 70
Gagassa 36, 99
Garapa 99, 100
História natural e médica da Índia Ocidental, livro 36, 58, 311, 541
Infasão holandesa 311
Naturalista holandês 69, 99
Origem da palavra cachaça 102
Produção do açúcar 99
Vinho de cana 99

PITTA, ROCHA
Aguardente 203
Alambique 203
Bebidas indígenas 73
Casa de cozer os meles 92
Decadência dos engenhos 230
História da América portuguesa, livro 314, 541
Historiador 314
Moenda em Santos 203
Monopólio português 53
Ouro de Minas 230

PITU
Engarrafadora 245
Fonte 510, 530
Texto 485

POLO, MARCO
Irã 109
Países orientais 167
Vinho de cana 109

PÓLVORA
Cachaça com pólvora 71, 72
Cascudo, Luís da Câmara 71
Compondo sinônimo de cachaça 36
Invasão holandesa 121
Proteção de engenhos e fazendas 55
Salvador, Frei Vicente do 121
Uma que vale 36
Venda em armazém 105
Vinho com 71

PORTO FELIZ
Cachaça em 1819 104
Cachaça em 1838 329
Embarcação de 300 anos 289
Fonte 524
Garrafa de cachaça 133, 334
Monções 284, 285, 289
Saint-Hilaire, Augeste de 104
Tabernas em 1860 334
Zaluar Augusto-Emílio 133

PORTUGAL
1808: como uma rainha louca, um

príncipe medroso e uma corte corrupta enganaram Napoleão e mudaram a história de Portugal e do Brasil, livro 528
Água ardente 47
Artigos em barris 125
Bagaceira 49
Bebidas alcoólicas 86, 339
Boca do Inferno, livro 107
Caminho para as Índias 167, 168, 173, 197, 284
Cartel 53
Colonização do Brasil 174, 202
Comércio com 107
Comércio com as Índias 169
Companhia Geral do Comércio 218
Corsário 181
Defesa dos engenhos 55
Escambo 57
Escravo branco 206
Exportação para 278
Fonte 512
Gama, Vasco da 168
Gentinha que veio! 191-192
Imposto 229
Influência da Igreja 254
Inquisição 266
Introdução dos enenhos 200
Lorimer, Rosemeire Bertolini 174
Mandioca substitui trigo 189
Memória sobre o Methodo Economico de Transportar para Portugal a Agua-Ardente do Brasil, artigo 278

Miranda, Ana 107
Miscigenação com nativas 192, 206
Monopólio 50, 53, 86, 222, 223, 224, 225, 301
Museu da Cortiça 119
Pão em forma de disco 178
Partida de Cabral 172
Paulistas 295
Pereira, João Manso 278-279
Pioneiro nas navegações 167
Primeira referência à palavra cachaça 37
Re-destilação da cachaça em 145
Revolução mercantilista 224
Rivalidade entre cachaça e rum 108
Sob domínio da Espanha 12, 91, 113, 192
Staden, Hans 60
Souza, Gabriel Soares de 292
Texto 469
Vespúcio, Américo 161, 173
Vinho de 145
Vinho de mel 46

PRODUÇÃO COLONIAL DE AÇÚCAR
211-216
Alambique 102
Antigos engenhos de açúcar no Brasil, livro 212
Antonil, André João 36, 99, 102, 211, 308
Barléu, Gaspar 209, 213
Burton, Richard 215, 314
Cardim, Fernão 213, 310
Cultura e opulência do Brasil por suas drogas e minas, livro 36, 99, 211, 308, 507
Diegues Júnior, Manuel 200
Fleckno, Richard 213, 314
Fonte 503, 552
Maximiliano 213, 237, 313
O engenho de açúcar no Nordeste, livro 200
Pão de açúcar 214
Papel dos engenhos 209
Pires, Fernando Tasso Fragoso 212
Primitivismo na produção 215
Schwartz, Stuart B. 200
Segredos internos: Engenhos e escravos na sociedade colonial 200, 549
Tinoco, Godofredo 212
Vinda de técnico em açúcar em 1516 201

PYRARD, FRANCISCO (DE LAVAL)
Bicho do pé 193

Caldo de cana fermentado 50, 51, 82
Franceses descobriram o Brasil 170
Início da produção de cachaça 49-50
Monopólio 50
Navegador francês 50, 170
Viagem de Francisco Pyrard, de Laval, contendo a notícia de sua navegação às Índias Orientais, Ilhas de Maldiva, Maluco, e ao Brazil, e os diferentes casos, que lhe aconteceram na mesma viagem nos dez anos que andou nestes países: (1601-1611), livro 170, 310, 541, 542

QUADROS, JÂNIO
Bebo porque é líquido! 15
Fonte 505, 525
Texto 430, 466

QUARESMA
Carnaval 25
Inquisição 269
Texto 476

QUARTILHO
Aguardente 220
Imposto 132
Texto 246
Volume em litros 104

QUEIROZ, CARLOTA PEREIRA
Preço da cachaça em 1852 e 1858 136
Um fazendeiro paulista do século XIX, livro 135, 542

QUEIROZ, MANUEL ELPÍDIO PEREIRA DE
Preço da cachaça em 1852 e 1858 136
Tropeiro 135

RAPADURA (ver ENGENHOS DE RAPADURA)

RECIFE
Invasão holandesa 55
Nieuhof, Joan 18

RIBEYROLLES,CHARLES
Brasil pitoresco: descrição, viagens, colonização, instituições, livro 309, 544
Índio na idade da pedra 188
Político francês 309

RIO DAS PEDRAS SP
Bicho do pé 194
Caminho de sertanista 293
Saint-Hilaire, Auguste de 194

RIO DE JANEIRO
Açúcar e álcool no Brasil, livro 246
Água em barril 126
Alambique 97, 145, 231, 232, 245, 246
Bicho do pé 194
Bunbury, Charles James Fox 304
Burton, Richard 61, 108, 314
Cabotagem 275, 283
Cachaça é rum 107, 138, 139
Cachaça com pólvora 72
Cachaça de Paraty 95
Cachaça exportada 278, 326, 330
Cachaça inferior 143, 147
Cachaça na viagem 293
Camin ho Novo 301
Caninha 107
Cardim, Fernão de 40, 310
Companhia Geral do Comércio 218
Controle de qualidade do vinho 148
Custo de vida 296
Descortesia 204
Do Rio de Janeiro a Cuyabá, livro 550
Duguay-Trouin, René 179, 314
Engenhos de açúcar 203, 213
Escambo 84, 138, 206
Escravo branco 206
Exportação 278
Fleckno, Richard 204, 213
Fonte 512, 539, 547, 550, 552, 553
Geribita da terra 47
Igreja proprietária 258, 259
Índio, animal de carga 204

Inimigos do canavial 216
Invasão francesa 53, 112, 179, 194, 311, 314
Keith, George Mouat 139
Kidder, Daniel P. 309
Klink, Amir 289
Knivet, Anthony 96, 206, 290
Laboratório de Higiene da Faculdade de Medicina do Rio de Janeiro 148
Lagrange, Chancel de 179, 309
Lisiansky, Urey 139
Lucas da Feira 239
Lula 155
Mattos, Aníbal R. 246
Maximiliano 313
Mawe, John 145, 293
Monções 283
Monopólio 53, 225
New York Times 155
Outras visões do Rio de Janeiro colonial:antologia de textos (1582-1808) 521
Pão de açúcar 214
Paraty documentada pela primeira vez 96, 290
Parscau, Guillaume Francois 53, 225, 311
Reminiscências de viagem e permanência nas Províncias do Sul do Brasil: Rio de Janeiro e Província de São Paulo : compreendendo notícias históricas e geográficas do Império e das divreendendo not de Janeiro e Provalgum motivo econnverte o melaço que sai do açersas províncias, livro 309, 527
Revolta da Cachaça 222
Rugendas, João Maurício 312
Ruiters, Dierick 216
Sá, Martim de 206, 290
Sá, Salvador Correia de 106
Saint-Hilaire, Auguste de 143, 147, 308
Schwarts, Stuart B. 231
Segunda viagem ao Rio de Janeiro, a Minas Gerais e a São Paulo (1822), livro 308, 547
Texto 341, 357, 384, 390, 417
Tráfico de escravos 74, 108
Tropeiro 300, 301, 303, 304Ideias do r
Tuckey, James Kingston 138
Viagem de um naturalista inglês ao Rio de Janeiro a Minas Gerais: 1833-1835 512
Viagem do Rio de Janeiro ao Morro Velho, livro 61, 108, 314, 512
Viagens pelas províncias do Rio de Janeiro e Minas Gerais, livro 143, 547
Vinho de uva 40

RON ZACAPA
O melhor do mundo 138

RUITERS, DIERICK
Cartógrafo holandês 236
Fonte 521
Formiga 236

RUM
A Ilha do Tesouro, livro 181
Álcool Anidro no rum 140
And a bottle of rum, livro 5, 86, 107, 109, 110, 517
As Ilhas da corrente, livro 181
Barreiras alfandegárias 158-159
Barrie, James Matthew 181
Bebida africana com menos álcool que o 83
Bebidas destiladas 24
Bornéus 109
Brasileiro 138, 490
Brazilian rum 143
Brum 109
Cachaça chamada de rum 5, 86, 107, 129, 130, 138, 139, 152, 326
Cachaça e rum inventados na mesma época 12, 112
Caldo de cana fermentado 112, 113, 118, 157
Capitão Gancho 181

Caribe 181
Chamado de cachaça 139
Classificação fiscal 159-160
Comparado com a cachaça 116, 118, 142, 143, 163, 164
Cuba 139
Curtis, Waine 5, 86, 107, 109, 110, 111
Daiquiri 181
De alambique 137
De caldo de cana 111, 112, 116, 118, 140, 141, 157, 163
Decreto 4851 140
Definição 137-138, 140, 157, 250
Defoe, Daniel 181
Dias, Alice Conde 161
Drake, Sir Frances 181
Drinques 180
Envelhecido 143
Escambo 84
Escravos bebem caldo de cana fermentado 112
Espuma 109
Fermentação 110
Fitzgerald, F. Scott 181
Fonte 507, 517, 553, 554, 558
Garrafa 130, 139, 326
Guadalupe 157
Haiti 86, 108, 138, 157
Hamilton, Edward 109
Hemingway, Ernest 181
Incentivo à coragem 180
Industrial 137
Inventado em Barbados 108, 111
Inventado em Cuba 5, 86, 107, 108, 111, 112
Inventado em Guadalupe 112
Inventado em Martinica 112
Inventado nas Ilhas Hispaniola (São Domingos) 5, 86, 107
Inventado no Brasil 5, 86, 107, 109, 111
Inventado por alquimistas 109
Irmão gêmeo da cachaça 107-114
Jamaica 108, 180, 421
Josselyn, John 110
Keith, Mouat 139
Kostner, Henry 139
Krusenstern, Adam Johann Von 138
Lisiansky, Urey 129
Lula 160
Marinha britânica 180
Martinica 157
Martius 139
Matéria prima para produção de rum 109, 137, 141, 157
Melaço 109, 113, 157, 162, 164
Morgan, Henry 181
Países produtores 108, 138
Peter Pan 181
Piratas 181
Pólo, Marco 109
Porto Rico 138
Portugal sob o domínio da Espanha 12, 113
Primeiro registro em 1639 110
Robinson Crusoé 181
Ron Zacapa 138
Rugendas, João Maurício, 152
Rum baiano 107
Rumelier 143
Spix 139
Stevenson, Robert Louis Balfour 181
Sumatra 109
Tafia 57, 108, 111
Tailândia 109, 138
Texto 346, 357, 395, 418, 421, 453, 459, 490, 500
Tipos de rum 140, 142
Tuckey, James Kingston 138
Uísque 157

SÁ, MEM DE
Anchieta, José de 313
Augoa ardente 97
Documentos para a história do açúcar. Vol. III. Engenho Sergipe do Conde – Espólio de Mem de Sá (1569-1579), livro 525
Primeiro registro de cachaça 97
Testamento 93

SAINT-HILAIRE, AUGUSTE
Alambique 103
Bicho do pé 195
Cachaça detestável 143, 147
Cachaça em garrafa 131
Cachaça em tronco escavado 126
Cauim 62
Definição de tropeiro 300
Imperador serve cachaça 153
Índio viciado em cachaça 77
Naturalista francês 308
São Paulo 103
Segunda viagem ao Rio de Janeiro, a Minas Gerais e a São Paulo, 1822, livro 308, 547
Tropeiro 300, 303
Venda com cachaça em Goiás 151
Viagem a Curitiba e Santa Catarina, livro 308, 547
Viagem à província de Goiás, livro 308
Viagem à província de São Paulo, livro 308, 547
Viagem ao Espírito Santo e Rio Doce, livro 308, 547
Viagem às nascentes do rio São Francisco, livro 131, 308, 547
Viagem pelas províncias do Rio de Janeiro e Minas Gerais, livro 143, 547
Viagem pelos Distritos dos Diamantes e litoral do Brasil, livro 308, 547

SALINAS MG
Santiago, Anísio 149, 305
Santiago, Roberto 149
Sinônimo de cachaça 43, 47
Texto 409, 420, 431, 472
Tropeiro 305

SALVADOR, FREI VICENTE DO
Capitania de São Vicente 201
Descoberta do Brasil 168
História do Brasil 1500-1627, livro 168, 201, 310
Invasão holandesa 121
Pipa 121
Primeiro plantio de cana 201
Religioso brasileiro 310
Rota de Cabral 68
Vinho de uva em São Paulo 40

SANTIAGO, ANÍSIO
Cachaça Havana 305
Texto 409, 426
Tropeiro 305

SANTIAGO, ROBERTO
Anísio Santiago 149
Cachaça da cabeça 149
Cachaça da cauda 149
Cachaça do coração 149
Fonte 548
O mito da cachaça Havana – Anísio Santiago, livro 548
Salinas MG 149

SANTOS SP
Alambique 203
Cabotagem 278, 281
Cachaça 321, 328
Canaviais 210
Capivari SP 335
Cavendish, Thomas 124
Exportação 234
Fonte 504, 538
Pitta, Rocha 203
São Vicente 95, 202
Texto 353, 415
Tropeiros 300, 304

SANTOS, NELSON PEREIRA DOS
Como Era Gostoso o Meu Francês, filme 60
Filme sobre Hans Staden 60

SÃO DOMINGOS
Berço do rum 86, 108

SÃO PAULO (CIDADE E ESTADO)
Açúcar e álcool no Brasil, livro 246
Aguardente de milho 33, 76
Alambique 98, 103, 203, 228, 243, 246, 319, 329, 332, 336

Álcool 229, 247
Almanaque de São Carlos 33
Anchieta, José 313
Bandeirantes 295
Bauru 30
Cachaça - consumo 333
Cachaça - início da produção 98
Cachaça - maior produtor 245
Cachaça do Ó 336
Cachaça em garrafa em Jacareí 131, 133
Cachaça para curar sarampo 98
Caldo de cana fermentado 237, 329
Caminho Velho 301
Cana para Mato Grosso 104
Cardim, Fernão
Comércio de cachaça em 1638 57, 98, 320, 323
Duas viagens ao Brasil, livro 60
Engenho de açúcar 211, 233, 329, 331
Engenho de rapadura em Andradina 237
Fonte 511, 530, 533, 536, 552
Imigrantes 243
Kidder, Daniel P. 309
Klain, Herbert S. 104
Licença para o comércio 226
Luna, Francisco Vidal 104
Macunaíma 29
Mattos, Anibal R. 246
Monções 286
Pelé 30
Peregrinação pela Província de São Paulo, livro 308, 559
Preço da cachaça 104
Proálcool 248
Reminiscências de viagem e permanência nas Províncias do Sul do Brasil: Rio de Janeiro e Província de São Paulo : compreendendo notícias históricas e geográficas do Império e das divreendendo not de Janeiro e Provalgum motivo econnverte o melaço que sai do açersas províncias, livro 309, 527
Rugendas, João Maurício 312
Saint-Hilare, Auguste 303
São Paulo: evocações da metrópole, livro 536
Segunda viagem ao Rio de Janeiro, a Minas Gerais e a São Paulo (1822), livro 308, 547
Sertanistas 293
Setor sucroalcooleiro 246-251
Souza, Gabriel Soares de 39
Staden, Hans 60
Taunay, Afonso d'Escragnolle 307
Texto 340, 389, 390, 415, 467, 473, 489
Tropeiros 300-304
Vainfas, Ronaldo 301
Viagem à província de São Paulo, livro 308, 547
Vinho de uva 39, 40
Zaluar, Augusto-Emílio 133

SÃO VICENTE
Bandeirantes 295
Berço da cachaça 95
Cachaça 467
Capitania de 295
Duas viagens ao Brasil 60
Engenho de açúcar 202, 467
Escravos indígenas 205
Fonte 558
História do Brasil 201
Ínidos atacam piratas 185
Memórias para a história da Capitania de São Vicente, livro 531
Minhas cartas; Do irmão José de Anchieta ao geral P. Diogo Laínes, Roma. São Vicente, 1° de junho de 1560, carta 506
Minhas cartas; Do Ir. José de Anchieta ao general P. Diogo Laínes, Roma (carta sobre as coisas naturais de São Vicente). São Vicente, 31 de março de 1560, carta 506
Na Capitania de São Vicente, livro 530
Origem do nome 202
Primeiro plantio de cana 201

Salvador, Frei Vicente do 60
Staden Hans 60
Texto 253, 467

SAQUÊ
Semelhança com cauim 64
SASSAFRÁS
Madeira usada para barril 122, 123

SCHWARTZ, STUART B.
Cachaça 231, 232
Engenho de açúcar 200-201, 231
Escambo 206
Fonte 521
Imposto 232
Vinda de técnico em açúcar em 1516
Segredos Internos: Engenhos e escravos na sociedade colonial 1550-1835, livro 200, 579

SENHOR DE ENGENHO
Antonil, André João 102, 103
Araruama RJ 324
Aristocracia colonial 210
Cachaça 102
Contrato com padre 255, 256
Escravo Senhor de Engenho 234, 235
Garapa azeda 103
Imposto para manter quartel 56
Influência 34
Instalações do engenho 254
Koster, Henry 139
Souza, Gabriel Soares de 91, 310
Texto 477
Título de 210
Tratado descritivo do Brasil, livro 91

SILVA, ANTONIO DE MORAES
Advogado brasileiro 308
Definição de cachaça 41-42
Dicionário da Língua Portugueza 41
Pinga sinônimo de embriagado 47

SINÔNIMO DE BAR
Adega 341, 378
Armazém 133, 334, 498
Armazém de porão 306
Baiúca 362, 518
Bar 362-366
Bar amigo 367
Barmácia 367
Barraco 367
Barraquinha 367, 463
Barzinho 363, 368
Cafurna 433
Casa de bebidas 438
Casa de venda 438
Casinhola 439
Comercinho 443
Espelunca 389, 457
Estabelecimento de molhado 457
Frege 459
Hotel ambulante 461
Lojinha 466
Natalício 475
Pasto da noite 476
Quitanda 487
Recinto 488
Restaurante-bar-boate 489
Taberna 183, 334, 362, 376, 453, 472, 492, 498, 499
Tasca 487, 493
Taverna 25, 77, 79, 84, 98, 131, 132, 147, 320, 333, 439, 493, 540
Tenda 494
Toca 494
Venda 131, 135, 147, 151, 328, 354, 385, 394, 395, 437, 438, 469, 476, 482, 488, 498, 499
Vendinha 499
Vendinha de rodapé de estrada 499
Vendola 499

SINÔNIMO DE BEBEDEIRA
Bebedeira 16, 80, 105, 178, 240, 340, 362, 374-376, 403, 462, 481, 491, 501, 542
Bebedice 79, 376
Carraspana 432, 438, 476
Cauinagem 440
Mela 471
Morbilidade etílica 474

No dia de cachaça 475
Pegar combustão 477
Pifa 477
Pifão 478
Pifãozinho 478
Pileque 441, 478
Pingaiada 485
Porre 342, 433, 485, 486
Porre mãe 486
Uns goles a mais 497
Viagem intrépida 459, 500

SINÔNIMO DE BEBER

Afogar a mágoa 342
Aquecer a coragem 360
Arriar o pandú 361
Beber 38, 42, 49, 51, 58, 66, 71, 72, 82, 83, 88, 101, 120, 144, 166, 172, 178, 219, 267, 318, 340, 343, 344, 346, 351, 352, 356, 359, 361, 362, 370, 371, 373, 378-382, 383, 384, 385, 388, 393, 394, 395, 397, 398, 399, 402, 403, 404, 411, 412, 414, 415, 420, 421, 425, 427, 431, 432, 435, 437, 439, 440, 443, 444, 445, 448, 451, 454, 457, 458, 460, 461, 462, 463, 464, 469, 472, 473, 475, 476, 479, 480, 482, 485, 486, 487, 488, 489, 491, 492, 494, 496, 497, 498, 499, 542, 557
Bebericar 349
Chuchurrear 441
Chupar 441, 458
Chupitar 442
Comer rama 443
Dar goles 445
Dar o chupão 445
Deglutir 445
Degustar 446
Despedir 446
Destilar bebida 446
Devastar 447
Emborcar 449
Embriagar-se 20, 383, 451, 452, 478
Encharcar 453, 454
Encher a cara 421, 440, 454
Encher a caveira 455
Engolir 455
Entornar 451, 455
Entrar pelo 456
Entrar num serviço 456
Enxugar 456
Enxugar os bofes 456
Escorrer o copo 456
Esquentar o corpo 457
Esquentar os rins 464
Esvaziar 457, 458
Experimentar 338, 407, 458
Fazer medicação 458
Fazer ás 458
Fraturar 459
Honrar o vício 461
Ingerir 106, 163, 449, 462
Ir na talha 462
Mandar prá baixo 467
Matar a sede 469
Matar o bicho 384, 469, 470
Mergulhar no álcool 471
Molhar a garganta 389, 473
Molhar a goela 473
Molhar a palavra 473
Molhar na boca 474
Puxar fogo 487
Puxar um foguinho 487
Rebeber 488
Recorrer ao álcool 488
Regar o repasto 488
Saborear 490
Saciar a sede 490
Sangrar 491
Secar 491
Servir-se 491
Sorver 491
Soverter 491
Tomar 82, 112, 340, 347, 349, 353, 387, 393, 398, 407, 411, 418, 419, 422, 428, 429, 430, 431, 432, 454, 457, 463, 464, 465, 470, 482, 483, 485, 486, 487, 489, 492, 494, 497
Tomar um gole 398, 494, 495
Virar o copo 501
Virar um trago 501

SINÔNIMO DE CACHAÇA

A mais brasileira das bebidas 340
Abençoada 341
Abre 341
Abrideira 341, 469
Absinto caboclo 341
Acende goela 341
Agoardente 47, 97, 102, 103, 123, 124, 321, 325, 440
Água 342
Água amasiada ao fogo 342
Água ardente 5, 47, 51, 77, 86, 136, 278, 342, 343, 344, 418, 439
Água ardente de cana 47, 203, 321, 418
Água benta 114
Água-de-briga 36
Água de eloqüência 343
Água de nossa senhora 343
Água dura 343
Água que passarinho não bebe 343, 344
Água que pega fogo 344
Aguardente 344-356
Aguardente da terra 46
Aguardente de cabeça 356, 432
Aguardente de cachaça 46
Aguardente de cana 32, 35, 38, 43, 45, 46, 47, 49, 50, 52, 77, 93, 96, 98, 113, 114, 117, 142, 158, 161, 162, 163, 164, 243, 265, 288, 319, 322, 323, 349, 354, 357, 408, 431, 439, 504
Aguardente de cana de açúcar 12, 33, 34, 48
Aguardente de canna 42, 43, 437
Aguardente de cana adoçada 45
Aguardente de cana envelhecida 45, 46, 427
Aguardente do Brasil 357, 488
Aguardente do país 46
Aguardente feita de açúcar 46
Aguardente forte 47
Aguardente nativa 155, 357
Aguardente que na terra se lavra 46
Aguardente viva 357, 464
Álcool 359
Amnésia 360
Angico 36
Apaga tristeza 440
Axaropada 36
Azuladinha 362
Azulzinha 362
Azulzinha beijadeira 362
Birita 31, 386
Birita do bem 556
Birita orgânica 386
Cachaçazinha 428
Cachacinha 244, 430-432, 442, 447, 461, 491, 530
Caieba 433
Calibrina 435
Cambraia 36
Cana 36, 435-436
Cana capim 436
Cangibrina 436, 471, 474
Caninha 30, 33, 42, 43, 47, 49, 107, 113, 114, 141, 161, 245, 331, 436-437, 480, 489, 493, 514
Canninha 43, 437
Cauim que queima 439
Chá de cana 440
Chamego 441
Charanda 441, 547
Chicote de tripa 441
Codório 442, 489
Concentrada 441, 443
Conhaque brasileiro 443
Contrabando 443
Copo 435, 444, 457, 477
Cowboy 440
Da Boa 36
Danada 444
Daqui 445
Dela 446
Dela-fria 384, 446
Delas-frias 491
Desgraça brasileira 446
Destilado brasileiro 446
Destilado de cana 446
Divina 432, 447
Doente 447

Elixir 36
Espevitada 36
Espírito 457
Espírito ardente 279
Esquentante 36
Fava de cheiro 36
Fia da cana 458
Fia do senhô de engenho 458
Fogo vivo 459, 467
Forte bebida 459
Gasolina de garrafa 402, 453, 460
Genebra 385, 460
Geribita 46, 83, 84, 85, 464, 492, 520
Geribita da terra 47
Girgolina 36
Giribita 460, 461, 464
Grande mal 461
Hard liquor 461
Imaculada 353, 459, 461, 462
Januária 43, 47, 463
Januária azulosa 115, 463
Jenuária 463
Jeribita 46, 421, 463, 464, 467
Jeribita da terra 46
Lambada 464, 465
Lambedor 36
Lambida 465
Legume 36
Levanta velho 433, 466, 471
Lisa 466
Malafa 468
Malafo 468
Maldição 459, 467
Malta 36
Malunga 36
Mandureba 467
Marafo 467, 468
Marafu 468
Maria-branca 36
Maria louca 468, 469
Marvadinha 469
Mata bicho 469
Mé 470
Meiota 361, 470
Mijo de égua 472
Milagreira 472
Minas 472
Moça branca 312, 472, 512
Moçoró 472
Morrão 43
Mulatinha 474
Mundureba 436, 471, 474
Néctar dos deuses 341, 475, 489
Parati 43, 343, 433, 476
Paraty 43, 47, 467, 476
Patrícia 36
Pechincha 465, 477
Pinga 30, 33, 38, 43, 47, 114, 141, 142, 244, 265, 305, 323, 334, 363, 365, 367, 379, 384, 399, 430, 433, 437, 440, 442, 443, 446, 454, 458, 459, 466, 467, 468, 469, 479-484, 487, 496, 518, 528, 532, 539, 555
Pinga crioula 484
Pinga de cana 484
Pingazinha 485
Piribita 36
Pitú 485
Pituzinha 485
Preciosa 486
Prego 469, 486
Produto preferido de lula 487
Providência 487
Queima goela 36
Quichaça 487
Referência luxuosa 488
Refrigério da philosophia 488
Resolução 489
Restilo 442, 489, 490, 500
Rum brasileiro 138, 143, 157, 164, 490
Rum do Brasil 490
Salinas 43, 47
Semente de arenga 491
Sete virtudes 36
Suor de alambique 36, 516
Suor de cana torta 492
Supupara 36
Tafiá 42, 57, 108, 111, 151, 162, 492
Terebintina 36
Teimosa 493, 496
Tiguaciba 36
Tinguaça 494

Tiorga 494
Truaca 456
Uca 497
Uma que matou o guarda 497
Uma que vale pólvora 36
Umas e outras 497
Usga 497
Vinho de cana 46
Vinho de fogo 500
Vinho de mel 46
Vinho de mel de cana 46
Vinho que arde 500
Vocação 36

SINÔNIMO DE CACHACEIRO
Adorador de álcool 342
Alcoólatra 359, 372, 378, 381
Bêbado 154, 182, 183, 369-373, 387, 390, 399, 529, 545
Bebedor 143, 147, 312, 341, 378, 381, 412, 460
Bebadozinho 373
Bêbedo 376, 377, 458
Bebum 384
Bomba de etanol 388
Cachacento 430
Cachacista 432
Catedrático na arte de beber 439
Classe bebedora 442
Cu de cana 444
Dado a beber 444
De ir ao gargalo 445
Ébrio 495, 519
Entrado na cachaça 456
Movido a cachaça 474
Pau d'água 385, 393, 476-477, 486
Pé de cana 477
Peru de aniversário 477
Porrista 486
Vira-copo 500
SINÔNIMO DE EMBRIAGADO
Abraçando poste 341
Aéreo 342
Afogado 342
Afogado em álcool 342
Afogado no álcool 342
Afundado 342
Afundado nos mistérios dos tóxicos 342
Alegrinho 359
Alterado 359
Arreado 361
Arriado 361
Arrodiar o pé no pau 361
Assoberbado do beberete 361
Assumido pelo domínio crepuscular 362
Bebedão 368
Bêbado 166, 267, 268, 342, 360, 368, 369-373, 379, 384, 423, 441, 442, 443, 450, 451, 453, 454, 457, 466, 471, 494, 529, 545
Bebadozinho
Bêbado de cair 374
Bêbado das pernas 374
Bebedérrimo 376
Bêbedo 369, 377
Bêbedo como uma cabra 377
Cachaçado 428
Caído no porre 433
Caindo de bêbado 433
Caindo de cachaça 433
Caindo pelas tabelas 434
Cambaleante 435
Carregado na aguardente 438
Chapado 441
Chumbado 441
Com a cabeça enevoada 442
Com a cabeça transtornada 443
Com álcool nos miolos 443
Com as pernas vacilando 443
Com os miolos encharcados 443
Com os olhos em brasa 443
Dandando de trapés 444
De cachaça alta 445
De chifre cheio 445
De ir ao gargalo 445
Ébrio 20, 100, 448
Embaraçado no sono da cachaça 448
Embebedado 448
Emborrachado 449
Embriagado 449-451

Embriagatinhado 452
Embrulhado em cachaça 453
Empapado 453
Empilecado 453
Encharcado da urca 453
Enfrascado 455
Estado de embriaguez 20, 457
Estado etílico 457
Estar aos tombos 457
Ficar de fogo 458
Ficar no pileque 458
Ficar sob o efeito 458
Fora de si 459
Inconsciente 462
Inebriado 19, 20, 462
Mais bêbado que uma égua 466
Mal equilibrado das pernas 466
Mal se agüentando em pé 466
Melado 471
Meladão 471
Molhado de cachaça 472
Montado em sela de cachaça 474
Muito doido 474
Não se agüentar de bêbado 474
Não ter leme nas pernas 475
Nas águas 475
Olhar por uma janelinha de vidro 475
Paçoca de cachaça 475
Pinguço 154
Porrista 486
Puxando fogo 487
Queimado 487
Quente 487
Raiz enterrada na cachaça 488
Sentindo os passos confusos 491
Soltando aguardente pelas juntas do cotovelo 491
Sufocado 491
Tem sua baeta inglesa 494
Trocando as pernas 496
Trôpego das pernas 496
Vacilante das pernas 498
Zonzo 501

SOMMAY
Dilúvio 17

SONNERAT, PIERRE
Monopólio português 54
Navegador francês 54
SOROCABA SP
Cachaça 187
Cachaça em 1.772 323
Garrafa em cachaça 133, 334
Comércio de mulas 300
Comércio de gado 300
Engenhos de açúcar em 211, 311
Feira sorocabana 300, 301
Monções 285
Moura, Denise A. Soares 211
Tropeiro 300, 301
Viver e sobreviver em uma vila colonial: Sorocaba, séculos XVIII e XIX, livro 508
Zaluar, Augusto-Emílio 133

SOUZA, GABRIEL SOARES DE
Bebidas dos índios 39
Cauim de milho e mandioca 40-41, 65, 92
Engenho de padre 257
Incursão ao interior 292
Senhor de engenho 91, 310
Tratado Descritivo do Brasil, livro 91, 310, 551
Vinho de uva 39, 41, 93
Vinhos de frutas 39, 41, 93

SOUZA, MARTIM AFONSO DE
Engenho de açúcar 95, 202
Engenho dos Erasmos 95
Inventor da cachaça 95, 108
Trouxe alambique 95

SPIX, JOHAN BAPTISTE VON (ver MARTIUS, CARLOS FREDERICO PHILIPPE VON)

STADEN, HANS
Canoa indígena 277
Cauim 60, 62
Como era gostoso o meu francês, fime 60

Costumes indígenas 62, 63
Duas Viagens ao Brasil, livro 60, 551
Mercenário alemão 311
STEVENSON, ROBERT LOUIS BALFOUR
A Ilha do Tesouro, livro 181
Rum 181

SUMATRA
Brum 109
fermentado de cana de açúcar 109

TAILÂNDIA
Brum 109
Fermentado de cana de açúcar 109
Rum 138

TAMENDONARE
Dilúvio 17

TERMÔMETRO
Invenção 144-145

THEVET, ANDRÉ
A cosmografia universal de André Thevet. 1575, livro 308, 553
Bicho do pé 193
Cauim de milho 65
Dilúvio na cultura indígena 17
Frade francês 17

TIETÊ SP
Fabricação de cachaça em 1852 331
Fonte 553

TIQUIRA
A produção de tiquira no Maranhão: história de uma ausência, artigo 33, 510

Botelho, Tarcísio R. 33
No Maranhão 33
Texto 494

TIRADENTES
Cachaça mais antiga em produção contínua 136
Engenho Boa Vista 136

TINOCO, GODOFREDO
Fonte 553
Produção de açúcar e aguardente em 1.877 212

TONASSEARES
Dilúvio indígena 18

TONEL
Mistério insondável 367
Piratas bêbados jogados em 182
Salário de professores 221
Texto 367, 495
Volume em litros 104

TRÁFICO DE ESCRAVOS
Dinâmica do comércio intracolonial: Geribitas, panos asiáticos e guerra no tráfico angola de escravos (século XVIII), artigo 520
Escambo 84-85
Igreja no 271
Os magnatas do tráfico negreiro: séculos XVI e XVII, 548

TRIBUNAL DO SANTO OFÍCIO
Bahia: Inquisição & sociedade, livro 535
Confissões da Bahia – Santo Ofício da Inquisição de Lisboa, livro 554
In vino veritas – Vinho e aguardente no cotidiano dos sodomitas luso-brasileiros à época da Inquisição, artigo 535
Inquisição 266-273
Mott, Luiz 266-273
No Brasil 266
Vainfas, Ronaldo 266-273

TROPEIRO
300-306
Bunbury, Charles James Fox 304
Cachaça 305-306

Definição 300
Itamonte MG 306
Martius, Frederico Phillipe Von 304
Mawe, John 303
Queiroz, Manuel Elpídio Pereira de 135
Roteiros para as minas 301
Saint-hilaire, Auguste de 300, 303
Santiago, Anísio 305
Sorocaba 300, 301
Spix, Johan Baptiste Von 304
Transporte de mercadorias 13, 302, 303, 304, 305-306
Vainfas, Ronaldo, 301
Visconde de Mauá RJ 306

TUCKEY, JAMES KINGSTON
Cachaça chamada de rum 138
Cachaça de baixa qualidade 146
Escambo 138
Fonte 521

UBATUBA
Staden, Hans 60

UÍSQUE
Aguardente de grãos 157
Bebida destilada 24
Bourbon 33
Cachaça igual a 114
Cana de Ilhéus 114
Cangaceiro 242
Descriminação 154
Fonte 509
Lula 338, 340
Texto 340, 363, 407, 418, 420, 425, 427, 429, 430, 434, 453, 454, 465, 482, 496

UNZELTE, CELSO
O Livro de Ouro do Futebol 29
VAINFAS, RONALDO
Confissões da Bahia: Santo Ofício da inquisição de Lisboa, livro 266, 554
Crimes sexuais 269
Inquisição 266-273
Rotas de tropeiros 301

VASCONCELOS, YURI
Como age o álcool 15
Fonte 555

VELHO, DOMINGOS JORGE
Bandeirantes 294-297
Genocídio 296

VENÂNCIO, RENATO PINTO
Aguardente e sedição em Ouro Preto, 1831-1833, artigo 524
Águas ardentes: O nascimento da cachaça, artigo 5, 90
Cachaça sem registro no século XVI 5, 90
Fonte 504, 511, 520, 524, 530, 535, 542, 554

VESPÚCIO, AMÉRICO
Espanhol chegou primeiro ao Brasil 171
Não há minério no Brasil 173

VIDRO
Primeira fábrica no Brasil 129

VILLANOVA, ARNALD OF
Liber de vinis, livro 24
Vinho 24

VINAGRE
Africanos 84
Bahia 236
Da cana 89, 236, 333, 337
De milho 77
De Portugal 219, 301
Decreto-Lei 739 128
Embalagem 128
Engenho Ceregype 97
Imposto sobre 220
Léry, Jean de 89
Medicamento 150
Nieuhof, Joan 100
Presente para índio 100

Propriedades sanitárias 176
Sá, Mem de 97
São João Del Rei 333
Texto 352, 356, 403, 439
Transformação do etanol em vinagre 89
Vinho de jabuticaba 70

VINHÁTICO
Madeira usada para barril 122, 123, 126

VINHO COM PÓLVORA
Neiuhof, Joan 71
VINHO DA TERRA
Alambique 32
Cachaça 39, 46
Caldo de cana fermentado 32
Destilação 32
Vinho de uva 39

VINHO DE CANA
Bornéus 109
Brum 109
Cachaça 46
Caldo de cana fermentado 12, 32, 35, 58
China 109
Destilação 90
Engenho de rapadura 237
Espuma 87
Índia 109
Índios descobriram 58
Marco Polo 109
Melaço 87
Quem descobriu 114
Sumatra 109
Tailândia 109
Souza, Gabriel Soares de 93

VINHO DE ABACAXÍ
41

VINHO DE CAJU
60, 67, 68, 69, 71, 73, 74

VINHO DE MEL
Cachaça 39, 46
Imposto 52
VINHO DE MEL DE CANA
Cachaça 46

VINHO DO REINO
Provisão dos boiadeiros 299
Texto 500

VINHO DE UVA
Alambique 32
Rio de Janeiro 40
São Paulo 39
Souza, Gabriel Soares de 39

VODCA
Bebida destilada 24
Preconceito 154
Texto 363, 416, 434, 453

YPIÓCA
Início do engarrafamento 129

ZALUAR, AUGUSTO-EMÍLIO
Cachaça em garrafas 133
Controle de bebidas para índios 79
Cachaça em garrafas 133
Jornalista português 308
Peregrinação pela Província de São Paulo, livro 308, 559